D1732337

Jürgen Court

Deutsche Sportwissenschaft in der Weimarer Republik und im Nationalsozialismus

II

Studien zur Geschichte des Sports

herausgegeben von

Prof. Dr. Wolfram Pyta (Universität Stuttgart)
Prof. Dr. Giselher Spitzer (HU Berlin)
Prof. Dr. Rainer Gömmel (Universität Regensburg)
Prof. Dr. Jürgen Court (Universität Erfurt)
Prof. Dr. Michael Krüger (Universität Münster)

Band 16

LIT

Jürgen Court

Deutsche Sportwissenschaft in der Weimarer Republik und im Nationalsozialismus

Band 2:

Die Geschichte der
Deutschen Hochschule für Leibesübungen
1919 – 1925

LIT

Gedruckt auf alterungsbeständigem Werkdruckpapier entsprechend
ANSI Z3948   DIN ISO 9706

Bibliografische Information der Deutschen Nationalbibliothek
Die Deutsche Nationalbibliothek verzeichnet diese Publikation in der
Deutschen Nationalbibliografie; detaillierte bibliografische Daten sind
im Internet über http://dnb.d-nb.de abrufbar.

ISBN 978-3-643-12558-3

© LIT VERLAG Dr. W. Hopf Berlin 2014

Verlagskontakt:
Fresnostr. 2   D-48159 Münster
Tel. +49 (0) 2 51-62 03 20   Fax +49 (0) 2 51-23 19 72
E-Mail: lit@lit-verlag.de   http://www.lit-verlag.de

Auslieferung:
Deutschland: LIT Verlag Fresnostr. 2, D-48159 Münster
Tel. +49 (0) 2 51-620 32 22, Fax +49 (0) 2 51-922 60 99, E-Mail: vertrieb@lit-verlag.de
Österreich: Medienlogistik Pichler-ÖBZ, E-Mail: mlo@medien-logistik.at
E-Books sind erhältlich unter www.litwebshop.de

Inhalt

Vorwort

Ich erachte den körperlichen Wiederaufbau durch den Sport für so wichtig, daß ich dieser körperlichen Ertüchtigung ein großes Maß auch für die moralische und geistige Wiedergeburt unseres Volkes beimesse. Das deutsche Volk wird geistig, moralisch und auch politisch nicht genesen, wenn es nicht zuvor körperlich genest, wenn es nicht zuvor körperlich diszipliniert wird. (Reichsinnenminister Dr. Köster in der Sitzung des Reichstages vom 3. April 1922)[1]

Es ist nur durch die Unkenntnis sportlicher Verhältnisse zu erklären, daß sich so wenige Wissenschaftler die Möglichkeit experimenteller Beobachtung beim Sport zu Nutze machen. (DHfL. 19. Monatsbericht. Dezember 1922)[2]

Als ich im Jahr 2008 Band I meiner ursprünglich einbändig geplanten Historie der *Deutschen Sportwissenschaft in der Weimarer Republik und im Nationalsozialismus* vorlegte, der ihre Vorgeschichte 1900–1918 enthält, hatte ich im Vorwort auf die sich dramatisch verschlechternden Forschungsbedingungen an den deutschen Universitäten und einige ihrer Ursachen verwiesen.[3] Wenn ich mich heute in der gleichen Lage befinde und begründen muß, weshalb auch diesmal wieder ‚nur' ein weiterer Teilband vorliegt, hat sich leider an diesem Teil der Argumentation nichts geändert – wie sollte es auch in einer Zeit, in der das Paradigma der *curiositas* von dem der ‚Vernetztheit' verdrängt[4] und mit der trüben Tunke von Akkreditierungsverfahren übergossen wurde. Der andere Teil der Rechtfertigung hingegen fällt wesentlich angenehmer aus: ist der erste Band doch auf eine erfreuliche Aufnahme sowohl in Rezensionen[5] als auch anderen Arbeiten[6] gestoßen, deren Tenor lautet, der Verfasser habe einen „Meilenstein"[7] bzw. „die Grundlage für ein Standardwerk zur Geschichte der deutschen Sportwissenschaft gelegt"[8], dessen Fortsetzung „mit Spannung zu erwarten"[9] sei.

Von besonderer Bedeutung ist, daß auch seine „enge Beziehung zur Diem-Biographie von Frank Becker"[10] hervorgehoben wird, dessen Band zur Weima-

---

[1] Zit. n. Martin, Körpererziehung, S. 7.

[2] In: MTSS 1923, S. 27.

[3] Court, Vorgeschichte, S. VIII.

[4] Exemplarisch Peter-André Alt im Feuilleton der FAZ v. 10.1.12.

[5] Buss; Besprechung Court; Herzog; Besprechung, Court; Komorowski, Rez. Court; Eggers, Besprechung Sportmedizin, S. 3. Besonders erfreut bin ich darüber, daß der Band auch international wahrgenommen wird, auch wenn die entsprechende Rezension (Jensen, Court) starke kulturelle Unterschiede in den Auffassungen über historisches Arbeiten offenbart.

[6] Herzog, Besprechung Tauber; Dinçkal, Laborlandschaften, S. 30, Anm. 5; ders., Sportlandschaften, S. 249, 251; F. Becker, Leben, Bd. II, S. 103.

[7] Herzog, Besprechung Tauber, S. 46.

[8] Buss, Court, S. 652.

[9] Herzog, Besprechung, Court.

[10] Komorowski, Rez. Court. – Die Kontroverse um Carl Diem, die sich vor allem um sein Leben und Wirken im Nationalsozialismus dreht, spielt hier für meine Absichten keine

rer Republik ein Kapitel über die Deutsche Hochschule für Leibesübungen (DHfL)[11] enthält und mit den Worten eingeleitet wird, daß „eine wissenschafts-geschichtliche Untersuchung der Deutschen Hochschule für Leibesübungen nach wie vor ein Desiderat der Forschung ist", weil „groß angelegte Studien, die dem Thema gegenwärtig gewidmet werden, noch nicht zum Abschluss gekommen sind"[12]. Becker konnte sich nun mit seinen wissenschaftsgeschichtlichen Ausfüh-rungen aber nicht nur explizit auf meine *Vorgeschichte* und die Notwendigkeit ihrer Fortschreibung berufen, sondern auch Studien einbeziehen, die der Verfas-ser dieses Vorwortes inzwischen für sein eigenes Vorhaben zur Geschichte der Sportwissenschaft in der Weimarer Zeit veröffentlicht hatte.[13]

Weil auf diese Weise belegt werden kann, daß offensichtlich sowohl großes Interesse an der Geschichte der DHfL[14] als auch entsprechendes Material exi-stiert, bleibt zu klären, weshalb sich dieser Band zur Sportwissenschaft in der Weimarer Republik (mehr oder weniger) auf diese Einrichtung und auf die Jahre 1919 bis 1925 beschränkt. Da die herausragende Rolle der DHfL im Gesamt-rahmen der universitären Sportwissenschaft in der Weimarer Zeit bereits in mei-ner *Vorgeschichte* erläutert wurde[15], kann es hier nur darum gehen, diese Son-derstellung mit der Frage der zeitlichen Beschränkung zu verbinden – was unmittelbar zusammenhängt. Wenn zum Beispiel die Eröffnung der *privaten* DHfL am 15. Mai 1920 inzwischen zu den wesentlichen Daten der deutschen Sportgeschichte gezählt wird[16], dann ist unter dieser zeitlichen Perspektive schlichtweg zu konstatieren, daß von einer „flächendeckenden Einführung"[17] universitärer, d. h. *staatlicher* Institute für Leibesübungen (IfL) in Deutschland erst ab dem 30. September 1925 gesprochen werden kann, als sein bevölke-

---

        größere Rolle. Selbstverständlich schließt dies nicht aus, daß die entsprechende Literatur
        über die in diesem Band behandelte Zeit der ersten Jahre der Weimarer Republik gesichtet
        wurde und ggf. kommentiert wird.

[11]   Es lautet „Die Deutsche Hochschule für Leibesübungen in Wissenschaft und Gesellschaft";
        F. Becker, Leben, Bd. II, S. 103–133.

[12]   Ebd., S. 103; erschienen ist inzwischen Dinçkal, Sportlandschaften, der der DHfL ein ei-
        genes Kapitel im Teil V widmet. Vgl. auch Lennartz, Bier, S. 5: „Die Geschichte der
        DHfL harrt noch einer gründlichen Aufarbeitung."

[13]   Siehe das Literaturverzeichnis; diese Studien werden hier an den entsprechenden Stellen
        eingefügt; vgl. auch die Erwähnung bei M. Krüger, Leben, S. 276. Ein neuerer Versuch ei-
        ner Gesamtdarstellung der DHfL durch Voigt, Hochschule, leidet daran, daß sie sich fast
        ausschließlich auf die Tätigkeitsberichte der DHfL stützt und die Komplexität finanzieller,
        ideologischer, historischer und (wissenschafts-)politischer Zusammenhänge vernachlässigt.
        Zu dieser methodischen Notwendigkeit Court, Vorgeschichte, S. 24–25.

[14]   Diese Einschätzung ändert nichts an der Beobachtung, daß die „Erforschung der [...] Dis-
        ziplingeschichte in den betroffenen Fächern selber häufig als uneigentliches Tun gilt"; so
        Hausmann, Geisteswissenschaften, S. 11.

[15]   Court, Vorgeschichte, S. 31–35.

[16]   So M. Krüger/Langenfeld, Daten, S. 397.

[17]   Buss, 80 Jahre, S. 287.

rungsreichster Staat – Preußen – einen entsprechenden Erlaß vorlegte.[18] Auf seiner Grundlage erfolgte schließlich am 1. August 1929 in Preußen gleichfalls per Erlaß die „formale Anerkennung der Leibesübungen als volles akademisches Ausbildungsfach auf Universitätsebene"[19].

Eine solche Betrachtung schließt weder aus, daß es in Einzelfällen zu früheren Gründungen von Einrichtungen für das Studium der Leibesübungen auf einer staatlichen Hochschulebene (siehe z. B. Gießen[20], Jena[21], Marburg[22], Göttingen[23], München[24] und die PrHfL in Spandau[25]) oder zur Verwirklichung der Idee eines Pflichtsports für *alle* Studenten (Leipzig[26]; Jena[27]) kam, noch den gemein-

---

[18] Diese These bereits bei Stoeckle, Entwicklung, S. 33–35, der eine kurze Geschichte der IfL in allen deutschen Ländern gibt; siehe auch zur Bedeutung dieses Jahres F. Becker, Leben, Bd. II, S. 147: „Für die DHfL stellte das Jahr 1925 [...] insofern einen Einschnitt dar, als sich die sportpädagogische Landschaft in Berlin nicht unwesentlich veränderte"; diese Jahreszahl gibt auch M. Krüger, Münster, S. 910, für diese Universität an, fügt allerdings mit Fug und Recht hinzu, daß „zu diesem Zeitpunkt von wissenschaftlicher Forschung auf dem Gebiet des Sports noch nicht die Rede sein konnte" (ebd.).

[19] Buss, 80 Jahre, S. 287.

[20] Am 22. Oktober 1920; siehe Gissel, Burschenturnen, S. 159; F. Becker, Leben, II, S. 58. Das rege Interesse, das die Leitpersonen der DHfL, Bier und Diem, an dieser Institutsgründung nahmen, zeigt sich daran, daß Diem auf der Eröffnungsfeier an diesem Tag anwesend war und Bier mit dem Gießener Rektor einen Briefwechsel über die Möglichkeit eines Dr. rer. gym führte; dazu Gissel, ebd., und hier den Exkurs im Teil I. Wenn F. Becker, ebd., S. 58, über diese Institutsgründung schreibt, daß sie „den Auftakt für die Gründung zahlreicher ,IfL' in den Folgejahren bilden sollte" und von einer „Etablierung der Leibesübungen als akademisches Fach" spricht, ist zu präzisieren, daß diese Entwicklung erst 1925 einsetzte. Allerdings bleibt unbestritten, daß die DHfL durch das Gießener Institut „unter einen gewissen Legitimationsdruck" geriet und auch die Sorge der Abwerbung von Wissenschaftlern der DHfL durch die Universitäten bestand – jedoch, wie wir sehen werden, bis 1925 noch nicht als „ständige Gefahr" (ebd.), sondern nur in Einzelfällen. Das Hauptinteresse an Gießen lag, wie gleichfalls zu zeigen sein wird, am Vorbildcharakter sowohl für die staatliche Anerkennung wie für jene Möglichkeit einer Promotion auf dem Gebiet der Leibesübungen.

[21] Der Unterschied zu Gießen besteht darin, daß das von der Leipziger Universität im Dienstgebrauch so bezeichnete „Gymnastische Institut" aus dem „privaten Allgemeinen Akademischen Turnabend ohne irgendwelche ministeriellen Verordnungen [zum] Hochschulinstitut geworden war – ein einzigartiger Vorgang in der Universitätsgeschichte" (Kirste et. al., Sportwissenschaft, S. 917).

[22] Im Jahre 1924; vgl. MTSS 1924, S. 525: „Die Universität Marburg ist die erste der preußischen Universitäten, die ein besonderes Institut für Leibesübungen von sich aus aufgemacht hat."

[23] Im WS 1924/25; siehe Buss, 80 Jahre, S. 287.

[24] Dazu Stoeckle, Landesturnanstalt, und hier S. 99.

[25] Die Preußische Hochschule für Leibesübungen (PrHfL) wurde 1921 aus der Spandauer Landesturnanstalt in eine Hochschule umgewandelt; das Konkurrenzverhältnis zwischen ihr und der DHfL wird einen großen Teil dieser Arbeit ausmachen.

[26] Nach Kirste et. al., Sportwissenschaft, S. 918, erfolgte die Festschreibung des studentischen Pflichtsports am 16.2.1925 durch den dortigen Senat. Aufgrund dieses Datums muß offenbleiben, ob die Universität Leipzig oder die Universität Jena „als erste in Deutschland den Pflichtsport für alle Studierenden" (Kremer, Geschichte [2012], S. 64) eingeführt hat;

samen *ideellen und kulturellen* Hintergrund dieser Entwicklung und der der
DHfL, für dessen Verständnis an dieser Stelle ein Verweis auf das erste Motto
dieses Vorworts und die ausführlichen Erläuterungen vor allem im Teil II, Kapitel 2.2, zu genügen hat. Wir werden dann sehen, daß – von dieser zeitlichen
Priorität der DHfL abgesehen – die Geschichte der DHfL schlichtweg anderen
institutionellen Entwicklungslinien folgte, auch wenn ab 1922 die DHfL mit ersten staatlichen Aufgaben für die (Berliner) Universitäten betraut wurde.[28]

Im übrigen wird die Berechtigung meines Vorgehens auch durch das übliche
(in der Regel dreiteilige) Phasenmodell für die Weimarer Republik[29] gestützt,
denn seine erste Phase deckt genau den hier behandelten Zeitraum ab, dessen
Beginn durch die Gründung der DHfL und dessen Ende durch jenen preußischen
Erlaß vom 30. September 1925 markiert wird. Selbstverständlich ist es unumgänglich, diesen Rahmen bisweilen zu verlassen, da allein die für unsere Darstellung so wichtigen Tätigkeitsberichte des DRA stets den Zeitraum vom 1. April
eines Jahres bis zum 31. März des Folgejahres umfassen, so daß beispielsweise
eine Analyse von Entwicklungen des Jahres 1925 Berichte auszuwerten hat, die
sich auch auf die Jahre 1924 und 1926 erstrecken.

Zum Schluß sei angemerkt, daß aus den im Carl und Liselott Diem-Archiv
(CuLDA) befindlichen Akten aus dem Nachlaß von Carl Diem lediglich unter
Angabe dieses Archivs und der jeweiligen Mappe zitiert wird. Aufgrund der
zahlreichen unpaginierten oder auch keiner eindeutigen Paginierung zuzuordnen-

---

siehe dazu auch die nächste Anmerkung. Jedenfalls ist für Beyer, Sport, S. 671, die in
Leipzig eingeleitete Errichtung der „ersten Lehrstühle für die Theorie der Leibeserziehung
[...] ein geradezu revolutionärer und entscheidender Schritt nach vorn"; ebenso Diem,
Schriften, Bd. 2, S. 193; zur Vorreiterrolle von Jena und Leipzig auch Neuendorff, Geschichte, Bd. IV, S. 631.

[27] Die Umwandlung der dortigen Landesturnanstalt in ein Institut für Leibesübungen erfolgte
zwar erst am 15.4.1934, aber mit Wirkung zum 1.10.1925 wurde dort die Idee eines studentischen Pflichtsports verwirklicht; vgl. Kremer, Jena, S. 21–22, 28. – Der preußische
Erlaß v. 24.3.1925 zum studentischen Pflichtsport war auf Studierende der Philologie beschränkt und wurde zudem nur „halbherzig umgesetzt" (M. Krüger, Münster, S. 910); siehe auch unten S. 148–153 und F. Becker, Leben, Bd. II, S. 147–148.

[28] Vgl. wörtlich Rissom, Ausbildung, S. 151, über den Stand der Turnlehrerausbildung 1922:
„Die Deutsche Hochschule für Leibesübungen kommt für unsere Betrachtung über staatliche Anstalten nicht in Frage."

[29] So unterscheidet Mai, Weimarer Republik, S. 13, 51, 90, eine Phase von 1918–1923/24
(„Revolution und Konterrevolution"), eine von 1924–1930 („Scheinblüte und Desorientie-
rung") und eine von 1930–1933 („Zerfall und Zerstörung"); ähnlich ist die Einteilung bei
Hobsbawm, Zeiten, S. 68–69, und – in bezug auf die Entwicklung des politischen Bewußtseins der Studentenschaft – bei Buss, Hochschulsport, S. 19–31; den Beginn der Phase einer „Radikalisierung der deutschen Politik" datiert Stern, Deutschland, S. 97–98, auf den
Herbst 1929. Eine Dreiteilung aus pädagogischer Sicht geben Langewiesche/Tenorth, Bildung, S. 13; implizit findet sie sich auch bei Buss, 80 Jahre. Auf dem Gebiet der Kultur-
kunde unterteilt Hausmann, Nationale Wissenschaft, S. 25–27, in ein antithetisches und
ein humanistisches Stadium, das durch eine abschließende Phase der Radikalisierung ergänzt werden kann; vgl. Court, Sportwissenschaft, S. 797–799.

den Dokumente wurde in der Regel auf den abkürzenden Hinweis „o. P." [ohne Paginierung] in den entsprechenden Belegstellen verzichtet, wenn das jeweilige Dokument auch ohne diese Angabe leicht identifiziert werden kann. Nicht alle Hervorhebungen aus den Zitaten wurden übernommen, eigene Hervorhebungen dagegen kenntlich gemacht. Ein alle Bände meines Vorhabens umfassendes Sachregister ist für den Abschlußband vorgesehen.

Ich danke – in alphabetischer Reihenfolge – denjenigen, die auf unterschiedliche, gleichwohl wichtige Arten und Weisen das Entstehen dieses Werkes besonders begünstigt haben: Frank Becker, Erik Eggers, Frank-Rutger Hausmann, Rudolf Husemann, Dorothea Krasznai, Eberhard Loosch, Klaus Schreiber und Sarah Tworuschka. Weitere wertvolle Anstöße kamen von den Mitgliedern der Deutschen Gesellschaft für Geschichte der Sportwissenschaft e. V. und ihren Jahrestagungen. Mein Dank gilt ferner den Mitarbeitern der von mir aufgesuchten Archive und Bibliotheken für ihre stets freundliche und kompetente Unterstützung. Im Sinne von Diems Credo, Leibesübung „zur täglichen Lebensgewohnheit zu machen, auf daß es Sinn für körperliche Freuden dieser Art [...] ins höchste Alter hinüberrettet"[30], danke ich schließlich den Veranstaltern der Marathon- und Triathlonwettkämpfe, die mir diesen Sinn zu bewahren halfen.

Gewidmet ist dieses Buch meiner Frau Barbara und unseren Kindern Alexander, Laura und Sarah.

Jürgen Court   Köln/Erfurt, Rosenmontag 2014

---

[30]   Diem, Schriften, Bd. 1, S. 52 [1923].

Einführung: Universität und Sportwissenschaft

1 Allgemeine Aspekte der Universitätsgeschichte

Band 1 dieses Werkes behandelte die Vorgeschichte der deutschen Sportwissenschaft[1] von 1900 bis 1918, d. h. die sogenannte Präfigurationsphase, mit der – in wissenschaftssoziologischer Terminologie – der Grenzbereich zwischen Paradigmagruppe und Netzwerkstadium und damit der Zeitraum vor ihrer 1920 einsetzenden universitären Etablierung beschrieben werden kann.[2] Obgleich am Ende des Ersten Weltkriegs ‚Sport' an den deutschen Universitäten[3] nur als Akademiker- und Studentensport sowie als vereinzelter Gegenstand von Lehre und Forschung – und eben noch nicht als eigenes universitäres Fach seiner Theorie und Praxis – existierte, konnte bereits die Leitthese aufgestellt werden, daß der Weltkrieg von revolutionärer Wirkung eben auf eine solche universitäre Institutionalisierung gewesen war. Bedingung ihrer Möglichkeit war zum einen der verstärkt ab 1917 formulierte allumfassende Anspruch, Sportwissenschaft sei geeignet, „aufgrund ihres interdisziplinären und theoretisch-praktischen Wissenschaftsbegriffs vielfältige individuelle und soziale Zwecke nicht nur in Friedens-, sondern auch in Kriegszeiten methodisch, d. h. auch empirisch abgesichert zu überprüfen und zu verwirklichen"[4], und zum anderen der Umstand, daß zu dieser Realisierung im Verlauf des Krieges ein personell und institutionell eng verflochtenes Netzwerk vor allem zwischen DRA bzw. DRAfOS, der Medizinischen Fakultät der Berliner Universität, aber auch Teilen des Militärs und der preußischen Regierung entstanden war, dessen Ursprünge in der Olympischen und Hygienebewegung liegen. Band 1 endete also mit der Vermutung, daß die Aufnahme der Sportwissenschaft in die deutsche Universität in dem Moment gelingen konnte, als ihre kulturelle und gesellschaftliche Notwendigkeit stärker wurde als die Zweifel an ihrer universitären Dignität.[5]

Weil die Ursachen dafür ohne Grundkenntnisse der deutschen Universitätsgeschichte nicht recht verständlich sind, sei im folgenden ein Blick auf ihre Entwicklung geworfen, die sie zwischen dem Reichsgründungsjahr 1871 und jenem Jahre 1920 genommen hatte.[6] Ihr geistesgeschichtlicher Horizont als eine „Epo-

---

[1] Zur Begrifflichkeit Court, Vorgeschichte, S. 10, Anm. 1.
[2] Ebd., S. 47–49, 137, S. 276.
[3] Zu den Begriffen ‚Universität' und ‚Hochschule' siehe die folgenden Ausführungen.
[4] Court, Vorgeschichte, S. 277. Beispiele auch bei Tauber, Schützengraben, S. 422.
[5] Court, Vorgeschichte, S. 276–277; siehe auch Buss, 80 Jahre, S. 284–287.
[6] Vgl. Winkler, Weimar, S. 11: „Weimar war nicht nur die Vorgeschichte des ‚Dritten Reiches', sondern auch die Nachgeschichte des Kaiserreiches." Zur Methodik siehe Jarausch, Universität, S. 314, der sich explizit auf die Zeit zwischen 1860 und 1914 bezieht: „Anstelle der verbreiteten Geschichte der Lehrstühle, Professoren, Wissenschaftszweige oder der Kulturpolitik und der Untersuchung der Entwicklung einzelner Institutionen oder Institute sollte man das Wechselspiel von sozialem Strukturwandel und ideologischen Bil-

che tiefgreifender Umbrüche auf allen Gebieten der Kultur und Gesellschaft, der Politik und des öffentlichen Lebens, der Philosophie und der Künste, in allen Bereichen der Lebensführung und Lebensorientierung"[7], ist dabei im allgemeinen als bekannt vorauszusetzen.

Wenn wir uns auf diesen Zeitraum beschränken, liegt dies selbstverständlich auch an der 'Weltgeltung der deutschen Wissenschaft', wie das zeitgenössische Schlagwort im In- und Ausland über die deutsche Universität im Kaiserreich lautete und zum Beispiel an der überdurchschnittlich hohen Zahl von deutschen Nobelpreisträgern zwischen 1900 und 1914 abgelesen werden kann.[8] Betont werden soll aber, daß vor dem Hintergrund der Hochindustrialisierung verstärkt seit der Mitte des 19. Jahrhunderts eine „vielschichtige Transformation"[9] der Universität Humboldts eingesetzt hatte, in deren Verlauf an die Stelle der universitären Einheitsidee eine Trias von humanistischer Allgemeinbildung, berufsbezogener Fachausbildung und wissenschaftlicher Forschung getreten war und deren strukturelle Normierungsversuche im Kaiserreich Wirkungen auch auf die von uns zu behandelnde Zeit ausstrahlten.[10]

Auf der einen Seite führte sowohl der Fortschritt in der Wissenschaft selbst als auch die Akademisierung der Arbeitswelt zu hohen Studentenzahlen. Während 1871 in Deutschland 15 000 Studenten eingeschrieben waren, betrug ihre Zahl 1914 60 000; dem kriegsbedingten Sinken auf 16 000 im Jahre 1916 folgte ein Anstieg auf 110 000 nach Kriegsende. Die Verdreifachung der Akademiker

---

dungsprozessen systematisch untersuchen." Auch Heimbüchel, Universität, S. 109, legt seinen Schwerpunkt auf die „Geschichte eines sich konstituierenden und sich wandelnden Selbstverständnisses der Institution".

[7] Herrmann, Reformpädagogik, S. 147; unter dieser spezifisch reformpädagogischen Warte siehe die Zusammenfassung ebd., passim; sowie (unter besonderer Betonung der Leibeserziehung) Größing, Reformpädagogik, S. 641–643. Vgl. auch die Überlegungen zur Sinn- und Kulturkrise der Jahrhundertwende um 1900 bei Court, Vorgeschichte, S. 26, 45–46.

[8] Mehr als 30% der Preisträger zur Zeit des Kaiserreichs waren Deutsche. Siehe Hammerstein, Antisemitismus, S. 11; (mit kritischen Einschränkungen) Jarausch, Universität, S. 313–314; R. A. Müller, Universität, S. 86–87, spricht für den Zeitraum zwischen 1871 und 1914 von der 'Blütezeit' der deutschen Universität. Zusammenfassend auch Herrmann, Reformpädagogik, S. 170: „Das Schul- und Hochschulwesen erlebte einen rasanten Ausbau, und besonders letzteres wurde als in der ganzen Welt führend anerkannt."

[9] Jarausch, Universität, S. 314; R. A. Müller, Universität, S. 83, spricht von „Strukturreformen". Anschauliche frühere Beispiele zum Einfluß der Industrialisierung bei Heimbüchel, Universität, S. 113–115.

[10] Vgl. Titze, S. 350: „Es wäre eine kurzsichtige und illusionäre Deutung, hier vornehmlich pädagogische Ideen oder die Durchsetzungskraft einiger namhafter Kultusminister am Werke zu sehen, die diese Entwicklung vermeintlich geprägt haben. Hier wurden vielmehr auf langfristig vorbereiteten Entwicklungspfaden in die Moderne durch komplexe und vor allem auch funktionale Wirkungszusammenhänge bestimmte Strukturen erzeugt, verändert und im Kaiserreich schließlich auf einem bis dahin herausgebildeten Entwicklungsplateau soweit konsolidiert, daß sie, von eher marginalen Veränderungen abgesehen, bis in die Bundesrepublik Deutschland der 60er Jahre hinein trugen." Siehe auch Heimbüchel, Universität, S. 112–113; R. A. Müller, Universität, S. 82.

zwischen 1871 und 1914 fand ihren Ausdruck beispielsweise in der ersten deutschen Massenuniversität Berlin mit 10 000 Studenten im Jahre 1913, aber auch
der Zulassung von Frauen zum Studium im Jahre 1908, deren Anzahl bis 1913
auf fast 10% der Gesamtstudentenschaft angewachsen war.[11]

Auf der anderen Seite zeigte sich – im wechselseitigen Bedingungsgefüge mit
dieser Expansion – ein Prozeß der Differenzierung im 19. Jahrhundert, der im
20. Jahrhundert durch die umgekehrte Tendenz zur Integration der verschiedenen
Hochschultypen abgelöst wurde.[12] Unter einer vertikalen Perspektive fällt hier
eine relative Stabilität auf: Zu den 20 deutschen Universitäten der Reichsgrün-
dungszeit kamen bis 1914 lediglich Straßburg, Münster und Frankfurt/Main
hinzu. Wachstum und Differenzierung fanden daher innerhalb der Institution
selbst als Umstrukturierung von Forschungsschwerpunkten und der Entstehung
vollkommen neuer Disziplinen statt. Während 1892, gemessen an der Zahl der
Ordinariate, an der Universität Berlin 55 Spezialfächer existierten, waren es
1910 bereits 64. Besonders früh erreichte dieser Prozeß die naturwissenschaftlichen Fakultäten, die rasch Selbständigkeit erlangten; die fakultäre Emanzipation
der Staats- und Wirtschaftswissenschaften erfolgte erst später, und an Jura und
Theologie ging diese Spezialisierung nahezu spurlos vorbei. Der größte Wandel
geschah vielmehr unter einer horizontalen Perspektive durch die Gründung neuer
Formen des Universitätstypus: vor allem der Technischen Hochschule, sodann
der Handelshochschule und schließlich kleineren Institutionen wie den Bergakademien oder landwirtschaftlichen Hochschulen. Die formelle Gleichstellung mit
den Universitäten erlangten die Technischen Hochschulen um die Jahrhundertwende, die anderen Institutionen teilweise erst in der Weimarer Republik.[13]

Konzentrieren wir uns vor diesem Hintergrund auf Aspekte, die für die Institutionalisierung der Sportwissenschaft eine besonders wichtige Rolle spielen
sollten, rückt in bezug auf die Entstehung neuer Fächer im Kaiserreich vor allem
die Lehrerbildung in das Zentrum: „In keiner Phase der deutschen Bildungsgeschichte läßt sich ein ähnlich starkes und lang anhaltendes Wachstum der Leh-
rerstände registrieren wie in dieser Epoche."[14] Während sich die Verdopplung
des Lehrpersonals an den Volksschulen in Preußen erst mit der Novemberrevolu-
tion 1919 auch in einer Annäherung ihrer seminaristisch geprägten Ausbildung
an das höhere Schulwesen niederschlug[15], ging die Verdreifachung der Lehrerschaft dort bereits Ende des 19. Jahrhunderts mit einer Modernisierung der Ausbildung einher. Vier Gesichtspunkte der Normierung des Berufszugangs sind
hier besonders hervorzuheben: erstens der Niederschlag der allgemeinen Ausdif-

---

[11]   Ebd., S. 85–86; eine nach Fakultäten aufgeschlüsselte Übersicht bei Jarausch, Universität,
       S. 315; siehe auch ebd., S. 318.
[12]   Vgl. ebd., Universität, S. 319; Titze, Hochschulen, S. 209.
[13]   Zur Übersicht Jarausch, Universität, S. 319–322; R. A. Müller, Universität, S. 82–87; aus
       wissenschaftssoziologischer Warte Mullins, Modell.
[14]   Titze, Lehrerbildung, S. 345.
[15]   Eine länderspezifische Übersicht ebd., S. 360.

ferenzierung der Einzelwissenschaften an den Universitäten in der Form einer verstärkten Spezialisierung der Lehramtsstudiengänge, zweitens der Wandel vom alten ‚Kulturexamen' zur bloßen Fachprüfung, drittens die Einführung eines einheitlichen Befähigungsnachweises für Lehrer an höheren Schulen 1898 und viertens die Zweiphasigkeit der Berufsvorbereitung, die in Preußen 1917 mit der Einrichtung einer pädagogischen Prüfung institutionalisiert wurde.[16]

Im übrigen besteht gerade an dieser Stelle ein enger Zusammenhang zur allmählichen Aufwertung der Turnlehrerausbildung: Der ebenfalls ab 1917 in Preußen bestehenden Möglichkeit, die auf Akademikerlehrgängen erworbene Befähigung zum Turnlehrer als Nebenfach der wissenschaftlichen Lehramtsprüfung anzurechnen, lag als Motiv genau das Problem der ‚Überbürdung' zugrunde, das auch zur Reform der Lehrerbildung und jenem weiteren Seminarjahr zwischen Universitätsausbildung und schulischem Probejahr führte.[17]

Zum Verständnis der Beziehung zwischen den besonders stark expandierenden neuen Fächern zu den traditionellen Disziplinen sei exemplarisch auf die für den Schulunterricht wichtige Romanistik eingegangen, deren Parallelen zur frühen Turnwissenschaft uns bereits beschäftigt hatten.[18] In einer ersten Phase, die dem Ausdifferenzierungsprozeß der Universitäten entspricht, war Mitte des 19. Jahrhunderts der Romanistik die Integration in die Lehramtsausbildung gelungen, indem an die Stelle ihrer ursprünglichen Ausrichtung an der mediävistischen Textphilologie die Betonung ihrer praktischen Nützlichkeit getreten war. Der Preis dafür war jedoch die Geringschätzung einerseits der Neu- durch die Altphilologen und andererseits die der Schullehrer durch die Wissenschaftler.[19]

---

[16] Ebd., S. 345–348.

[17] Vgl. Court, Vorgeschichte, S. 78, Anm. 213, 261; Albisetti/Landgreen, Höhere Knabenschulen, S. 235–236; Titze, Lehrerbildung, S. 348; zur Beziehung zwischen Reformpädagogik und Überbürdungsdiskussion ausführlich Oelkers, Physiologie. Auch Buss, 80 Jahre, S. 285, weist auf den engen Zusammenhang zwischen Reformpädagogik, dem sich mit „großer Dynamik entwickelnden Wissenschaftsbetrieb" und dem Interesse der „modernen Bürgerschicht" am „Funktionieren des Körpers".

[18] Court, Vorgeschichte, S. 184. R. A. Müller, Universität, S. 83, nennt als Beispiel für die neuen Fächer explizit die Neuphilologie; zu ihrem Binnenvergleich Hausmann, „Strudel", S. 3: „Die Romanistik ist zwar eine Neuphilologie, unterscheidet sich aber von Germanistik und Anglistik durch ihre Vielsprachigkeit wie den dadurch bedingten breiteren Ansatz und ist nach ihrer Systematik am ehesten mit der Slawistik und der Nordistik zu vergleichen, die jedoch als Schulfächer nie bedeutsam waren." Historische Bemerkungen zum Verhältnis zwischen Romanistik und Anglistik einerseits und Griechisch-Lateinisch andererseits bei Hausmann, Anglistik, S. 23–26. Vergleichende Untersuchungen zur Deutschen Philologie gestattet jetzt Meves, Philologie, siehe vor allem seine Beispiele ebd., S. XIII–XIV (man denke allein an das Verhältnis von Jahn und Maßmann).

[19] Vgl. Hausmann, „Strudel", S. 3; Albisetti/Landgreen, Höhere Knabenschulen, S. 256. In unmittelbarem Bezug zum Lehrplan von 1837 steht die Kritik des Altphilologen Friedrich Wilhelm Thiersch: „Es ist lächerlich, wenn die Realschulen glauben, Mathematik, deutsche Sprache und Französisch ersetzen den Gymnasialunterricht [...]. Ein gebildeter Mensch, der diesen Namen verdient, der eine höhere ideale Geistesrichtung nimmt und über das Nützlichkeitsprinzip hinausdenkt, wird nie aus ihnen hervorgehen können; wohl

Die vor dem Ersten Weltkrieg einsetzende und nach seinem Ende große Brei-
tenwirkung erzielende zweite Phase der universitären Romanistik ist charakterisiert durch die Ablösung eines diachronen Begriffs von Sprache, der sie als Ergebnis eines historischen Entwicklungsprozesses begreift, durch ihren syn-
chronen Begriff, in dem Sprache als lebendiges Mittel des Ausdrucks und auch
in ihrer politisch-sozialen Bedingtheit verstanden wird.[20] Eine solche ‚Kultur-‘
oder ‚Wesenskunde‘ hatte zwei Seiten. Zum einen diente sie im Gefolge einer seit
Mitte des 19. Jahrhunderts nachweisbaren restaurativ-konservativen Tendenz
vor allem nach der Reichsgründung der nationalen Identitätsstiftung, und zum
anderen bot sie den lateinlosen Real- und Oberrealschulen eine bildungstheoreti-
sche Würde, die sie nun auf eine Stufe mit den alten Sprachen heben konnte.
Zwar blieb prinzipiell der Konflikt der Spaltung zwischen einem autonomen Ideal der Universität und einem an Realien orientierten Anspruch der Schule erhalten, aber insofern die universitären Lehrer der ‚Wesenskunde‘ ihre historisch-
vergleichende Philologie in den Dienst der in erster Linie gegen Frankreich gerichteten „geistigen Aufrüstung“[21] stellten, war auch sie in die Lebenswelt einge-
bunden.

Für die *horizontale* Perspektive der Universitätsgeschichte ist kennzeichnend,
daß sie als institutionell-strukturelle Überwindung des Schlagwortes ‚mathema-
ticus non collega‘ beschrieben werden kann, das die Geringschätzung der technischen (und kaufmännischen) Bildung durch die neuhumanistische Universität
ausdrückt.[22] Ebenso wie unter jener vertikalen Sichtweise die Professionalisierung der Arbeitswelt mit einem Wandel der bestehenden Universitäten einher-
ging, hatte sie auch Auswirkungen auf die Akademisierung der höheren technischen Ausbildung. Nach dem Vorbild der 1794 gegründeten Pariser École Poly-
technique waren zu Beginn des 19. Jahrhunderts in Deutschland zur technischen
Ausbildung von Militärs und Architekten Bergakademien und Polytechnische
Schulen (u. a. in Clausthal 1810; Karlsruhe 1825; München 1827) gegründet
worden. Weil die Universitäten ihre Eingliederung – getreu jenem Schlagwort –
ablehnten, verblieb als die einzige Möglichkeit ihr Ausbau zu universitätsähnli-
chen Hochschulen, der mit dem Durchbruch der Industrialisierung und der ge-

---

aber zieht man heran wahre Kinder der Zeit, Umwälzungsmenschen, die alles bessern wollen, nur nicht sich selbst“ (zit. n. Hausmann, „Strudel“, S. 3, Anm. 4). Zum Streit von humanistischer und realistischer Bildung Herrmann, Reformpädagogik, S. 150–155.

[20]   Hausmann, „Strudel“, S. 4.
[21]   Ebd., S. 6; zum Thema ebd., S. 5–6; Albisetti/Landgreen, Höhere Knabenschulen, S. 237,
256. Zahlreiche zeitgenössische Zitate von Wilhelm II. und seinem Umfeld, die den tatsächlichen Glauben an einen Zusammenhang zwischen ‚Wesenskunde‘ und politischem
Handeln verdeutlichen, bei Röhl, Wilhelm II.; ich führe nur Wilhelms Auffassung von der
„Eitelkeit“ als „Haupt Teufel der Gallier“ oder Waldersees Rede vom „Karakter der Fran-
zosen“ (zit. n. ebd., S. 99–101) an. – Auf den Ursprung jener Beziehung von Politik und
Wissenschaft im Kaiserreich komme ich im nächsten Kapitel ausführlich zurück.
[22]   Vgl. Hausmann, „Strudel“, S. 3; Jarausch, Universität, S. 320.

sellschaftlichen Akzeptanz einer „Kultur des industriellen Publikums"[23] Mitte des 19. Jahrhunderts an Dynamik gewann und im 1856 gegründeten Verband Deutscher Ingenieure (VDI) einen gewichtigen Fürsprecher besaß.[24]

Unter Berufung auf die seit 1855 bestehende Eidgenössische Polytechnische Hochschule Zürich, die sich wiederum an der Karlsruher Polytechnischen Schule orientierte, jedoch eine deutsche Universitätsverfassung erhielt, setzte nun ein verstärkter Kampf um die formelle Gleichstellung dieses Hochschultypus ein, der seit 1877 als Technische Hochschule (TH) bezeichnet wurde und dessen Name neben geänderten Aufnahmebedingungen und einer neuen Organisationsform auch die Verwissenschaftlichung ihres Lehr- und Forschungsbetriebs ausdrückt. Die Gleichstellung – jedoch nicht die Vereinigung – mit den Universitäten gelang den ‚Handlungswissenschaften' jedoch erst 1899, nicht zuletzt durch die persönliche Intervention Wilhelms II., mit der Verleihung der sozialprestigeträchtigen Titel ‚Dipl. Ing.' und ‚Dr. Ing.' sowie der Anerkennung der Diplomprüfung als Eingangsprüfung für den Staatsdienst, während die naturwissenschaftliche Lehrerausbildung an den THs und der Status ihrer Allgemeinen Abteilung noch länger umstritten war.[25] 1914 war der Anteil der Studenten eines technischen Faches, der 1871 bei 6,6% lag, auf 16% angestiegen.[26]

---

[23] Siehe die programmatische Aussage des Karlsruher Dozenten für Mechanik Ferdinand Redtenbacher 1840: „Meine Bestrebungen als Lehrer richten sich nicht allein auf die wissenschaftliche Theorie der Maschine, mir liegt die Kultur des industriellen Publikums am Herzen. Wenn die Gebildeten den gegenwärtigen Zustand der Industriellen roh nennen, so haben sie recht. Wenn aber jene glauben, es vertrage sich eine rechte Bildung gar nicht mit einer industriellen Tätigkeit, dann haben sie unrecht; beides ist die vorherrschende Ansicht, welche in höchstem Grade nachteilig und hemmend auf die industrielle Entwicklung Deutschlands gewirkt hat" (zit. n. Heimbüchel, Universität, S. 114). Siehe auch folgendes Zitat eines Professors aus dem Jahre 1888 bei Hammerstein, Antisemitismus, S. 56: „Die universitas litterarum als Bezeichnung für den heutigen Bereich der Universität angewandt, steht mit den Tatsachen der Gegenwart im Widerspruch. Die Universität vermag eine wahrhaft allgemeine Bildung nicht mehr zu gewähren [...] Den Universitäten haben sich die technischen Hochschulen ebenbürtig zur Seite gestellt [...] Die Ingenieure als Leiter wirtschaftlicher Arbeit bedürfen wegen des Zusammenhangs ihrer Arbeiten mit sozialen und staatlichen Einrichtungen außer dem Fachwissen hoher allgemeiner Bildung". Zur Beziehung zwischen Reform und Krisenstimmung ebd., S. 19–22, sowie zwischen strukturellen Problemen der Universität und dem neuhumanistischen Bildungsverständnis Jarausch, Universität, S. 329–330.

[24] Jarausch, Universität, S. 320; R. A. Müller, Universität, S. 87.

[25] Heimbüchel, Universität, S. 113–115, 226, 249–250; Jarausch, Universität, S. 321; R. A. Müller, Universität, S. 87; zum Verhältnis zwischen TH und Universität zusammenfassend Nipperdey, Geschichte, Bd. I, S. 569: „Der eingewurzelte Rang- und Prestigeunterschied zwischen beiden Typen [...] blieb noch lange erhalten." – Auf diese Problematik komme ich im Exkurs über den Kampf um das Promotionsrecht an der DHfL zurück.

[26] Jarausch, Universität, S. 321.

2 Universität und Weltkrieg

2.1 Politik und Wissenschaft

Nachdem sich Band I dieser Arbeit auf den Zusammenhang zwischen Erstem Weltkrieg und deutscher Sportwissenschaft konzentriert hatte[27], ist nun seine Wirkung auf die allgemeine Universitätsgeschichte und zunächst ihre äußere Seite einzubeziehen. Nach der am 1. August 1914 verkündeten Mobilmachung[28] wurden ca. 90 000 Studenten und ca. 20% der Professoren zum Wehrdienst eingezogen; der Anteil der Nichtordinarien und Privatdozenten lag noch höher. Das Verhältnis aus dem Jahre 1914, in dem auf 10 000 Einwohner 21 Studenten kamen, wurde erst 1921 wieder erreicht. Unmittelbare Folgen des Krieges betrafen darüber hinaus den Etat der Hochschulen und dort vor allem Baumaßnahmen und Forschungsausgaben, so daß in den letzten Kriegsjahren der Lehrbetrieb unter großen Einschränkungen litt. Zudem führte die Preisverdoppelung zwischen 1912 und 1918 zu einem Schwund der Kaufkraft, mit der Besoldung und Stipendien nicht standhalten konnten: Die „Blütezeit des deutschen Universitäts- und Hochschulwesens endete mit Beginn des Ersten Weltkrieges"[29].

Die wichtige Frage nach der politischen Haltung, aber auch politischen Wirksamkeit der Professorenschaft zwischen Kaiserreich und Beginn der Weimarer Republik setzt erstens eine nähere Analyse des geradezu klassischen Gestus ihres ‚unpolitischen' Bewußtseins und zum zweiten einen Rückgriff auf die Unterscheidung einer „‚großen' Politik", einer „Politik im engeren Sinne" und einer „Politik im Kleinen"[30] voraus. Der idealistische Begriff einer über den Parteien stehenden „voraussetzungslosen Wissenschaft" (Theodor Mommsen), die nach Emil du Bois-Reymond nur der „Wahrheit, der Freiheit, dem Ewigen im Wandelbaren" und nicht dem „Gaukelspiel mit allem Hohen und Heiligen dient"[31], hatte unter einer rechtlich-funktionalen Warte seinen Grund in einer verfassungsrechtlich geschützten Lehr-, Lern- und Forschungsfreiheit. Sie schloß nicht nur eine Unabhängigkeit von parteilichen und konfessionellen Bindungen[32], sondern

---

[27] Eine Zusammenfassung bei Court, Vorgeschichte, S. 276–280.

[28] R. A. Müller, Universität, S. 89, verwechselt hier die (seit 1813 bestehende) Allgemeine Wehrpflicht mit der Mobilmachung; zu ihr detailreich Röhl, Wilhelm II., S. 1158–1159.

[29] R. A. Müller, Universität, S. 89.

[30] Ash, Wissenschaftswandlungen, S. 22–23. Erstere bedeutet die sogenannte „‚große' Politik der Regierungsverhältnisse und Staatsformen", die zweite „Sozial- oder Kulturpolitik", aber auch den „Einzug von Expertenwissen in die Verwaltung", und die dritte die „soziokulturelle Gestaltung von politischen und sozialen Milieus [...] oder die Machtverhältnisse innerhalb von Institutionen"; vgl. Court, Vorgeschichte, S. 279.

[31] Zit. n. Hammerstein, Antisemitismus, S. 14. Siehe auch Nipperdey, Geschichte, Bd. I, S. 574.

[32] Siehe die Interpretation des Art. 20 der preußischen Verfassung durch Kultusminister Philipp von Ladenberg 1851: „Die Wissenschaft und ihre Ausübung soll fernerhin keine anderen Schranken kennen als ihre eigene Wahrheit und insofern sie dieselbe verkannten oder

auch die Möglichkeit des Aufstiegs der deutschen Wissenschaft zur Weltgeltung ein[33].

Begreifen wir vor diesem Hintergrund das Verhältnis von Staat und Wissenschaft als ein solches von Makro- und Mikrokosmos[34], läßt sich erklären, weshalb die Professoren auf der einen Seite sich als unpolitisch und ihre Wissenschaft als überparteilich[35] bezeichnen konnten, andererseits aber ein politisches Spektrum zum Vorschein kam, in dem – jenen staatlichen garantierten Freiheiten zum Trotze – die bürgerliche Mitte und Rechte dominierte und nur wenige Katholiken und Demokraten, aber gar keine Sozialisten Ordinariate erlangten.[36] Während nämlich vor 1870/71 Studenten und Professoren die Funktion von Politik im Zweck der nationalen Einigung gesehen hatten, trat an seine Stelle nun der ihrer Sicherung.[37] Wie bereits am Beispiel der romanistischen ‚Wesenskunde‘ angedeutet, war es für sie daher kein Widerspruch, sich sowohl ‚unpolitisch‘ als auch „staatsfromm, national, kaisertreu und obrigkeitshörig‘‘[38] zu ge-

---

überschritten, die Heiligkeit des Strafgesetzes [...] Denn unter dem Vorwande der Wissenschaft wird gegen die höchsten Interessen und Rechte der Menschheit und des Staates ebenso wenig gefrevelt werden dürfen, wie durch die freigegebene Rede der Presse" (zit. n. Hammerstein, Antisemitismus, S. 14); zur Geschichte der Wissenschaftsfreiheit auch R. A. Müller, Universität, S. 79–80. Zusammenfassend Nipperdey, Geschichte, Bd. I, S. 572: „Die Universitäten waren [...] staatlich gegründet und finanziert und staatlich verwaltet. Der Staat bestimmte über die Errichtung von Professoren und Instituten, über Prüfungsordnungen und über vieles mehr. Das galt nicht als einseitige Abhängigkeit, sondern als Garantie gerade der Freiheit von Außendruck gesellschaftlicher, kirchlicher und parteilicher, industrieller oder agrarischer Interessen und dem Innendruck der Zunft- und Korporationsrücksichten. Freiheit im Umgang mit der Wahrheit, Freiheit, allein den Aufgaben und den Gesetzen der Wissenschaft zu folgen – auch gegenüber den Mächten des Geltenden und Gegebenen –, Freiheit der Forschung, der Lehre, des Lernens, das galt als Kern der Universität."

[33]   Entsprechende Zitate bei Hammerstein, Antisemitismus, S. 15–17; Nipperdey, Geschichte, Bd. I, S. 571.
[34]   So bspw. für die Romanistik Hausmann, „Strudel", S. 11.
[35]   Siehe Hans Delbrück: „Unsere Regierung rühmt sich über den Parteien zu stehen [...]. Auch die Wissenschaft steht über den Parteien"; zit. n. Hammerstein, Antisemitismus, S. 51.
[36]   Jarausch, Universität, S. 330; zum Problem der Berufung jüdischer (und sozialistischer) Wissenschaftler grundlegend Hammerstein, Antisemitismus, passim; Nipperdey, Geschichte, Bd. I, S. 572–576; zu generellen Fragen des ‚Kulturkampfes‘ und der Verbeamtung von Katholiken im Kaiserreich ebd.; ders., Bd. II, S. 128–138, 364–381. Strukturelle Probleme der Berufung katholischer Wissenschaftler, die bis in die Weimarer Republik hineinreichen, behandelt auch Klöcker, Volkszeitung, passim.
[37]   Siehe Friedrich Meinecke 1935, zit. n. Hammerstein, Antisemitismus, S. 50: „Gewiß, wir waren, an Ranke und Treitschke gemessen, Epigonen, und das war unser unentrinnbares Schicksal. Unserer Arbeit hat ein gewisses starkes Etwas gefehlt, was den Generationen von Ranke bis Treitschke eigen war, nämlich die Symbiose von Wissenschaft und Politik, die in der politischen Luft seit 1871 nicht mehr voll gedeihen konnte. So daß in der Tat eine verknöchernde Tendenz zu bloßer Fachwissenschaft mit virtuoser Methodik nun einsetzen konnte."
[38]   Hammerstein, Antisemitismus, S. 52.

ben: das akademische Empfinden wurde nun „apolitisch national, d. h. system-erhaltend"[39].

Damit besitzen wir den Schlüssel für den Umstand, daß das liberale Element dieser „konservativ-nationalliberalen, auf jeden Fall staatsbezogenen Grund-stimmung"[40] ab 1879/80 allmählich in den Hintergrund trat. Ein zu dieser Zeit einsetzendes, aus dem Unbehagen an der modernen Kultur gespeistes Bedürfnis nach Sicherheit[41], die zunehmende Bedeutung des nationalen Ansehens im Zei-chen des verstärkten Imperialismus[42], aber auch der schlichte Sachverhalt, daß Professoren und Ministerialbeamte demselben akademischen Milieu entstamm-ten und abweichende Meinungen eher karriereschädlich waren[43], führten zu ei-nem Heimischwerden der Wissenschaft im Gebiet einer „patriotischen Staatsre-ligion"[44], in der ein Wissenschaftspositivismus durch eine „Verbrüderung von Militarismus und Wissenschaft"[45] überlagert wurde. Dieser allgemeine Befund spiegelt sich auch in Lehrer- und Studentenschaft. Während die Oberlehrer „spä-testens seit 1907 zu den Hauptträgern der bildungsbürgerlichen Imperialbegei-sterung gehörten"[46], war die organisierte Volksschullehrerschaft in Fragen der ‚großen Politik' politisch eher zurückhaltend; sie wurde jedoch vor allem durch die autoritäre Tradition des Seminarmodells und seinem sowohl politischen wie pädagogischen Zweck der ‚Schulzucht' geprägt.[47] Die Studenten ihrerseits prä-sentierten mit ihren „neofeudalen Verhaltensweisen" – Gehorsam der ‚Füchse', Trinkzwang der Corpsburschen und Bestimmungsmensur als Prüfung zum ‚Her-

---

[39] Jarausch, Universität, S. 330; ebenso Hammerstein, Antisemitismus, S. 50. Parallelen zum ‚unpolitischen' Begriff der Sportbewegung bei Court, Vorgeschichte, S. 143; Tauber, Schützengraben, S. 388.

[40] Hammerstein, Antisemitismus, S. 7; ebenso Nipperdey, Geschichte, Bd. I, S. 133.

[41] Ausführlich Hammerstein, Antisemitismus, S. 20–21. Zum Berliner Antisemitismus-Streit nach 1879 um Treitschke ders., S. 10, 54–55; Court, Vorgeschichte, S. 123–124.

[42] Unter Konzentration auf den Antisemitismus siehe die Beispiele ebd., S. 60.

[43] Dazu ebd., S. 51; Hausmann, „Strudel", S. 9.

[44] Nipperdey, zit. n. Hammerstein, Antisemitismus, S. 60. Nipperdey, Geschichte, Bd. II, S. 251, spricht von einem „metapolitischen Glauben"; ausführlich ebd., S. 250–265.

[45] Ulrich v. Wilamowitz-Moellendorf, zit. n. Hammerstein, Antisemitismus, S. 53. Vgl. Ja-rausch, Universität, S. 330: „In den politisch relevanten Fachvorlesungen z. B. über Staats-recht, Nationalökonomie oder neue Geschichte läßt sich ein Entliberalisierungsprozeß auf-zeigen, in welchem das liberale Element zugunsten wissenschaftspolitischer Haltungen aufgegeben und dann um die Jahrhundertwende von einem imperialistischen Selbstbe-wußtsein verschiedenster Schattierung abgelöst wurde."

[46] Titze, Lehrerbildung, S. 356: „Aufgrund ihrer Identifikation mit dem nationalen Macht-staat wilhelminischer Prägung schrieben sie sich bei der ‚Führung und Leitung der organi-sierten Massen' in Militär-, Flotten-, Ostmarken-, Turn- und Gesangsvereinen eine staats-tragende Rolle zu" (ebd.).

[47] Ebd., S. 359, 367–388. Titze faßt zusammen: „Über diese doppelte Bindung, durch staatli-che Kontrolle und Disziplinierung einerseits und durch statusbezogene, an vorgegebene Bedingungen anknüpfende Interessenpolitik andererseits, wurden die Volksschullehrer als Stand sozial abgesichert und politisch zuverlässig im kaiserlichen Deutschland verankert" (ebd., S. 368).

renmenschen' – sogar das „„Idealbild der Wilhelminischen Ära'"[48]. Insgesamt
standen „Hochschule und Bildungsbürgertum in einem harmonischen Verhältnis
zueinander; beide akzeptierten den Obrigkeitsstaat und suchten soziale Harmonie
in der Industriewelt."[49]

Verbinden wir diese Überlegungen mit der These des revolutionären Einflusses ‚großer' historischer Ereignisse auf wissenschaftliche Paradigmen[50], zeitigte
der von den Universitäten „fast erhoffte Ausbruch des Krieges'"[51] vor allem zwei
– miteinander verschränkte – Folgen. Zum einen setzte sich die Ablösung einer
wissenschaftspositivistischen durch eine dezidiert nationale Bestimmung von
Wissenschaft fort, und zum anderen wurde diese – im kategorialen Unterschied
zur Vorkriegszeit – nun selbst zur ‚Politik im engeren Sinne', indem ihr Expertenwissen nicht nur in sozial- und kultur-, sondern auch militärpolitische Entscheidungen eingriff.[52] Als Beispiele seien die bereits oben erwähnte romanistische ‚Wesenskunde'[53], der von 3016 Hochschullehrern unterzeichnete „Aufruf
der 93" deutschen Hochschullehrer vom Oktober 1914, die im vorgeblichen

---

[48] Jarausch, Universität, S. 333; siehe die Zusammenfassung ebd., S. 333–334, 339: „Erzriva-
     len der Corps waren die im Vormärz liberalen Burschenschaften, welche sich nach der
     Reichsgründung weitgehend aus der Politik zurückzogen und eher nationale Werte propa-
     gierten, aber vorwiegend aus Bürgerlichen zusammengesetzt waren. [...] Die alten, aber
     umstrukturierten Landsmannschaften und die neugegründeten Turnerschaften bestanden
     auch auf dem Mensurzwang ihrer Aktiven, so daß sie sich 1913 in Marburg im Kartell der
     Schlagenden Verbände zusammenfinden konnten. Gleichsam auf der zweiten Ebene exi-
     stierten die farbentragenden Verbindungen wie der protestantische Wingolf und der katho-
     lische CV, welche zwar Wichs und Schläger trugen, aber das Duell ablehnten. Auf einer
     dritten Stufe florierten dann zahlreiche Vereine, die der Geselligkeit, der Wissenschaft,
     dem Sport oder der Religion gewidmet waren und die Formen des Korporatismus weniger
     streng nahmen, so daß sie auch für einfachere Studenten zugänglich waren. [...] Liberali-
     sierende Reformtendenzen bereicherten zwar die studentischen Institutionen (Ausschüsse,
     Arbeitsämter), unterlagen aber im ideologischen Ringen dem Antisemitismus, Antisozia-
     lismus und Imperialismus." Zum Zusammenhang zwischen studentischem Antisemitismus
     und dem Berliner Antisemitismus-Streit Nipperdey, Bd. II, S. 302–303.
[49] R. A. Müller, Universität, S. 86. Ausführlich Jarausch, Universität, S. 339: „Trotz aller
     Gegenströmungen kann die Mentalität der Mehrheit der kaiserlichen Bildungsbürger [...]
     als ein akademischer Illiberalismus charakterisiert werden, der Bildung idealisierte, sozi-
     alaristokratisch auf die Ungebildeten herabsah und sich von der Politik fernhielt. Da sie
     apolitisch ‚national' dachten, unterstützten die Gelehrten eine überparteilich beharrende
     Innenpolitik und eine Außenpolitik der Stärke. Im Kaiserreich erreichte das so geprägte
     Bildungsbürgertum den Höhepunkt seines sozialen Prestiges und politischen Einflusses
     und trug nicht unwesentlich zur Blockierung der inneren Reformen und zur in den Welt-
     krieg mündenden Risikopolitik bei."
[50] Ausführlich Court, Vorgeschichte, S. 24–26.
[51] Hammerstein, Antisemitismus, S. 81.
[52] Ebd., S. 279. Zur Differenzierung der Hochschullehrer in ‚Imperialisten', Vertreter einer
     ‚nationalen Opposition' und ‚Kathedersozialisten' R. A. Müller, Universität, S. 89.
[53] Ausführlich zu dieser antagonistischen Phase Hausmann, Nationale Wissenschaft, S. 25–
     26; siehe auch Court, Vorgeschichte, S. 203–204.

Kampf zwischen ‚Kultur' und ‚Zivilisation' einen „„Krieg der Geister""[54] führten, und wissenschaftliche Aktivitäten im sozialen, geistigen und institutionellen Umfeld des DRAfOS bzw. DRA genannt. Der hier vertretene Begriff des Krieges als „großes interdisziplinäres Experimentierfeld körperlicher Anpassungsfähigkeit unter präventiven und regenerativen Aspekten"[55] begünstigte deshalb die Entwicklung der Sportwissenschaft zu einer Querschnittswissenschaft, weil sich die verschiedenen Fachvertreter, aber auch Sportfunktionäre in gemeinsamen vaterländischen Aufgaben finden und damit ihrem Tun politischen Sinn verleihen konnten.[56] In ihren pädagogischen Begründungen entsprach eine solche Wissenschaft vollkommen der zeitgenössischen ‚Kriegspädagogik'.[57]

Die Auswirkungen des Kriegsendes auf die politische Haltung der Professoren, die der amerikanische Präsident Woodrow Wilson 1917 als „eigentliche Urheber und Hauptträger des deutschen Imperialismus"[58] bezeichnet hatte, bedeuteten nur scheinbar einen Bruch mit ihrer widersprüchlichen Tradition. Nachdem verstärkt seit der Kriegswende des Sommers 1916 pessimistische und auch pazifistische Anwandlungen die Stelle des bis dahin herrschenden Patriotismus eingenommen hatten[59], machte sich zu Beginn der Weimarer Republik eine resignative Stimmung breit.[60] Dies lag nicht nur an den katastrophalen finanziellen und materiellen Bedingungen der Hochschulen infolge harter Sparmaßnahmen[61],

---

[54]   R. A. Müller, Universität, S. 89–90; mit weiteren Beispielen Court, Vorgeschichte, S. 235–236. Stern, Deutschland, S. 51, nennt den Aufruf das „wichtigste – und ungeheuerlichste – Beispiel dieses neuen Geistes" eines „heiligen Wahns" in allen kriegsführenden Ländern.

[55]   Court, Vorgeschichte, S. 174.

[56]   Siehe die Zusammenfassung ebd., S. 241–243.

[57]   Siehe Langewiesche/Tenorth, Bildung, S. 12: „Ganz gegen das reformpädagogische Credo, Erziehung ‚vom Kinde aus' zu denken, waren Erziehungstheoretiker und -praktiker seit dem August 1914 intensiv daran beteiligt, den politisch-militärischen Ansprüchen das ideologische Fundament und die pädagogische Unterstützung zu verschaffen. ‚Kriegspädagogik' wurde nicht nur ein vielerörtertes Thema, an dem sich die Leitfiguren der Pädagogik [...] literarisch korrumpierten, sondern auch eine Praxis, die Schulen und Hochschulen, Sozialarbeit und Jugendhilfe, häusliche Erziehung und öffentliche Tugenden in der Absicht zu gestalten suchte, dem Verfall der Sitten vorzubauen und den Wehrwillen zu stärken." Zur inneren Widersprüchlichkeit der Reformpädagogik auch Tenorth, Denken, S. 111.

[58]   R. A. Müller, Universität, S. 89. Siehe seinen Kommentar ebd.: „In der Tat hatten deutsche Hochschullehrer, zwar nicht in politisch verantwortlicher Funktion, so doch als Publizisten und Interpreten der Politik und als Exponenten öffentlicher Willensbildung am ‚geistigen Weltkrieg' partizipiert."

[59]   Zitate ebd., S. 90; zur Kriegswende siehe Mai, Ende, S. 76–83.

[60]   Siehe die sarkastische Variante bei Gustav Radbruch: „Nur zu oft war vor und während des Krieges der Professor die Trompete, die von selbst zu tönen meinte und nicht wußte, daß und von wem sie geblasen wurde [...]. Mit den Gesten der Führerschaft waren die Universitäten vielfach geführte, wo nicht Angeführte des Zeitgeistes"; zit. n. R. A. Müller, Universität, S. 90.

[61]   Von diesen Einschnitten waren außer der Dozentenschaft bereits 110 000 Studenten (davon 10% Frauen) in den Jahren 1919/20 betroffen; Einzelheiten bei R. A. Müller, Universität, S. 91–93; Titze, Hochschulen, S. 209–212.

sondern vor allem daran, daß Krieg und Kriegsende als „Umwertung aller Werte"[62] erlebt wurden. Die Kriegserfahrung selbst, die Revolution, die Trauer über den Verlust des Kaiserreiches, das Scheitern der Idee einer ‚Gelehrtenrepublik', aber auch die Isolation und eine in ihrer Weltgeltung weit zurückgeworfene deutsche Wissenschaft[63] ließen zwar auch bei der national gerichteten Professorenschaft zunächst ein „republikgeneigtes Klima"[64] entstehen. Es mußte jedoch nach der Annahme des als ‚Diktatfriedens' empfundenen Vertrags von Versailles restaurativen Tendenzen Platz machen, in denen auch an den Hochschulen die Schlagwörter ‚Dolchstoß' und ‚Versailles' unter dem Deckmantel einer sich erneut ‚unpolitisch' gebenden Wissenschaft zum „Geburtsmakel der Republik"[65] wurden.

Das Dilemma der unverändert mit hohem Ansehen ausgestatteten Universität bestand darin, daß sie zu Bewältigung dieser Gesellschaftskrise die Funktion einer Wiederherstellung der nationalen Ehre wahrzunehmen hatte[66], dies aber ohne nähere Berührung vor allem mit den staatstragenden Parteien geschehen sollte.[67]

---

[62] Dieses Zitat lautet in der Variante eines Medizinprofessors nach Hammerstein, Antisemitismus, S. 82: „Wie bei einem Erdbeben stürzte alles, was bisher fest erschien, durcheinander, eine Umwertung aller Werte ist in einem Maß eingetreten, daß man nicht mehr weiß, was überhaupt noch Wert hat".

[63] Ausführliche Belege bei R. A. Müller, Universität, S. 90–91; Hammerstein, Antisemitismus, S. 82–85.

[64] Hammerstein, Antisemitismus, S. 83. Auch nach Titze, Hochschulen, S. 218, „war das Gros der Hochschullehrer in der revolutionären Umbruchphase zunächst bereit, sich auf den Boden der parlamentarisch-demokratischen Neuordnung zu stellen. Diese Anerkennung der neuen Realitäten war indessen bald wieder verflogen." Allgemeinpolitisch handelte es sich um einen „historischen Gründungskompromiß zwischen den alten Führungszirkeln vor allem in Wirtschaft und Militär auf der einen Seite und den Führungen von Mehrheitssozialdemokratie und Gewerkschaften auf der anderen" (Langewiesche/Tenorth, Bildung, S. 10).

[65] Langewiesche/Tenorth, Bildung, S. 2–3. Beispielhaft ist die Einschätzung des Altphilologen Ernst Lommatzsch 1922: „Wie herrlich war Deutschland, wie stark und mächtig. Es war einmal. Wie elend ist Deutschland, wie tief gedemütigt" (zit. n. Hammerstein, Antisemitismus, S. 83). Ausführlich zu dieser Anfangszeit der Weimarer Republik Winkler, Weimar, S. 13–185; eine präzise Zusammenfassung bei Hobsbawm, Zeiten, S. 68–69; anschauliche Zitate aus der Professorenschaft der Berliner Universität gibt Grüttner, Universität, S. 24–35.

[66] Vgl. aus einem Aufruf zur Hochschulreform 1919: „Trotz unseres materiellen Zusammenbruchs können wir Deutsche die geschichtliche Führung der Welt an uns reißen, wenn es uns gelingt, auf dem Grunde der wirtschaftlichen und in den Formen der politischen Demokratie unsere nationale Gemeinschaft zutiefst in einer alle Klassen des Volkes umschließenden Gemeinschaft der Bildung zu verankern. In den Dienst dieser Aufgabe sich zu stellen, ist die brennende nationale Pflicht der Universitäten"; zit. n. R. A. Müller, Universität, S. 91.

[67] Vgl. Tenorth, Denken, S. 112: „Gegenüber den durch Krieg und Revolution, Republikgründung und Demokratieversuch herbeigeführten Veränderungen regierte das Bewußtsein einer tiefen, epochalen Krise, im bürgerlichen Selbstverständnis gepaart mit Trauer über die Auflösung traditioneller Werte, bei der Avantgarde mit Distanz zur bürgerlichen Gesellschaft und der Kritik alter Fortschrittsannahmen. Prospektiv stand neben dieser Kri-

In der Professorenschaft bildeten die bürgerlich-liberalen ‚Vernunftrepublikaner‘ aber nicht nur eine Minderheit[68], sondern waren zudem im Kaiserreich sozialisiert worden, so daß sie in jener Aufgabe vor allem eine Auseinandersetzung mit Intellektualismus und ‚Asphaltkultur‘ des Großstadtlebens[69] unter den Leitideen der „Volksgemeinschaft und der starken Führerschaft"[70] verstanden.

Zur beherrschenden Gruppierung avancierten trotz ihrer gleichfalls zahlenmäßigen Minorität die ultrakonservativen und antisemitischen Professoren, die durch symbolreiche Aktivitäten wie z. B. die Feier des ‚Reichsgründungs-‘ und des ‚Langemarcktages‘ die ‚Alt-Nationalen‘ an sich ziehen konnten, mit denen sie die Ablehnung der Republik, den Wunsch nach einer Rückkehr des Kaiser-

---

sendiagnose aber die Erneuerung des Idealismus und die Überzeugung, daß die Krise zwar nicht durch das neue politische System oder die Parteien bewältigt werden kann, daß aber gesellschaftliche Leitbilder, von Eliten erzeugter, popularisierter und von einem Staat jenseits der Parteien verbürgter Sinn die Lösung der Krise sein kann." Zum systematischen Hintergrund dieser Problematik auch Hammerstein, Antisemitismus, S. 85–90, und seine Interpretation von Thomas Manns *Betrachtungen eines Unpolitischen*.

[68] Titze, Hochschulen, S. 217–218, unterscheidet grob vier Hauptgruppen: (1) ‚Annexionisten‘, (2) ‚Gemäßigte‘, (3) die breite Masse der Hochschullehrer, die nach rechts, aber ohne explizite Ablehnung der neuen Republik, tendierte, sowie (4) Sozialisten und Pazifisten. Anschauliche Belege bei Hammerstein, Antisemitismus, S. 84–88; vgl. für die Romanistik Hausmann, „Strudel", S. 11: „Politisch waren, soweit Auskünfte darüber vorliegen, die meisten Romanisten wenig engagiert und nicht gebunden. Ihre Sympathien dürften sich in der Zwischenkriegszeit zu gleichen Teilen auf die Mitte und die Rechte verteilt und dementsprechend ihr Wahlverhalten bestimmt haben. [...] Der allgemeine Ton war jedoch deutschnational und autoritär." Für die Berliner Universität gibt Grüttner, Universität, S. 146, das Verhältnis zwischen den republikfeindlichen Professoren und den Anhängern der Republik mit 4:1 an.

[69] Dazu Hammerstein, Antisemitismus, S. 84. Ein besonders schönes Zitat ist der Tagebucheintrags Victor Klemperers vom 26.9.1926 über einen „5 Uhr Tee" im Berliner Hotel Eden: „Eigentlich Sodom und Gomorrha. Ernsthaft! [...] Eine riesige Jazzkapelle, eigentlich zwei aneinandergebaute, die sich bisweilen ablösten, bisweilen zu Riesenlärm zusammenfanden. Drei gigantische Saxophone, Trompeten, mit Schlagzeug, Banjo, Ziehharmonika. Wildeste unartikulierteste Geräusche, nicht immer Töne, selten Harmonieen, sehr selten Melodieen, immer Rhythmen, dumpf gepaukt, getrommelt, gestampft, blechgeschlagen. Singen u. Schreien einzelner Musiker oder aller im Chor. [...] Klatschen, englische Brocken irgend welcher Texte. Und immerfort Charleston, die Beine auseinanderwerfend im Sexualrhythmus, eine wilde, tobende Schamlosigkeit. Die Mädchen, wohl Confection u. immer wieder Confection gemalt, gepudert, Arme nackt, Beine frei, Kleidung anliegend, nichts unter der Oberhülle. Die Jungen: zu 98% Jungelchen, zwischen 18 und 22. Das war das Empörendste: diese Bengel gehören in ein Arbeitshaus. Sind aber Kavaliere. [...] Ein wildes, zwitscherndes Toben in Tanz u. Musik, eine Art öffentlicher Coïtus, eine Vergeudung von Zeit, Geld, Kraft, Jugend. [...] Ich könnte begreifen, wenn hier einer dictatorisch eingriffe, halb Robespierre, halb Calvin. Aber ein solcher Dictator würde antisemitische u. teutsche Töne anschlagen u. das wäre verfehlt. Ich kann verstehen, wie hier einer Communist u. Bolschewist wird. [...] – Mir war es ein ungeheurer Eindruck" (Klemperer, „Leben", Bd. 2, S. 297–298).

[70] Friedrich Meinecke, zit. n. Hammerstein, Antisemitismus, S. 84.

reiches und einer Führerpersönlichkeit teilten.[71] Weil auch trotz eines „nicht zu unterschätzenden demokratischen Potentials" die Diskreditierung der Republik als ‚Erfüllungsstaat' in der „betont national und ‚großdeutsch' fühlenden Studentenschaft einen fruchtbaren Nährboden fand"[72], zeigte sich der Einfluß des Weltkriegs auf die Universität in einer Kontinuität des aus dem Kaiserreich bekannten dezisionistischen Grundproblems einer ‚unpolitischen' Wissenschaft. Indem die Hochschule ihre geistige Aufgabe einer Bewältigung des Weltkrieges ohne kritische Distanz auf ihre Tradition der vorgeblich rein idealen Führerschaft im Kampf zwischen ‚Kultur' und ‚Zivilisation' zurückführte[73], wurde sie selbst zu einer politisch wirksamen Institution.[74]

2.2 Hochschulpolitik und ‚neue universitas'

Eine solche Entwicklung mußte zwangsläufig ihre Spuren auch in der Leitidee einer ‚neuen universitas' hinterlassen, mit der die universitäre Funktion einer „neuen Geistesfortsetzung für das Deutschtum, die besser als militärische Waf-

---

[71] Hammerstein, Antisemitismus, S. 83; zur Bedeutung von Symbolen als kulturwissenschaftliche „Leitkategorie" in diesem Zusammenhang Pyta, Hindenburg, S. 58–60.

[72] Titze, Hochschulen, S. 212–214; vgl. Hammerstein, Antisemitismus, S. 87. Grüttner, Universität, S. 28, sieht am Beispiel der Berliner Universität in der „scharfen Ablehnung" des Versailler Vertrags den „schmalen politischen Grundkonsens, der den Lehrkörper und die Studentenschaft [...] miteinander verband"; auf seine Bedeutung für die Idee eines studentischen Pflichtsports wird noch mehrfach zurückzukommen sein.

[73] Siehe die exemplarische Zitat des Berliner Rektors Eduard Meyer, auf den wir vor allem im Teil I, Kap. 2, eingehen werden: „Wenn wir dennoch das Vertrauen auf eine bessere Zukunft, auf eine Wiederbelebung unseres Volksgeistes und eine Erlösung aus dem Versinken in wüstem Materialismus und roher Begehrlichkeit festhalten, so sind das Einzige, woran wir uns klammern können, die geistigen Kräfte, der letzte Besitz, der uns als keinem Feind erreichbares Eigentum geblieben ist. Ihn dem Volk und dem heranwachsenden Geschlecht zu erhalten und zu mehren, sind in erster Linie die deutschen Universitäten berufen. Denn nicht die materiellen Kräfte und Mittel und nicht die mechanische Arbeit sind es, die die Welt beherrschen, so unentbehrlich sie sind, sondern der Geist, der sie entwickelt und leitet" (zit. n. R. A. Müller, Universität, S. 91; Hammerstein, Antisemitismus, S. 82). Vgl. Langewiesche/Tenorth, Bildung, S. 12–13: „Bildungspolitiker und Pädagogen übernahmen [...] die Einheitssehnsucht der soldatischen ‚Frontgeneration' und versuchten, die neue Gestalt der Nation, ihre Einheit und ihren Zusammenhang primär als geistige Aufgabe dem als politisch neutral geltenden ‚Kulturstaat' zu übertragen".

[74] Vgl. Hammerstein, Antisemitismus, S. 86–91; Langewiesche/Tenorth, Bildung, S. 14. Siehe auch Winkler, Weimar, S. 18: „National sein hieß [...] in erster Linie anti-international sein. Binnen weniger Jahre hatte sich der Begriff ‚national' von einer liberalen und demokratischen in eine eher ‚rechte', konservative Parole verwandelt", und Grüttner, Universität, S. 144: „Man trennte an den Hochschulen zwischen Parteipolitik und einer Politik, die ‚nationale' Interessen vertrat. Letzteres gehörte nach eigenem Selbstverständnis auch zu den Aufgaben der Hochschule." Zum Problem des Dezisionismus in diesem Zusammenhang Court, Vorgeschichte, S. 186–187.

fen auf die Dauer der Zeit Deutschland und Europa zu dienen vermag"[75], verwirklicht werden sollte. Während dieser Begriff in den universitären Reformver-
suchen Mitte des 19. Jahrhunderts den praxisbezogenen Gegenentwurf zur
Humboldtschen Universität symbolisiert hatte[76] und von der Absicht geleitet
war, sowohl das sozialen Ansehen der Kaufleute zu steigern als auch deren Ausbildung zu verbessern, bezog er zu Beginn der Weimarer Republik seinen Sinn
aus einer – nur analytisch zu trennenden – *Pädagogisierung und Modernisierung* der Hochschulen, durch die man sich eine Überwindung des Weltkriegs und
seiner Folgen erhoffte.[77] Institutionengeschichtlich besonders sinnfällig wurde
dieser Gedanke in der 1922 abgeschlossenen Besetzung der Lehrstühle für Philosophie bzw. Pädagogik und Psychologie in Berlin und Göttingen durch die Dil-
they-Schüler Eduard Spranger und Hermann Nohl.[78]

Zum einen läßt sich die nun einsetzende breite universitäre Institutionalisierung der Pädagogik als Ausdruck einer „impliziten Pädagogisierung"[79] verstehen. Sie enthält – gerade vor dem Hintergrund der ‚Kriegspädagogik' – die idealistische Grundannahme von der Notwendigkeit einer „neuen Erziehung" als
„Heilmittel"[80] in der „Permanenz der Krise"[81], die sich nicht bloß auf die Universität beschränkte.[82] Zum anderen hatte die Pädagogisierung der Hochschule

---

[75]   So der Kölner Oberbürgermeister Konrad Adenauer über die Aufgaben der neuen Univer-
        sität Köln in einer Rede vor der Kölner Stadtverordnetenversammlung am 20.3.1919,
        zit. n. Heimbüchel, Universität, S. 328. Zu dieser Auffassung Haupts, Universität, S. 128:
        „Daß geistige Autorität die materiellen Verluste an wirtschaftlicher Macht und politischem
        Einfluß der Nation ersetzen sollte und konnte, entsprach der preußischen Tradition nach
        den napoleonischen Kriegen und deren Neuauflage nach 1919."

[76]   Ausführlich am Beispiel der entsprechenden Denkschrift Gustav von Mevissens von 1879
        Heimbüchel, Universität, S. 134–138. Heimbüchels These ist, daß sich auch die Gegner
        der Humboldtschen Idee am Vorbild des Deutschen Idealismus orientiert und eine allge-
        meine Menschenbildung erstrebt hatten.

[77]   Zum Begriff der Modernisierung Mai, Europa, S. 8–10.

[78]   Vgl. Tenorth, Denken, S. 111: „Mit der Weimarer Republik begann für die wissenschaftli-
        che Pädagogik in Deutschland eine neue, jetzt schon klassische Phase ihrer Geschichte. In
        der theoretischen Wirkung vielleicht vergleichbar ihrer Geburtsstunde an der Wende vom
        18. zum 19. Jahrhundert, sozialgeschichtlich sicherlich bedeutsamer, weil es der Erzie-
        hungswissenschaft gelang, durch die Institutionalisierung an Universitäten und Pädagogi-
        schen Akademien Hochschulrang zu erwerben und ihre eigenen Theorien und Fragestel-
        lungen gesichert zu tradieren"; weitere Beispiele für die Einrichtung pädagogischer
        Lehrstühle ebd., S. 116–117.

[79]   Ebd., S. 112.

[80]   Exemplarisch Hermann Nohl, zit. n. Tenorth, Denken, S. 112: „Es gibt kein anderes Heil-
        mittel für das Unglück unseres Volkes als die neue Erziehung seiner Jugend zu froher, tap-
        ferer, schöpferischer Leistung."

[81]   Mai, Europa, S. 12.

[82]   Vgl. Tenorth, Denken, S. 112–113: „Nicht nur beamtete Philosophen und Erziehungstheo-
        retiker, Staatsrechtslehrer und Historiker, sondern auch Teile der Avantgarde, Literaten
        und Politiker, Künstler und Architekten, ‚Unterrichtswelt' und ‚Geisteswelt' waren sich
        darin einig, daß nur ein neuer Idealismus die ‚Sehnsucht der Zeit nach einer Weltordnung'
        (Hermann Hesse) befriedigen und den ‚Hunger nach Ganzheit' sättigen könnte."

aber auch explizite Wirkungen auf die Organisation des Studiums und die über die Einrichtung von pädagogischen Ordinariaten hinausgehende neue Struktur der Universität. Weil durch den Krieg die „soziale Frage [...] für eine nicht zu kurz zu bemessende Zeit die wichtigste Frage des deutschen Volkes sein wird"[83], waren vor allem die Reformversuche des Orientalisten Carl Heinrich Becker (zum ersten Mal 1921 preußischer Kultusminister) von der Überzeugung geleitet, daß besonders die neuartigen Wissenschaften wie Pädagogik und Soziologie mit ihrem „Blick auf das Ganze"[84] eine Modernisierung der Universität anführen sollten, in der stärker als bisher der berufliche Bezug[85], die „Synthese von Wissen und Handeln"[86] und die für unser Thema wichtige Verbindung von „Geist (Ratio), Seele (Irrationales, Triebe), Körperlichkeit und Sozialem"[87] zu betonen waren. Zu einer solchen Mehrfunktionalität dieser Fächer[88] traten Überlegungen

---

[83] Konrad Adenauer im März 1918, zit. n. Heimbüchel, Universität, S. 289.

[84] Becker, zit. n. Hammerstein, Antisemitismus, S. 90; vgl. Grüttner, Universität, S. 120. Anschaulich Becker in seinen „Gedanken zur Hochschulreform" 1919, zit. n. Heimbüchel, Universität, S. 256: „Unter dem Zusammenwirken von Spezialisten ging das eigentlich Problematische, das Grundsätzliche verloren und damit das Schöpferische. Wir erzogen Ohren-, Nasen- und Hautspezialisten, aber keine Ärzte; die germanistischen, romanistischen und sonstigen Philologen beherrschten virtuos die Lautverschiebungen und zählten alle Hebungen und Senkungen in der Dichtkunst; aber ein lebendiges Bild der Kulturzusammenhänge ihres Fachgebietes besaßen im günstigsten Falle die klassischen Philologen. Wir erzogen Heiztechniker und Schiffsmaschinenbauer, aber keine Ingenieure; wir erzogen keine wissenschaftlichen Vollmenschen und ganz gewiß keine Staatsbürger." Zu dieser Kritik am Wissenschaftspositivismuse siehe auch die Zitate von Eduard Spranger ebd., S. 257; Hammerstein, Antisemitismus, S. 56.

[85] Diese beiden Elemente der ‚neuen universitas‘ sind nur analytisch zu trennen. Siehe zu ihrem Zusammenhang bspw. R. A. Müller, Universität, S. 93: „Zu den wichtigsten Reformpunkten gehörte die Pädagogisierung des Hochschulunterrichts, womit das Studium berufsbezogener gestaltet werden konnte und die Berufsausbildung gegenüber der bisher dominierenden Persönlichkeitsbildung eine deutliche Aufwertung erfuhr. In den Kontext dieser Bemühungen fielen auch die Gründungen der Akademien als Volksschullehrerbildungsstätten. Lehrpläne wurden gestrafft, das Examenswesen reorganisiert. Die den professoralen Vorstellungen zuwiderlaufende stärkere Berufsbezogenheit ging klar auf Kosten der ‚Lernfreiheit‘, bewirkte aber eine ungleich größere Effizienz des Studiums."

[86] So Tenorth, Denken, S. 113: „Die Verbindung von Erkenntnis und Leben, nicht ihre Distinktion, die Synthese von Wissen und Handeln, nicht ihre theoretisch bewußte Relationierung bestimmten vor allem die politischen, künstlerischen und kulturphilosophischen Erwartungen"; siehe auch Grüttner, Universität, S. 120.

[87] Dies sind nach G. Müller, Reform, S. 389, 391, die Kennzeichen für Beckers Idee des ‚neuen Humanismus‘ bzw. ‚dritten Humanismus‘.

[88] Vgl. Tenorth, Denken, S. 117: „Die Pädagogik sollte die als notwendig erkannte wissenschaftliche, also mit dem Anspruch der Objektivität auftretende Behandlung von Bildungsproblemen politisch absichern, den allmählich nicht mehr negierbaren Berufs- und Praxisbezug der philosophischen Fakultäten zum Ausdruck bringen und die anderen Fächer von solch praktischen Erwartungen entlasten. In der Frühphase der Republik verschmolzen diese Erwartungen mit den neuen, auf die ideelle Einheit des Bildungswesens und die Synthese des gesellschaftlich erzeugten Wissens angelegten Universitätsplänen des späteren Kultusministers C. H. Becker." Laut der Zusammenfassung von Langewie-

zur Verbesserung der Berufungsmöglichkeiten jüdischer Gelehrter[89] und größerer Mitbestimmungsmöglichkeiten sowohl der Nichtordinarien als auch der Studenten[90].

Die diesen ideologischen Erwägungen geschuldete „Politik der Kompromisse"[91] hatte darüber hinaus aber auch hochschulrechtliche Ursachen, die aus der Grundfrage der Weimarer Verfassung – „Bundesstaat oder Einheitsstaat"[92] – flossen. Grundsätzlich hatte sie im Artikel 10 dem Reich eine Rahmenkompetenz auf dem Gebiet der Hochschule zugesprochen, und mit der Kodifizierung der Freiheit von Wissenschaft und Lehre im Artikel 142 wurde nicht nur die akademische Selbstverwaltung gestärkt, sondern auch ein „Novum für das gesamtdeutsche Universitätsrecht"[93] geschaffen. Da Reichsregierung, Ministerien und das Parlament von der Kann-Bestimmung des Artikels 10 keinen Gebrauch machten, blieb die Hochschulpolitik *de facto* jedoch gemäß Artikel 21 eine Sache der Länder, deren Vielfalt sich notwendig auf die Durchsetzbarkeit von Reformen auswirkte.[94]

Zur Vertiefung dieser Hintergründe bietet sich als besonders geeignetes Beispiel die 1919 erfolgte (Wieder-) Eröffnung der Universität in Köln[95] an. Erstens spiegelt sich in ihrem Gründungsgeist der ‚neuen universitas' der beschriebene „Kulturimperialismus"[96]; zweitens repräsentiert sie im bevölkerungsreichsten Einzelstaat Preußen und seiner zweitgrößten Stadt den neuen Typus der moder-

---

      sche/Tenorth, Bildung, S. 14, waren die Pläne Beckers, die „Synthese des fachspezifisch zersplitterten Wissens und eine neue Haltung der Eliten durch Reformen der Hochschule, durch Beteiligung der Studenten und durch neue Fächer, wie die Soziologie, zu befördern."

[89]   Hier sind vor allem die neuen ‚Großstadt-Universitäten' zu nennen; dazu Hammerstein, Antisemitismus, S. 76–81, 90–91. Sehr schön auch hier das Tagebuch Victor Klemperers v. 26.12.1926 über seine Erfahrungen mit den Großstadtuniversitäten Köln und Hamburg: „Ich stellte für mich diese Unterscheidung auf: Es gibt reactionäre u. liberale Universitäten. Die reactionären nehmen keinen Juden; die liberalen haben immer schon zwei Juden u. nehmen keinen dritten" (Klemperer, „Leben", Bd. 2, S. 312).

[90]   Seit 1919 waren „an sämtlichen deutschen Universitäten offizielle Studentenorgane (Studentenparlament, Fachschaften, allgemeiner Studentenausschuß) zugelassen [...]. Auch die Ordinarien, die Extraordinarien und die Privatdozenten schufen sich eigene Interessenverbände auf Reichsebene" (R. A. Müller, Universität, S. 93).

[91]   Langewiesche/Tenorth, Bildung, S. 13.

[92]   Vgl. (mit Kommentar) Hartung, Verfassungsgeschichte, S. 325; siehe auch Nagel, Bildungsreformer, S. 31–32.

[93]   Hartung, Verfassungsgeschichte, S. 91.

[94]   Hierzu R. A. Müller, Universität, S. 91. Ein besonders eindringlicher Beleg ist der Weimarer Schulstreit um die Zulassung von Konfessionsschulen; dazu Langewiesche/Tenorth, Bildung, S. 13. In bezug auf die Turnlehrerausbildung spricht Harte, Turnlehrerausbildung, S. 468, hier von einer „traurigen Mannigfaltigkeit".

[95]   Der heute gebräuchliche Name „Universität *zu* Köln" wurde erst nach dem II. Weltkrieg eingeführt; vgl. Klöcker, Volkszeitung, S. 730, Anm. 3.

[96]   R. A. Müller, Universität, S. 91.

nen Großstadtuniversität[97]; drittens haben gerade in Köln Beckers Reformpläne
eine wichtige Rolle gespielt, und viertens schließlich gilt die Kölner Universitätsgeschichte im uns interessierenden Beginn der Weimarer Republik als gut
erforscht.[98]

Die 1388 gegründete Universität Köln war – wie sämtliche Gymnasien und
Hochschulen im linken Rheinland bis spätestens 1798 – im Gefolge der Französischen Revolution aufgelöst worden.[99] Erst 1901 konnte in Köln mit der Handelshochschule erneut eine Hochschule eröffnet werden, die als „eigentliches
Fundament ihrer Wiederbegründung"[100] gilt. Nachdem 1910 und 1912 Anträge
der Handelshochschule auf Verleihung des Promotionsrechtes – vor allem in Berufung auf Universitätspläne in Hamburg und die seit 1901 bestehende Handelshochschule Frankfurt/M. – abschlägig beschieden worden waren[101], verstärkten
sich ab 1913 die Bemühungen für eine Umwandlung der Handelshochschule in
eine Universität. Ihre treibenden Kräfte – Kölns Oberbürgermeister Konrad
Adenauer und Christian Eckert, seit 1904 Rektor der Handelshochschule – mußten dabei die Konkurrenz zur bereits bestehenden Bonner Universität ins Kalkül
ziehen. Hier lehrte seit 1913 Carl Heinrich Becker, der lediglich eine Fusion der
beiden Nachbaruniversitäten befürwortete, bevor er 1916 – zunächst als Hoch-
schulreferent – seine Tätigkeit im preußischen Kultusministerium aufnahm.[102]

In dieser Situation übte der Weltkrieg seine besondere Wirkung aus. Während vor seinem Eintritt Eckert für die Pläne einer eigenständigen Universität
geltend machte, daß Kölns Charakter als „Handelsmetropole des Westens" eine
„besondere Pflege jener Disziplinen" erfordere, die zu „neuzeitlichem Leben
unmittelbar Berührung suchen"[103], wogegen Bonn die traditionelle *universitas*
beheimate, wurde dieses Argument zu Kriegsbeginn lediglich dahingehend modifiziert, daß angesichts der zu erwartenden Gebietsgewinne im Westen Köln als
westliche Metropole eine Universität benötige.[104]

---

[97] Gerade vor dem Hintergrund des Kulturföderalismus in Fragen der Erziehung betont Stern,
      Deutschland, S. 80, Preußens Funktion als „Leuchtturm des Fortschritts"; ebenso Nagel,
      Bildungsreformer, S. 21. Zur Problematik der Stimmenzahl Preußens im Reichsrat Har-
      tung, Verfassungsgeschichte, S. 322–323.
[98] Z. B. zur Übersicht Heimbüchel, Universität; zum Verhältnis zwischen Universität und
      Görresgesellschaft Klöcker, Volkszeitung; zu einem einzelnen Fach (Romanistik) Court,
      Kandidatur. Weiterführende Literatur, die dort verarbeitet wurde, ist hier im folgenden
      nicht mehr eigens aufgeführt.
[99] Ausführlich Pabst, Universitätsgedanke.
[100] Heimbüchel, Universität, S. 142.
[101] Ebd., S. 249–240, 247–250. Zu den Hochschulen bzw. Universitäten in Frankfurt/M. und
      Hamburg auch Hammerstein, Antisemitismus, S. 76–79; R. A. Müller, Universität, S. 87,
      92.
[102] Siehe Heimbüchel, Universität, S. 253–254, 310–311, 323–325.
[103] Aus einer Denkschrift Eckerts 1913; zit. n. Heimbüchel, Universität, S. 254.
[104] Hierzu Heimbüchel, Universität, S. 255.

Zwar konnte im Verlaufe des Krieges angesichts der Möglichkeit einer Niederlage eine solche politisch-geographische Begründung nicht mehr gehalten werden, jedoch ließ die nun einsetzende Reflexion über Ursachen und Folgen des Krieges mit ihren wissenschaftstheoretischen Implikationen das Pendel auf die Seite Kölns ausschlagen. Gerade Becker hatte in seinen Reformideen den Weltkrieg auf eine verfehlte Bildungspolitik zurückgeführt und gefolgert, daß der Notwendigkeit einer ideellen Erziehung zur „Nation" als „Grundlage unserer ganzen inneren Kulturpolitik" die bisherige Erziehung zum „Spezialisten" entgegenstehe und durch den „Willen zur Synthese"[105] ersetzt werden müsse. Auf dieser Grundlage konnten sich die Kölner Vorstellungen über eine universitäre Reform der Beziehung zwischen beruflicher Praxis, Fachausbildung und allgemeiner Menschenbildung unter dem Dach einer eigenständigen Universität durchsetzen.[106]

Unter einem politischen Blickwinkel sprach nach Kriegsende und dem Verlust der deutschen Universität Straßburg für Köln der Umstand, daß aus einer Frage mit lokaler Bedeutung nun eine nationale Angelegenheit geworden war.[107] In zeittypischer Fortführung der Tradition des Kampfes zwischen ‚Kultur' und ‚Zivilisation' wies Adenauer der Kölner Universität die Doppelfunktion zu, einerseits „der Verwelschung entgegenzuarbeiten" und andererseits das „hohe Werk dauernder Völkerversöhnung und Völkergemeinschaft zum Heile Europas"[108] zu fördern. Zu entscheidender wissenschaftstheoretischer Bedeutung gelangte dieses politische Argument, weil eine solche Aufgabe untrennbar mit einer vollkommen neuen Forschungskonzeption ihrer sozialen Frage verknüpft war, die durch den Krieg „an Umfang, an Tiefe und Schärfe der Gegensätze in ungeheurer Weise zugenommen"[109] hatte. Seine Beobachtung, daß „bei den Arbeiten auf sozialem Gebiete" hauptsächlich eine christliche, eine sozialistische und eine „verfeinerte" kapitalistische Richtung zu unterscheiden seien, verband Adenauer mit der Forderung nach ihrer gleichberechtigten universitären Repräsentanz und einem „vollständig freien und tendenzlosen"[110] Arbeiten. Beckers ‚Willen zur Synthese' entsprach daher in Köln der Gedanke einer weltanschaulichen, wissenschaftlichen und wissenschaftsmethodischen Pluralität[111], und am 23. April 1919

---

[105]   Becker 1918 und 1919; zit. n. Heimbüchel, Universität, S. 256–257.

[106]   Dazu Heimbüchel, Universität, S. 271, 329.

[107]   Zur Erläuterung Adenauer am 20.3.1919 vor den Kölner Stadtverordneten: „Die Waffenstillstandsbedingungen [...] ließen uns erkennen, daß wir vielleicht auf lange Jahre hinaus eine feindliche Besatzung bekämen, und für den ruhig Denkenden wurde es klar, daß die Länder am Rhein in Zukunft auf einem national und völkisch gefährdeten Posten stehen würden. Dadurch erhielt die Universitätsfrage eine wesentlich größere Bedeutung als vorher" (zit. n. Heimbüchel, Universität, S. 306).

[108]   Zit. n. ebd., S. 307, 328; siehe auch Court, Kandidatur, S. 87–89.

[109]   Adenauer vor den Kölner Stadtverordneten im März 1918; zit. n. Heimbüchel, Universität, S. 289.

[110]   Heimbüchel, ebd., S. 296.

[111]   Ausführlich ebd., S. 296–297, 329–335.

gab Becker seinen Widerstand gegen die Kölner Universität auf.[112] Nach ihrer Gründungsfeier am 12. Juni 1919 fanden bereits Wahlen der Vertreter der Wirtschafts- und Sozialwissenschaftlichen Fakultät und der Medizinischen Fakultät statt.[113]

3 Fazit und Ausblick

Nachdem Band 1 dieser Arbeit eine Beschreibung der entsprechenden Merkmale enthielt, welche die ideelle, personelle und institutionelle Entwicklung der Sportwissenschaft in ihrer Präfigurationsphase bis zum Ende des Ersten Weltkriegs geprägt haben, wurde in dieser Einführung die allgemeine Universitätsgeschichte bereits bis in das Jahr 1920 verfolgt. Ihre Grundthese lautete, daß die in diesem Jahr einsetzende universitäre Institutionalisierung der deutschen Sportwissenschaft auch auf kulturellen und gesellschaftlichen Faktoren beruhte, die die allgemeine Hochschulgeschichte in Deutschland kennzeichneten. Sie schließt daher die Denkmöglichkeit ein, im Vergleich zwischen der Geschichte der Sportwissenschaft bis November 1918 und der Universitätsgeschichte der frühen Weimarer Republik – zumindest in allgemeiner Form – auch schon die Ursachen jener sportwissenschaftlichen Akademisierung zu identifizieren, die in wissenschaftssoziologischer Terminologie als „Netzwerk-Stadium"[114] bezeichnet wird.

Machen wir die wechselseitige Probe aufs Exempel und halten zunächst die These vom revolutionären Einfluß des Weltkriegs auf die Sportwissenschaft an die allgemeine Universitätsgeschichte, ist zunächst auf die durch ihn bewirkte *Modernisierung* und *Pädagogisierung* einzugehen. Wenn während des Weltkriegs eine Idee von Sportwissenschaft entstand, deren Charakter der Interdisziplinarität und engen Verbindung zwischen Theorie und Praxis sowohl für friedliche wie auch militärische Zwecke Geltung besaß, dann entspricht eine solche Vorstellung auf das genaueste der Programmatik der ‚neuen universitas', wie sie exemplarisch an der Wiedereröffnung der Kölner Universität 1919 analysiert wurde.[115] Der Erste Weltkrieg war dabei nicht nur insofern ein entscheidender Faktor für die Konzeptionierung der neuen ‚Handlungswissenschaften', insofern sie auf einer – bereits vor Kriegsende einsetzenden – Reflexion seiner möglichen Ursachen und Folgen beruhten, sondern vor allem, weil sie ihre inhaltliche, ideologische und methodische Pluralität als notwendige Konsequenz des Krieges selbst verstanden. Ebenso wichtig ist jedoch, daß diese Modernisierung zwar durchaus als Zeichen einer Diskontinuität von Wissenschaftsentwicklung gelesen

---

[112] Ebd., S. 325.
[113] Ebd., S. 327; Court, Kandidatur, S. 89–90.
[114] Kriterien bei Mullins, Modell, S. 87.
[115] In diesem Zusammenhang ist auch die moderne Kölner Konzeption für ein Frauenstudium anzuführen, dessen Erleichterungen in Deutschland mit der Jahrhundertwende einsetzten und 1920 in die Zulassung zur Habilitation mündeten; Details bei Heimbüchel, Universität, S. 179–182.

werden darf, jedoch mit Elementen einer Kontinuität zwischen Kaiserreich und dem Beginn der Weimarer Republik durchsetzt war, für die hier die Stichworte ‚unpolitische Wissenschaft‘ und ‚Kultur-Zivilisations-Antithese‘ genügen sollen.

Mit diesen Überlegungen haben wir den allgemeinen Rahmen für die nun anstehenden detaillierten Untersuchungen der Institutionalisierung der Sportwissenschaft auf Hochschulebene abgesteckt, die – wie erwähnt – zuerst in der privaten DHfL gelang. Wir suchen also nach den Motiven für ihre Integration in den Kanon der deutschen Universität, deren Form einer Verknüpfung sowohl von Pädagogik, Medizin und Sozialwissenschaft als auch von Wissen und Handeln einerseits den allgemeinen hochschulpolitischen Kriterien von Kontinuität und Diskontinuität und andererseits ihrem spezifischen Gegenstand genügt.[116]

---

[116] In diesen parallelen Zusammenhängen sehr interessant sind die Kölner Pläne für ein Institut für Physiologie nach dem Vorbild der Kaiser-Wilhelm-Gesellschaft, das sich hauptsächlich der im Krieg besonders dringlich gewordenen Ernährungsfrage widmen sollte und für das der Hallenser Physiologie Abderhalden vorgesehen war, der uns vom Oberhofer Kongreß 1912 bekannt ist (vgl. Court, Vorgeschichte, S. 98–99). Die Revolution 1919 verhinderte ihre Verwirklichung; Einzelheiten bei Heimbüchel, Universität, S. 282–288.

I Die Gründungsjahre der DHfL

1 Chronologie

Band 1 dieses Werkes hatte sich den diversen Initativen zur Institutionalisierung der Sportwissenschaft gewidmet, die einerseits vom DRAfOS und seiner Nachfolgeorganisation DRA und andererseits der Berliner Vereinigung zur wissenschaftlichen Erforschung des Sports e. V. mit seiner treibenden Kraft Georg Friedrich Nicolai ausgegangen waren. Ihnen gemeinsam war die Einsicht in die Notwendigkeit eines Laboratoriums zur systematischen und umfassenden Erforschung der gesundheitlichen Wirkungen der Leibesübungen, insbesondere des Sports, nicht aber sein institutioneller Rahmen. Während Nicolai eine private Forschungsstätte in Verbindung mit der Stadt Charlottenburg befürwortete, in der die beteiligten Wissenschaftler sich je nach Aufgabe abwechseln sollten, sprach sich im DRA Carl Diem für einen festen Betrieb durch die Medizinische Fakultät der Berliner Universität, die Mehrheit im DRA hingegen für eine Kooperation mit dem Laboratorium des Gördener Militärlazaretts aus.[1] Die folgenden Kapitel haben also auch zu klären, weshalb nach Kriegsende nur noch der DRA seine Bemühungen fortsetzen konnte und weshalb sie nun sogar von der Idee einer eigenständigen Hochschule für Leibesübungen getragen waren. Mit einer Chronologie der Initiativen und Denkschriften des DRA bis zur Entstehung der DHfL soll der Anfang gemacht werden.

Die Fortsetzung der durch den Krieg unterbrochenen Pläne des DRA für die Institutionalisierung der Sportwissenschaft im deutschen Stadion wurde durch personelle und institutionelle Kontinuitäten begünstigt. Die ersten, noch ausführlich zu behandelnden Denkschriften über die Gründung einer Hochschule für Leibesübungen aus dem Jahr 1919 konnten sich nicht nur explizit auf Anträge aus dem Jahr 1914 und dem Januar 1917 auf die Einrichtung eines ärztlichen Laboratoriums im Stadion bzw. einer wissenschaftlichen Forschungsstätte für Leibesübungen stützen[2], sondern auch auf eine Tradition der beteiligten Personen. Blicken wir alleine auf die Vorstandsmitglieder des DRA Diem, Martin und von Oertzen im Januar 1919, so finden wir sie bereits 1914 und 1917 in denselben Funktionen – Diem als Generalsekretär, Martin als Schriftführer und von Oertzen als stellvertretender Vorsitzender. Auch die Neuwahl des Vorstandes am 15. April 1919, die nach dem Tode des Ersten Vorsitzenden von Podbielski im

---

[1]   Zusammenfassend Court, Vorgeschichte, S. 265–275; Uhlmann, Kohlrausch, S. 66.

[2]   Diese Antragskontinuität betonen Diem, Hochschule, S. 11, 13; ders./Schiff, Gründung, S. 5–6; siehe auch Court, Vorgeschichte, S. 134, 265–266; eine Kurzfassung der nächsten beiden Kapitel bietet Court, Gründung. Zum Zusammenhang zwischen Stadion und Laboratorium als „zwei Phänomene der Moderne" auch Dinçkal, Maß, S. 34–36; ders., Sportlandschaften, S. 225–229.

Januar 1916 „im Hinblick auf die Kriegsverhältnisse"[3] verschoben worden war,
bekräftigte diese Kontinuität. Zum Ersten Vorsitzenden gewählt wurde der Unterstaatssekretär im Reichsamt des Innern, Theodor Lewald[4], der bereits seit
1899 engen Kontakten zu den Vorgängerinstitutionen des DRA besaß und ihn
maßgeblich bei seinen Plänen für Olympische Spiele 1916 in Berlin unterstützt
hatte.[5] Im Zusammenhang mit der wichtigen Frage der Finanzierung einer Hochschule für Leibesübungen sind schließlich noch Hardy und Schiff anzuführen.
Hardy gehörte auch in der Vorkriegszeit dem Vorstand an und wurde am
12. April 1919 zum Schatzmeister gewählt, während Schiff nach Kriegsende
ebenso wie schon vor 1914 als Mitglied des Finanzausschusses geführt wird.[6]

Institutionelle Kontinuität fließt darüber hinaus bereits aus dem Umstand,
daß der DRA im Januar 1918 einen auch die Sportwissenschaft berührenden
„Arbeitsplan 1918" formuliert hatte, dessen Aufgaben explizit erst für den „Fall
des Friedensschlusses"[7] gestellt worden waren. Unter dem Oberpunkt „III. Ver-
vollkommung der Ausführungsform" umfaßte dieser Plan zum einen Lehrgänge
im Stadion für Turn- und Sportlehrer und zum anderen „Prüfung der verschiedenen Methoden des In- und Auslandes; Festsetzung der Leistungsziele und Lei-
stungsgrenzen für die Lebensalter und Geschlechter. Praktisch technische und
wissenschaftliche Erforschung. Im Zusammenhang damit Organisation des Ausschusses für wissenschaftliche Forschung." Dieser Ausschuß (AWF) fungierte
nach der Geschäftsordnung als Sonderausschuß des Wettkampfausschusses, der
für die Entwicklung von „Richtlinien für die wissenschaftliche Erforschung der
Wirkung und Betriebsart körperlicher Uebung"[8] und das „Arbeitsprogramm und

---

[3]   Bericht der HV des DRAfOS am 25.1.1917, in: Stadion-Kalender 3., 4. u. 5. J., 15.2.1917,
       Nr. 2, S. 32.

[4]   Bericht über die Sitzung der Jahresversammlung am 12.4.1919, in: ebd., 7. Jg., 15.4.1919,
       Nr. 4, S. 20; im Tätigkeitsbericht des DRA v. 1.4.1919–15.5.1920, S. 13–14 (CuLDA,
       Mappe 13), sind alle im April gewählten Mitglieder des Vorstandes und der Ausschüsse
       verzeichnet. Nach Diem, Leben, S. 105, wurde Lewald interessanterweise am 15.5.20 zum
       Staatssekretär ernannt; leider enthält die entsprechende Passage bei A. Krüger, Lewald,
       S. 26, nicht das Datum dieser Ernennung.

[5]   Lewald hatte 1891 den Potsdamer Regierungs-Ruderclub gegründet (womit A. Krügers,
       Lewald, S. 30, Einschätzung, Lewald habe „nie aktiv Sport getrieben", fraglich wird); sie-
       he auch Court, Vorgeschichte, S. 55, Anm. 99, S. 114; Eisenberg, „English sports", S. 344;
       Brinkschulte, Körperertüchtigung(en), S. 77.

[6]   Siehe z. B. Stadion-Kalender 1. J., 13.6.1913, Nr. 6, S. 43; ebd., 7. Jg., 15.4.1919, Nr. 4,
       S. 20. – Der Jurist Dr. Hugo Hardy gehörte schon seit 1903 dem Vorstand einer Vorgän-
       gerinstitution des DRA an und war u. a. mit finanziellen Angelegenheiten der Weltausstel-
       lung 1904 in St. Louis beschäftigt (Lennartz, Reichsausschuß, H. 2, S. 87, 131), während
       der Archäologe Prof. Dr. Alfred Schiff dem DRAfOS seit 1906 angehörte (ebd., H. 3,
       S. 85). In der DHfL fungierte Schiff später als Verwaltungsdirektor und Geschäftsführen-
       des Mitglied des Senats. Ausführlich zu Schiff, vor allem als Archäologe, Lehmann, Schiff,
       der seine Funktionen an der DHfL wenigstens streift (ebd., S. 202, 206).

[7]   Der Zeitpunkt des möglichen Friedens wurde dabei bereits im Frühjahr 1918 erwartet;
       siehe Stadion-Kalender 6. J., 15.1.1918, Nr. 1, S. 5.

[8]   Ebd., S. 4–5.

Geschäftsordnung"[9] des AWF zuständig war. Zwar war auch die personelle Zusammensetzung des AWF erst „für die Friedenszeit"[10] vorgesehen, jedoch wurde im August 1917 durch den Wettkampfausschuß Mallwitz mit der Vorbereitung des AWF betraut[11], während Diem im Oktober 1918 dem Wettkampfausschuß eigene Vorschläge als Arbeitsprogramm des AWF unterbreitete.[12] Die Unterschiede zwischen ihnen betrafen hauptsächlich, wie erwähnt, die Frage der institutionellen Kooperation entweder mit der Berliner Universität oder dem Laboratorium des Militärlazaretts Görden, wo Mallwitz seinen Kriegsdienst leistete.

Schon unmittelbar nach Kriegsende ging der DRA an die Verwirklichung seines Programms. Blicken wir auf den Arbeitsplan 1918 aus dem Januar 1918 und dann auf den Entwurf des Arbeitsplans 1919 aus dem Februar dieses Jahres, fällt in der Form auf, daß lediglich der Passus von 1918 über den „Fall des Friedensschlusses" zum Wegfall gekommen, das Gerüst der Gliederung jedoch vollkommen gleichgeblieben ist: dem Oberpunkt „I. Aufbau des Reichsausschusses" folgen die Oberpunkte „II. Verbreitung der Leibesübungen", „III. Vervollkommnung der Ausführungsform" und „IV. Oeffentliche Veranstaltungen".[13] Da ebenso wie im Arbeitsplan 1918 im Arbeitsplan 1919 unter „III." sowohl die „Veranstaltung von Lehrgängen im Stadion zu Berlin" als auch die „Organisation des wissenschaftlichen Ausschusses"[14] aufgeführt wird, setzt der äußere Aufbau des Arbeitsplans 1919 im Vergleich mit dem von 1918 die programmatische Tradition des DRA fort, wissenschaftliche Zwecke in den Gesamtumfang seiner für Kriegs- *und* Friedenszeiten formulierten Aufgaben einzufügen und hier der bereits auf die Vorkriegszeit zurückzuführenden Stadion-Idee einer Verbindung von Theorie und Praxis im Berliner Stadion ein besonderes Gewicht zu verleihen.[15]

---

[9] Ebd., 5. J., 15.11.1917, Nr. 11, S. 126.

[10] Ebd., 6. J., 15.1.1918, Nr. 1, S. 5.

[11] Ebd., 5. J., 16.8.1917, Nr. 8, S. 94.

[12] Ebd., 6. J., 15.10.1918, Nr. 10, S. 57. Siehe auch zusammenfassend Court, Vorgeschichte, S. 265–271.

[13] Arbeitsplan 1919; Entwurf des Vorstands für die Wettkampfausschuß-Sitzung v. 3.2.1919; in: Stadion-Kalender 7. J., 15.1.1919, Nr. 1, S. 4–5; auch in den späteren Arbeitsplänen wurden diese Oberpunkte unverändert beibehalten und nur in den Unterpunkten jeweils modifiziert.

[14] Ebd., 7. J., 15.1.1919, Nr. 1, S. 4.

[15] Vgl. Court, Vorgeschichte, S. 242, 277. Siehe auch den Tätigkeitsbericht des DRA v. 1.4.1919–31.3.1920, in: CuLDA, Mappe 13, S. 9–10: Trotz „großer Schwierigkeiten [...] gelang es, im Vertrauen auf die Wichtigkeit des Gedankens, 10 Lehrgänge durchzuführen, die meistens bis zur Höchstbesetzung besucht waren. [...] Außer den praktischen Uebungen im Stadion wurden den Kursisten Vorträge über die bedeutendsten theoretischen Probleme gehalten. [...] Geleitet wurden die Kurse vom Stadion-Sportlehrer Schelenz, ferner waren im Unterricht tätig die Herren: Dr. Mallwitz, Dr. Bratz, J. Runge, Oberlehrer J. Schneider, Hans Luber, R. Kobs, G. Neukirch, A. Schaer, W. Steputat, J. Angermair, H. Borrmann, W. Mang, Dörr, G. Hax, Matull; F. P. Wiedemann, Dr. Altrock, Baumeister, J. Seiffert, Generalsekretär Diem. [...] Diese Lehrgänge sind nur als Auftakt zu der gesam-

Vor diesem Hintergrund leuchtet der enge innere Zusammenhang zwischen drei Punkten ein, die auf der Sitzung des Wettkampf-Ausschusses vom 3. Februar 1919 behandelt wurden: erstens der für den Übungsbetrieb und Veranstaltungen im Berliner Stadion zuständige „Stadion-Ausschuß", zweitens der „Ausschuß für das weibliche Geschlecht" und drittens der Antrag auf eine „Hochschule für Leibesübungen".[16] Während die Gründung des Ausschusses für das weibliche Geschlecht die institutionelle Konsequenz des Umstandes ist, daß der im Arbeitsplan 1918 enthaltene Unterpunkt „Organisierte Leistungsprüfungen für alle Wehralter"[17] im Plan für 1919 durch den Passus „Organisierte Leistungsprüfungen a) Jugendwettkämpfe beiderlei Geschlechts b) Deutsches Sportabzeichen"[18] ersetzt worden ist, wurde durch die Verabschiedung der Geschäftsordnung für den Stadion-Ausschuß und die Wahl seiner Mitglieder[19] der erste Teil des Aufgabenbereichs „III. Vervollkommnung der Ausführungsform" in eine institutionelle Form gegossen.

Zwar kam auf dieser Sitzung sein zweiter Teil – die Organisation des AWF – nicht über Vorschläge hinaus, jedoch enthielt der Bericht von Mallwitz, der bekanntlich vom Wettkampfausschuß mit seiner Vorbereitung betraut war, erstmalig den Plan einer Hochschule für Leibesübungen.[20] Der von ihm, Wiedemann (beide DABfL), Hax (DSV), Schneider (Deutscher Ski-Verband) und Schöning (Deutscher Eishockey-Verband) vorgelegte Antrag lautete: „Die wachsende Erkenntnis von der Bedeutung der Leibesübungen für das Volkswohl wird in anderen Ländern auch bei uns [sic] zur Gründung einer Hochschule für Leibesübungen führen. – Die Unterzeichneten bitten daher den D.R.A., diesen Gedanken

---

ten Lehrarbeit zu betrachten, die uns bevorsteht. [...] Die volle Ausgestaltung wird das nächste Jahr bringen; ihre Vorbereitung war die Hauptarbeit der letzten Jahre. Sie führte zur Verwirklichung des großen Gedankens, zur *Gründung der Deutschen Hochschule für Leibesübungen.*"

[16] Stadion-Kalender 7. J., 15.1.1919, Nr. 1, S. 2–5.

[17] Ebd., 6. J., 15.1.1918, Nr. 1, S. 5.

[18] Ebd., 7. J., 15.1.1919, Nr. 1, S. 4. Flankiert wurde diese neue Berücksichtung weiblicher Leibesübungen durch den einleitenden Abdruck eines Beitrags von F. P. Wiedemann unter dem Titel „Frauensport und Turnen im neuen Deutschland" im Stadion-Kalender 7. J., 15.1.1919, Nr. 1, der mit den Sätzen schloß: „Auf dem neutralen Gebiete der Leibeserziehung des weiblichen Geschlechts frei von politischen und wirtschaftlichen Gegensätzen müssen sich in gemeinsamer Arbeit alle Kreise des deutschen Volkes zusammenfinden, damit sie lernen, sich als Glieder des Volksganzen zu fühlen. Der Segen für den Einzelnen wird dann ebensowenig ausbleiben wie für die Gesamtheit" (ebd., S. 2). – Wiedemann wurde am 3.2.1919 in den Ausschuß für das weibliche Geschlecht gewählt; siehe Bericht über die Sitzung des Wettkampfausschusses v. 3.2.1919 im Stadion-Kalender 7. J., 15.2.1919, Nr. 2, S. 12.

[19] Carl Schultze (DT), Joh. Krause (DSBfA), Rich. Preuss (Dt. Kraftsport-Verband), Paul Förster (Dt. Radfahrer-Bund), Fr. Droemer (DSV), Herr Neumann (DFB); ebd.

[20] Siehe ebd.: „Mallwitz erstattet im Namen der Antragsteller Bericht über die geplante Einrichtung einer Hochschule für Leibesübungen. Er erbietet sich, weitere Vorschläge zur nächsten Versammlung im Zusammenhang mit dem geplanten wissenschaftlichen Forschungs-Auschuß auszuarbeiten."

aufzunehmen, für ihn zu werben und für ihn bei der Unterrichtsverwaltung, in Hochschul- und Fachlehrerkreisen einzutreten."[21] An jener Beauftragung von Mallwitz durch den Wettkampf-Ausschuß waren von den Antragstellern bereits Schöning, Hax und Martin beteiligt.[22] Schneider warb für den Antrag durch verschiedene Publikationen mit dem Titel „Hochschule für Leibesübungen".[23]

Nahezu gleichzeitig mit diesem Antrag veröffentlichte der DRA eine Denkschrift, die er am 24. Februar 1919 der kurz zuvor, am 19. Januar, gewählten Weimarer Nationalversammlung vorlegte.[24] In ihr wird zwar die Idee einer Hochschule für Leibesübungen nicht explizit genannt, sie erscheint jedoch als notwendige Folge „aus den Bedürfnissen unserer Sache", den „Grundforderungen"[25] nach einer (1) gesetzlichen Verpflichtung für beiderlei Geschlechter zur Errichtung öffentlicher Turn-, Sport- und Spielplätze, (2), gesetzlichen Sportpflicht für beiderlei Geschlechter nach Verlassen der Schule, (3) Einführung des verbindlichen Turnunterrichts in Fortbildungsschulen, (4) Vermehrung der Körperübung in der Schule auf mindestens sechs Wochenstunden, (5) Beibehaltung der Sommerzeit, (6) Unterstützung der Vereine für Leibesübungen und (7) Erweiterung der Selbständigkeit und Ausstattung der Dienststellen zur Förderung der Leibesübungen.[26]

---

[21]   Vorlagen zur Wettkampf-Ausschuß-Sitzung v. 3.2.1919, in: ebd., 7. J., 15.1.1919, Nr. 1, S. 5. Der Antrag ist auch abgedruckt in CDI, Gründung, S. 19. Die Bedeutung dieses Antrags für die Gründung der DHfL betonen auch Dinglinger, Deutsch-akademischer Bund, S. 73; Bier, Hochschule, S. 130; Diem/Schiff, Gründung, S. 6; Schneider, Versuchsanstalt 1921b, S. 307.

[22]   Stadion-Kalender 5. J., 15.8.1917, Nr. 8, S. 94.

[23]   Sie sind im CuLDA, Mappe 185, gesammelt. – Der in den „Blättern für Volksgesundheit und Volkskraft" erschienene Aufsatz ist irrtümlich auf März *1919* datiert, kann aber nur vom März *1920* stammen, da er bereits einen Hinweis auf die Eröffnung der DHfL am 15.5.1920 enthält.

[24]   Sie wurde abgedruckt in einer Sonderausgabe des Stadion-Kalenders v. 1.3.1919, S. 2; ferner in Diem, Schriften, Bd. 2, S. 135; eine Einordnung bei F. Becker, Leben, Bd. II, S. 23–24.

[25]   Sonderausgabe des Stadion-Kalenders v. 1.3.1919, S. 1, aus der Einleitung v. Oertzens und Diems Aufruf an „Alle deutschen Vereine für Leibesübung!"

[26]   Ebd., S. 2. Vollständiger Abdruck der Denkschrift bei Diem, Schriften, Bd. 2, S. 133–135; nach A. Krüger, Lewald, S. 32, stammen die Forderungen von Lewald und wurden von Diem lediglich publiziert (woran man allerdings zweifeln kann, denn sie entsprechen durchaus älteren Ideen Diems; dazu Court, Vorgeschichte, S. 238–243; F. Becker, Leben, Bd. I, S. 246–248.). Laut Tätigkeitsbericht des DRA v. 1.4.1919–15.5.1920, S. 3 (CuLDA, Mappe 13), gab die Nationalversammlung den „sieben Forderungen ihre Zustimmung, irgend eine entscheidende Maßnahme wurde aber nicht getroffen"; siehe den entsprechenden Briefwechsel ebd., S. 19. Daß gleichwohl die „Behörden die große Bedeutung der anschwellenden Sportbewegung erkannten" (Beyer, Sport, S. 658), ist selbstredend im Verhältnis zu diesem Tätigkeitsbericht erst eine retrospektiv gewonnene Einsicht, für die Beyer, ebd., S. 658–659, anschauliche Beispiele aus dem gesamten Zeitraum der Weimarer Republik liefert.

Weitere, auch indirekte Belege für diese große Dynamik im Frühjahr 1919 auf dem Wege zur universitären Institutionalisierung von Sport und Sportwissenschaft sind zum einen verschiedene Diskussionspunkte im DRA wie z. B. von Schneider, der „die Erweiterung der bisherigen Schulaufgaben durch Rechenaufgaben mit sportlichem Inhalt"[27] anregte, ein „Antrag der Vereinigung Deutscher Universitäts- und Sportlehrer, die Austragung des Deutschen Sportabzeichens den Universitäten und Hochschulen und deren offiziellen technischen Organen, den Turn- und Sportlehrern, zu übertragen"[28], und ein gemeinsamer Antrag des Zentralausschusses für Volks- und Jugendspiele (ZA) und des Akademischen Ausschusses für Leibesübungen (AAfL) aus dem April 1919 an die Rektoren und Senate der deutschen Hochschulen, „unverzüglich die Studierenden auf die Spielplätze zu führen, die Turnräume zu öffnen, die Hochschuljugend zu Leibesübungen anzuhalten."[29]

Von besonderer Wichtigkeit ist hier jedoch die Beratung des Arbeitsplans 1919 in der Jahresversammlung des DRA am 15. April 1919:

> *Mallwitz* kommt auf die im Arbeitsplan erwähnte Forschungsarbeit zurück. Im Laufe des Jahres sei der Reichsausschuß mit der Anfrage an ihn herangetreten, ob die Heeresverwaltung die Gördener Laboratorium-Einrichtung dem Reichsausschuß unentgeltlich überlassen würde. Dies sei aus etatsrechtlichen Gründen nicht möglich, dagegen könne eine Ueberlassung zu annehmbaren Preisen erfolgen. Er bittet, in den nächstjährigen Etat eine entsprechende Summe einzustellen. Es handele sich im übrigen nicht allein um Experimente mit Hilfe eines großen Laboratoriums, sondern um die gutachtliche Klärung vieler wissenschaftlicher Fragen. Diese Tätigkeit könne bereits jetzt aufgenommen werden. Im Auftrage von Prof. Bier habe er dem Reichsausschuß Grüße zu übermitteln und die Erklärung abzugeben, daß die medizinische Fakultät der Universität Berlin gern bereit sei, die Ziele des Reichsausschusses zu unterstützen.
>
> *Diem* betont, daß durch Einbeziehung des entsprechenden Paragraphen in den Arbeitsplan dem Vorstande die Ermächtigung erteilt sei, auf diesem Gebiete weiter zu arbeiten. Er bedaure, daß die Nachricht der möglichen Ueberlassung der Gördener Einrichtung zu einem billigen Preise erst jetzt in der Versammlung bekanntgegeben werde. Bisher sei eine Antwort an

---

[27]   Bericht über die Sitzung des Wettkampf-Ausschusses v. 13.4.1919, in: Stadion-Kalender 7. J., 15.4.1919, Nr. 4, S. 24.

[28]   Ebd., S. 23. Während der Antrag Schneiders „Zustimmung" fand, wurde der der Vereinigung Deutscher Universitäts- und Sportlehrer abgelehnt (ebd., S. 23–24). Vermutlich wollte der DRA das Sportabzeichen nicht aus der Hand geben, vielleicht hat aber auch die Konkurrenz zwischen der Vereinigung Deutscher Universitäts- und Sportlehrer und dem DABfL, dem Wiedemann und Mallwitz ja angehörten, eine Rolle gespielt; siehe Dinglinger, Deutsch-akademischer Bund, S. 73; Court, Vorgeschichte, S. 82–83.

[29]   Dieser Aufruf von Partsch ist zit. n. Bier, Leibesübungen, S. 1159; zu Partsch auch Court, Vorgeschichte, ad indicem.

den Reichsausschuß nicht erfolgt. Andernfalls hätte die Möglichkeit bestanden, die Angelegenheit bereits in den diesjährigen Etat aufzunehmen.

Martin weist auf die finanziellen Schwierigkeiten hin, mit denen der Reichsausschuß zu kämpfen habe. Er warnt daher, vorzeitig neue größere Verpflichtungen zu übernehmen.

Schiff schließt sich diesen Ausführungen an. Die Aufstellung des Etats sei mit großer Vorsicht geschehen, was der geringe Ausgleichsfond von 400 Mk. beweise. Daß die von Dr. Mallwitz befürwortete Aufgabe vom Vorstande nicht ausser acht gelassen sei, bestätigte die Aufnahme eines entsprechenden Postens unter Kap. 4, Titel 2 des Haushaltsplans. In diesem Jahre sei es unmöglich, eine Summe für den genannten Zweck auszuwerfen, wenn aber die günstige wirtschaftliche Entwicklung, wie sie in den letzten Wochen zu verzeichnen sei, anhalte, bestehe die Hoffnung einer gefestigten Finanzlage im nächsten Jahre.[30]

Aus dieser Beratung geht nicht nur das Problem der Finanzierung hervor, das, wie wir noch wiederholt sehen werden, die DHfL seit ihrer Gründungsphase begleiten sollte. Man gewinnt aus ihr Hinweise darauf, daß zwar die seit 1917 ungelöste Frage, ob eine wissenschaftliche Forschungsstätte des DRA entweder im Verbund mit Görden oder der Berliner Universität betrieben werden sollte, zugunsten der Charité entschieden wurde. Jedoch waren dieselben Personen, die sich während des Weltkriegs für diese Einrichtung eingesetzt hatten, auch nach Kriegsende – wenn auch teilweise in anderen Funktionen und Koalitionen – wieder an der Diskussion der genauen Art und Weise ihrer Institutionalisierung beteiligt: Diem, Bier und Mallwitz. In der Tat wurde das Gördener Militärlazarett nach dem Vertrag von Versailles geschlossen und Mallwitz von 1919 bis April 1920 durch einen Zivilvertrag mit der Sanitätsinspektion des Reichswehrministeriums beschäftigt.[31] Zur gleichen Zeit leitete er Vorbereitungen für eine geplante Gymnastische Abteilung an Biers Chirurgischer Klinik und las mit ihm zusammen im Sommersemester 1919 über „Sport- und Trainingshygiene". Bier beabsichtigte spätestens seit März 1919 den Ausbau dieser Abteilung zu einem Lehrfach für Leibesübungen der Berliner Universität und reichte zur Begründung eine – von Mallwitz verfaßte – Eingabe an das MWKV ein.[32]

---

[30] Bericht über die Sitzung der Jahresversammlung, in: Stadion-Kalender 7. J., 15.4.1919, Nr. 4, S. 21; auch in CDI, Gründung, S. 19–20. Die „Gördener Einrichtung" wird aufgegriffen im Bericht über die Sitzung des Wirtschaftsausschusses des DRA am 16.11.1920 v. 26.11.1920, S. 2, TOP 9 (CuLDA, Mappe 4): „Der Verkauf des durch Dr. Mallwitz beschafften für die Hochschule nicht geeigneten Röntgenapparats wird genehmigt; vorher sollen jedoch mehrere Preisangebote eingeholt werden."

[31] J. Schäfer, Mallwitz, S. 272, 286–287; Eisenberg, „English sports", S. 352; das genaue Datum der Anstellung von Mallwitz ist nicht bekannt.

[32] Diese Eingabe ist von Bier veröffentlicht worden; siehe Bier, Leibesübungen, S. 1159; vgl. auch J. Schäfer, Mallwitz, S. 309–311; Brinkschulte, Körperertüchtigung(en), S. 78; Voigt, Bier, S. 51–57, 61. – Aus Biers Artikel geht hervor, daß er die erstmals im Februar 1919

In dieser Phase der Existenz verschiedener Konzepte der Institutionalisierung
der Leibesübungen an deutschen Hochschulen sollte es sich von großer Wichtigkeit erweisen, daß mit Lewald nicht nur der neue Vorsitzende des DRA, sondern
zugleich ein Beamter aus dem Reichsministerium des Innern (RMI), dem die
Aufsicht über den DRA oblag[33], jenes ‚Männerbündnis' komplettierte.[34] Seit
Lewalds Amtsantritt tagte der DRA regelmäßig im RMI und behandelte dort
beispielsweise auf einer gemeinsamen Sitzung des Vorstandes und des Wirtschaftsausschusses am 24. April 1919 „Wünsche" des DRA, die Lewald in einer
„mündlichen Rücksprache" dem preußischen Kultusminister vortragen sollte:

> grundsätzliche Heranziehung des D.R.A. zur Beratung von Fachfragen,
> Vermehrung der Leibesübungen an den Schulen, Einführung von Lei-
> stungsprüfungen, Modernisierung des Schulturnens [...], Einführung des
> obligatorischen Turnunterrichts in Fortbildungsschulen, Einführung der
> Leibesübungen als Lehrfach und Erteilung von Lehraufträgen für dieses
> Gebiet an den Hochschulen, Verbesserung des Turnunterrichts an den
> Seminaren, Erweiterung des Lehrkörpers an der Landesturnanstalt durch
> Hinzuziehung von Sportlehrern.[35]

Diese Punkte mündeten in ein zweiseitiges Schreiben Lewalds vom 1. Juli 1919
an das MWKV, das er sowohl als Vorsitzender des DRA als auch als Unterstaatssekretär des RMI zeichnete und das daher noch vor den beiden bekannten
Denkschriften des DRA vom September 1919 und Dezember 1919 erschien. Da
es – im Gegensatz zu den Denkschriften – bisher in der Forschung keine Erwähnung fand, sei es hier vollständig zitiert:

> Die allseitig geforderte harmonische Ausbildung von Körper und Geist hat
> zur Voraussetzung eine höhere Bewertung der leiblichen Ausbildung in al-
> len Erziehungs- und Unterrichtsanstalten. Um wirklich die notwendige
> grundlegende Aenderung herbeizuführen, bedarf es einer Ausgestaltung
> der Leibesübung als Lehrfach in allen jenen Anstalten, die den Wissen-

---

öffentlich gewordenen Pläne des DRA für eine Hochschule für Leibesübungen (siehe oben)
nicht als Konkurrenz für das eigene Vorhaben einer gymnastischen Abteilung ansah: „Bis
es zur Inbetriebnahme einer solchen Anstalt [d. h. DHfL. J. C.] kommt, sind die *Universitäten* die geeigneten Stätten, um die Sache in die Hand zu nehmen, für eine genügende
wissenschaftliche und praktische Ausbildung der Lehrer Sorge zu tragen und dem ausgedehnten Pfuschertum, das auf diesem Gebiete sich breit macht, entgegenzuwirken" (Bier,
Leibesübungen, S. 1160); Details zu Biers Plänen ebd., S. 1161–1162.

[33]   Eisenberg, „English sports", S. 346; auf dieses Verhältnis kommen wir hier im Kap. 1.3
ausführlich zurück.

[34]   Dieser durchaus plastische Begriff von Brinkschulte, Körperertüchtigung(en), S. 75, auch
zit. bei Court, Vorgeschichte, S. 175, Anm. 109, unterschlägt allerdings sowohl die zahlreichen Streitpunkte zwischen Diem und Mallwitz (ebd., S. 121–122, 269–270) als auch
eben jene konzeptionellen Divergenzen in der Gründungsphase der DHfL.

[35]   Stadion-Kalender 7. J., 15.5.1919, Nr. 5, S. 32.

schaften dienen, damit allen Studienbeflissenen der Zusammenhang der körperlichen und geistigen Ausbildung dargetan wird.

Wir bitten daher um amtliche Einführung von Lehraufträgen für das Gebiet der körperlichen Leistung und Erziehung in den Lehrplan aller Universitäten, technischen Hochschulen, Handels-Hochschulen, Volks-Hochschulen usw.

Es ist dies der eine Teil der großen Aufgabe, die, wie jede *Hochschul-Wissenschaft*, in Forschung und Lehre zerfällt.

Der Forschung bietet sich die Bearbeitung all der wichtigen Fragen, die als Physiologie der körperlichen Leistung die Grundlagen für eine Erkenntnis der menschlichen Arbeitsleistung liefern können. In ihrer Ausdehnung auf die gewerbliche Arbeit führen sie zu den Prinzipien der Arbeitsökonomie, in der Anwendung auf die Leibesübungen zu der Theorie der körperlichen Erziehung. Von anderer Seite her, mit besonderer Fragestellung und eigenen Methoden, sind Pädagogik und Psychologie an der wissenschaftlichen Bearbeitung der hier sich darbietenden Probleme beteiligt.

Die schon heute vorhandenen und in Zukunft auszubauenden und zu ergänzenden Ergebnisse dieser Forschungen bilden als *Lehre* ein geschlossenes Ganzes von sehr hohem allgemeinem Bildungswert und von größtem praktischem Nutzen für eine Reihe von Berufen, insbesondere den des Lehrers und des Arztes. Die Lehre von der Physiologie der Arbeitsleistung und der körperlichen Erziehung bildet zugleich eine wichtige Grundlage des Studiums der sozialen Hygiene.

Es muss in erster Linie mit allen Mitteln erstrebt werden, das Gesamtbild der Kenntnisse, über die wir heute schon auf diesem Gebiet verfügen, in *Vorlesungen* weiten Kreisen der Studierenden aller Hochschulen zu vermitteln. Hierfür wird zunächst die Erteilung von Lehraufträgen an solche Dozenten der gegebene Weg sein, die neben einer theoretisch-wissenschaftlichen Ausbildung als Physiologen, eventl. auch als Psychologen oder Pädagogen, über eine ausgiebige praktische Erfahrung verfügen. Durch die Schaffung solcher Lehrstellen wird es den damit Betrauten auch ermöglicht werden, ihre wissenschaftliche Arbeit künftig im Wesentlichen auf die Fragen dieses Gebietes zu richten. Die Schaffung der Arbeitsgelegenheiten (Arbeitsstätten) für dieses Gebiet der Forschung muß dabei vorläufig von rein praktischen Gesichtspunkten so geregelt werden, daß soweit besondere Mittel nicht zur Verfügung stehen, der Anschluß an bestehende physiologische oder psychologische usw. Institute in erster Linie zu erstreben ist.

Aus der Arbeit dieser Forschungs- und Lehrstellen, aus der Zusammenfassung ihrer Erfahrungen und Leistungen, würde sich dann von selbst das Gebäude des neuen Wissens- und Lehr-Gebietes entwickeln. Man

wird von vornherein erkennen, daß das Wirkungsgebiet sich über den engeren Rahmen der Universitäten erstreckt und daß die Vertreter dieses Faches die gegebenen geistigen Mittelpunkte für die vielen und großzügigen
Bestrebungen werden, welche heute der körperlichen Erziehung, der sozialen Hygiene, der Theorie der Arbeit dienen. Aus dieser Stellung und diesem Wirkungskreis heraus würde sich wohl auch zweifellos die finanzielle
Unterstützung dieser Lehr- und Forschungsstätten durch die Kommunen
und andere größere Verbände ergeben.

Das aber, was heute geschehen muß und mit verhältnismäßig kleinen Mitteln erzielt werden kann, ist die oben begründete Schaffung von Lehrstühlen bzw. Lehraufträgen für Physiologie und Hygiene körperlicher Leistungen und Erziehung, die zugleich der Forschung dienen sollen, damit
einmal der Unterbau geschaffen werde, auf dem wir ein neues, theoretisch
wie praktisch gleich bedeutsames Gebiet der Wissenschaft errichten können.[36]

Als Anlage sind drei Dokumente beigefügt: erstens ein von den Medizinprofesso-
ren Flügge und Hefter am 3. August 1917 gezeichnetes und an den Minister der
geistlichen und Unterrichtsangelegenheiten gerichtetes (ablehnendes) „Gutachten
der Medizinischen Fakultät auf einen Antrag des Zentralausschusses für Volks-
und Jugendspiele", der eine „öffentliche Vorlesung für Studierende aller Fakultäten und eine solche für Medizinstudierende" gefordert hatte, zweitens ein „Gegengutachten des Privatdozenten Prof. Dr. Otto Rießer-Frankfurt am Main" und
drittens ein „Gegengutachten von Oberlehrer Schneider, Berlin".[37]

Wenn auch das folgende Dokument vollständig abgedruckt wird, liegt dies
nicht nur daran, daß von ihm bislang lediglich knappe Zusammenfassungen publiziert wurden[38]: ausschlaggebend ist vielmehr sein *Charakter als ideelles und
institutionelles Bindeglied zwischen dem Antrag des AWF auf Gründung einer
Hochschule für Leibesübungen vom Februar 1919 und ihrer Verwirklichung.*

---

[36]   CuLDA, Mappe 22 [o. P.]. Siehe auch den Tätigkeitsbericht des DRA v. 1.4.1919–
       31.3.1920, S. 6 (CuLDA, Mappe 13): Der Reichsausschuß wandte sich „unterm 1. Juli
       1919 mit aller Dringlichkeit und unter Beifügung von ausführlichen Gutachten an alle
       deutschen Hochschulen mit der Bitte um amtliche Einführung von Lehraufträgen für das
       Gebiet der körperlichen Leistung und Erziehung in den Lehrplan aller Universitäten, tech-
       nischen Hochschulen, Handels-Hochschulen, Volkshochschulen usw. [...] Dankbar wollen
       wir anerkennen, daß unsere Anregung auf fruchtbarem Boden fiel. [...] Im einzelnen wur-
       den auch Lehraufträge erteilt, an vielen Universitäten die körperliche Ausbildung geför-
       dert, das Interesse der Studentenschaft durch besondere Vortragskurse geweckt und so der
       Grundstein zu einer höheren Bewertung der Leibesübung gelegt."
[37]   Anhang zum Schreiben Lewalds v. 1.7.1919 (siehe vorherige Fußnote). Bei Schneider
       dürfte es sich vermutlich um einen Antragsteller v. 3.2.1919 auf eine eigenständige
       Hochschule für Leibesübungen handeln; Flügge ist uns bei Court, Vorgeschichte, S. 90, 95,
       als Mitglied der Berliner Vereinigung und Organisator des Oberhofer Kongresses 1912
       begegnet.
[38]   Vgl. Diem/Schiff, Gründung, S. 6; CDI, Gründung, S. 22; Diem, Leben, S. 103.

Nachdem dieser Antrag bereits von mehreren Sportverbänden eingebracht worden war und sich am 23. August auch die DSBfA angeschlossen hatte[39], legte Diem am 6. September 1919, als Generalsekretär des DRA unterschreibend, mit dem Betreff „Gründung einer Hochschule für Leibesübungen" einen „Entwurf" vor, der „als Material für Vorstands-, Wirtschafts- und Wettkampf-Ausschuß-Sitzung"[40] gedacht war und üblicherweise als „Denkschrift"[41] bezeichnet wird:

> Der Deutsche Reichsausschuß für Leibesübungen gründet im Auftrage der ihm angeschlossenen deutschen Turn- und Sportverbände
> 1. zur Heranbildung wissenschaftlich geschulter Lehrkräfte für Leibesübungen,
> 2. zur wissenschaftlichen Erforschung aller auf die Theorie, Praxis und Geschichte der Leibesübungen bezogenen Gesetze
> *eine freie Hochschule für Leibesübungen*
> im Anschluß an das Deutsche Stadion zu Berlin.
> Das Recht zur Abhaltung einer Lehrprüfung wird nach beendetem Ausbau der Hochschule angestrebt werden, dergestalt, daß die Ableistung dieser Prüfung zur Erteilung des Schulturnunterrichts in allen Anstalten berechtigt und darüber hinaus eine Hochschulbildung auf dem Gebiete der Leibesübung abschließt.
> Die Hochschule soll angesichts der erforderlichen Vermehrung der Turnstunden eine Erweiterung der turnwissenschaftlichen Bildung in der Lehrerschaft ermöglichen, wofür die bestehenden staatlichen Turnlehrerausbildungsanstalten bei höchster Ausnutzung ihres Betriebes nicht ausreichen werden.
> Die Hochschule soll ferner den in Lehrer- und auch in Turnlehrerkreisen bestehenden Wunsch, ihre auf dem Gebiete der Leibesübungen genossene Bildung in Wiederholungskursen zu vertiefen, erfüllen. Auch hierfür bietet eine freie Hochschule die geeignete Lehrform.
> Die Hochschule soll schließlich Turnaufsichtsbeamte, Vorsteher von Jugendämtern, städtische Spielplatzleiter, Vereins-Turn- und Sportlehrer, sowie Sporttrainer ausbilden.

---

[39] Vgl. Diem/Schiff, Gründung, S. 6; Tätigkeitsbericht DRA v. 1.4.1919–31.3.1920, S. 10 (CuLDA, Mappe 13).

[40] Dieser Entwurf ist als zweiseitige maschinenschriftliche Fassung im CuLDA, Mappe 185 [o. P.], vorhanden.

[41] So bei Diem, Hochschule, S. 13; Diem/Schiff, Gründung, S. 6; CDI, Gründung, S. 22; Dokumente, S. 121. – Daß dieser Antrag bereits die eigentliche Denkschrift ist, die vermutlich aus Propagandagründen als solche bezeichnet wurde, erhellt aus dem Tätigkeitsbericht des DRA v. 1.4.1919–31.3.1920, S. 10 (CuLDA, Mappe 13), nach dem der „erste Entwurf des Generalsekretärs am 6. September der Oeffentlichkeit uebergeben wurde." Die erste Seite der Ausgabe v. 16.9.1919 von „Turnen-Sport-Spiel", dem Zeitungsdienst des DRA, enthielt eine Kurzfassung des dort als „unverbindlicher Entwurf" bezeichneten Antrags. Von einem „Entwurf" spricht auch Eisenberg, „English sports", S. 352, Anm. 49.

Im steigenden Maße werden die Stellen für Turn- und Aufsichtsbeamte zu besetzen sein, für die man neben großer praktischer Erfahrung einen ausreichenden turn- und sportwissenschaftlichen Bildungsgang fordern wird. Bei der Vermehrung städtischer Spielplätze und der Einrichtung von Jugendämtern wird es auch hier eine große Anzahl von leitenden Stellen geben, die als Nachweis ihres wissenschaftlichen Rüstzeuges eine Lehrprüfung für Leibesübungen bestanden haben müssen. Zum letzten aber steigert sich der freie Vereinsbetrieb erfreulicherweise, sodaß auch hier in sehr schneller Folge immer wieder neue Lehrerstellen zu besetzen sein werden. Man kann sagen, daß jeder Turn- und Sportverein, dessen Mitgliederzahl etwa 1000 erreicht, nicht mehr mit ehrenamtlicher Leitung auskommt, sondern hierfür mindestens einen hauptamtlich angestellten Turn- oder Sportlehrer benötigt. Insbesondere fehlen uns in fast allen Zweigen des Sports die erforderlichen Sportfachlehrer. Bis zum Kriege waren wir gezwungen, in Sportzweigen, wie Leichtathletik, Fußball, Rudern, Lawn-Tennis usw., Lehrer aus dem Auslande herbeizuholen. Es kann kein Zweifel darüber bestehen, daß auf Grund des, wenn auch vereinzelt vertretenen Sportwissens Deutschland heute schon in der Lage ist, eigene Lehrer heranzubilden, die ihrer Lehrbefähigung den ausländischen Wettbewerbern den Rang ablaufen werden.

Dieses vereinzelte Wissen muß nur in einer Lehranstalt gesammelt und in weitere Kreise verbreitet werden; *infolgedessen ist für viele Sportzweige eine Lehrstätte zur Heranbildung von Sportfachlehrern ein dringendes Gebot der Stunde.*

Diese freie Form der Hochschule schließt nicht aus, daß Reich und Staat ihr eine Förderung zuteil werden lassen durch Gewährung von Mitteln und Lehrmaterial. Diese Förderung wird hierfür ausdrücklich erbeten.

Ein enger Anschluß an die Universität Berlin wird geboten sein, um die dort tätigen Lehrkräfte für die Mitarbeit an unserer Hochschule zu gewinnen und eine gegenseitige Ergänzung in der Forschungsarbeit herbeizuführen.

Die *Erforschung der Gesetze und Grenzen der menschlichen Leistungs-, Wachstums- und Gesundheitssteigerung durch die verschiedenen Formen der Leibesübung und durch übungsgemäße Lebensweise* ist ein so großes Gebiet, daß diese Aufgabe nicht mit einem Male, sondern nur *nach und nach ausschnittsweise* bewältigt werden kann, und zwar *in der lebendigen Berührung mit der Aufgabe der Ausbildung der Studenten.* Diese letztere Aufgabe wird beim Ausbau der Hochschule im *Vordergrund* stehen.

Die Hochschule wird sich aus kleinen Anfängen heraus entwickeln müssen. Es ist bei ihrer Gründung daran gedacht, zunächst einmal das dringende Bedürfnis für schnelle Heranbildung von Lehrkräften durch 2 Vierteljahres-Lehrgänge vom 1. April 1920 ab zu erfüllen und dann, wenn möglich, mit einem Jahresstudium eine wirklich ausreichende Ausbildung zu versuchen.

Für den Anfang sollen folgende Lehrstühle besetzt werden:

1. Uebungslehre
a) turn- und sporttechnische Forschung, Mechanik, Statistik,
b) Methodik der körperlichen Erziehung
2. Gesundheitslehre
a) allgemeine Anatomie, Jugend- und Alterserscheinungen, Geschlechtsverschiedenheiten,
b) die Herzfunktion,
c) Turn- und Sportverletzungen und erste Hilfe,
d) Sport- Diät und Hygiene,
3) Organisation von Verein und Verband
4) Geschichte, Verbreitung, Statistik

Die Kosten der Hochschule lassen sich im einzelnen nicht voraussehen. Ein Teil der Lehrkräfte wird durch den laufenden Stadion-Betrieb sowieso benötigt und steht daher nur mit einem geringen Anteil für die Hochschule zu Buche.

Die wissenschaftlichen Lehrkräfte wird man voraussichtlich gegen eine geringe Entschädigung aus dem Kreise der Berliner Hochschullehrer, von der Landesturnanstalt und aus der großen Schar der Berliner Turn- und Sport-Fachleute gewinnen können.

An Einrichtungen steht das Stadion mit Fechtsaal zur Verfügung. Der Saal im Ehrenhof rechts könnte als Hörsaal für Licht- und Wandelbilder ausgestattet werden. Für Ruder- und Eislaufsport bietet Berlin beste Gelegenheit. Der Schneesport könnte in einem der Mittelgebirge gepflegt werden.

Die Kosten der notwendigen Einrichtungen, sowie der Honorierung der Lehrer sind auf etwa 50,000 Mk. für das erste Jahr geschätzt. Die Einnahme aus Kollegiengeldern kann noch nicht übersehen werden. Ein Durchschnittsbesuch von 50 Hörern pro Kursus kann vielleicht angenommen werden. Es empfiehlt sich, eine einheitliche Lehrgebühr für die Grundausbildung zu verlangen, etwa mit 100 Mk. im Vierteljahr bemessen, wobei die theoretische und praktische Ausbildung in Leichtathletik, Turnen, Frei- und Geräteübungen, Ringen und Boxen, Schwimmen und Fußball einbezogen ist, und für Sonderausbildung im Fechten, Radfahren, Hockey, Lawn-Tennis, Eis- und Skilauf sowie durch besondere Vorlesung entsprechende Aufschlagsgebühren einzufordern.

Möglichst billige Wohnungen, Massage und Verpflegung in der Höhe des Stadions müßte für alle diejenigen Studenten beschafft werden, die nicht in der Stadt zu wohnen beabsichtigen.

Für die Winter-Ausbildung ist die Schaffung einer größeren Turn- und Sportanlage im Inneren der Stadt notwendig, wie eine solche auch unabhängig von der Hochschule für Leibesübungen für die Stadt Berlin ein dringendes Bedürfnis nicht nur in sportlicher, sondern auch in sozialer Hinsicht darstellt.

Es ist sowieso Aufgabe des Deutschen Reichsausschusses, für die Schaffung eines Volkshauses mit ausreichenden Turn- und Sporteinrichtungen zu sorgen.[42]

Die Bedeutung dieser September-Denkschrift für den weiteren äußeren Verlauf ist schnell erzählt. In Diems und Schiffs kleiner Gründungsgeschichte heißt es:

Die Denkschrift wurde sowohl von der Fachwelt wie in der breiteren Öffentlichkeit fast durchweg beifällig aufgenommen, und so beschloß der Vorstand des DRA nach eingehenden Beratungen am 3. Oktober 1919 die Gründung der Hochschule. Durch einen besonderen Ausschuß wurden in zwei Sitzungen Satzung, Aufbau, Einrichtung und Finanzierung beraten und das Ergebnis in einer zweiten Denkschrift niedergelegt.[43]

Diese Denkschrift vom Dezember 1919 war wesentlich umfangreicher als jener Entwurf aus dem September. Als vom Generalsekretariat des DRA herausgegebene „Denkschrift über die Gründung einer Deutschen Hochschule für Leibesübungen" enthielt sie Kapitel über (I) Notwendigkeit, (II) Entstehung, (III) Lehraufgaben, (IV) Forschungsaufgaben, (V) Verhältnis zu den Landesturnanstalten, (VI) Aufbau und (VII) Mittel. Sie umfaßte ferner eine Übersicht über das Forschungsgebiet und als Beilage eine Ordnung.[44]

Der Tätigkeitsbericht des DRA vom 1. April 1919 bis 31. März 1920 ergänzt:

Auf Grund dieser Vorlage wurde in der Vorstands-Sitzung vom 3. Oktober 1919 die Gründung einer Hochschule für Leibesübungen beschlossen. Ihre Gestaltung wurde in Sonder-Ausschüssen, an denen sich die Professoren der Berliner Universität Rubner, Bier und Reinhardt besonders beteiligten, beraten. Die Wettkampf-Ausschuß-Sitzungen vom 22. November 1919 und 10. Januar 1920 nahmen ausführlich zum Aufbau der Hochschule Stellung, sodaß die Bedürfnisse und Wünsche aller Zweige im

---

[42] Entwurf „Gründung einer Hochschule für Leibesübungen" (CuLDA, Mappe 185 [o. P.]). Vgl. auch den gleich zu zitierenden entsprechenden Ausschreibungstext.

[43] Diem/Schiff, Gründung, S. 6.

[44] CuLDA, Mappe 185 [o. P]. Da diese Dezember-Denkschrift nahezu vollständig (bis auf das Kap. II, den Finanzierungsplan und die Ordnung) in: CDI, Gründung, S. 22–33, abgedruckt ist, verzichte ich auf eine Wiedergabe; das Deckblatt ist abgedruckt in CDI, Aufbau, S. 119; die Ordnung ist in Mappe 186 (CuLDA) neben weiteren geänderten Ordnungen, auf die noch mehrfach zu sprechen kommen sein wird, zu finden. Eine 1922 verabschiedete Satzung ist abgedruckt in: CDI, Aufbau, S. 123–124; dort (S. 121) auch der Finanzierungsplan der Dezember-Denkschrift.

Aufbau berücksichtigt werden konnten. Die Vorstandssitzung vom 8. Januar beschloß die Gründung auf den 15. Mai festzusetzen.[45]

Wenn Lewald am 14. Mai, also einen Tag vor der Eröffnungsfeier der DHfL, vermeldete, daß ihre Gründung „nunmehr als feststehend zu betrachten sei"[46], bleibt als Aufgabe die Präzisierung dieses Begriffs der ‚Gründung'. Obgleich die eigene Historiographie des DRA den Eindruck erweckt, als sei die Errichtung der DHfL als „freie private Lehr- und Forschungsstätte" von Beginn an die bevorzugte Variante gewesen, weil nur dadurch der Zweck eines wünschenswerten Schutzes vor staatlichen „Hemmungen"[47] hätte erreicht werden können, hatte sich der DRA in Wirklichkeit schon seit der September-Denkschrift 1919 intensiv, kontinuierlich und auf verschiedenen Wegen um ihre staatliche Anerkennung im Reich und in den Ländern bemüht, die schließlich im Juni 1931 ausgesprochen wurde.[48] Ein Beleg für diesen blinden Fleck mag hier genügen: Während Diem in seinen späten Erinnerungen über die Gründungsphase der DHfL Ende 1919 festhält: „Durch einen besonderen Ausschuß wurde in zwei Sitzungen Satzung, Aufbau, Einrichtung und Finanzierung beraten und das Ergebnis in einer Denkschrift niedergelegt [...]. Bei diesem Plan hatten wir an die Preußische Landesturnanstalt in Spandau überhaupt nicht gedacht"[49], enthielt jedoch bereits die Denkschrift aus dem Dezember 1919 bekanntlich ein eigenes Kapitel über das Verhältnis zu den Landesturnanstalten und Überlegungen zur Ausbildung an ihnen.[50] Wir dürfen vorwegnehmen, daß – zumindest bis Mai 1921 – noch nicht

---

[45]   Tätigkeitsbericht DRA 1.4.1919–31.3.1920, S. 10 (CuLDA, Mappe 13). – In der Mappe 186 (ebd.) befindet sich eine am 10.1.1920 durch den Wettkampfausschuß geänderte Ordnung.

[46]   So Lewald laut Protokoll der Vorstandssitzung des DRA mit den Vertretern der Landesregierungen v. 14.5.1920 im RMI, S. 8 (CuLDA, Mappe 6, o. P.).

[47]   So in seinem Rückblick 1930 Schiff, Entwicklung, S. 8: „Die Deutsche Hochschule für Leibesübungen ist als freie private Lehr- und Forschungsstätte begründet worden und ist dies auch geblieben. Infolge dieses ihres privaten Charakters konnte sie sich unabhängig von den Hemmungen, die mit behördlichen Einrichtungen stets verbunden sein werden, aus eigener Lebenskraft heraus entwickeln."

[48]   Auch Neuendorff, Geschichte, S. 597, unterstellt Diem die „Hoffnung, daß seine freie Hochschule über kurz oder lang staatliche Rechte erhielt". Eine erste Übersicht entsprechender Bemühungen, auf die wir natürlich ausführlich zu sprechen kommen werden, bei Diem, Denkschrift 1927. Dort nicht enthalten, aber besonders prägnant ist eine Aussage Diems in einem Aufsatz v. 14.10.1920: „Die Deutsche Hochschule für Leibesübungen ist vom Reich zu *übernehmen* und mit den Unterrichtsanstalten der Staaten zu verbinden" (zit. n. Diem, Flamme, Bd. III, S. 1214 [Hervorh. J. C.]); vgl. Eisenberg, „English sports", S. 343, Anm. 3. – Zur Anerkennung 1931 siehe CDI, Gründung, S. 54; Court, Sportwissenschaften, S. 795–796; Voigt, Bier, S. 74. Kirste, Altrock, S. 21, irrt daher mit seiner Aussage, daß die DHfL „niemals universitären Charakter erhielt".

[49]   Diem, Leben, S. 103; das vollständige Zitat folgt hier auf S. 94–95 ausführlich siehe auch die S. 102–103.

[50]   CDI, Gründung, S. 25, 27–29; darauf verweist auch Diem, Denkschrift 1927, S. 3. Ein weiteres Beispiel: Am 6.1.1920 hatte der DRA eine Pressemitteilung in der Zeitschrift „Turnen-Sport-Spiel" (in: CuLDA, Mappe 185) über die bevorstehende Gründung der

einmal ein Antrag des DRA auf „formelle Anerkennung" der DHfL vorlag und
ihre Gründung als *„private* Einrichtung [...] eines ebenfalls *privaten* Verbandes"
sich lediglich auf die am 8. Mai 1920 erlassene Genehmigung der „Lehrtätigkeit
der für den Unterricht in Aussicht genommen Persönlichkeiten [...] nach den Bestimmungen über das Privatschulwesen"[51] stützen konnte.

Unter diesem Vorbehalt ist deshalb auch zu lesen, daß am 2. März 1920 eine
„Ausschreibung der Lehrstellen"[52] erfolgte und im April die Suche nach einem

---

DHfL veröffentlicht, die explizit mit der Absicht der preußischen Unterrichtsverwaltung
begründet wird, „der Landesturnanstalt in Spandau ebenfalls den Charakter einer Hochschule zu verleihen".

[51] Siehe die zweiseitige Abschrift des Briefes des Ministers im MWKV, Becker, an den DRA
v. 21.5.1921, in: CuLDA, Mappe 207 [o. P.], sowie Beckers Schreiben an den Herrn Oberturndirektor der Landesturnanstalt in Spandau v. 26.5.1921; abgedruckt in: Diem, Denkschrift 1927, S. 25. Vgl. F. Becker, Leben, Bd. II, S. 48: „Wie beim DRA, so handelte es
sich auch bei der DHfL de jure um eine private Einrichtung, die einen öffentlichen Auftrag
wahrnahm." Siehe auch unten S. 109.

[52] Der von Diem als Generalsekretär gezeichnete Ausschreibungstext lautet: „Die Deutsche
Hochschule für Leibesübungen wird am 15. Mai 1920 eröffnet werden.
Die Forschungstätigkeit besteht in der wissenschaftlichen Bearbeitung aller mit der Pflege
der Leibesübungen zusammenhängenden Fragen unter Anlehnung an den hierfür vom Großen Rat (Kuratorium) alljährlich aufzustellenden Forschungsplan und unter Ausnützung
der Lehrgänge und Veranstaltungen.
Die Lehrtätigkeit ist frei und besteht in praktischen Uebungen im Stadion und an anderen
Orten, der Abhaltung in wissenschaftlichen und technischen Werkstätten und Versuchsan-
stalten, sowie in Veranstaltung von Besichtigungen, Ausflügen und Reisen. Der Lehrplan
umfasst folgende Hauptabteilungen:
1. *Uebungslehre*:
Theorie, Praxis und Wertung der Bewegungslehre, Psychologie
2. *Gesundheitslehre*:
Anatomie und Anthropologie,
 Physiologie,
Hygiene, Erste Hilfe bei Unfällen,
Heilgymnastik und funktionelle Orthopädie.
3. *Erziehungslehre*:
Betriebsweise (Methodik und Systematik) der Leibesübungen.
Jugendpflege
4. *Verwaltungslehre*:
Geschichte, Verbreitung und Statistik, Vereinswesen, Organisation, Gesetzes- und Regelkunde, Turn- und Sportsprache, Gerätekunde, Sportplatz- und Uebungsstättenbau.
Besondere Aufgaben der Hochschule sind:
a) die Fortbildung von Vereins-Uebungsleitern in kurzfristigen Lehrgängen;
b) die Heranbildung von hauptamtlichen Lehrkräften für die Vereinsübungsbetriebe aller
Zweige der Leibesübungen;
c) wissenschaftliche Fortbildung der in lehrender und leitender Tätigkeit auf dem Gebiete
der Leibesübungen oder damit verwandter Gebiete der Leibesübungen oder damit verwandter Gebiete befindlichen Personen
d) die Werbearbeit für die Anerkennung der Leibesübungen als Erziehungsmittel durch
Werbevorträge, wissenschaftliche Veröffentlichungen und volkstümliche Aufklärung durch
die Tages- und Fachpresse.

Rektor erfolgreich abgeschlossen werden konnte. Auch hier muß man in Differenzierung der Geschichtsschreibung des DRA hinzusetzen[53], daß nicht August Bier, sondern Maximilian Rubner, Rektor des KWI für Arbeitsphysiologie und Dekan der Medizinischen Fakultät der Charité, auf Vorschlag des vorläufigen Senats der DHfL als erster Kandidat angesprochen wurde[54], der jedoch am

---

Die Lehrer der Hochschule gliedern sich in Dozenten im Hauptamte, Dozenten im Nebenamte, mit Lehrtätigkeit betraute Frauen und Männer und Fachlehrer. Sie werden auf Vorschlag des Senats vom Großen Rat (Kuratorium) ernannt.

Jeder der 4 Hauptabteilungen der Hochschule wird ein vollamtlich angestellter Abteilungsleiter vorstehen. Außerdem werden nach Maßnahme des Bedürfnisses der Mittel und der heute bereits vorhandenen Lehrkräfte weitere Persönlichkeiten voll- und nebenamtlich verpflichtet werden. Ein Teil der Lehrkräfte, insbesondere die praktischen Uebungslehrer werden die Wanderkurse des Reichsausschusses übernehmen. Schließlich werden auswärts wohnende Persönlichkeiten im Rahmen der Berliner Anstaltsarbeit Gastvorlesungen halten.

Ein Teil der Lehrarbeit wird auch den ehrenamtlich tätigen Lehrkräften der Verbände zufallen müssen. Gerade weil der Reichsausschuß bestrebt ist, eine ausreichende vollamtliche Besetzung des gesamten Unterrichts zu erhalten, hofft er, auf *opferwillige* Mitarbeit in der Zeit der Einführung rechnen zu dürfen. Nur diese opferwillige und einsichtsvolle ehrenamtliche oder gering besoldete Arbeit wird der Hochschule *sogleich* die gewünschte Bedeutung sichern, die für ihren Ruf und für ihre ganze Entwicklung notwendig ist, und umso eher wird es möglich sein, die Lehrstellen dann zu vermehren.

Von vornherein wird auf die Mitarbeit aller auf dem Gebiet der Leibesübungen und damit zusammenhängenden Wissenschaften führenden Männer und Frauen *im ganzen Reiche* gerechnet. Wir fordern hierdurch alle, die ihre Mitarbeit der neuen Hochschule zur Verfügung stellen wollen, auf, eine entsprechende Mitteilung an das Generalsekretariat des Deutschen Reichsausschusses für Leibesübungen, Berlin NW. 7, Schadowstr. 8, gelangen zu lassen. Die schriftliche Bewerbung muß enthalten: Lehrgebiet, wissenschaftliche und bzw. oder praktische Vorbildung. evtl. kurzer Lebenslauf, Gehalts- und Entschädigungsansprüche, Angaben über Titel, Inhalt und Umfang der zunächst in Aussicht genommenen Vorlesungen. Meldefrist 20. März 1920" (CuLDA, Mappe 185 [o. P.]).

[53] Siehe Schiff, Entwicklung, S. 15: „Es muß [...] als ein besonderes Glück für die junge, aus embryonalem Zustande sich erst allmählich zu festeren Formen entwickelnde Hochschule hervorgehoben werden, daß eine so zielklare und entschiedene Persönlichkeit wie Prof. Dr. Bier bei der Gründung das Rektorat übernommen [...] hat."

[54] Siehe Diems Bericht als Generalsekretär des DRA v. 26.3.1920 über die Sitzung des vorläufigen Senats der DHfL am 22.3.1920 (CuLDA, Mappe 187): „Als Rektor der Deutschen Hochschule für Leibesübungen wird Geheimer Obermedizinalrat Prof. Dr. *Rubner* vorgeschlagen. Generalsekretär Diem übernimmt es, die diesbezüglichen Verhandlungen einzuleiten." Siehe ferner Diems Bericht als Generalsekretär des DRA v. 7.4.1920 über die Sitzung des vorläufigen Senats der DHfL am 29.3.1920 (CuLDA, Mappe 187): „Nach Beschluss der Senatssitzung vom 22. März ist dem Geh. Obermedizinalrat Prof. Dr. Rubner von Generalsekretär Diem das Amt des Rektors angetragen worden. Eine Zusage liegt noch nicht vor." Diem hatte im Anschreiben an Rubner das Bedürfnis der DHfL betont, „unter dem Schutze Ihres wissenschaftlichen Namens in das Dasein geleitet zu werden. Damit wäre aller Welt kund getan, dass es sich hier wirklich um eine ebenso praktisch wie wissenschaftlich wichtige Anstalt handelt" (zit. n. Dinçkal, Sportlandschaften, S. 73). Zu Rubners zahlreichen Berührungspunkten mit der frühen Sportwissenschaft siehe Court, Vorgeschichte, ad indicem.

5. April unter Berufung auf seine Arbeitsüberlastung absagte. Am 19. April
nahm dann Bier, der zunächst den gleichen Ablehnungsgrund angeführt hatte,
den Rektoratsposten an. Nachdem die Gründung der DHfL feststand, waren seine eigenen Pläne eines Lehrfachs für Leibesübungen der Berliner Universität
überholt, und möglicherweise erhoffte sich Bier von der Übernahme des Rekto-
rats gute Vernetzungsmöglichkeiten mit der Chirurgischen Klinik der Charité.[55]

Der Inhalt der folgenden Kapitel ergibt sich aus diesen letzten Ausführungen.
Weshalb betonte der DRA in seiner Geschichtsschreibung die großen Vorteile
einer privaten gegenüber einer staatlichen DHfL, bemühte sich aber vehement
um eben diese staatliche Anerkennung im Reich und vor allem in Preußen, und
weshalb unterließ er in ihrer Gründungsphase sogar einen Antrag auf ihre formelle Anerkennung, obgleich Kultusminister Haenisch für eine solche Prüfung
dem DRA „Wohlwollen" zugesichert und überhaupt „auf eine möglichst enge
Zusammenarbeit meiner Verwaltung mit dem Reichsausschuß das größte Gewicht"[56] gelegt hatte? Und was bedeutet es, daß das Reich und der Staat Preußen
auf der Eröffnungsfeier der DHfL, wie wir noch ausführlich sehen werden, mit
illustren und hochrangigen Gästen – von denen hier nur außer Reichspräsident
Friedrich Ebert der Staatssekretär des MWKV, Carl Heinrich Becker, und der
Rektor der Berliner Universität, Eduard Meyer, angeführt werden sollen – vertreten waren? Für die Suche nach Antworten gilt in methodischer Hinsicht, daß
sie vor einem sowohl allgemein- wie sporthistorischen Hintergrund die gleiche
Gemengelage idealler, institutioneller, aber auch von Macht- und Prestigefragen
zu berücksichtigen hat, die bereits Band 1 dieser Arbeit durchzogen haben.[57] Bevor ihnen der gebührende Platz eingeräumt wird, gilt es aber zuerst, nachdem
das Tableau der handelnden Personen aufgestellt wurde, den Gründen für das
Ausscheiden Nicolais aus der weiteren Entwicklungsgeschichte der deutschen
Sportwissenschaft nachzuspüren. Dabei bietet sich auch eine erste Gelegenheit,
die in der Einführung angestellten Überlegungen zum Verhältnis von Politik und

---

[55] Siehe das Schreiben Diems als Generalsekretär des DRA an die Herren Mitglieder des Senats der DHfL v. 19.4.1920 (CuLDA, Mappe 207, o. P.): „Herr Geheimrat Rubner hat
durch Schreiben vom 5. April das ihm angebotene Amt als Rektor der neuen Hochschule
für Leibesübungen zu seinem Bedauern abgelehnt. Das Amt des Dekans der Medizinischen Fakultät und die zahlreichen Nebenämter wissenschaftlicher Natur haben Herrn Geheimrat Rubner so belastet, dass er uns bittet, eine andere Wahl zu treffen. Er versichert
dabei, dass die Sache stets ihn als treuen Freund auch weiterhin finden wird. Gemäss Beschluss des Senats habe ich mich an Herrn Geheimrat Bier gewandt, der zunächst ebenfalls
ablehnte, sodass ich in der Kuratoriumssitzung vom 15. April noch keinen endgültigen Bescheid geben konnte. Am heutigen Tag hat er jedoch nunmehr zugesagt, das Amt des Rektors zu übernehmen mit der ausdrücklichen Betonung, dass er es auch voll ausführen werde." Vgl. auch Court, Vereinigung, S. 178; Eisenberg, „English sports", S. 361; Voigt,
Bier, S. 65–66.
[56] Schreiben des Ministers im MWKV, Haenisch, an den DRA v. 3.5.1920; abgedruckt in:
CDI, Gründung, S. 35. Das Zitat wird unten auf S. 106 wieder aufgegriffen werden.
[57] Vgl. z. B. Court, Vorgeschichte, S. 32, 35.

Wissenschaft in der frühen Weimarer Republik auf die Geschichte der Sportwissenschaft zu übertragen.

2   Die ‚deutsche Dreyfus-Affäre' um Nicolai

Der erste Band dieses Werkes hatte sich ausführlich mit der wichtigen Funktion des Berliner Arztes Georg Friedrich Nicolai für die Historie der deutschen Sportwissenschaft beschäftigt und angedeutet, daß er zwischen 1919 und 1922 in ein Verfahren verwickelt wurde, das als ‚deutsche Dreyfus-Affäre' in die Universitätsgeschichte eingegangen ist.[58] Zur Erinnerung: Nicolai, der im Weltkrieg nach seiner öffentlichen und gemeinsam mit Albert Einstein geäußerten Kritik am ‚Aufruf an die Kulturwelt' von 93 Professorenkollegen vom Oktober 1914 wiederholt in Disziplinarsachen, in Wahrheit aber wegen seiner europäischen und pazifistischen Überzeugungen vor einem Militärgericht stand, war am 20. Juni 1918 eine spektakuläre Flucht nach Kopenhagen geglückt[59]; die ihm von Lenin im September 1918 angebotene sowjetrussische Staatsbürgerschaft lehnte Nicolai ab.[60]

In Kopenhagen erschien am 1. Oktober 1918 in der von Nicolai ins Leben gerufenen Zeitschrift *Das werdende Europa* seine Rechtfertigungsschrift „Warum ich aus Deutschland ging". In diesem „offenen Brief" begründete Nicolai seinen Schritt mit den Schwierigkeiten, die deutsche Kultur in *Deutschland* gegen den dort herrschenden Militarismus und Unrechtsstaat zu verteidigen und schildert die Disziplinarverfahren vor allem als Versuch des Staates, sein Kolleg über den „Krieg als Entwicklungsfaktor in der Geschichte der Menschheit" zu unterbinden. Der Privatdozent für Physiologie an der Berliner Charité hatte dieses Kolleg, das ihm als Vorlage für sein 1917 erschienenes Hauptwerk *Die Biologie des Krieges* diente, im Wintersemester 1915/1916 bereits begonnen, wurde dann aber in die preußische Provinz zwangsversetzt.[61] Eine Zusammenfassung unter dem Titel „Sechs Tatsachen als Grundlage zur Beurteilung der heutigen Macht-

---

[58]   Court, Vorgeschichte, S. 91; ausführlich zu Nicolai ebd., ad indicem; neu aufgegriffen wird sie in einem eigenen Kapitel bei Grüttner, Universität, S. 43–51, der leider die sportwissenschaftliche Vorgeschichte nicht kennt. Die 2013 abgeschlossene Berliner Dissertation von Ristau, Sport, S. 95, erwähnt wenigstens einen kleinen Teil von ihr, jedoch aufgrund unzureichender Literaturkenntnisse nicht die späteren Konflikte an der Berliner Universität. Komplett unterbelichtet erscheint Nicolais Bedeutung in der 2012 vom Deutschen Sportärztebund e. V herausgegebenen Festschrift *100 Jahre deutsche Sportmedizin;* siehe die Kritik von Eggers, Besprechung Sportmedizin, S. 3.

[59]   So Zuelzer, Nicolai, S. 231; nach Lerchenmüller, Nicolai, S. 98, war es hingegen der August 1918. Zu Einstein und Nicolai als Kritiker dieses Aufrufs siehe auch Wegeler, Altertumswissenschaft, S. 52, 282, die nur leider vergessen hat, Nicolai im Personenverzeichnis aufzunehmen.

[60]   Siehe vom Brocke, Nicolai, S. 604; Holl, Pazifismus, S. 107–109, der Nicolai zu den Vertretern eines „pazifistischen Patriotismus" zählt.

[61]   Ausführlich Nicolai, Deutschland.

politik" veröffentlichte Nicolai im September 1918 in Bern, nachdem er Monate zuvor bereits heimlich Kopien in Deutschland und im neutralen Ausland verteilen ließ.[62]

Die Widerstände gegen Nicolai nach seiner Rückkehr nach Deutschland am 25. November 1918 bestätigten die im März 1919 gegenüber Romain Rolland geäußerte Vermutung, die ‚93' würden ihm seine Kritik nicht verzeihen und die Universitätslaufbahn zu verschließen suchen.[63] Über den von der Medizinischen Fakultät der Berliner Universität am 7. November, am Tag der Revolution in München und zwei Tage vor der Abdankung des Kaisers und der Ausrufung der Republik gestellten Antrag, Nicolai die *venia legendi* zu entziehen, wurde wegen der Geschehnisse am 9. November nicht mehr entschieden. Anträgen von Friedrich Kraus – Nicolais Chef an der Charité und 1910 mit ihm Verfasser des ersten Standardwerkes über das Elektrokardiogramm – auf einen Lehrauftrag für Nicolai und die Verleihung einer außerordentlichen Professur vom Januar 1919 stand ein erneuter Antrag aus den Reihen der Medizinischen Fakultät auf Aberkennung der *venia legendi* entgegen, der mit seiner ‚Desertion' begründet war.[64]

Obgleich dieser Antrag knapp abgelehnt wurde, setzte die Fakultät ihren Widerstand gegen Nicolai fort. Erst eine Erinnerung Nicolais an Minister Haenisch, er selbst verdanke ja schließlich sein Amt einer Revolution, veranlaßte Haenisch im Oktober 1919, Nicolai zum außerordentlichen Professor zu ernennen und mit dem Beginn der Vorlesungstätigkeit zu beauftragen. Nach antisemitischen Hetzangriffen in der Rechtspresse[65] sprengten am 12. Januar 1920, zwei Tage nach Inkrafttreten des Versailler Vertrags und in einer auch durch Eisenbahnerstreiks aufgeladenen Situation, nationalistisch gesinnte Studenten und Offiziere in Uniform Nicolais Vorlesung im Hauptgebäude der Universität, so daß aus Angst um seine Patienten auch Kraus Nicolai einen Hörsaal in der Charité verweigerte. Eine studentische Zuschrift an Nicolai zeigte eindeutig den Zusammenhang zwischen dem Versailler Vertrag und den Aktionen gegen Nicolai: „Nicolai – Judengesinnung – Versailler Frieden! Warum mussten wir nach Versailles"?[66]

---

[62] Lerchenmüller, Nicolai, S. 99.

[63] Nach vom Brocke, Nicolai, S. 605.

[64] Hierzu ebd., S. 64; Lerchenmüller, Nicolai, S. 99–100; zum schwierigen Verhältnis zwischen Kraus und Nicolai im Weltkrieg Zuelzer, Nicolai, S. 180–188.

[65] „Anscheinend hält der berüchtigte Professor Nicolai-Lewinstein sich trotz seiner vaterlandsverräterischen Tätigkeit zum Lehrer für deutsche Studenten berufen. Wir haben an unsere Hinweise [auf Nicolais Verhalten im Kriege] die Forderung geknüpft, daß, wenn die Professorenschaft nicht von dem Manne abrückt, die deutsche Studentenschaft zur Selbsthilfe schreiten müsse" („Deutsche Zeitung", zit. n. Lerchenmüller, Nicolai, S. 100; Zuelzer, Nicolai, S. 269). Zur gleichen Zeit wurden bspw. auch Einstein und Max Weber auf diese Weise angegriffen; nach ebd., S. 268, galt jedoch Nicolai als „die bestgehaßte dieser Persönlichkeiten".

[66] Zit. n. ebd., S. 272. Den allgemeinen Kommentar gibt Titze, Hochschulen, S. 214: „Es war ein folgenreiches Versäumnis, daß in den Anfangsjahren der Republik von administrativer Seite nichts unternommen wurde, um den undemokratischen Geist, der in der Subkultur

Nachdem Nicolai und Rektor Meyer sich auf eine Untersuchung der Angelegenheit durch den Senat verständigt und dafür auch die Zustimmung von Haenisch und der Studentenvertretung erhalten hatten, nahm sie eben jene als ‚deutsche Dreyfus-Affäre‘ bekannte Wendung: Meyer nämlich koppelte die für Nicolai und das MKWV entscheidende Frage nach der Lehrfreiheit mit der von Nicolais „moralischer Würdigkeit", ob dessen „Handlungsweise Deutschland in seinem schweren Kampfe geschadet oder genützt habe"[67]. Als Material wurden sowohl Akten des Kriegsministeriums als auch Aufzeichnungen von Hermann von Wilamowitz-Moellendorff herangezogen, dessen Familie seit langem in enger Verbindung mit der von Meyer stand. Hermann von Wilamowitz-Moellendorff war nicht nur dienstlich mit Nicolais Flucht befaßt gewesen, sondern auch ein Sohn Ulrich von Wilamowitz-Moellendorffs. Dieser hatte den so vehement von Nicolai attackierten ‚Aufruf an die Kulturwelt‘ mitverfaßt und als damaliger Rektor der Berliner Universität – u. a. zusammen mit Meyer – am 19. Juli 1916 einen Aufruf verfaßt, der den ungebrochenen Kriegswillen des deutschen Volkes betonte und mit den Worten endete: „Sei stark, deutsches Volk, und Gott wird mit Dir sein!"[68]

Weil sich im Berliner Senat lediglich Adolf von Harnack im Sinne der Wissenschaftsfreiheit für Nicolai einsetzte[69], konnte der Senat am 5. März 1920 – also kurz vor dem Kapp-Putsch vom 13. März – ein Urteil fällen, das im Wertekonflikt zwischen ‚Vaterlandsliebe‘ und ‚Wissenschaftsfreiheit‘ jener das politische Primat zuerkannte. Nicolai hat

> gegen die Ideen einer reinen Gemeinschaft gehandelt, gegen das Grundgesetz allen sozialen Wollens. Denn er hat die, mit denen er zusammengehört, bei denen er alles empfangen hat, was er körperlich und geistig be-

---

des Verbindungsstudententums herrschte und bald nach dem Bankrott des wilhelminischen Militarismus wieder provozierend zutage trat, im Einklang mit der Verfassung in die Schranken zu weisen." Zur (hohen) Beteiligung der Berliner Studenten an den Märzkämpfen Grüttner, Universität, S. 19.

[67] Zit. n. Lerchenmüller, Nicolai, S. 102.

[68] Zit. n. Wegeler, Altertumswissenschaft, S. 347; siehe Lerchenmüller, Nicolai, S. 102; Court, Vorgeschichte, S. 235–236. – Von diesem Aufruf distanzierte sich v. Wilamowitz-Moellendorff allerdings später; siehe Wegeler, ebd., S. 54, 282, Anm. 152.

[69] „Zwar ist vieles an dem, wie er sich aufführt, anstössig und seine kulturselige ‚europäische‘ Überzeugung ist kultur- und vaterlandsfeindlich, aber er hat nicht wider seine Überzeugung gehandelt, und diese wird genau so von Einstein und anderen, kleineren Gelehrten geteilt. M.E. müssen wir ihn daher im Lehramt belassen, d.h. feststellen, dass er es nicht durch Unwürdigkeit verscherzt hat" (zit. n. Lerchenmüller, Nicolai, S. 104); Grüttner, Universität, S. 49, läßt die Frage, weshalb v. Harnack diese Meinung nicht öffentlichen vertrat, offen. Zur Zusammensetzung des Senats und zum unterschiedlichen Begriff von Wissenschaftsfreiheit vor allem der Berliner Senatoren v. Harnack und Seeberg siehe Grüttner, ebd., S. 47–49; Lerchenmüller, Nicolai, S. 105; zu v. Harnacks Wissenschaftsverständnis und seiner Rolle bei der Gründung der Kaiser-Wilhelm-Gesellschaft (KWG) vom Brocke, Kaiser-Wilhelm-Gesellschaft, S. 26–33, und zu v. Harnack als Berater Wilhelms II. Röhl, Wilhelm II., S. 563–565. Siehe auch unten S. 219.

sitzt, mit denen er gemeinsam arbeiten und kämpfen sollte, in der Stunde
der Not schnöde verlassen [und] seinem Volke in dessen Bedrängnis die
Hilfe versagt, die er ihm schuldig war. Dieses widerspricht allen idealen
Gemeinschaftsgedanken, ohne den keine Besserung und kein Fortschritt in
sozialen Dingen möglich erscheint. Aus diesen Gründen ist der akademische Senat einstimmig zu der Feststellung gelangt, dass die an ihn gestellte Frage: ob Professor Nicolai würdig sei, seine Lehrtätigkeit an der Universität fortzusetzen, verneint werden muss.[70]

Zwar warf der „alte Sozialist"[71] und Minister Haenisch in einem Erlaß vom
10. März 1920 dem Senat ein unzulässiges Urteil vor und sicherte Nicolai
Schutz für seine Vorlesungstätigkeit zu, konnte ihn aber nicht durchsetzen. Die
tolerante Politik von Haenisch, in der *Weltbühne* als „schwankendes Rohr" bezeichnet, und Becker, der privat erklärte, eigentlich „verdiene die Haltung des
Nicolai während des Krieges eine Bestrafung, aber aus politischen Gründen
müsse man ja nun schon einmal anders handeln"[72], erwies sich im Fall Nicolai
machtlos gegen einen akademisch akzeptierten Antisemitismus, wie ihn der Se-
nator und Theologe Seeberg verkörperte[73], aber vor allem die restaurative Position Meyers, der in seiner Antrittsrede über *Preußen und Athen* im Herbst 1919
die Idee der starken Monarchie hochhielt und unter Berufung auf die ‚Ideen von
1914' die Gegenrevolution in die deutsche Universität tragen wollte:

> Denn als Karthago, in achtzehnjährigem Ringen schliesslich überwältigt
> und unfähig zu weiterem Widerstande, sich dem Gebot des Siegers fügen
> musste, da hat es den genialen Feldherrn, der den Krieg herbeigeführt und
> so viele Siege erfochten hatte, das Vorbild, an das Hindenburg und Lu-

---

[70] Zit. n. Lerchenmüller, Nicolai, S. 103; zur allgemeinen Bedeutung des Wertekonflikts
      Grüttner, Universität, S. 49. Nach vom Brocke, Ausbau, versandte der Senat dieses Urteil
      an alle deutschen Hochschulen.

[71] So seine Selbstbezeichung in seiner Stellungnahme zu Neuendorffs Werbeschrift *Volk in
      Not,* in: MTSS 1922, S. 7–8.

[72] Zit. n. Lerchenmüller, Nicolai, S. 108–109, 112; zur Politik Haenischs und seiner Nachfol-
      ger siehe Grüttner, Universität, S. 155; zu Beckers Beteiligung am ‚Krieg der Geister' im
      I. Weltkrieg Nagel, Bildungsreformer, S. 28. – G. Müller, Reform, S. 17, nennt interessan-
      terweise Nicolai als einer der „Generationsgenossen" Beckers; die anderen sind Thomas
      Mann, Konrad Adenauer, Gustav Stresemann und Gustav Radbruch.

[73] „Nicht gegen den einzelnen Juden habe sich der Kampf zu richten, sondern gegen das Ju-
      dentum als eine internationale Macht, als eine zersetzende geistige Richtung, gegen den
      fremden, Deutschtum und Christentum bewusst bekämpfenden Geist" (zit. n. Lerchenmül-
      ler, Nicolai, S. 109); zu Seebergs Antisemitismus auch Grüttner, Universität, S. 153. Seine
      Stärke wird auch daran deutlich, daß im Senat immerhin vier Mitglieder mit (teils) jüdi-
      scher Abstammung saßen (Fritz Cohn; Max Rubner; Max Dessoir; Heinrich Rubens; ebd.,
      S. 48). – Vor diesem Beispiel Nicolais ist Hammersteins (Antisemitismus, S. 94) Unter-
      scheidung zwischen einem „kruden Antisemitismus", der als „unakademisch" galt, und
      „unterschwelligen Vorurteilen", die häufig weiterwirkten, in bezug auf ihre *Wirkung* natür-
      lich nur eine theoretische Differenz.

dendorff unmittelbar anknüpfen, nicht etwa von sich gestossen, verleumdet und verfolgt, sondern ihm die Leitung des Staats übertragen und den Versuch ermöglicht, das erschöpfte Gemeinwesen im Innern wieder aufzubauen.[74]

Nachdem auch die Studentenschaft auf ihrem zweiten Studententag in Göttingen im Juli 1920 die Unwürdigkeit Nicolais für die Bekleidung eines Lehramtes an einer deutschen Hochschule erklärt hatte[75], konnten weder die Unterstützung Einsteins, Delbrücks und des Nobelpreisträgers Alfred H. Fried noch ein „Offener Brief an die deutschen Hochschullehrer“ in Maximilian Hardens Zeitschrift *Zukunft* den Widerstand an der Berliner Universität brechen.[76] Trotz seiner zahlreichen Funktionen in der deutschen und europäischen Friedensbewegung[77] wanderte Nicolai im Frühjahr 1922 aus und folgte einem Ruf – den übrigens Meyer mit Hilfe des Verbands der deutschen Hochschulen zu hintertreiben suchte – nach Argentinien an die Universität Córdoba. 1964 starb er, als ‚El gran Europeo‘ verehrt, in Chile.[78]

Halten wir uns alleine vor Augen, daß das Urteil des Senats gegen Nicolai am 5. März 1920 gefällt und die DHfL nur wenige Wochen später eröffnet wurde, liegt die Bedeutung des „Falles Nicolai-Meyer“[79] darin, daß er „symptomatisch sowohl für die Atmosphäre an den deutschen Hochschulen nach 1918 als auch für das von der deutschen Gelehrtenrepublik bis lange nach dem Zweiten Weltkrieg nicht verwundene traumatische Erlebnis der Niederlage und Revolution“[80] ist. Haenischs Aussage vom 12. März 1920, daß „unsere höheren Lehranstalten und Universitäten heute die gefährlichsten Herde der gegenrevolutionären Bewe-

---

[74] Zit. n. Lerchenmüller, Nicolai, S. 107; siehe auch Grüttner, Universität, S. 35; Hammerstein, Antisemitismus, S. 87. Dazu paßt, daß Meyer während der fünf Tage des Kapp-Putsches die Anwerbung von Studenten für den Zeitfreiwilligendienst in der Universität gewähren ließ (vgl. Lerchenmüller, Nicolai, S. 107). Weitere Zitate des DNVP-Mitglieds Meyer aus der Antrittsvorlesung bei Grüttner, Universität, S. 23, 35, für den Meyer nach Kriegsende „keine erkennbare Bereitschaft“ zeigte, „das eigene Handeln während der Kriegsjahre selbstkritisch zu reflektieren“ (ebd., S. 22).

[75] Siehe vom Brocke, Nicolai, S. 605; Court, Vereinigung, S. 176–177.

[76] Ein Abruck dieses Briefs bei Wegeler, Altertumswissenschaft, S. 348.

[77] Besonders erwähnenswert ist Nicolais „Aufruf an die Europäer“ vom März 1919, dessen Unterschriften sich wie ein „*Who's who* der Weimarer Republik lesen“ (Zuelzer, Nicolai, S. 264); auf die Beteilung seiner universitären Kollegen hatte Nicolai verzichtet (ausführlich ebd., S. 262–266).

[78] Dazu vom Brocke, Nicolai, S. 605; Lerchenmüller, Nicolai, S. 115–116. Nach Grüttner, Universität, S. 32, wurde Nicolai noch bis 1929 im Vorlesungsverzeichnis der Berliner Universität unter den Extraordinarien und bis zur Aufhebung seines Beamtenverhältnisses 1932 auch im Personalverzeichnis. 1922 (Müller, Sportärzte, S. 120) finden wir wenigstens noch eine lobende fachliche Erwähnung Nicolais als einer der Vorreiter der deutschen Sportmedizin.

[79] So nennt ihn Lerchenmüller, Nicolai, S. 91.

[80] Vom Brocke, Nicolai, S. 605.

gung seien"[81], zeigt am unmittelbaren Umfeld Nicolais darüber hinaus, daß das Adjektiv ‚gefährlich' durchaus buchstäblich zu nehmen war. Im Februar 1920 erzwangen in München dieselben Studenten, die die Begnadigung des Mörders von Kurt Eisner gefordert hatten, den Rücktritt des Historikers Friedrich Wilhelm Foerster, Sohn von Wilhelm Foerster, neben Einstein Mitunterzeichner des gegen die ‚93' gerichteten Manifestes, und entschiedener Kritiker Meyers[82]; Nicolais Freund und Heidelberger Kollege Emil Gumbel sah sich Morddrohungen ausgesetzt, weil er Material über rechtsgerichtete politische Morde veröffentlichte, und im Mai 1920 wurde Nicolais pazifistischer Mitstreiter Kapitänleutnant a. D. Hans Paasche, ein Sohn Hermann Paasches, Vorsitzender von Nicolais *Berliner Vereinigung,* durch Rechtsextremisten ermordet.[83]

In Ergänzung unserer einführenden Überlegungen zur ideellen Kontinuität zwischen Kaiserreich und Weimarer Republik besitzen wir hier zudem ein gutes Beispiel für die persönliche Verantwortung Wilhelms II. auch an dem die Frühzeit der Republik prägenden Geist: Er bezeichnete Maximilian Harden noch 1926 brieflich als „widerlicher, schmutziger jüdischer Teufel, der die anti-kaiserliche Stimmung gegen mich und damit die Revolution vorbereitete"[84], und bereits am 23. Dezember 1908 hatte er Stimmung sowohl gegen Harden als auch Vater und Sohn Paasche gemacht: „Mit Harden in Verbindung steht auch der Vizepräsident des Reichstages der *National!!!*liberale Paasche. Dessen Sohn hat die Tochter von Harden vor Kurzem geheiratet. Paasche versorgt die Nat. Lib. Presse mit Gift"[85].

Unsere Ausgangsfrage, weshalb der DRA, aber nicht mehr Nicolai entscheidend an der Entwicklung der deutschen Sportwissenschaft nach Kriegsende beteiligt war, ist damit in den Grundzügen geklärt: Als Jude, Pazifist und überzeugter Europäer paßte er nicht in sein universitäres Umfeld: „Der Geist der Universität Berlin ist eine Schande für das Reich. Rassenhass, Klassenhass, chauvinistischer Hurrapatriotismus, Antisemitismus, Anrempelung kultiviertester Personen wie Nicolai"[86] – so schrieb die *Weltbühne* am 26. August 1920.

---

[81] Zit. n. Lerchenmüller, Nicolai, S. 110.

[82] Dazu Court, Vorgeschichte, S. 236; Lerchenmüller, Nicolai, S. 106. Die „Deutsche Zeitung" schrieb im April 1920, daß sich für Einstein, Foerster und Nicolai „bei den stammesverwandten Senegalnegern ein lohnendes Betätigungsfeld" ergeben würde (zit. n. Lerchenmüller, ebd.).

[83] Siehe Court, Vereinigung, S. 171; Lerchenmüller, Nicolai, S. 106. Holl, Pazifismus, S. 142–143, sieht hier „bloß die Spitze des Eisbergs [...]: Die mit dem Antisemitismus in ungebrochener Tradition einhergehende Praxis der Verleumdung, Behinderung und schikanöser Zurücksetzung pazifistischer Wissenschaftler, die ungeachtet formalen Bestehens rechtsstaatlicher Grundsätze mehr oder weniger stillschweigend hingenommen wurde, traf unterschiedslos ‚Radikale' wie ‚Gemäßigte'".

[84] Zit. n. Röhl, Wilhelm II., S. 1294.

[85] Zit. n. ebd., S. 781. – Auf das generelle Problem des ‚Königsmechanismus' kann hier nicht eingegangen werden; siehe dazu auch Saleweski, Röhl.

[86] Zit. n. Lerchenmüller, Nicolai, S. 112.

Unter diesem Blickwinkel dürfte Nicolai auch – unangesehen der im Band 1 dieses Werkes geschilderten Konflikte – bei den *dramatis personae* der DHfL keinen Fürsprecher gefunden haben.[87]

Über Rektor Meyer bleibt an dieser Stelle nur noch anzufügen, daß er ebenso wie sein Bruder Kurt im Weltkrieg in der Deutsch-Irischen Gesellschaft im Sinne des Kriegseinsatzes der deutschen Geisteswissenschaften[88] den militanten irischen Nationalismus unterstützt und damit die Keltologie in Europa wissenschaftlich isoliert hatte[89]; daß er – u. a. zusammen mit Ulrich von Wilamowitz-Moellendorff – am 15. Januar 1919 einen weiteren „Aufruf deutscher Hochschullehrer" verfaßt hatte, der eine „eindeutige Absage an die Demokratie mit einer antikapitalistischen Phraseologie verband"[90] und die Sozialdemokraten für die deutsche Misere verantwortlich machte; daß Bier als Rektor der DHfL noch Ende 1919 seine Auffassung vom deutschen Militärdienst als die „grossartigste Körperschulung der Welt"[91] auf die Idee einer universitären Sportwissenschaft

---

[87] Kurzfassung dieser Vorgeschichte Court, Vereinigung, S. 158–178. Eine aufschlußreiche Ergänzung jetzt bei F. Becker, der aus einem Brief Diems an Richard Franz v. 3.4.1913 zitiert, nach dem Diem sich im Konflikt um die Ernennung des Stadion-Arztes nicht so sehr für Mallwitz eingesetzt hätte, „wenn nicht seine Rivalen ein paar fürchterliche Juden gewesen wären: Dr. Willner, Professor Nicolai, Professor Weissbein. Dieser Semitenbande wollte ich das Stadion doch nicht ausliefern, wenn ich mir auch über Mallwitz'es Abstammung keine Illusionen mache" (zit. n. F. Becker, Leben, Bd. 1, S. 149). Andererseits zitiert Diem in einem Schreiben v. 24.8.1915 an Martin Berner eine Passage des aus Nicolais geistigem Umfeld stammenden Sozialdemokraten Friedrich Wilhelm Foerster (s. o.), die Becker als Zustimmung Diems für Foersters Position wertet (F. Becker, ebd., S. 292). Anzufügen ist jedoch, daß dieses mögliche Einverständnis sich bloß auf die Vaterlandsliebe der Sozialdemokratie erstreckt. – Zur Frage eines Antisemitismus bei Diem ist zu ergänzen, daß F. Becker (ebd., Bd. III, S. 13, 163, 239) und M. Krüger (Leben, S. 278) obiges Zitat über die „Semitenbande" nicht in die Tradition des eugenischen Antisemitismus der Nationalsozialisten, sondern in den vor allem im Kaiserreich bei Nationalkonservativen verbreiteten Antijudaismus stellen. Bei seiner Anspielung auf „Mallwitz'es Abstammung" irrt Diem wohl; nach J. Schäfer, Mallwitz, S. 15–17, entstammte Mallwitz einem nationalkonservativen protestantischen Elternhaus, und J. Schäfer, ebd., berichtet von keinen jüdischen Vorfahren. „Antisemitischen Klischees" bei Diem aus der Weimarer Zeit stehen seine „Freundschaften mit Angehörigen assimilierter jüdischer Familien [entgegen] – wenn sie ähnliche politische Einstellungen oder Ziele wie er verfolgten" (R. Schäfer, Diem, S. 257; siehe auch zusammenfassend Thum, Diem). Daher kann bereits hier festgehalten werden, daß in dem hier darzustellenden Zeitraum Antisemitismus keine nachweisbare Rolle in der Personalpolitik der DHfL gespielt hat, zumal auch bei Nicolai die politischen Vorbehalte ausschlaggebend waren und weniger seine jüdische Abstammung (was die Sache natürlich nicht besser macht).

[88] Siehe Court, Vorgeschichte, S. 276.

[89] Dazu Lerchenmüller, Keltologie, S. 139–141. Im April 1920 kündigte Meyer für den Fall der Auslieferung Wilhelms II. öffentlich an, seine Ehrendoktorwürden aus Oxford, Liverpool, St. Andrews, Chicago und Harvard zerrissen zurückzusenden; siehe Grüttner, Universität, S. 21.

[90] Ebd., S. 19; der Brief ist abgedruckt ebd., S. 19–20.

[91] Bier, Leibesübungen, S. 1159; zur politisch breitgestreuten Wirkung dieses Aufsatzes Teichler, Sportpolitik, S. 24–25.

übertragen wollte und in seinem kleinen Abriß der Wissenschaft der Leibesübungen 1919 Nicolai unterschlägt[92]; daß sein Nachfolger Sauerbruch gleichfalls die Begnadigung des Mörders von Eisner verlangt hatte[93]; daß Rubner, ein
Unterzeichner des Manifestes der ‚93‘, als Mitglied des Senats der Berliner Universität dort gegen Nicolai stimmte und – trotz seiner Ablehnung des Rektorats-
postens – eng mit der DHfL verbunden blieb[94]; und daß schließlich im selben
Jahre 1919, in dem sich im französischen Abgeordnetenhaus die Opposition in
ihrer Ablehnung des Versailler Vertrags ausdrücklich auf das Vorbild Nicolais
berief[95], Diem in der Tradition Friedrich Ludwig Jahns Frankreich noch immer
als „Erzfeind"[96] ansah.

3 Institutionengeschichtliche Vertiefungen

3.1 Zur institutionellen Verankerung des DRA

Unser kleiner Exkurs über Nicolai und die DHfL hatte unseren Gedankengang
über das Verhältnis zwischen ihrem privaten und staatlichen Charakter unter-
brochen. Nachdem die letzten Ausführungen bereits Andeutungen über das geistige Klima der DHfL (und damit über die ideelle Basis ihrer Wertschätzung)
gegeben hatten, ist vor ihrer ausführlichen Analyse die Art und Weise der institutionellen Einbettung ihres Trägers DRA, vor allem die Beziehung zwischen der
„Staatsgewalt auf der einen und der freien Vereinsarbeit auf der anderen Seite"[97], zu untersuchen. Ihre Kenntnis bildet die Voraussetzung zum besseren Verständnis sowohl jener weltanschaulichen Grundlagen als auch der beiden Haupt-
probleme der DHfL, die nicht nur ihre Gründungsphase beherrschten: ihre Finanzierung und Beziehung zum staatlichen Gegenstück PrHfL.
    In der Frage der institutionellen Einordung des DRA (bzw. DRAfOS) hatte
Band 1 dieser Arbeit eine vertikale Perspektive – das Verhältnis des DRA zu
konkurrierenden Institutionen – und eine horizontale – das Verhältnis zu staatlichen Einrichtungen – behandelt. Während diese den Schwerpunkt bildete und die
Beziehungen zwischen DT, ZA, DKB und ATB (ab 1919 ATSB) untersucht
hatte[98], nahm jene weniger Raum ein und berührte auf ihrer finanziellen Seite die
geplanten Olympischen Spiele 1916, die ihrer Auslese dienenden Armeemeister-

---

[92] Bier, Leibesübungen, S. 1161.
[93] Siehe Lerchenmüller, Nicolai, S. 106.
[94] Zur republikskeptischen Haltung Rubners siehe Grüttner, Universität, S. 32, 37; auch in
      der Hygiene vertrat Rubner nach Hubenstorf, Rubner, S. 312, konservative Positionen. Wir
      werden noch häufig auf Rubner und die DHfL zurückkommen.
[95] Zuelzer, Nicolai, S. 15.
[96] Diem, Schriften, Bd. 2, S. 138.
[97] So Lewald laut Bericht, S. 1, über die Vorstandssitzung des DRA mit den Vertretern der
      Landesregierungen am 14.11.1920, in: CuLDA, Mappe 6 [o.P.].
[98] Siehe Court, Vorgeschichte, insbes. Teil II, Kap. 6.2. Die Umbenennung des ATB drückt
      seine stärkere sportliche Gewichtung aus; siehe M. Krüger, Einführung, S. 118.

schaften 1914 und die Übernahme von Diems Gehalt als Generalsekretär für
diese Spiele aus Reichsmitteln.[99] Punktuelle Initiativen aus dem Umfeld des
DRAfOS aus dem Jahre 1912 zur Errichtung einer ‚Reichssportbehörde‘ oder
der Einberufung eines ‚Reichssportkommissars‘ blieben ohne Erfolg.[100] Nach
dem Ende des Ersten Weltkriegs änderte sich das Bild sowohl innerhalb dieser
beiden Perspektiven als auch in ihrem gegenseitigen Verhältnis, und der DRA
bemühte sich nun systematisch um die Anerkennung als „reichsamtliche Zentralstelle"[101] für Leibesübungen.

Verfolgen wir zuerst die horizontale Sichtweise, so verloren sowohl 1920 der
DKB als auch 1922 der ZA[102] ihre Selbständigkeit und gingen im DRA auf.
Rolfs, bisheriger Vorsitzender des DKB, wurde am 12. April 1919 als Beisitzer
in den Vorstand des DRA gewählt und – ebenso wie Groh und Thieme vom
DKB – im Laufe dieses Jahres als persönliches Mitglied in den DRA aufgenommen.[103] Da nach der Namenänderung des DRAfOS 1917 in den DRA[104] der
damit zum Ausdruck gebrachte Verzicht auf eine Beteiligung des deutschen
Sports an Internationalen Olympischen Spielen auch durch seine neue Satzung
vom 12. April 1919 dokumentiert wurde[105], leitete Rolfs nun im DRA den
Kampfspielausschuß, der für die Abhaltung Deutscher Kampfspiele zuständig
war – den „Höhepunkt unserer inneren Arbeit"[106]. Ihre ersten Winterspiele fanden im Januar 1922 in Garmisch-Partenkirchen[107] und ihre ersten „Hauptspie-

---

[99]   Ebd., S. 114; vgl. auch Eisenberg, „English sports", S. 287.

[100] Eisenberg, „English sports", S. 286–287.

[101] Tätigkeitsbericht des DRA v. 1.4.1919–31.3.1920, S. 6 (CuLDA, Mappe 13).

[102] Die Einzelheiten finden sich in den entsprechenden Berichten der MTSS 1922, S. 149–
       150, 231–232. Siehe auch Diems Schreiben als Generalsekretär des DRA an die Mitglie-
       der des Vorstands v. 13.2.1922 (CuLDA, Mappe 6, o. P.), das den Entwurf eines Über-
       einkommens zur Vereinigung von DRA und ZA am 1.4.1922 enthält.

[103] Tätigkeitsbericht des DRA v. 1.4.1919–31.3.1920, S. 13, 15 (CuLDA, Mappe 13).

[104] Ausführlich Court, Vorgeschichte, S. 255–257.

[105] Siehe „§ 1. Aufgaben. Der Deutsche Reichsausschuß für Leibesübungen (D.R.A.) [...] be-
       zweckt, die Leibesübungen zu verbreiten, ihre Ausführungsform zu vervollkommnen und
       durch Veranstaltung vaterländischer Kampfspiele in regelmäßigen Zeiträumen der Ent-
       wicklung ein wiederkehrendes Ziel zu setzen" (Satzung des Deutschen Reichsausschusses
       für Leibesübungen e. V. v. 12.4.1919; NLW 12 Neu 9 Nr. 4473).

[106] Tätigkeitsbericht des DRA v. 1.4.1922–31.3.1923, S. 2 (CuLDA, Mappe 13). – Siehe
       auch Neuendorff, Geschichte, S. 596: „Die Kampfspiele waren [...] Diems Lieblingskind
       genannt worden. In fast noch höherem Maße war es die Deutsche Hochschule für Leibes-
       übungen."

[107] Vgl. das maschinenschriftliche Schreiben Diems als Generalsekretär des DRA v. 8.2.1922
       an den Vorstand des DRA (CuLDA, Mappe 6, pag. 384, S. 1): „Die Wintersportwoche der
       Kampfspiele ist in Garmisch-Partenkirchen planmässig zur Durchführung gelangt. Begün-
       stigt wurden sie durch das gute Wetter; die Schneeverhältnisse waren jeweils für die ein-
       zelnen Sportarten besonders geeignet. Die grosse Teilnahme der Deutschen aller Länder
       bewies, dass der grossdeutsche Gedanke, der in den Kampfspielen ruht, überall verständ-
       nisvolle Aufnahme gefunden hat."

le"[108] im Juni/Juli 1922 in Berlin statt, deren Auftakt die Deutschen Fußballmei-
sterschaften bildeten. Der DRA, der sich als Opfer einer „politische Verfemung"
ansah, beteiligte sich zwar weder an den Internationalen Olympischen Spielen
1920 in Antwerpen[109] noch 1924 in Paris[110], jedoch 1923 an den Gothenburger
Kampfspielen in Schweden[111].

---

[108] Siehe den Tätigkeitsbericht des DRA v. 1.4.1922–31.3.1923, S. 7 (CuLDA, Mappe 13).
       Vgl. F. Becker, Leben, Bd. II, S. 69, zur Funktion der Eröffnungsfeier: „Erstens simulierte
       man das Eröffnungszeremoniell der Olympischen Spiele, zeigte also, dass man das Poten-
       zial besaß, eigene, deutsche Spiele aufzuziehen; zweitens wurde demonstriert, dass sich
       auch die Deutschen in den durch den Versailler Vertrag abgetrennten Gebieten weiterhin
       Deutschland zugehörig fühlten; und drittens wurde in einer volksnationalen Perspektive
       auf die Stärke des ‚Deutschtums' in aller Welt hingewiesen."
[109] Siehe den Tätigkeitsbericht des DRA v. 1.4.1919–31.3.1920, S. 8 (CuLDA, Mappe 13):
       „Die Beziehungen zum Internationalen olympischen Komitee wurden nicht aufgenommen.
       Dieses hielt ohne Hinziehung [sic] der deutschen Vertreter in Lausanne eine Tagung ab
       und legte die Olympischen Spiele des Jahres 1920 nach Belgien. Wir haben diesen Be-
       schlüssen keine Beachtung geschenkt, weil wir keine Absicht hatten, an den Spielen, wo
       auch immer sie stattfinden, teilzunehmen. Die Boykottbestrebungen einzelner Ententestaa-
       ten, die Mittelmächte auf dem Gebiete des Sports auszuschließen, berühren uns nicht, weil
       auch unter den deutschen Sportsleuten noch nicht der Wunsch hervorgetreten ist, sich mit
       den bisherigen Feinden sportlich zu messen und weil nur diejenigen Neutralen, die solche
       Bestrebungen ablehnen, wirklich nur so neutral sind, daß wir sie unseres Sportverkehrs
       würdigen. Im übrigen ist die politische Verfemung dem inneren Sportgeiste so zu wider,
       daß man abwarten kann, bis sie in sich zusammenbricht." – Diem hatte diesem Thema
       1919 die kleine Schrift *Der Olympische Gedanke* gewidmet, die F. Becker, Leben, Bd. II,
       S. 38–39, 53, in diesen Zusammenhang setzt.
[110] Siehe Diems Wortmeldung im vertraulichen Bericht über die Sitzung des Vorstands des
       DRA v. 11.3.1922 (CuLDA, Mappe 6, pag. 26, S. 2): „Diem betont für jede Beteiligung an
       den Olympischen Spielen die Zuständigkeit des Reichsausschusses, dessen Gründung für
       diese Zwecke erfolgt ist. Daher könne die Beschlussfassung nur durch den Reichsaus-
       schuss und zwar umgehend erfolgen, denn im Falle einer Beteiligung müssten die Vorar-
       beiten sofort einsetzen. Diese habe der Reichsausschuss stets durchgeführt und auch für
       Aufbringung der Mittel gesorgt. Im Hinblick auf die politische Lage, wie auch aus techni-
       schen Gründen ist er gegen eine Beteiligung Deutschlands an den Spielen des Jahres
       1924." Ein politisch weniger korrektes Zitat von Diem überliefert Dinçkal, Sportlandschaf-
       ten, S. 198: „Welcher Deutsche würde zu einem weltoffenen Feste nach Paris wollen, so-
       lange Neger in französischen Uniformen am deutschen Rhein stehen! Für uns sind Kampf-
       spiele ein vollwertiger Ersatz geworden." – Zum Thema nationaler und internationaler
       Spiele in der Weimarer Republik siehe Beyer, Sport, S. 678–679; A. Krüger, Deutschland,
       und unten S. 209–210.
[111] Siehe den Tätigkeitsbericht des DRA v. 1.4.1923–31.3.1924, S. 10 (CuLDA, Mappe 13):
       „Im Juni 1922, während der Deutschen Kampfspiele, erhielten wir die Einladung Schwe-
       dens zu den von ihm veranstalteten Kampfspielen 1923 zu Gothenburg. Friedensspiele
       sollten es werden. Zum ersten Male sollten Freund und Feind im friedlichen Wettkampf
       ihre Kräfte messen. Unserem schwedischen Wirt zuliebe, dessen 1912 genossene Gast-
       freundschaft wir nicht vergessen werden, sagten wir zu. Die Franzosen und Belgier lehnten
       jedoch nach Feststellung des deutschen Besuches ab. Die Engländer konnten sich nicht zu
       offizieller Beschickung entschließen, nur wenige englische Teilnehmer waren schließlich
       in Gothenburg. Die Amerikaner blieben, wie sie sagten, um ihre planmäßigen Vorberei-

Während es dem DRA damit also gelang, zwei konkurrierende Vereinigungen der Kaiserzeit unter sein Dach aufzunehmen, besaßen DT und ATSB alleine aufgrund ihrer Größe eine ganz andere Machtposition. Als mitgliederstärkster Verband der Zentralkommission für Arbeitersport und Körperpflege (ZK) steigerte dieser zwischen 1919 und 1922 die Zahl seiner Mitglieder um das Fünffache von 190 000 auf 1 114 000 und die DT im selben Zeitraum von 680 000 auf 1 650 000 Mitglieder; die Sportverbände zwischen 1919 und 1922 wuchsen von 170 000 auf 1 200 000 Mitglieder, wovon alleine 1921 der DFB 770 000 Mitglieder zählte.[112] Das erste Bundesfest des ATSB fand im Juli 1922 in Leipzig mit 100 000 Teilnehmern und das erste Turnfest der DT 1923 in München mit über 300 000 Teilnehmern statt.[113]

Obgleich – um mit den beiden großen Dachverbänden für Turnen und Sport zu beginnen – ZK und DRA die grundlegende Überzeugung von der Notwendigkeit einer „Förderung der Volkskraft"[114] teilten, blieben die bereits vor der Weimarer Republik vorhandenen grundsätzlichen Streitpunkte bestehen. Der Plan einer gemeinsamen Denkschrift zur gesetzlichen Regelung der Sportstättenfrage am Jahresbeginn 1919 scheiterte sowohl an „taktischen Gründen"[115] wie auch an

---

tungen auf Paris nicht zu unterbrechen, dem Start fern." Ausführlich zu diesen Spielen F. Becker, Leben, Bd. II, S. 87–89.

[112] Zahlen nach Beyer, Sport, S. 660–661; M. Krüger, Einführung, S. 104; zum DFB auch Tauber, Schützengraben, S. 55.

[113] Einzelheiten und der politische Hintergrund bei Beyer, Sport, S. 673–676; F. Becker, Leben, Bd. II, S. 89. Zum Münchener Fest siehe den Tätigkeitsbericht des DRA v. 1.4.1923–31.3.1924, S. 4 (CuLDA, Mappe 13): „Den Höhepunkt des inneren Betriebes der Leibesübungen bildete das Deutsche Turnfest zu München, auf das nicht nur die Mitglieder der Deutschen Turnerschaft, sondern alle Freunde der Leibesübungen, alle Freunde des Vaterlandes überhaupt, mit Stolz blicken. Die Tage in der bayerischen Hauptstadt boten ein Urbild der unversiegbaren Volkskraft, die in unserer Bewegung schlummert."

[114] Schreiben des DRA an die ZK v. 10.11.1917; wiederaufgenommen in den Bericht über die Sitzung des Wettkampf-Ausschusses des DRA v. 16.9.1918, in: Stadion-Kalender 6. J., 19.12.1918, Nr. 12, S. 72. Siehe auch den Tätigkeitsbericht des DRA v. 1.4.1920–31.3.1921, S. 23 (CuLDA, Mappe 13): „Unser beider Ziel sollte sein: Die noch nicht gewonnenen Millionen von Volksgenossen durch planmäßige Hand-in-Handarbeit zu Turnen und Sport zu führen."

[115] Siehe Diems Mitteilung im Bericht über die Sitzung der Jahresversammlung des DRA v. 12.4.1919, in: Stadion-Kalender 7. J., 15.4.1919, Nr. 4, S. 22: „Der Reichsausschuß habe, wie bekannt, den Arbeiter-Turn und Sportverbänden gemeinsame Arbeit angeboten und von diesen die Zustimmung der Zusammenarbeit in gewissen gemeinsamen Fragen erhalten. So habe sich ergeben, daß die Zentralkommission für Sport- und Körperpflege zwar die Aufforderung einer gemeinsamen Denkschrift an die Nationalversammlung abgelehnt, aber kurze Zeit danach eine inhaltlich gleiche Eingabe der Versammlung übersandt habe. Praktische, in der Sache beruhende Gegensätze bestünden nicht. Wenn von der anderen Seite ein einheitliches Zusammengehen abgelehnt werde, so seien wahrscheinlich außerhalb der Sache liegende taktische Gründe hierfür maßgebend." Zum Scheitern eines gemeinsamen Antrags fügt Beyer, Sport, S. 662, 664, an, daß immerhin einige Forderungen der beiden Denkschriften Gehör fanden: zwischen 1920 und 1921 entfielen Vergnügungs- und Körperschaftssteuern für Sportorganisationen, und die Reichsbahn gewährte

der Opposition zwischen der dezidiert politischen Grundhaltung des ATBS und
dem dezidiert unpolitischen Selbstbegriff des DRA, daß er „eine Körperschaft
ist, welche zu politischen Fragen keine Stellung genommen hat noch nehmen
darf noch nehmen wird."[116] Die punktuelle und vom DRA als „zufriedenstel-
lend"[117] bezeichnete Zusammenarbeit in verschiedenen Initiativen und Ausschüssen ab Herbst 1919 hatte daher zur Grundlage ein flexibles Abwägen zwischen
einerseits dieser weltanschaulichen Differenz und andererseits jenem gemeinsamen Ziel.[118] Anzuführen ist – außer einer Einigung über das Spielplatzgesetz
und die Einrichtung von Stadtämtern für Leibesübung[119] – vor allem die gemeinsame Arbeit im Reichsbeirat für körperliche Erziehung (RKE) und eben in der
DHfL, die vom DRA als „Beginn praktischen Zusammenwirkens mit der Arbei-

---

Vergünstigungen für Turn- und Sportfahrten (vgl. F. Becker, Leben, Bd. II, S. 42). Allerdings ist Beyers Datierung nicht korrekt, und Luxussteuer mußte (was auch F. Becker,
ebd., S. 42 übersieht) bspw. für Geräte wie Waffen oder Ruderboote weiterhin errichtet
werden; siehe dazu den Tätigkeitsbericht des DRA v. 1.4.1922–31.3.1923, S. 4 (CuLDA,
Mappe 13) und unten S. 81–82, Anm. 212. – Jene „taktischen Gründe" haben zum Hintergrund das Verbot einer Doppelmitgliedschaft in einem bürgerlichen und einem Arbeiter-
sportverein durch den ATSB, der die Arbeiter zum Verlassen der bürgerlichen Vereine
aufgerufen hatte; siehe Dinglinger, Deutschland, S. 37; Beyer, Sport, S. 681–684;
M. Krüger, Einführung, S. 105.

[116] So Carl Diem im Bericht über die Sitzung des Wettkampf-zur Ausschusses des DRA
v. 16.9.1918, in: Stadion-Kalender 6. J., 19.12.1918, Nr. 12, S. 72. – Zur Realität dieses
‚unpolitischen' Selbstverständnisses im Kaiserreich zusammenfassend Court, Vorgeschichte, S. 279.

[117] Tätigkeitsbericht des DRA v. 1.4.1919–31.3.1920, S. 15 (CuLDA, Mappe 13).

[118] Siehe die Stellungnahme Lewalds v. 3.7.1919, zit. n. ebd.: „Der Reichsausschuß hält es im
Interesse des so ‚ungemein wichtigen Gebietes der körperlichen Erziehung und Betätigung'
für falsch, künstlich Weltanschauungsgegensätze hineinzutragen. Der Kampf der Weltan-
schauungen möge auf politischem Gebiete ausgetragen werden, wo er hingehört. – Die frische Luft von Turnen, Spiel und Sport, in der unsere deutsche Jugend und das ganze freie
Volk gesunden, erstarken und sich glücklich fühlen soll, möge von dem Gift des Partei-
kampfes verschont bleiben. Heraus mit der Politik aus dem Turnsaal und hinweg mit ihr
vom Spielplatz! Auf dem Turnplatz und auf dem Sportplatze sind alle gleich, so ist es vor
dem Kriege gewesen und so wird es jetzt sein. Die Aufgabe, unser *ganzes* Volk zur Leibesübung heranzuziehen, ist so riesengroß, daß es moralische Pflicht aller Verbände bleibt,
in dem einen Ziel zusammenzustehen. Wir lehnen daher den uns angesagten Kampf des
Arbeiter-Turnerbundes ab und hoffen, daß der Bund über kurz oder lang seine Fehlrich-
tung einsehen wird." Vgl. den Tätigkeitsbericht des DRA v. 1.4.1920–31.3.1921, S. 23
(ebd., Mappe 13): „Unser Standpunkt zur ‚Arbeiter'bewegung bleibt unverändert: Die
Turn- und Sportübung ist eben unserer Auffassung nach *politisch neutral*, jede Scheidung
in Klassen widerspricht dem charitativen und sozialen Kern unserer Bewegung. Die
Scheidung in Klassen ist unmöglich, weil rein organisatorisch die angeblich ‚bürgerlichen'
Verbände mehr ‚Arbeiter' zu ihren Mitgliedern zählen als die Arbeiter-Turn- und Sportverbände. Da wir also bei dieser gleichmäßigen Schichtung der Mitgliedschaft keine Tren-
nungslinie anerkennen können, sind wir zur *praktischen* Zusammenarbeit gern bereit, sofern uns diese nicht durch terroristisches Verhalten und Klassenhetze unmöglich gemacht
wird."

[119] Tätigkeitsbericht des DRA v. 1.4.1919–31.3.1920, S. 15 (ebd.).

ter-Turn- und Sportbewegung"[120] gewürdigt wurde. Ein späteres Beispiel dafür sind die 1923/24 gemeinsam veranstalteten Reichsjugendwettkämpfe.[121]

Ähnlich spannungsreich gestaltete sich das Verhältnis des DRA zur DT. Während allerdings im Konflikt zwischen ZK und DRA die Machtfrage die Begleitmelodie unterschiedlicher politischer Vorstellungen war, bildete sie in der Beziehung zwischen den beiden größten bürgerlichen Turn- und Sportverbänden den Grundakkord. Auf der einen Seite waren sie eng durch ein nationalkonservatives Selbstverständnis verbunden[122], das sie wiederum beide vom SPD-nahen ZK trennte; auf der anderen Seite aber hatte der Weltkrieg im bereits das Kaiserreich überschattenden Streit von Sport und Turnen um die Vorherrschaft auf dem Gebiet der Leibesübungen in Deutschland einen „Popularitätsschub"[123] zugunsten des modernen sportlichen Leistungsprinzips und gegen das traditionelle Turnen herbeigeführt, wie an den soeben genannten Mitgliederzahlen abgelesen werden kann.[124] Obgleich der DRA in der Frage der Beteiligung der DT in Abstimmungen die 1917 versprochenen Verbesserungen für die DT 1919 in seiner Satzung verwirklichte[125], entbrannte nach Kriegsende erneut eine heftige Auseinandersetzung vor allem um die Organisation des Sport- und Turnbetriebs, in deren Verlauf die DT im Dezember 1922 die sogenannte ‚reinliche Scheidung' vom Sport beschloß[126] und 1925 aus dem DRA austrat. Erst 1930 wurde sie rückgängig gemacht.[127]

---

[120] Tätigkeitsbericht des DRA v. 1.4.1920–31.3.1921, S. 3 (ebd.).

[121] Dazu F. Becker, Leben, Bd. II, S. 31; ders., ebd., S. 36–37, prägnant zum generellen Verhältnis DRA-ATSB.

[122] Zu seinen Einzelheiten siehe in der Einleitung Kap. 2.1, das vorhergehende Kapitel über Nicolai und Tauber, Schützengraben, S. 350–352, 358, 384–393.

[123] Eisenberg, „English sports", S. 375.

[124] Vgl. Court, Vorgeschichte, S. 278–279; siehe Tauber, Schützengraben, S. 369: „Der Sport lockte ungleich mehr Menschen in die Vereine und erfuhr auch in der Öffentlichkeit und den Medien deutlich mehr Aufmerksamkeit als das Turnen"; ebenso F. Becker, Leben, Bd. II, S. 17: „Die Modernität des Sports führte dazu, dass er in der Konkurrenz zu seinem ewigen Rivalen, der Turnbewegung, in den Weimarer Jahren deutlich an Terrain gewann." Nach F. Becker, ebd., S. 34–35, und Eisenberg, „English sports", S. 375, kandidierte in dieser Situation auf dem Erfurter Turntag 1919 der Oberbürgermeister von Schöneberg und Stellvertretende Vorsitzende des DRA, Alexander Dominicus, sogar für den Vorsitz der DT, unterlag aber knapp; auch Diems Plan, gleich deren Geschäftsführung mitzuerledigen, scheiterte.

[125] Siehe den Tätigkeitsbericht des DRA v. 1.4.1919–31.3.1920, S. 15 (CuLDA, Mappe 13): „Die Deutsche Turnerschaft erhöhte die Zahl ihrer Vertreter auf Grund der in der Hauptversammlung vom 12. April angenommenen Satzung um die doppelte Zahl"; zur Diskussion 1917 vgl. Court, Vorgeschichte, S. 251.

[126] Siehe exemplarisch den Tätigkeitsbericht des DRA v. 1.4.1923–31.3.1924, S. 4 (CuLDA, Mappe 13): „Dieser Bericht darf nicht an der traurigen Erscheinung des vergangenen Geschäftsjahres vorbeigehen, dem Streit zwischen der Deutschen Turnerschaft und den drei Sportverbänden, der Deutschen Sportbehörde für Leichtathletik, dem Deutschen Fußballbunde und dem Deutschen Schwimmverbande. [...] Die Deutsche Turnerschaft bestand auf völlig uneingeschränkter Bewegungsfreiheit in der Ausgestaltung ihres Sportbetriebes. Je-

Halten wir das wichtigste Ergebnis dieser horizontalen Perspektive in der Gründungsphase der DHfL für den DRA fest, so kann es als eine *Steigerung seines Selbstbewußtseins* gefaßt werden. Die Eingliederung der früheren Konkurrenten ZA und DKB in den DRA und seine enorme Mitgliederentwicklung unmittelbar nach Kriegsende, die auf der „wie mit Naturgewalt sich bahnbrechenden Liebe der Jugend zu Turnen und Sport"[128] beruhte und ein gutes Pfund gegenüber DT und ZK bildete, ging nicht nur mit der Einsicht einher, daß die „Verallgemeinerung der Leibesübung eine *Staatsnotwendigkeit* geworden"[129] sei, sondern daß der DRA selbst diese staatliche Funktion mit einem eigenen Etat auszufüllen habe[130]. Unmittelbar nach Kriegsende keimte in ihm zwar die Idee

---

de bei einem Eingreifen des DRA. zustande gekommene Einigung hätte aber in einer Einschränkung dieser Freiheit zu Gunsten der Sportverbände bestehen müssen. Der Reichsausschuß wäre dadurch für weitere Kreise zum Hindernis der uneingeschränkten Entwikkelung der Deutschen Turnerschaft gestempelt worden. Das eigene Wirken des Reichsausschusses für die überparteilichen Ziele der gesamten Sache hat aber volles Vertrauen seiner Mitglieder zur Voraussetzung. [...] Der große Nachteil des Streites zwischen Turnen und Sport, abgesehen von der Schädigung des Ansehens unserer Sache in der Oeffentlichkeit, bestand in dem Auseinanderreißen organisch zusammengewachsener vielseitiger Turnvereine und in der Zersplitterung der einheitlichen Sportverwaltung auf den einzelnen Gebieten."

[127] Vgl. Beyer, Sport, S. 684–685; H. Becker, Sportethos, S. 98–109; M. Krüger, Einführung, S. 95–96, F. Becker, Leben, Bd. II, S. 76–78, und den Tätigkeitsbericht des DRA v. 1.4.1925–31.3.1926, S. 30 (CuLDA, Mappe 13), nach dem „der einzige Schatten in dem Ergebnis des vergangenen Jahres der Austritt der Deutschen Turnerschaft ist." Dieser ‚Schatten' erstreckte sich bis auf die persönliche Ebene; siehe den Bericht über die Sitzung des Vorstandes und Wirtschafts-Ausschusses des DRA am 27.1.1923 v. 14.2.1923, S. 9 (CuLDA, Mappe 4) über die Differenzen zwischen den DRA-Mitgliedern Linnemann und Groh. Dieser war zudem Begründer einer Leipziger Musterschule für Turnen und Sport, die explizit den „Erzieher" dem „Trainer" gegenüberstellte; siehe Groh, Musterschule, S. 139; zu Groh auch Court, Vorgeschichte, S. 252–254.

[128] Tätigkeitsbericht des DRA v. 1.4.1919–31.3.1920, S. 3 (CuLDA, Mappe 13); Zitat auch bei Beyer, Sport, S. 661.

[129] So Lewald laut Bericht der Vorstandssitzung des Deutschen Reichsausschusses mit den Vertretern der Landesregierungen v. 14.5.1920 im RMI, S. 1 (CuLDA, Mappe 6). F. Becker, Leben, Bd. II, S. 37, deutet die „doppelte Frontstellung" des DRA einerseits zur DT und andererseits zum ATSB so, daß der DRA „um jeden Preis den Eindruck vermeiden musste, vor allem den Spitzensport zu fördern", um den beiden konkurrierenden Organisationen nicht das Gebiet des Volkssports „kampflos" zu überlassen. Im Anschluß an Court, Vorgeschichte, z. B. S. 205–206, 241–243, ist jedoch unbedingt zu betonen, daß Diem stets am Leistungsprinzip des Sports festhielt, was für ihn kein Widerspruch zum Volkssport sein mußte. Einig waren sich hingegen alle Seiten in der Ablehnung des professionalisierten Sports.

[130] Auf diese wichtige Implikation macht Eisenberg, „English sports", S. 343, aufmerksam. – Ihre Behauptung, der DRA habe seit April 1919 als „Tarnorganisation" die „Funktion eines geheimen ‚Reichssportamtes' zur zivilen Organisation des Wehrpflichtersatzes" eingenommen und sei aus „schwarzen Kassen der Reichswehr" (ebd., S. 344, 439) finanziert worden, wird unten auf den S. 140–146 aufgegriffen.

eines „besonderen Reichsamts für Körperpflege"[131]; da jedoch eine solche „reichsamtliche Zentralstelle"[132] nicht geschaffen wurde, übernahm der DRA zumindest seinem Selbstverständnis nach ihre Funktionen im Sinne eines „Arbeitsamts für die Sache"[133]. Mangels einer solchen zentralen staatlichen Stelle mußte der DRA daher seine Bitten um Unterstützung seiner vielfältigen Anliegen in umständlicher Weise an den „Reichsarbeitsminister", den „preußischen Minister der öffentlichen Arbeiten", die „Kriegswirtschaftsstelle", das „Reichsverkehrsministerium", das „Reichsschatzministerium", das „preußische Finanzministerium" und die „Reichsbrandweinstelle"[134] richten.

Während im uns hier interessierenden Zeitraum in Preußen „gleich zwei Ministerien besondere Aemter für Leibesübungen gebildet haben, das Kultusministerium und das Ministerium für Volkswohlfahrt"[135], wurde der DRA bekanntlich im Reich der Aufsicht des RMI unterstellt[136]. Durch Lewald, Mallwitz und Dominicus entstanden daher weitere Querverbindungen zwischen RMI und DRA.[137] Allerdings wurde das DVP-Mitglied Lewald nach Amtsantritt des zwei-

---

[131]   Unter Bezug auf einen Artikel von Blaschke „Die Nationalversammlung und die Leibesübungen" in: DTZ Nr. 51 v. 19.12.1918 ergänzte Schneider im Artikel „Hochschule für Leibesübungen. Eine Forderung an die Nationalversammlung", der wiederum zitiert ist in: Deutscher Wintersport 28 (31.1.1919), H. 2, S. 9–10, den oben S. 36–37 zitierten Antrag an den DRA v. 3.2.1919: „Nicht unerwähnt möge auch bleiben eine Anregung des Vorstandes des Deutschen Fussballbundes, der die Schaffung eines besonderen Reichsamts für Körperpflege und ähnlicher Aemter bei den Einzelstaaten verlangt."

[132]   Tätigkeitsbericht des DRA v. 1.4.1919–31.3.1920, S. 6 (CuLDA, Mappe 13). Siehe auch ebd.: „Mit unserem Antrag, in Staat und Reich ein besonderes Amt bzw. eine besondere Dienststelle für Leibesübungen zu schaffen, sind wir bis jetzt überall durchgefallen." Siehe auch bündig im Tätigkeitsbericht des DRA v. 1.4.1922–31.3.1923, S. 3 (ebd.): „Von der geplanten Einrichtung einer ‚Reichszentrale für körperliche Erziehung' wurde seitens der Regierung Abstand genommen."

[133]   Tätigkeitsbericht des DRA v. 1.4.1922–31.3.1923, S. 3 (ebd.). Vgl. Lewald laut Bericht der Vorstandssitzung des Deutschen Reichsausschusses mit den Vertretern der Landesregierungen v. 14.5.1920 im RMI, S. 1 (ebd., Mappe 6): „In der Praxis liegen die Dinge so, daß der Deutsche Reichsausschuß für Leibesübungen für sich mit aller Ehrlichkeit in Anspruch nehmen kann, die Verwaltungsstelle des Gebiets zu sein."

[134]   Tätigkeitsbericht des DRA v. 1.4.1919–31.3.1920, S. 6–7 (ebd., Mappe 13).

[135]   Tätigkeitsbericht des DRA v. 1.4.1921–31.3.1922, S. 2 (ebd.).

[136]   Siehe S. 40.

[137]   Die genaue Arbeitsverteilung ist nicht leicht zu klären. Eisenberg, „English sports, S. 360, läßt darauf schließen, daß Lewald für Sport und Leibesübungen zuständig war; allerdings leitete Mallwitz v. 15.5.1920–5.8.1922 im RMI bis zu seinem Wechsel ins MVW das neue Referat für Fragen der körperlichen Erziehung (J. Schäfer, Mallwitz, S. 314; Tätigkeitsbericht des DRA v. 1.4.1920–31.3.1921, S. 14; CuLDA, Mappe 13), während der Stellvertretende Vorsitzende der DRA Dominicus 1921 sogar für kurze Zeit preußischer Innenminister war (Eisenberg, „English sports, S. 343). Im Tätigkeitsbericht des DRA v. 1.4.1919–31.3.1920, S. 6 (CuLDA, Mappe 13), dankt der DRA dem „mit dem Referat nebenamtlich betrauten Regierungsrat Dr. Bourwieg" für seine „aufopfernde Weise", und auf der Vorstandssitzung des DRA am 14.5.1920 mit den Vertretern der Landesregierungen werden als Teilnehmer vom RMI Staatssekretär Schulz, Regierungsrat Bourwieg und Dr. Mallwitz

ten Kabinetts Wirth unter dem neuen sozialdemokratischen Reichsinnenminister Adolph Köster im November 1921 entlassen und die Zuständigkeit für Sport und Leibesübungen Staatssekretär Heinrich Schulz, gleichfalls SPD, übertragen. Da Schulz ZK und ATSB unterstützte, mußte der DRA nicht nur seine Hoffnungen auf eine Integration des organisierten Arbeitersports fahrenlassen[138], sondern verlor auch seinen direkten persönlichen Zugang zur Exekutive des RMI und seinen finanziellen Mitteln.[139] Auf Reichsebene institutionalisiert wurde die Zusammenarbeit zwischen RMI, DRA und ATSB im RKE, der am 5. Januar 1920 vom RMI unter Vorsitz von Schulz als „sachliche Beratungsstelle"[140] des Reichs gegründet wurde und zwischen Mai 1920 und Februar 1921 drei Mal tagte[141].

---

angeführt; siehe den entsprechenden Bericht des DRA v. 15.5.1920, S. 1 (CuLDA, Mappe 6).

[138] Der Tätigkeitsbericht des DRA v. 1.4.1925–31.3.1926, S. 30 (ebd., Mappe 13), betont die Konsequenz des Austritts der DT und die Absplitterung der Arbeiter-Turn und Sportvereine, daß „den Behörden und der Oeffentlichkeit gegenüber keine einige Partei auftritt." Zu diesem „widersinnigen Streit" (ebd.) auch Eisenberg, „English sports", S. 357–360, für die der DRA seit 1921/1923 auf den „Status einer parlamentarischen Lobbyorganisation zurückgestuft" worden war (ebd., S. 359).

[139] So Eisenberg, ebd., S. 357, die auch die offene Frage der Existenz eines ‚Sportfonds' im RMI aufwirft. Wie wir im nächsten Abschnitt zur Finanzierung der DHfL sehen werden, war dieser Verlust der direkten Verbindung zum RMI allerdings wohl von geringerer Bedeutung, als Eisenberg suggeriert, da es den DRA in der Notzeit der Hyperinflation großzügig finanziell unterstützte und Lewald nach wie vor Erfolge in der Rekrutierung von Subventionen für die DHfL hatte. Richtig ist aber, daß Schulz zwischen den Interessen des DRA und denen des Arbeitersports lavieren mußte. In einem Brief an Lewald v. 1.9.1922, S. 1, 3–4 (CuLDA, Mappe 22), berichtet Diem, daß Schulz „beträchtliche Mittel" vom Finanzministerium, auch für die „Lehrarbeit in Gestalt der Hochschule", zugesagt bekommen habe und die „Arbeiter-Vertreter" sich mit „grösster Reserve einverstanden erklärten. [...] Es kann kein Zweifel sein, dass er die Interessen seiner Parteigenossen mindestens ebenso paritätisch und damit uns gegenüber im Unrecht wahrt. Der grosse Erfolg des Arbeiter-Turn- und Sportfestes hat die Vertreter der Arbeiter-Turn- und Sportverbände natürlich ausserordentlich zuversichtlich gemacht." – Hierbei handelte es sich um das 1. Deutsche Arbeiter-Turn- und Sportfest, das im Juli 1922 in Leipzig stattfand und „eine Demonstration der Stärke und Geschlossenheit der Arbeiter-Turn- und Sportbewegung war" (Beyer, Sport, S. 676); vgl. F. Becker, Leben, Bd. II, S. 75.

[140] Vgl. Tätigkeitsbericht des DRA v. 1.4.1919–31.3.1920, S. 6 (CuLDA, Mappe 13): „Im Januar des Jahres schuf sich das Reichsministerium des Innern im ‚Reichsbeirat für körperliche Erziehung' eine fachliche Beratungsstelle; man wird daraus schließen können, daß die ausführende reichsamtliche Zentralstelle nunmehr auch folgen wird. Dieser Reichsbeirat steht unter dem Vorsitz des Unterstaatssekretärs Schulz und zählt je 5 Vertreter des Deutschen Reichsausschusses und der Arbeiter-Turn- und Sportverbände. Seitens des Deutschen Reichsausschusses sind ernannt: Direktor Dr. Berger, Generalsekretär Diem, Hax, Linnemann, Martin, seitens der Zentralkommission Gellert, Kopisch, Benedix, Wildung, Zepmeisel. Der Beirat soll Anregungen geben und begutachten und die Erfahrungen der freien Verbände bei in Aussicht genommenen gesetzgeberischen Maßnahmen und Verwaltungsanordnungen vermitteln." Siehe auch F. Becker, Leben, Bd. II, S. 30.

[141] Laut Tätigkeitsbericht des DRA v. 1.4.20–31.3.1921, S. 6 (CuLDA, Mappe 13), gehörten ferner die Regierungsreferenten Mallwitz, Scheer und Becker dem RKE an; ein „engerer Arbeitsausschuß für eilige Fälle" bestand aus Diem und Zepmeisel. Diems positive Erin-

3.2 Institutionelle Einflüsse in der Satzung der DHfL

Die Beziehungen des DRA zu verschiedenen staatlichen und nichtstaatlichen Institutionen haben ihren Niederschlag in der Ordnung (ab 1922: Satzung) der DHfL gefunden, deren Kenntnis unerläßlich sowohl für das Verständnis ihrer Finanzierung als auch der Frage ihrer staatlichen Anerkennung ist. Die zur Eröffnung der DHfL maßgebliche Ordnung, die auf den Beschlüssen der Wettkampfausschußsitzung vom 10. Januar 1920 beruht, bestimmt im „Grundlage" genannten § 1: „Die Deutsche Hochschule für Leibesübungen ist eine Einrichtung des Deutschen Reichsausschusses für Leibesübungen. Ihr Wirkungskreis erstreckt sich auf das ganze Reich. Träger der Arbeit sind die dem Deutschen Reichsausschusse angeschlossenen Verbände und die Zentralkommission für Sport und Körperpflege."[142]

Während die Ordnung der Dezember-Denkschrift im letzten Satz noch die „Vertreter der Wissenschaft"[143] ergänzt, lautet dieser Passus in der Satzung 1922: „Die Deutsche Hochschule für Leibesübungen ist eine Einrichtung des Deutschen Reichsausschusses für Leibesübungen. Mitträger der Arbeit sind die dem Deutschen Reichsausschuß angegliederten Verbände und die Zentralkommission für Sport und Körperpflege."[144] Diese Satzung weicht nur in zwei marginalen Punkten von dem Satzungsentwurf ab, der als Vorlage zur Sitzung des Großen Rates der DHfL am 2. Dezember 1921 diente.[145] Diese geänderten Passagen aus der Satzung 1922 berühren einmal den neuen Satz im § 4 (9) „Die Förderer der Hochschule werden als Gäste zu den Sitzungen des Kuratoriums eingeladen" und den neuen Satz im § 10: „Die öffentliche Anerkennung des Abgangszeugnisses ist bei den Reichs- und Staatsbehörden beantragt worden."[146] Im Vergleich zu den Ordnungen von 1919 und 1920 ist lediglich anzumerken, daß die Paragraphen § 1 und 2 den Platz getauscht haben: Die Bestimmungen über die „Grundlage" der DHfL wurden ab Dezember 1921 als § 2 festgelegt, während § 1 den „Zweck" der DHfL enthielt: „Aufgabe der Deutschen Hochschule für Leibesübungen ist: Lehrkräfte für Leibesübungen aller Art heranzubilden, das Gebiet der körperlichen Erziehung wissenschaftlich und praktisch zu erforschen und das Verständnis für Leibesübungen in allen Kreisen des Deut-

---

nerung an die Zusammenarbeit zwischen DRA und den Vertretern von ZK und ATSB, Wildung und Zepmeisel (Diem, Leben, S. 128–129; vgl. Beyer, Sport, S. 665), wird durch ein vierseitiges Schreiben Diems an Lewald v. 1.9.1922 (CuLDA, Mappe 22, o. P.) belegt, in dem Diem über die Sitzung des RKE v. 31.8.1922 berichtet und Wildung im Vergleich mit Gellert als den „weitaus Umsichtigeren und nicht so Parteiengen" charakterisiert. Nach M. Krüger, Leben, S. 277, waren Diem und Wildung „über die NS-Zeit hinaus freundlich verbunden".

142   CuLDA, Mappe 186, S. 3.
143   Ebd., Bl. 15.
144   Abdruck in CDI, Dokumente, S. 123; zit. auch in Diem, Hochschule, S. 56.
145   Er ist gleichfalls vorhanden im CuLDA, Mappe 186.
146   CDI, Dokumente, S. 123–124.

schen Volkes zu vertiefen"[147]. Größere Satzungsänderungen wurden, soweit den
vorhandenen Dokumenten zu entnehmen, erst wieder ab 1929 vorgenommen.[148]

Das Verhältnis einerseits zwischen DRA und DHfL und andererseits zwischen DRA und den genannten staatlichen und nichtstaatlichen Institutionen
wurde in der Satzung der DHfL von 1922 im § 4 (Kuratorium), § 5 (Rektor)
und § 6 (Senat) geregelt, die nach § 3 neben Lehrkörper, Sekretariat sowie Stu-
denten- und Hörerschaft ihre Organe bildeten. Als oberstes Aufsichtsorgan über
den gesamten Betrieb der DHfL fungierte das – bis 1921 auch „Großer Rat"[149]
genannte – Kuratorium, das die Richtlinien für Lehre und Forschung annahm,
die Berichte des Senats entgegennahm und den Rektor bestätigte. Das Kuratorium setzte sich zusammen (1) aus dem den Vorsitz führenden Präsidenten und
vier Vertretern des DRA, darunter einem Mitglied seines Wirtschaftsausschusses, (2) aus je einem Vertreter der Reichsregierung, der Regierung der Länder
und der Berliner Gemeindeverwaltung, (3) aus drei Vertretern der ZK, (4) aus
drei Vertretern der Berliner Hochschulen, (5) aus drei Vertretern der Hochschulen des Reiches, (6) aus dem Rektor und je einem ordentlichen Dozenten der vier
Abteilungen der DHfL, (7) aus einem Vertreter der Vollstudentenschaft, (8) aus
vierzehn Vertretern der Turn- und Sportverbände und (9) „aus von den Vorste-
henden zu wählenden persönlichen Mitgliedern aus dem Kreise der führenden
Männer und Frauen des Fachgebietes, der Wissenschaft und der bildenden
Kunst."[150]

Die unmittelbare Leitung der DHfL oblag dem von den ordentlichen Dozenten und Lehrern gewählten Rektor mit einer dreijährigen Amtszeit und der Möglichkeit der Wiederwahl; nach seinem Ausscheiden wurde er Prorektor und fungierte als dessen Vertreter. Die Aufgaben des Rektors umfaßten auch die

---

[147]   Ebd., S. 123. Dieser Passus lautete in der Ordnung von 1920: „Die Deutsche Hochschule
        für Leibesübungen hat den Zweck, die Leibesübungen wissenschaftlich zu erforschen,
        Lehrkräfte für Leibesübungen aller Art heranzubilden und das Verständnis für Leibes-
        übungen und für harmonische Körperbildung in allen Kreisen zu wecken, zu vertiefen und
        zu erhalten." In der Ordnung der Dezemberdenkschrift 1919 (wie in den späteren Satzun-
        gen) fehlt der Passus „für harmonische Körperbildung"; die Denkschriften befinden sich
        im CuLDA, Mappe 186.

[148]   Siehe auch ebd.

[149]   Ab dem Wintersemester 1921/1922 löste in den offiziellen Tätigkeitsberichten der DHfL
        (CuLDA, Mappe 188) der feste Begriff „Kuratorium" die vorherige uneinheitliche Be-
        zeichnung ab; er wird im folgenden in der Regel auch in dieser Arbeit verwendet. Eine
        Übersicht über Senat und Kuratorium gibt F. Becker, Leben, Bd. II, S. 47–48.

[150]   § 4 der Satzung der DHfL 1922; zit. n. CDI, Aufbau, S. 123; wegen ihrer leichten Zugäng-
        lichkeit wird im folgenden in der Regel diese Satzung zitiert. In Ergänzung der im letzten
        Kapitel erwähnten Absplitterung der Arbeiter-Turn- und Sportverbände, die ab 1920 in
        Leipzig eine eigene Bundesschule errichteten, ist anzufügen, daß sie im hier interessieren-
        den Zeitraum keine Konsequenzen für die Zusammensetzung des Kuratoriums hatte. Hier
        irrt Eichel, Körperkultur, S. 37, nach dem die Mitglieder des Arbeitersports aus dem Kura-
        torium 1923 ausgeschieden seien; korrekt ist 1926. Siehe auch Eisenberg, „English
        sports", S. 360; CDI, Gründung, S. 38, Anm. 41.

Sitzungsleitung des Senats, der – unterstützt durch ein Sekretariat – die Verwaltung zu führen und die Durchführung des Lehr- und Forschungsgebiets zu überwachen hatte. Er setzte sich (1) aus dem Rektor, (2) zwei Vertretern des DRA, darunter einem Mitglied seines Wirtschaftsausschusses, (3) zwei Vertretern der ZK, (4) je einem Dozenten oder Lehrer der vier Abteilungen und (5) weiteren persönlichen, vom Kuratorium zu ernennenden persönlichen Mitgliedern zusammen; diese vier Abteilungen der DHfL waren die Abteilung für Übungs-, Gesundheits-, Erziehungs- und Verwaltungslehre. Auch wenn die bisher ausgewerteten Quellen (ebenso wie die noch auszuwertenden) keinen Zweifel daran lassen, daß Diem mit seinen verschiedenen Funktionen an der DHfL (u. a. Leiter der Abteilung Verwaltungslehre, Mitglied im Senat und Kuratorium) ihr *tatsächlicher* Leiter war, sei dieser Umstand aufgrund seiner großen Bedeutsamkeit hier noch einmal besonders herausgestrichen.[151]

Die (ursprünglich für den 24. März 1920 vorgesehene) Gründungssitzung des Kuratoriums mit der Ernennung seiner Mitglieder durch einen vorbereitenden Senat fand am 15. April statt, der selbst wiederum durch einen vorbereitenden Ausschuß gewählt wurde.[152] Vor der Eröffnung der DHfL tagte sein Senat au-

---

[151]   §§ 5, 6, 13 der Satzung der DHfL 1922; siehe Diem, Hochschule, S. 22; CDI, Aufbau, S. 123–124. Zu Diems starker Rolle z. B. Lennartz, August-Bier-Plakette, S. 6; M. Krüger, Leben, S. 277; ältere Zitate bei Court, Vorgeschichte, S. 32. – In diesen Zusammenhang gehört die Korrektur der gängigen Ansicht, Diem sei von ihrem *Beginn* an Prorektor der DHfL gewesen: diese falsche Behauptung z. B. bei A. Krüger, Lewald, S. 31; Eisenberg, „English sports", S. 363; CDI, Aufbau, S. 125; Teichler, Altrock und Diem, S. 191; zumindest mißverständlich ist M. Krüger, Leben, S. 277. Richtig ist, daß Diem erst am 11. Juni 1931 im Zuge der staatlichen Anerkennung der DHfL zum Prorektor gewählt wurde; die entsprechende Urkunde wird wiedergegeben in CDI, Gründung, S. 64; vgl. Lennartz, August-Bier-Plakette, S. 6. Eine Aufklärung dieser Fehldeutung gibt F. Becker, Leben, Bd. II, S. 47: „Da Rektor Bier der DHfL aufgrund seiner sonstigen Verpflichtungen nicht viel Zeit widmen konnte, übernahm der DRA-Generalsekretär die faktische Leitung der Anstalt. Auch wenn ihm die Amtsbezeichnung ‚Prorektor' erst viele Jahre später verliehen wurde, entsprach sein Aufgabengebiet von vornherein diesem Titel. Als ‚Senatsbeauftragter' übte er die Aufsicht über Hochschulbetrieb und -eigentum aus, und er war der Dienstvorgesetzte aller Lehrer und Beamten der Hochschule." Die klassisch gewordene Formulierung Diems als ‚spiritus rector' findet sich in früher Form – in Anlehnung an Körbs – bei Decker, Vorwort, S. 14; Diem selbst nannte sich bereits in einem Brief an Richard und Lucia Franz v. 17.6.1932 „ewiger Prorektor" (zit. n. F. Becker, Leben, Bd. II, S. 269).

[152]   Siehe das Schreiben des Generalsekretärs des DRA Diem an Herrn Prof. Dr. Schiff v. 16.3.1920: „Der vorbereitende Ausschuss hat Sie in den vorläufigen Senat gewählt, mit dem Auftrage, die für die Entscheidung des Kuratoriums in dessen Gründungssitzung am 24. März notwendigen Vorlagen zu bearbeiten" (CuLDA, Mappe 207, o. P.). Vgl. ferner Diems Bericht über die Sitzung des vorläufigen Senats am 22.3.1920 v. 26.3.1920, S. 1: „Es wird beschlossen, die für Mittwoch, den 24. März angesetzte Gründungssitzung des Kuratoriums auf Donnerstag, den 15. April, 5 Uhr nachmittags, im Reichsministerium des Innern zu verlegen" (CuLDA, Mappe 187, o. P.). Die Mitglieder des vorläufigen Senats waren Ministerialdirektor Prof. Dr. Kirchner, Diem, Mallwitz, Schiff, Schneider, Zepmeisel (ebd.).

ßerdem am 22. März, 29. März und 6. Mai; das Kuratorium trat zu seiner ersten Sitzung nachmittags am Tag der Gründungsfeier zusammen.[153] Die Themen dieser Sitzungen betrafen vor allem Neuaufnahmen der Studenten, wissenschaftliche Einrichtungen und Forschungsvorhaben sowie Personalia[154]; auch die „Frage der Finanzierung wird eingehend besprochen"[155].

4 Die Finanzierung der DHfL

4.1 Der Etat des DRA

Dieser TOP der Senatssitzung vom 22. März 1920 enthält wie in einem Brennpunkt ein die DHfL seit ihrer Gründungsphase beherrschendes zentrales Problem, das sich sowohl auf ihre personelle wie ihre gerätemäßige Ausstattung erstreckte.[156] Weil dieses Kapitel dem Zweck dient, einen Überblick über die *allgemeine* Form ihrer Finanzierung zu geben, sind Einzelheiten späteren Abschnitten überlassen. Hier genügen als Beispiele die erwähnte vergebliche Bemühung des DRA aus dem Frühjahr 1919, das Gördener Laboratorium unentgeldlich zu erhalten, und der Umstand, daß ihre Geschäftsstelle am 8. Mai 1920 eine kleine broschierte Übersicht der DHfL publizierte, in der als Leiter ihrer

---

[153] Siehe Tätigkeits-Bericht der DHfL 1. SoS 1920, S. 5 (CuLDA, Mappe 188). Ebd., S. 4–5, finden sich auch die Namen der Mitglieder von Senat und Kuratorium. Im übrigen wird bei der Zitation der Tätigkeitsberichte der DHfL aus Gründen der Platzersparnis „Sommersemester" in der Regel mit „SoS" und „Wintersemester" mit „WS" abgekürzt.

[154] Siehe ebd., S. 5, sowie die verschiedenen Vorlagen und Berichte in: CuLDA, Mappe 187.

[155] Bericht über die Sitzung des vorläufigen Senats am 22.3.1920 v. 26.3.1920, S. 3 (CuLDA, Mappe 187, o. P.).

[156] Eine Kurzfassung der folgenden Kapitel zur Finanzierung der DHfL in den ersten Jahren gibt Court, Finanzierung. Die Bedeutung der Finanzierungsfrage für die Geschichte der Universität betonen Kops/Hansmeyer/Kranski, Finanzierungsgeschichte, S. 379: Sie ist „nicht zuletzt durch die Höhe und Struktur ihrer Einnahmen und Ausgaben geprägt worden und schlägt sich somit in ihren Haushaltsplänen nieder. Das für den Staatshaushalt formulierte Wort vom Haushaltsplan als dem ‚Schicksalsbuch der Nation' (K. Heinig), in dem sich die politischen Ziele und Wirkungen staatlichen Handelns niederschlagen [...], gilt im kleinen Maßstab auch für die einzelnen öffentlichen Einrichtungen, die derartige Haushaltspläne führen, wie etwa die Universitäten." Ebenso Witt, Wissenschaftsfinanzierung, S. 579, über die KWG: „Gesellschaftliche Wertschätzung von Forschung an sich, Kontinuität und Wandel in den Vorstellungen darüber, welchen Forschungsvorhaben Priorität gegeben werden sollte, materielle Ressourcen der potentiellen Geldgeber, institutionelle Bedingungen für die Vergabe von Mitteln, Verwertungsabsichten materieller oder ideologischer Art – alle diese Faktoren haben Einfluß auf die Höhe der zur Verfügung gestellten Mittel, ihre Herkunft und ihre Zweckbindung." Die KWG wird uns in diesem Band wegen der Beziehungen zwischen Rubner und der DHfL noch öfters begegnen; im übrigen wäre von Interesse ein genauer Vergleich zwischen der jeweiligen Finanzierung der KWI einerseits und von DRA/DHfL andererseits, der sich alleine wegen der Mischfinanzierung durch Reich, Preußen und private Geldgeber anböte; vgl. F. Becker, Leben, Bd. II, S. 30. Siehe zur Behandlung finanzieller Fragen in der Sportgeschichtsschreibung musterhaft Schiller/Young, Munich Olymcis.

Abteilung III Erziehungslehre der Bremer Oberturnlehrer Kunath aufgeführt war[157], obwohl der DRA wußte, daß diese Besetzung „kaum überwindbare finanzielle Schwierigkeiten bringt"[158]. Tatsächlich konnte sie erst am 16. März 1921 erfolgen.[159]

Eine besondere Bedeutung zum Verständnis dieses Kapitels kommt der Dezember-Denkschrift 1919 des DRA zu. In ihr wurde nicht nur die starke Funktion seines Wirtschaftsausschusses festgeschrieben, sondern ihr Finanzplan diente als Grundlage der entsprechenden Beratungen dieses Ausschusses und schließlich auch des Etats der DHfL.[160] Die in ihrer stark konjunktivischen Sprache große Unsicherheit ausdrückenden Passagen lassen die genaue Ausgestaltung der DHfL im ungefähren und betonen, daß sie sich nach dem „Umfang der zur Verfügung stehenden Mittel richten muß. Auch im kleineren Umfange [...] wird die Hochschule in der Lage sein, ihre wertvolle Arbeit zu leisten." Möglichkeiten zur Kostenersparnis erblickte der DRA im Ausleihen von Einrichtungen und Instrumenten, in der Mitbenutzung vorhandener Einrichtungen und der „opferwilligen Mitarbeit der Lehrkräfte". In bezug auf die Einnahmen erwartete er „wahrscheinlich" vom Reich (RMI) eine Beihilfe; zudem hätten auch andere Ministerien ihr „Interesse für die Angelegenheit bereits bekundet", und „vielleicht kann auch die Stadt zum Unterhalte beisteuern", während schließlich auch der „Vorteil der Hochschule für die einzelnen Verbände natürlich ausschließlich davon abhängen wird, welche Mitarbeit die Verbände an der Schule leisten."[161]

Die Denkschrift kalkulierte auf der Seite der *Einnahmen* mit 211 500 Mark; sie setzten sich zusammen aus einer Zuwendung des Reiches (50 000), einer noch zu erbittenden Zuwendung des preußischen Wohlfahrtsministeriums (30 000), einer Zuwendung des DRA, der Verbände und Stiftungen (55 000), Einnahmen aus 40 Fortbildungslehrgängen im Stadion und im Reich (60 000), Einnahmen aus der Einschreibegebühr der Hauptkurse für 50 Vollstudenten (500) und ihrer Lehrgebühr (10 000) sowie einem Anteil aus den Einzelvorlesungen (3 000) und den Praktika (3 000). Auf der Seite der *Ausgaben* standen

---

[157]   Undatierte Broschur mit dem Titel „Deutsche Hochschule für Leibesübungen" und dem Stempel „8. Mai 1920", S. 8–9 (CuLDA, Mappe 187). Grundlage der Broschur war eine Vorlage zur Sitzung des Großen Rats (Kuratorium) der DHfL am 15.4.1920 v. 7.4.1920, Punkt 3 „Ernennung der Lehrerschaft und Bestätigung des Rektors", S. 8–9 (ebd.).

[158]   Bericht über die Sitzung des vorläufigen Senats am 22.3.1920 v. 26.3.1920, S. 3 (CuLDA, Mappe 187, o. P.); die Broschur ist im CuLDA, Mappe 187 (o. P.), vorhanden.

[159]   Siehe Tätigkeits-Bericht der DHfL WS 1920/21, S. 10 (ebd., Mappe 188). – Auf diese Besetzung (mit Robert Werner Schulte) wird, wie auf die übrigen Stellenbesetzungen, im Teil III, Kap. 1, ausführlicher einzugehen sein.

[160]   Vgl. den Bericht über die Sitzung des Wirtschaftsausschusses des DRA am 8.1.1920 v. 9.1.1920, S. 1 (CuLDA, Mappe 4), im TOP 3 über die Finanzierung der DHfL: „Die Angelegenheit wird auf Grund der Denkschrift durchgesprochen." Siehe ferner den Etat des DRA für das Rechnungsjahr 1920, S. 3: „Der in dieser Denkschrift enthaltene vorläufige Finanzierungsplan liegt dem Etatsanschlage zu Grunde" (CuLDA, Mappe 4).

[161]   Zit. n. CDI, Gründung, S. 32–33.

allgemeine Verwaltungskosten, Drucksachen, Veröffentlichungen und Lehrpläne
(6 000 Mark), der Bibliothekar (6 000), bei den praktischen Lehrkräften die
vollamtlich angestellten Lehrer (60 000), die Lehrer im Nebenamt (18 000), die
Heranziehung von 60 Meistern aus allen Gebieten (12 000), Massagekosten für
zwei Stadionmasseure (7 000) und 30 für die Kurse im Reich (4 500), bei den
wissenschaftlichen Lehrkräften die vollamtlich angestellten Lehrer (42 000), die
Lehraufträge für Lehrer im Nebenamt (18 000), Einrichtungen der Hörsäle und
der Bibliothek (13 000) sowie Kosten für wissenschaftliche Apparate und Lehrmittel (25 000). Damit betrug auch die Summe der Ausgaben 211 500 Mark.[162]

Ein Vergleich dieser Zahlen mit der tatsächlichen Kostenentwicklung der
DHfL erfordert im ersten Schritt eine detaillierte Analyse der Finanzen ihres
Trägers DRA. Er bildetete mit seinen Zuschüssen einen „elastischen Faktor"[163]
zur Balancierung ihrer Einnahmen und Ausgaben und etatisierte ab seinem
Rechnungsjahr 1920 die Mittel für die DHfL im neuen und eigenen Kapitel
IV.[164] Generell läßt sich über den Haushalt des DRA in den hier interessierenden
Jahren 1919 bis 1925 festhalten, daß er in hohem Maße von der allgemeinen fi-
nanziellen Situation der Weimarer Republik – vor allem dem „bis heute beispiel-
losen Phänomen der Hyperinflation von 1923"[165] – geprägt war. Vor diesem
Hintergrund ist daher auch die doppelte Funktion seiner wiederholten Bemühun-
gen einzuordnen, den Sport als ‚Staatsnotwendigkeit' zu legitimieren: Sollte das
Ziel des DRA verfehlt werden, als ‚reichsamtliche Zentralstelle' mit eigenem
Etat anerkannt zu werden, so konnten sie wenigstens dem Erhalt von Subventionen dienen.

Besonders deutlich wird diese Verknüpfung in Diems „Entwurf zur Aufstellung der Haushaltspläne" vom 1. August 1920 mit dem Titel „Förderung der
Leibesübungen durch Reich, Länder und Gemeinden", der untrennbar mit dem
weiteren Ausbau der Sportwissenschaft verzahnt und im dritten Kapitel von dem
„Grundsatz" geleitet war: „Die Verallgemeinerung der Leibesübungen ist *Staats-*

---

[162] Abgedruckt in CDI, Aufbau, S. 121.
[163] Bericht über den Haushalt der DHfL durch Schiff in der Festsitzung des Kuratoriums der
         DHfL v. 26.5.1922, in: MTSS 1922, S. 250 (auch enthalten in: CuLDA, Mappe 187).
[164] Siehe den Etat des DRA für das Rechnungsjahr 1920, S. 3 (ebd., Mappe 4). Der Beschluß
         für ein eigenes Kapitel im Etat des DRA wurde auf der Sitzung seines Wirtschaftsaus-
         schusses am 8.1.1920 im TOP 12 gefaßt; siehe den entsprechenden Bericht v. 9.1.1920,
         S. 4 (ebd.).
[165] Hobsbawm, Zeiten, S. 68; vgl. Eisenberg, „English sports", S. 358. – Es ist zu betonen,
         daß in diesem Kapitel lediglich die unmittelbar finanzielle Seite der Inflationszeit interes-
         siert. Zum Zusammenhang von Wirtschafts- und „„geistiger Währungskrise'" Titze, Hoch-
         schulen, S. 220–224; zum Einfluß der Währungsreform 1923 auf die politische Radikali-
         sierung Langewiesche/Tenorth, Bildung, S. 7.

notwendigkeit zur gesundheitlichen und wirtschaftlichen Wiederherstellung"[166].
Sein Vorwort lautete:

> In den bisherigen Haushaltsplänen für Reich, Staat und Gemeinde ist eine
> besondere Etatisierung der Förderung der Leibesübungen noch nicht vor-
> gesehen worden. Lediglich im Haushalt des Reichswehrministeriums und
> des Preussischen Ministerium des Innern sind für die Pflege von Turnen
> und Sport der Reichswehr bezw. der Sicherheitswehr Summen ausgewor-
> fen [...]. Diese Summen sind – gemessen an dem, was bisher von behörd-
> licher Seite der Leibesübung zugeführt worden ist – überwältigend hoch.
> Wenn mit einer ähnlichen Summe die Arbeit der freien Verbände unter-
> stützt worden wäre, so hätte damit bereits ungeheuer viel erreicht werden
> können.
> Ursache dafür, dass für diese beiden Formationen die geforderten Sum-
> men glatt bewilligt wurden, ist die klare Aufrechnung der notwendigen
> Summen. Es wurde nachgewiesen, wieviel für Anschaffung von Geräten,
> Sportbekleidung – gemessen an der Zahl der Truppen usw. – wieviel für
> Gehälter der notwendigen Lehrer aufgewendet werden muss, und damit
> war die Grundlage für die Anerkennung gegeben.
> Nach diesem Beispiel dürfen wir uns auch nicht mehr darauf beschränken,
> ganz allgemein Forderungen auf Unterstützung zu stellen, sondern wir
> müssen unsere Forderungen rechnerisch zu belegen suchen.[167]

Das erste Kapitel stellt der heutigen Größe der Turn- und Sportwelt (2 226 000
Mitglieder des DRA einschließlich der Arbeiter-Turn- und Sportverbände, davon
geschätzte 600 000 Ausübende) in dreißig Jahren die „erstrebenswerte Mindest-
größe" von 15 Millionen Ausübenden (von 60 Millionen Deutschen) entgegen,
wobei die Berechnungsgrundlage die Spielplatzbaufrist ist. Das zweite Kapitel
enthält eine Bemerkung Diems zu dieser Aufgabe: „Ich halte diese Zahl – als er-
strebenswertes und auch erreichbares Ziel – eher für zu niedrig als zu hoch bemessen. Wieweit aus taktischen Gründen bei Aufstellungen unserer Forderungen
die Zahlen höher geschraubt werden müssen, lasse ich zunächst außer acht."[168]

---

[166]   Förderung der Leibesübungen durch Reich, Länder und Gemeinden. (elfseitiger maschi-
         nenschriftlicher) Entwurf zur Aufstellung der Haushaltspläne des DRA v. 1.8.1920 von
         Generalsekretär Carl Diem (CuLDA, Mappe 4, S. 1, 3 [o. P.]).
[167]   Ebd., S. 1–2.
[168]   Ebd., S. 2–3. – Im übrigen ist diese Bemerkung auch deshalb bedeutsam, weil sie bei-
         spielhaft die für Diem typische Verbindung von Utopie und Strategie enthält. Mit Recht
         betont F. Becker, Leben, Bd. I, S. 151, wie sehr Diem in solchen Zusammenhängen auch
         als „,Netzwerker'" dachte. Seine allgemeine These, daß sich „Diems Denken und Handeln
         [...] aus sich immer wieder wandelnden Situationen, Positionsbestimmungen und Interes-
         senlagen ergab" (ebd., Bd. II, S. 14), ist allerdings insofern einzuschränken, als, wie er-
         wähnt, Diems Begriff der individuellen Höchstleistung eine zeitunabhängige Konstante
         bildete (vgl. Court, Vorgeschichte, S. 205). Ein ähnlicher Gedankengang bei M. Krüger,
         Leben, S. 279, der vom „Sport" als der Konstante bei Diem schreibt.

Im bereits zitierten dritten Kapitel über den „Grundsatz" fügt Diem an, daß die „normale Selbstentwicklung der Sache" das Ziel nicht erreiche und daher durch eine „grosszügige Unterstützung" des Staates beschleunigt werden müsse: „Unterstützung im bisherigen kleinen Rahmen (Jugendpflegefonds Reich 500 000 M, Preussen 2 000 000 M) haben das Entwicklungstempo nicht zu beeinflussen vermocht."[169]

Die DHfL wird berührt im Kapitel IV über „Behördliche Massnahmen" von Reich, Staat und Gemeinden, die a) die Lösung der Spielplatzfrage, b) die Lösung der Personalfrage und c) die Unterstützung der Verbände und Gemeinde betreffen. Der Punkt b) enthält die Unterpunkte „1. die Einrichtung von Aemtern", „2. Lehrerbildung: Uebernahme der Hochschule auf das Reich, Fortbildungskurse in allen Bezirken" und „3. Anstellung von Lehrern: Kreis-, Gemeinde- und Vereinssportlehrer."[170]

Der Passus zur DHfL wird im fünften Kapitel über die „Mittel" als zweiter Punkt aufgegriffen und mit dem Satz fortgeführt: „Die Forderung, dass die Ausbildung der zukünftigen Turn- und Sportlehrer nicht in privaten Händen sein sollte, wird allgemein erhoben." Diem beziffert „die Jahreskosten für Lehr- und Forschungsarbeit" für das Reich auf geschätzte 400 000 Mark und für die „Freistellen für Unbemittelte" auf 100 00 Mark, die je zur Hälfte von Ländern und Gemeinden zu tragen sind. Die Kosten für 40 Fortbildungslehrgänge pro Jahr veranschlagt Diem mit 800 000 Mark, wovon die eine Hälfte vom Reich und die andere von Ländern und Gemeinden zu übernehmen ist. In bezug auf die Anstellung von Lehrern bei einem Jahresgehalt von 20 000 Mark schätzt Diem für das erste Jahr 200 Stellen mit Kosten von 4 Millionen Mark und für das dreißigste Jahr 6 000 Stellen (je eine auf 2 500 Ausübende), an denen das Reich mit 60 Millionen sowie die Länder und Gemeinden mit je 15 Millionen Mark zu beteiligen sind. Als „Grundsatz" betont Diem, daß diese Lehrer *„diplomierte Turn- und Sportlehrer"* zu sein haben, deren Vorhandensein *„Voraussetzung* für die Entwicklung auf 15 Millionen Ausübende ist." Den Unterstützungsbedarf der Verbände und Vereine anteilig durch Reich, Länder und Gemeinden beziffert Diem „beginnend und insgesamt mit 2 M pro Kopf des Mitgliederzuwachses steigend"; Berechnungsgrundlage ist die Unterstützung der „Vereine für sogenannte militärische Jugenderziehung während des Krieges mit 50 Pfennig auf den Kopf." Der fünfte Teil der Summe wird „für Veranstaltung Deutscher Kampfspiele, für Teilnahme Deutschlands an internationalen Wettkämpfen verwandt."[171]

---

[169] Entwurf zur Aufstellung der Haushaltspläne des DRA v. 1.8.1920 von Generalsekretär Carl Diem; in: CuLDA, Mappe 4, S. 4 [o. P.].

[170] Ebd.

[171] Ebd., S. 7–9. Der Passus über „internationale Wettkämpfe" bezog sich nicht auf internationale Olympische Spiele (vgl. in diesem Teil S. 59–60), sondern vor allem auf Österreich; siehe den Tätigkeitsbericht des DRA v. 1.4.1919–15.5.1920, S. 7–8 (CuLDA, Mappe 13): „Das gute Freundschaftsverhältnis, das den Deutschen Reichsausschuß von jeher

Im Anschluß an eine Übersicht betont Diem im Nachwort, daß er

> nicht verkenne, dass die Forderungen zunächst sehr hoch erscheinen, und
> ich glaube, auch voraussetzen zu dürfen, dass nicht alle erfüllt werden.
> [...] Aber auch rein wirtschaftlich und sozial lassen sich die von mir vor-
> geschlagenen Aufwendungen rechtfertigen. Heute würde die Summe 30 M
> auf den Kopf der Ausübenden, am Abschluss der Entwicklung nach 30
> Jahren nur noch 12 Mark den Kopf betragen. Die heute verhältnismässig
> hohe Kopfsumme muss ausgegeben werden, um die Versäumnisse frühe-
> rer Zeit nachzuholen und den unsere Volkskraft verzehrenden Seuchen ei-
> nen Damm entgegenzusetzen. Der Mehrwert an persönlicher Leistungsfä-
> higkeit durch Stählung von Kraft und Charakter in Turnen und Sport
> dürfte ganz sicher 30 M im Jahre, rechnerisch gesprochen, für die Volks-
> wirtschaft ausmachen und sich durch Heranzüchtung eines kräftigeren
> Geschlechts laufend vermehren. Allein ein Rückgang der Tuberkulose,
> von allen andern Seuchen abgesehen, wie er durch Turnen und Sport mit
> Sicherheit zu erwirken ist, wird durch Ersparnis an Krankenhäusern ein-
> mal und durch Mehrertrag der Arbeit Gesunder zum andern die aufge-
> wendete Summe um vieles übertreffen.[172]

Halten wir diese Bemerkungen aus dem August 1920 an den tatsächlichen
Haushalt des DRA, so darf nicht übersehen werden, daß ihre optimistische
Grundfarbe sowohl auf der Steuerpolitik des Reiches mit ihren „kurzfristigen
Erfolgen"[173] als auch einer günstigen Finanzlage 1919 des DRA fußen konnte:

> Im Gegensatz zu den Vorjahren, in denen der Weltkrieg stark beein-
> flußend auf den Rückgang der Einnahmen eingewirkt hat, ist für das
> Rechnungsjahr 1919 ein erfreulicher Aufschwung zu verzeichnen. Durch
> große Werbetätigkeit hat sich in der breiten Oeffentlichkeit das Interesse
> an den sportlichen Veranstaltungen wieder gehoben, das seinen Nieder-
> schlag in der Gesamteinnahme findet, die mit rund 129 000 M über den
> Etatsanschlag hinausgeht. Der Hauptanteil an den Mehreinnahmen entfällt
> auf die nicht sportlichen öffentlichen Veranstaltungen im Stadion und auf

---

mit dem Oesterreichischen Zentralverband für gemeinsame Sportinteressen verknüpfte, hat
die gemeinsame schwere Zeit überdauert. [...] Für den beginnenden Sportverkehr mit dem
Auslande war der Deutsche Reichsausschuß hilfreich tätig, indem er manche Paßschwie-
rigkeit aus dem Wege räumte. Die ersten Vorverhandlungen wegen künftiger Landeswett-
kämpfe mit befreundeten Staaten wurden aussichtsreich abgeschlossen." – Siehe auch Teil
III, Kap. 3.4, über die Auslandsbeziehungen der DHfL.

[172]   Entwurf zur Aufstellung der Haushaltspläne des DRA v. 1.8.1920 von Generalsekretär
Carl Diem; in: CuLDA, Mappe 4, S. 10–11 [o. P.]; siehe auch die Statistik bei Broßmer,
Leibeskultur, S. 395. – Eisenberg, „English sports", S. 348, führt gleichfalls diese Überle-
gungen Diems an, datiert sie aber erst auf den Oktober 1920.

[173]   Mai, Weimarer Republik, S. 35; siehe zu Einzelheiten ebd., S. 35–36.

die Lehrgänge für die Ausbildung in der Technik des Sports, die sich re-
gen Zuspruchs erfreuten.[174]

Der im April 1920 aufgestellte Etat des DRA für das Rechnungsjahr 1920 hielt
fest, daß sich dieser positive Trend „trotz der ungünstigen Zeitverhältnisse"[175]
fortgesetzt habe und daß zu einer gegenüber der „im Etat für 1919 veranschlagten Gesamteinnahme von 244 100 M. rund 373 000 M. eingekommen sind"[176].
Blicken wir – unter Vernachlässigung des anschließend separat zu behandelnden
Haushalts der DHfL – näher auf die kalkulierten Hauptposten der Einnahmen
und Ausgaben von jeweils 619 000 Mark, sind bei jenen die Beihilfe über
65 000 Mark von Reich, Staat und Gemeinden und die Einnahmen aus dem Stadionbetrieb sowie den Veranstaltungen des DRA in Höhe von 158 400 Mark erwähnenswert, bei diesen die Teuerungszuschläge in Höhe von 27 000 Mark, die
damit an die Ausgaben für Gehälter (30 000 Mark) heranreichten; als Kompensation für diese Gehaltserhöhung entfielen die Weihnachtsgratifikationen.[177]
Ein kleiner Exkurs über das Gehalt Diems, das „höchste"[178] im DRA, ist an
dieser Stelle angebracht. Diem hatte sich Anfang 1920 mit Wechselabsichten
vom DRA in den Staatsdienst beschäftigt, die möglicherweise auch einen finanziellen Hintergrund besaßen.[179] Sie wurden jedoch nicht verwirklicht, und rück-
wirkend vom 1. Oktober 1920 wurde Diem ein Gehalt von 34 000 Mark für seine Tätigkeit als Generalsekretär des DRA und 6 000 Mark für seine Tätigkeit an
der DHfL bewilligt.[180] Ab 1. August 1921 stieg es unter Annahme eines Grund-
gehaltes von 15 000 Mark auf 45 000 Mark, wovon 39 000 Mark aus dem Etat
des DRA und 6 000 Mark aus dem der Hochschule stammten.[181] Dies entsprach
ungefähr dem Jahreseinkommen eines Kaplans in seinen ersten Priesterjahren,
der 1920 beispielsweise im Erzbistum Köln zwischen dem 1. und 3. Priesterjahr
auf 36 000 Mark einschließlich Staatsgehalt und Pfarrdotaleinkommen kam.[182]

---

[174] Haushaltsrechnung des DRA für das Rechnungsjahr 1919, S. 3 (CuLDA, Mappe 3).
[175] Etat des DRA für das Rechnungsjahr 1920 v. 15.4.1920, S. 3 (CuLDA, Mappe 3). Diese
       „ungünstigen Zeitverhältnisse" bedeuten, daß 1920 alleine die Reparationen 20% des
       Reichshaushaltes verschlangen; der „wachsende Vertrauensverlust in die Mark im In- und
       Ausland führte zur Flucht in Sachwerte und zum Rückgang der Sparleistung" (Mai, Wei-
       marer Republik, S. 35).
[176] Etat des DRA für das Rechnungsjahr 1920 v. 15.4.1920, S. 3 (ebd.).
[177] Ebd., S. 2–5. Vgl. zum letzten Punkt ebd., S. 5: „Infolge der fortgesetzten Verteuerung der
       gesamten Lebensverhältnisse war die Einstellung besonderer Mittel in Form von Teue-
       rungszuschlägen notwendig. Die Teuerungszuschläge bewegen sich in den Grenzen von
       33½% bis 100% der [...] ausgebrauchten Grundgehälter."
[178] F. Becker, Leben, Bd. II, S. 30.
[179] Ebd., S. 40.
[180] Bericht über die Sitzung des Wirtschafts-Ausschusses des DRA am 8.2.1921 v. 10.2.1921,
       S. 2 (CuLDA, Mappe 4); siehe auch F. Becker, Leben, Bd. II, S. 41.
[181] Bericht über Sitzung des Wirtschafts-Ausschusses des DRA am 30.9.1921 v. 7.10.1921,
       S. 3 (CuLDA, Mappe 4).
[182] Siehe die Gehaltsliste für das Jahr 1920 bei Schank, Milieu, S. 454.

Auf 35 000 Mark Anfangsgehalt brachten es auch die beamteten Sportlehrer der Gehaltsgruppe IV in Preußen gemäß dem Diensteinkommengesetz vom 17. Dezember 1920, und es lag dabei wesentlich höher als das der preußischen Turnlehrer in den Gruppen X und XI.[183]

Bemerkenswert nun im Vergleich zwischen dem Haushaltsplan 1920 und dem entsprechenden Geschäftsjahr, das im DRA stets vom April bis zum März des Folgejahres reichte (hier also vom 1. April 1920 bis 31. März 1921), ist, daß das offizielle Fazit, dieses Geschäftsjahr habe dem DRA „der finanziellen Gesundung näher gebracht"[184], die dramatische Haushaltslage zu Beginn des Jahres verschleiert, die für den Wirtschaftsausschuß des DRA sogar „einen Schritt ins Dunkele"[185] bedeutete. Diese war – gegenüber dem Voranschlag von 619 000 Mark – entstanden angesichts der tatsächlichen Ausgaben von 1 919 070 Mark, die in der „allgemeinen Geldentwertung" und der „Erweiterung des Aufgabenkreises"[186] des DRA begründet waren und auch von den Verbänden des DRA nicht gedeckt werden konnten[187]. Für den schließlich ausgeglichenen Haushalt sind zum einen der Berliner Rennverein und der das Stadion finanzierende Union-Club anzuführen, die dem DRA an Baukosten für das Stadion günstige Zinsen und Tilgungsleistungen gewährt und vor allem „die aus der Kriegszeit herrührenden, rückständigen Zinsen und Tilgungsraten in Höhe von 266 671,50 M. [...] in entgegenkommenster Weise erlassen haben."[188] Zum anderen gelang es

---

[183] Ausführlich (mit Gehaltstabellen) Rossow, Sportlehrerbesoldung; siehe auch A. Krüger, Turnen, S. 17.

[184] Tätigkeitsbericht des DRA v. 1.4.1919–15.5.1920, S. 24 (CuLDA, Mappe 13).

[185] Kassenbericht des Wirtschaftsausschusses des DRA v. 2.3.1920 (ebd., Mappe).

[186] Tätigkeitsbericht des DRA v. 1.4.1919–15.5.1920, S. 24, 26–27 (ebd., Mappe 13). Vgl. auch den Kassenbericht des Wirtschaftsausschusses des DRA zur Vorstandssitzung am 30.10.1920 v. 2.3.1920, S. 1 (ebd., Mappe 3): „Die gewaltige Entwicklung der Geschäfte des Reichsausschusses, das Aufblühen der Lehrarbeit durch die Hochschule drückt sich im unvorhergesehen Anwachsen des Kassenumsatzes aus."

[187] Siehe ebd.: „Es darf bemerkt werden, dass die dem D.R.A. angeschlossenen Verbände trotz Auffordern eine Erhöhung ihres Vorkriegs-Beitrages nicht bewilligt haben. Die gesamte Summe von etwa 8 000 Mark dürfte zu gering sein, um eine feste Verkettung der Verbände mit dem D.R.A. zu dokumentieren." – Die Teuerung hatte sogar unmittelbaren Einfluß auf die Haushaltsrechnungen, die „zur Vermeidung der hohen Druckkosten [...] im Vervielfältigungsverfahren nur in beschränkter Weise hergestellt sind und den Mitgliedern auf Wunsch zur Verfügung stehen" (Tätigkeitsbericht des DRA v. 1.4.1919–31.3.1920, S. 16; ebd., Mappe 13).

[188] Etat des DRA für das Rechnungsjahr 1920, S. 7 (ebd., Mappe 3). Auch der Tätigkeitsbericht des DRA v. 1.4.1919–15.5.1920, S. 24 (ebd., Mappe 13) betont, daß er dadurch „von den Kriegsschulden befreit und unter erschwingliche Stadionlasten gestellt war". Siehe auch den Kassenbericht des Wirtschaftsausschusses des DRA v. 2.3.1920 (ebd., Mappe 3): „Durch Verhandlungen mit dem Berliner Renn-Verein und dem Union-Club war erreicht worden, daß die aus den Kriegszeiten her schwebende Schuld von etwa 293 000 Mk. gestundet und damit ein Kassenbestand von 73 000 Mk. dem Deutschen Reichsausschuß zu weiterer Arbeit belassen wurde. Ferner verzichteten die Rennvereine zunächst bis auf weiteres auf die Hälfte der Zins- und Entschuldungssumme [...]. Durch dieses Entgegenkom-

dem DRA, „durch die Tatkraft seines Vorsitzenden [...], namhafte Privatspenden zu erhalten", die sich zum Halbjahresabschluß 1920 auf 360 000 Mark[189] und zum Abschluß des Rechnungsjahres am 31. März 1921 sogar auf 1 303 255 Mark beliefen.[190] Dadurch konnten finanzielle Probleme im RMI kompensiert werden.[191]

Die anschließenden Geschäftsjahre standen „unter dem Zeichen des Kurzsturzes der Mark und der hierdurch auf allen Gebieten des Wirtschaftslebens hervorgerufenen ständig wachsenden Teuerung."[192] Ein deutliches Kriterium im Rechnungsjahr 1921/22 ist auf der Seite der Einnahmen die Differenz zwischen dem Voranschlag von knapp einer Million und der Vereinnahmung von knapp fünf Millionen Mark, der auf der Seite der Ausgaben knapp 4,5 Millionen Mark gegenüberstanden. Der dadurch erzielte Einnahmeüberschuß von 365 000 Mark verdankte sich lediglich den „namhaften Beiträgen neugewonnener Förderer" von über 3,6 Millionen Mark.[193] Während die Beiträge der Behörden anstelle 55 000 Mark aus dem Voranschlag auf tatsächliche 185 000 Mark stiegen, blieb die Unterstützung der Verbände (16 000 Mark Voranschlag gegenüber tatsächlichen 20 250 Mark) auf dem bisherigen (geringen) Niveau. Auf der Ausgabenseite sind die tatsächlichen Verausgabungen für die Gehälter in der Hauptverwaltung, im Stadion und die DHfL besonders erwähnenswert, da sie gegenüber der

---

men wurde ein Wirtschaften überhaupt erst möglich"; dieser Kassenbericht fehlt bei Eisenberg, „English sports", S. 348.

[189] Vgl. den Kassenbericht des Wirtschaftsausschusses des DRA zur Vorstandssitzung am 30.10.1920 v. 2.3.1920, S. 1 (CuLDA, Mappe 3).

[190] Tätigkeitsbericht des DRA v. 1.4.1919–15.5.1920, S. 26 (ebd., Mappe 13). Siehe den Kommentar ebd., S. 24: „Die allgemeine Anerkennung unserer ganzen Bestrebung drückt sich auch in den uns zugeflossenen namhaften Förderer-Beiträgen aus, so daß der DRA in der Lage war, die Finanzierung der Hochschule vorzunehmen und auch für das kommende Jahr eine umfangreiche Tätigkeit vorzusehen. [...] Wir glauben [...], damit auch im Sinne unserer ‚Förderer' gehandelt zu haben, und hoffen, bei Fortschreiten unserer Werbearbeit auf allmähliche völlige Gesundung unserer Finanzen." – Auch hier spielt die Frage nach ‚schwarzen Kassen' der Reichswehr hinein; dazu unten Teil II, Kap. 2.1.

[191] Siehe das Schreiben des Reichsministers des Innern an den Rektor der DHfL v. 8.2.1921: „Trotz voller Würdigung Ihrer Arbeitsziele halte ich den im Haushaltsplan der Hochschule für 1921 vorgesehenen Beitrag des Reichs mit Rücksicht auf die überaus ungünstige Lage der Reichsfinanzen und den im vergangenen Jahre bewilligten Reichszuschuss von nur 40 000 Mark für unverhältnismässig hoch [...]. Selbst wenn die von mir für die körperliche Erziehung vorgesehenen Aufwendungen des Reichs in vollem Umfang genehmigt werden sollten, könnte ich der Hochschule nicht einmal die Hälfte des beantragten Zuschusses von 80 000 Mark überweisen" (CuLDA, Mappe 207). Diem faßte in finanzieller Hinsicht das Jahr 1921 als „Versagen der Behörden für unser Gebiet" zusammen; siehe seinen Briefwechsel mit dem Ministern des Innern in Diems Schreiben an die Vorstandsmitglieder des DRA v. 8.2.1922, S. 4–5 (ebd., Mappe 6).

[192] Kassen-Bericht des DRA v. 1.4.1921–31.3.1922, S. 3 (ebd., Mappe 3). Die Fortsetzung des Satzes lautet: „Bevor nicht der weiteren Geldentwertung Einhalt getan wird, ist an eine völlige Sicherung der Wirtschaftslage des Deutschen Reichsausschusses für Leibesübungen nicht zu denken."

[193] Ebd.

Kalkulation ca. 50% höher lagen. Nahezu unverändert blieben dagegen Pacht-zins und Abzahlung für das Deutsche Stadion.[194]

Der „traurige Einfluß der Finanznot"[195] auf die beiden folgenden Rechnungs-jahre kommt rein äußerlich bereits darin zum Ausdruck, daß für das Rechnungs-jahr 1922/23 die in den Vorjahren übliche tabellarische Übersicht der Einnah-men und Ausgaben fehlte und für das Rechnungsjahr 1923/24 überhaupt keine Rechnungslegung erfolgte. Da sie

> wegen der beispiellosen Geldentwertung im verflossenen Jahre und der Umwandlung der Papiermark in Rentenmark ein völlig unerkennbares Bild für die tatsächlichen Einnahmen und Ausgaben des Rechnungsjahres 1923 ergeben, andererseits die Umrechnung aller Buchungen eine unge-heure Arbeit verursachen würde, hat der Vorstand in seiner Sitzung vom 1. März 1924 beschlossen, daß von der Rechnungslegung für das verflos-sene Jahr abstand zu nehmen ist.[196]

Bereits Mitte 1922 war das „Vermögen des Vorjahres aufgezehrt"[197]; insgesamt wurde der Haushalt 1922/23 um das „*sieben*fache überschritten", und allein die Lohnzahlungen waren nur möglich „mit Hilfe der Reichsregierung"[198], und weil „die Angestelltenschaft des DRA. sich mit drei Viertel der ihr tarifmäßig zuste-henden Gebühren begnügte"[199].

Für das Rechnungsjahr 1923 wurde zwar 1923 ein „aus den Erfahrungen dieses Jahres" abgeleiteter Voranschlag aufgestellt, aber zugleich mit der Be-merkung versehen, daß es sich um ein bloßes „Programm" handle, weil „die Möglichkeit, die notwendigen Einnahmen zu schaffen, noch ungeklärt ist".[200]

---

[194] Kassen-Bericht des DRA v. 1.4.1921–31.3.1922, S. 4–5 (ebd.).

[195] Tätigkeitsbericht des DRA v. 1.4.1922–31.3.1923, S. 2 (ebd., Mappe 13).

[196] Tätigkeitsbericht des DRA v. 1.4.1923–31.3.1924, S. 13 (ebd.). Wir besitzen allerdings Angaben über den (geschätzten) Haushalt des DRA am 1.12.1922 durch ein Schreiben Diems an Lewald v. 17.11.1922, S. 1 (ebd., Mappe 4), und den des Jahres 1923 durch ein Schreiben von Lewald an Schulz v. 4.10.23, Anlage (ebd., Mappe 22). Von besonderer Bedeutung an Diems Schreiben ist sein Hinweis, daß er zum 1.12.1922 mit 380 000 Mark aus Lewalds Privatschatulle rechnete.

[197] Tätigkeitsbericht des DRA v. 1.4.1922–31.3.1923, S. 9 (ebd., Mappe 13).

[198] Ebd. Vgl. ebd., S. 2: „Insbesondere war es die Reichsregierung, die dem DRA. und der Hochschule über die kritischen Tage des Marktsturzes im Winter hinweghalf. Mit 4,4 Mil-lionen wurde der DRA in drängendster Zeit unterstützt." Auch hier war wiederum Lewald äußerst hilfreich: „Mit dem Reichskanzler hat Exzellenz Lewald telefoniert; dieser hat uns seine Unterstützung aus einer ihm zur Verfügung stehenden Stiftung zugesagt" (Schreiben Diems an den Wirtschaftsausschuß des DRA v. 13.10.1923, S. 1; ebd., Mappe 4).

[199] Tätigkeitsbericht des DRA v. 1.4.1922–31.3.1923, S. 2 (ebd., Mappe 13). Vgl. Diems De-tailberechnungen in seinem Brief an Lewald v. 17.11.1922, o. P. (ebd., Mappe 4). Wir werden allerdings gleich sehen, daß diese reduzierten Bezüge Teil der Lohnpolitik des DRA bereits vor der Hyperinflation waren; das ‚sich Begnügen' ist daher eher ein Aus-druck von Zwang denn von Freiwilligkeit.

[200] Tätigkeitsbericht des DRA v. 1.4.1922–31.3.1923, S. 9 (ebd., Mappe 13).

Nur der Vollständigkeit halber sei es hier kurz zusammengefaßt: Die Einnahmen
und die Ausgaben wurden mit je 155 600 000 Millionen veranschlagt; davon
wurden bei den Einnahmen ca. 53 Millionen von Förderern, 25 000 Mark von
den Verbänden und 26 Millionen Beihilfe von den Behörden angesetzt, und bei
den Ausgaben wurde der Zuschuß für die Hochschule mit ca. 11 Millionen kalkuliert.[201]

Das Rechnungsjahr 1924 war dadurch gekennzeichnet, „daß zunächst alle
geldlichen Beihilfen des ursprünglich in stolzer Höhe ragenden 50 Millionen-
Fonds im Reichshaushalt für Förderung der Leibesübungen bei Auszahlung in
ein Nichts zerflossen", jedoch ab 1. Januar 1924 der DRA seine Bücher in Rentenmark führen und auch den „ersten Nachtrags-Goldhaushalt"[202] aufstellen
konnte. Die für das Rechnungsjahr 1924 veranschlagten Einnahmen und Ausgaben von je 223 500 Rentenmark setzten Förderbeiträge von 37 510 RM, Beiträge der Verbände von 2 800 RM und Beihilfen der Behörden von 90 000 RM an;
auf der Seite des Ausgaben waren die höchsten Posten Ausgaben für die Unterhaltung des Deutschen Stadions (65 660 RM) sowie für Gehälter der Hauptverwaltung und den Zuschuß für die DHfL (je ca. 44 000 RM).[203]

Das hier abschließend zu behandelnde Rechnungsjahr 1924/25 des DRA
wurde zwar auch noch „durch Inflationsziffern verdunkelt"[204]. Der entsprechende Tätigkeitsbericht enthielt aber auch erstmals wieder seit dem Rechnungsjahr
1920 eine Übersicht der Einnahmen und Ausgaben (jeweils ca. 287 000 RM),
die zudem den Voranschlag lediglich um 23% überschritten, während die Ab-
weichung im Rechnungsjahr 1920 noch bei 68% lag. Die Überschreitung im
Rechnungsjahr 1924/25 wurde damit begründet, daß weder die eingetretenen hohen „Aufbesserungen der Angestelltenbezüge" noch die „erfolgte Marktstabili-
sierung"[205] vorhersehbar waren. Blicken wir zunächst auf die Einnahmen, ist besonders auffällig, daß dem Voranschlag für die Behördenbeihilfen von 90 000
RM tatsächliche Einnahmen von ca. 40 000 RM gegenüberstanden, während es
sich bei den Fördererbeiträgen genau umgekehrt verhielt: anstelle von kalkulierten 37 510 RM wurden dem DRA über 77 000 RM „in hochherziger Weise aus
Kreisen der deutschen Industrie und Wirtschaft und besonderen Gönnern"[206] zur
Verfügung gestellt. Bei den Ausgaben stechen im Vergleich mit dem Vorjahr die
hohen Beiträge für das Stadion (ca. 123 000 RM) hervor, während die Kosten
für die Gehälter in der Hauptverwaltung knapp 45 000 RM und für den Zuschuß
zur Hochschule 57 504 RM betrugen.[207]

---

[201] Ebd., S. 10.
[202] Tätigkeitsbericht des DRA v. 1.4.1923–31.3.1924, S. 3, 14 (ebd., Mappe 13).
[203] Ebd., S. 14. Zu Diems Lob der Rentenmark F. Becker, Leben, Bd. II, S. 94.
[204] Tätigkeitsbericht des DRA v. 1.4.1924–31.3.1925, S. 5 (CuLDA, Mappe 13).
[205] Ebd., S. 20.
[206] Ebd., S. 6, 20.
[207] Ebd., S. 20.

Bevor wir uns mit dem Haushalt der DHfL beschäftigen, ist ein abschließender Vergleich zwischen den Rechnungsjahren 1920/21 und 1924/25 des DRA – also dem letzten Haushalt vor der und dem ersten Haushalt nach der Hyperinflation – aufschlußreich, weil er den geradezu prophetischen Charakter der Dezember-Denkschrift 1919 demonstriert. Diese Aussage bezieht sich nicht nur generell auf die Vermutung einer großen Abhängigkeit der personellen und sachlichen Ausstattung der DHfL (also letztlich ihrer Qualität) von ihrer Finanzierung, sondern auch im einzelnen um die Schwierigkeit, (staatliche) Behörden und (private) Verbände zu beteiligen. Auch ohne die Inflation und das kurzfristige Einspringen des Staates wäre „das ganze Werk also gescheitert"[208], wenn es auf die ausschließliche Finanzierung durch Behörden und Verbände angewiesen gewesen wäre:

> Die allgemeine Anerkennung unserer ganzen Bestrebung drückt sich auch in den uns zugeflossenen namhaften Förderer-Beiträgen aus, so daß der DRA. in der Lage war, sein Arbeitsgebiet wesentlich zu erweitern, die Finanzierung der Hochschule vorzunehmen und auch für das kommende Jahr eine umfangreiche Tätigkeit vorzusehen.[209]

Für die Richtigkeit dieses Satzes liefern die Zahlen eindrucksvolle Belege. Sowohl im Rechnungsjahr 1920/21 als auch im Rechnungsjahr 1924/25 war für die Finanzierung der DHfL ca. ein Fünftel des Gesamthaushaltes des DRA aufzubringen (1920/21 : 17%; 1924/25 : 20%), und die Einnahmen[210] der DHfL bezogen auf seinen Gesamtetat lagen 1920/21 bei 9% und 1924/25 bei 22%. Dabei wurden 1920/21 von den Behörden 3,4%, von den Verbänden 0,4%, aber von den Förderern 68% des Gesamthaushaltes finanziert; 1924/25 betrug der Anteil der Behörden 11,8%, der der Verbände 1,1% und der der Förderer sogar 27% der Gesamteinnahmen. Im Vergleich der Beteiligung von Behörden und Verbänden spielten jene eine zwiespältige Rolle, da der geringe Anteil der Verbände nicht bloß in einer (besonders im Verhältnis zu Diems Prognose) ungünstigen Mitgliederentwicklung[211], sondern auch einem nach wie vor bestehenden „Kleinkrieg" mit den „unteren Steuerbehörden"[212] begründet war.

---

[208] Tätigkeitsbericht des DRA v. 1.4.1924–31.3.1925, S. 6 (ebd.).

[209] Tätigkeitsbericht des DRA v. 1.4.1920–31.3.1921, S. 24 (ebd.).

[210] Hier muß man allerdings berücksichtigen, daß in den Einnahmen 1920/21 noch nicht die zahlenden Vollstudenten und ab dem Rechnungsjahr 1921/22 im Etat des DRA nur die Ausgaben für die Hochschule enthalten waren und die Einnahmen bloß im (eigenen) Etat der DHfL erschienen.

[211] Vgl. Tätigkeitsbericht des DRA v. 1.4.1924–31.3.1925, S. 5 (CuLDA, Mappe 13): „Wer von der körperlichen Gesamterziehung des Volkes unmittelbaren Vorteil für die körperliche und seelische Kraft unserer Nation erwartet, muß den Stillstand der Mitgliederzahlen und die geringe Höhe der eigentlichen Tätigkeitsziffer zu der Gesamtkopfzahl des Volkes mit größter Sorge hinnehmen."

[212] Siehe ebd.: „In diesem Kampfe gegen den falschen Fiskalismus fehlt eine einheitliche Richtweisung durch die obersten Steuerbehörden. [...] Der schwerste Schlag, den unsere

Was schließlich eine mögliche Quersubventionierung der DHfL innerhalb des DRA durch den Stadionbetrieb angeht, so sind auch hier die Zahlen aufschlußreich: Im Rechnungsjahr 1920/21 betrugen die Einnahmen durch das Stadion im Etat des DRA 8,9% und die Ausgaben 19,9%; im Rechnungsjahr 1924/25 war das Verhältnis 29% zu 45%. Die vom DRA gebetsmühlenartig betonte Notwendigkeit intensiver „Werbearbeit nach innen und außen"[213] enthielt also das Dilemma, daß ausgerechnet die Einrichtungen, die dem DRA „allgemeine Anerkennung"[214] und dadurch auch besonders viele Einnahmen, vor allem durch Turn- und Sportabzeichen, bescherten, auch besonders teuer waren: 21% der Einnahmen 1924/25 am Gesamtetat standen 39% auf der Ausgabenseite vor allem für die Unterhaltung der baulichen Anlagen und Einrichtungen entgegen[215].

Fassen wir für diesen Zeitraum die Situation des DRA zusammen, ist einerseits ein „starkes inneres Aufblühen", andererseits jedoch seine unsichere finanzielle Lage festzuhalten. Exemplarisch ist das „Aufblühen unserer Anstalt" DHfL, deren „Vermehrung unserer fachwissenschaftlichen Erkenntnis und Lehrfähigkeit"[216] einschließt, daß

> an all dieser Arbeit für Turnen und Sport die *Reichs- und Staatsbehörden* in *beschränktem Maße* Anteil genommen haben. Nur eine tatkräftige Mitarbeit des gesamten Verwaltungsapparates in all seinen Zweigen kann uns die notwendige Verallgemeinerung der Leibesübungen bringen. Weder im

---

Bewegung getroffen hat, war die nicht vorherzusehende Besteuerung der Turn-, Spiel-, Sport- und Wanderfahrten. Die bisherige Ermäßigung von 50% wurde auf 33½ % verringert und die Kosten in die Höhe jeder anderen Gesellschaftsfahrt gebracht. Damit ist die deutsche Jugend an ihrer empfindlichsten Stelle getroffen." Auch in Ergänzung der Anm. 115, S. 61–62, ist anzufügen, daß bereits der Tätigkeitsbericht des DRA v. 1.4.1920–31.3.1921, S. 3 (CuLDA, Mappe 13) davon spricht, daß es „in der Geschichte unserer Bewegung schwerlich ein traurigeres Kapitel geben wird".

[213] Tätigkeitsbericht des DRA v. 1.4.1924–31.3.1925, S. 5 (ebd.); Beispiele bei Eisenberg, „English sports", S. 349–350; Voigt, Hochschule, S. 66, die einen (möglicherweise vom DRA lancierten) anonymen Artikel aus der Preußischen Kronenzeitung v. 16.5.1920 anführt, der die mangelnde Unterstützung der DHfL durch den Preußischen Staat moniert. Der Tätigkeitsbericht des DRA v. 1.4.1920–31.3.1921, S. 3 (ebd.) vermeldete als „Erfolg" des „ausgedehnten Werbedienstes" explizit die „Hebung des *öffentlichen Ansehens unserer Bewegung in der Presse*".

[214] Tätigkeitsbericht des DRA v. 1.4.1920–31.3.1921, S. 24 (ebd.). Vgl. Lewalds Brief als Vorsitzender des DRA an den Staatssekretär Heinrich Schulz im RMI v. 4.10.1923, o. P. (ebd., Mappe 22): „Stadion und Hochschule sind Unternehmungen, auf die jede Nation der Erde stolz wäre."

[215] Tätigkeitsbericht des DRA v. 1.4.1924–31.3.1925, S. 20 (ebd., Mappe 13). Vgl. Diems maschinenschriftlichen Brief an Lewald v. 17.11.1922, o. P. (ebd., Mappe 4): „Vom 1. Januar 1923 ab müssen wir die Hochschule voll auf Rechnung des Reichs laufen lassen und nach meiner heutigen Uebersicht über die Ausgaben auch das Stadion, trotz der bisherigen Beschlüsse. Das Stadion kostet uns monatlich an Gehältern, Löhnen usw. mindestens 250 000 Mark. Dass wir dies dauernd leisten können, bezweifle ich." – Handschriftlich ergänzt Diem: „Weitere Geldentwertung nicht vorausgesetzt!"

[216] Tätigkeitsbericht des DRA v. 1.4.1920–31.3.1921, S. 3 (ebd., Mappe 13).

Reiche, noch in den Bundesstaaten wurden Mittel bereitgestellt, die die Unterstützung der Vorkriegszeit etwa auch nur der allgemeinen Geldentwertung entsprechend überboten hätten. Wenn das Reich unsere gesamte Arbeit mit 20000 Mk. Zuschuß für das Stadion und 40000 Mk. für die Hochschule fördert, so darf dies auch bei der schwierigsten Finanzlage als unzulänglich bezeichnet werden. Kulturbestrebungen anderer Art werden auch heute noch durch ganz unverhältnismäßig höhere Summen unterstützt.[217]

4.2 Der Etat der DHfL

Bekanntlich erhielt die DHfL eine „von der Kasse des DRA. völlig getrennte Verwaltung", die sein Wirtschaftsausschuß bereits im Sommersemester 1920 angeordnet hatte.[218] Aus diesem Grund finden wir für dieses erste Semester der DHfL eine Kostenübersicht sowohl in dem vom 1. April 1920 bis 31. März 1921 reichenden Tätigkeitsbericht des DRA als auch im entsprechenden Bericht der DHfL für das Sommersemester 1920. Die Kosten der DHfL betrugen für das Rechnungsjahr 1. April 1920 bis 31. März 1921 auf der Einnahmen- und Ausgabenseite 328 278 Mark; die Einnahmen stammten aus staatlichen Zuwendungen (68 648 Mark = 21%), den Verbänden (200 Mark; 0,06%), den Lehrgängen (54 620 Mark; 16,6%) und dem Zuschuß des DRA (155 312 Mark; 47,7%). Auf der Seite der Ausgaben sind zu nennen diejenigen für Verwaltung (35 488 Mark; 10,8%), für Lehrkräfte und Reisekosten (223 854 Mark; 68,2%) und für Einrichtungen und Lehrmittel (68 936 Mark; 21%).[219]

Beginnen wir die Analyse der ersten beiden Semester mit dem Sommersemester 1920 der DHfL, sind auf der Einnahmen- und Ausgabenseite 177 243 Mark festzuhalten. Davon stammten 5 000 Mark aus der Stiftung des Reichspräsidenten (2,8%), 40 000 Mark aus dem Reich (22,6%), 200 Mark aus den Verbänden des DRA (0,1%), 54 343 aus dem Zuschuß des DRA (30,6%), 3520 Mark aus privaten Spenden (1,9%), 10 300 aus Immatrikulationsgebühren und Kolleggeldern (5,8%), 55 980 Mark aus Teilnehmergebühren der Fortbildungskurse (31,6%) und 7 900 Mark aus auswärtigen Lehrgängen und dem Anteil an den Teilnehmergebühren (4,5%). Bei den Ausgaben sind anzuführen die Kosten für Einrichtung (30 600 Mark), Lehrmittel- und Laboratoriumsinstrumente (24 840 Mark) sowie die Bücherei (2 460 Mark; gesamt 32,7%), für die aus den Stadion- und auswärtigen Kursen bestehenden Fortbildungskurse (77 196 Mark;

---

[217] Ebd. – Als Argument für eine bessere staatliche Unterstützung geschickt ist hier der Verweis auf Frankreich: Dieses „will alle unsere Pläne für sich verwirklichen; es hat seine Uebungspflicht für die Jugend, seine staatlichen Lehrgänge, seine Hochschule für Leibesübungen" (ebd.).

[218] Ebd., S. 12. Das „Anwachsen des Finanzwesens" führte ferner zu getrennten Kassen für Vermögens-, Kassen-, Stadion- und Kampfspielverwaltung (ebd., S. 24).

[219] Ebd., S. 14, 24, 26.

43,5%) und schließlich für die Lehr- und Forschungsarbeit (40 360 Mark; 22,8%). Die höchsten Einzelposten waren die Gehälter (32 017; 18%) und die Verpflegung, für die immerhin 39 863 Mark, d. h. 22,5% des Gesamtetats, ausgegeben werden mußten.[220]

Im Wintersemester 1920/21 beliefen sich die Einnahmen und Ausgaben auf 128 259 Mark. Während die Behörden 13 500 Mark (10,5%) und der DRA 92 643 Mark (72,2%) zusteuerten, gab es von den Verbänden des DRA keinen weiteren Zuschuß. Die Einnahmen aus Spenden betrugen 4528 Mark (3,5%) und aus den Lehrgeldern der Vollstudenten 15321 Mark (11,9%). Auf der Ausgabenseite hatten den höchsten Anteil die Kosten für Verwaltung (10 078 Mark; 7,9%) und Gehälter einschließlich Gastvorlesungen (94 355 Mark; 74%); die Kosten für den Laboratoriumsbetrieb (1 620 Mark), Einrichtung (4274 Mark), Lehrmittel (4 239 Mark), Instrumente (2 451 Mark) und Bücher (1 005 Mark) waren demgegenüber geringer als im ersten Semester.[221]

Im Vergleich dieser beiden Semester ist daher festzuhalten, daß die Einnahmen aus den Immatrikulationsgebühren im Winter mit 88 Vollstudenten zwar doppelt so hoch waren wie im Sommersemester mit 71 Vollstudenten.[222] Dafür schlugen jedoch im Wintersemester zum einen die dadurch nötige Vermehrung der Lehrerschaft[223] und zum anderen der Wegfall der Einnahmen aus Fortbildungskursen[224] erheblich zu Buche. Die verhältnismäßig geringeren Kosten des Winters für Einrichtung, Bücherei und Laboratorien ließen sich einerseits damit erklären, daß im Sommer für das erste Semester Grundanschaffungen getätigt werden mußten, die im Winter dann nicht mehr nötig waren.[225] Angesichts der gestiegenen Gehaltskosten, der fehlender Einnahmen aus Lehrgängen und des bereits doppelt so hohen Zuschusses des DRA im Wintersemester 1920/21 ist andererseits aber auch zu bedenken, daß die finanziellen Spielräume für einen möglichen Ausbau der Ausstattung äußerst begrenzt waren.

Für das folgende Rechnungsjahr der DHfL fällt auf, daß die noch im Tätigkeitsbericht der DHfL für das Wintersemester 1920/21 enthaltene Kostenübersicht der DHfL zum einen ab dem Rechnungsjahr 1922 wieder im Tätigkeitsbericht ihres Trägers DRA behandelt wurde und zum zweiten – in genauer Parallele zum Haushalt des DRA im Zeitraum der Hyperinflation – keine tabellarische Übersicht der Kosten der DHfL, sondern bloß Voranschläge enthält.

---

[220] Deutsche Hochschule für Leibesübungen. Tätigkeits-Bericht 1. SoS 1920, S. 12 (ebd., Mappe 188).

[221] Deutsche Hochschule für Leibesübungen. Tätigkeits-Bericht. WS 1920/21, S. 16 (ebd.).

[222] Deutsche Hochschule für Leibesübungen. Tätigkeits-Bericht 1. SoS 1920, S. 4 (ebd.); Deutsche Hochschule für Leibesübungen. Tätigkeits-Bericht. WS 1920/21, S. 3 (ebd.).

[223] Deutsche Hochschule für Leibesübungen. Tätigkeits-Bericht 1. SoS 1920, S. 3 (ebd.).

[224] Als mögliche Gründe werden eine zu geringe Bekanntheit dieser Kurse, eine zu geringe Unterstützung und eine zu geringe Zahl an Lehrkräften angeführt; siehe ebd., S. 10.

[225] Zur ersten Übersicht ebd., S. 10–11; auf die genaue Ausstattung wird an entsprechender Stelle einzugehen sein.

Veröffentlicht wurde der Haushalt vom 1. April 1921 bis 31. März 1922 lediglich in der Druckfassung des Berichts, den Schiff in der Festsitzung ihres Kuratoriums der DHfL am 26. Mai 1922 gegeben hatte. Er ist deswegen aber von besonderem Interesse, weil er im Gegensatz zu allen anderen Kassenberichten explizit mit den übersichtlichen Prozentzahlen arbeitet.[226] An erster Stelle wird das Verhältnis der Einnahmen zu den Zuschüssen behandelt: 43,5% stammten von den Behörden, 30,5% vom DRA; die eigenen Einnahmen betrugen 24,5% und die vermischten Einnahmen 1,5% der Gesamteinnahmen. Bei den Ausgaben entfielen auf die Lehrarbeit 63,5%, auf die Forschungsarbeit 15% (Laboratorium, Lehrmittel, Bibliothek und einmalige Ausgaben für Einrichtungen und Instrumente), auf die Verwaltung 18,5% und auf Verschiedenes 3% der Gesamtsumme. In der Rückschau auf die bisherigen zwei Jahre der Hochschule betont Schiff eine bisherige Zubuße von 865 000 Mark.[227] Der bereits zitierte „traurige Einfluß der Finanznot" des DRA betraf also vor allem die DHfL: *„so erschöpfte sich unsere beste Kraft in Wirtschaftssorgen"*[228].

Diese Aussage berührte zum einen die fehlenden Einnahmen der DHfL: „Es bedeutet schon etwas, wenn [...] alle 62 Lehrgänge im Reich mit 2000 Teilnehmern im kommenden Jahre ausfallen müssen, weil die Deutsche Hochschule für Leibesübungen die rund acht Millionen betragenden Kosten der Wanderlehrer nicht mehr aufbringen kann."[229] Zum anderen waren große Ausgaben zu tätigen:

> Ein Ereignis von höchster Bedeutung war die Grundsteinlegung des neuen ‚Hochschulbaus' mit Turnhalle im Stadion. Die Bedenken, ob man es wagen solle, trotz der sehr hohen Kosten das Werk in Angriff zu nehmen, wichen schließlich der Erkenntnis, daß der Bau für die weitere Entwicklung der Hochschule unbedingt notwendig ist.[230]

Dieses – wie oben erwähnt – Stadion und DHfL betreffende strukturelle Dilemma kann exemplarisch am Zusammenhang zwischen der DHfL und den Deutschen Kampfspielen 1922, gleichfalls ein Aushängeschild des DRA, verdeutlicht werden. Einerseits bedeutet es für die DHfL ein „schönes Symbol, daß sie durch die Kampfspiele 1922 ihre erste Weihe erhalten wird"[231], andererseits

> brachten die Kampfspiele als erstes Opfer des Marksturzes einen Fehlbetrag. Der Hochschul-Neubau, von der Baugesellschaft stark verzögert,

---

[226] Bei den übrigen Kassenberichten habe ich mich auf meinen Taschenrechner gestützt.
[227] MTSS 1922, S. 250–251 (enthalten in: CuLDA, Mappe 187).
[228] Tätigkeitsbericht des DRA v. 1.4.1922–31.3.1923, S. 2 (ebd., Mappe 13).
[229] Ebd.
[230] Deutsche Hochschule für Leibesübungen. Tätigkeits-Bericht. WS 1921/22, S. 3 (ebd., Mappe 188). – Ab diesem Tätigkeitsbericht für die DHfL entfiel übrigens der semesterweise Bericht; die Berichte über die Sommersemester wurden in den jeweiligen Bericht des Wintersemesters integriert.
[231] Deutsche Hochschule für Leibesübungen. Tätigkeits-Bericht. WS 1921/22, S. 3 (ebd.). – Wir kommen noch wiederholt auf diese Spiele zurück.

wuchs in schwindelnde Höhen, was die Kosten anlangt. Personal-, Material- und Druckkosten kletterten. Da war das Vermögen des Vorjahres bald aufgezehrt, und, so erfreulich hoch auch die Stiftungen einliefen, die Entwertung schraubte die Ausgaben noch höher. So war das letzte Halbjahr eine Zeit der Sorge, in der es galt, die für den nächsten Tag, für Lohnzahlung, für laufende Rechnungen nötigen Mittel jeweils zusammen zu bringen.[232]

Zudem war die Hochschule im Wintersemester 1922/23 in besonderem Maße von der Kohleknappheit betroffen:

> Exzellenz Lewald teilt mit, dass er zur Beseitigung der durch den rapiden Marksturz geschaffenen schwierigen finanziellen Lage des R. A. bereits ein Gesuch um Bewilligung eines Amortisationsdarlehens in Höhe von 5.000.000.- M an das Reichsversicherungsamt gerichtet habe und dass er sich auch an den Generalkonsul von Kotzenberg gewandt habe zur Beschaffung grösserer Mittel. Bei der augenblicklich bedrängten Lage halte er die Schliessung der Hochschule zunächst für das Wintersemester für erforderlich, zumal die Beheizung des Hochschulgebäudes allein eine Summe von 800.000.- M erfordern würde. Dr. Diem gibt zur Erwägung anheim, das Wintersemester, wie dies in den Kriegsjahren bei den Universitäten schon geschehen sei, zu verkürzen und es auf die Zeit vom 1. Oktober bis 15. Dezember zu verlegen. Der Wirtschaftsausschuss erklärt sein Einverständnis mit der vorgeschlagenen Verkürzung des Wintersemesters. Das psychologische und anthropometrische Laboratorium sollen mit Ablauf September ihren Betrieb einstellen. Den Leitern und Angestellten soll entsprechend gekündigt werden. Das physiologische Laboratorium soll aufrechterhalten werden, doch soll auch hier auf eine Einschränkung des Personals hingewirkt werden. [...] Auch der Geschäftsbetrieb des Deutschen Reichsausschusses f. Leibesübungen soll auf das Notwendigste beschränkt werden. Vorbereitet ist diese Massnahme durch Kündigung von Angestellten zum 1. Oktober d. J.[233]

---

[232] Tätigkeitsbericht des DRA v. 1.4.1922–31.3.1923, S. 9 (ebd., Mappe 13). Ein solches Dilemma ist wohl typisch für die Gründungszeit von Institutionen; vgl. zur KWG: „Einerseits ließen sich der Rückgang der in der Gründungsphase reichlicher fließenden Spenden, die Verringerung des in festverzinslichen Wertpapieren angelegten Kapitalstocks für die Institutsneubauten und die kaum ins Gewicht fallende Steigerung der ohnehin geringen Einnahmen aus Mitgliedsbeiträgen absehen, andererseits wuchsen mit der vollen Inbetriebnahme die fortdauernden Lasten rapide an" (Witt, Wissenschaftsfinanzierung, S. 585). Für die Finanzierung der ‚Kampfspiele' erwies sich die oben (S. 65, Anm. 137) erwähnte Amtszeit von Dominicus als Preußischer Innenminister als hilfreich, der 1921 die vom DRA beantragte ‚Kampfspiellotterie' genehmigte; siehe F. Becker, Leben, Bd. II, S. 69.

[233] Bericht über die Wirtschaftsausschuss-Sitzung des DRA v. 15.9.1922, S. 1–2 (CuLDA, Mappe 4). Vgl. das Schreiben von Lewald an Schulz v. 4.10.23, S. 3 (ebd., Mappe 22): „Das Zusammenbrechen unserer Einrichtungen würde für die Sache der Leibesübungen

Wie im letzten Kapitel angeführt, kam es nur dank einer finanzieller Hilfe der Reichsregierung zur Fortzahlung der Löhne für DRA und DHfL[234]; gleichwohl mußte ihr Lehrbetrieb in der Tat reduziert werden:

> Man begnügte sich mit einer Vorverlegung, die viel Heizmaterial sparte, und führte ein sogenanntes ‚Kurzsemester' in der Zeit vom 2. Oktober bis zum 23. Dezember ein. Dadurch fiel zwar die auf etwa zwei Monate zu bemessende Studienzeit des neuen Jahres fort; der Ausfall konnte aber durch die Mitbenutzung des Monats Oktober auf der einen Seite und die Verlängerung des Sommersemesters um den Monat August andererseits wieder wettgemacht werden.[235]

Vor diesem Hintergrund kalkulierte der DRA für das Rechnungsjahr 1923 der DHfL auf der Einnahmen- und Ausgabenseite mit 64 400 000 Mark. Für die Einnahmen setzte sich der Voranschlag zusammen aus Beiträgen der Behörden (50 Millionen; 77,6%), der Mitglieder und Städte (550 000 Mark; 0,8%), aus Spenden (100 000 Mark; 0,16%) und schließlich des DRA (11 500 000 Mark; 17,9%). An Lehrgelder der Vollstudenten wurden 1 120 000 Mark (1,7%) und der Teilnehmer der Stadionkurse 900 000 Mark (1,4%) erwartet, aus verschie-

---

[234] verhängnisvoll sein. Hochschule und Stadion wirken ja nicht nur für den Kreis der uns angeschlossenen Verbände, sondern darüber hinaus. Die Geschäftsstelle mit ihrer Werbeabteilung, ihrer Beratungsstelle und ihrer dauernden Bearbeitung der Presse darf eine öffentliche Bedeutung für sich in Anspruch nehmen. Würden diese Einrichtungen, an denen die Existenz von 30 Vollangestellten hängt, heute zu Grunde gehen, dann müsste das Reich sie mit grossen Opfern später wieder schaffen. Da die Hauptkosten personeller Art sind und die Angestellten des Reichsausschusses nicht vor dem 1. April 1924 entlassen werden können, lassen sich auch keine wesentlichen Ersparnisse unmittelbar machen." Über die Höhe gibt es unterschiedliche Angaben. Im Tätigkeitsbericht des DRA v. 1.4.1922–31.3.1923, S. 2, 9 (ebd., Mappe 13) sind sowohl 3½ als auch 4,4 Millionen Mark angegeben; dagegen heißt es im entsprechenden Tätigkeitsbericht der DHfL für das WS 1922/23, S. 3 (ebd., Mappe 188): „Die Reichsregierung gewährte mit Unterstützung der preußischen Regierung und mit Zustimmung aller Länder aus dem Nachtragsetat 1922 eine Beihilfe von 2½ Millionen und setzte im Haushalt 1923 von den zunächst auf 50 Millionen bemessenen Mitteln für die körperliche Ertüchtigung des Volkes 10% zu Gunsten der Hochschule ein." Laut Diem, Denkschrift 1927, S. 7, erhielt die DHfL am 1. und 13.9.1923 vom MWKV eine Beihilfe von 200 000 000 Papiermark „zur Aufrechterhaltung der Hochschule"; umgerechnet waren das 9,10 Goldmark. Noch am 1.9.1923 hatte Diem an Lewald geschrieben, daß „der Reichsausschuss nach der heutigen Lage seine Aufgaben nicht durchführen kann" (Brief Diems an Lewald v. 1.9.1922, S. 3, in: CuLDA, Mappe 22).

[235] Tätigkeitsbericht des DRA v. 1.4.1922–31.3.1923, S. 9 (ebd., Mappe 13); siehe auch den Tätigkeitsbericht der DHfL für das WS 1922/23, S. 3 (ebd., Mappe 188): „Das 6. Semester der Deutschen Hochschule für Leibesübungen verdient besondere Beachtung. Die Schwierigkeiten der Aufrechterhaltung einer privaten Forschungs- und Bildungsstätte türmten sich bergehoch und schienen unüberwindlich. Die im Herbst vorigen Jahres plötzlich einsetzende Teuerung warf alle Haushaltspläne über den Haufen. Dazu verschlang der Hochschulneubau das Zweieinhalbfache der veranschlagten Kosten, und Kohlen waren selbst für viel Geld nicht zu erhalten."

denen Einnahmen 230 000 Mark (0,36%). Die Kalkulation der persönlichen
Ausgaben enthielt die Gehälter der Verwaltung (7,1%), des Lehrkörpers
(35 744 000 Mark; 55,5%) und andere Ausgaben (2 750 000 Mark; 4,3%). Die
erwarteten sächlichen und vermischten Ausgaben bezogen sich auf die Verwaltung (16 500 000 Mark; 25,6%), die Forschungsarbeit in den Laboratorien
(3 600 000; 5,6%) und die Lehrarbeit (1 098 000 Mark; 1,7%).[236]

Halten wir diese Kalkulation an die tatsächliche Haushaltsführung der DHfL,
so ist daran zu erinnern, daß für den gesamten DRA des Jahres 1923 keine offizielle Rechnungslegung möglich war. Im entsprechenden Kommentar betont der
DRA, daß es ihm in diesem Zeitraum zunächst bloß um die Rettung des „nack-
ten Daseins" gehen konnte und daß das Wintersemester 1922/23 der Hochschule
den „Tiefpunkt unserer Entwicklung"[237] bedeutete. Der Umstand, daß gleichwohl der „Hochschulbetrieb in vollem Umfang aufrechterhalten werden konnte"[238] und sich danach die DHfL „in aufsteigender Linie" bewegte, beruht hauptsächlich darauf, daß das RMI sie in diesem Semester „als eine Anstalt von
öffentlichem Interesse" anerkannte und für Mittel im Rahmen des Finanzaus-
gleichsgesetzes sorgte[239].

Auf diese Weise konnte sie nicht nur jene (reichs-)staatlichen Zuschüsse zu
ihrem Personaletat im Wintersemester 1922/23 erhalten, sondern „ihren *Bestand*
auch für die Zukunft [...] als gesichert ansehen"[240]. Zu diesen Subventionen gehörte die finanzielle Unterstützung der DHfL durch das MVW, das „sowohl
vorher wie mit Beginn seiner Goldmittel zur Unterhaltung des Stadions und zur
Durchführung der Lehrgänge der Deutschen Hochschule für Leibesübungen in
dankenswerter Weise beigetragen hat."[241] Private Stiftungen, die die „Durchfüh-

---

[236] Tätigkeitsbericht des DRA v. 1.4.1922–31.3.1923, S. 10 (ebd., Mappe 13).

[237] Tätigkeitsbericht des DRA v. 1.4.1923–31.3.1924, S. 3, 9 (ebd.).

[238] Deutsche Hochschule für Leibesübungen. Tätigkeits-Bericht. WS 1923/1924. (ebd., Map-
       pe 188).

[239] Tätigkeitsbericht des DRA v. 1.4.1923–31.3.1924, S. 9 (ebd., Mappe 13). Vgl. Deutsche
       Hochschule für Leibesübungen. Tätigkeits-Bericht. WS 1923/1924, S. 3 (ebd., Map-
       pe 188): „Der schwere wirtschaftliche Kampf, den der Deutsche Reichsausschuß für Lei-
       besübungen für die Unterhaltung der Hochschule seit 1½ Jahren führte, ist trotz der Not
       der Zeit erfolgreich durchgehalten worden. [...] Das Reichsministerium des Innern erkann-
       te die Hochschule als eine Anstalt von öffentlichem Interesse an und bewilligte mit Zu-
       stimmung des Preußischen Ministeriums für Wissenschaft, Kunst und Volksbildung auf
       Grund des § 61 des Finanzausgleich-Gesetzes laufende Zuschüsse zum Personaletat der
       Hochschule." Siehe auch Diem, Denkschrift 1927, S. 13: „Die Reichsregierung hat sich die
       dauernde Dankbarkeit der deutschen Turn- und Sportbewegung dadurch verdient, daß sie
       beim Währungszusammenbruch die Finanzierung der Hochschule unterstützte. Die Hoch-
       schule wurde damals nach § 61 des Finanzausgleichsgesetzes von der Reichsregierung mit
       Zustimmung der Preußischen Regierung an erster Stelle unter diejenigen Anstalten einge-
       reiht, die staatliche Aufgaben erfüllten." – Auf den Zusammenhang zwischen diesem fi-
       nanziellen Aspekt und dem der Anerkennung gehe ich im übernächsten Kapitel ein.

[240] Deutsche Hochschule für Leibesübungen. Tätigkeits-Bericht. WS 1923/1924, S. 3 (CuL-
       DA, Mappe 188).

[241] Tätigkeitsbericht des DRA v. 1.4.1923–31.3.1924, S. 3 (ebd., Mappe 13).

rung der Lehr- und Forschungsarbeit auf privater Grundlage" ermöglichten, sind ein weiterer Beweis dafür, „wie sehr sich die Hochschule auch im Herzen des deutschen Volkes festzusetzen beginnt". Gerade wegen der Notwendigkeit ihrer Werbearbeit kommt der Stiftung der Continental-Caoutchouc- und Gutta-Percha-Compagnie eine „besondere Bedeutung" zu, weil sie der DHfL die „langentbehrte mit fast 70 Bildern versehene Beschreibung der Deutschen Hochschule für Leibesübungen in 3000 Exemplaren widmete."[242]

Zahlen für die DHfL liegen, ebenso wie für den DRA, erst wieder für das erste Halbjahr 1924 (über den Dollarkurs in Goldmark umgerechnet) vor und verzeichnen auf der Einnahmenseite 13 451 und auf der der Ausgaben 13 461 Goldmark (GM). In jener finden sich eigene Einnahmen (2688 GM; 19,9%), Zuschüsse der Behörden (1 758 GM; 13,1%) und der Zuschuß des DRA (11 005 GM; 81,8%). Die persönlichen Ausgaben lagen bei 12 001 GM (77,6%) und die sachlichen bei 3 460 GM (22,4%).

Die Gegenüberstellung des Haushaltsanschlags der DHfL für das Rechnungsjahr 1924 mit den tatsächlichen Kosten bestätigt einerseits die in diesen Zahlen erkennbare „ruhige und gleichmäßige Entwicklung"[243], ist aber gleichwohl deshalb notwendig, weil „die Einnahmen und Ausgaben des Rechnungsjahrs 1923 einen Anhalt nach erfolgter Markstabilisierung nicht boten."[244] Zum einen konnten die sächlichen Ausgaben lediglich geschätzt werden, und zum anderen stiegen bekanntlich die Angestelltenbezüge in einem nicht vorhersehbaren Ausmaß, so daß es sowohl bei DRA wie DHfL zu einer Überschreitung der Haushaltsanschläge kam.[245]

Für das Rechnungsjahr 1924 kalkulierte die DHfL mit Einnahmen in Höhe von 79 000 Mark; davon aus Beiträgen der Behörden und Städte 3 000 Mark (3,8%), aus Spenden 1 000 Mark (1,3%) und dem DRA 43 100 Mark (54,6%). Die kalkulierten Ausgaben in gleicher Höhe bezogen sich auf persönliche Ausgaben für Gehälter der Verwaltung (9 240 Mark; 11,7%), des Lehrkörpers (34 140 Mark; 43,2%) und andere persönliche Ausgaben (11 620 Mark; 14,7%). Die sächlichen und vermischten Ausgaben waren für Verwaltung (13 900 Mark; 17,6%), Forschungsarbeit in den Laboratorien (3 300 Mark;

242 Deutsche Hochschule für Leibesübungen. Tätigkeits-Bericht. WS 1923–1924, S. 3 (ebd., Mappe 188). – Es handelt sich um Carl Diems Buch *Die deutsche Hochschule für Leibesübungen* (Berlin 1924) mit entsprechender Widmung auf dem Titelblatt; siehe auch F. Becker, Leben, Bd. II, S. 114.

243 Deutsche Hochschule für Leibesübungen. Tätigkeits-Bericht. WS 1924/25, S. 3 (CuLDA, Mappe 188).

244 Tätigkeitsbericht des DRA v. 1.4.1924–31.3.1925, S. 20 (ebd., Mappe 13).

245 Ebd. Vgl. zur Entwicklung in der KWG Witt, Wissenschaftsfinanzierung, S. 603: „In der unmittelbaren Stabilisierungsphase, also zwischen Herbst 1923 und Sommer 1924, ging es ums nackte Überleben, was angesichts der Bereitschaft von Reich und Preußen, für die zwangsweise gesenkten Löhne und Gehälter [...] aufzukommen, auch verhältnismäßig problemlos gelang."

4,2%) und Lehrarbeit (5 300 Mark; 6,7%) vorgesehen; als einmalige Ausgabe wurden 1 500 Mark (1,9%) veranschlagt.[246]

Tatsächlich nahm die Hochschule vom 1. April 1924 bis 31. März 1925 120 550 Mark ein: aus den Beiträgen der Behörden 40 620 Mark (33,7%), aus Spenden 10 Mark (0,01%) und aus denen des DRA 57 505 Mark (42,7%). Die eingenommenen Lehrgelder stammten von den Vollstudenten (10 865 Mark; 9%) sowie den Stadion- und auswärtigen Kursen (11 468 Mark; 9,5%); verschiedene Einnahmen beliefen sich auf 83 Mark (0,07%). Bei den persönlichen Ausgaben handelte es sich um die Gehälter der Verwaltung (11 219 Mark; 9,3%), des Lehrkörpers (52 981 Mark; 44%) und um andere persönliche Ausgaben (14 366 Mark; 11,9%). Sächliche und vermischte Ausgaben fielen an für Verwaltung (23 421 Mark; 19,4%), für die Forschungsarbeit in den Laboratorien (3 794 Mark; 3,1%) sowie für Geschäftsbedürfnisse und Verpflegung (13 270 Mark; 15,2%). Schließlich schlug die kalkulierte einmalige Ausgabe in Höhe von 1 500 Mark (1,2%) zu Buche.[247] Von den Stiftungen an die DHfL schließlich sind erwähnenswert ein Rudervierer von Dr. Fritz Adam und von der Continental-Caoutchouc- und Gutta-Percha-Compagnie die „zweite 5000 Bücher starke Auflage des Hochschulbuches zu Werbezwecken."[248] Diese Gesellschaft hatte bekanntlich bereits die erste Auflage gespendet.[249]

4.3 Fazit

Das abschließende Urteil über die Lage der DHfL am Ende des Rechnungsjahres 1924/25 aus der Perspektive ihrer Finanzierung ist untrennbar mit ihrem Zweck verbunden, als „Privatlehranstalt [...] der Entwicklung des ganzen Leibeserziehungs-Unterrichts den Weg [zu] weisen"[250], d. h. „dem deutschen Turnen und Sport die bisher fehlende hochschulmäßige Lehr- und Forschungsstätte zu schenken und damit für Schule und Vereinsbetrieb neue Anregungen zu geben"[251].

---

[246] Tätigkeitsbericht des DRA v. 1.4.1923–31.3.1924, S. 14 (CuLDA, Mappe 13).

[247] Tätigkeitsbericht des DRA v. 1.4.1924–31.3.1925, S. 21 (ebd.).

[248] Ebd.; vgl. Deutsche Hochschule für Leibesübungen. Tätigkeits-Bericht. WS 1924/25, S. 3 (ebd., Mappe 188). Zu Fritz Adam, Besitzer eines renommierten Sport- und Modehauses in Berlin, siehe Lennartz, August-Bier-Plakette, S. 8. Adam unterstützte nicht nur regelmäßig und großzügig die DHfL, sondern bspw. auch Bergfilme von Arnold Fanck. Diem, Hochschule, S. 17, nennt Adam einen „bewährten Freund der Hochschule"; in den Anzeigen, die in Diems Buch *Deutsche Kampfspiele 1922* dem Sachtext folgen, steht die von Adams Geschäft an erster Stelle.

[249] Dadurch war die Hochschule in der Lage, „ihren Freunden und Mitarbeitern, sowie der Öffentlichkeit das prächtig ausgestattete Buch zu überreichen"; Tätigkeitsbericht DHfL WS 1923/1924, S. 3 (CuLDA, Mappe 188).

[250] Tätigkeitsbericht des DRA v. 1.4.1920–31.3.1921, S. 3 (ebd., Mappe 13).

[251] Tätigkeitsbericht des DRA v. 1.4.1919–31.3.1920, S. 10 (ebd.).

Vor diesem Hintergrund ist zunächst zu konstatieren, daß wir in den vorangegangenen Überlegungen eine Bestätigung unserer Kapiteleinteilung finden, in der die Jahre 1924/25 – nach einer Zeit der Revolution und Konterrevolution – den Beginn einer Phase der „Scheinblüte"[252] markieren. Der in diesem Ausdruck eingeschlossene finanzielle Aspekt wird hier darin offenbar, daß die DHfL selbst ihr neuntes und zehntes Semester als Jahr der „endgültigen Befestigung" bezeichnet hat: „Ruhig und gleichmäßig entwickelte sich die Arbeit, es gelang, die Mittel für die Aufrechterhaltung des Betriebes rechtzeitig zu beschaffen, die Kosten überstiegen die vorausgesagte Höhe nur unbeträchtlich."[253] In der Tat fußte diese Einschätzung nicht nur darauf, daß sich die DHfL aufgrund ihrer Forschung als „einzigartiges Institut in der Welt"[254] anerkannt sah und ausländische Spenden erhielt[255], sondern weil in der Lehre ein „dauernd steigendes Bedürfnis nach Turn- und Sportlehrern, Fortbildungslehrgängen im Stadion und Wanderlehrgängen im Reich" als „sicherste Grundlage für die Entwicklung"[256] entstanden war.

Diesen Bedarf aber konnte die Hochschule nicht erfüllen, weil es ihr sowohl an „geeigneten Kräften"[257] als auch an Einrichtungen für die Ausbildung[258] man-

---

[252] Siehe die Phasenaufteilung auf S. X, Anm. 27; nach F. Becker, Leben, Bd. II, S. 100, wäre hier von einer „Phase der relativen Stabilisierung" zu sprechen.

[253] Tätigkeitsbericht des DRA v. 1.4.1924–31.3.1925, S. 14 (CuLDA, Mappe 13).

[254] Siehe Tätigkeitsbericht der DHfL für das WS 1922/23, S. 4 (ebd., Mappe 188): „Die Anerkennung jedoch, die der Hochschule von vielen kritischen Besuchern des Auslands zuteil wurde, darf von ihr als Beweis betrachtet werden, daß sie durch die Verwirklichung ihres Gründungsgedankens ein einzigartiges Institut in der Welt geworden ist, dessen Forschungen beachtet werden." Explizit werden hier erwähnt Kommissionen aus Yale, Harvard und der „Königlich Holländischen Bildungsanstalt für Körperliche Erziehung". Auch 1923 besuchten „amerikanische Trainer" aus Yale und Harvard die DHfL; siehe DHfL. Bericht über das 1. SoS 1923, in: MTSS 1923, S. 460.

[255] So wurde Dr. Altrock im Sommersemester 1923 von den „Vereinigten Instituten für körperliche Erziehung in Holland" zu 14 Vorlesungen und 2 praktischen Übungen eingeladen, woraufhin das Den Haager Institut der DHfL eine „namhafte Spende überwies"; siehe den 30. Monatsbericht der DHfL vom November 1923 in der MTSS 1923, S. 563; Kirste, Altrock, S. 21, spricht irrtümlich vom Oktober 1923. Zu weiteren Spenden aus Österreich und insgesamt zu den Auslandskontakten der DHfL unten Kap. 3.4 im Teil III.

[256] Deutsche Hochschule für Leibesübungen. Tätigkeits-Bericht. WS 1924/25, S. 3 (CuLDA, Mappe 188).

[257] Vgl. den Tätigkeitsbericht des DRA v. 1.4.1924–31.3.1925, S. 14 (ebd., Mappe 13): „Entscheidend für die zukünftige Ausbreitung war die große Nachfrage nach vollausgebildeten Turn- und Sportlehrern, was wiederum eine Erweiterung unserer Studentenziffer vom kommenden Semester ab mit Sicherheit voraussehen läßt. Im ganzen hat die Hochschule bisher 65 Diplome verteilt, im Sommer- und Wintersemester 1924/25 nur ihrer 11. Diese 65 Diplom-Turn- und Sportlehrer sind dazu nicht einmal alle in den Beruf gegangen. Infolgedessen waren wir weder in der Lage, die zahlreichen Vereinsturnlehrerstellen zu besetzen, noch auch den an uns von anderen Städten herangetragenen Forderungen zu genügen. Ja, die in Aussicht genommenen Wanderlehrerstellen der Hochschule selbst mußten mangels geeigneter Kräfte offen bleiben."

gelte. Beziehen wir die vorgelegten Zahlen ein, wird die Vielschichtigkeit dieser Problematik deutlich. Generell gilt das Fazit, daß die DHfL sich nicht – ebensowenig wie ihr Träger DRA aus den Einnahmen seiner Verbände und seinen Veranstaltungen im Stadion und der Deutschen Kampfspiele – aus eigener Kraft tragen konnte, vielmehr essentiell sowohl auf ehrenamtliche Arbeit wie auf staatliche und private Subventionen angewiesen war:

> Bei meinen Aufstellungen mußte *ein* wichtiger Aktiv-Einnahmeposten von mir außer Betracht gelassen werden: der Idealismus, der unsere Hochschule gegründet hat und sie trägt. Er ist nicht nur ein moralischer Faktor stärkster Art, sondern setzt sich auch in materielle Werte um, denn ein großer Teil der Arbeit wird vollständig oder nahezu ehrenamtlich geleistet [...]. Wenn uns dieser Idealismus treu bleibt, wenn neben ihm die öffentliche Anerkennung und damit die Zuwendungen wohlgesinnter Spender wie bisher uns helfend zur Seite stehen, so kann unsere Hochschule, getragen von privater Initiative, gefördert durch die Mittel des Reichs, auch als wirklich gesichert bezeichnet werden.[259]

Man kann im übrigen trefflich darüber spekulieren, ob der zeitweise völlig eingestellte Zuschuß der Verbände zur DHfL nur mit dem – auch inflationsbedingten – zeitweiligen Stillstand der Mitgliederbewegung zu tun hatte (der damit natürlich Diems ehrgeiziges Programm vom August 1920 torpedierte) oder vielleicht auch mit einem Desinteresse an ihrer Forschung. An den Zahlen jedenfalls kann lediglich abgelesen werden, daß ihr Etat dafür wesentlich geringer war als der für Verwaltung und Gehälter.

Während aber mit dieser Wirkung der Finanznot sämtliche wissenschaftlichen Institutionen zu kämpfen hatten[260], wurde im letzten Zitat eine spezifische

---

[258] Siehe auch den Kommentar in: Deutsche Hochschule für Leibesübungen. Tätigkeits-Bericht. WS 1924–25, S. 3 (CuLDA, Mappe 188). „Die Hochschule könnte ihre Arbeit heute sofort vervielfältigen, wenn mehr ausgebildete Lehrkräfte und mehr Einrichtungen vorhanden wären."

[259] Bericht über den Haushalt der DHfL durch Schiff in der Festsitzung des Kuratoriums der DHfL v. 26.5.1922, in: MTSS 1922, S. 251 (enthalten in: CuLDA, Mappe 187). Obgleich die DHfL auf Spenden angewiesen war, durfte ihre finanzielle Lage für die Öffentlichkeit nicht zu schwarzgemalt werden; siehe den 20. Monatsbericht von Bier und Diem, Januar 1923, in: MTSS 1923, S. 84: „Wir bitten auch Nachrichten über die angebliche Gefährdung unseres Betriebes oder unüberwindliche Geldschwierigkeiten nicht weiterzugeben." Vor diesem Hintergrund ist es daher schlichtweg falsch, wenn Diem, Weltgeschichte, S. 982, rückblickend schreibt: Die DHfL „hat zwar in der Inflation manche schwere Stunde erlebt, ist jedoch nie in finanzielle Schwierigkeiten geraten"; siehe auch das oben in Anm. 233 zitierte Schreiben von Lewald an Schulz und die von F. Becker, Leben, Bd. II, S. 83–84, angeführten Privatbriefe von Diem an Franz, in denen Diem die Notwendigkeit des „Erbettelns" (zit. n. ebd., S. 83) hervorhebt.

[260] Zum Einfluß der Finanznot bspw. auf die Akademien siehe Müller-Rolli, Lehrer, S. 242. In der Zusammenfassung der klassischen Schrift von Schreiber, Not, S. 24, ist der Hinweis auf den Zusammenhang von Forschungsleistung und *Volksgesundheit* von besonderem In-

Schwierigkeit der DHfL angeführt, welche die Herkunft jener öffentlichen Gelder betrifft, die in der Inflationszeit die Sicherung ihrer Gehälter ermöglichten und von ihr im Tätigkeitsbericht für das Wintersemester 1922/23 als „Anerkennung für unsere bisherige Leistung"[261] interpretiert wurden. Obgleich die DHfL sich auf dem Grund und Boden Preußens befand, spiegelte sich in ihrem Etat tatsächlich ein „Reichscharakter der Hochschule"[262]: beispielsweise stammten im Rechnungsjahr 1924 aus den Gesamteinnahmen der Behörden in Höhe von 40 620 Mark 25 000 Mark vom Reich und 3 000 Mark von der Stadt Berlin; aber nur 12 620 Mark aus Preußen[263], das lediglich während der Notzeit 1923 die erwähnte größere Beihilfe gegeben hatte.

Mit diesem Ergebnis ist der Weg für unsere anschließenden Überlegungen zur Frage der Anerkennung der DHfL durch den Staat Preußen und insbesondere ihrem Verhältnis zur PrHfL vorgezeichnet. Während es einerseits tatsächlich von der Problematik „unnützer Doppelkosten"[264] geprägt war, legt Diems Bemerkung, daß Hinze und sein Nachfolger Briese im MWKV auf Seiten der PrHfL standen und gegen die DHfL einen „Kampf mit aller List"[265] führten, andererseits nahe, daß es in ihm auch, aber nicht nur, um die Kostenfrage ging. Unsere Suche nach seinen weiteren Motiven, die selbstverständlich nur analytisch getrennt werden können, beginnt mit einem klassischen pädagogischen Thema: dem Konflikt zwischen ‚Idealforderung' und ‚Fachturnlehrertum'.

---

teresse: „Rückgang wissenschaftlicher Forschungsinstitute ist aber gleichbedeutend mit dem Niedergang deutscher Volksgesundheit (es leidet die Erforschung und Heilung der Volksseuchen, der Zustand unserer Kliniken), gleichbedeutend mit der Minderung unserer Volkskraft, mit der Erzielung eines minderwertigen wissenschaftlichen Nachwuchses. Mit der Lähmung unserer Forschung sinkt auch ein Stück deutschen Weltruhms und deutscher Weltgröße dahin."

[261] Tätigkeitsbericht DHfL WS 1922/23, S. 3 (CuLDA, Mappe 188) und unten S. 123–124.

[262] Bericht über den Haushalt der DHfL durch Schiff in der Festsitzung des Kuratoriums der DHfL v. 26.5.1922, in: MTSS 1922, S. 251 (auch enthalten in: CuLDA, Mappe 187). Vgl. den Kassenbericht des DRA v. 1.4.1921–31.3.1922, S. 3 (ebd., Mappe 3), in dem die Förderung durch das *Reich* betont wird.

[263] Tätigkeitsbericht des DRA v. 1.4.1924–31.3.1925, S. 20–21 (ebd., Mappe 13). Vgl. die Zahlen im Schreiben von Lewald an Schulz v. 4.10.23, S. 2 (ebd., Mappe 22): „In dem vorangegangenen Sommerhalbjahr haben die Beiträge der Behörden insgesamt 1768 Goldmark betragen (Reich=1751 Mark, Preussen=13,35 Mark, Stadt Berlin=3,67 Mark)."

[264] Schreiben Diems an Lewald und die Mitglieder des Wirtschafts-Ausschusses des DRA v. 1.10.1923, in dem Diem über ein Gespräch mit Ministerialamtmann Briese berichtete; siehe gleich ausführlich Anm. 386 auf S. 125–126.

[265] Diem, Leben, S. 103. Auch Diem, Weltgeschichte, S. 982, merkt an, daß das preußische Unterrichtsministerium „vieles unternahm, um die Anerkennung dieser der ihren überlegenen Ausbildung zu verhindern".

5 Die Frage der staatlichen Anerkennung der DHfL

5.1 Ideelle und institutionelle Probleme der Turnlehrausbildung

Auch wenn die DHfL mit ihren Wanderlehrgängen zunächst als eine „für das ganze Deutsche Reich bestimmte und vom Reich unterstützte Einrichtung der freien Verbände begründet wurde"[266], hatte das letzte Kapitel noch einmal das Selbstverständnis der DHfL herausgestrichen, als Lehr- und Forschungsinstitut die behördliche Genehmigung für die Ausbildung von Turn- und Sportlehrern vor allem an den staatlichen Schulen Preußens zu erhalten. Die Gründe dafür hatte der DRA in seinen verschiedenen Initiativen während der Gründungsphase der DHfL im Jahre 1919 unter dem Stichpunkt „Modernisierung des Schulturnens"[267] dargetan: Nimmt man den Anspruch einer „allseitig geforderten harmonischen Ausbildung von Körper und Geist"[268] ernst, ist einerseits eine Erhöhung der Turnstunden und andererseits eine „Erweiterung der turnwissenschaftlichen Bildung in der Lehrerschaft"[269] unumgänglich. Dazu waren aber nach Auffassung des DRA die „bestehenden staatlichen Turnlehrerbildungsanstalten"[270] weder von ihrer Kapazität noch ihrem Ausbildungsniveau her in der Lage.

Diems vollständige Beschreibung jenes ‚Kampfes mit aller List' weist auf die erwähnte Notwendigkeit, in dieser Frage mehrere Ebenen zu berücksichtigen:

> Eine im September des Jahres [1919] vorgelegte Denkschrift über die Gründung einer freien Hochschule für Leibesübungen [...] wurde in der Öffentlichkeit freundlich aufgenommen. [...] Bei diesem Plan hatten wir an die Preußische Landesturnanstalt in Spandau überhaupt nicht gedacht, zumal die ersten Verhandlungen vom Kultusministerium noch freudig unterstützt worden waren, allerdings von der Medizinalabteilung, auch dort dachte man nicht im geringsten an die Landesturnanstalt. Dort war natürlich auch ein Arzt tätig. Er genoß keinen hohen Ruf. Ich selbst war mit ihm nur einmal zusammengetroffen, bei einer Sitzung des preußischen Turnlehrervereins, zu der ich – quasi als Versöhnungsgeste – 1919 gela-

---

[266] Schreiben des Senats der DHfL v. 5.1.1921 an den Preußischen Turnlehrer-Verein, z. Hd. des Herrn E. Harte, zit. n. Diem, Denkschrift 1927, S. 24. Ebd. wird auch der enge Zusammenhang zwischen jenen Lehrgängen und dem Interesse des RMI erwähnt.

[267] Bericht über die gemeinsamen Sitzung des Vorstandes und des Wirtschaftsausschusses des DRA am 24.4.1919; in: Stadion-Kalender 7. J., 15.5.1919, Nr. 5, S. 32.

[268] Siehe das zweiseitige Schreiben Lewalds v. 1.7.1919 an das MWKV (CuLDA, Mappe 22 [o. P.]).

[269] Entwurf „Gründung einer Hochschule für Leibesübungen" (CuLDA, Mappe 185).

[270] Ebd.; prägnant ist die Zusammenfassung bei Beyer, Sport, S. 668: „In dem Augenblick, da die Leibesübungen Versetzungs- und Reifeprüfungsfach, also gleichberechtigtes Schulfach und die Turnlehrer gleichberechtigte Mitglieder der Versetzungs- und Reifeprüfungskommissionen wurden, mußte etwas geschehen, um die Ausbildung der Turn- und Sportlehrer auf dasselbe akademische Niveau anzuheben, wie es bei den Lehrkräften der anderen Unterrichtsfächer an den Gymnasien schon längst der Fall war."

den worden war. Besagter hielt einen Vortrag über die Körpererziehung
der Frau und statuierte, daß der Weitsprung gesundheitsgefährlich sei.
Mir entfuhr ein leises ‚So ein Quatsch!' Dieses Wort geriet in eine Stot-
terpause des Redners. Er stockte weiter und nahm die Behauptung sofort
zurück, man könne auch anderer Meinung sein. Also, nach der medizinischen Seite hin hätte niemand geahnt, daß in Spandau wissenschaftliche
Forschung geleistet würde, und nach der praktischen Seite galt die Anstalt
als verkalkt, so daß man in unseren Kreisen nicht mit ihr rechnete. Nun
erfuhr aber *Hinze* von unserem Unternehmen und legte sich gegen uns
schwer ins Zeug. Ich glaube, daß der zähe Kampf, den die Deutsche
Hochschule zehn Jahre lang um ihre Anerkennung führen mußte, dort seine Wurzel hatte.[271]

Einerseits hatte bekanntlich – im Kontrast zu Diems Ausführungen – der DRA
1919 sehr wohl an die PrHfL ‚gedacht'.[272] Andererseits aber ist das Wörtlein
‚Versöhnungsgeste' eine Anspielung auf eine unter der Perspektive der ‚Modernität' der Leibesübungen durchaus berechtigte Kritik, die Diem während des
Krieges an der wissenschaftlichen Beurteilung des Laufsports durch das Kultusministerium geübt hatte und an der bereits Diebow, von 1905 bis 1920 Direktor der PrHfL und ein „getreuer Gefolgsmann Hinzes"[273], beteiligt gewesen war.
Diese nahezu ein halbes Jahrhundert umfassende Kontinuität von wechselseitigen Irrtümern und Fehlurteilen muß daher als ein starkes Indiz dafür genommen werden, daß sich auch im ‚zähen Kampf' um den staatlichen Turn- und Sportun-
terricht derselbe grundsätzliche und facettenreiche Konflikt zwischen Sport und
Turnen, zwischen Modernität und Tradition spiegelt, der bereits die Vorgeschichte der deutschen Sportwissenschaft zwischen 1900 und 1918 bestimmt
und schließlich auch zu jener ‚reinlichen Scheidung' von Sport und Turnen geführt hat.[274] In ihn sind im Sinne eines Überblicks spezifische Fragen der Turn-
und Sportlehrerausbildung einzufügen, die ihren Hintergrund nicht zuletzt in allgemeinen schulpädagogischen und schulpolitischen Auseinandersetzungen haben
und auf die noch häufiger zurückzukommen sein wird.

Die vor allem von Carl Heinrich Becker vertretene Konzeption der *Pädagogisierung und Modernisierung* der Hochschulen zeigte auch in der Schul- und
Erziehungspolitik das „ambivalente Bild" einer „Politik des Kompromisses und
der länderspezifischen Kompetenzen".[275] Als Exempel dient die Behandlung des

[271]   Diem, Leben, S. 103.
[272]   Siehe auch gleich S. 102.
[273]   Diem, Leben, S. 103. Ders., Weltgeschichte, S. 982, spricht vom „fatalen Gutachten über
         die ‚Gefahr' des 200-m-Laufs"; vgl. auch Court, Vorgeschichte, S. 221–234, 270; F. Be-
         cker, Leben, Bd. II, S. 35; wir werden noch wiederholt darauf zurückkommen.
[274]   Vgl. Court, Vorgeschichte, S. 280.
[275]   Langewiesche/Tenorth, Bildung, S. 13–14. Ausführlich ebd., S. 13–15; weitere Beispiele
         sind der Arbeitsunterricht und das Fach Staatsbürgerkunde; siehe auch Tenorth, Denken,
         S. 129.

Turnunterrichts auf der Reichsschulkonferenz von 1920, der ursprünglich noch
nicht einmal als besonderer Verhandlungsgegenstand vorgesehen war und erst
durch die energische Intervention vor allem von Dominicus – im Anschluß an
den Arbeitsunterricht – besprochen wurde.[276] Diese reformpädagogisch geprägte
Konferenz wurde sowohl von den Vertretern des Sports wie denen des Turnens
für ihre Forderung nach einer täglichen Turnstunde und eines universitären Vollstudiums der Leibesübungen genutzt, die sie mit der Gleichwertigkeit geistiger
und körperlicher Erziehung begründeten[277], wobei sie sich auch darauf beriefen,
daß im ganzheitlichen Bildungsideal der Schule auch eine stärkere Berücksichtigung der Erziehungswirklichkeit gespiegelt werden sollte.[278]

Neuendorffs Kritik, „man kämpfte auf ihr mit allerlei großen Worten gegen
den Intellektualismus und – beschäftigte sich fast ausschließlich mit ihm"[279], findet seine Parallele im Kommentar des DRA:

> Zu einer Gleichstellung der Körpererziehung mit der Geistesbildung im
> Schulunterricht haben wir es trotz aller Arbeit nicht gebracht; lediglich ei-
> nige Teilerfolge wurden erzielt. Unsere Hauptforderung, die der täglichen
> Turnstunde, war jedoch nicht zu erreichen, obwohl ihre Einführung auf
> den Nägeln brennt. [...] Als Unterforderung war die Einbringung des
> Spielplatzgesetzes, der aufgabenfreie Spielnachmittag, Vermehrung der
> Wandertage, Bewertung der Leistungen im Turnen bei Reife- und Verset-
> zungsprüfungen als Ausgleich, Anerkennung des Turnens im Hauptfach,
> Anstellung von Fachturnlehrern überall, Vertiefung der Turnlehrerausbil-
> dung und das Recht der Zugehörigkeit von Schülern zu Turn- und Sport-
> vereinen gestellt. Die Reichsschulkonferenz [...] war weit davon entfernt,
> unsere Forderungen an die Spitze zu setzen und eine Gleichstellung der
> körperlichen Erziehung als Forderung des Tages begeistert auszuspre-
> chen.[280]

Weil im Endergebnis die „Einführung von Leistungsprüfungen nicht gestattet"
und „die Erreichung der täglichen Turnstunde auf unbestimmte Zeit verscho-

---

[276] Ausführlich Dominicus, Leibesübungen; siehe auch Beyer, Sport, S. 666.

[277] Siehe bspw. die Forderungen des Preußischen Turnlehrervereins bei Neuendorff, Geschichte, Bd. IV, S. 611; zum reformpädogischen Einschlag der Reichsschulkonferenz
Buss, 80 Jahre, S. 287. Interessant in diesem Zusammenhang sind auch die „wichtigen Le-
seregeln" aus der Kölner Kirchenzeitung v. 10.2.1918: „Sache der Eltern ist es, ihre Kinder anzuhalten, daß sie gut lesen und deshalb darauf zu achten [...], daß die nötige körperliche Bewegung und die Schularbeit nicht beeinträchtigt werden" (zit. n. Schank, Milieu,
S. 484).

[278] Zur „‚ganzheitlichen' Gestaltung der Schule" ausführlich Tenorth, Denken, S. 129; zur Erziehungswirklichkeit und -praxis ders., S. 117; Langewiesche/Tenorth, Bildung, S. 14.

[279] Neuendorff, Geschichte, S. 612.

[280] Tätigkeitsbericht des DRA v. 1.4.1920–31.3.1921, S. 4–5 (CuLDA, Mappe 13); auf die
den Hochschulsport betreffenden Ausführungen gehe ich unten im Teil II, Kap. 2.2, ein.

ben"[281] wurde, trug die Reichsschulkonferenz der Erziehungswirklichkeit nur in kleineren Punkten Rechnung. Erstens wurde im Unterausschuß 11 b der Konferenz die tägliche Turnstunde als „das zu erstrebende Ziel"" anerkannt, zweitens wurde von der Badischen (und unter Einschränkungen von der Preußischen) Unterrichtsverwaltung der Beitritt von Schülern in Turn- und Sportvereine während der Schulzeit grundsätzlich unterstützt, und drittens sind einzelne Verfügungen des preußischen Unterrichtsministers zu nennen. Sie betrafen die Besetzung vakanter Stellen der Schulleiter und Kreisschulinspektoren, für die nur Persönlichkeiten mit einer positiven Haltung zur körperlichen Erziehung infrage kommen durften, die Einführung des Turnens als Prüfungsfach bei Versetzungen und Abgangsprüfungen sowie die Erschwerung der Turnbefreiung.[282] Indem sich auf der Reichsschulkonferenz weder die Hoffnung des DRA noch der Turnerschaft auf eine Aufwertung des Schulturnens (einschließlich der Konsequenzen für die Universitäten) erfüllte, steht die Behandlung des Turnunterrichts beispielhaft für die allgemeine Kritik an der Reichsschulkonferenz, daß reformpädagogische Versuche bloß *außerhalb* der Schule stattfanden.[283]

Während in Bayern eine „Erweiterung der Turnlehrer-Ausbildung zu einem vollen wissenschaftlichen Studium"[284] vorgenommen wurde, verharrte Preußen auf dem Status von 1917, wonach das Turnen als Nebenfach der wissenschaftlichen Lehramtsprüfung angerechnet wurde und die entsprechende Ausbildung auf Akademiker- bzw. Universitätslehrgängen erfolgte, die 1920 nach der Zulassung der Turnprüfung als ein Teil der Reifeprüfung auf vier Semester verlängert und für die preußischen Universitäten von der Spandauer Anstalt übernommen wurden. Die Bereitschaft zu dieser Qualifikation war jedoch gering, zumal die Turnlehrer gegenüber den Zeichen- und Gesangslehrern keine Aufstiegschancen zum

---

281 Tätigkeitsbericht des DRA v. 1.4.1920–31.3.1921, S. 5 (CuLDA, Mappe 13). – Erst 1925 fand in der Frage der täglichen Turnstunde ein Umdenken statt; siehe Tätigkeitsbericht des DRA v. 1.4.1925–31.3.1926, S. 12–13 (ebd.); Beyer, Sport, S. 665. Auf die Leistungsprüfungen kommt das nächste Kapitel zurück.

282 Tätigkeitsbericht des DRA v. 1.4.1920–31.3.1921, S. 5 (CuLDA, Mappe 13); die Leitsätze des Ausschusses 11 b bei Dominicus, Leibesübungen, S. 134–135. Siehe auch den beißenden Kommentar bei Neuendorff, Geschichte, Bd. IV, S. 613, sowie Beyer, Sport, S. 665–666. Einen anschaulichen Bericht zur Praxis, aber auch zur Kritik am Zwangscharakter dieser Prüfungen gibt Neuendorff, Reifeprüfung; hier ein Zitat aus einem an ihn gerichteten Brief eines Amtskollegen: „Ich glaube nicht an die Gleichgültigkeit unserer Jugend gegenüber Leibesübungen. Wenn sie nur auf der Grundlage des Vertrauens der vergangenen 20 Jahre für die Ertüchtigung der Jugend wirksam sein konnten, dann müssen wir uns auch die kommenden 20 Jahre vor allem auf dieses Vertrauen stützen [...]. Vertrauen, solange die Jugend nicht gezeigt hat, daß sie es nicht verdient! Und sie verdient es heute nicht weniger als die Jugend von Ypern und Langemark. Darum Trutz der Turnprüfung aus Treue zum Turnen als einer Sache um ihrer selbst willen".

283 Ebenso Tenorth, Denken, S. 130. Langewiesche/Tenorth, Bildung, S. 13, bezeichnen dann auch die Konferenz kurz und bündig als „wenig ertragreich".

284 Tätigkeitsbericht des DRA v. 1.4.1920–31.3.1921, S. 5 (CuLDA, Mappe 13); Einzelheiten zu Bayern bei Stoeckle, Landesturnanstalt; A. Krüger, Turnen, S. 20–21.

Oberlehrer hatten und in der Regel schlechter als andere Lehrer besoldet wurden. Da nur ein Viertel der Turnstunden an den höheren Schulen von Philologen erteilt wurde, blieb es in Preußen zu Beginn der Weimarer Republik bei der unbefriedigenden Situation, daß seine Turnlehrer an den höheren Schulen zwei völlig heterogenen Gruppen entstammten: den Philologen, die ihre Ausbildung zum Turnlehrer in jenen Universitätskursen, und den Volksschullehrern, die sie in Lehrgängen an der PrHfL erhalten hatten. Während in den Universitätskursen die turnfachliche Ausbildung unbefriedigend war, fehlte es den

> in den Vollkursen der Landesturnanstalt ausgebildeten Turnlehrern, so tüchtig und wertvoll sie in ihrem Fach waren, oft an jener vertieften philologischen Lebensauffassung und an der Kraft und Weite des wissenschaftlichen Erkennens, die erst die Erziehung auf einer deutschen höheren Schule mit ihrem Gelehrtencharakter und das Studium auf einer Universität erwerben lassen. Die Folge war, daß die Philologen und die Fachturnlehrer desselben Kollegiums, weil sie zu verschiedene Typen darstellten, vielfach nicht zu einer Gemeinschaft zusammenwuchsen und daß ihre gemeinsame Arbeit darunter litt.[285]

In dieser Gemengelage qualitativer und quantitativer Argumente[286] kam dem Streit zwischen den „Vertretern des Fachturnlehrertums und den Vertretern der Idealforderung"[287] eine Schlüsselrolle zu. Obgleich er seit dem Schulturnerlaß von 1842 im Zentrum der Frage nach der Ausbildung von Turnlehrern steht[288], geht seine unmittelbare Bedeutung für unsere Thematik auf die Kritik Neuendorffs zurück, die er 1917 an den vom DRA verabschiedeten Leitsätzen für das Schulturnen mit dem Kerngedanken geübt hatte:

> Es wäre ein verhängnisvoller Irrtum, wollte man das Schulturnen nach den Erfahrungen des Vereinsturnens regeln. Im Verein steht immer das Fachliche obenan, das Erziehliche ist gleichsam nur ein superadditum. In der Schule aber ist für alle Fächer in erster Linie das Erziehliche maßgebend.[289]

Während die ‚Idealforderung' sowohl von Neuendorff als auch vom üblicherweise philologenfreundlichen MWKV erhoben wurde, waren die Vertreter des ‚Fachturnlehrertums'

---

[285] Neuendorff, Geschichte, S. 628; siehe auch ebd., S. 627–628; Gehaltsbeispiele bei Rossow, Sportlehrerbesoldung; A. Krüger, Turnen, S. 16–19; vgl. Court, Vorgeschichte, S. 260. Ausführlich zur Besoldungsfrage Harte, Turnlehrer-Besoldungskämpfe, der die Ursache der vor allem im Vergleich mit den Zeichen- und Gesangslehrern schlechteren Besoldung der Turn- und Sportlehrer in einem „Bremsverfahren des Ministeriums" (S. 87) begründet sieht.

[286] Ihren Zusammenhang in diesem Kontext betont A. Krüger, Turnen, S. 16.

[287] Neuendorff, Geschichte, S. 625.

[288] Zur Übersicht Buss, 80 Jahre, S. 284–290.

[289] Neuendorff, Antwort, S. 300; vgl. Court, Vorgeschichte, S. 261–262.

die Bayern, Diem und die im Deutschen und Preußischen Turnlehrerverein zusammengeschlossenen Fachturnlehrer unter der geistigen Führung von Harte. In Bayern hatte man an der 1912 neugestalteten Turnlehrerausbildung im Grundsatz festgehalten und hatte sie weiterentwickelt. Sie umfaßte jetzt auf das Drängen der bayerischen Turnlehrer hin sechs Semester und von 1925 an gar acht Semester, dauerte also ebensolange wie das philologische Studium, und sie war innerlich reicher ausgestaltet worden, seitdem Matthias Lehrer an der Landesturnanstalt geworden war und nach Henrichs Tode Martin Vogt sie mit klarer Entschiedenheit und vollkommenem Sachverständnis führte. „Man kann sagen", rühmte Rieß auf dem Deutschen Turnlehrertag von 1923 der bayerischen Ausbildung nach, „daß hier zum ersten Male die volle Konsequenz aus der Einführung der Leibesübungen als Unterrichts- und Erziehungsgegenstand an den höheren Schulen gezogen wurde, indem man ihren Vertretern das gab, was für die anderen Fächer seit langem selbstverständlich war: die akademische Vorbildung. Das Epochemachende aber war die Anerkennung der Lehramtsbefähigung für die körperliche Erziehung neben den anderen Fachgruppen." Auf dem gleichen Grundsatz hatte Diem seine Deutsche Hochschule aufgebaut. So kämpfte er für diese, indem er für das Fachturnlehrertum eintrat.[290]

Seine Befürworter brachten vor, daß das vom modernen Leibeserzieher mittlerweile verlangte Wissen und Können nur durch ein ausschließliches Studium der Leibeserziehung erlangt werden könne und daher als bis zu drei Fächern gleich anerkannt werden müsse. Jene hingegen verlangten eine Integration der Turnlehrerbildung in die allgemeine Philologenausbildung, so daß das Turnen – als jedem anderen wissenschaftlichen Fache gleichwertig – an die Stelle jedes anderen Haupt- oder Nebenfaches treten dürfe.[291] Neuendorff fürchtete aber,

---

[290] Neuendorff, Geschichte, S. 626. Siehe auch Lewalds Ansprache in der Kuratoriumssitzung der DHfL am 26.5.1922; in: MTSS 1922, S. 238: „Ähnliche Gedanken und Ziele, wie wir ihnen zustreben, verfolgt die bayerische Landesturnanstalt. So ist es mir eine besondere Ehre und Freude, ihren ausgezeichneten, hervorragenden Direktor, Herrn Direktor Henrich, hier kameradschaftlich begrüßen zu können, daß er trotz der großen Hitze den Weg von München nach Berlin nicht gescheut hat. Meist ist ja der Weg von Berlin nach München näher als der von München nach Berlin. In Bayern ist das Ziel, das wir uns gesteckt haben, im wesentlichen schon erreicht. Es ist ein sechssemestriges Studium vorgesehen, es bestehen die engsten Beziehungen zwischen der Landesturnanstalt und der Universität. Die Landesturnanstalt ist gewissermaßen das Seminar zu den Universitätsstudien und den dortigen Hochschulstudien." Lewald könnte angesichts der noch zu schildernden Zulassungsvoraussetzungen der DHfL an der LTA in München ein weiteres Vorbild darin erkannt haben, daß dort das „Reifezeugnis einer neunklassigen Mittelschule" (Stoeckle, Landesturnanstalt, S. 143) verlangt wurde.

[291] Neuendorff, Geschichte, S. 625–630; A. Krüger, Turnen, S. 18–19; Buss, 80 Jahre, S. 284–288.

daß auch bei den Turnphilologen sich immer wieder das Interesse für die geistige Förderung der Jugend brutal vordrängen würde, falls ihre Interessen nicht ein für allemal durch eine besonders gründliche turnfachliche Ausbildung und durch ein längeres, auf Kameradschaft und Leibeserleben gegründetes Gemeinschaftsleben ausgeglichen worden wäre.[292]

Daher lautete sein Vorschlag:

> Fünf Semester sollte der Fachturnphilologe an beliebigen Universitäten Wissenschaft und Leibesübungen studieren wie der Durchschnittsphilologe, die drei letzten Semester jedoch sollte er in Berlin verbringen, sollte an der Universität seine Fachwissenschaften treiben, aber zugleich an der vereinigten Deutschen und Preußischen Hochschule für Leibesübungen gründlich turnfachlich ausgebildet werden und vor allem an ihr in Kameradschaft mit den Strebensgenossen außerhalb der Stadt und der Stadtkultur ein rechtes Gemeinschafts- und Leibesleben erleben.[293]

Bevor wir uns mit der Chronologie der Beziehung zwischen PrHfL und DHfL sowie der Frage ihrer staatlichen Anerkennung beschäftigen, kann man festhalten, daß im Zeitraum der Gründung und der ersten Jahre der DHfL die Grenzlinien in dieser Problematik einen unscharfen Verlauf zeigten. Die Differenz zwischen den Vertretern von Sport und Turnen lag weder in der Forderung nach einer täglichen Turnstunde noch in ihrer ganzheitlichen oder wissenschaftlichen Begründung, sondern schlichtweg darin, ob für den Turnunterricht eher eine sportliche oder eine turnerische Ausprägung erwünscht war. Mit Neuendorff wiederum stimmte der DRA in der Kritik am Niveau der PrHfL[294] überein, aber

---

[292] Neuendorff, Geschichte, S. 630.

[293] Ebd. Vgl. ders., Philologen, S. 195: „Eine außerordentlich erfreuliche Tatsache ist, daß neuerdings die Philologen der Sache der Leibesübungen wesentlich erhöhte Teilnahme zuwenden. Es ist das ein Zeichen von der heute alle wissenschaftlichen Belange überragenden Notwendigkeit, die Körperbeschaffenheit und den Charakter der deutschen Menschen zu erneuern. Man muß es den seminaristisch gebildeten Fachturnlehrern hohen Dank wissen, daß sie, nur von einigen Außenseitern unter den Philologen unterstützt, von allen übrigen kaum beachtet, oft verkannt und manchmal angefeindet, auf dem Gebiet der Leibesübungen sowohl im Schrifttum und in der Praxis wie im Vereinswesen führend gewesen sind und außerordentlich Wertvolles geschaffen haben."

[294] Sogar Neuendorff, Geschichte, S. 624, 630, bewertete rückblickend die 1921 erfolgte Aufwertung der Spandauer Landesturnanstalt zu einer „Hochschule" als „ebenso gutklingenden wie hohlen Titel" und ihre Ausbildung als „berüchtigt". Bereits 1923 hatte er sie in einem Brief v. 21.6. an Harte als „Karikatur einer Hochschule" und als einzige Lösung ihre Angliederung als „akademisches Institut" an die Berliner Universität bezeichnet (Karl Drewer-Turnerhilfswerk, Briefe, S. 34–35); für Diem war sie bekanntlich ‚verkalkt'. Die PrHfL griff zu ihrer eigenen Charakterisierung auf die Kategorien von Ferdinand Tönnies zurück; siehe aus den Nachrichten der Preußischen Hochschule für Leibesübungen v. 1.7.1922 (o. P.; in: CuLDA, Mappe 22): „Soweit uns mündliche und schriftliche Zeugnisse vorliegen, herrschte an ihr stets ein tief sittlich, ernster Geist, ein idealer Geist, der

eben nicht in der Frage des Fachturnlehrertums, mit dem der DRA hier ebensowenig Konsens hatte wie in der Frage nach dem Ort der Ausbildung, für den das
MWKV bekanntlich zunächst die Spandauer Anstalt bevorzugte. Einig war sich
Neuendorff hingegen mit den Vertretern des Sports und des Turnens zum einen
in der prinzipiellen Notwendigkeit einer Zusammenarbeit zwischen DHfL,
PrHfL und Universität[295] und zum anderen in der – antimaterialistisch und anti-
intellektualistisch motivierten – Hochschätzung des ‚Charakters‘ und der ‚Erd-
haftigkeit‘ des künftigen Erziehers für Leibesübungen[296]; getrennt aber waren
sie, wie wir noch sehen werden, durch unterschiedliche Vorstellungen über die
Wissenschaftlichkeit dieses neuen Faches.[297]

5.2 DHfL und PrHfL 1919–1921

Eine weitere Differenzierung der Diskussion wird aufgrund ihres Materialreich-
tums durch eine Denkschrift Diems ermöglicht, die er als Generalsekretär des
DRA und Senatsbevollmächtigter der DHfL unter dem Titel *Der Ausbau der
Deutschen Hochschule für Leibesübungen in Verbindung mit der Preußischen
Hochschule für Leibesübungen und dem Institut für Leibesübungen der Uni-*

---

      ein eigenartiges Gemisch von Gemeinschaft und Gesellschaft darstellt.“ – Wir kommen
      darauf im Schlußwort zurück.

[295] Siehe als Beleg Neuendorff, Geschichte, S. 627, der aus einer Denkschrift des Preußischen
      Turnlehrervereins von 1924 die Bitte an das Ministerium zitiert, „eine achtsemestrige
      Turnlehrerausbildung unter gleichzeitiger Aufhebung aller Universitäts- und Privatkurse
      zunächst in Berlin zur Durchführung bringen zu wollen durch Herbeiführung einer ge-
      meinschaftlichen Organisation von der Preußischen und Deutschen Hochschule für Leibes-
      übungen und der Berliner Universität für das Studium der Turnwissenschaft und der prak-
      tischen Übungen.“

[296] Vgl. ein weiteres Zitat aus dieser Denkschrift ebd.: „Preußen ist seit Jahrzehnten bei der
      Ausgestaltung der Turnlehrerausbildung einem letzten Ziel gefolgt, das man durchaus als
      gut und weise anerkennen muß: Turnen sollte kein rein technisches Fach mit rein körperli-
      chen Aufgaben sein. Es sollte die sittlich-vaterländischen Aufgaben erfüllen, die dem deut-
      schen Turnen seit Jahn eigen waren. Das Bewußtsein bewußter und veredelter Körperlich-
      keit und Erdhaftigkeit, das durch rechten Turnbetrieb erwuchs, sollte Grundlage einer
      Lebensanschauung werden. Dieses Ziel fest im Auge zu behalten, ist heute wichtiger denn
      je, da die materialistische Welle auch in das Gebiet der Leibesübungen eingedrungen ist“.
      – Zur Kontinuität der Charaktererziehung im Kaiserreich und der Weimarer Republik (mit
      weiteren Zitaten z. B. von Diem) siehe Court, Vorgeschichte, S. 54; ders., Sportwissen-
      schaft, S. 795, 802. Das Ziel der Charakterbildung spielte bis in die Aufnahmekriterien der
      DHfL herein; siehe auch unten den Exkurs zu Biers Antrag auf ein Promotionsrecht 1920,
      die entsprechenden Ausführungen im Kapitel über die Eröffnungsfeier der DHfL und mein
      Schlußwort. Einig waren sich vor diesem Hintergrund DHfL und PrHfL also in der „Frage
      von so unendlicher Bedeutung, ob wir allen widrigen Verhältnissen zum Trotz wieder zu
      einem gesunden, sittlichen Geschlecht werden, oder ob wir auf der Bahn weiter in den Ab-
      grund gleiten, wie ihn uns Oswald Spengler in unheimlicher Klarheit vorzeichnet“ (Fritz
      Kresser in: Nachrichten der Preußischen Hochschule für Leibesübungen v. 1.7.1922; o. P.;
      in: CuLDA, Mappe 22).

[297] Siehe das Schlußwort.

versität Berlin im Mai 1927 sowohl für den Vorstand des DRA als auch das Kuratorium der DHfL verfaßt hatte.[298] Besonders wertvoll ist ihr Anhang VI. „Briefwechsel 1919–1926", der für unser Thema ihrer staatlichen Anerkennung eine kommentierte Chronologie besonders aufschlußreicher Dokumente enthält, die auch eine Vertiefung der bereits mehrfach aufgeworfenen Frage nach dem Verhältnis von privatem und öffentlichem Charakter der DHfL erlauben.

Von zentraler Bedeutung in dieser Denkschrift ist bereits die einleitende Passage:

> Die Verhandlungen auf Anerkennung der Deutschen Hochschule für Leibesübungen durch den Schulhoheitsträger, den Preußischen Staat, und auf organische Verbindung mit der Preußischen Landesturnanstalt haben mit den ersten Gründungsarbeiten etwa ½ Jahr vor der eigentlichen Gründung eingesetzt.
>
> Abschnitt V der „Denkschrift über die Gründung einer DHfL." (Dezember 1919) lautet: „Verhältnis zu den Landesturnanstalten. *Mit allen Anstalten ist gemeinschaftliche Arbeit, etwa in Gestalt von Austauschprofessoren, erwünscht.* Hieraus wird eine gegenseitige Förderung erfolgen.
>
> Mit der Preußischen Landesturnanstalt halten wir noch eine engere Gemeinschaft für erstrebenswert. Diese soll gleichfalls zu einer Hochschule für Leibesübungen ausgestaltet werden. Die Meinungen darüber, wie weit sie es heute schon ist, sind geteilt. Zwei Hochschulen in einer örtlichen Entfernung von 2 km halten wir für unmöglich. Dies würde eine Zersplitterung des Ansehens und auch naturnotwendigerweise eine Rivalität bedeuten. Da verlangt es die Sache, daß beide Anstalten vereinigt werden.
>
> *Wir machen daher der Preußischen Staatsregierung den Vorschlag, die neue Hochschule gemeinsam mit uns durchzuführen dergestalt, daß sie paritätisch von Reich, Preußen und den Verbänden gegründet und verwaltet wird.* "[299]

Greifen wir zunächst wieder die eigene Geschichtsschreibung des DRA auf, man habe die DHfL stets als private Anstalt konzipiert und bei ihrer Gründung überhaupt nicht an die Berliner Landesturnanstalt gedacht[300], wird auf den ersten Blick klar, daß alleine aufgrund der fußläufigen Entfernung zwischen beiden Institutionen zumindest die zweite Aussage jeder Glaubwürdigkeit entbehren muß. Vielmehr koppelt der DRA hier genau diesen unwiderlegbaren Hinweis auf ihre große räumliche Nähe mit den weniger klaren, gleichwohl einleuchtend klingenden Argumenten von ‚Ansehen' und ‚Konkurrenz', um gerade den Preußischen Staat von der Notwendigkeit einer ‚organischen Verbindung' der beiden Anstal-

---

[298] Ich zitiere Diem, Denkschrift 1927, nach dem Exemplar in der Mappe 190 des CuLDA; die dort abgedruckten Dokumente stammen vorwiegend aus Mappe 207.

[299] Diem, Denkschrift 1927, S. 3.

[300] Siehe oben S. 94.

ten im Wege einer ‚paritätischen' Verwaltung von DRA, Reich und Preußen zu überzeugen.

Nehmen wir nun die Aussage über den privaten Charakter der DHfL hinzu, liegt hier der große Wert der Dezember-Denkschrift 1919 darin, daß sie eine Grundüberzeugung des DRA erkennen läßt, die seine Taktik gegenüber Preußen bestimmen sollte: *die unerläßliche Bedingung für ein hohes Ansehen der DHfL, von dem auch der preußische Staat profitieren kann, ist ihr privater Charakter.*[301] Die Aufgabe der folgenden Überlegungen ist die differenzierte Schilderung des jeweiligen Zusammenspiels dieser beiden Kernpunkte. Sie orientiert sich dabei an den in der Kapiteleinteilung der Denkschrift zum Ausdruck kommenden Phasen.

Die erste Phase wird in Diems Denkschrift von 1927 durch das Kapitel I „Verhandlungen vor und nach der Gründung" abgedeckt und umfaßt die Jahre 1919 bis 1921. Ihren Kern bildet einmal die Frage nach der Beteiligung des Preußischen Staates an der DHfL und einmal danach, ob zum Zeitpunkt ihrer Gründung auch die Landesturnanstalt als Hochschule anzusehen war oder nicht. Beide Aspekte sind für den DRA eng miteinander verknüpft: Einerseits hatte der Preußische Staat in einigen „leicht mißzuverstehenden späteren amtlichen Erlässen" anklingen lassen, die DHfL sei eine „völlig private Einrichtung"[302], und in einem Schreiben vom 31. Dezember 1919 „in Anspruch genommen, daß die Landesturnanstalt den Charakter einer Hochschule schon immer"[303] besessen habe. Andererseits jedoch hatte Preußen nach Auffassung des DRA seit dem

---

[301] Siehe exemplarisch das Schreiben Lewalds als 1. Vorsitzender des DRA und Staatssekretär im RMI an Minister Becker v. 17.5.1921 über das Verhältnis von DHfL und Landesturnanstalt: „Nachdem es der privaten Tatkraft der Vereine gelungen ist, eine allen Ansprüchen genügende große Lehranstalt ins Leben zu rufen und zu unterhalten, eine Anstalt, an der sich die deutschen Gelehrten, die Praktiker, hervorragende Führer der Turnsache und auch der Turnlehrerschaft beteiligen, wird sicher der Preußische Staat alles tun, um eine Beeinträchtigung des Ansehens und eine Verwechslung dieser Anstalt mit der seinen zu vermeiden."

[302] Diem, Denkschrift 1927, S. 3. Siehe das ebd., S. 25, abgedruckte Schreiben von Minister Becker an den Herrn Oberturndirektor der Landesturnanstalt in Spandau v. 26.5.1921: „Die Deutsche Hochschule für Leibesübungen ist eine *private* Einrichtung des ‚Reichsausschusses für Leibesübungen', eines ebenfalls *privaten* Verbandes. Eine formelle Anerkennung dieser privaten Anstalt als Hochschule ist bisher weder beantragt, noch ausgesprochen worden." – Siehe auch oben S. 48.

[303] Diem, Denkschrift 1927, S. 4. Siehe das ebd., S. 21, abgedruckte Schreiben des Ministers des MWKV Haenisch v. 31.12.1919 an Lewald: „Die Annahme, als sei von der Preußischen Landesturnanstalt im Anschluß an das Vorgehen des Reichsausschusses der Name ‚Freie Hochschule für Leibesübungen' in Anspruch genommen worden, ist unzutreffend. Die Anstalt ist in dieser oder einer ähnlichen Angelegenheit in den letzten Jahren vorstellig geworden. Richtig ist vielmehr, daß sie, als die Bayerische Landesturnanstalt noch vor dem Kriege den Charakter der Hochschule erhielt, *damals* eine ähnliche Charakterisierung für die preußische Landesturnanstalt angeregt hat. [...] Der Name der Preußischen Landesturnanstalt hatte aber so einen guten Klang gewonnen, daß das Ministerium es nicht für angebracht hielt, diesen Namen durch einen anderen zu ersetzen."

„ersten Augenblick"[304] an Aufbau und Ausgestaltung der DHfL mitgewirkt und gleich vier Kommissare für die Gründungsarbeit und die Teilnahme an der vorbereitenden Sitzung am 29. Oktober 1919 im RMI ernannt; vertreten war er auch im Kuratorium der DHfL.[305] Und schließlich führt Diem an, daß Becker die DHfL auf ihrer Gründungsfeier am 15. Mai 1920 „ganz im Sinne dieser Gemeinsamkeit von Staat und freiem Träger"[306] gewürdigt und sein Ministerium bereits am 31. Dezember 1919 zugesagt habe, „bei einer etwaigen Umbenennung der Preußischen Landesturnanstalt auf die Bezeichnung der DHfL Rücksicht zu nehmen."[307]

Unsere letzten Schwerpunkte der Finanzierung und Lehrerbildung ermöglichen nun auch hier eine vertiefte Diskussion. Nachdem der DRA Ende 1919 von den Plänen Preußens erfahren hatte, seiner Landesturnanstalt den Hochschulstatus zu verleihen, legte Lewald am 16. Dezember 1919 bei Minister Haenisch dagegen „Verwahrung" ein. Lewalds Argumente waren, daß der DHfL sowohl das „Prioritätsrecht" als auch „ihrer ganzen Ausgestaltung nach [...] im Gegensatz zur Landesturnanstalt" die Bezeichnung Hochschule zustehe.[308] Als Untermauerung verwies er auf das Kapitel V der Dezember-Denkschrift 1919 des DRA, in der die Notwendigkeit einer „Vereinheitlichung" der beiden Institutionen und des Übergangs der Landesturnanstalt „in eine neue gemeinschaftliche Hochschule" auch mit einer unzureichenden „Forschungsarbeit des Anstaltsarztes" begründet wird, die bloß „Stückwert" (sic), die DHfL jedoch „eine unerschöpfliche Wissensquelle"[309] biete. In seiner Replik führt das MWKV nicht nur die „reichen Anregungen" der Landesturnanstalt „auf dem Gebiete des Lehrens und Forschens" an, sondern auch neue Entwicklungen in der Philologenausbildung. Weil

---

[304] Diem, Denkschrift 1927, S. 3.

[305] Ebd. Jene Kommissare waren Hinze als Referent des MWKV, Diebow als Vertreter der LTA, Müller als ihr Arzt und Medizinalrat Beninde als Vertreter des MVW. Die Berliner Handelshochschule wurde 1906 gegründet (R. A. Müller, Universität, S. 87; Jarausch, Universität, S. 321–322); zu ihrem Vorbild für die DHfL siehe Diem, Flamme, Bd. III, S. 1278 [1921]. Aufgrund dieser staatlichen Beteiligung ist F. Beckers (Leben, Bd. II, S. 48) Auffassung, der Staat sei „administrativ" nicht für die DHfL „verantwortlich" gewesen, zu pauschal. – Anzumerken ist, daß staatliche Kommissare auch für den Prüfungsausschuß der DHfL „nach dem Vorbild der Handelshochschule, deren Aufbau und Verhältnis zum Staat uns zum Muster diente" (Diem, Denkschrift 1927, S. 3), vorgesehen waren. Wie wir gleich jedoch sehen werden, ist die Weigerung Preußens, einen Vertreter in diesen Ausschuß zu senden, gleichfalls ein Charakteristikum dieser Phase.

[306] Diem, Denkschrift 1927, S. 3.

[307] Ebd., S. 4. Diem bezieht sich auf das ebd., S. 22, abgedruckte Schreiben von Becker als Unterstaatssekretär des MWKV an den Vorsitzenden des DRA Lewald v. 31.12.1919: „In jedem Falle werden Vorkehrungen dahin getroffen werden, daß eine *Verwechselung des Namens* der staatlichen Anstalt mit dem Unternehmen der im Reichsausschuß zusammengeschlossenen Verbände *nicht eintreten* kann."

[308] Schreiben Lewalds als Vorsitzender des DRA und Unterstaatssekretär im RMI an den Minister des MWKV Haenisch v. 16.12.1919, zit. n. Diem, Denkschrift 1927, S. 21.

[309] Zit. n. CDI, Gründung, S. 28.

nach der Reichsverfassung vom 11. August „voraussichtlich von allen Lehrern an öffentlichen Schulen Hochschulbildung verlangt werden wird", ist in bezug auf die Turnlehrer nach dem Vorbild der Bayerischen LTA „nichts weiter zu tun, als die bereits vorhandene Tatsache, daß die Landesturnanstalt den Charakter einer Hochschule trägt, nunmehr auch öffentlich anzuerkennen."[310] Becker erwähnt ergänzend eine Eingabe des Preußischen Turnlehrervereins, nach der eine solche Umbenennung in Entsprechung zu den „Bildungsstätten der Gesang- und Zeichenlehrer (Hochschule für Musik, Zeichenakademie) baldmöglichst"[311] erfolgen solle.

Lewald wiederum wiederholt in verschärftem Ton die beiden zentralen Argumente des DRA gegen eine mögliche Bezeichnung ‚Preußische Hochschule für Leibesübungen'. Erstens würde sie „außerordentlich schädigend auf das Ansehen beider Institute wirken" und „geradezu zwangsläufig zu einem Wettkampfe nach außen hin führen, der im Interesse der Zusammenarbeit unerwünscht ist." Zweitens fügt er an, daß der DRA seine Hochschule nicht gegründet hätte, wenn die Landesturnanstalt „in dem Umfang und der Gestaltung ihrer Arbeit dem praktischen Bedürfnis genügt hätte" und „in den Fachkreisen" der ihr beigelegte

> Charakter einer Hochschule für Leibesübungen auch nur bekannt gewesen wäre [...]. Heute noch wird in den Kreisen des Reichsausschusses die Ansicht mit Bestimmtheit vertreten, daß der Preußischen Landesturnanstalt der Charakter einer Hochschule in ihrer ganzen Lehrweise und dem Umfange ihrer Arbeit fehlt.[312]

Lewald erneuert den Vorschlag eines „großen Instituts" und einer „einheitlichen Bildungsstätte" unter gleichmäßiger Beteiligung von DRA, Reich und Preußen. Er ergänzt, daß nur „auf diese Weise" eine volle Verwertung aller Staatsmittel „im Zusammenhang mit der unabhängigen Arbeit der freien Verbände" möglich sei: „Der Charakter einer Hochschule, wie wir ihn uns denken, verlangt ja sowieso eine gewisse Freiheit der Lehre, die durch eine unabhängige Selbstverwaltung des Instituts am besten gesichert wird." Abschließend verweist er auf das „brennende" Bedürfnis nach der DHfL und die „begeisterte Zustimmung aus allen Kreisen", so daß „wir keinen Tag mit dem Beginn unserer Arbeit zögern wollen."[313]

---

[310] Schreiben Haenischs an Lewald v. 31.12.1919, zit. n. Diem, Denkschrift 1927, S. 21.

[311] Schreiben Beckers als Unterstaatssekretär des MWKV an den Vorsitzenden des DRA Lewald v. 31.12.1919, zit. n. Diem, Denkschrift 1927, S. 22. – Zur Neuordnung der Lehrerausbildung gemäß Art. 143 Abs. 2 der Weimarer Verfassung Müller-Rolli, Lehrer, S. 241–242; zum neuen Stellenwert der musischen und körperlichen Erziehung im Rahmen der Lebensphilosophie Beyer, Sport, S. 693.

[312] Schreiben Lewalds als Vorsitzender des DRA und Unterstaatssekretär im RMI an den Minister des MWKV Haenisch v. 8.1.1920, zit. n. Diem, Denkschrift 1927, S. 22.

[313] Schreiben Lewalds als Vorsitzender des DRA und Unterstaatssekretär im RMI an den Minister des MWKV Haenisch v. 8.1.1920, zit. n. ebd., S. 23.

Haenischs Antwort vom 3. Mai 1920 ist deswegen von besonderer Wichtigkeit, weil sie zeigt, daß die im Kapitel zur Finanzierung der DHfL auf den Oktober 1923 datierte Problematik von Doppelkosten ihren Ursprung bereits *vor* der Zeit der Hyperinflation hatte:

> Auf das gefällige Schreiben vom 8. Januar 1920 [...] erwidere ich nach Benehmen mit dem Herrn Finanzminister ergebenst, daß es zurzeit für den preußischen Staat leider nicht möglich ist, mit dem Reichsausschuß eine gemeinsame Hochschule für Leibesübungen zu unterhalten, daß vielmehr Unterrichts- und Finanzverwaltung unter den zurzeit obwaltenden Verhältnissen Wert darauf legen müssen, die alleinige Verfügung über die Landesturnanstalt in Spandau zu behalten. Die Finanzverwaltung ist auch leider nicht in der Lage, den Reichsausschuß bei Einrichtung der von ihm geplanten Hochschule finanziell zu unterstützen.[314]

Der Minister erklärte lediglich seine Bereitschaft, „von Fall zu Fall" wohlwollend zu prüfen, ob die LTA die DHfL fördern könne, und führte die Erlaubnis zur Übernahme einzelner Vorlesungen an der DHfL durch Mitglieder der Spandauer Anstalt an, „soweit es ihre allerdings sehr umfangreichen Dienstpflichten zulassen". Zum Schluß seines Schreibens hob er hervor, daß „die in Aussicht genommene Hochschule nach den zurzeit noch geltenden Bestimmungen der Genehmigung des Preußischen Staates bedarf", und stellte eine „möglichst baldige Einreichung eines entsprechenden schriftlichen Antrages anheim", für dessen Prüfung er „Wohlwollen" zusagte, „wie ich überhaupt auf ein möglichst enges Zusammenarbeiten meiner Verwaltung mit dem Reichsausschuß das größte Gewicht lege."[315]

Schon fünf Tage später, am 8. Mai 1920 und damit eine Woche vor der Gründungsfeier der DHfL, drückt Generalsekretär Diem gegenüber Haenisch das „lebhafte Bedauern" des DRA aus, daß der Preußische Staat keine „gemeinsame Hochschule für Leibesübungen mit dem Reichsausschuß" unterhalten könne. Er ergänzt, daß durchaus eine „Beibehaltung der Landesturnanstalt als selbständige preußische Anstalt trotz der Vereinigung mit der Deutschen Hochschule für Leibesübungen" infrage gekommen wäre. Über die sachliche Notwendigkeit einer Vereinigung seien sich alle Beteiligten einig mit Ausnahme vermutlich des Direktors der Landesturnanstalt und des Referenten Hinze, der „offenbar" auch der einzige Ansprechpartner für das Finanzministerium gewesen sei. Als Grundlage einer von Diem angeregten erneuten „Erörterung über eine gemeinsame Arbeit beider Anstalten", für die seitens des Ministeriums eine „neutrale Persönlichkeit" zu bestimmen sei, dient auch ihm der „Vergleich der beiderseitigen Leistungen".[316] Es wird

---

[314]   Schreiben Haenischs an Lewald v. 3.5.1920, zit. n. ebd., S. 22.

[315]   Ebd.

[316]   Diems Schreiben an Haenisch v. 8.5.1920, zit. n. Diem, Denkschrift 1927, S. 23.

sicher nach der ganzen Anlage unserer Anstalt und dank dem vorzüglichen Lehrermaterial, bestehend aus den Universitätskräften und den Führern der Turn- und Sportbewegung, damit zu rechnen sein, daß von gewissen Gesichtspunkten aus der Vergleich zugunsten der Hochschule für Leibesübungen ausfällt. Ich sehe die Möglichkeit einer Rivalität im ungünstigsten und unerwünschten Sinne voraus, einer Rivalität, die nur auszuscheiden geht, wenn das Ganze nach außen hin als ein in engster Verbindung stehendes gewissermaßen einheitliches Unternehmen ausschaut.[317]

Diem schlägt ferner vor, bei einer solchen Gelegenheit „auch die uns im Interesse der Sache so sehr am Herzen liegende Frage der Leistungsprüfungen an den Schulen" zu beraten. Das bisherige Ausbleiben einer Entscheidung des Unterrichtsministeriums in dieser Sache hätte seinen Grund auch darin, daß es sich lediglich auf ein Gutachten des Volkswohlfahrtsministerium gestützt habe, nicht aber auf die „Urteile der Sachverständigen des Reichsausschusses, einschließlich des Arztes der Landesturnanstalt"[318].

Zum besseren Verständnis dient der Kommentar im entsprechenden Tätigkeitsbericht des DRA:

Ein [...] Schritt des D.R.A. in der Schulturnfrage war unser Antrag vom 29. September 1919, in den Schulen Leistungsprüfungen in den volkstümlichen Uebungen und im Schwimmen durchzuführen. Zu dieser Eingabe erklärte der Kultusminister unterm 19. Dezember 1919, ihr wohlwollend gegenüberzustehen. Die Auswahl der Uebungen, die wir vorgeschlagen hatten, sollten ‚näherer Erwägung überlassen' bleiben. Hier handelt es sich offenbar um die für uns längst entschiedene Frage der Einbeziehung von Leistungsprüfungen im Laufen über mittlere Strecken. Schließlich sollten auch noch Bedenken wegen der mangelnden Ernährung nachgeprüft werden, Bedenken, die wir auch nicht gehegt haben. Um die Bedenken zu zerstreuen, wurde die Frage in der Wettkampf-Ausschuß-Sitzung vom 13. März erörtert. Die eingehenden Gutachten der Sportärzte Dr. Mallwitz und Dr. Brustmann wiesen jede Besorgnis ab, auch Prof. Müller von der Landesturnanstalt sprach sich in dem Sinne aus.[319]

Die Bedeutung dieser Angelegenheit erstreckt sich über mehrere Ebenen. Erstens differenziert sie unsere These, daß die institutionelle Frage der staatlichen Anerkennung der DHfL für den Schulsport von einer ideellen, noch aus der Vorkriegszeit stammenden Kontinuität im Sinne einer Spannung moderner und tradi-

---

[317] Ebd.
[318] Ebd.
[319] Tätigkeitsbericht des DRA v. 1.4.1919–31.3.1920, S. 4–5 (CuLDA, Mappe 13); siehe auch Tätigkeitsbericht des DRA v. 1.4.1920–31.3.1921, S. 5 (ebd.). Mallwitz war erst im August 1923 in das MVW gelangt; siehe J. Schäfer, Mallwitz, S. 315.

tioneller Sportauffassungen durchzogen ist, insofern sie auch einen starken persönlichen Einfluß erkennen läßt. Während sich nämlich der DRA und der Preußische Turnlehrerverband auf einen gemeinsamen Leitfaden zum Schulturnen verständigen konnten[320], opponierte der Direktor der Spandauer LTA Diebow gegen ihn ebenso wie gegen die Leistungsprüfung des Laufens über mittlere Distanzen – und war sich hierin mit Hinze einig, mit dem er gleichfalls die Ablehnung der staatlichen Anerkennung der DHfL für die Schulsportausbildung teilte.[321] Zweitens ist sie ein guter Beleg für eine durchaus geschmeidige Taktik des DRA, denn der im letzten Zitat in seinem Sinne angeführte Arzt der Landesturnanstalt diente dem Reichsausschuß sonst gern als Exempel ihrer geringen Forschungsqualität.[322] Die Notwendigkeit einer solchen flexiblen Argumentationsweise hängt drittens mit der ebenfalls im letzten Kapitel angedeuteten unscharfen Grenzziehung zwischen den Gegnern und Befürwortern einer Zusammenlegung von PrHfL und DHfL zusammen, weil – wie nun zu zeigen ist – aus der ablehnenden Haltung gegenüber jenen Leistungsprüfungen nicht auch schon auf eine Gegnerschaft der Vereinigung der beiden Anstalten geschlossen werden darf.

Nachdem der Preußische Turnlehrerverein vom MWKV „zu einem Gutachten über die Vereinigung der Landesturnanstalt und der Hochschule aufgefordert" wurde, hatte er sich mit dem Senat der DHfL „ins Benehmen"[323] gesetzt. Der Senat betonte nach Mitberatung des Lehrkörpers der Landesturnanstalt in seinem Gutachten, daß

> eine organische Verbindung der Preußischen Landesturnanstalt mit unserer Hochschule unter Aufrechterhaltung der Selbständigkeit beider Anstalten erfolgversprechend scheint, sofern die wichtigsten Eigenschaften der Hochschule dadurch nicht beeinträchtigt werden. Als solche bezeich-

---

[320] Siehe Tätigkeitsbericht des DRA v. 1.4.1920–31.3.1921, S. 21 (CuLDA, Mappe 13).

[321] Siehe hier auch S. 95. – Der DRA hat sich mehrfach darüber beschwert, daß Diebow ihn trotz besseren Wissens nicht über die Pläne des MWKV informiert habe, die Spandauer Landesturnanstalt zur Hochschule aufzuwerten; siehe Diem, Denkschrift 1927, S. 4; zur Kritik Diebows am Leitfaden Neuendorff, Geschichte, Bd. IV, S. 623. Diebow verstarb am 15. Mai 1920, ironischerweise genau am Tag der Eröffnung der DHfL; zum Todesdatum Neuendorff, ebd.; Tätigkeitsbericht des DRA v. 1.4.1920–31.3.1921, S. 22 (CuLDA, Mappe 13).

[322] Siehe Diems Zitat oben auf S. 94. Bereits auf dem Oberhofer Kongreß 1912 hatten sich Mallwitz und Müller über den Begriff ‚Sport' gestritten; dazu Court, Vorgeschichte, S. 104. Insgesamt lassen aber die in dieser Arbeit zitierten Äußerungen von Müller keinen eindeutigen Schluß auf seine Haltung gegenüber der DHfL zu.

[323] Schreiben des Senats der DHfL v. 5.1.1921 an den Preußischen Turnlehrer-Verein, z. Hd. des Herrn E. Harte, zit. n. Diem, Denkschrift 1927, S. 24. – Wie aus Diems Kommentar, ebd., S. 4, hervorgeht, ist diese Antwort nicht das eigentliche Gutachten, sondern nur seine Zusammenfassung. Siehe auch den Tätigkeitsbericht des DRA v. 1.4.1920–31.3.1921, S. 17 (CuLDA, Mappe 13).

nen wir den hochschulmäßigen Aufbau, die Lehr- und Lernfreiheit, die Selbstverwaltung und die Reichsgeltung.[324]

Der Senat schlug daher, auch unter Hinweis auf die finanziellen Vorteile, ein „gegenseitiges Benutzungsrecht der beiderseitigen Einrichtungen"[325] vor, das durch einen Vertrag zwischen Preußen, Reich und DRA gewährleistet werden müsse. Vier Monate später faßte dann auch der Preußische Turnlehrerverein auf seiner Tagung am 12. und 13. Mai 1921 den Entschluß, es sei „notwendig, daß sofort die Landesturnanstalt in organische Verbindung mit der DHfL ausgebaut und ihr Name und Charakter einer Hochschule verliehen werde."[326] Beckers unmittelbar darauf erfolgendes Schreiben an den Direktor der Spandauer Landesturnanstalt bekräftigte hingegen, daß diese „zurzeit die einzige *öffentliche* Anstalt dieser Art in Preußen" sei und nur die an ihr erworbenen Prüfungszeugnisse „in jeder Beziehung vollwertig" seien. Die bekannte Begründung, daß eine formelle Anerkennung der *privaten* DHfL als Hochschule bisher „weder beantragt, noch ausgesprochen worden ist", bedeutet daher in diesem Zusammenhang für sie: „Das Recht zur Ausstellung von Zeugnissen, die zur Anstellung als Turnlehrer oder in anderen Stellen auf dem Gebiet des Turnwesens befähigen, besitzt die Anstalt des Reichsausschusses nicht."[327]

Weil in einigen Fällen Absolventen der DHfL die Anstellung als Schulturnlehrer verweigert und ihre Besoldung nur auf der Grundlage von Privatdienstverträgen vorgenommen wurde, beantragte die DHfL am 22. Juni 1921 für ihren Prüfungsausschuß unter Verweis auf den entsprechenden Passus ihrer Prüfungsordnung die Ernennung eines Vertreters der preußischen Regierung.[328] In seiner Antwort vom 13. August 1921 konzedierte das MWKV aber lediglich die Notwendigkeit einer „eingehenden Erwägung", weil „die Frage mit Rücksicht auf die bestehenden staatlichen Einrichtungen und Prüfungen von grundsätzlicher Bedeutung ist"[329]. Da der DRA zur selben Zeit zudem von einem Gesetz des MWKV über Unterrichtserlaubnisscheine für den Privatunterricht betroffen war, nutzte Diem seine kritischen Bemerkungen zu diesem Gesetz auch hier zu einem Vergleich mit der Spandauer Anstalt und der Bemerkung, daß die DHfL „dem Staatsinstitut völlig gleichwertig ist, ein Anspruch, der vom Preussischen Unter-

---

[324] Schreiben des Senats der DHfL v. 5.1.1921 an den Preußischen Turnlehrer-Verein, z. Hd. des Herrn E. Harte, zit. n. Diem, Denkschrift 1927, S. 24. Im entsprechenden Bericht der DHfL wird zusätzlich der Gegensatz zur Landesturnanstalt mit ihrem „mehr seminarartigen" Charakter betont; siehe MTSS 1921, S. 227.

[325] Schreiben des Senats der DHfL v. 5.1.1921 an den Preußischen Turnlehrer-Verein, z. Hd. des Herrn E. Harte, zit. n. Diem, Denkschrift 1927, S. 24–25.

[326] Zit. n. Diem, Denkschrift 1927, S. 4.

[327] Schreiben des Ministers für Wissenschaft, Kunst und Volksbildung an den Herrn Oberturndirektor der Landesturnanstalt in Spandau v. 26.5.1921, zit. n. Diem, Denkschrift 1927, S. 25; siehe auch oben S. 48.

[328] Vgl. Diem, Denkschrift 1927, S. 5.

[329] Schreiben Beckers an die DHfL v. 13.8.1921, zit. n. Diem, Denkschrift 1927, S. 26.

richtsministerium sicher gern zugestanden wird in anbetracht (sic) dessen, dass
die H.f.L. die besten Lehrkräfte des ganzen Gebietes zurzeit schon vereinigt."[330]
Gleichwohl erfolgte durch Erlaß vom 21. September 1921 die „Erhebung der
L.T.A. zur ‚Preussischen Hochschule für Leibesübungen‘"[331] und am 21. November 1921 die Ablehnung des Antrages der DHfL durch das MWKV:

> Die Anordnung und Abhaltung von Prüfungen, auf Grund derer amtliche
> Befähigungszeugnisse ausgestellt werden, ist ein staatliches Hoheitsrecht,
> auf das auch bezüglich des Turnwesens nicht verzichtet werden kann. Der
> Abordnung von staatlichen Kommissaren zu Prüfungen, die von privaten
> Unternehmungen veranstaltet werden, steht das Bedenken entgegen, daß
> dadurch der Anschein geweckt wird, als ob es sich um eine staatliche Prüfung handele, während tatsächlich der Vertreter der Staatsregierung nicht
> in der Lage ist, einen maßgebenden Einfluß auf die Prüfung auszuüben.
> Unter diesen Umständen vermag ich dem Antrag der privaten Deutschen
> Hochschule für Leibesübungen vom 22. Juni d. Js. [...] auf Ernennung eines Vertreters der Preußischen Staatsregierung zum Mitglied des Prüfungsausschusses für dortseits abzuhaltende Prüfungen, die nach der jetzigen Lage der Verhältnisse nur private und interne sein können, zu
> meinem Bedauern nicht zu entsprechen.[332]

Fügen wir dieses Schreiben in unsere bisherige Diskussion, so dient es als starkes Indiz dafür, daß das Ansinnen der DHfL, Turnlehrer für die staatlichen
Schulen in Preußen ausbilden zu dürfen, in ihrem Gründungszeitraum zwar auch
auf finanzielle Hindernisse, vor allem aber die Weigerung der preußischen Regierung stieß, auf ihr ‚staatliches Hoheitsrecht‘ zu verzichten.

Gestärkt wird diese These durch das Scheitern zwei bislang nicht erwähnter
Initiativen der DHfL, die staatliche Anerkennung zu erhalten. Zum einen handelt
es sich um einen (ersten) Versuch aus dem September 1921, sie auf dem Wege

---

[330] Siehe das von Diem gezeichnete Schreiben des DRA an das MWKV v. 27.8.1921 (CuL-
       DA, Mappe 207).

[331] Mit „10.1921" datierter Briefentwurf ohne Absender an den Minister für Wissenschaft,
       Kunst und Volksbildung (CuLDA, Mappe 207). Danach löste diese Erhebung in den Reihen der Turnlehrer „grossen Jubel" aus. Für die Annahme, daß dieser Entwurf aus dem
       DRA stammt, paßt der Vorschlag einer „organischen Verbindung" von PrHfL und DHfL
       (ebd., S. 2) auch aus finanziellen Gründen, der die gemeinsame Position mit dem Preußischen Turnlehrer-Verband ausdrückt. Taktisch geschickt wird ferner auf die Rivalität mit
       Bayern angespielt: „Wir bitten Sie, hochverehrter Herr Staatsminister, nachdem auch der
       Herr Finanzminister dem Gedanken der Hochschulbildung zugestimmt hat, die Ausgestaltung derselben in grosszügiger akademischer Weise vorzunehmen, damit Preussen Bayern
       in dieser Frage mindestens ebenbürtig ist." Auf Veranlassung des DRA berichteten bereits
       in ihrer Ausgabe vom 10. Mai 1920 die „Blätter für Volksgesundheit und Volkskraft"
       (enthalten in: CuLDA, Mappe 185) über eine „Sympathie-Kundgebung" der Kommilitonen
       der LTA München für die neue DHfL.

[332] Schreiben des Preußischen Ministers für Wissenschaft, Kunst und Volksbildung an die
       DHfL v. 21.11.1921, zit. n. Diem, Denkschrift 1927, S. 26.

einer Stiftung „Deutsche Hochschule für Leibesübungen" zu erlangen, deren Zweck als „Förderung der Leibesübung auf wissenschaftlicher Grundlage durch Forschung und Lehre"[333] bezeichnet wurde. Nachdem der zuständige Berliner Polizeipräsident diesen Zweck so begrenzen wollte, „daß ein Uebergreifen in staatliche Zuständigkeiten, z. B. in das Schulturnen und die Ausbildung der dafür nötigen Lehrkräfte nicht in Frage kommt", und der „Herr Minister es für selbstverständlich hält, daß die Genehmigung der Stiftung nicht eine staatliche Anerkennung dieser privaten Anstalt als staatliche Hochschule in sich schließen würde"[334], lehnte die DHfL diese Auflagen ab und ließ die Angelegenheit auf sich beruhen.[335]

Zum zweiten ist eine „Denkschrift über die Vereinigung der deutschen Hochschule für Leibesübungen und der Preussischen Landesturnanstalt" vom 7. Dezember 1920 zu erwähnen, in der empfohlen wird, bei der Zusammenlegung von DHfL und LTA die neue „Hochschule' zu einem selbständigen *Institut für Körpererziehung der Berliner Universität* umzuwandeln, im Anschluss an die medizinische oder philologische (sic) Fakultät, falls selbstständiges Bestehen nicht möglich"[336]. Zwar findet sich dieser Gedanke einer Kooperation zwischen DHfL und Universität bereits in Anträgen und Denkschriften des DRA aus den Jahren 1917 und 1919, ist hier jedoch zum ersten Mal in die Idee eines *universitären* Instituts für Leibesübungen gekleidet worden:

> Die Aufgaben der Hochschule vereinigen in sich
> 1.) die Erfüllung der Bedürfnisse des Preussischen Staates, der gemäss der höheren Wertschätzung des Turnunterrichts *mehr* Turnstunden und *besser ausgebildete* Turnlehrer als früher benötigt;

---

[333] Stiftungsurkunde der Stiftung „Deutsche Hochschule für Leibesübungen", September 1921; zit. n. Diem, Denkschrift 1927, S. 34. Der zweite Versuch einer Stiftung wurde 1926/27 unternommen; siehe Diem, ebd., S. 12–16; darauf wird zurückzukommen sein.

[334] Schreiben des Polizeipräsidenten Abt. I an die DHfL v. 22.6.1922, zit. n. Diem, ebd., S. 34–35.

[335] Siehe das Schreiben von Lewald und Bier an den Herrn Polizeipräsidenten v. 18.10.1922: „Ferner liegt uns daran, daß in der Verwendung der Mittel für den Betrieb der Deutschen Hochschule für Leibesübungen keinerlei Einschränkung verbunden ist. Daher haben wir uns entschlossen, die Stiftungsmittel in anderer Form dem gleichen Zweck zuzuführen"; zit. n. Diem, ebd., S. 35; vgl. auch Diems Kommentar, ebd., S. 12. In der Kuratoriumssitzung der DHfL v. 9.11.1923 wurde von Lewald mitgeteilt, daß die Angelegenheit auch deshalb nicht weiterverfolgt wurde, weil die verlangte „mündelsichere Anlage der Stiftung" nicht „zeitgemäß" sei; siehe den Bericht in der MTSS 1923, S. 561.

[336] Siebenseitige maschinenschriftliche Denkschrift v. 7.12.1920 vmtl. von DRA oder DHfL (CuLDA Mappe 190). Diese einen Tag vor Lewalds Brief v. 8.1.1920 (siehe oben Anm. 312) datierte Denkschrift, ebenfalls ohne Angabe der Urheberschaft, bei Voigt, Hochschule, S. 72, Anm. 207. Die von ihr ebd. erwähnte Denkschrift vom Dezember 1919 und Biers Schreiben v. 8.1.1920, das sie in dem „zur Verfügung stehenden Material nicht fand", hätte sie im CuLDA in Mappe 190 entdecken können.

2.) die Erfüllung der Bedürfnisse der freien Verbände, die ausgebildete
Vereins-Turn- und Sportlehrer brauchen, womit zugleich die Erfüllung eines *bedeutenden Reichsinteresses* vor sich geht;

3.) die Erfüllung der Bedürfnisse der Universität, die für dieses Wissens-
gebiet eine geeignete Forschungsstätte haben muss.[337]

Wenn in den in diesem Kapitel angeführten Überlegungen zur Vereinigung von
DHfL und LTA bzw. PrHfL, die *nach* dieser Denkschrift zu datieren sind, der
Bezug auf die Berliner Universität nicht mehr enthalten ist, dürfte also ein wesentlicher Grund darin liegen, daß der Widerstand Preußens gegen die staatliche
Anerkennung der DHfL die Unmöglichkeit einer solchen institutionellen Lösung
eingeschlossen hätte – von den Vorbehalten der „professoralen Eliten vor allem
in den klassischen Fakultäten der Theologie, Juristik und der Philosophie"[338] gar
nicht zu reden.

Exkurs: Der Antrag der DHfL auf das Promotionsrecht 1920

Die uns natürlich ebenfalls interessierende Frage, welche Rolle in diesem Zusammenhang wissenschaftliche oder wissenschaftspolitische Erwägungen spielen, soll aus zwei Perspektiven beleuchtet werden. Die erste berührt das vom
DRA mehrfach vorgebrachte Argument, ihre Einrichtung sei wissenschaftlich
wesentlich leistungsfähiger als die benachbarte Landesturnanstalt und deshalb
ausschließlich würdig, den Namen einer ‚Hochschule' zu tragen. Dieses Argument wurde vom MWKV nur am Rande und auch nur in Form einer bloßen Anspielung auf die Anthropometrie nach dem Muster Rudolf Martins gestreift:

> Aus dem Schreiben vom 15. Juni d. Js. [...] ersehe ich, daß sich die Hoch-
> schule einer Aufgabe zugewendet hat, deren Bearbeitung an der Lan-
> desturnanstalt bereits vor dem Kriege in Angriff genommen, dann aber
> durch den Krieg unterbrochen worden ist. Die Anstalt ist dabei, ihre Ar-
> beiten auf dem in Rede stehenden Gebiete wieder aufzunehmen und für
> diesen Zweck insonderheit auch von der sehr beachtenswerten Martin-
> schen Methode in München selbst nähere Kenntnis zu nehmen.[339]

---

[337] Denkschrift über die Vereinigung der deutschen Hochschule für Leibesübungen und der
       Preussischen Landesturnanstalt v. 7.12.1920, S. 2 (CuLDA, Mappe 190). Hier reagierte
       der DRA natürlich nicht nur auf Forderungen der Reichsschulkonferenz, sondern auch auf
       aktuelle hochschulpolitische Entwicklungen wie z. B. in Gießen; siehe gleich S. 119,
       Anm. 366. Auf die genaueren Hintergründe wird ausführlich zurückzukommen sein.

[338] Buss, 80 Jahre, S. 287.

[339] Schreiben des MWKV an die DHfL v. 18.7.1921, zit. n. Diem, Denkschrift 1927, S. 26.
       Rudolf Martin, einer der Gründerväter der Anthropometrie in Deutschland, hatte am
       15. März 1921 einen Gastvortrag an der DHfL gehalten, zu dem auch das MWKV geladen
       war; siehe das Schreiben Krümmels an Diem v. 18.1.1921 (CuLDA, Mappe 207) und die
       Einladung Biers an die Senatsmitglieder der DHfL v. 26.2.1921 (ebd.); dazu auch Dinçkal,
       Sportlandschaften, S. 250. Martin war auch durch seinen vehementen Einsatz für den stu-

Das zweite Beispiel betrifft Biers als Rektor der DHfL gestellter Antrag vom 3. Mai 1920 an den preußischen Kultusminister Haenisch, sie möge das Recht erhalten, „den Titel Doktor der Leibesübungen (Dr. gymn.) zu verleihen." Zum einen ist das Gebiet der Leibesübungen „bisher wenig erschöpft", kann aber nach „griechischem Vorbild" für die Wissenschaft „außerordentlich fruchtbar" werden, und für die interessierten Wissenschaften (Pädagogik, Medizin, Philosophie, Kunst, Verwaltungs- und Wirtschaftslehre, Technik) steht in der DHfL „ein einzigartiges Material zur Verfügung". Zum anderen mangelt es an „genügend wissenschaftlich und praktisch durchgebildeten Lehrern", die helfen, durch Leibesübungen „das heutige und das folgende Geschlecht vor sittlicher und körperlicher Entartung zu bewahren." Weil der Turnlehrer für diese Aufgabe ein „nötiges Ansehen" besitzen muß, jedoch zur Zeit eine „gedrückte Stellung" einnimmt, dient die „hohe wissenschaftliche Anerkennung" eines Doktortitels für den „Lehrer der Leibesübungen" auch der Gleichstellung mit dem „Lehrer der Geistesübungen". Um die Schwierigkeit einer Promotion an einer privaten Hochschule zu beheben, unterbreitet Bier den Vorschlag, daß die Begutachtungen von den Ordinarien der Berliner Universität oder anderen Hochschulen übernommen und nur Arbeiten angenommen werden sollen, die „wirklich gute oder genügende wissenschaftliche Leistungen darstellen." Bier ergänzt, daß das Studium an der DHfL vorläufig auf vier Semester angelegt sei und für den Doktortitel sechs Semester voraussetze, wovon zwei auch an anderen Hochschulen absolviert werden können.[340]

Der erst ein halbes Jahr später, am 5. Oktober 1920 gegebene Bescheid Haenischs lautete:

> Zu meinem Bedauern bin ich nicht in der Lage, Ihrem Antrage auf Verleihung des *Promotionsrechts* an die Deutsche Hochschule für Leibesübungen stattzugeben. Die Erfordernisse der Zulassung und Ausbildung an der Hochschule für Leibesübungen entsprechen nicht den an anderen Hochschulen bestehenden Promotionsbedingungen. Die Konferenz der *Vertreter der deutschen Hochschulregierungen*, die zu Anfang d. Mts. in *Bad Elster* stattfand, hat sich einmütig gegen die Schaffung dieses Promotionsrechts ausgesprochen. Ich bin überzeugt, daß diese Ablehnung Sie in Ihrer Ueberzeugung an meiner außerordentlich hohen Wertschätzung der Leibesübungen für unser Volkswohl nicht beirren wird.[341]

---

dentischen Pflichtsport für die DHfL von großem Interesse; siehe Martin, Körpererziehung, S. 17–19. Wir werden noch wiederholt auf Martin, Krümmel und diese Forschungsrichtung zu sprechen kommen.

[340] Schreiben Biers v. 3.5.1920 an das MWKV, zit. n. Diem, Denkschrift 1927, S. 23–24; eine Kurzfassung bei Court, Biers Antrag.

[341] Schreiben Haenischs v. 5.10.1920 an Bier, zit. n. Diem, Denkschrift 1927, S. 24. – Diese beiden Briefe sind auch abgedruckt in CDI, Gründung, S. 65–66.

Eine differenzierte Betrachung dieser Angelegenheit[342] hat bei den jeweiligen Argumenten der beteiligten Parteien anzusetzen. Während Bier in seinem Antrag – die Kontinuität entsprechender Anträge und Leitsätze aus dem Jahre 1917 fortsetzend[343] – das wissenschaftliche Potential der DHfL, die soziale Anerkennung des Turnlehrers, seine nationale Bedeutung und die formalen Voraussetzungen des ‚Dr. gym.' koppelt, ist in Haenischs Antwort seine ‚außerordentlich hohe Wertschätzung der Leibesübungen' sowohl von der wissenschaftlichen wie der formalen Seite getrennt. Jene bleibt vollkommen unberücksichtigt, so daß lediglich der – durch die Vertreterschaft der deutschen Hochschulregierungen ausgesprochene – formale Ablehnungsgrund angeführt wird.

Um seine Stichhaltigkeit zu überprüfen, empfiehlt sich ein Vergleich zwischen dem Doktor der Leibesübungen und der Diskussion um die Verleihung des Titels ‚Doktor der Handelswissenschaften' (auch ‚Dr. rer. merc.' genannt[344]), wie sie seit ca. 1912 vor allem an der Kölner Handelshochschule und dann an der Kölner Universität geführt wurde, deren Wirtschafts- und Sozialwissenschaftliche Fakultät bei ihrer (Wieder-)Eröffnung 1919 durch „Umwandlung der Handels-Hochschule"[345] entstanden war. Die DHfL hatte sich in ihrem Antrag auf Bestellung staatlicher Kommissare explizit auf das Vorbild einer Handelshochschule berufen, und das MKVW war bekanntlich in hohem Maße konzeptionell – in Carl Heinrich Beckers Leitidee der stark praxisorientierten ‚neuen universitas' – und institutionell an Gründung und Ausgestaltung sowohl der DHfL als auch der Kölner Universität[346] beteiligt.

Werfen wir zunächst einen Blick auf das Studium und die Zulassungsvoraussetzungen an der DHfL, so können gemäß ihrer Ordnung vom Januar 1920 zum Vollstudium erstens Abiturienten an einer „höheren neunjährigen deutschen Lehranstalt" (bzw. mit einem gleichwertigen Abschluß) aufgenommen werden und „ferner praktische Turner und Sportleute, die diesen Bedingungen zwar nicht entsprechen, aber nach Ansicht des Senats eine genügende Vorbildung nachzuweisen vermögen, oder diese durch hervorragende Begabung und praktische Fähigkeit ersetzen." Die Dauer des Vollstudiums war „zunächst auf vier

---

[342]   Sie wird in der Literatur nur spärlich behandelt; kurze Erwähnungen bei Bernett, Entwicklungsgeschichte, S. 232; A. Krüger, Turnen, S. 24; Eisenberg, „English sports", S. 363.

[343]   Dazu Court, Vorgeschichte, S. 257–266.

[344]   Siehe Heimbüchel, Universität, S. 249.

[345]   Schreiben des Dekans Thiess der Wirtschafts- und sozialwissenschaftlichen Fakultät der Universität Cöln v. 15.7.1919 an den Verband deutscher Diplom-Kaufleute, in: Mitteilungen des Verbandes deutscher Diplom-Kaufleute Jg. 1919, Nr 2, 1. September 1919, S. 2 (enthalten in UAK Zug. 70/Nr. 491).

[346]   Ein vollständiges Bild gibt Haupts, Universität, S. 127: „Am Ende des Ersten Weltkrieges war die aus der Handelshochschule, der Akademie für praktische Medizin und der Hochschule für kommunale und soziale Verwaltung hervorgegangene Universität Köln von den praktischen Wissenschaften geprägt." Vgl. auch Kap. 2.2 der Einführung; auf die Konzeption der DHfL komme ich gleich ausführlich zu sprechen.

Semester berechnet.“[347] In der seit 1. April 1922 gültigen Satzung lautet der Passus zur Zulassung: „Zum Vollstudium ist die Universitätsreife erforderlich. Bewährte Turner und Sportleute, die dieser Bedingung nicht entsprechen, können bei hervorragender Begabung und großen praktischen Fertigkeiten durch Entscheidung des Senats von Fall zu Fall zum Studium zugelassen werden.“ Und über die Dauer des Studiums und die Prüfung wird ausgesagt: „Das Vollstudium beträgt 6 Semester. Die Vollstudenten sind nach Ablauf des Studiums berechtigt, sich einer Diplomprüfung zu unterziehen“.[348]

Das Studium zum Diplom-Kaufmann in Köln erforderte 1920 gleichfalls ein viersemestriges Studium[349], das nach 1922 auf sechs Semester ausgedehnt wurde.[350] Die Promotion zum „Dr. rer. pol.“ setzte in Köln den Besitz eines Reifezeugnisses (oder ein gleichwertiges Zeugnis) und ein achtsemestriges Studium der Wirtschafts- und Sozialwissenschaften an einer deutschen Universität voraus. Dieses bestand in Köln aus einem sechssemestrigen Studium der Diplom-Volkswirte, der kaufmännischen oder der Handelslehrerdiplomprüfung und einem anschließenden zweisemestrigen Promotionsstudium.[351] Während man in Köln auf diese Weise einerseits den Studierenden der Handelswissenschaften die Zulassung zur Promotion, aber gleichzeitig auch eine „vollwertige“ Anerkennung dieses neuen Titels „im Sinne der alten Universitätstradition“[352] verschaf-

---

[347] Ordnung der Deutschen Hochschule für Leibesübungen. Geändert nach den Beschlüssen der Wettkampf-Ausschuss-Sitzung vom 10.1.1920, S. 4, 6 (CuLDA, Mappe 186). Vgl. die Vorstandssitzung des DRA v. 15.5.1920, S. 9: „Vier Semester genügen nicht!“ (ebd., Mappe 6).

[348] Zit. n. Diem, Hochschule, S. 58; zur Datierung auch Schneider, Lehrerschaft, S. 417. Vgl. DHfL. 2. Monatsbericht. Juli 1921, in: MTSS 1921, S. 305: „Der Senat beschließt, vom Sommersemester 1922 ab eine sechssemestrige Studienzeit einzuführen“.

[349] Vgl. das Studienprogramm der Wirtschafts- und sozialwissenschaftlichen Fakultät für das Spezialstudium von Handel und Industrie, S. 1 (UAK Zug. 727/Nr. 432), das für den „Beruf des Kaufmanns oder Industriellen“ konzipiert ist: „Die Anleitung ist für einen Zeitraum von 4 Semestern berechnet, die für die Zulassung zur Diplomprüfung durch die ministeriell genehmigte Prüfungsordnung als Mindestmaß vorgeschrieben sind. Der Zeitraum einer viersemestrigen Studienzeit ist zur Erlangung einer völlig befriedigenden Ausbildung nur gerade ausreichend, wenn gute Begabung und steter Fleiß vorhanden sind.“

[350] Vgl. den Bericht des Dekans der Wirtschafts- und Sozialwissenschaftlichen Fakultät über die Tagung der Handels-Hochschulen in Mannheim im Protokoll der Sitzung der Prüfungskommission für das Handels-Hochschulstudium v. 8.5.1922, S. 1 (UAK Zug. 4/Nr. 00/30).

[351] Übersicht über den Aufbau des Studiums an der Wirtschafts- und Sozialwissenschaftlichen Fakultät der Universität Köln, S. 14–15 (UAK Zug. 727/Nr. 433). Die Vermutung, daß diese undatierte Übersicht vermutlich aus dem Jahre 1931 oder 1932 stammt, beruht auf einem in jeder Hinsicht interessanten Hinweis auf S. 13: „Studierende des Handelslehreramtes können gleichzeitig mit der Diplomprüfung die Lehrbefähigung in Leibesübungen erwerben. (Ministerialerlaß vom 7. 3. 1931).“

[352] Schreiben des Dekans Thiess der Wirtschafts- und sozialwissenschaftlichen Fakultät der Universität Cöln v. 15.7.1919 an den Verband deutscher Diplom-Kaufleute, in: Mitteilungen des Verbandes deutscher Diplom-Kaufleute Jg. 1919, Nr. 2, 1. September 1919, S. 2 (enthalten in UAK Zug. 70/Nr. 491).

fen wollte, sah der Verband deutscher Diplom-Kaufleute in der Kölner Promoti-
onsordnung hingegen einen Beleg dafür, „dass das grundsätzliche Festhalten an
der Tradition jeden Fortschritt hindern muss." Er verwies darauf, daß an der
Frankfurter Fakultät – anders als in Köln – die

> Handels-Hochschulsemester grundsätzlich angerechnet und die Diplom-
> Kaufleute usw. ohne Reifezeugnis zur Promotion zugelassen werden,
> wenn sie die Prüfung mindestens mit der Note ‚gut' bestanden haben. Die
> Cölner Fakultät gestattet die Promotion nur, wenn die eingereichte Arbeit
> als hervorragende Leistung anerkannt wird. [...] Für die Handels-
> Hochschulen erwächst daraus die Pflicht, ihren Unterrichtsbetrieb auf ei-
> ner Höhe zu halten, der jeden Zweifel an ihrem wissenschaftlichen Wert
> ausschließt.[353]

Blicken wir noch auf die Immatrikulationsbedingungen in Köln, bildete prinzipiell das „Maturitäts-Prinzip" die Grundlage des Universitätsstudiums:

> Um jedoch diejenigen befähigten Immaturen, die vor Ablegung des Reife-
> zeugnisses in die kaufmännische Praxis gegangen sind, zum kaufmänni-
> schen und Handelslehrer-Studium gelangen und einen akademischen Grad
> erwerben zu lassen, ist an den Universitäten Köln und Frankfurt sowie an
> den Handelshochschulen eine staatliche ‚Sonderreifeprüfung' eingeführt
> worden, der die Richtlinien der Lehrpläne der höheren Schulen Preußens
> (Realgymnasium) in Verbindung mit einer entsprechenden Wertung kauf-
> männischen Wissens zu Grunde liegen. Mindestvorbildung ist Obersekun-
> dareife und eine mehrjährige kaufmännische Praxis.[354]

Vor einem Vergleich zwischen den Promotionsplänen in Köln und an der DHfL
ist festzuhalten, daß sich auch die Verleihung eines Doktortitels für Handelsleh-
rer im Spannungsfeld zwischen ‚Tradition' und ‚Fortschritt' bewegte und die
Überwindung großer Vorbehalte sowohl seitens des Ministeriums als auch der
Universitäten zur Voraussetzung hatte. Ebenso wie beim ‚Dr. ing.' waren tiefe
Zweifel an der Wissenschaftswürdigkeit solcher neuen Studiengänge zu überwinden[355], und eine weitere, gleichfalls in der Tradition begründete Schwierigkeit
beim Dr. rer. pol. lag darin, daß das Promotionsrecht ein althergebrachtes Privi-
leg der Fakultäten und nicht der Fächer war. Obgleich dieses Prinzip seit 1899
durch die Verleihung des Promotionsrechtes an die Technischen Hochschulen
durchbrochen worden war, konnte der Prozeß der (zumindest formalen) Gleichstellung von Universitäten und Hochschulen erst zum Beginn der Weimarer Republik abgeschlossen werden. Bis 1919 hatten sich beispielsweise auch die

---

[353] Mitteilungen des Verbandes deutscher Diplom-Kaufleute Jg. 1919, Nr. 2, 1. September
       1919, S. 2 (enthalten in UAK Zug. 70/Nr. 491).
[354] Übersicht über den Aufbau des Studiums an der Wirtschafts- und Sozialwissenschaftlichen
       Fakultät der Universität Köln, S. 1 (UAK Zug. 727/Nr. 433).
[355] Vgl. Heimbüchel, Universität, S. 249–250, und in dieser Arbeit das einführende Kap. 2.2.

Zahnmediziner vergebens um das Promotionsrecht bemüht, und der Kölner Doktor der Handelswissenschaften konnte ja erst verliehen werden, als die Handelshochschule Köln in der neugegründeten Universität aufgegangen war. Wenn im übrigen Becker zunächst heftigen Widerstand gegen diese Gründung Widerstand leistete, obwohl sie programmatisch seinem Ideal der ‚neuen universitas‘ entsprach, lag dies – wie erwähnt – zum einen an der Kölner Konkurrenz zu seiner Heimatuniversität Bonn. Zum anderen waren die schwierigen Verhandlungen zwischen MWKV, der Stadt Köln und der Kölner Universität auch ein Exempel für das „grundsätzliche Spannungsverhältnis der Universitäten zwischen staatlicher Bindung und Autonomie"[356].

Fragen wir nun danach, weshalb der Doktortitel für Diplom-Kaufleute genehmigt wurde, aber nicht für Diplom-Sport- und Turnlehrer, zeigt ein Vergleich zwischen den Promotionsvoraussetzungen aus Köln und Berlin, daß der Dr. rer. pol. prinzipiell auf den gleichen Aufnahme- und Studienbedingungen beruhte wie der beantragte ‚Doktor der Leibesübungen‘. Weil bekanntlich in der Weimarer Republik in Hochschulangelegenheiten faktisch die Länder Kulturhoheit besaßen, liegt die Vermutung nahe, daß es dem MWKV möglich gewesen wäre, sich über jenes ablehnende Votum der Vertreterschaft der deutschen Hochschulregierungen hinwegzusetzen, wenn nur der Wille dazu dagewesen wäre.

Die entscheidende Spur zu den wirklichen Gründen des Versagens eines ‚Dr. gym.‘ erhält man, wenn man auch jenen einzigen Unterschied zwischen den Aufnahmekriterien an der DHfL und der Wirtschafts- und Sozialwissenschaftlichen Fakultät der Kölner Universität (die staatliche ‚Sonderreifeprüfung‘) an die übliche Meinung hält, daß ein Sportstudium im Jahre 1920 (noch) nicht mit dem „herrschenden Bildungsverständnis an den Universitäten vereinbar war"[357] und die Verweigerung des Promotionsrechts an der DHfL daher den „Ballast des dualistischen Denkens"[358] zeige, das gegen ihre demonstrative Aufwertung des Körpers gerichtet war.

Die Parallele zu den Kaufleuten, Ingenieuren und Zahnmedizinern zeigt aber gerade, daß ihnen das Promotionsrecht trotz der Zweifel an ihrer akademischen Reputation verliehen wurde, sofern andere, politische, kulturelle oder gesellschaftliche, Gründe stärker waren. Eisenberg hat mit Recht darauf verwiesen, daß in der frühen Weimarer Republik ein „Anti-Intellektualismus zum guten Ton"[359] gehörte, und ebenso wie im Studium des Kaufmanns das Fehlen der Matura durch *kaufmännnische* Vorbildung kompensiert werden konnte, sahen die Aufnahmebedingungen der DHfL für Studenten ohne Matura einen Ausgleich durch *sportliche* „Charaktereigenschaften, vor allem Energie und Selbstvertrau-

---

[356] Heimbüchel, ebd., S. 339; vgl. ebd., S. 249–250, und hier S. 28–30. Zur wichtigen Funktion Adenauers ebd., passim; Court, Kandidatur, S. 87–88.

[357] Buss, 80 Jahre, S. 288.

[358] Bernett, Entwicklungsgeschichte, S. 232, zur (berechtigten) Kritik an der Einseitigkeit dieses Arguments Eisenberg, „English sports", S. 363.

[359] Ebd., S. 363, Anm. 96.

en"[360], vor. Besonders bedeutsam ist die hohe Wertschätzung der Charaktererziehung für unser Thema, weil auf der Eröffnungsfeier der DHfL die „Schulung des Charakters in den Mittelpunkt unserer Erziehungstätigkeit"[361] ausgerechnet vom Unterstaatsekretär des MWKV, Becker, in den Mittelpunkt gerückt wurde, der im „Kalo Kagathos" den „gelebten Humanismus"[362] erblickte. Hätte das zuständige MWKV der DHfL das Promotionsrecht genehmigen wollen, hätte es daher ihr nur die Auflage einer staatlichen ‚Sonderreifeprüfung' für besonders begabte Sportler und Turner machen müssen – was sowohl in Haenischs unmittelbarer Antwort als auch nach Beckers Amtsantritt zum Kultusminister 1921 unterblieb.[363]

Deshalb ist die Annahme wohlbegründet, daß auch der tiefere Grund für die Verweigerung des Promotionsrechts für die DHfL eher in der Frage nach ihrer formalen Anerkennung für den staatlichen Schulunterricht in Preußen zu finden ist.[364] Denken wir am Beispiel des Doktortitels für Kaufleute an die prinzipielle Opposition zwischen staatlichen und autonomen Ansprüchen in der Hochschulpolitik, bedeutete das stete Beharren der DHfL auf ihrem weitgehend privaten

---

[360]   Bier, Semesterbericht 1922, S. 243.

[361]   Zit. n. CDI, Gründung, S. 42; darauf verweist auch Eisenberg, „English sports", S. 363, Anm. 96; siehe ferner in dieser Arbeit oben die Anm. 296 und das folgende Kapitel zur Eröffnungsfeier der DHfL. Bei Zymek, Schulen, S. 161, findet sich ein wichtiger Verweis auf einen Strang der Schulreformdiskussionen dieser Jahre: „Die deutschen Schulen, insbesondere die staatlichen, werden als niveau- und seelenloser Apparat kritisiert, in dem zwar Unterricht, aber keine ‚Charaktererziehung' stattfinde".

[362]   Zit. n. G. Müller, Reform, S. 391–392. Spezifisch an Beckers Ideal der „vollen Harmonie" von Geist, Seele und Körper ist, daß es „in echter, aber deutscher Paideia und unter Anerkennung der von der Antike völlig verschiedenen Gegenwartsaufgaben namentlich auch in sozialer Neufassung praktisch gelebt werden" (zit. n. ebd., S. 392) solle.

[363]   In diesem Zusammenhang interessant ist Diems quantitativer und qualitativer Rückblick aus dem Jahre 1924. Von den bisher 504 immatrikulierten Studenten hatten 31 nicht die volle Universitätsreife besessen, und „ein genauerer Einblick in die Prüfungsergebnisse zeigt [...], daß die betreffenden Ausnahmestudierenden nicht nur – was ja natürlich ist – in ihren turnerischen und sportlichen Leistungen sich hervortaten, sondern auch glänzende wissenschaftliche Ergebnisse aufwiesen, ja hin und wieder sogar hier das Übergewicht errangen. Soweit sich an den bisherigen Studierenden Erfahrungen festlegen lassen, ist es die einige Ansicht des Lehrkörpers, daß wir mit der Einführung des Ausnahmeparagraphen einen guten Griff getan haben. [...] Ich darf hinzufügen, daß gerade unser Rektor, der doch gewiß auf dem Gebiete der akademischen Prüfungen seine Erfahrungen hat, mit besonderem Nachdruck diese unsere Haltung vertritt. Ihm stimmen die übrigen Lehrer der Berliner Universität bei, die sowohl dort wie bei uns die Prüfung abnehmen und daher gute Vergleiche ziehen können" (Diem, Vorbildung, S. 499). Weitere Beispiele bei Bier, Semesterbericht 1922, S. 243, und im Schlußwort, die insgesamt ein differenzierteres Bild ergeben.

[364]   Eine solche Spur auch bei Eisenberg, „English sports", S. 363: Die Ablehnung diente „längerfristig den Kultusbehörden als Argument gegen die staatliche Anerkennung des von der DHfL verliehenen Diploms." Bereits Schneider, Berufe, S. 179, verknüpfte seine zwei Monate vor Biers Antrag geäußerte Einschätzung, der „Dr. rer. gym. ist nur eine Frage der Zeit", mit der staatlichen Anerkennung der DHfL und der Erlangung einer Hauptfakultas auch für Turnlehrer.

Charakter in der Tat eine *besonders große* Konfrontation mit dem staatlichen hoheitsrechtlichen Interesse. Daher hätte eine Gewährung des Promotionsrechtes für die DHfL 1920 nicht nur einen Verzicht auf staatliche Macht zur Folge gehabt, sondern gleichzeitig auch ein Präjudiz vor allem, aber nicht nur, im Verhältnis zwischen DHfL und LTA geschaffen, durch das Preußen finanziell, konzeptionell und institutionell gebunden worden wäre.[365] Obzwar Bier unmittelbar nach Haenischs Ablehnung noch die Hoffnung hegte, daß eine erneute Initiative von Erfolg gekrönt sein könnte[366], verzichtete die DHfL – möglicherweise aufgrund der Einsicht in diese komplexe Situation – auf sie.[367] Eine Aufnahme der DHfL 1923 in den Verband der deutschen Hochschulen scheiterte jedenfalls an ihrem fehlenden Habilitations- und Promotionsrecht, nicht aber ihrem privaten Charakter.[368]

---

[365] Von Interesse wäre auch eine vertiefte Analyse, ob Köln sein Promotionsrecht vielleicht auch deshalb im Gegensatz zur DHfL erlangen konnte, weil sein Oberbürgermeister Adenauer eine stärkere Gegenmacht zum MWKV darstellen konnte als DRA und DHfL mit Bier und Diem, in der auch näher auf das Binnenverhältnis zwischen Haenisch und Becker einzugehen sein müßte – jenen hatten wir ja oben im Kapitel zu Nicolai als ‚schwankendes Rohr' kennengelernt, und Becker war einerseits Modernisierer, andererseits aber auch Verfechter einer starken Kulturpolitik des Reiches (siehe auch hier das Schlußwort). Die ebenfalls hierher gehörende Spekulation, ob sich Becker (oder Haenisch) in der Frage der staatlichen Anerkennung der DHfL nicht gegen das starke konservative und traditionell turnerfreundliche Lager im eigenen Ministerium durchsetzen konnten, wäre einerseits wegen der späteren Entwicklung zu früh gestellt und müßte andererseits in diesem komplexen Kräftespiel berücksichtigen, daß sich ja bspw. auch der Preußische Turnlehrerverband für eine Zusammenlegung von PrHfL und DHfL ausgesprochen hatte; siehe auch hier das Schlußwort.

[366] Siehe Biers Schreiben v. 8.10.1920 an den Rektor der Gießener Universität, zit. n. Gissel, Burschenturnen, S. 159: „Ich habe gehört, dass die Universität Gießen eine Anstalt für Körpererziehung errichten will und den Beschluss gefasst hat, den Dr. rer. gymn. zu verleihen. Der Reichsausschuß [sic] für Leibesübungen und die Deutsche Hochschule für Leibesübungen würden es mit großer Freude begrüßen, wenn dieses Gerücht sich bewahrheitete, da beide dafür kämpfen, der körperlichen Erziehung mehr Raum zu gewähren, und sie der geistigen gleichzustellen. Es wäre uns von großem Nutzen, wenn wir in die Pläne der Universität Giessen eingeweiht würden, damit wir rechtzeitig Schritte tun können, um Ähnliches auch für Berlin zu erreichen. Wir haben uns hier bisher umsonst bemüht, die staatliche Anerkennung der Hochschule für Leibesübungen und die Verleihung des Dr. rer. gymn. zu erreichen."

[367] Eine mögliche Reaktion auf diesen Verzicht war die Verleihung eines Ehrendoktors für Medizin an Diem; dazu gleich Kap. 2.2.3.

[368] Vgl. DHfL. 23. Monatsbericht. April 1923, in: MTSS 1923, S. 254: „Diem berichtet über die Beratungen des Hochschultages in Marburg. Eine Aufnahme der Deutschen Hochschule für Leibesübungen in den Verband kann erst erfolgen, wenn sie Habilitations- und Promotionsrecht hat; der private Charakter der H.f.L. widerspricht einer Aufnahme nicht."

5.3 DHfL und PrHfL 1922–1925

„Das Jahr 1922 leitete ein neues Entgegenkommen des Ministeriums ein."[369] Mit ihm beginnt für Diem die nächste Etappe auf dem Weg zur staatlichen Anerkennung der DHfL, die durch die „Erteilung staatlicher Aufträge"[370] gekennzeichnet ist und erst im Gefolge des preußischen Erlasses vom 30. September 1925 einer neuen Entwicklung Platz macht.[371] Ihren Anfang markiert ein Redebeitrag Beckers am 25. Februar 1922 im Preußischen Landtag, mit dem er als Staatsekretär im MWKV auf die Anregung von zwei Abgeordneten zur Vereinigung von PrHfL und DHfL reagierte.[372]

Becker betonte den Grundsatz, daß „die Leibesübungen im weitesten Sinne des Wortes einen Teil der Erziehung bilden sollen" und die Unterrichtsverwaltung bestrebt ist, die entsprechende Hochschulausbildung „immer weiter" auszudehnen. Da einerseits eine solche Erweiterung an der PrHfL auf „finanzielle Schwierigkeiten" stößt und andererseits das „Arbeitsgebiet von Turnen und Sport, die aufs engste zusammengehören und in gleicher Weise gepflegt werden müssen, so groß ist, daß es vollständig in den Rahmen der Spandauer Hochschule wie überhaupt in den Rahmen einer einzigen Anstalt gar nicht gebracht werden kann", erstrebte er „eine gewisse *Arbeitsgemeinschaft mit der Hochschule für Leibesübungen*". Diese „reine Privatanstalt" hat dadurch einen „etwas offiziösen Charakter bekommen, daß eine gewisse Personalunion zwischen dem bisherigen Staatssekretär des Reichsministeriums des Innern, Exzellenz Lewald, und der Leitung dieser Privatanstalt bestand." Nach Meinung Beckers habe sie aber bessere finanzielle Möglichkeiten als die Spandauer Anstalt, was sich „in allerletzter Zeit" durch eine Subventionierung durch die Reichsregierung gezeigt habe. Nachdem es zu „gewissen Reibungen" zwischen DHfL und PrHfL gekommen ist, äußert Becker abschließend den Wunsch, „daß man nicht durch eine Pressekampagne bevorstehende Verhandlungen erschweren oder, da mit Menschen als Unterhändlern gerechnet werden muß, unmöglich machen möge."[373]

---

[369] Diem, Denkschrift 1927, S. 6.

[370] Ebd.

[371] Ebd., S. 9, wird sie mit dem Kapitel „Die neuen Anträge auf Zeugnis-Schutz" eingeleitet und auf das Jahr 1926 datiert.

[372] Siehe MTSS 1922, S. 143–144.

[373] Zit. n. Diem, Denkschrift 1927, S. 6. – Die erwähnte Subvention des Reiches kommentiert Becker, ebd., mit der Bemerkung, „er glaube – ich bin nicht genau informiert –, daß sie nur eine einmalige gewesen ist." Tatsächlich handelte es sich um „erhebliche Beihilfen", mit der „das Reich die Tätigkeit der Hochschule gefördert hat"; so der Kassen-Bericht des DRA v. 1.4.1921–31.3.1922, S. 3 (CuLDA, Mappe 3); dort auch Details der Verwendung. Beckers Vorwurf der „Pressekampagne" ist im übrigen nicht gänzlich von der Hand zu weisen, denn Diem nutzte regelmäßig mit dem Umfeld des DRA und der DHfL verbundene Publikationsorgane für Angriffe gegen die Spandauer LTA und vertrat in ihnen auch andere Positionen, als es die DHfL im Schriftverkehr mit Behörden tat. Ein Beispiel *pro toto:* Im Aufsatz „Unsere Hochschule", der 1921 im *Leichtathletik Jahrbuch* erschien (vgl.

Nachdem Bier am 15. Mai 1922 von Becker persönlich die Zusage erhalten hatte, daß solche Verhandlungen – auch über den Anspruch der DHfL auf staatliche Anerkennung ihrer Prüfungen – „im kleineren Kreise"[374] vorgesehen seien, richtete Bier einen Tag später eine entsprechende Bitte an das RMI. Aus Anlaß des zweijährigen Bestehens der DHfL beginnt Bier mit einer kurzen Übersicht:

> Wir haben der Anstalt *wahren Hochschulcharakter* zu verleihen vermocht, indem wir sie zu einer *Stätte freier Lehre und freier wissenschaftlicher Forschung* erhoben. Die Grundlage hierzu gab uns die Mitarbeit der zur wissenschaftlichen Lehre und Forschung im ureigensten Sinne Berufenen, von der wissenschaftlichen Seite her der Mitglieder des Lehrkörpers der Universität, von der praktischen Seite her der Führer der Turn- und Sportbewegung und der Meister der einzelnen Turn- und Sportgebiete.[375]

Nach einer ausführlichen Würdigung dieser Leistungen in Forschung und Lehre führt Bier für ihre „Anerkennung in der Oeffentlichkeit" das rege Interesse von Studenten aus dem In- und Ausland an. Ihre Kosten beziffert er im Vergleich mit ähnlichen Einrichtungen als relativ gering, zumal der DRA in der Lage ist, gegebenenfalls „höhere Zuschüsse zu dieser seiner Gründung zu leisten". Grundlage für diesen „richtigen Weg" ist die „ungehinderte" und „völlige Beweglichkeit dieses privaten Ursprungs", der „bei weiterer Unterstützung" die DHfL zu einem Institut werden ließe,

> das wie ein Brennspiegel alles Wissen des Gebietes in Deutschland und aus dem Auslande in sich ausstrahlt und zum besten der Nation wider-

---

CDI, Bibliographie, Nr. 21/42, S. 16; zit. n. Diem, Flamme, Bd. III, S. 1278 [dort: 1922]), betont Diem, daß für die DHfL „der Staat zu entbehren" sei und sie den Bestrebungen einer Vereinigung mit der preußischen Landesturnanstalt fernstehe, weil sie im Gegensatz zur DHfL lediglich auf „seminaristischer Grundlage" stehe. Es sei daran erinnert, daß Propaganda ein Satzungszweck bereits des DRAfOS war; siehe Court, Vorgeschichte, S. 107.

[374] Diem, Denkschrift 1927, S. 6. Vgl. die Abschrift der Aktennotiz (Diems) v. 10.5.1922 (CuLDA, Mappe 190): „Herr Geheimrat Bier hat am Montag eine Besprechung mit Staatssekretär Becker gehabt, aus der nach seiner Mitteilung hervorging, dass Becker unserer Hochschule wohl wolle und zu einem anständigen Ausgleich mit uns bereit sei; es würde demnächst eine Beratung im kleineren Kreise darüber herbeigeführt werden. Aus der Mitteilung Beckers ging hervor, dass sie unsere Hochschule ausschliesslich vom Konkurrenzstandpunkte aus betrachten und die Ernennung der ihren lediglich aus diesem Motiv gewissermassen gegen ihren sachlichen Willen geschehen sei. – Aus allen Einwänden, die Becker Bier gegenüber machte, guckte immer wieder die Hinzesche Information heraus. So hat Becker auch darauf hingewiesen, dass wir unberechtigterweise den Reichsadler führten, was uns jetzt verboten sei, so dass ich zu der Vermutung komme, dass auch diese Aktion von Preussen ausgegangen ist. Sonst hätte doch das Reichsministerium keinen Anlass genommen, das Verbot (das wir übrigens noch nicht beachtet haben) Preussen mitzuteilen." Zur (symbolisch hochbrisanten) Problematik der Fahnen des DRA während der nahezu gleichzeitig stattfindenden Kampfspiele F. Becker, Leben, Bd. II, S. 70–71.

[375] Schreiben Biers an das RMI v. 16.5.1922; zit. n. Diem, Denkschrift 1927, S. 27.

strahlt. Diese Arbeit würde die Tätigkeit der einzelnen Landesturnanstalten daher wesentlich ergänzen und, wie wir hoffen, befruchten. Ja, wir
nehmen an, daß es der Gründlichkeit und Zielstrebigkeit dieser gemeinsamen deutschen wissenschaftlichen Arbeit gelingen wird, aus unserer
Hochschule eine Anstalt von Weltruf zu machen.[376]

Bier weist darauf hin, daß ein „Fortgang unserer Arbeit" die behördliche Anerkennung erfordert, weil es ein „ungerechtfertigter Zustand" ist, daß die „von den
ersten wissenschaftlichen und praktischen Kräften des Reichs drei Jahre lang
ausgebildeten Diplom-Turn- und Sportlehrer mit diesem Zeugnis nicht die gleiche Lehrbefähigung haben sollen wie etwa die Teilnehmer an kurzfristigen Uni-
versitätslehrkursen".[377] Seine Bitte an die Reichsverwaltung lautet deshalb,

> unsere Hochschule als eine *Reichshochschule* anzuerkennen im Vertrauen
> darauf, daß die körperliche Erziehung durch die Weimarer Verfassung zu
> einer Aufgabe des Reichs geworden ist.
> Wir bitten daher, die *amtliche Anerkennung der von uns ausgestellten
> Zeugnisse bei den Ländern* zu erwirken. Etwaige Umgestaltungen im
> Aufbau der Hochschule [...] wollen wir gern in Beratung ziehen. Die
> hochschulmäßige Selbstverwaltung und das Recht des Studiums für be-
> währte Fachleute ohne die sonst geforderte Schulbildung bitten wir dabei
> uns zuzugestehen.[378]

---

[376] Ebd.
[377] Ebd., S. 28. – Zur Begrifflichkeit siehe Diem, Flamme, Bd. III, S. 1279 [1921]: „Ein Wort
zur Amtsbezeichnung ‚Turn- und Sportlehrer'. Der nebeneinandergestellte Begriff Turnen
und Sport besteht für die Hochschule nicht. Wir erkennen nur ein einheitliches Gebiet
‚Leibesübung' an. Der Doppelname ist lediglich ein Zugeständnis an den Sprachgebrauch
der Verbände."
[378] Schreiben Biers an das RMI v. 16.5.1922; zit. n. Diem, Denkschrift 1927, S. 28. Die Bedeutung gerade dieser beiden Aspekte wird auch im soeben Aufsatz Diems „Unsere Hochschule" hervorgehoben. Was die „hochschulmäßige Selbstverwaltung" angeht, findet man
das interessante Argument, daß Diem im Gegensatz zu einer privaten der staatlichen Verwaltung „Schwerfälligkeit" (Diem, Flamme, Bd. III, S. 1278) unterstellt. Auch das Studium „ohne die sonst geforderte Schulbildung" wird – ein Jahr nach der Ablehnung des
Dr. rer. gym. – verteidigt: „Kein Zweifel, daß ein begabter Praktiker auch ohne besondere
Hochschulbildung ein unübertrefflicher Sportlehrer werden kann, wie es solche Ausnahmen auch in allen anderen wissenschaftlichen Berufen gibt" (ebd., S. 1279). – Die Rede
vom „Vertrauen darauf, daß die körperliche Erziehung durch die Weimarer Verfassung zu
einer Aufgabe des Reichs geworden ist", ist möglicherweise (vielleicht auch vor dem Hintergrund der Installierung des RKE) Biers Interpretation von Artikel 163: „Jeder Deutsche
hat unbeschadet seiner persönlichen Freiheit die sittliche Pflicht, seine geistigen und körperlichen Kräfte so zu betätigen, wie es das Wohl der Gesamtheit erfordert." Nach Teichler, Sportpolitik, S. 22, kommen auch die Art. 120 über die Pflicht der Eltern zur „Erziehung des Nachwuchses zur leiblichen Tüchtigkeit" und Art. 122 über den staatlichen
Schutz der Jugend gegen „körperliche Verwahrlosung" infrage.

Entsprechend wurde von Bier und Lewald als Vertreter der DHfL auch das MWKV um eine „Stellungnahme zu unserem Wunsche der Anerkennung als Reichshochschule", aber vor allem um die „Anerkennung unserer im ausgedehnten Studium unter berufenen Lehrern erworbenen Diplomzeugnisse als Berechtigungsschein für den staatlichen Turnunterricht" gebeten. Sie stützten ihre Bitte auf die bei der Gründung der DHfL nicht vorauszusehende „außerordentliche Geldentwertung", die eine Beeinträchtigung ihrer Fortbildungslehrgänge „für alle Sportzweige, für wichtige Berufe, wie Aerzte, Verwaltungsbeamte", und damit einen „Rückschlag für die Körpererziehung des Volkes" zur Folge haben könnte. Vor diesem Hintergrund regten sie eine Prüfung an, ob „mit einer Gemeinsamkeit der Arbeit unserer Hochschule mit der Preußischen eine Verbilligung des Betriebes möglich ist und sie uns höhere Lehr- und Forschungserfolge bringen würde." Die – bedingt durch die „Schwierigkeit der vorliegenden Frage" – von Lewald und Bier zunächst angeregte „mündliche Beratung"[379] hatte zur Folge, daß Becker auf einer Kuratoriumssitzung der DHfL sowohl die Bereitschaft der preußischen Regierung zu ihrer Förderung als auch das Beibehalten ihres Charakters als „freies, privates Forschungs- und Lehrinstitut"[380] verkündete. Das Resultat war ein Erlaß des MWKV vom 14. März 1923, der von Diem auf diese Weise zusammengefaßt wurde:

> Dieser Erlaß brachte zunächst:
> 1. den Auftrag erhöhter Mitwirkung an der Ausbildung der Studierenden der Berliner Hochschulen (woran unsere Hochschule seit Anbeginn mitgewirkt hatte). *Bier* und *Diem* wurden in den Gesamtausschuß der Berliner Hochschulen einberufen;
> 2. die Zustimmung zur wechselseitigen Mitbenutzung der vorhandenen Einrichtungen der von Preußischer und Deutscher Hochschule;
> 3. Uebertragung eines staatlichen Turnlehrerbildungs-Lehrganges an die Deutsche Hochschule neben der Preußischen.
> In den Verhandlungen war zunächst Uebertragung aller Universitäts-Turnlehrer-Lehrgänge an unsere Hochschule beabsichtigt, doch wurde dieses offenbar nach Einspruch durch die Landesturnanstalt dahin abgeändert, daß wechselweise ein solcher Kurs bei uns und in Spandau ab-

---

[379] Schreiben von Lewald als Vorsitzender des Kuratoriums der DHfL und Bier als Rektor an das MWKV v. 29.9.1922, zit. n. Diem, Denkschrift 1927, S. 28–29. – In der Folge fanden mehrere Besprechungen statt; zu ihnen und weiteren mündlichen Stellungnahmen die Übersicht bei Diem, ebd., S. 6–7; ein Entwurf des Schreibens v. 6.11.1922 zum Verhältnis zwischen DHfL und MWKV findet sich im CuLDA, Mappe 22.

[380] DHfL. 18. Monatsbericht. November 1922, in: MTSS 1922, S. 472. Siehe ebd.: „Im gleichen Sinne sprach Ministerialrat Pellengahr in Vertretung des am Erscheinen verhinderten Staatssekretär Schulz vom Reichsministerium des Innern. Auch der Reichsbehörde erscheine der private, das ganze Reich erfassende Charakter der Hochschule besonders bedeutungsvoll, und im Hinblick darauf werde auch die Reichsregierung wie bisher der Hochschule ihre Unterstützung erweisen."

gehalten werden sollte – Dieses geschah dann bis zur Stunde reibungslos unter Leitung von Ministerialrat Dr. Ottendorff.

Unser Antrag auf Anerkennung unseres Diplom-Zeugnisses als Berechtigungsschein für den staatlichen Unterricht wurde in diesem Erlasse nicht erwähnt.[381]

Das Ergebnis der Verhandlungen auf der finanziellen Seite war jene „Beihilfe in Höhe von 200 000 000 Papiermark [...] zur Aufrechterhaltung der Hochschule"[382], die das MWKV im September 1923 auszahlte.

5.4 Fazit

Eine zusammenfassende Antwort darauf, wie sich diese Phase des ‚neuen Entgegenkommens des Ministeriums' für die staatliche Anerkennung der DHfL auswirkte, hat als Ausgangsthese, daß sich in dieser finanziellen Ebene auch jenes sachliche Resultat spiegelt. Der entsprechende Tätigkeitsbericht der DHfL lautet in der ausführlichen Fassung:

Das Bedeutungsvolle an diesen Zuwendungen aus öffentlichen Mitteln ist die darin ruhende Anerkennung für unsere bisherige Leistung. Alle in Frage kommenden Dienststellen, Reichstag, Reichsrat, Reichs- und Staatsregierungen und – wie wir auch sagen dürfen – die Öffentlichkeit sind einstimmig der Meinung, *daß die Hochschule erhalten werden muß.*

Diese Anerkennung wurde dadurch noch bekräftigt, daß das Preußische Ministerium für Volkswohlfahrt unsere Gleichberechtigung mit der Preußischen Hochschule für Leibesübungen für die Veranstaltung der Fortbildungslehrgänge anerkannte und uns für das kommende Sommersemester fünf Lehrgänge übertrug; außerdem unterstützt es die Veranstaltung von vier ärztlichen Fortbildungslehrgängen.

Ferner haben die bei Semesterbeginn aufgenommenen Verhandlungen mit der Preußischen Unterrichtsverwaltung zu dem willkommenen Ergebnis geführt, daß uns die Durchführung eines viersemestrigen staatlichen Lehrganges zur Ausbildung von Turn- und Sportlehrern an den Berliner Hochschulen übertragen wurde. Damit ist allen Studierenden der Deut-

---

[381] Diem, Denkschrift 1927, S. 8; der vollständige Erlaß ist abgedruckt ebd., S. 7–8. Siehe auch Diems Bericht über die dem Erlaß vorausgegangenen Verhandlungen am 13.2.1923 im MWKV mit Ministerialdirektor Krüß, Ministerialrat v. Rottenburg und Direktor Ottendorff v. 13.2.1923 ebd., S. 28–29, sowie das von Becker in Vertretung unterzeichnete Schreiben des MWKV an den DRA v. 14.3.1923 (CuLDA, Mappe 22). – Ottendorff wurde 1921 Nachfolger Diebows an der Preußischen LTA und Leiter des neuen hauptamtlichen Dezernats für Leibesübungen im MWKV; ein Entwurf „Begründung der Forderung nach Referaten für Leibesübungen", der im nächsten Kapitel zu behandeln sein wird, befindet sich im CuLDA, Mappe 207. Ein lesenswertes, wenn auch voller subtiler Gehässigkeiten steckendes Porträt Ottendorffs gibt Neuendorff, Geschichte, S. 620–622.

[382] Diem, Denkschrift 1927, S. 7; siehe oben S. 87, Anm. 234.

schen Hochschule für Leibesübungen, die die Voraussetzungen für den Turnlehrerberuf erfüllen, die Möglichkeit gegeben, an unserer Anstalt auch die preußische staatliche Turn- und Sportlehrerprüfung zu bestehen. Schließlich wird die Hochschule von jetzt ab von den übrigen Berliner Hochschulen mit Genehmigung der Unterrichtsverwaltung zur körperlichen Ausbildung der Studierenden herangezogen werden.

Dieses Ergebnis insgesamt bedeutet die volle staatliche Anerkennung bis zu dem Grade, der uns heute erwünscht ist.[383]

Blicken wir auf die Zusammensetzung dieser ‚Zuwendungen aus öffentlichen Mitteln', ist dieses Urteil, was die Finanzierung der DHfL durch Preußen betrifft, auch in dieser Hinsicht treffend, jedoch mit einer leichten Verschiebung für die Zeit ab September 1923. Während bis dahin Subventionen nur durch das MVW geleistet wurden und wohl Mallwitz zu verdanken waren, hatte sich bis dahin das MWKV auf die „Zustimmung zu dieser Reichsunterstützung"[384] beschränkt und eigene Geldmittel lediglich „in Aussicht"[385] gestellt. Diese Zögerlichkeit ist insofern verständlich, als die ja nach wie vor bestehende Konkurrenz zwischen DHfL und PrHfL sich besonders in dem Ministerium auch auf der Ebene der Finanzen auswirken mußte, das für die Anerkennung der Zeugnisse *beider* Hochschulen zuständig war und daher besonders von der erwähnten und in der Tat seit der Gründung der DHfL bestehenden Problematik „unnützer Doppelkosten"[386] betroffen war:

---

[383] Tätigkeitsbericht DHfL WS 1922/23, S. 3 (CuLDA, Mappe 188); interessante Einzelheiten zu den Lehrgängen ebd., S. 5–6, und im Bericht der DHfL über das 1. SoS, in: MTSS 1923, S. 463; so wurde der gemeinsame staatliche Lehrgang von DHfL und PrHfL von Ottendorff abgehalten. Zum Lehrgang des MVW siehe auch den Tätigkeitsbericht des DRA v. 1.4.1924–31.3.1925, S. 15 (ebd., Mappe 13). Vgl. ferner das Schreiben Diems an Franz v. 5.11.1923: „Die preussische Regierung hat sich mit uns abgefunden. Der preussische Finanzminister allerdings will uns nicht unterstützen; infolgedessen hat die preussische Unterrichtsverwaltung uns ermächtigt, ihm gegenüber zu erklären, dass, wenn er uns eine Unterstützung gewähren wollte, sie ihrerseits auf den Ausbau der Preussischen Hochschule Verzicht leisten wolle. Das ist das Höchstmass an Anerkennung, das wir zur Zeit erwarten dürfen. Ferner hat sie sich mit einer umfangreichen Unterstützung durch das Reich einverstanden erklärt, und das Reich wird, davon bin ich überzeugt, tun, was es kann" (zit. n. F. Becker, Leben, Bd. II, S. 92).

[384] Tätigkeitsbericht DRA v. 1.4.1923–31.3.1924, S. 8 (CuLDA, Mappe 13).

[385] Tätigkeitsbericht DHfL 1922/1923, S. 2 (ebd., Mappe 188). Siehe auch den Erlaß des MWKV v. 14.3.1923, zit. n. Diem, Denkschrift 1927, S. 8: „Ob und in welchem Umgange eine Unterstützung der Deutschen Hochschule für Leibesübungen aus preußischen Staatsmitteln ermöglicht werden kann, muß weiteren Entschließungen vorbehalten bleiben."

[386] Siehe das Schreiben Diems an Lewald und die Mitglieder des Wirtschafts-Ausschusses des DRA v. 1.10.1923 (CuLDA, Mappe 4, o. P.): „Ich bin heute in das Preußische Unterrichtsministerium gegangen, um mit Ministerialrat *Briese* für die morgen stattfindende Ministerialsitzung den Etat unserer Hochschule durchzusehen. [...] Ich entnahm aus der Unterhaltung, dass tatsächlich ein gewisser Kampf zwischen Preussen und dem Reiche um unsere Unterstützung immer noch schwebt. Wenn wir, so meinte der Ministerialbeamte, ganz aus den preussischen Fonds übernommen würden, müssten wir uns Abstriche gefallen

Das Ministerium bleibt nach wie vor bestrebt, der Deutschen Hochschule für Leibesübungen einen *Barzuschuß* zu leisten, und wird die entsprechenden Verhandlungen mit dem Finanzministerium aufnehmen. Diese versprechen sehr schwierig zu werden, da der Finanzminister auf Grund eines neuen Sparsamkeitsauftrages sogar in den bereits für andere Zwecke bewilligten und im gedruckten Etat vorgesehenen Mitteln Streichungen vornehmen will. [...] Das Ministerium wird versuchen, uns durch Uebernahme von Personalkosten zu unterstützen. Es ist angedacht, in eine der beiden Universitäts-Turnlehrerstellen Herrn Dr. Altrock zu berufen und für Herrn Dr. Herbst, sobald er sich habilitiert, einen Lehrauftrag zu erteilen, durch erneute Verhandlungen mit dem Finanzminister den Universitäts-Turn- und Sportlehrern Assistenten zuzubilligen und auch hier die außeretatmäßigen Bezüge unseren Lehrkräften zuzuschieben, ferner auf den Hilfslehreretat der Preuß. H. f. L. (Gruppe VIII) zwei Stellen [...] zu übernehmen.

In der Besprechung gingen die Herren des Ministeriums davon aus, daß die Hochschule durch die zu erwartende Erhöhung der Reichsmittel von der dringendsten Arbeit befreit sei und zunächst ihre Arbeit fortsetzen könne.[387]

Als Fazit kann festgehalten werden, daß Diems Rede vom ‚neuen Entgegenkommen' des MWKV im großen und ganzen berechtigt ist. Die Erweiterung der Lehrgänge der DHfL, die damit nicht nur die Wanderlehrer im Reich, sondern auch ärztliche Fortbildungslehrgänge in Preußen umfaßte, ihre Betrauung mit staatlichen Aufgaben des öffentlichen Schulwesens oder ihre beginnende Kooperation mit PrHfL und Universität sind nicht bloß Auswirkungen der Notwendigkeit, auch im MWKV zu sparen[388], sondern gleichfalls starke Indizien einer

---

lassen, dergestalt, dass wir nur solche Dinge bearbeiten, die bei der Preussischen H.f.L. nicht bearbeitet würden, um unnütze Doppelkosten zu vermeiden. Auf meinen Hinweis, dass wir im ganzen billig arbeiteten, meinte er, die Preussische Hochschule täte dies auch. Ich rechnete ihm daraufhin die Lehrstellen an der Preussischen Hochschule vor, worauf er deren ungeheures Arbeitsgebiet ins Felde führte". Vgl. hier auch die S. 93 und 106.

[387] Siehe Diems Bericht v. 13.2.1923 über Verhandlungen am 13.2.1923 im MWKV mit Ministerialdirektor Krüß, Ministerialrat v. Rottenburg und Direktor Ottendorff; zit. n. Diem, Denkschrift 1927, S. 28. Kirste, Altrock, irrt, wenn er in diesem Zusammenhang schreibt: „Als das Preußische Unterrichtsministerium 1923 die Universitäten zur Einrichtung von selbständigen Instituten für Leibesübungen aufforderte, übernahm Altrock auf Betreiben von Rektor August Bier 1924 die Leitung des neuen Instituts an der Berliner Universität." Da (siehe Vorwort) IfL in Preußen erst mit Erlaß v. 30.9.25 gegründet wurden, übernahm er keine Institutsleitung, sondern die Stelle eines „akademischen Hochschul-Turn- und Sportlehrers"; vgl. den entsprechenden Erlaß v. 29.5.1923 bei Briese, Studium, S. 127–132.

[388] Das wird z. B. deutlich aus Lewalds Schreiben v. 4.10.1923 als Vorsitzender des DRA an Staatssekretär Heinrich Schulz im RMI, S. 1 (CuLDA, Mappe 22): „Wir haben auf Grund einer Vereinbarung mit dem preussischen Unterrichtsministerium von den drei voll angestellten akademischen Lehrkräften der Hochschule einen, und zwar den teuersten Beamten

wachsenden Wertschätzung der DHfL auch im preußischen Unterrichtsministerium – selbst wenn seine September-Beihilfe 1923 eben eine bloße Beihilfe war, weiterhin keine Vertreter Preußens für den Prüfungsausschuß der DHfL ernannt wurden und das Diplom-Zeugnis in Preußen immer noch nicht als Berechtigungsschein für den staatlichen Unterricht Anerkennung gefunden hatte.[389] Immerhin hatten sich zu Becker zwei weitere wichtige Fürsprecher der DHfL im Kultusministerium gesellt: einmal Ottendorff, mit dem wohl leichter zu verhandeln war als mit seinem Vorgänger Diebow[390], und einmal Krüß, der als Leiter der 1923 neueingerichteten Abteilung VI für körperliche Erziehung von Diem explizit für den „Gesinnungswandel"[391] im MWKV verantwortlich gemacht wur-

---

an die preussische Unterrichtsverwaltung abgegeben und so ohne soziale Härte eine bedeutende Ersparnis eintreten lassen."

[389] Auch wenn Mallwitz (siehe J. Schäfer, Mallwitz, S. 186) diesen Antrag im April 1923 (erfolglos) wiederholte, ist angesichts der Umstände die wohlwollende Formulierung im Tätigkeitsbericht des DRA v. 1.4.1924–31.3.1925, S. 15 (CuLDA, Mappe 13), näher an der Realität: „Unserer Arbeit blieb die Unterstützung der Behörden treu [...], das Preußische Ministerium für Wissenschaft, Kunst und Volksbildung übertrug uns in Gemeinschaft mit dem Lehrkörper der Preußischen Hochschule für Leibesübungen, mit dem uns gute Arbeitsgemeinschaft verbindet, die Fortführung des staatlichen Lehrgangs zur Ausbildung von Schulturn- und Sportlehrern. Auf diese Weise können unsere Studierenden ohne Zeitverlust die Staatsprüfung ablegen". Vgl. F. Becker, Leben, Bd. II, S. 92: „Besonders wichtig für die DHfL war die Bereitschaft des Preußischen Unterrichtsministeriums, ihre Förderung durch das Reich endlich zu akzeptieren. Diems Hochschule konnte nun hoffen, ihre Finanzierung, die durch das inflationsbedingte Schlingern des DRA massiv gefährdet war, auf neuer Grundlage zu stabilisieren."

[390] Eine solche Deutung wird nahegelegt sowohl durch Neuendorff, Geschichte, S. 621–622, der den Kampf zwischen dem Gegner der DHfL Briese und seinem Vorgesetzten Ottendorff schildert, als auch den eigenen moderaten Tonfall Ottendorfs. In einer „Klarstellung" (MTSS 1924, S. 299) verteidigt er z. B. den gemeinsamen Lehrgang von PrHfL und DHfL zur Ausbildung von Turn- und Sportlehrern, an dessen Beschluß er bekanntlich mitwirkte; Ausgangspunkt waren zwei gegen die PrHfL geäußerte Presseartikel eines Studiendirektors aus Unna. An dieser Einschätzung ändert auch der Umstand nichts, daß die PrHfL z. B. in ihren Nachrichten v. 1.7.1922, S. 1 (in: CuLDA, Mappe 22) Erlasse zitierte, nach denen die DHfL nicht das Recht zur Ausstellung staatlicher Zeugnisse besitzt. Damit trat die PrHfL lediglich Zeitungsartikeln entgegen, die einen falschen Eindruck von Berufsmöglichkeiten der Absolventen der DHfL vermittelten. Selbst Hinze – so Diem brieflich am 25.4.1923 an Franz – „behandelt uns nunmehr mit der Preussischen Hochschule gleichberechtigt" (zit. n. F. Becker, Leben, II, S. 91).

[391] Diem, Schriften, Bd. 2, S. 194; vgl. seine Eloge auf Krüß ebd., S. 193–194 (wird bisweilen auch „Krüss" geschrieben; so bei Witt, Wissenschaftsfinanzierung, S. 594). Zur Neueinrichtung 1923 der Abteilung VI unter Krüß und Ottendorff als Generalreferent vgl. MTSS 1923, S. 19; leider falsche Datierung und Bezeichnung bei Nagel, Bildungsreformer, S. 29. Auf der Sitzung am 2.7.1923 des gleichfalls neuen Beirats für Leibesübung und körperliche Erziehung erklärte Krüß, „daß auch für die Unterrichtsverwaltung Gleichsetzung der Leibesübungen mit den Geisteswissenschaften nächstes Hauptziel sei"; vgl. Tätigkeitsbericht DHfL 1.4.1923–31.3.1924, S. 7 (CuLDA, Mappe 13). Ferner ist der neue Arbeitsausschuß für körperliche Erziehung zu nennen, dessen erste Sitzung am 7.2.1923 nach Diem jedoch sein Vorsitzender Hinze mit vehementen Angriffen auf Diems „Pressepolemik" eröffnete; siehe den entsprechenden Bericht v. 14.2.1923, S. 2 (CuLDA, Mappe 22). We-

de. Den neuen Entwicklungen im politischen, kulturellen und gesellschaftlichen Umfeld des Sports, die bereits zur Anerkennung der DHfL in Baden und Hessen[392] geführt hatten, konnte sich auch das MWKV nicht mehr verschließen, und es mußte seine bis dahin widersprüchliche Politik ändern.[393]

Ein wesentlicher Grund für diese Entwicklung der DHfL „gewissermaßen zu einem privaten Körpererziehungsinstitut für die Berliner Universität und die übrigen Hochschulen"[394] war die konsequente und schließlich erfolgreiche Politik von DRA und DHfL, an der Autonomie ihrer Hochschule so weit wie möglich festzuhalten. Während ihre Kopplung von privatem Charakter und hohem Ansehen in den Denkschriften vor ihrer Gründung als Hoffnung und Absichtserklärung zu sehen ist, entstand in ihren ersten Jahren ein aus vielen Quellen gespeistes Bedürfnis nach einer solchen Einrichtung. Dieses starke Interesse war der Grund dafür, daß die DHfL sogar in der Zeit der Hyperinflation von ihrer Gestalt als private Lehranstalt Profit zog. Während es ihr auf der einen Seite gelang, trotz fehlender staatlicher Anerkennung ihrer Abgangszeugnisse durch Preußen enorme Geldmittel zu erhalten, nutzte sie andererseits diese finanziellen Probleme für ihre Zwecke[395] und blieb zudem gerade aufgrund ihres Charakters als Einrichtung privater Verbände vor staatlichen Zugriffen geschützt:

> Daß die Hochschule staatlich nicht anerkannt sei, trifft nicht zu; es trifft
> lediglich zu, daß sie keine staatliche Hochschule ist, und dies ist in der

---

sentlich an diesem Ausschuß war die breite Vertretung durch staatliche Behörden, Turn- und Sportverbände, den Arbeitersport, aber auch durch die Ärzteschaft (ebd., S. 1–2).

[392] Vgl. Diem, Hochschule, S. 17: „Von den Ländern des Reiches war Baden das erste, das unser Zeugnis praktisch durch Anstellung eines Diplom-Turn- und Sportlehrers aus dem ersten Jahrgang als Lehrer der Technischen Hochschule anerkannte. Hier vereinigte sich die energische Förderung der Turn- und Sportsache durch den damaligen Rektor Paulcke mit der freundschaftlichen Gesinnung des Geheimen Regierungsrates Kunzer und des Professors Brossmer. Auch die hessische Regierung genehmigte Anstellung eines Diplom-Turn- und Sportlehrers als Hochschullehrer für Leibesübungen in Darmstadt." Paulcke war auch Redner auf der Eröffnungsfeier der DHfL; siehe gleich S. 131.

[393] Ein schöner Beleg für diese Widersprüchlichkeit findet sich im Tätigkeitsbericht der DHfL. SoS 1921. Sekretariat der Hochschule. Berlin 1921, S. 17. Einerseits besuchte der Düsseldorfer Regierungspräsident im Frühsommer 1921 einen Fortbildungslehrgang Klinges zum „Modernen Turnen", und „andererseits erließ das preußische Kultusministerium folgende uns nicht verständliche Verfügung" vom 18.7.1921, nach der die Verbindung von staatlichen Lehrgängen zur Lehrerfortbildung mit denen des DRA als „‚nicht zweckmäßig anzusehen'" sei.

[394] So Schelenz auf der Kuratoriumssitzung der DHfL v. 10.11.1922; siehe MTSS 1922, S. 473; auf dieser Sitzung wurde Krüß zum persönlichen Mitglied ernannt.

[395] Vgl. den mit „10.1921" datierten Briefentwurf ohne Absender (vmtl. DRA) an den Minister für Wissenschaft, Kunst und Volksbildung (CuLDA, Mappe 207), S. 2: Die vom Preußischen Turnlehrerverband „bereits dem Minister Hänisch [!] vorgeschlagene organische Verbindung mit der ‚Deutschen Hochschule für Leibesübungen' dürfte in dieser Zeit der finanziellen Not noch immer der billigste Weg sein, auf dem für Preussen eine wirkliche Hochschulbildung zu verwirklichen ist." Auch nach F. Beckers (Leben, Bd. II, S. 57) Beschreibung der üblichen Taktik Diems spricht viel dafür, daß der Entwurf von ihm stammt.

Zeit des Abbaus ihr Glück; wäre sie vorher vom Staat übernommen, sie hätte jetzt ihre Leben lassen müssen.[396]

Vor diesem Hintergrund ist es unerheblich, ob die Trägerschaft der DHfL in preußischer oder reichsstaatlicher Hand liegen sollte.[397] Entscheidend für sie war vielmehr – neben „hochschulmäßigem Ausbau" und der „Lern- und Lehrfreiheit" – stets die Bindung ihrer „Reichsbedeutung" an eine „selbständige Verwaltung".[398]

---

[396] Diem, Vorbildung, S. 499.

[397] Über Pläne für eine ‚Reichshochschule' auch in der Tradition des ‚Reichssportamtes' siehe F. Becker, Leben, Bd. II, S. 56, 78–79, 90–91. Die von ihm, ebd., S. 56, Anm. 15, zum Beleg für eine solche ‚Reichshochschule' zitierte Stelle 1920 von Diem aus der *Olympischen Flamme* über den Wunsch, daß diese reichsstaatliche Anerkennung gleichzeitig als Verbindung „mit den Landesturnanstalten der Staaten" (Diem, Flamme, Bd. III, S. 1214) zu erfolgen habe, ist natürlich wieder ein starkes Indiz für die Taktik des DRA, für die erstrebte Zuständigkeit auch für den *staatlichen* Schulsport möglichst in ganz Deutschland viele Subventionsträger zu finden. So lautet Diems Kernsatz in einem Schreiben v. 1.9.22 an Lewald (CuLDA, Mappe 22, S. 5) über eine Besprechung im RMI auch über die Finanzierung der DHfL, daß der „Reichsausschuß nach der heutigen Lage aus finanziellen Gründen seine Aufgaben nicht durchführen kann und dass wir unbedingt versuchen müssen, offiziell Einfluss auf die Entscheidungen des Reichsministeriums zu gewinnen." In einem Schreiben an das RMI (wohl von Diem oder Bier) v. 13.7.1923 (ebd., Mappe 207, S. 1–2) wird betont, daß das „glückliche Fortschreiten" der DHfL nur möglich ist, „wenn die Unterstützung der Reichsregierung wertbeständig bleibt." Als „beste Lösung" wird vorgeschlagen, daß „Reich und Preussen die Personalkosten der Hochschule übernehmen und der Reichsausschuss seinerseits für die Sachkosten aufzukommen hat."

[398] Laut Tätigkeitsbericht des DRA v. 1.4.1920–31.3.1921, S. 17 (ebd., Mappe 13) sind das die „wichtigsten Eigenschaften" der DHfL. Vgl. oben S. 108–109.

II Die Konzeption der DHfL

1 Motivgeschichtliche Analyse der Eröffnungsfeier

Nachdem in unseren bisherigen Ausführungen die Ursachen, die erst zur Errichtung der DHfL und dann zu ihrer wachsenden Anerkennung geführt hatten, nur verstreut dargeboten werden konnten, ist nun am Exempel ihrer Eröffnungsfeier eine systematische Einordnung vorzunehmen.[1] Als Leitidee dienen hier die Begriffe der *Pluralität* und *Polyvalenz,* die zum Ausdruck bringen sollen, daß die Entwicklungsgeschichte der DHfL nicht auf einem einzigen, herausragenden Zweck, sondern einer Vielfalt von Motiven beruht, deren Heterogenität die pluralistische Kultur und Gesellschaft der Weimarer Republik widerspiegelt.[2] Gerade die Eröffnungsfeier der DHfL bietet eine herausragende Gelegenheit, sie in der Auswahl der Redner und vor allem in diesen Reden selbst als Ort einer solchen „Komplexität"[3] von Motiven zu verstehen. Beispielsweise beschloß Lewald seine Ansprache mit der Hoffnung, daß uns

> die in der Deutschen Hochschule für Leibesübungen verkörperte Arbeitsgemeinschaft zur körperlichen und sittlichen Erziehung unseres Volkes [...] den harmonisch entwickelten Führermenschen der Zukunft bescheren werde, der, gestützt auf eine gesunde leibliche Kraft, voll Mut und Tatwillen, geistig geschult, mit dem ganzen Rüstzeug der Wissenschaft, mit nüchternem Urteil und im selbstbewußten Vaterlandsgefühl seinem Volke den Weg in die Höhe weist. Denn, wie Jahn sagt: „Das höchste Gut des Mannes ist sein Volk".[4]

Bevor sich die ausführliche Analyse solcher Motive – d. h. ihr Aufspüren und ihre Einfügung in ihren jeweiligen politischen, kulturellen, wissenschaftlichen oder auch sportgeschichtlichen Kontext – anschließt, sei kurz auf den äußeren

---

[1] Als wichtigste Quelle dient der in der Mappe 185 (CuLDA) vorhandene Sonderdruck des DRA über die Eröffnungsfeier mit dem Aufdruck „Zum Gedächtnis des Festaktes", der auszugsweise abgedruckt ist in CDI, Gründung, S. 36–53. Ferner ist in dieser Mappe enthalten das Titelblatt der Zeitschrift „Turnen – Spiel – Sport" v. 18.5.1920, dem Zeitungsdienst des DRA, und eine „Drahtmeldung eines nach Berlin entsandten Mitgliedes unserer Sportschriftleitung", die unter dem Titel „Die Eröffnung der Deutschen Hochschule für Leibesübungen" in den „Leipziger Neuesten Nachrichten" am 17.5.1920 auf S. 3 abgedruckt wurde.

[2] Zur wichtigen methodischen Bedeutung dieser Begriffe siehe auch Tauber, Schützengraben, S. 60, 354. – Ich verzichte hier und im folgenden auf eine trennscharfe Unterscheidung von Ursachen, Motiven, Gründen, Zwecken etc., weil es um Ursachen geht, die auf der Eröffnungsfeier explizit als *Gründe* erscheinen.

[3] Schlögel, Terror, S. 23; zum auch hier angewendeten chronotopischen Verfahren vgl. ebd., S. 22–23.

[4] Zit. n. „Leipziger Neueste Nachrichten" v. 17.5.1920, S. 3 (wie Anm. 1); siehe auch CDI, Gründung, S. 40.

Ablauf der Eröffnungsfeier eingegangen. „Feierlich aus der Taufe gehoben" wurde die DHfL am 15. Mai 1920 um 17 Uhr; Reichspräsident Ebert und Wehrminister Dr. Geßler zählten zu einer „zahlreichen Gästeschar"[5] aus Politik, Wissenschaft, Kunst, Verwaltung und Sport.[6] Der von einem Schülerchor dargebotenen Motette Palmers „Das ist ein köstliches Ding" schlossen sich die Ansprachen von Lewald (als Vorsitzender des DRA), Schulz (als Vertreter des RMI), Becker (als Vertreter des MWKV), Rektor Meyer (für die Berliner Universität) und Paulcke[7] (als Rektor der TH Karlsruhe für die auswärtigen Hochschulen des Reichs) an.

Nach der Eröffnungsvorlesung, die Bier als neuer Rektor der DHfL hielt, folgte durch ihn die Immatrikulation der ersten 25 Studenten der DHfL, wobei Bier per Handschlag als erste „Frl. Georgi", die einzige Studentin, verpflichtete und in die Reihe der „strammen sehnigen Jungens"[8] aufnahm. Glückwünsche wurden durch Berger (Aschersleben) für die DT, Steffen (Lübeck) für die Sport-

---

[5]   Titelblatt „Turnen – Spiel – Sport" v. 18.5.1920 (wie Anm. 1). In einem Beitrag aus dem Jahre 1961 führt Diem (Schriften, Bd. 2, S. 121) irrtümlich Werner Jäger [sic] anstelle von Meyer als Vertreter der Berliner Universität auf der Eröffnungsfeier der DHfL an – was insofern verzeihlich ist, als sich Jaegers *Paideia* sehr wohl mit der Idee der DHfL vertrug; siehe auch im letzten Kapitel die Anm. 362. Vgl. auch aus Diems Erinnerungen 1950: „Der Festakt erhielt seine Bedeutung durch die Anwesenheit des damaligen Reichspräsidenten Ebert. Es mag gestattet sein, ihm ein besonderes Wort des Dankes zu widmen; er hat sich nicht damit begnügt, diesem Festakt beizuwohnen, durch den er wahrscheinlich das erstemal über unsere Bestrebung unterrichtet wurde; er bat in seiner stillen, bescheidenen, grundechten Art um eine Einladung zum Besuch der Arbeit dieser Hochschule, und es dauerte nicht lange, da erschien er, nahm an den Vorlesungen teil, besichtigte die Übungen, und das schönste Ergebnis dieser vielstündigen Anwesenheit war, daß er aus seinen Mitteln die Einrichtung des Hörsaals stiftete. Ich entnehme daraus das Recht, ihn als ein Vorbild der Pflichterfüllung in einem hohen Amte hinzustellen."

[6]   Vor dem volksgesundheitlichen Hintergrund der Eröffnungsfeier ist der Hinweis von Jensen, Body, S. 2–3, interessant, daß am Tag der Ableistung von Eberts Amtseid, der 21.8.1919, das Titelbild der „Berliner Illustrirten Zeitung" ihn und Gustav Noske in Badeanzügen präsentierte: „The droopy, frail appearance of these two men conjured visions of decline rather than prosperity" (dieses Bild ist bei Jensen, ebd., auf S. 2 abgedruckt).

[7]   Zwischen dem sportbegeisterten Paulcke, der an der TH Karlsruhe eine Professur für Geologie und Mineralogie bekleidete und den dortigen Hochschulsport förderte, und der DHfL bestanden enge Beziehungen. Wilhelm Paulcke war Mitbegründer des Deutschen Ski-Verbandes, der „erste große Skialpinist" und „erster deutscher Schnee- und Lawinenforscher" (Lennartz/Reinhardt, 1928, S. 230). Er war Mitglied im Großen Rat der DHfL (siehe Tätigkeitsbericht DHfL 1. SoS 1920, S. 5 [CuLDA, Mappe 188]), und die TH Karlsruhe war bekanntlich „wohl die erste deutsche Hochschule, welche den ersten Abiturienten der Hochschule für Leibesübungen als Sportlehrer angestellt hat" (Rede Paulcke auf Kuratoriumssitzung der DHfL am 26.5.1922; zit. n. MTSS 1922, S. 247; vgl. oben S. 128). 1922 wurde in Karlsruhe Fritz Adam, der großzügige Förderer der DHfL (vgl. S. 90) zum Ehrendoktor promoviert; dort stiftete er später 800.000 Mark für die Anlagen des dortigen Hochschulsports; vgl. Lennartz, August-Bier-Plakette, S. 8. Insgesamt besaß „gerade in Karlsruhe die Pflege der Leibeskultur einen sehr guten Boden" (MTSS 1923, S. 459).

[8]   Rede Bier; zit. n. CDI, Gründung, S. 51.

verbände des DRA und dem Schriftleiter der „Leipziger Neuesten Nachrichten",
Karl Markus (für die deutsche Presse), überbracht; Steffen und Markus über-
reichten dabei Stiftungen in Höhe von insgesamt 8 000 Mark. Die Feier wurde
beendet durch die wiederum von einem Kinderchor vorgetragenen Lieder „Der
Frühling naht mit Brausen" und „Ein Jäger aus Kurpfalz".[9]

1.1 Harmonie von geistiger und körperlicher Bildung

Dieses grundlegende, bei Diem seit 1912 explizit nachweisbare genuin reformpädagogische Motiv[10] begegnete uns bereits in der Diskussion über die Aufwertung des Schulturnens im Rahmen der Reichsschulkonferenz von 1920 und bezog sich auf das Postulat einer „weit umfangreicheren Harmonie zwischen Gei-
stes- und Körperzucht". Eine solche „neugeübte gesunde Leiblichkeit" verbindet
das „alte Hellas"[11] mit Fichte, Pestalozzi, den Philanthropen und Jahn[12] und
schafft gerade in der „deutschen Prägung" des „hellenischen Gedankens"[13] eine
„deutsche körperliche Betätigung", deren „Renaissance" des griechischen Vor-
bildes „etwas Eigenes und Deutsches"[14] ist. Unter Berufung auf Juvenals „mens
sana in corpore sano"[15] ist diese Aneignung durch die Idee gekennzeichnet, daß
die „Pflege der Leibesübungen" stets als Kraftquelle sowohl für eine „geistige
und sittliche Erneuerung" als auch ein „wirkliches soziales Zusammenarbeiten"[16] verstanden werden muß. Ihr pädagogisches Ideal ist der „harmonisch entwickelte Führermensch"[17], dessen mit der „Stählung des Körpers" einhergehende
„sittliche Willenskraft" gegen einen „allzu starken Intellektualismus der Vergangenheit" gerichtet ist, weil dieser „materialistisch ausgebaut zum Egoismus"
führt und den „geistigen und sittlichen Wiederaufbau unseres Volkes"[18] beeinträchtigt.

1.2 Die Konzeption einer Hochschule für Leibesübungen

Der wissenschaftstheoretische Grundsatz der DHfL folgt unmittelbar aus dieser
„Gleichstellung der geistigen und körperlichen Erziehung"[19] und kann als eine

---

9   Quellen wie oben Anm. 1. – Sie widersprechen sich lediglich in der Zahl der immatriku-
    lierten Studenten, wobei die mit „24" von den „Leipziger Neuesten Nachrichten" gebrach-
    te Zahl irrtümlich und „25" korrekt ist.
10 Ausführlich Court, Vorgeschichte, S. 141–142.
11 Rede Lewald, zit. n. CDI, Gründung, S. 39.
12 Reden Lewald und Schulz, zit. n. ebd., S. 36, 40–42.
13 Rede Becker, zit. n. ebd., S. 42.
14 Reden Lewald und Becker, zit. n. ebd., S. 36, 39, 42.
15 Reden Schulz und Meyer, zit. n. ebd., S. 41, 43.
16 Reden Lewald und Becker, zit. n. ebd., S. 39, 42.
17 Rede Lewald, zit. n. ebd., S. 40.
18 Reden Schulz und Becker, zit. n. ebd., S. 41–42.
19 Rede Bier, zit. n. ebd., S. 48.

auf den Gegenstand der Leibesübungen angewendete Form der ‚neuen univer-sitas' gefaßt werden: „Vollwertigkeit der leiblichen und der auf ihr sich aufbau-enden Charakterbildung und Anerkennung der Tatsache, daß das Studium dieser Bildungszweige höchste Wissenschaft ist."[20] Vor dem Hintergrund der Leitideen einer Pädagogisierung und Modernisierung der Hochschulen enthält eine solche neue „Erziehungswissenschaft des Körpers"[21] auch eine neue „wissenschaftliche Grundlegung"[22] der Beziehung von Theorie und Praxis, in der die „Leistungen unserer Lehr- und Forschungsarbeit" davon abhängig sind, ob sich „lebendige praktische Erfahrungen" und ein „neuverstärktes, feinempfindendes soziales Wissen"[23] wechselweise befruchten können.

Das Verhältnis zwischen Theorie und Praxis wird durch jene Kritik an Mate-rialismus und Intellektualismus bestimmt. Weil das Vorbild des Leibeserziehers sowohl gegen „schwächliche Verweichlichung" als auch gegen die „Verzerrung" durch einen „einseitig betriebenen Sport" gerichtet sein muß, bei dem „es sich nur um Gewinn und Preis" handelt, kommt es hier einerseits „in erster Linie nicht auf Wissen, sondern auf Können"[24] an. Andererseits schützt die „Hoch-schulgestalt der neuen Anstalt" wiederum vor einem „hirnlosen Athetentum".[25]

Die Theorie wiederum beruht auf drei Grundgedanken. Der erste bezieht sich auf die *Systematisierung der Forschung* und drückt aus, daß die DHfL an die Stelle bisheriger „vereinzelter und verstreuter" Früchte eine „umfassende Lehr-stätte"[26] gesetzt habe. Sie kann „eine Lücke in unserer Universitas litterarum" dadurch schließen, daß sie mit ihrem „bisher wenig erforschten Gebiet der Lei-besübungen" von gegenseitigem Nutzen für alle anderen Hochschulen in Preu-ßen und im gesamten Reich sein kann: „Besonders interessiert an der wissen-schaftlichen Erforschung der Leibesübungen sind die Medizin, die Pädagogik, die Philosophie, die Geschichte, die Verwaltungs- und Wirtschaftslehre, die Technik und die Kunst, also die weitesten und wichtigsten Wissenszweige."[27] Herausragendes Beispiel ist der Lehrstuhl für experimentelle Psychologie, der als „Musterlaboratorium" seine Kraft in „alle Teile Deutschlands"[28] ausstrahlt. In dieser Übersicht ist die zweite Kernidee – die *Synthese von Geistes- und Na-*

---

[20] Rede Steffen, zit. n. ebd., S. 52.

[21] Diem, Flamme, Bd. III, S. 1278 [1922].

[22] Rede Meyer, zit. n. CDI, Gründung, S. 43.

[23] Rede Lewald, zit. n. ebd., S. 39. Diem, Hochschule, S. 10, spricht von ihrem „gegenseiti-gen Austausch", durch den eine „volltönende Symphonie" entsteht. Zum Verhältnis von Theorie und Praxis führt Bier, Hochschule, S. 131, einen Satz Goethes aus der „Italieni-schen Reise" an: „Man kann nur recht beurteilen, was man selbst ausgeführt hat."

[24] Reden Meyer und Bier, zit. n. CDI, Gründung, S. 43, 47.

[25] Rede Lewald, zit. n. ebd., S. 40.

[26] Rede Lewald, zit. n. ebd., S. 39.

[27] Rede Bier, zit. n. ebd., S. 49. Ebd., S. 49–50, verknüpft Bier diese Ausführungen sowohl mit einer Kritik an der mangelnden finanziellen Unterstützung Preußens als auch der For-derung nach Forschungsfreiheit.

[28] Rede Paulcke, zit. n. ebd., S. 44.

turwissenschaften – eingeschlossen, die nach Fichte die „Kenntnis der Anatomie des menschlichen Körpers und der wissenschaftlichen Mechanik und den philosophischen Geist"[29] vereinigt. Drittens ist nach dem Vorbild anderer Fächer im *Verhältnis von Allgemeinbildung und Spezialisierung* zunächst Wert auf eine „gründliche praktische und theoretische Allgemeinbildung" zu legen, bevor dann das „Sondergebiet" behandelt wird. So ist das Spezialgebiet der Heilgymnastik zur Vermeidung eines „halbwissenden und schädlichen Kurpfuschertums" dem Arzt vorbehalten und an der DHfL auf die „Leibesübungen der Gesunden und Schwächlichen" zu beschränken, während Anatomie, Physiologie und Massage zur Allgemeinbildung gehören.[30]

1.3 Die Zwecke einer Hochschule für Leibesübungen

Ebenso wie die Gleichberechtigung körperlicher und geistiger Bildung mit der wissenschaftstheoretischen Konzeption der DHfL in einem inneren Zusammenhang steht, schließt diese Wechselbeziehung auch ihre Ziele ein. Von zentraler Bedeutung ist die Verknüpfung der Zwecke von „Volksgemeinschaft"[31] und Volksgesundheit, weil sie als unerläßliche Bedingung für das ganzheitliche Bildungsideal der „Vervollkommnung" der „Staatsbürger"[32] durch gezielte theoretische und praktische Einwirkungen beeinflußbar sind.

Für diesen Begriff der Volksgesundheit sind drei Merkmale charakteristisch. Erstens enthält er in genauer Parallele zum Begriff der Bildung nicht nur eine körperliche, sondern auch eine geistige Seite, die wiederum seelische und sittliche Bereiche umfaßt:

> Der Körper ist das Haus für den Geist und für die Seele, für die sittliche Willenskraft, und darum muß der Körper gesund sein. Richtiges Turnen und zweckmäßige Leibesübungen sind daher zugleich auch wertvolle Arbeit an Seele und Geist des Menschen.[33]

Zweitens findet sich in ihm keine absolute Trennung seiner individuellen und sozialen Komponenten, denn die „Stählung unseres Körpers" ist stets auf das „wirkliche soziale Zusammenarbeiten"[34] gezielt. Drittens umfaßt dieser Begriff ein gleichfalls wechselseitiges Verhältnis der Zeitformen von Vergangenheit, Gegenwart und Zukunft: Der Zweck der „Gesundheit im deutschen Volk für alle

---

[29]   Rede Lewald, zit. n. ebd., S. 41.
[30]   Rede Bier, zit. n. ebd., S. 46–47.
[31]   Rede Lewald, zit. n. ebd., S. 38. In diesem Sinne spricht Lewald ebd., S. 40, von der DHfL als Erzieher des Volkes, der „ihm die Leibesübung zu einem unentbehrlichen Lebensgenuß macht und damit alle sittlichen Kräfte in ihm entbindet."
[32]   Rede Bier, zit. n. ebd., S. 48.
[33]   Rede Schulz, zit. n. ebd., S. 41.
[34]   Rede Becker, zit. n. ebd., S. 42.

Zukunft"[35] ist auf einen „dauerhaft begründeten Hochstand"[36] gerichtet und wird legitimiert sowohl durch die „Leitsterne"[37] des antiken Griechenlands und Friedrich Ludwig Jahns als auch soziale und politische Lebensumstände der Gegenwart.

Blicken wir näher auf diese gegenwartsbezogenen Aspekte, sind sie wiederum durch drei Kennzeichen markiert. An erster Stelle steht die Bewältigung unmittelbarer Folgen des Ersten Weltkriegs. Ausgehend von dem Befund, daß unser „Volk entkräftet ist, körperlich und seelisch", sind zum einen „Nahrungsmittel zur Kräftigung des ausgemergelten Volkskörpers sehr schwer zu erhalten"[38]. Zum anderen

> bedürfen wir vor allen Dingen nach jeder Richtung gut ausgebildeter Lehrer. An diesen aber hatten wir schon vor dem Kriege erheblichen Mangel, was besonders aus der beschämenden Tatsache hervorgeht, daß wir einen großen Teil der Sportlehrer aus dem Auslande beziehen mußten [...]. Dieser Mangel ist jetzt wesentlich fühlbarer geworden, weil der größte Teil unserer hervorragendsten Turn- und Sportlehrer gefallen oder verstümmelt ist, „denn der Krieg verschlingt die Besten". Schon diesem unwürdi-

---

[35]   Rede Paulcke, zit. n. ebd., S. 44.

[36]   Rede Berger, zit. n. ebd., S. 52.

[37]   Rede Lewald, zit. n ebd., S. 39.

[38]   Rede Schulz, zit. n. ebd., S. 41. Zur spezifischen Folge für die Abhaltung der Stadion-Kurse vgl. den Tätigkeitsbericht des DRA v. 1.4.1919–31.3.1920, S. 9 (CuLDA, Mappe 13): „Eine höchste Steigerung der Lehrarbeit erkannte der Deutsche Reichsauschuß als erste aus den Kriegsverhältnissen hervorgegangene Pflicht an. [...] Große Schwierigkeiten stellten sich dem entgegen. So schien die Ernährungsfrage zunächst unüberwindlich zu sein". Ihre große Bedeutung ist ferner daran ersichtlich, daß in der MTSS 1921, S. 356–357, ausführlich über die nachteiligen Folgen des Alkoholkonsums auch für die Beschaffung und Herstellung von Nahrungsmitteln berichtet wird. Vgl. auch das Schreiben von Reichskanzler Cuno an Lewald v. 20.6.1923 (CuLDA, Mappe 22): „Euer Excellenz haben sich der dankenswerten Aufgabe unterzogen, als Vorsitzender des Deutschen Reichsausschusses für Leibesübungen dafür zu sorgen, dass trotz der Not der Zeit der für die Gesundheit unserer Jugend notwendige Sport nicht zum Erliegen kommt. Wie ich bereits in meinem Rundschreiben an die Landesregierungen von Schlemmerei und Alkoholmißbrauch vom 16. Januar 1923 betont habe, hat das deutsche Volk, und namentlich unsere Jugend bei aller Schwere der Zeit ein Recht, Freude in würdiger Weise zu suchen und zu finden. Diese Freude kann unserer Jugend besonders durch die Ermöglichung von Leibesübungen und Sport jeder Art geschaffen werden. Ich begrüsse daher die Bestrebungen des Deutschen Reichsaussschusses für Leibesübungen auf das Wärmste und hoffe und wünsche aufrichtig, dass seine Bemühungen, die privaten Kreise zu opferfreudigen Gaben für diesen Zweck heranzuziehen, von bestem Erfolg begleitet sein werden." Schiff, Entwicklung, S. 9, schreibt in diesem Zusammenhang (nicht ganz glaubwürdig) über die Studenten der DHfL: „Als selbstverständliche Voraussetzung gilt für alle, die das Studium an der Hochschule aufnehmen, daß sie während des Studiums nicht rauchen und keinen Alkohol trinken. Kleinliche Kontrolle wird in dieser Beziehung nicht geübt, aber die meisten Studierenden halten sich dem Nikotin und Alkohol ohnehin grundsätzlich fern, um ihre Leistungsfähigkeit nicht zu beeinträchtigen." – Zu Forschungen der DHfL über Alkohol und Leistungsfähigkeit siehe im Teil III die Kap. 4.2.3 und 4.3.

gen Zustande ein Ende zu machen ist ein hohes Ziel. Jetzt aber haben wir noch viel größere Aufgaben; denn wir wollen nicht die Leibesübungen in der mehr als bescheidenen Weise, wie es bisher üblich war, weiterbetreiben, sondern wir wollen sie zu einer großen allgemeinen Volkssache machen.[39]

Zweitens eignet einer solchen Verbindung von Wissenschaft, Leibesübungen und Volksgesundheit ein *demokratischer Grundzug*: „Es gibt ja nur eine Art von Leibesübungen, wie es nur ein deutsches Volk und ein deutsches Vaterland gibt."[40] In genauer Parallele zur Programmatik der „Volkshochschule"[41] rekrutiert sich zwar die Lehrerschaft für Leibesübungen aus den „Zehntausenden unserer akademischen Jugend"[42], jedoch ist der Zweck ihrer Arbeit aus einem „Volksbedürfnis"[43] entstanden und auf den Nutzen „der ganzen heranwachsenden Generation bis weit ins Mannesalter"[44] bezogen. Dieser demokratische Kern der ‚neuen universitas' spiegelt sich in der DHfL sowohl wissenschaftsmetho-

---

[39] Rede Bier, zit. n. CDI, Gründung, S. 48. Das Zitat stammt aus Schillers Gedicht „Das Siegesfest" (1803) und hat seinerseits antike Vorbilder.

[40] Rede Berger, zit. n. CDI, Gründung, S. 52. Eisenberg, „English sports", S. 356, Anm. 67, hebt hervor, daß dieses Demokratieverständnis identisch mit dem Ideal der Volksgemeinschaft ist. Tauber, Schützengraben, S. 267, merkt an, daß diese durch die soldatischen Erfahrungen des Weltkriegs geprägte Gemeinschaft durch den Sport verstärkt wurde, in dem eine „durch Leistungen und Vorbildfunktion gewonnene Autorität" ausschlaggebend für die soziale Anerkennung war. Vgl. Schreiber, Not, S. 99–100: „Es bedarf noch der Erläuterung, daß die Wissenschaft ein großes Stück Arbeiterschutz leistete, wenn sie auf die gesundheitlichen Schäden der Nacht- und Kinderarbeit hinwies und überhaupt die Gewerbehygiene entwickelte. Sie kümmerte sich um die Proletarierkrankheit, die Tuberkulose, um die Schwangeren und Säuglinge, um die Berufskrankheiten und die Physiologie der Arbeitsleistung. Sie schuf die Sicherheitsvorrichtungen und die staubfreie Luft der Bergwerke und Fabriken und die Ventile und Sicherheitsmesser von Apparaten und Maschinen. Sie verfeinerte die Arbeitsmethoden und Werkzeuge und mehrte damit das Quantum und die Feinheit der Erzeugnisse."

[41] Rede Schulz, zit. n. CDI, Gründung, S. 41. Daß diese Parallele nicht willkürlich gezogen wurde, sondern durchaus der zeitgenössischen Überzeugung entspricht, zeigt exemplarisch der Einsatz Victor Klemperers für die Volkshochschule in Dresden, die heute nach ihm benannt ist. Siehe sein Tagebuch v. 22.11.1920: „Heute früh begann hier ein Cursus für Volkshochschullehrer im Bauseminar [...]. Erst sprach wieder der alte Minister Seyffert [sic] in der freundlich warmen Art des alten Lehrers, wie ich ihn neulich bei der Eröffnung des Feriencurses gehört habe. Notwendigkeit von Bildung, Aufbau etc.– Dann – nicht ganz frei aber gut – der *Dr. Ulich*, Leiter der Centralstelle für Volkshochschulwesen im Ministerium. Aus dem Allgemeinen kam er bald ins Sachliche. Er will *Wissen* vermitteln, kein Kaffeekränzchen, kein Erziehen, wogegen sich Erwachsene sträuben, kein Versöhnen u. Vermitteln – das muß aus der Sache, aus der Wissenschaft wachsen. Aber das Wissen soll Leben haben. Es soll nicht rein intellektualistisch sein, sondern Lebenswerte schaffen. Mit Berücksichtigung der irrationalen Strömungen. Die Leute sollen mitarbeiten" (Klemperer, Leben, Bd. 1, S. 389).

[42] Rede Meyer, CDI, Gründung, S. 43.

[43] Rede Schulz, zit. n. ebd., S. 40.

[44] Rede Bier, zit. n. ebd., S. 43.

disch in ihrer Synthese „praktischer und theoretischer Allgemeinbildung"[45] als auch in ihrer politischen Vorbildwirkung:

> Es ist dem Deutschen Reichsausschuß für Leibesübungen, dem Gründer der Hochschule, das große und schwierige Werk gelungen, all die zahlreichen Turn- und Sportvereine, die das getreue Abbild deutscher Zersplitterung und deutschen Parteihaders, unseres alten und verderblichen Erbübels, darstellten, unter einen Hut zu bringen. Damit ist hoffentlich ein für allemal die Gefahr überwunden, daß, wie leider so häufig die politischen Parteien ihre kleinen Sonderinteressen über das Wohl des Vaterlandes setzten, so die Parteien auf unserem Gebiete über ihren Sonderbestrebungen vergessen, daß sie doch alle einem großen gemeinsamen Ziele dienen, oder wenigstens dienen sollten: der Ertüchtigung ihres Volkes.[46]

Von besonderer Wichtigkeit ist drittens die Rechtfertigung der DHfL vor dem Hintergrund des Versailler Vertrags in der Rede Biers (der sich allerdings davor hütet, den Namen ‚Versailles' in den Mund zu nehmen):

> Wir eröffnen unsere Hochschule unter den schwierigsten Verhältnissen. Vom äußeren Feind besiegt und auf das schmachvollste gedemütigt, von innerem Hader zerrissen, durch Hunger und Entbehrungen körperlich und geistig geschwächt, sittlich heruntergekommen, entehrt und verarmt, kurzum völlig zusammengebrochen liegt unser einst so ruhmvolles, starkes und stolzes Volk am Boden.[47]

Als Mittel der Heilung „unseres kranken Volkes" hatten wir bisher

> unsere Wehrpflicht, die, neben ihrem eigentlichen Zwecke der Ausbildung für den Krieg, unter anderen Vorzügen eine ausgezeichnete Körperschulung darstellte. Diese vortreffliche Schule ist dahingesunken und ihre Wiedereinführung durch den schmählichen Friedensvertrag unmöglich gemacht. Damit wird die Frage der Leibesübungen zur Lebensfrage für unser Volk. Geschieht hier nichts Durchgreifendes, so eilen wir unweigerlich der körperlichen und sittlichen Entartung zu. Dem entgegenzusteuern, das Interesse für Leibesübungen zu wecken, sie zu fördern und in unserem ganzen Volke zu verbreiten, das ist der Zweck unserer Hochschule.[48]

Daß zwischen diesen Motiven ein innerer Zusammenhang besteht, wird deutlich in dem im April 1920 erschienenen Sonderdruck des DRA „Was bringt uns die Deutsche Hochschule für Leibesübungen?" Sie wird dort als „Sammelbecken" zur „Konzentration aller vorhandenen Kräfte" für die Grundlage einer „neuen Idee" der körperlichen Erziehung bezeichnet. „Theorie und Praxis" dürfen keine

---

[45] Ebd., S. 47.
[46] Ebd.
[47] Ebd., S. 45.
[48] Ebd., S. 46.

„feindlichen Brüder" mehr sein, um in das „„Für und Wider sportlicher Tätigkeit'" Klarheit zu bringen und die „Früchte der Forschungstätigkeit dem ganzen
Volk zugute kommen zu lassen." Dabei wird sich herausstellen, daß „jede Art
von Leibesübungen ihre besonderen wertvollen Eigenschaften hat" und erst ihre
„Verschmelzung" eine vielseitige Ausbildung gewährleistet. Da es hier zu „langen Jahre der Unterbrechung, des Stillstandes und der Vernachässigung" gekommen ist und zudem nur „ein geringer Prozentsatz überlebender Vereins-Vor-
turner und -Sportleiter" existiert, erwächst aus diesem „Mangel an erfahrenen
Lehrkräften wie früher der Nachteil unvernünftiger, wenig zielstrebiger Arbeit
und vor allem die Gefahr der Übertreibung, Schäden, die bei ausgebildeten Lehrkräften von vornherein ausgeschaltet sind."[49]

2 Die ‚neue universitas‘ und die DHfL

Während am Beispiel der Redebeiträge ihrer Eröffnungsfeier die These eines
Zweckpluralismus der DHfL belegt werden konnte, geht es im nächsten Schritt
um eine Detailanalyse ihrer Konzeption der ‚neuen universitas‘, d. h. die Frage,
ob und inwieweit ihre *sportwissenschaftliche* Gestalt als Spiegelbild politischer,
wissenschaftlicher, kultureller oder auch ideologischer Grundzüge der frühen
Weimarer Republik fungiert.

Beginnen wir mit dem Begriff des Politischen, so belegt die Feier den allgemeinen Befund unserer früheren Untersuchungen zur ‚neuen universitas‘ und
zum ‚Fall Nicolai‘. Die Reden sind nicht nur exemplarisch für das vorherrschende parteipolitische Spektrum – so steht der Vernunftrepublikaner Lewald als
Mitglied der DVP[50] ebenso wie Bier und Meyer für rechtskonservative Positio-

---

[49] Zit. n. CDI, Gründung, S. 43. Vgl. Diem, Hochschule, S. 5: „Der Gedanke an eine freie
Lehrstätte der Leibesübungen erwuchs aus den Folgen der schweren Menschenverluste des
Weltkriegs. Dieser hatte seine Opfer, was natürlich war, gerade unter den Führern der
Turn- und Sportvereine gesucht. Sie waren ja alle gesund, geübt, tatwillig, an Anstrengun-
gen und Gefahren gewöhnt. Was Wunder, daß sie in der vordersten Linie standen und dort
auch gefallen sind. Je enger man in irgend einem größeren Turn- oder Sportverein den
Kreis der körperlich Tüchtigen jener Jungmannschaft von 1914 zieht, desto größer erweist
sich der Anteil an den Verlustziffern." – Tauber, Schützengraben, S. 419, betont, daß
„Turner und Sportler sogar die größte Gruppe der Kriegsfreiwilligen stellten", und fügt auf
S. 378 als Zahlenbeleg an: „Beim TSV 1860 München hatten beispielsweise 1.150 Mitglieder Feldgrau getragen und waren gefallen. [...] Sowohl der Mobilisierungsgrad als auch
die Anzahl der Gefallenen entsprachen dabei der Quote in vielen anderen Vereinen." Zum
Fußballsport siehe ebd., S. 364: „Der DFB konnte trotz der großen Zahl an gefallenen Fußballspielern den Mitgliederstand gegenüber 1914 bis zum 1. Januar 1920 auf 467.962 Mitglieder nahezu vervierfachen"; diese Zahlen stimmen überein mit Risse, Soziologie, S. 49.

[50] So A. Krüger, Lewald, S. 26–27; Eisenberg, „English sports", S. 343; F. Becker, Leben,
Bd. II, S. 26, während G. Müller, Reform, S. 66, ihn als „parteilos" bezeichnet. Dies ist im
übrigen die einzige Stelle in Müllers Buch, in der auch Lewald erwähnt wird; über das
Verhältnis zwischen ihm und Becker findet sich dort leider keine Aussage (andere Prota-

nen, während Schulz (SPD) das sozialdemokratische MWKV präsentierte –, sondern auch für ein wesentliches ideelles Bindeglied. Die dezidiert betonte politische Neutralität des Sports und seiner Wissenschaft bedeutete lediglich eine *parteipolitische,* aber nicht eine *weltanschauliche* Neutralität[51] und schloß damit keineswegs einen zutiefst wirksamen inhaltlichen Grundkonsens der *nationalen Sinnhaftigkeit* des Sports aus, in dem sich auch die Vertreter einer reformorientierten Hochschulpolitik wie Paulcke und der parteilose Becker[52] wiederfinden konnten:

> Wir wollen uns immer wieder vor Augen halten, daß es nicht mehr genügt, die laufenden Bestrebungen des Volks ganz einfach zu fördern, sondern daß mit ganzer Energie eine völlige Umwälzung der Lebensführung, eine wichtige Erweiterung in der bestehenden Ansicht über Staatsbürgerpflichten erzwungen werden muß: Der neuen Staatsbürgerpflicht nämlich für jedermann, sich körperlich sein ganzes Mannesleben – und das gleiche gilt für die Frau – zu schulen und rüstig zu erhalten. Wer militaristisch denkt, dem mag vor Augen schweben ein ganzes Volk in rüstiger Wehrkraft, wer wirtschaftlich denkt, ein ganzes Volk in höchster Schaffensfreude, wer hygienisch denkt, ein ganzes Volk immun gegen Erkältung, Tuberkel- und andere Bazillen.[53]

Dieses Zitat illustriert zum einen, wie sehr diese Polyvalenz der Zwecke auf einem übergeordneten nationalen Interesse ruht, und es macht zum anderen die überragende Konsequenz des ‚schmählichen Friedensvertrags' mit seiner Abschaffung der allgemeinen Wehrpflicht und der Reduzierung der Streitkräfte auf ein Berufsheer von 100 000 Mann für die DHfL verständlich.[54] Während das Problem der „Führernot" ihr „unmittelbarer Anlaß"[55] war,

---

gonisten der DHfL wie Bier oder Diem werden gar nicht genannt). Diem folgte Lewald 1922 in die DVP; siehe F. Becker, Leben, Bd. II, S. 26.

[51]   Sie fand ihren Niederschlag in den Satzungen der bürgerlichen Turn- und Sportverbände; siehe Tauber, Schützengraben, S. 358. Sie wiederum gingen bekanntlich unmittelbar zurück auf ein Schreiben des DRA v. 10.11.1917 an die Zentralkommission für Sport- und Körperpflege, in dem er seinen Charakter als eine Körperschaft betont, die sich zu politischen Fragen weder äußern kann noch darf; das wörtliche Zitat wird oben auf S. 62 angeführt. Werner, Kultur, S. 207, stellt diese Frage in „das alte Rätsel der Zweiheit von Körper und Geist".

[52]   Becker galt als Angehöriger einer „Partei der Bildung" (Adolf Reichwein), der gleichwohl „mit einem Tropfen politischen Öls gesalbt" („Hamburger Nachrichten" v. 2.4.1916) war; zit. n. G. Müller, Reform, S. 14. Nagel, Bildungsreformer, S. 29, charakterisiert ihn als „politisch gemäßigt".

[53]   Diem auf der Vorstandssitzung des DRA am 14.5.1920, zit. n. Eisenberg, „English sports", S. 347; F. Becker, Leben, Bd. II, S. 45, Anm. 138.

[54]   Vgl. Tauber, Schützengraben, S. 358: „Die Ablehnung des Friedensvertrags war der einzige wirkliche Grundkonsens, auf den sich die Parteien und einflussreiche gesellschaftliche Gruppen wie die Turn- und Sportverbände verständigen konnten."

[55]   Diem, Hochschule, S. 5.

lag die innere Ursache zur Gründung noch tiefer. In Deutschland kämpf-
ten damals wie auch heute noch die gesunden Lebenskräfte mit den Fie-
berschauern der Kriegsnot und ihrer Folgen und mit dem Zwang des Fein-
des. [...]. Unsere bisherige Erziehung, ja unsere ganze Kultur wurde bis
jetzt vom Verstandesleben beherrscht. Der Körper war in der Erziehung
ein kaum beachteter Diener, und erst bei Krankheit wurde ihm Aufmerksamkeit zuteil. Ein so gesundes Volk wie das deutsche vor dem Kriege
konnte sich das erlauben. Das Erbgut kräftiger Ahnen schien unverwüst-
lich. Die männliche Jugend ging im entscheidenden Alter durch die gewaltige Körperschule des deutschen Heeres.[56]

2.1 Moderne und traditionelle Elemente

Blicken wir unter diesem Aspekt erneut auf bisherige Ergebnisse unserer Arbeit
zurück, ist nun ihre differenzierte Übertragung auf die *Kontinuitätsfrage*[57] möglich geworden und betrifft hier das Verhältnis moderner und traditioneller Elemente der ‚neuen universitas‘. Als Ausgangspunkt dient die Untersuchung von
Eisenbergs Problem, inwiefern das Selbstverständnis des DRA als „besonderes
Reichsamt für Körperpflege“[58] auch den Schluß zuläßt, er habe seit April 1919
als „Tarnorganisation“ die „Funktion eines geheimen ‚Reichssportamtes‘ zur zivilen Organisation des Wehrpflichtersatzes“ eingenommen und sei aus „schwarzen Kassen der Reichswehr“ finanziert worden. Diese Mittel wurden vor allem
„für den Aufbau eines Propagandaapparates und die Errichtung einer (formell
privaten) Deutschen Hochschule für Leibesübungen verwendet; denn der Sport
sollte die ‚Volkskraft‘ erhöhen.“[59]

In ihrer Begründung verweist Eisenberg auf den engen Zusammenhang zwischen der sehr raschen Wahl Lewalds zum Ersten Vorsitzenden des DRA am
12. April 1919 und dem zwei Tage später erfolgten Beschluß des Kabinetts
Scheidemann, den Versailler Siegermächten von sich aus die Abschaffung der
allgemeinen Wehrpflicht anzubieten. In den Reihen der empörten Militärs hätten
vor allem Generalmajor Walter Reinhardt, letzter preußischer Kriegsminister
und seit November 1919 erster Chef der Heeresleitung im neuen Reichswehrmi-
nisterium (RWM), und sein Nachfolger General Hans von Seeckt in einem sol-

---

[56] Ebd., S. 5–6. Eine Zitatensammlung prominenter deutscher Politiker zum Thema bietet die
      MTSS 1922, S. 5–6; als Beispiel sei v. Ludendorff angeführt: „Unsere Jugend soll zu voll-
      wertigen deutschen Staatsbürgern herangezogen werden, nicht zu überbildeten Einzelwe-
      sen. Zur Festigung der Persönlichkeit, zur Stärkung des Willens, zur Kräftigung des Leibes
      und Stählung der Gesundheit und des Mutes sind körperliche Übungen, namentlich im
      Kampfe Mann gegen Mann, Abhärtung und Enthaltsamkeit nötig“ (zit. n. ebd., S. 5). Eine
      systematische Zusammenfassung dieser Argumentationslinien gibt F. Becker, Leben,
      Bd. II, S. 14–15, 44–45.
[57] Grundsätzlich dazu Court, Vorgeschichte, S. 12.
[58] Siehe oben S. 65.
[59] Eisenberg, „English sports“, S. 344, 349, 439.

chen ‚Reichssportamt‘ sowohl die Möglichkeit der staatlichen Organisation einer „kombinierten Verteidigungsstruktur von Berufs- und milizartigem Volksheer" als auch die Unterstellung der paramilitärischen Verbände unter die „Kontrolle des Staates"[60] gesehen. Die DHfL sei aber nicht nur wegen ihrer Funktion als Ausbildungsstätte für Leibesübungen, sondern auch zum Erwerb akademischer Würden für Offiziere im Interesse der Reichswehr gewesen, nachdem gleichfalls gemäß des Versailler Vertrags das Gördener Militärlazarett und die Potsdamer Offiziersschule geschlossen werden mußten. Ihre früheren Leiter Mallwitz und Major Fitting waren Vertrauensleute des Militärs und unterstützten in ihren Funktionen im RWM Lewalds Projekt der DHfL. Zwar sei ihr Träger als ‚Reichssportamt‘ im April 1919 nicht „offiziell" zustandegekommen, „wohl aber inoffiziell: in Form des DRA, der mit Rücksicht auf das in Artikel 177 des Versailler Vertrags festgelegte Kontaktverbot zwischen Sportorganisationen und Militärbehörden [...] nach außen als unabhängige gesellschaftliche Organisation auftrat". Sein „stattlicher Dispositionsfonds" dürfte in den Jahren 1920 bis 1922 mit insgesamt 4,9 Mio. Mark aus „schwarzen Kassen der Reichswehr" finanziert worden sein, und die gelungene „Tarnung des Reichswehrministeriums" könne man auch daran ablesen, daß Fitting bisher in den „Annalen des deutschen Sports"[61] nicht erwähnt worden sei.

Die überragende Bedeutung dieser Thesen für unser Thema wird deutlich, wenn Eisenberg sie auch schon auf das Ende der DHfL bezieht und selbst explizit mit der Kontinuitätsfrage verknüpft: „Die ursprüngliche Absicht, die Sportwissenschaft als Sozialtechnologie einer modernen bürgerlichen Gesellschaft zu nutzen, wurde verwässert und am Ende ad absurdum geführt. Die Modernen hatten ungewollt ihren Gegnern die Infrastruktur für die Erneuerung überwunden geglaubter Traditionen aufgebaut."[62] Dieses Fazit schließt zum einen die Behauptung ein, daß „der Krieg in Deutschland zu einer grundlegenden Militarisierung auch des zivilen Sportlebens geführt"[63] habe. Zum anderen enthält es, daß die an der Spitze des DRA agierenden Diem und Lewald aufgrund ihrer politischen Sozialisation im Kaiserreich

> niemals die Demokratie, sondern allenfalls die ‚Volksgemeinschaft‘ anstrebten, da sie zudem ihrer Tendenz nach Militaristen waren und gegen die ausufernden Wehrsporttendenzen an der Basis der Vereine und Ver-

---

[60] Ebd., S. 345; zum Verhältnis von Sport und Paramilitärs ebd., S. 327. Runge, Reichswehr, S. 436, zitiert in diesem Zusammenhang v. Reinhardt mit einem Ausspruch nach Kriegsende: „Nachdem der damalige Oberst von Reinhardt die Ruhe in Berlin wiederhergestellt hatte, war er kurze Zeit darauf bei mir und sagte: ‚Ich habe dem Sport unendlich viel zu danken, ohne ihn hätte ich meine Leute nicht halten können. Darum will ich dem Sport ein Denkmal setzen und einen Militär-Sportplatz bauen‘". Er gilt daher als Erbauer des ersten deutschen Militärsportplatzes.

[61] Eisenberg, „English sports", S. 346, 349, 352, Anm. 46.

[62] Ebd., S. 366.

[63] Ebd., S. 323.

bände nichts Grundsätzliches einzuwenden hatten, war die Republik für sie kein Wert sui generis, sondern ein – sich bald als untauglich erweisendes – Mittel zum Zweck. Ihr Einschwenken auf den Kurs der ‚nationalen Revolution' war [...] eine Vermeidungsstrategie: Sie wollten das Feld der ‚Leibesübungen' nicht der Deutschen Turnerschaft überlassen, die durch personelle Verbindungen zur Reichswehrführung und zur militanten Rechten zu einer Bastion der Antimoderne geworden war und den im Kaiserreich begonnenen ‚Kulturkampf' gegen den Sport zunehmend offensiver führte.[64]

Bevor wir diese Thesen mit eigenen Ergebnissen konfrontieren, sei die einschlägige Sekundärliteratur angeführt. Während für Eisenberg „der Krieg in Deutschland zu einer grundlegenden Militarisierung auch des zivilen Sportlebens geführt hatte"[65], spricht Tauber hingegen von einem „Wechselverhältnis, in dem der Sport zunächst vom gesellschaftlichen Stellenwert des Militärischen profitierte, letztlich aber vor allem das Militär sportliche Werte und Prinzipien übernahm und damit einen wesentlichen Beitrag zur Durchsetzung des Sports als bestimmendes Konzept der Körperkultur leistete."[66] Auch für Teichler hat Eisenberg die Bedeutung des DRA und die „Ausstrahlung seiner wehrpolitischen Ambitionen auf den Weimarer Sport in seiner körperkulturellen Praxis weit überschätzt."[67] Generell kritisiert er an ihren Bezeichnungen des DRA als „Tarnorganisation" mit der Funktion eines „Reichssportamtes" und der DHfL als „Kadettenanstalt"[68], daß sie „ohne näheren Quellennachweis" und „reichlich spekulativ"[69] gewonnen worden seien. In der These vom Sport der Weimarer Republik als „Fortsetzung des Kriegs mit anderen Mitteln"[70] komme viel zu kurz, daß „die rekonstruierbare Sportpraxis der Zwanzigerjahre auch für Innovation, Reform und Experimentierfreudigkeit steht"[71].

---

[64] Ebd., S. 440.

[65] Ebd., S. 323.

[66] Tauber, Schützengraben. S. 421. Wenn Tauber hier im Anschluß an Gunter Mai von der wesentlichen Funktion des Sports als „Flucht in harmonische Gegenwelten" (zit. n. ebd., S. 349) spricht, gerät auch Eisenbergs *Eigenweltthese* in den Blickpunkt; ausführlich Court, Renaissance; zustimmend zu Court Teichler, Eisenberg, „English sports", S. 341; F. Becker, Leben, Bd. II, S. 15, läßt die These „dahingestellt", der Sport sei von den „Uniformierten stark mit dem soldatischen Leben identifiziert worden, was die Militarisierung des Sportbetriebes nach 1918 begünstigt habe". Eisenberg, ebd., S. 437, gibt zu, daß aufgrund der „subjektivistischen Komponente des Sports" die „Steuerungsimpulse der Funktionäre und Politiker oftmals nur gebrochen oder verzerrt ankamen." Siehe hier auch den Begriff vom „Doppelmechanismus" (Buss, Revanchismus, S. 84) des Sports.

[67] Teichler, Eisenberg, „English sports", S. 339.

[68] Eisenberg, „English sports", S. 344, 356.

[69] Teichler, Eisenberg, „English sports", S. 338.

[70] Eisenberg, „English sports", S. 323.

[71] Teichler, Eisenberg, „English sports", S. 338.

Vor diesem Vorwurf ergibt sich die Berechtigung, zur Analyse von Eisenbergs zentraler Behauptung auch auf unsere eigenen Ausführungen zur Finanzierung von DRA und DHfL zurückzugreifen, bereits aus einer sprachlichen Auffälligkeit. Ihre Begründung steht zwar im Konjunktiv (der Dispositionsfond des DRA „dürfte jedenfalls“ aus „schwarzen Geldern“[72] finanziert worden sein), der Schluß aber im Indikativ: „Anders sind einmalige Zuwendungen in Höhe von 1,3 Mio. bzw. 3,6 Mio. Mark, die in den DRA-Bilanzen von 1920/21 und 1921/22 als ‚Fördererbeiträge‘ verbucht wurden und über deren Herkunft die Kassenberichte sich ausschweigen, nicht erklärlich“[73]. Ihre Gründe lauten zum einen, daß in den „fraglichen Geschäftsjahren die bis dahin übliche Veröffentlichung der Namen spendenfreudiger Einzelpersonen, Unternehmen, Vereine und Regimenter“ unterblieben sei, und zum anderen, daß diese Förderbeiträge im Haushaltsjahr 1919/20 nur 26 847 Mark betragen hätten. Die Inflation käme als Erklärung nicht infrage, weil die anderen Posten der Bilanzen sich im „Rahmen des Üblichen“[74] bewegten; erst durch die „Hyperinflation des Jahres 1923“ sei der „schwarze Fonds“[75] entwertet worden.

Lassen wir hier beiseite, daß Eisenberg die spezifische Struktur des DRA als getarntes ‚Reichssportamt‘ mißverständlich auch mit einer (von ihr dankenswerterweise im NSTA Wolfenbüttel aufgespürten) Satzung des DRA vom 12. April 1919 verknüpft[76], fehlt erstens eine Veröffentlichung von Spendern auch schon im Tätigkeitsbericht des DRA vom 1. April 1919 bis 31. März 1920, dessen Haushalt wesentlich geringere Förderbeiträge (knapp 29 000 Mark) verbuchte.[77] Zweitens ist es nicht statthaft, als Vergleichsmaßstab zu den Haushaltsjahren ab 1920/21 und 1921/22 das Haushaltsjahr 1919/20 anzuführen, weil die DHfL als größter Ausgabeposten des DRA noch gar nicht existierte und daher auch sein Förderbedarf entsprechend geringer war. Drittens ist die Annahme falsch, daß man für die Jahre vor 1923 den Einfluß der Inflation unberücksichtigt lassen kann, wie bereits der erste Satz im Kassenbericht des DRA vom 1. April 1921 bis 31. März 1922 nachdrücklich demonstriert: „Das abgelaufene Geschäftsjahr steht unter dem Zeichen des Kurssturzes der Mark und der hierdurch auf allen Gebieten des Wirtschaftslebens hervorgerufenen ständig wachsenden Teuerung.“[78] Alleine dem Voranschlag für die Kosten der DHfL in Höhe von 171 000

---

[72] Eisenberg, „English sports“, S. 349.
[73] Ebd.
[74] Ebd., Anm. 32.
[75] Ebd., S. 440.
[76] Ebd., S. 346. Eisenberg unterschlägt an dieser Stelle, daß diese Satzung nahezu wortwörtlich auf eine ältere Satzung aus dem November 1911 zurückgeht und daher nicht spezifisch für den nur mit dem Versailler Vertrag in Verbindung stehenden Zweck einer ‚Tarnorganisation‘ abgefaßt sein konnte; diese ältere Fassung ist abgedruckt bei Lennartz, Reichsausschuß, H. 3, S. 88. An anderer Stelle (Eisenberg, „English sports“, S. 287, 350) verweist sie ja explizit und mit Recht auf die Satzungskontinuität des DRA bzw. DRAfOS.
[77] Tätigkeitsbericht des DRA 1.4.1919–31.3.1920, S. 16 (CuLDA, Mappe 13).
[78] Kassen-Bericht des DRA v. 1. 4.1921–31. 3.1922, S. 3 (ebd., Mappe 3).

Mark standen tatsächliche Ausgaben von 302 335 Mark gegenüber; die Ausgaben für das Stadion und die Hauptverwaltungen waren sogar doppelt so hoch wie der entsprechende Voranschlag.[79] Bereits am 30. Oktober 1920 formulierte der Wirtschaftsausschuß auf der Vorstandssitzung des DRA explizit diesen Zusammenhang:

> Die gewaltige Entwicklung der Geschäfte des Reichsausschusses, das Aufblühen der Lehrarbeit durch die Hochschule drückt sich im unvorhergesehenen Anwachsen des Kassenumsatzes aus. Wir werden mit Ablauf des Jahres wahrscheinlich die doppelten Einnahmen und Ausgaben, auf alle Fälle 1 Million auf jeder Seite des Kassenbuches zu verzeichnen haben. Natürlich ist an diesem Anwachsen der Ausgaben auch die allgemeine Geldentwertung beteiligt.[80]

Viertens haben wir oben selbst für das Jahr 1922 einen wesentlichen Teil der Förderbeiträge ermitteln können, die eindeutig nicht einem ‚schwarzen Fonds' der Reichswehr, sondern Lewalds Privatvermögen entstammten und deshalb ein Beleg dafür sind, daß auch andere als die von Eisenberg vermuteten Quellen ‚erklärlich' sind. Und fünftens schließlich gehört in diesen Zusammenhang, daß die These von der Reichswehr als getarnte Organisation keineswegs damit begründet werden kann, daß Major Fitting als Verbindungsmann zwischen ihr und dem DRA im verborgenen agiert habe: unter der Rubrik „ferner" ist er auf der Anwesenheitsliste des DRA bei Lewalds Wahl zum Ersten Vorsitzenden am 12. April 1919 im öffentlich zugänglichen *Stadion-Kalender* verzeichnet.[81]

Mindestens ebenso wesentlich wie diese Zweifel an Eisenbergs finanzieller Argumentation ist eine weitere Problematik: die zitierte Trennung von ‚Modernen' und ‚Traditionalisten', die sie in diesen Zusammenhang einfügt und suggeriert, als würden diese Positionen von *verschiedenen* Personen vertreten. Denkt man aber alleine an Diem und Becker, so sind sie ja gerade durch die Möglichkeit charakterisiert, beide Pole der ‚neuen universitas' in *ein- und derselben Person* zu vereinigen: Diem präsentierte in der „Denkfigur des bürgerlichen Militaristen" den „revanchistischen ‚Zeitgeist' im Bürgertum" *und* den „lei-

---

[79]   Ebd., S. 5.

[80]   Kassenbericht des Wirtschaftsausschusses des DRA zur Vorstandssitzung am 30.10.1920 v. 2.3.1920, S. 1 (ebd.). Es ist zu ergänzen, daß der DRA unter Beobachtung des Demobilisierungskommissars stand. Er hatte ihm gegenüber sich zu rechtfertigen, daß der „Reichsausschuss nur gemeinnützigen Zwecken zur Kräftigung unserer Jugend dient" (Bericht über die Sitzung des Wirtschafts-Ausschusses des DRA am 16.11.1920 v. 26.11.1920, S. 4 (ebd., Mappe 4, o. P.).

[81]   Ebenfalls verzeichnet (für das RWI) sind dort Johannes Runge, wie Fitting Referent im RWI und früherer Sportlehrer in Görden, und Mallwitz (als Vertreter des Generalstabsarztes der Armee); siehe Stadion-Kalender 7. Jg., 15.4.1919, Nr. 4, S. 1; Court, Vorgeschichte, S. 176. Der gleichfalls in diesem Zusammenhang erwähnte General Hans v. Seeckt war übrigens Ehrengast auf der Eröffnungsfeier der DHfL (Eisenberg, „English sports", S. 352).

stungsorientierten Modernen"[82], Becker war „bildungstheoretisch konservativ"
und „wissenschaftspolitisch modernistisch"[83].

Ziehen wir aus diesen Gedanken einen allgemeinen Schluß, so erscheint uns
eher der Begriff der „Vermischung" passend, mit dem in bezug auf die Vorgeschichte der deutschen Sportwissenschaft der Sachverhalt ausgedrückt wurde,
daß „ihre Modernität mit dem Fortleben vormoderner Elemente erkauft wurde"[84]. Ein solcher Begriff gestattet uns, die Konzeption der DHfL mit der milita-
ristischen Tradition der „Ideen von 1914' zu verbinden[85], setzt aber an die Stelle
der (bestreitbaren) Deutung des DRA als „Tarnorganisation' die (unbestreitbare)
schlichte Feststellung einer Funktion des Sports als „wehr- und gesellschaftspo-
litische Allzweckwaffe"[86], deren jeweilige Elemente phasenabhängig gewichtet
werden, aber nur analytisch getrennt werden können. Auch wenn auf Biers Initiative hin 1921 das Kleinkaliberschießen in das Lehrprogramm der DHfL aufgenommen wurde[87], ihre Absolventen direkt von der Reichswehr eingestellt wurden oder als Lehrer „für den Wehrpflichtersatz Sport" indirekt an der „Restitu-
tion deutscher Wehrkraft beteiligt waren"[88], ist insgesamt unter einer heuri-
stischen Warte auch eine Konstatierung der faktischen Existenz verschiedener
Zwecke legitim: „Das öffentliche Interesse am Sport hatte also gesundheits-,
wirtschafts- und wehrpolitische sowie ideologische Motive, die auch beim Aufbau der DHfL wirksam waren"[89].

---

[82] Ebd., S. 347–348.
[83] G. Müller, Reform, S. 3. Zu den wichtigen Konsequenzen dieser Übereinstimmung siehe
      mein Schlußwort.
[84] Court, Vorgeschichte, S. 280. Gedanklich verwandt ist der Ausdruck „ambivalent", mit
      dem Eisenberg, „English sports", S. 350, das Verhältnis des DRA zur bürgerlichen Gesell-
      schaft beschreibt.
[85] Zu dieser Tradition Court, Vorgeschichte, S. 186–191; Tauber, Schützengraben, S. 426.
[86] Eisenberg, „English sports", S. 347; F. Becker, Leben, Bd. II, S. 168, beschreibt ihn als
      „progressiv und konservativ zugleich".
[87] Vgl. DHfL. 2. Monatsbericht. Juli 1921, in: MTSS 1921, S. 305: „Der Senat beschließt,
      vom Sommersemester 1922 ab [...] die Einführung des Lehrfaches Kleinkaliberschießen.
      Die für das letztere notwendigen Vorarbeiten übernimmt Bier." Beyer, Sport, S. 669, ist
      also zu korrigieren, wenn er die Aufnahme dieses Schießens als „neue sportliche Diszi-
      plin" des Hochschulsports erst auf das Ende der 20er Jahre datiert.
[88] Beck, Leistung, S. 18. Die von Beck ebd. angeführte Aussage Runges, daß Forschungser-
      gebnisse der DHfL unmittelbar in die Leibeserziehung der Reichswehr eingeflossen seien,
      ist hier nicht von Bedeutung, da Runges Aufsatz den Stand von 1928 wiedergibt und auch
      nicht explizit die DHfL anführt; siehe Runge, Reichswehr, S. 437.
[89] Beck, Leistung, S. 18; weitere Beispiele bei Uhlmann, Kohlrausch, S. 78. Interessant in
      diesem Zusammenhang ist natürlich Diems Auffassung zum Verhältnis von Sport und Mili-
      tär. Auch wenn bereits in unseren Ausführungen zur Geschichte der Sportwissenschaft im
      Ersten Weltkrieg ausführlich dargelegt werden konnte, daß Diems moderner Leistungsbe-
      griff generell mit einer dezidiert nationalen Grundhaltung verknüpft war (Court, Vorge-
      schichte, S. 204–206; ebenso F. Becker, Leben, Bd. 1, S. 293), übersieht eine nahtlose
      Identifizierung von sportlich-turnerischen und militärischen Zwecken, daß Diem sie durch-
      aus mit Ironie betrachten konnte: „Die Besatzungsbehörden des Rheinlandes erließen eine

Diese These einer unaufhebbaren Vermischung von Moderne und Tradition bedeutet für unser spezifisches Thema, daß die „Verwissenschaftlichung der Körperkultur" zu Beginn der Weimarer Republik durchaus als wehrpolitische Folge der Entwicklung des Sports im Ersten Weltkrieg hin zu einem „Massenphänomen"[90] begriffen werden kann: von der Idee des Sports als Wehrersatz über die Notwendigkeit einer wissenschaftlich betriebenen Rekonvaleszenz der Verletzten[91] bis hin zum machtpolitischen Kalkül Diems in der Auseinandersetzung zwischen Sport und Turnen, die im Ersten Weltkrieg erfolgte Zuwendung der Reichswehr zum Leistungsgedanken des Sports in der DHfL wissenschaftlich zu institutionalisieren.[92] Allgemein gewendet enthält sie den Schluß, daß die Suche nach traditionellen Motiven der modernen Sportwissenschaft aber nicht nur dort zu leisten ist, wo sie – wie in ihrer wehrpolitischen Prägung – offen zutage liegen, sondern auch dort, wo vordergründig das moderne Element überwiegt.[93] Zum einen waren seit 1923 die Beziehungen zwischen DRA und Militär gelockert, und zum anderen sahen vor allem Becker und Lewald als Vertreter Preußens und des Reichs gerade in einer modernen Kulturpolitik den gemeinsamen Zweck von DRA und DHfL:

> die Überwindung von Bildungsprivilegien, Entfaltungsmöglichkeiten für ‚Persönlichkeiten', die gezielte Förderung von Höchstleistungen und die Ausnutzung des wirtschaftlichen und gesellschaftlichen Rationalisierungsprozesses, auch durch die Integration von Frauen ins öffentliche Leben, kurz: die ‚Kulturbedeutung' des Sports – diese Aspekte des Hochschulsports wurden in der Propaganda für andere Aktivitäten des DRA ganz ähnlich hervorgehoben.[94]

Greifen wir die Zulassung von Frauen zum Studium an der DHfL auf und denken an die Immatrikulation von Marianne Georgi auf ihrer Eröffnungsfeier, steht der Kommentar von Eisenberg exemplarisch für die Notwendigkeit einer solchen doppelten Perspektive:

Verordnung [...], in der ‚militärische Uebungen' bei Vereinen und Unterrichtsanstalten unter Strafe gesetzt werden. Zu ‚militärischen Uebungen' gehören [...] allen Ernstes folgende Kommandos: Abteilung Marsch, Abteilung Halt, Marschrichtung, zu Vieren-Abzählen, auf Kommando ‚Achtung' Stillstehen usw. Für uns Deutsche, die wir doch auch etwas von militärischen Dingen verstehen, hat diese Beförderung der turnerischen Ordnungsübungen zu ‚militärischen' neben der traurigen auch eine komische Seite" (Tätigkeitsbericht DRA v. 1.4.1920–31.3.1921, S. 11; CuLDA, Mappe 13).

90   Tauber, Schützengraben, S. 356, 422; vgl. auch ebd., S. 424.

91   Ebd., S. 422; siehe auch Eisenberg, „English sports", S. 355; man denke ferner an Benarys Behandlung von Kopfverletzungen unter der Frage der ‚Gestaltblindheit'; dazu Court/Janssen, Benary, S. 17.

92   Vgl. Court, Vorgeschichte, S. 278–279; diese Machtfrage auch bei Eisenberg, „English sports", S. 440, Tauber, Schützengraben, S. 424.

93   So Eisenberg, „English sports", S. 358–359.

94   Ebd., S. 355; Einzelheiten ebd., S. 353–355; siehe auch S. 439.

Als Zielgruppe hatte man neben den Frontoffizieren und anderen ‚bewährten Praktikern‘ auch junge Frauen im Blick, denen die Weimarer Reichsverfassung Gleichberechtigung versprach, die jedoch unter den Personen mit Universitätsberechtigung deutlich unterrepräsentiert waren. [...]. Unbeschadet der Erwartung, daß die Studentinnen sich vornehmlich ‚weiblichen‘ Studien (z. B. der Entwicklung einer speziellen Mütter- und Kleinkindergymnastik) widmen würden, war es daher mehr als eine ritterliche Geste, wenn das Rektorat die Matrikelnummer 1 an eine Frau vergab.[95]

In der Tat gehörte zur Grundidee der ‚neuen universitas‘ auch eine universitäre Konsequenz aus der Idee der „Neuen Frau“[96]: die „konzeptionelle und institutionelle Verankerung des Frauenstudiums“[97]. Wenn der DRA bereits über ein Jahr vor der Gründung der DHfL einen „Ausschuß für Leibesübungen des weiblichen Geschlechts“[98] ins Leben gerufen hatte, in dem Diem die Ausschreibung eines Sportabzeichens für Frauen vorschlug[99], und wenn Bier in seiner ‚ritterlichen Geste‘ gegenüber ‚Frl. Georgi‘ diese gleich in die Reihe der „strammen sehnigen Jungens“[100] eingeschlossen hatte, weisen ihre Motive vor allem auf das Fortleben traditioneller Elemente. Auf der einen Seite gab es durchaus eine Neugier auf die wissenschaftliche Erforschung des Frauensports, die ihren Ursprung in der schlichten Unkenntnis „über die Eignung des weiblichen Geschlechts für die jeweilige Beanspruchung durch Turnen und Sport“[101] hatte. Auf der anderen Seite stand für Diem jedoch fest, daß jede Frau den Sport treibt, „der ihr am besten steht“[102], und daß „sporttüchtige Frauen“ ein „starkes Geschlecht gebären“[103].

---

[95] Ebd., S. 353. Zahlenbelege zur geringen Quote von weiblichen Studenten ebd., Anm. 53.

[96] F. Becker, Leben, Bd. II, S. 19; zur Bedeutung des Spitzensports in diesem Zusammenhang Jensen, Body, S. 134–141.

[97] Heimbüchel, Universität, S. 172; zu seiner Geschichte ebd., S. 169–173.

[98] Stadion-Kalender 7. Jg., 15.2.1919, Nr. 1, S. 12. Mitglied war u. a. F. P. Wiedemann (DABfL), aus dessen „sehr lesenswertem“ Aufsatz über „Frauensport und Turnen im neuen Deutschland“ auf der ersten Seite des Stadion-Kalenders 7. Jg., 15.1.1919, Nr. 1, zitiert wurde. Siehe auch oben S. 36, Anm. 18.

[99] Der Antrag wurde mit nur einer Gegenstimme (Deutscher Ruder-Verband) gebilligt; siehe Stadion-Kalender 6. Jg., 15.4.1919, Nr. 4, S. 23. Eingeführt wurde dieses Abzeichen 1921; siehe F. Becker, Leben, Bd. II, S. 60.

[100] Siehe oben S. 131.

[101] CDI, Gründung, S. 22; siehe auch F. Becker, Leben, Bd. II, S. 33.

[102] Diem, Flamme, Bd. II, S. 852 [1920]; auch bei F. Becker, Leben, Bd. II, S. 61.

[103] Diem 1920; zit. n. F. Becker, Leben, Bd. II, S. 54; hierher gehört auch Diems Kritik an „Bleichsüchtigen, Schwächlingen und Brillenträgern“ (zit. n. ebd., S. 55). Eine Zusammenfassung der damaligen Überzeugung der „Mehrzahl der Männer“ gibt Verständig, Frauensport, S. 84: „1. Der Frauensport soll die Körperanmut fördern. 2. Die Gebärfähigkeit soll gesteigert werden. 3. Der Sport sei Ausgleich gegen Berufsschäden, damit man gesunde Mütter habe.“

Entsprechende Forschungsvorhaben 1921 an der DHfL[104] lassen sich auf
Überlegungen Diems aus dem Ersten Weltkrieg zurückführen, die Erforschung
der Leistungsfähigkeit auch auf den Frauensport auszudehnen; außerhalb von
DRA und DHfL sind Robert Sommers Ideen von 1916 zum Sporttreiben für
weibliche Studenten im Sinne einer nach Kriegsende dringlichen Regenerationsfähigkeit des deutschen Volkes zu nennen.[105] Zwar finden wir ab ca. 1924 aus
dem Lehrkörper der DHfL erste differenzierende Befunde zum Einfluß des
Sports auf die Gebährfähigkeit[106], und im gleichen Jahr hatte auch erstmalig die
Zahl der weiblichen Neuimmatrikulationen (23) die der männlichen (21) an der
DHfL überstiegen.[107] Diem jedoch wiederholte ebenfalls 1924 nahezu wörtlich
die Hoffnung, die Bier vier Jahre zuvor auf ihrer Eröffnungsfeier geäußert hatte:

> Möge eine stattliche Schar wissenschaftlich gebildeter, körperlich voll-
> kommener Lehrer der Leibesübungen von ihr aus ins deutsche Volk ge-
> hen, Männer von Willensstärke und Persönlichkeitswert, Männer, denen
> die Jugend willige Gefolgschaft leistet. Mögen sie zur Kerntruppe werden,
> die in Mannhaftigkeit, Arbeitstreue, Pflichterfüllung und Idealismus hilft,
> uns die bessere deutsche Zukunft zu schaffen![108]

2.2 Studentischer Pflichtsport

Die Idee eines Pflichtsports für Studenten[109] unter dem Zweck der Erziehung zu
einer wehrfähigen Persönlichkeit hat ihre Wurzeln im Kaiserreich und gehörte
auch zu den sieben Forderungen des DRA, die er im März 1919 in einer Denkschrift an die Weimarer Nationalversammlung gerichtet hatte.[110] Einen revolu-

---

[104] Vgl. MTSS 1921, S. 226: „Kunath und Zobel empfahlen Untersuchungen über die Wirkungen der Leibesübungen auf die Frau als Mutter"; aufgegriffen wurde der Vorschlag
ebd., S. 266.

[105] Dazu Court, Vorgeschichte, S. 171, 265.

[106] Z. B. Kirchberg, Frauensport, S. 413: „Für die immer wiederkehrende Behauptung, daß
durch sportliche Betätigung der Frau eine *Erschwerung des Geburtsaktes* zu befürchten ist,
fehlen meines Erachtens bisher alle wirklichen Beweise." Kirchberg bot im SoS 1923
„Sportmassage und Uebungen" für die weiblichen Studenten an; vgl. CDI, Aufbau, S. 129.

[107] Tätigkeitsbericht DHfL v. 1.11.1923–10.3.1924, S. 4 (CuLDA, Mappe 188).

[108] Diem, Hochschule, S. 11; vgl. Biers Rede in CDI, Gründung, S. 51.

[109] Trotz des engen Zusammenhangs mit der Idee eines Pflichtsports für Schüler (vgl. Beyer,
Sport, S. 665–666) ist für unser Thema der studentische Pflichtsport von wesentlich größerer Bedeutung: „Die Funktion der Leibesübungen an der Hochschule der Weimarer Republik wurde zum entscheidenden Teil bestimmt durch die neue Bewertung und Einstellung
der Studentenschaft [...] zu ihrer Universität" (Buss, Hochschulsport, S. 33).

[110] Am bekanntesten ist Diems Zitat aus dem Jahre 1912 (Schriften, Bd. 2, S. 60–61): „Ja,
kann man denn aber – so fragen die Schwachnervigen – dem jungen Mann nun jede Freiheit nehmen? Warum denn nicht, sage ich, wenn es nur zu seinem Besten ist. Die erste
Forderung müßte sein, die Jugend zu regelmäßigen Körperübungen heranzuziehen. Erst
dann, nicht umgekehrt, kommt der geistige Unterricht. Will man dem Jungen freie Tage
absolut lassen – gut, dann streiche man am geistigen Unterricht; wer den anderen streicht,

tionären Einfluß auf die universitäre Institutionalisierung der Leibesübungen erlangte sie jedoch erst im unmittelbaren Gefolge des drei Monate später unterzeichneten Versailler Vertrags: „Die durch den Friedensvertrag erfolgte Zertrümmerung unseres Heeres hat die Leitung des deutschen Volkes vor die Aufgabe gestellt, die körperliche Erziehung der Jugend auf ganz neuen Grundlagen aufzubauen.“[111]

Während in der ersten Nachkriegsphase diese Idee noch vorwiegend pädagogischen, hygienischen und gesundheitspolitischen Überlegungen folgte und damit den studentischen Willen „zur positiven Mitarbeit beim Wiederaufbau und der Neugestaltung der Republik“[112] ausdrückte, spiegelte sie nach der Unterzeichnung des Versailler Vertrags den mehrheitlich völkisch-nationalen und republikfeindlichen Kurs der Studentenschaft. Durch Leibesübungen

> wollte man körperliche Gesundung von den Schäden der Nachkriegszeit, Hebung der Volksgesundheit, dann planmäßige Fortbildung und Stählung des Körpers erlangen unter dem Leitgedanken der reinen Körperkultur, und bei den einsichtigen Teilen des deutschen Volkes klang in dem Schrei nach Spielplätzen und Badeanstalten das Streben nach jenem Ziel mit, das durch all die Übung, Gesundwerdung und -erhaltung des Leibes mit erreicht werden sollte: Wehrhaftmachung des Volkes zu einseitiger Befreiung vom Tyrannenjoch.[113]

Ebenso wie die Idee des Sportstudiums für Frauen die Doppelgesichtigkeit der „neuen universitas‘ zwischen Tradition und Fortschritt zeigte, gilt dies auch für den studentischen Pflichtsport. Einerseits verkörpert er die „untrennbare Einheit“

---

schlägt sein Volk tot. [...] Auch das 20. Jahrhundert hat den größten Unsinn der Weltgeschichte, die klingende Phase von der Freiheit (in der peinlichen Gesellschaft von Gleichheit und Brüderlichkeit) noch nicht überwinden können. [...] Was meintet ihr, würde das ein Geschlecht von Führern geben, wenn unsere Studenten jeden Tag zwei Stunden vormittags oder nachmittags einen freigewählten Sport pflichtmäßig betrieben!“ Buss/Peiffer, Hochschulsportforschung, S. 40, legen den Ursprung dieser Idee Diems auf das Jahr 1917 im Rahmen eines Gesetzentwurfs des DRA zur körperlichen Ausbildungspflicht der Jugend; siehe dazu auch das Kap. 6.2.3 in Court, Vorgeschichte.

[111] Neubauer, Turnprüfungen, S. 127; siehe spezifisch für die Studentenschaft Vogt, Olympia, S. 294: „Im Krieg mit seinen unerhörten Forderungen an Körper und Geist hatten die Studenten die Notwendigkeit der Leibesübungen, der Erziehung zu Kraft, Ausdauer, Mut und Willenskraft in erschreckend deutlichem Maße kennengelernt!“ Zusammenfassend Beyer, Sport, S. 667: „Unter dem Eindruck der politischen Entwicklungen unmittelbar nach dem Ersten Weltkrieg, insbesondere auch unter dem Eindruck der als demütigend empfundenen Bedingungen des Versailler Friedensvertrags, entwickelte sich immer stärker die Auffassung, daß die Leibesübungen ganz allgemein, aber insbesondere auch bei der Studentenschaft zusätzlich zur hygienischen Zielsetzung eine starke politische Aufgabe im Sinne einer nationalen Erziehung zu erfüllen hätten. Dabei wurde allmählich immer deutlicher der Gedanke formuliert, daß eine planmäßige körperliche Erziehung eine Ersatzfunktion für die verbotene allgemeine Wehrpflicht übernehmen müsse.“

[112] Buss, Hochschulsport, S. 33; ausführlich ebd., S. 33–37.

[113] Clemens 1927; zit. n. Buss, Hochschulsport, S. 37–38.

von „Idealismus und Preußentum"[114], so daß er im Kampf gegen den „sicheren Verfall des deutschen Volkes" als eine „freigewählte Tugend'"[115] und nicht eine Gefahr für die akademische Freiheit zu verstehen ist. Andererseits steht er im reformpädagogischen Begründungszusammenhang der Reichsschulkonferenz von 1920, in dem Leibesübungen nicht bloß zu „willensstarken", sondern auch zu „ihren Körper bewußt im künstlerischen Sinne selbst gestaltenden Persönlichkeiten erziehen"[116] sollen. Carl Heinrich Beckers auf der Eröffnungsfeier der DHfL geäußerte Kritik der intellektualistischen Erziehung ist damit auch in diesem Zusammenhang ein Exempel für die Möglichkeit einer *gleichzeitigen* Anwesenheit kontinuierlicher und diskontinuierlicher Elemente im Begriff der ‚neuen universitas':

> Fragen wir uns weiter, was an Stelle dieser überlieferten Werte erstrebt wird! Da möchte ich ganz klar in den Vordergrund stellen, was ich für eine außerordentliche Erscheinung der neuen Zeit ansehe: die starke Betonung des Körperlichen gegenüber dem Geistigen, die Forderung einer besseren Körperkultur! [...] Auch sie konnten wir bisher dem Staate überlassen, der durch die militärische Erziehung während des Dienstjahres einmal im Leben jedes gesunden jungen Deutschen die Pflege des Körpers die Hauptsache sein ließ. Das ist jetzt weggefallen. Jetzt müssen wir die Körperkultur verlangen als ein Prinzip der Volkserziehung und zwar, wie ich scharf betone, nicht etwa nur zur Erholung und Ausspannung, sondern als Bildungsprinzip bei der Schulung des Charakters.[117]

---

[114] Alberti, Leibesübungen, S. 54. – In diesem Zusammenhang ist darauf zu verweisen, daß die Forderung nach einer Sportpflicht nicht nur auf der politischen Rechten vertreten wurde. Zwar hatte sie am 24. Februar 1920 die NSDAP als einzige Partei der Weimarer Republik in ihr Programm aufgenommen; man findet sie aber auch bspw. beim Demokraten und Bayerischen Justizminister Müller-Meiningen; ausführlich Teichler, Sportpolitik, S. 21–25; zu Ernst Müller-Meiningen auch Court, Vorgeschichte, S. 211, 231–232.

[115] Nachrichtenblatt der Hauptgeschäftsstelle der Vertretung der Deutschen Studentenschaft v. 22..4.1920; zit. n. Buss, Hochschulsport, S. 42.

[116] Dieser Leitsatz der Konferenz wird zit. n. Berger, Selbstverwaltung, S. 44. Vgl. Werner, Kultur, S. 336: „Jede Erziehung will Form geben. Sie will das, was Menschentum ausmacht, in Erscheinung treten lassen. Aus Idee soll Wirklichkeit werden. Wirklichkeit ist an Form gebunden. Die Form des Menschentums ist der Körper. Es gibt nur zwei Formen, in denen Menschentum wirklich werden kann: Kunst und Körper. Im Kunstwerk ist Menschentum zu Form erstarrt, im Körper ist Menschentum zu lebendiger Form geworden." – Zu Werners Begriff von Sport siehe Gissel, Werner.

[117] Becker 1921; zit. n. Buss, Hochschulsport, S. 49. Der Kommentar von Beck, Leistung, S. 17, leidet daran, daß er sich ausschließlich auf die Seite der Kontinuität, nicht aber die der Diskontinuität bezieht: „Die Forderungen der Redner beim Gründungsakt der DHfL, die Leibeserziehung gegenüber der Erziehung des Intellekts aufzuwerten, markieren den Punkt, an dem sich innerhalb des Sports die reformpädagogischen Ideen des ausgehenden 19. Jahrhunderts mit der intellektfeindlichen Pädagogik des Nationalsozialismus treffen sollten."

Wenn, um das Vorwort dieser Arbeit zu vertiefen, der Pflichtsport für Studenten in diesem Abschnitt gleichwohl nur angerissen wird, liegt dies zum einen grundsätzlich daran, daß er in der hier zu schildernden Etappe der deutschen Sportwissenschaft – zumindest in Preußen – aus „unterschiedlichen Gründen"[118] nicht verwirklicht, sondern erst durch einen (und zudem auf Studierende der Philologie beschränkten) Erlaß des preußischen Kultusministers vom 24. März 1925 festgeschrieben werden konnte.[119] Zum anderen wurde in Preußen mit seiner Organisation (vorerst) nicht die DHfL betraut, sondern diese Aufgabe jenen per Erlaß vom 30. September 1925 gegründeten IfL zugeordnet. Deshalb wird im nächsten Band meiner Geschichte der deutschen Sportwissenschaft der studentische Pflichtsport als ein spezifischer, von der Historie der DHfL institutionell weitgehend unabhängiger Strang der universitären deutschen Sportwissenschaft zu untersuchen sein, dessen Eigenart in seiner Eingebundenheit in die staatlichen Hochschulen liegt und sowohl studentische Initiativen als auch solche seitens der Hochschullehrer betrifft. Es genügt daher, an dieser Stelle auf die maßgeblichen Beschlüsse des zweiten Deutschen Studententages 1920 in Göttingen und der Professorentagung 1920 in Halle zu verweisen, deren Kern die Forderung nach einem solchen Pflichtsport und der Einrichtung entsprechender, für ihre Durchführung zuständigen Ämter für Leibesübungen (AfL) bzw. gymnastischer Institute an jeder Hochschule war.[120] Nach Vorbereitungen auf einer Vorstandssitzung sämtlicher Allgemeiner Studentenausschüsse (ASTA) am 25. Oktober 1919 wurde bereits am 1. Januar 1920 für die Organisation der studentischen

---

[118]   Buss/Peiffer, Hochschulsportforschung, S. 41. Einen wesentlichen Hinderungsgrund bildeten in der Tat die „ungeschriebenen Gesetze der akademischen Freiheit" (Hickfang, Hochschulamt, S. 86; Einzelheiten bei Buss, Hochschulsport, S. 42; siehe auch Beyer, Sport, S. 667). Weitere Probleme betrafen die räumliche und personelle Ausstattung; dazu Buss, Hochschulsport, S. 55.

[119]   Siehe auch das Vorwort; dieser Erlaß ist abgedruckt bei Briese, Studium, S. 34–36.

[120]   Diese Beschlüsse im Wortlaut u. a. bei Berger, Selbstverwaltung, S. 43–47; Dinglinger, Deutsch-akademischer Bund, S. 74; Beyer, Sport, S. 667; Buss, Hochschulsport, S. 45–46, 48; zusammenfassend siehe Dominicus, Leibesübungen, S. 132–133: „Einen besonderen Fortschritt weisen die Ausschußberatungen für die Frage des Turnens an den Hochschulen (Universitäten) auf, indem hier unter Bezugnahme auf die Hallenser Beschlüsse der Hochschullehrer und Studenten die Anstellung von hauptamtlichen Hochschullehrern usw. gefordert wurde. Von großer Bedeutung ist es, daß hier die Forderung, wonach an allen Hochschulen bei der Ablegung der ersten Prüfung von den Studenten der Nachweis der regelmäßigen Betätigung auf irgendeinem Gebiet der Leibesübungen zu erbringen ist, von keiner Seite einen Widerspruch erfuhr. Wenn es wirklich gelingen sollte, diese Forderungen in die Prüfungsbestimmungen bei den Hochschulen aufzunehmen, so würde das einen außerordentlichen Fortschritt in den Bestrebungen des Ausbaues der Leibesübungen an den Universitäten haben." – Beckers auf der Eröffnungsfeier der DHfL geäußerte und oben zitierte Auffassung von der Körperkultur als ‚Prinzip der Volkserziehung' hatte er im übrigen wortwörtlich aus seiner Rede auf dem Göttinger Hochschultag übernommen; siehe auch Gissel, Burschenturnen, S. 152, Anm. 4.

Leibesübungen durch die Deutsche Studentenschaft (DSt) das Turn- und Sport-
amt (TUSA) mit Sitz in Berlin gegründet.[121]

Trotz dieser eigenständigen, staatlich-länderspezifischen Traditionslinie ist
für diesen Band anzufügen, daß DRA und DHfL hier wenigstens eine gewisse-
Rolle spielten. Nachdem der DRA vor der Gründung seiner Anstalt und vor Abschluß des Versailler Vertrags die Erteilung von Lehraufträgen noch mit der
Notwendigkeit einer „Modernisierung des Schulturnens"[122] begründet hatte, lie-
ferte anschließend das Netzwerk um Diem, Bier und Mallwitz nicht nur propa-
gandistische Unterstützung der Idee des studentischen Pflichtsports, sondern
auch institutionelle. Leiter des Berliner TUSA wurde Mallwitz, der dessen Aufgaben gleichfalls vor dem Hintergrund der „Erniedrigung des deutschen Volkes
und dem Schmachfrieden von Versailles"[123] begriff und für die Geschäftsstelle
des TUSA von Bier Räumlichkeiten der Chirurgischen Universitätsklinik erhielt.[124] Außerdem leistete die DHfL selbst unmittelbare Hilfe, nachdem im Oktober 1921 die Gründung eines Deutschen Hochschulamtes für Leibesübungen
(Dehofl) erfolgt war, das aus dem „lehrenden und lernenden Teil unserer Hochschulen" bestand und die „Spitze in allen die körperliche Ertüchtigung der Studierenden berührenden Fragen"[125] bildete.

Die Erteilung staatlicher Aufträge der Preußischen Unterrichtsverwaltung ab
1922 an die private DHfL spiegelte daher nicht nur *konzeptionell* die Komplexität moderner und vormoderner Begründungen in einer erweiterten Sportlehrerausbildung[126], sondern bedeutete zudem *strukturell* sowohl die Organisation des
(freiwilligen) Studentensports sämtlicher Berliner Hochschulen durch die DHfL
als auch die kursorische Schulung der künftigen Leiter der AfL im Auftrag des
Dehofl.[127] Im „Stadion-Lehrgang für ASTA-Mitglieder"[128] waren 1922 bereits

---

[121]   Siehe Buss, Hochschulsport, S. 38–39.

[122]   Stadion-Kalender v. 15.5.1919, S. 32.

[123]   Mallwitz 1920; zit. n. Buss, Hochschulsport, S. 41.

[124]   Buss, Hochschulsport, S. 39.

[125]   Der Beschluß zit. n. ebd., S. 54, Anm. 37. Zuständig war er u. a. für die Organisation der
        Deutsch-Akademischen Olympien. Eine kleine erste dieser Veranstaltungen wurde in un-
        mittelbarem Zusammenhang mit dem zweiten deutschen Studententag in Hannover veran-
        staltet; massenwirksam wurde jedoch erst die zweite Deutsch-Akademische Olympiade in
        Marburg 1924 mit fast 2 000 Wettkämpfern (ebd., S. 50, 64).

[126]   Vgl. die parallele Begründung für die Reformbedürftigkeit der staatlichen Lehrgänge an
        den Universitäten, die auf einer „wesentlich vertieften theoretisch-wissenschaftlichen wie
        praktischen und unterrichtstechnischen Ausbildung" (Schütz, Neugestaltung, S. 310) fuß-
        ten.

[127]   Vgl. Tätigkeitsbericht DRA v. 1.4.1924–31.3.1925, S. 15 (CuLDA, Mappe 13): „Für die
        Studierenden der Berliner Hochschulen wurden gleichfalls im Einvernehmen mit dem Uni-
        versitätsturnlehrer Dr. Hirn Kurse veranstaltet und alle Uebungseinrichtungen des Stadi-
        ons unentgeltlich zur Verfügung gestellt." Ausführlich Berger, Kurse, S. 144–145; Meusel,
        Lehrgänge, S. 103, führt in seiner Statistik ab 1921 (mit der Ausnahme 1924) regelmäßig
        Lehrgänge für das Dehofl auf. Vgl. den Tätigkeitsbericht der DHfL WS 1923/24, S. 3
        (CuLDA, Mappe 188): „Der im Auftrag des Preußischen Ministeriums für Wissenschaft,

20 Universitäten vertreten, und für die Marburger studentische Olympiade 1924 leistete die DHfL Unterstützung durch ihre Trainer[129]. Obgleich keine unmittelbare Kausalität festgestellt werden konnte, sei gleichwohl auf die Parallele hingewiesen, daß sich die Existenz der ersten drei, ca. 1921/22 eingerichteten sporthygienischen Beratungsstellen in Deutschland zum einen der DHfL und zum anderen den AfL in Hamburg und Hannover verdankte.[130]

2.3 Zum Verhältnis von Medizin und Pädagogik

Während das letzte Kapitel den Zweckbegriff der ‚neuen universitas‘ zum Mittelpunkt hatte, rückt nun wieder ihr „interdisziplinäres und zugleich anwendungsorientiertes Konzept“[131] in den Vordergrund. Ihre innere Beziehung ist gleichfalls anhand der Eröffnungsfeier der DHfL bereits vorgestellt und von Diem in eine kurze Formel gekleidet worden: „Sie sollte eine freie wissenschaftliche Forschungsstätte für alle die vielgestaltigen Wirkungen und Probleme der Leibesübungen sein und in enger Gemeinschaft von Wissenschaft und Praxis die Lehre der Leibesübungen erneuern.“[132] Seine Hoffnung auf eine „volltönende Symphonie“ gründete sich sowohl auf den „gegenseitigen Austausch“ von Theorie und Praxis als auch den ihrer verschiedenen Wissenschaften „philosophischer und naturwissenschaftlicher Art“[133].

Werfen wir vor der Folie der Kontinuitätsfrage einen ersten Blick auf diese interdisziplinäre Idee der ‚neuen universitas‘, so drängt sich – beispielsweise im Vergleich mit der des Pflichtsports – der Schluß auf, daß jene ein moderneres Gewand trägt. Unsere Analysen zur Vorgeschichte der deutschen Sportwissenschaft hatten schließlich zu dem Ergebnis geführt, daß erst die praktischen Anforderungen des Weltkriegs (und seiner Folgen) überhaupt die Einsicht in die

---

Kunst und Volksbildung abgehaltene Lehrgang zur Ausbildung von Turn- und Sportlehrern für die Berliner Hochschulen wurde organisch in den Gesamtlehrplan eingegliedert, um ein enges Zusammenarbeiten mit dem Hauptunterricht der Hochschule zu ermöglichen.“ Zusammenfassend Stoeckle, Entwicklung, S. 28: Trotz fehlender staatlicher Anerkennung wirkt die DHfL „ungemein fördernd auch auf dem Gebiete des Hochschulsportes, allein schon dadurch, daß regelmäßig Turn- und Sportwartkurse für Studierende abgehalten werden, dann durch die Heranbildung zahlreicher Hochschulsportlehrer und nicht zuletzt dadurch, daß sie den Beweis erbringt, daß die Erforschung der Leibesübungen in ihren Wirkungen auf Körper und Geist eine Wissenschaft für sich ist.“ Zur Abstellung von Personal der DHfL zu diesem Zweck siehe oben S. 126.

[128] Siehe den 17. Monatsbericht DHfL, Oktober 1922, in: MTSS 1922, S. 430.
[129] Vgl. DHfL. 36./37. Monatsbericht. Mai und Juni 1924, in: ebd., 1924, S. 379: „Professor Dr. Rießer, Greifswald, überwies der Hochschule acht Studierende der Universität Greifswald zum Training für die Marburger Olympiade.“
[130] „Tonangebend“ (Worringen, Einrichtung, S. 421) war die an der Berliner DHfL; für Hannover wird ebd. namentlich Dr. Münter angeführt; siehe auch Teil III, Kap. 4.4.
[131] Eisenberg, „English sports“, S. 354.
[132] Diem, Entstehung, S. 2.
[133] Ders., Hochschule, S. 10, 26.

Notwendigkeit einer Theorie vom Sport als *universelle, d. h.* Kriegs- und Friedenszeiten umspannende „Leistungswissenschaft"[134] haben aufkommen lassen und daß auch ihre *Möglichkeit* – die Existenz der zu ihrer Verwirklichung erforderlichen Einzelwissenschaften und die Konzeption ihres Zusammenwirkens – nur als ein Begleitphänomen dieses Krieges zu verstehen ist. So wurde beispielsweise die Entwicklung der Psychologie des Ersten Weltkriegs als fließender Übergang zwischen Willens- und angewandter Psychologie mit ihren in Wechselbeziehung stehenden Teilgebieten Arbeits-, Wehr-, Verkehrs- und Sportpsychologie gefaßt[135], und die Entstehung einer modernen Sozialwissenschaft war an das neue Paradigma gekoppelt, daß für ihren Zweck einer Bewältigung der Kriegsschäden „gerade die Unterschiedlichkeit und Gegenläufigkeit der Disziplinen, ihrer Einzelziele und Methoden als produktives Element für die Fortentwicklung und den Dialog der Wissenschaften *in* der Universität fruchtbar gemacht werden sollte."[136] Genau die Idee eines Pflichtsports für Studenten zeigt jedoch, daß diese – durch die bislang ungeahnte Dynamik sportlicher Leistungen ausgelöste – Modernisierung wissenschaftlicher Inhalte, Konzepte und Methoden nicht aus der Bindung an nationalkonservative, der Tradition der Weltkriegspädagogik verhaftete Zwecke gelöst werden konnte, die auch im modernen Rahmen der ‚neuen universitas' vorhanden blieben.[137]

Obgleich sich also – wie wir auch von der Eröffnungsfeier der DHfL wissen – das neue Programm einer Wissenschaft vom Sport auf ein breites Spektrum philosophischer und naturwissenschaftlicher Disziplinen stützte, kommt zwei Wissenschaften eine besondere Rolle zu. Spannen wir einen weiten Bogen[138] von Frühformen einer Theorie der Gymnastik in der Antike über die Philanthropen, die moderne ‚Turnwissenschaft' des 19. Jahrhunderts, die Ideen eines ‚Stadion-Organismus' und eines ‚Stadion-Laboratoriums' im Umfeld der Olympischen Spiele zwischen 1904/05 und 1914 bis hin zu Diems Antrag auf eine wissenschaftliche Forschungsstätte im Stadion 1917, sind diese Vorstellungen allesamt durch *ein stetiges Wechselspiel medizinischer und pädagogischer Legitimati-*

---

[134] Diesen treffenden Begriff übernimmt Eisenberg, „English sports", S. 55, von Beck, Leistung, der sich aber dort explizit nicht nachweisen läßt. Allerdings paßt er insofern, als Beck mit ihm die Wissenschaftskonzeption Hans Hoskes, nach Marianne Georgi der zweite Student der DHfL, charakterisiert, der selbst den Zentralbegriff der „Funktionsleistung" (zit. n. ebd., S. 23) verwendet. Zu Hoske und seiner Immatrikulation siehe auch den Sonderdruck „Eröffnung der Deutschen Hochschule für Leibesübungen", S. 12 (CuLDA, Mappe 185); Beck, Leistung, S. 12.

[135] Court, Vorgeschichte, S. 166.

[136] Heimbüchel, Universität, S. 298.

[137] Auch hierzu zusammenfassend Court, Vorgeschichte, S. 280. Vgl. auch die „Denkschrift über Turnlehrer-Ausbildung", in: MTSS 1922, S. 173, in der eine moderne wissenschaftstheoretische Konzeption an traditionelle Motive wie den „Tiefstand der Volksgesundheit und die Willenserschlaffung des deutschen Menschen" gekoppelt wird.

[138] Zur Übersicht Court, Interdisziplinäre Sportwissenschaft, S. 13–38; ders., Vorgeschichte, insbes. Kap. I, Kap. 6.2.4.

onsmuster charakterisiert, dem jedoch bis zur Eröffnung der DHfL die universitäre Institutionalisierung fehlte.[139]

Wenn wir uns daher die Frage stellen, wie sich dieser neue institutionelle Hintergrund auf ihr gegenseitiges Verhältnis auswirkte, können als Ausgangspunkt wiederum August Bier und Carl Diem angeführt werden. Bier hatte sein Konzept einer Verbindung zwischen medizinischen Elementen der Lebensreform wie Homöopathie oder Lichttherapie und der massiven Propagierung des Sports als Wehrpflichtersatz „neu" auf eine „stärkere Einbindung der Universitäten bzw. der medizinischen Wissenschaft"[140] gestützt und Diem die programmatische Begründung geliefert:

> Wohl hatten Ärzte und Erzieher, ja Männer aller Stände schon immer vor dem einseitigen ‚Intellektualismus' gewarnt. Aber erst die mächtige Erschütterung des Weltkrieges erhellte die Erkenntnis, daß die geheimnisvolle Abhängigkeit von Körper, Verstand und Seele sich nicht ungestraft auf die Dauer zugunsten einer Seite vergewaltigen lasse. Diese Erkenntnis mußte aus der Naturwissenschaft entstehen, und so waren es nicht die Pädagogen, sondern die Mediziner, die die Notwendigkeit einer Forschungsanstalt für das Gebiet der Leibesübungen fühlten.[141]

Bereits äußerlich zeigt sich diese Bevorzugung der Medizin daran, daß Diem am 26. Juli 1921 durch die medizinische Fakultät der Universität Berlin zum „Dr. med. h. c." promoviert wurde.[142] Interessant an der Verleihung dieses Titels an Diem, der nur über die Mittlere Reife verfügte, ist ihre Mehrdimensionalität. Erstens kann man sie in Beziehung zum 1920 abgelehnten Promotionsrecht der DHfL setzen und als eine Art von Kompensation deuten.[143] Zweitens spiegelt sie exemplarisch die Kontinuität der rechtskonservativen Haltung an DHfL und Universität Berlin, denn in den für Diems Auszeichnung institutionell verant-

---

[139] Siehe auch Dinçkal, Sportlandschaften, S. 249.

[140] Brinkschulte, Körperertüchtigung(en), S. 79. Vgl. Lennartz, Bier, S. 5 : „Großen Widerstand erfuhr Bier, als er sich für die Homöopathie als Heilmittel einsetzte. Die Opposition gegen ihn ging so weit, dass er sich 1925 einem medizinischen Konzil stellen musste. Bier blieb aber konsequent, richtete an der Charité eine homöopathische Poliklinik ein und genehmigte Lehraufträge. Auch seine Behandlungsmethoden der Knochentuberkulose von Kindern durch Sonne, frische Luft, Bewegung, Reizstrom und Höhensonne wurden heftig kritisiert."

[141] Diem, Hochschule, S. 6.

[142] Siehe den Abdruck der Urkunde in CDI, Aufbau, S. 125. Diem, Leben, erwähnt die Verleihung nicht.

[143] So Eisenberg, „English sports", S. 363, für das Ansehen der DHfL insgesamt und F. Becker, Leben, Bd. II, S. 59, für Diems Reputation. Zu fragen bleibt natürlich, ob es auch ohne die Ablehnung des Promotionsrechtes zu Diems Ehrendoktor gekommen wäre (also sich Bier möglicherweise lediglich für das Rektorat erkenntlich zeigen wollte) und ob die Verleihung bereits die Einsicht spiegelt, daß es ohne die staatliche Anerkennung auch kein Promotionsrecht für die DHfL geben konnte. – Diese Gedanken erweitern Court, Biers Antrag.

wortlichen Personen – Rubner als Dekan und Meyer als Rektor[144] – begegnen uns zwei Wissenschaftler, die noch ein Jahr zuvor im Urteil gegen Nicolai maßgeblich die ‚Ideen von 1914' vertreten und mit der vehementen Ablehnung des Versailler Vertrags verknüpft hatten. Denken wir auch an Biers Propagierung des studentischen Pflichtsports, ist es gewiß kein Zufall, daß derselbe Studententag in Göttingen, auf dem der militärische Nutzen des Sports zur Grundlage der Forderung nach einer solchen Sportpflicht erhoben wurde, den formellen Beschluß faßte, daß es Nicolai, dem alten Kontrahenten von DRA und DHfL, unwürdig sei, ein Lehramt zu bekleiden.[145] Deshalb diente die Verleihung eines Doktortitels für Diem nicht nur zur Befestigung von institutionellen und persönlichen, sondern auch von ideologischen Bindefäden. Drittens und schließlich wird hier die zeitgenössische Ansicht einer besonderen Funktion der Medizin dadurch deutlich, daß im „Stadion", der Zeitschrift des DRA, die Berechtigung des Ehrendoktors für Diem drei Tage nach der Verleihung mit seiner „Lebensarbeit" für den Sport als „„Arzt am Krankenlager des deutschen Volkes""[146] begründet wurde.

Wissenschaftsgeschichtlich interessant ist hier übrigens, daß diese Formulierung vom ‚Arzt am Krankenlager des deutschen Volkes', die üblicherweise dem Kölner Oberbürgermeister Adenauer anläßlich der Eröffnung des Müngersdorfer Stadions 1923 zugeschrieben wird[147], also schon für den Juli 1921 explizit belegt werden kann, auch wenn ein Zitatgeber fehlt.[148] Hinzuzufügen ist, daß dieser Ausdruck gleichwohl bestens in Adenauers städtepolitisches Reformprogramm und seinen Kampf gegen die gesundheitlichen Gefahren der „üblen Großstadtkultur"[149] paßt und daß Adenauer mit dem DRA in engem Kontakt stand. Er ist für den DRA – neben dem Berliner Oberbürgermeister Voß – einer der beiden Männer, die „ihren Namen für alle Zeiten in die Geschichte unserer Sache geschrieben haben"[150]. Adenauer hatte – im Zusammenhang eines fehlenden Spielplatzgesetzes – am 16. September 1923 auf der Gründungsfeier des Kölner Stadions auch „11 selbständige Spielplatzeinheiten"[151] eingeweiht und spätestens

---

[144]   Siehe den Abdruck der Urkunde in CDI, Aufbau, S. 125.

[145]   Zuelzer, Nicolai, S. 297.

[146]   Stadion v. 29.7.1921; siehe den Abdruck der Urkunde in CDI, Aufbau, S. 126. Nach Schulte, Sport, S. 77, hatte Diem seit 1920 an Verfahren zur „Objektivierung der Herzbewegung" gearbeitet.

[147]   So Uhlmann, Kohlrausch, S. 7, die diese Eröffnung sogar irrtümlicherweise auf 1927 datiert; auch Eisenberg, „English sports", S. 355, und M. Krüger, Münster, S. 911, führten Adenauer, aber ohne spezifische Datierung, an.

[148]   F. Becker, Leben, Bd. II, S. 45, hat zwar recht, daß diese Formulierung bereits auf der Gründungsfeier der DHfL „in verschiedenen Variationen" verwendet worden sei, aber explizit fiel sie dort nicht. Die bisher von mir gefundene früheste wörtliche Zitation Adenauers mit diesem Satz findet sich 1922 bei Martin, Körpererziehung, S. 20.

[149]   Adenauer 1927; zit. n. Schümann, Ansichten, S. 159.

[150]   Tätigkeitsbericht des DRA v. 1.4.1923–31.3.1924, S. 3 (CuLDA, Mappe 13).

[151]   Ebd.

1924 den DRA zur Abhaltung der Deutschen Kampfspiele 1926 in Köln eingeladen.[152] Am 7. Juli 1926 wurde er zum Beisitzer im DRA ernannt.[153]

Es bleibt zu fragen, welche Auswirkungen diese offensichtliche Hochschätzung der Medizin auf die konkrete inhaltliche Planung eines Studiums der Leibesübungen hatte. Weil grundsätzlich für die Konzeption einer Stundentafel nur eine begrenzte Menge von Zeit zur Verfügung steht, trat die medizinische Ausbildung nicht bloß in Konkurrenz zu anderen theoretischen *und* praktischen Lehrinhalten der ‚neuen universitas'[154], sondern befand sich vielmehr selbst vor der Schwierigkeit einer enormen Fülle an Stoff. Die Hauptgründe hierfür waren zum einen die gestiegenen *äußeren* Ansprüche an die Ausbildung und zum anderen – damit im engen Zusammenhang stehend – auch der *innere* Aspekt, daß sowohl traditionelle als auch konservative Sichtweisen ihr Recht geltend machten.[155]

Die seit 1919 geführte Diskussion über die jeweiligen Fachanteile im universitären Studium der Leibeserziehung ist in der Tat nur verständlich, wenn man das „Gesamtbild der Kenntnisse, über die wir heute schon auf diesem Gebiet verfügen"[156], nicht statisch, sondern vor der Folie einer „bislang ungekannten Intensität des Sports"[157] begreift. Während 1917 ein Gutachten der Medizinischen Fakultät der Berliner Universität die Einrichtung eines besonderen medizinischen

---

[152] Tätigkeitsbericht des DRA v. 1.4.1924–31.3.1925, S. 10–11 (ebd.). Siehe auch den undatierten Bericht über die Vorstandssitzung des DRA am 10. d. M. vmtl. aus dem Jahre 1925 (CuLDA, Mappe 6): „Mit der Stadt Cöln sind die Verhandlungen restlos abgeschlossen; erwähnt sei noch einmal die liebenswürdige Weise, mit der die Herren aus der dortigen Stadtverwaltung mit uns verhandelten"; zu Adenauer und dem DRA auch Dinçkal, Sportlandschaften, S. 153, 199, 212.

[153] Siehe die Übersicht in Diem, Schriften, Bd. II, S. 192. Interessant ist übrigens die Charakterisierung Adenauers durch Neuendorff, der ihm „als Mensch [...] Verschlagenheit" attestiert; Adenauer sei aber auch ein „Willensmensch", der „vorwärtsstrebt" und mit dem man gut zusammenarbeiten könne (Brief Neuendorffs an Harte v. 7.12.1923; Karl Drewer Turnerhilfswerk e. V., Briefe, S. 53).

[154] Schneiders Gutachten v. 1.6.1919 (siehe oben S. 42) nennt außer der Medizin Interessensgebiete aus Jura, Mathematik, Philosophie, Geschichte, Geographie, Philologie, Naturwissenschaften und generell der Lehrerschaft. Die „Denkschrift über Turnlehrer-Ausbildung" (MTSS 1922, S. 173) führt explizit Anatomie, Physiologie, Anthropometrie, Statistik, Pathologie, Orthopädie, Geschichte der Pädagogik und der Leibesübungen, Bau von Übungsstätten und Geräten, Natur- und Kulturgeschichte und die Technik aller Gebiete des Schulturnens an.

[155] Dieser grundsätzliche Konflikt wird bspw. im Gutachten von Rießer (siehe ebenfalls S. 42) deutlich, der „an die ganz analogen Erörterungen" erinnert, mit denen „noch jedesmal die Loslösung einer selbständigen Disziplin bekämpft worden ist, sei es die Augenheilkunde, die Kinderheilkunde oder die Neurologie. Jedes Mal wurde geltend gemacht, daß diese Disziplinen schon völlig ausreichend in den bestehenden klinischen Vorlesungen berücksichtigt würden und heute wird dennoch keiner mehr diesen Disziplinen die Berechtigung selbständiger Existenz absprechen wollen."

[156] Schreiben Lewalds v. 1.7.1919 an das MWKV (siehe oben S. 40–42).

[157] Tauber, Schützengraben, S. 355.

Kollegs für Leibesübungen auch mit dem Argument für entbehrlich gehalten hatte, „wie wenig tief das Bedürfnis nach einer solchen akademischen Behandlung der Frage empfunden wird"[158], begründete im Mai 1919 der Frankfurter Physiologe Rießer in seinem Gegengutachten die Notwendigkeit eines „Lehrauftrags für die medizinischen Grundlagen der körperlichen Arbeit und Erziehung" explizit mit der „ständig zunehmenden Bedeutung dieses großen Wissensgebietes"[159].

Das Auffällige am Streit über Funktion und Inhalt der Medizin in einem Studium der Leibesübungen ist, daß die Vertreter der Medizin und der Pädagogik das Hauptproblem der ‚Kurpfuscherei' betonen, ihre jeweiligen Gründe aber nicht einer bestimmten Disziplin zugeordnet werden können. Sowohl für das pragmatische Argument, „der Versuch, aus medizinischen Laien in abgekürztem Verfahren Sachverständige zu machen, würde nur zu Halbwisserei und Kurpfuscherei führen"[160], als auch seine pädagogische Untermauerung finden wir Mediziner und Pädagogen. Da die Notwendigkeit einer Vervollkommnung der akademischen Turnlehrerausbildung „nicht so sehr auf dem medizinischen Gebiet liegt als auf dem pädagogischen, weil der Hauptwert der Leibesübungen in der Erziehung des Willens, in der Kräftigung des Charakters liegt"[161], kann eine wichtige Differenzierung in Diems Verhältnisbestimmung von Medizin und Pädagogik vorgenommen werden: Die auf medizinischem Wege erlangte Erkenntnis der schädlichen seelischen Folgen des ‚Intellektualismus' in der Erziehung ist inner-

---

[158] Siehe oben S. 42, Anm. 37.

[159] Ebd.

[160] So der Hygieniker Geheimrat Max v. Gruber 1920, zit. n. Rieß, Ausbildung, S. 492; zu v. Gruber auch Court, Vorgeschichte, S. 183. Siehe auch Neuendorff, Geschichte, S. 625–626: „Eine Denkschrift des Preußischen Turnlehrervereins von 1922 zählte als Gebiete dieses exakten Wissens auf: Anatomie mit Präparierübungen an Leichen, Pathologie, Physiologie, Histologie mit physiologischem Praktikum, Chemie, Mechanik, Elektrizitätslehre, Training und Massage, Orthopädie, experimentelle Psychologie und experimentelle Pädagogik – worüber sich der alte F. A. Schmidt weidlich lustig machte und boshaft fragte, ob man damit wirklich Turnlehrer bilden oder nicht vielleicht Kurpfuscher heranzüchten wollte". Die Lektüre des Originalbeitrags von Schmidt, Denkschrift, zeigt, daß er maßvoller argumentiert, als es Neuendorff suggeriert. Bspw. ist der Vorwurf des ‚Kurpfuschers' nicht von Schmidt selbst erhoben worden, sondern das „Urteil eines befreundeten Kollegen", das Schmidt „nicht so unbegreiflich finden kann" (ebd., S. 178). Zum anderen unterschlägt Neuendorff, daß Schmidt, wenn überhaupt, die Bedingungen eines solchen Studiums ausgerechnet an der DHfL verwirklicht sieht: „Genug, daß wir vorerst die Deutsche Hochschule für Leibesübungen haben, die sich allmählich zu einer ernsten Stätte wissenschaftlicher Erforschung der Leibesübungen und ihrer Einwirkungen in Verbindung mit eingehender Pflege des Betriebes aller Arten von Leibesübungen entwickelt. Etwas ähnliches und gleichwertiges an allen möglichen Universitäten zu schaffen – dazu sind die Vorbedingungen noch lange nicht gegeben." Immerhin war F. A. Schmidt 1920 als Gastdozent an der DHfL; vgl. Tätigkeitsbericht DHfL 1. SoS 1920, S. 7 (CuLDA, Mappe 188); er las dort über „Physiologie der Atmungsorgane, ihre Entwicklung und Uebung" und wurde Mitglied im Kuratorium; siehe auch Möcker, Schmidt, S. 37–38.

[161] So v. Gruber 1920, zit. n. Rieß, Ausbildung, S. 492.

halb der ‚neuen universitas‘ nur sinnvoll in ihrer Einbettung in einen *pädagogischen Zweckzusammenhang*:

> Das ist die Aufgabe, die [...] der Turnlehrer und -erzieher der Gegenwart zu erfüllen hat, daß er, von dem Vitalen des Lebens ausgehend, die Brücke schlage zu dem Geistigen; denn dieses Geistige wieder lebt allein auf vitaler Grundlage. Und nur der kann Turnlehrer und -erzieher sein, der mitwirkt an dem, was wir brauchen: einer Erneuerung des deutschen Volkes und damit einer Erneuerung des deutschen Staates.[162]

2.4 Fazit

Konzeptionell ist die „Wissenschaft der Leibesübungen"[163] eine Form der ‚neuen universitas‘, die ihren Ausgangspunkt in einer „Revolution des Leibes"[164] hat und ihre Motive der Pädagogisierung und Modernisierung auf diesen spezifischen Gegenstand anwendet. Sie enthält zahlreiche, miteinander verwobene Polaritäten verschiedener Abstraktionsgrade unter den Leitzwecken ‚Volksgemeinschaft‘ und ‚Volksgesundheit‘[165]:

– Kultur vs. Zivilisation[166]
– Idealismus vs. Materialismus
– Nationalität vs. Internationalität
– Zweckfreiheit vs. Zweckgebundenheit
– politischer vs. unpolitischer Selbstbegriff[167]
– Hoffnung auf die Großstadtuniversität vs. Kritik am Großstadtleben[168]

---

[162] Spranger, Lehrerpersönlichkeit, S. 467; es sind die Schlußworte seines Vortrags auf der Deutschen Tagung für Körpererziehung 1924. Eine Zusammenfassung der Tagung bei Harte, Tagung, der in Sprangers Vortrag die „geistreiche Erfassung der Persönlichkeit des Lehrers der Leibesübungen" (ebd., S. 318) lobt.

[163] Vgl. Harte, Turnlehrerausbildung, S. 473: „Es nimmt wunder, daß das Studium der Erziehungswissenschaften nicht schon längst jedem künftigen Erzieher zur Pflicht gemacht worden ist. Vermutlich hat das seine Ursache darin, daß man in gewissen Kreisen die Pädagogik als die Lehre der Unterrichts- und Erziehungspraxis ansieht und ihr daher Wissenschaftscharakter abspricht. Genau so, ja noch stärker angefochten ist auch die Frage: Gibt es eine Wissenschaft der Leibesübungen?"

[164] So Neuendorff, Nachdenkliches, S. 231: „Jugendbewegung ist *auch* Revolution des Leibes."

[165] Diese Zwecke sind kultursoziologisch *Symbole*, die eine zentrale „gemeinschaftsbildende Funktion" besitzen. Sie liegt zum einen in „gemeinsamen Weltbildern" und zum anderen in ihrem „genuin politischen Charakter" (Pyta, Hindenburg, S. 59–60).

[166] So Harte, Schulerneuerung, S. 436: „Zivilisation und Kultur liegen in einem bitteren Kampf gegeneinander"; siehe auch Werner, Kultur, S. 210–211.

[167] Diese Aspekte bündelt Werner, ebd., S. 207, 336.

[168] Man vgl. die Rede Lewalds auf der Eröffnungsfeier der DHfL, zit. n. CDI, Gründung, S. 39, mit Hartes, Schulerneuerung, S. 239, Kritik der „großstädtischen Verhältnisse, wo das Kind für ein Ausleben seines körperlichen Menschen keinen Raum besitzt, wo es oft schon viel zu schlaff geworden ist, um impulsiv zur Bewegung zu schreiten".

– Amerikabegeisterung vs. Amerikakritik[169]
– Charakterschulung vs. Laboratoriumsforschung[170]

Die ausdrückliche Eingliederung der DHfL in das Traditionsverständnis der Berliner Universität, eine „starke Eiche im Walde deutscher Wissenschaft"[171] zu sein, zeigt, daß jenes „neueste Ergebnis deutscher Gründlichkeit"[172] keinen Sonderweg der deutschen Universität darstellt.[173] Vielmehr teilt sie nicht nur diese Polaritäten mit anderen Disziplinen[174], sondern auch die generelle Diskussion ihrer Wissenschaftswürdigkeit[175] und das Ideal eines ‚neuen Humanismus'. Sein „neuer deutscher Mensch" ist

> völlig unpolitisch, aber ein Gemeinschaftsmensch, in dem nicht nur die Jugendbewegung weiterlebt, sondern auch das Kriegserlebnis, [...] in dem eine starke Religiosität pulsiert, der junge Mensch sozialer Gesinnung. Der Mensch, der [...] mit neuem Körpergefühl Sport und Leibesübungen auch aus einem gewissen Gefühl der Heiligkeit seines Körpers treibt, [...]

---

[169] Vgl. exemplarisch Lewald in der Kuratoriumssitzung der DHfL am 26.5.1922 (in: MTSS 1922, S. 237) über die Spielplatzfrage: „Ich glaube, wenn auf diesem Gebiete gerade die Reichshauptstadt vorangeht und das leistet, was eigentlich bisher noch keine deutsche Stadt geleistet hat, was wir aber in mustergültiger Weise bei vielen großen amerikanischen Städten gesehen haben [...], daß damit Berlin ein Werk getan haben wird, das ihm auch in vielen deutschen Herzen wieder Sympathie entstehen läßt, was ihm nicht schaden kann". Das Vorbild Amerikas betrifft darüber hinaus generell seine große Einsicht in die Wichtigkeit der Körpererziehung (vgl. Diem, Schriften, Bd. 2, S. 145, 188); die Kritik richtet sich am Rekordstreben nach amerikanischem Muster aus. Beide Aspekte finden sich z. B. bei Diem, Schriften, Bd. 2, S. 188, oder Harte, Turnlehrerausbildung, S. 472; ders.; Harte, Schulerneuerung, S. 436. Bei der Überlegung, ob Diem als Vertreter der ‚Neuen Sachlichkeit' bzw. eines ‚Amerikanismus' fungieren darf (vgl. Eisenberg, „English sports", S. 356), ist zu betonen, daß Diem, Schriften, Bd. 2, S. 188, gerade das Sportabzeichen als Ausdruck der „Sachlichkeit" ansieht. Zum Einfluß der amerikanischen Kultur auf die Weimarer Republik auch Stern, Deutschland, S. 90; Tauber, Schützengraben, S. 354–355; F. Becker, Diskursanalyse, S. 107. Auch die Frage, ob eine Wissenschaft der Leibesübungen eher wissenschaftlichen oder persönlichkeitsbildenden Wert haben soll, läßt sich auf die Unterschiede zwischen dem deutschen und amerikanischen Hochschulwesen zurückführen; so unter Berufung auf Max Weber Heimbüchel, Universität, S. 258–259. In Köln wurde die Installation der neuen Fächer bewußt auf das Vorbild Amerikas zurückgeführt und mit dem Begriff der Innovation gleichgesetzt; siehe ebd., S. 401. Die Monatsschrift für Turnen, Spiel und Sport griff regelmäßig generelle Themen bzw. ‚Lesefrüchte' mit amerikanischem Bezug auf.

[170] Siehe generell zum Verhältnis von generalisierender naturwissenschaftlicher und am Einzelfall ausgerichteter sozialwissenschaftlicher Methodik Heimbüchel, Universität, S. 293–294. So hatte Bier gegen die moderne Laboratoriumsmedizin eingewendet, sie liefere für den einzelnen Patienten keine brauchbaren therapeutischen Ansätze; siehe Lammel, Bier, S. 184.

[171] Rede Lewald auf Eröffnungsfeier der DHfL, zit. n. CDI, Gründung, S. 39.

[172] Rede Schulz auf Eröffnungsfeier der DHfL, zit. n. ebd., S. 40.

[173] Siehe auch Court, Vorgeschichte, S. 280.

[174] Siehe dazu unten das Schlußwort.

[175] Auch darauf gehe ich im Schlußwort näher ein.

der deutsch ist und deutsch und deutsch bis auf die Knochen, und dem doch der Blick für die Menschheit offen ist. [...] Ein Mensch, in dem der antike Mensch neu geboren wird, in dem ein humanistisches Ideal sich verkörpert.[176]

Inwiefern die konkreten, alltäglichen Umstände von Forschung und Lehre an der DHfL der Verwirklichung eines solchen ,Ideals' förderlich waren, wird uns im nun folgenden Teil beschäftigen.

---

[176] Wahlkampfrede von Carl Friedrich Becker 1928 in Naumburg; zit. n. G. Müller, Reform, S. 389; das Zitat auch bei Nagel, Bildungsreformer, S. 34–35. Zum Neuhumanismus Diems siehe Court, Vorgeschichte, S. 34, Anm. 223; zu Bier als Vertreter des ,Dritten Humanismus' insgesamt Lammel, Bier. Aus einer religionssoziologischen Sicht ist hier das religiöse Moment in der „Herstellung von Gruppeneinheit" (Court/Schulte, Religionssoziologische Aspekte, S. 23) durch Leibesübungen zu betonen; vgl. Neuendorff, Nachdenkliches, S. 230: „Der Mensch gehört zu seinem Volk und zur Erde, der ganze Mensch mit Leib und Seele, und auch mit seinen Fäusten. Wer den Zusammenhang mit der Erde verliert, der verliert ihn auch mit Gott."

III Forschung und Lehre

1 Die Abteilungen

Die Organisation und Leitung von Lehre und Forschung an der DHfL oblag vier Abteilungen.[1] Obgleich ihre prinzipielle, dem jeweiligen „Stoffgebiet"[2] folgende Struktur auf die Denkschriften des DRA vom September und Dezember 1919 zurückgeht[3], ist der Begriff ‚Abteilung' erst ab der Dezember-Denkschrift zu finden. Die September-Denkschrift, d. h. Diems Entwurf vom 6. September 1919, hatte bekanntlich anstelle von ‚Abteilungen' noch von ‚Lehrstühlen' gesprochen, deren dritter zudem urspünglich ‚Organisation von Verein und Verband' und deren vierter ‚Geschichte, Verbreitung, Statistik' heißen sollte.[4] In der Dezember-Denkschrift 1919 findet sich dann sowohl der Name ‚Abteilung' als auch ihre Einteilung, die anschließend in die betreffende Stellenausschreibung vom 2. März 1920 einging und seit der Benennung des ersten Semesters, dem Sommersemester 1920, unveränderte Gültigkeit besaß: I. Abteilung: Übungslehre, II. Abteilung: Gesundheitslehre, III. Abteilung: Erziehungslehre, IV. Abteilung: Verwaltungslehre.[5]

Die Aufgabe der Abteilung für Übungslehre war zum einen die praktische Ausbildung und zum anderen die Einführung in die „Physik der Leibesübungen", die der Abteilung für Gesundheitslehre die Vermittlung des „grundlegenden Wissens der Anatomie und Physiologie", die der Abteilung Erziehungslehre die Einführung in die „Grundbegriffe der pädagogischen Wissenschaft" und die der Abteilung Verwaltungslehre das Erzielen einer „Vertrautheit mit der geschichtlichen Entwicklung der Leibeserziehung und mit den Verwaltungsformen".[6] Im Sommersemester 1920 wurden alle vier Abteilungen unter dem Begriff „Wissenschaftliche Ausbildung"[7] rubriziert, während er in der Dezember-Denkschrift 1919 noch den Abteilungen für Gesundheits-, Erziehungs- und Verwaltungslehre vorbehalten war.[8]

---

[1]   § 7 der Satzung von 1924; abgedruckt in Diem, Hochschule, S. 57. Zur Übersicht auch F. Becker, Leben, Bd. II, S. 46–47. – Die Überschrift dieses Teils „Forschung und Lehre" folgt dem heutigen Sprachgebrauch und enthält keine Wertung ihrer Reihenfolge.

[2]   Dezember-Denkschrift des DRA, zit. n. CDI, Gründung, S. 31.

[3]   Vgl. Bericht über die Sitzung des Wirtschafts-Ausschusses des DRA am 8.1.1920 v. 9.1.1920, S. 1, TOP 3, über die Besetzung der Abteilungsleiterstellen: „Die Angelegenheit wird auf Grund der Denkschrift durchgesprochen" (CuLDA, Mappe 4).

[4]   Siehe oben Kap. 1.1.

[5]   Tätigkeits-Bericht DHfL 1. SoS 1920, S. 6–8 (CuLDA, Mappe 188); siehe auch oben Kap. 1.1.

[6]   Tätigkeits-Bericht DHfL 1. SoS 1920, S. 6–8 (ebd.).

[7]   Ebd., S. 6.

[8]   Für die Abteilung I waren „Fachkräfte" und für die Abteilungen II–IV „wissenschaftliche Lehrkräfte" vorgesehen; die Abt. I sollte ein „vollamtlich angestellter Abteilungsleiter"

Wenn wir uns in der nun anstehenden Übersicht über die Personalentwicklung der Abteilungen der DHfL auf ihre Leiterstellen konzentrieren, ist ein Hinweis auf grundlegende formale und finanzielle Aspekte vorauszuschicken. Während die Satzung der DHfL von 1924 vorschrieb, daß die Abteilungsleiter „aus der Zahl der ordentlichen Lehrer bzw. Dozenten vom Senat für drei Jahre ernannt"[9] werden, enthielt hierfür die im Sommersemester 1920 gültige Ordnung vom 10. Januar 1920 noch keine Regelung, und die Besetzung erfolgte gemäß der Stellenausschreibung vom 2. März 1920. Sie läßt eindeutig erkennen, daß das größte Problem bei der Gewinnung von Personal in ihren chronisch knappen Mitteln lag: das im Ausschreibungstext am häufigsten vorkommende Adjektiv lautet ‚opferwillig'.[10] Wir wissen natürlich aus unseren früheren Analysen über den verheerenden Einfluß der allgemeinen Hochinflation auf die personelle Situation der DHfL; die Ausschreibung läßt, wie wir gleich im Detail sehen werden, unabhängig davon auch die große Schwierigkeit einer privaten Hochschule in ihrer Gründungsphase erkennen, überhaupt mit staatlichen Gehältern zu konkurrieren.

Vor diesem Hintergrund spielt der Ort der Eröffnungsfeier auch hier eine exemplarische Rolle. Während er im letzten Kapitel auf die enge Verbindung zwischen DHfL und Berliner Universität unter einer programmatischen Warte zielte, schließt er hier zudem eine finanzielle Perspektive ein, denn vor allem auf dem Gebiet der Medizin bedeutete die Rekrutierungsmöglichkeit von Personal aus dem Kreise der Universität für die DHfL – sowohl in Form von Lehraufträgen wie der Wahrnehmung von Abteilungsleitungen – eine große Kostenersparnis.[11] Anders formuliert: Der von Diem, wenn auch wesentlich später, geprägte Begriff der Sportwissenschaft als eine „typische Querschnittswissenschaft"[12] besagt für unseren Zusammenhang, daß ihre konkrete inhaltliche Ausprägung in hohem Maße davon abhing, welches Personal zu welchen finanziellen Bedingungen von der Berliner Universität gewonnen werden konnte.[13]

Blicken wir auf die allgemeine Gehaltsstruktur von DRA und DHfL, bildete zwar der Teiltarifvertrag bei den Reichs- und preußischen Staatsverwaltungen vom 4. Juni 1920 die Grundlage der Löhne von DRA und DHfL[14], der DRA

---

und die Abt. II–IV ein „vollamtlich angestellter wissenschaftlich gebildeter Abteilungsleiter" leiten (Dezember-Denkschrift des DRA, zit. n. CDI, Gründung, S. 31–32).

[9] § 7 der Satzung von 1924; abgedruckt in Diem, Hochschule, S. 57; vgl. § 8 der Ordnung der DHfL v. 10.1.1920 (CuLDA, Mappe 186).

[10] Er ist oben zitiert auf S. 48–49.

[11] Vgl. F. Becker, Leben, Bd. II, S. 45; Dinçkal, Körper, S. 179. Vgl. Diem, Hochschule, S. 13: „Die Universität Berlin erbot sich, ihre Hörsäale und Institute kostenlos herzugeben. Eine Anzahl von Professoren erklärte sich zur Mitarbeit bereit."

[12] Diem, Schriften, Bd. 1, S. 93 [1940]; zu seiner Bedeutung auch Hausmann, Geisteswissenschaften, S. 17, 218–219.

[13] Ebenso F. Becker, Leben, Bd. II, S. 45.

[14] Bericht über die Sitzung des Wirtschafts-Ausschusses des DRA am 8.2.1921 v. 10.2.1921, S. 2, TOP 3 (CuLDA, Mappe 4).

zahlte jedoch prinzipiell „nicht die ortsüblichen Gehälter"[15], sondern – auf der Grundlage der Festsetzungen durch seinen Wirtschaftsausschuß – lediglich 75% der tarifmäßigen Bezüge.[16] Die Ausnahmen waren zum einen vertragliche Bindungen bei „Beurlaubungen aus dem Staatsdienst pp."[17] und zum anderen das Interesse des DRA an der Gewinnung bzw. am Verbleib besonders wichtig erscheinender Personen. Mit diesen wurden individuelle Verhandlungen über besondere Zuschüsse bis zu 4 000 Mark geführt. Auf der Grundlage ihres Jahresgehaltes von 18 000 Mark konnten die Angestellten beispielsweise zusätzlich ein „mässiges Taschengeld" erhalten oder „Kosten der Unterstellung von Möbeln" bzw. der „Unterkunft und des Unterhalts"[18] erstattet bekommen. Das Honorar für Lehraufträge wurde mit „etwa 1000 M." angesetzt und sollte gleichfalls „von Fall zu Fall"[19] entschieden werden; für studentische Hilfskräfte waren 350 Mark im Monat[20] und für die „ständigen und im Tagelohn stehenden Arbei-

---

[15]   Vgl. Kassenbericht zur Vorstandssitzung des DRA am 30.10.1920 v. 28.10.1920, S. 3: „Wenn der Reichsausschuss nicht die ortsüblichen Gehälter zahlen will, kann er nicht auf den Verbleib bewährten Personals rechnen" (ebd., Mappe 3).

[16]   Vgl. Bericht über die Sitzung des Wirtschafts-Ausschusses des DRA am 4.11.1921 v. 8.11.1921, S. 2, TOP 2 (ebd., Mappe 4); Bericht über die Sitzung des Wirtschafts-Ausschusses des DRA am 16.11.1922 v. 21.11.1922, S. 1, TOP 1 (ebd.). Dabei wurden die Angestellten im DRA schlechter als seine Beamten bezahlt; siehe den Brief Diems v. 1.3.1920 an seinen Wirtschaftsausschuß bei F. Becker, Leben, Bd. II, S. 40–41. Zum Vorteil des privaten Charakters der DHfL Diem, Hochschule, S. 9: „Wir mußten auf die Suche nach Persönlichkeiten gehen und sie nehmen, wo wir sie fanden. Bei einer staatlichen Gründung wäre der Staat in jedem Falle an die Bildungsvorbedingungen der Tarifstufen seiner Beamtenklassen gebunden gewesen."

[17]   Bericht über die Sitzung des Wirtschafts-Ausschusses des DRA am 15.9.1922 v. 21.9.1922, S. 2, TOP 2: „Der Wirtschaftsausschuss lehnt unter Berücksichtigung der augenblicklichen Finanzlage die Erhöhung der Bezüge auf die tarifmässigen Septembersätze ab, soweit nicht die Uebernahme staatlicher Bezüge bei Beurlaubungen aus dem Staatsdienst pp. vertraglich zugesichert ist" (CuLDA, Mappe 4). Dadurch kam es z. B. zu Konflikten mit dem KWI; siehe dazu gleich unten S. 221, Anm. 331.

[18]   Tagesordnung zur Sitzung des Wirtschafts-Ausschusses des DRA am 4.11.1921 v. 8.11.1921, S. 1 (CuLDA, Mappe 4), vgl. den Bericht über die Sitzung des Wirtschafts-Ausschusses des DRA am 4.11.1921 v. 8.11.1921, Punkt 2, S. 2 (ebd.); Bericht über die Sitzung des Wirtschafts-Ausschusses des DRA am 8.2.1921 v. 10.2.1921, S. 4 (ebd). Die genannten Zuschüsse bezogen sich auf gleich drei Anträge von Kohlrausch, Klinge und Schulte auf die Neuregelung ihrer Bezüge in jener Sitzung vom 4.11.1921 und sind exemplarisch dafür, daß solche Anträge regelmäßig gestellt wurden. Die Höhe der Gewährung war außer von besonderen persönlichen Umständen von der Vorbildung der Antragsteller abhängig.

[19]   Bericht über die Sitzung des Wirtschafts-Ausschusses des DRA am 8.1.1920 v. 9.1.1920, Punkt 3 Finanzierung der DHfL, S. 2 (ebd).

[20]   Bericht über die Sitzung des Wirtschafts-Ausschusses des DRA am 8.2.1921 v. 10.2.1921, S. 2 (ebd). Diese Vergütung bezog sich auf den Studenten Hans Hoske. Nach dem Tätigkeitsbericht des DRA v. 1.4.1920–31.3.1921, S. 17 (ebd., Mappe 13) bearbeitete er das Facharchiv des DRA und war im Wintersemester 1920/21 Preisträger des DRA; eine weitere Aufgabe war die Abfassung von Forschungsberichten für die Monatsschrift für Turnen, Spiel und Sport und das Verfassen bibliographischer Übersichten auf dem Gebiet der

ter des Stadions" monatlich 1 000 Mark vorgesehen.[21] In Ergänzung unserer früheren Angaben zu Diems Gehalt ist anzufügen, daß Diem insofern eine Vorzugsbehandlung erhielt, als seine Bezüge früher als die des übrigen Personals festgelegt wurden; in ihnen war seine Dozententätigkeit für die DHfL bereits eingeschlossen.[22] Mit Beginn der Hyperinflation mußten die Gehälter ständig neu angepaßt werden[23], bis sich ab 1923 die Situation allmählich entspannte; auch Diems Bezüge wurden 1924 neu angesetzt.[24]

Bereits im Sommersemester 1920 traten die prinzipiellen Probleme der untertariflichen Bezahlung offen zutage. Während jene oben erwähnte, vermutlich zur Eröffnung der DHfL angefertige Broschur als Leiter der Abteilung I Waitzer, der Abteilung II Mallwitz, der Abteilung III Kunath und der Abteilung IV Diem

---

Sportmedizin für Sammelbände und Jahrbücher von Diem und Krümmel; siehe auch Beck, Leistung, S. 21. F. Becker, Leben, Bd. II, S. 63, deutet ein homoerotisches Verhältnis zwischen Diem und Hoske an, die auch gemeinsame Reisen unternahmen.

[21] Bericht über die Sitzung des Wirtschafts-Ausschusses des DRA am 30.9.1921 v. 7.10.1921, S. 1 (CuLDA, Mappe 4).

[22] Vgl. Kap. 1.4.1 zur Finanzierung des DRA; Bericht über die Sitzung des Wirtschafts-Ausschusses des DRA am 8.2.1921 v. 10.2.1921, S. 2 (CuLDA, Mappe 4); Bericht über die Sitzung des Wirtschafts-Ausschusses des DRA am 30.9.1921 v. 7.10.1921, S. 2 (ebd.). Vgl. den Brief Diems an Westerhaus v. 1.10.1923, S. 1 (ebd., Mappe 207): „Ihr Restgehalt – in Summe 1.260.722 M – ist am Sonnabend an Sie abgegangen. Für den kommenden Monat beträgt Ihr Gehalt – nach den heutigen Feststellungen – 6.306.300.000 Mark. Es wird wieder in drei Raten ausgezahlt werden. Dass Sie von diesem Gehalt sich nicht viel anschaffen können, weiss ich auch, so geht es uns allen, und ich muss ganz genau wie Sie mir kümmerlich die Bücher, die ich mir sonst gekauft hätte, aus der Staatsbibliothek entleihen. Gewiss ist mein Gehalt grösser als das Ihre; aber ich bin dafür in der Lage, schon für spätere Zeit etwas zurücklegen zu müssen." – Westerhaus war Diplom-Sport-und Turnlehrer an der DHfL und produzierte 1928 im Auftrag des DRA einen Werbefilm über die; dazu F. Becker, Leben, Bd. II, S. 172. Bei der Leichtathletikprüfung im Sommer 1922 erreichte er über 100 m mit 11,3 sec. die bis dahin beste Abschlußleistung auf dieser Distanz und erhielt 1923 die August-Bier-Plakette für das beste Diplom des Jahrgangs; siehe DHfL. 19. Monatsbericht. Dezember 1922, in: MTSS 1923, S. 24; eine Kurzbiographie in Hesse, Professoren, S. 782–783.

[23] Vgl. Bericht über die Sitzung des Wirtschafts-Ausschusses des DRA am 16.11.1922 v. 21.11.1922, S. 1 (CuLDA, Mappe 4): „Nach Darlegung der wirtschaftlichen Lage des D.R.A. beschloss der Wirtschaftsausschuss die Regelung der Gehaltsbezüge der Angestellten auszusetzen und zu diesem Zwecke eine neue Sitzung auf den 29. November anzuberaumen. Zur Erleichterung der Lage der Angestellten sollen die November-Bezüge in Höhe der im Oktober gezahlten Bezüge, soweit sich dies ermöglichen lässt, sofort zur Auszahlung gelangen."

[24] Siehe Tätigkeitsbericht des DRA v. 1.4.1922–31.3.1923, S. 5 (ebd., Mappe 13): „Die Anstellungsverhältnisse, die in den Monaten der Markkatastrophe außerordentlich schwierig waren, haben sich zur Zeit wieder gebessert, so daß eine Reihe von noch nicht erledigten Stellenangeboten vorliegt"; zu Diems Gehalt vgl. das Schreiben des DRA an Generalsekretär Diem v. 27.5.1924 (ebd., Mappe 4). Die Bezüge ab 1.6.1924 setzten sich zusammen aus Grundgehalt (8.100 M.), Ortszuschlag (1.008 M.) und 5% Sonderzuschlag (455.40 M.), was monatlich 796.95 M. ergab.

aufgeführt hatte[25], wurden tatsächlich im ersten Semester der DHfL nur die II. und die IV. Abteilung wie vorgesehen besetzt. Die I. Abteilung erhielt lediglich eine stellvertretende Leitung (durch Diem), während die Leitungsposition der III. Abteilung Erziehungslehre ganz unbesetzt blieb.[26] Diese unbefriedigende personelle Situation spiegelte sich im Lehrprogramm. In der Abteilung von Mallwitz „konnten bereits Sonderfächer, Physiologie der Atmung, Muskelphysiologie, Physiologie der maximalen Arbeit angeschlossen werden", wogegen in der III. Abteilung ausgerechnet die „grundlegende Vorlesung über Pädagogik selbst auf das Winter-Semester verschoben werden mußte, da ein geeignet erscheinender Lehrer noch nicht zur Verfügung stand. Dafür wurde mit der Einführung in die Psychologie, Methodik und Systematik begonnen."[27]

Die Akten lassen eindeutig den Schluß zu, daß jene Broschur wider besseres Wissen verfaßt wurde, möglicherweise, weil die DHfL vor Eröffnung unter einem enormen Zeitdruck stand und mit einer festen Besetzung Seriosität nach außen demonstrieren wollte – natürlich auch in der Hoffnung auf politische und finanzielle Unterstützung. Aufgrund der sehr guten Quellenlage soll im folgenden exemplarisch die Suche eines Leiters der Abteilung I für Übungslehre vorgestellt werden. Diem hatte am 8. Januar 1920 im Wirtschafts-Ausschuß des DRA darüber berichtet, „dass er zunächst die Anstellung von drei Abteilungsleitern in Aussicht genommen habe und mit Herrn Waitzer als Abteilungsleiter für Uebungslehre sofort nach seiner Rückkehr aus der Gefangenschaft in Verhandlungen treten werde."[28] Diems „alter Freund"[29] Josef Waitzer war – neben Berner und von Reichenau – einer seiner Begleiter auf der Amerikareise 1913 und galt als „bekanntester Übungsleiter des erfolgreichen Münchener Turnvereins von 1860"[30].

Auf der Sitzung des Wirtschafts-Ausschusses am 5. März 1920 wurde Waitzer ein Grundgehalt von 12 000 Mark und eine Funktionszulage bewilligt, „über die der Generalsekretär noch zu verhandeln hat"[31]. Am 28. April 1920 richtete Diem (in Antwort auf ein leider nicht vorliegendes Schreiben von Waitzer) folgende Zeilen an seinen Wunschkandidaten:

> Ich muss sagen, dass der Inhalt Ihres Briefes mich recht verblüfft hat. Ich habe ja selbst es sehr bedauert, dass der Wirtschaftsausschuss trotz meiner dringenden Befürwortung Ihnen das verlangte Gehalt nicht bewilligt hat. Da wir bei der Verpflichtung für die Hochschule aber die entspre-

---

[25] Siehe S. 70–71.
[26] Vgl. Tätigkeitsbericht DRA v. 1.4.1920–31.3.1921, S. 16 (CuLDA, Mappe 13).
[27] Tätigkeits-Bericht DHfL 1. SoS 1920, S. 7 (ebd., Mappe 188).
[28] Bericht über die Sitzung des Wirtschafts-Ausschusses des DRA am 8.1.1920 v. 9.1.1920, Punkt 3 Finanzierung der DHfL, S. 1–2 (ebd., Mappe 4).
[29] F. Becker, Leben, Bd. II, S. 43.
[30] Diem, Leben, S. 90–91; falsche Schreibweise bei Court, Vorgeschichte, S. 113.
[31] Bericht über die Sitzung des Wirtschafts-Ausschusses des DRA am 5.3.1920 v. 9.3.1920, S. 3 (CuLDA, Mappe 4).

chenden Staatsbeamtengehälter zugrunde gelegt haben, glaubte der Finanzminister, so richtig zu handeln. Ich liess es dabei bewenden, weil ich das Vertrauen hegte, dass wir alles Weitere noch mündlich regeln können. Ich nahm an, dass Sie sich in der Beziehung ganz auf mich verlassen. Ich habe Ihnen nun zunächst nachstehendes Telegramm gesandt: „Rechne unbedingt auf Uebernahme der Lehrtätigkeit wenigstens für das erste Semester. Sie können mich vierzehn Tage vor Eröffnung nicht sitzen lassen, nehmen volles Gehalt auf meine Verantwortung telegrafische Zusage erbeten" und wiederhole, dass ich unbedingt darauf rechne, dass Sie wenigstens für das erste Halbjahr hier zur Verfügung stehen. Das Weitere wird sich dann ja finden. Ich habe von vornherein niemand anders als Sie für diese Stellung vorgesehen, alles daraufhin organisiert, dies auch bekanntgegeben und möchte nun nicht die Hochschule ohne eine ordentliche Leitung der praktischen Abteilung eröffnen. Ich habe auch nicht geglaubt, dass hier materielle Gründe bei Ihnen ausschlaggebend sein könnten. Dass eine Firma wie Berg Sie unter Umständen besser zu zahlen vermag als der Reichsausschuss, war mir von vornherein klar; auch einige Reichswehrformationen haben zeitweise höhere Gehälter gezahlt als der Deutsche Reichsausschuss. Ich glaubte aber, Sie würden die geradezu sport-historische Bedeutung Ihres Amtes als erster Abteilungsleiter an der Hochschule gebührend mit in Rücksicht nehmen.

Hier steht nicht nur eine Berufserfüllung, sondern hier steht eine grosse Aufgabe vor Ihnen, eine Aufgabe, für deren Lösung Sie mir der beste Mann zu sein scheinen.

Ich wende mich daher noch einmal an Sie, um vor meinem Gewissen wenigstens alles getan zu haben, was man verlangen kann. Allerdings kommt die Aufgabe für Sie nur infrage, wenn Sie sich zu ihr berufen fühlen. Der Leiter der Abteilung Uebungslehre soll nicht nur schlechthin Sportlehrer sein, sondern er soll die gesamte Lehrtätigkeit als Hauptleiter organisieren, beaufsichtigen und in festen Händen haben. Das muss ein Führer unseres Gebietes sein, ein Mann, der für seine Aufgabe lebt.

Ich appeliere [sic] nun noch einmal an Sie und hoffe, es nicht vergeblich zu tun, vor allem muss mir aber daran liegen, von Ihnen schnellstmöglich endgültige Entscheidung zu erhalten, da auch ich im Falle Ihrer Absage schnell zu handeln habe.[32]

---

[32] Schreiben Diems an Waitzer v. 28.4.1920 (ebd., Mappe 207, o. P.). Nach Lennartz/Reinhardt, 1928, S. 127, hielt sich Waitzer „nach dem Krieg zunächst mit dem Malen von Alpenbildern über Wasser", bevor er zu der in Diems Schreiben erwähnten Firma Berg wechselte. Sie war nach Eisenberg, „English sports", S. 327, eine Herstellerin von Sportgeräten.

Offensichtlich teilte Waitzer, wie erbeten, seine Antwort rasch mit, denn am 6. Mai 1920 übermittelte Diem sie dem Senat[33] und eine Woche später dem Haushaltsausschuß der DHfL. Hier berichtete er, daß Waitzer „wegen der geringen Besoldung" die Berufung abgelehnt, wenigstens aber seine Anwesenheit „während der ersten 14 Tage nach der Eröffnung der Hochschule im Stadion"[34] zugesagt habe. Ein letzter Vermittlungsversuch scheiterte offensichtlich[35], denn „den praktischen Unterricht leitete im Sommersemester, nachdem der ursprünglich in Aussicht genommene Abteilungsleiter Waitzer sein Amt nicht antreten konnte, Generalsekretär Diem"[36].

Ab dem Wintersemester 1920/21 wurde die vakante Führungsposition der Abteilung I vom Leichtathletikdozenten Willy Steinhof[37] und spätestens ab dem Wintersemester 1924/25 von Dr. Erich Klinge eingenommen[38]. Steinhof war am 31. Dezember 1922 aus den Diensten der DHfL ausgeschieden; finanzielle Gründe können nicht ausgeschlossen werden.[39] Eine Eingabe auf Erhöhung seiner Bezüge aus dem November 1922 an den Wirtschaftsausschuß des DRA blieb jedenfalls erfolglos – übrigens ebenso wie diejenige seines Nachfolgers

---

[33] Siehe den Bericht über die Sitzung des Senats der DHfL am 6.5.1920 v. 4.6.1920, S. 2 (CuLDA, Mappe 187).

[34] Bericht über die Sitzung des Wirtschafts-Ausschusses des DRA am 14.5.1920 v. 18.5.1920, S. 1 (ebd., Mappe 4).

[35] Siehe den Bericht über die Sitzung des Senates der DHfL am 6.5.1920 v. 4.6.1920, S. 2 (ebd., Mappe 187): „Zu Punkt 3 der Tagesordnung macht der Generalsekretär die Mitteilung, dass Herr Waitzer die Lehrberufung abgelehnt hat. Nach längerer Aussprache wird Herr Dr. Mallwitz ersucht mit den Beteiligten direkt in Verbindung zu treten. Dr. Mallwitz sagt dies zu."

[36] Tätigkeitsbericht des DRA v. 1.4.1920–31.3.1921, S. 12 (ebd., Mappe 13). – Waitzer blieb dem DRA durch seine Tätigkeit als Reichssportlehrer beim Leichtathletikverband ab 1925 (siehe Lennartz/Reinhardt, 1928, S. 127) und als Gastlehrer an der DHfL verbunden, so im WS 1926/27 über die „Theorie des Laufs"; Tätigkeitsbericht DRA v. 1.4.1926–31.3.1927, S. 23 (CuLDA, Mappe 13).

[37] Das folgt aus den entsprechenden Tätigkeitsberichten der DHfL (ebd., Mappe 188), wobei die fehlenden Angaben im Bericht für das Sommersemester 1922 auf eine personelle Kontinuität im Vergleich mit dem vorhergehenden Wintersemester 1921/22 schließen lassen. – Willi (Willy) Steinhof, geb. am 16.9.1879, war Lehrer aus Braunschweig und Student im ersten Semester der DHfL mit der Matrikel 63; vgl. den Tätigkeitsbericht DHfL 1. SoS 1920 (ebd., S. 4); eine knappe Erwähnung findet sich bei Uhlmann, Kohlrausch, S. 82. Steinhof publizierte in der MTSS 1922, S. 363–364, und veröffentlichte 1926 in Braunschweig bei Westermann sein Buch *Leichtathletik*. Das Studium an der DHfL hat er wohl nicht abgeschlossen.

[38] Klinge wird als Leiter der Abt. I. zum ersten Mal genannt im Tätigkeitsbericht der DHfL WS 1924/1925, S. 10 (CuLDA, Mappe 188); eine Kurzbiographie in Hesse, Professoren, S. 429–430.

[39] Siehe den Tätigkeitsbericht der DHfL über das SoS 1923 im Tätigkeitsbericht für das WS 1922/1923, S. 3 (CuLDA, Mappe 188). Im Wintersemester 1922/1923 war Steinhof bereits aus dem Senat ausgeschieden; siehe Tätigkeitsbericht der DHfL WS 1922/1923, S. 3 (ebd.). Er trat zum 1.1.1923 in den Braunschweigischen Staatsdienst ein; siehe die Mitteilung in der MTSS 1923, S. 23

Klinge.[40] Dieser war als Volksschullehrer und kommissarischer Oberlehrer an der PrHfL spätestens zum Wintersemester 1920/21 an die DHfL gewechselt, nachdem er selbst am 15. Juli 1920, nicht ganz freiwillig, einen entsprechenden Antrag gestellt hatte, der vom MWKV unterstützt wurde:

> Der stellvertretende Direktor der Landesturnanstalt in Spandau berichtet: „Der kommissarische Oberlehrer Klinge ist ein frischer und liebenswürdiger Mensch. Er ist körperlich gewandt und in allen Zweigen der Leibesübungen ausgezeichnet durchgebildet. Er versteht es hervorragend, Anfänger und Fortgeschrittene durch eigenes Beispiel und praktische Winke in ihrem turnerischen und sportlichen Können zu fördern. In seinem Fache ‚Bewegungslehre‘ sowie in der Theorie der volkstümlichen Uebungen und des Schwimmens, die er namentlich hier vorträgt, besitzt er gediegene Kenntnisse; auch hat er sich bemüht, diese Fächer durch eigene Arbeit vorwärts zu bringen, soweit das in der verhältnismäßig kurzen Zeit seines Hierseins möglich war. Sein Vortrag ist klar und lebendig und auch bei schwierigem Stoff leicht verständlich, so dass Klinge bei seinen Zuhörern stets Interesse findet; auch ist er als Lehrer beliebt. Klinge ist ein durchaus zuverlässiger, fleissiger Arbeiter, der seine Pflichten stets mit grossem Eifer erfüllt."
>
> Klinge befindet sich zurzeit in einem Ehescheidungsprozess, bei dem auch eine Teilnehmerin des letzten vor etwa drei Wochen beendeten Damenlehrgangs eine Rolle spielt. Infolgedessen ist es für ihn und die Landesturnanstalt erwünscht, dass er seine Wirksamkeit bei dieser Anstalt aufgibt. Er kann zum 5. September d. J. aus seiner kommissarischen Beschäftigung entlassen werden. Wegen Entlassung oder weiterer Beurlaubung aus seinem Amte als Volksschullehrer stelle ich anheim, sich an die Regierung in Potsdam zu wenden. Ein Gesuch Klinges vom 15. Juli d. J. wird – seinem Wunsche entsprechend – beigefügt.[41]

---

[40] Siehe Tagesordnung zur Sitzung des Wirtschafts-Ausschusses des DRA am 4.11.1921 v. 4.11.1921 (CuLDA, Mappe 4); Bericht über die Sitzung des Wirtschafts-Ausschusses des DRA v. 16.11.1922 v. 21.11.1922, S. 1 (ebd.).

[41] Zweiseitiger Bericht des MWKV v. 28.7.1920, den Diem am 4.8.1920 vertraulich an Schiff und den Senat der DHfL weiterleitete (ebd., Mappe 207); siehe ferner das Schreiben Diems an Ottendorff v. 14.3.1923 (ebd.): „Ich beziehe mich auf Ihre telefonische Mitteilung und den Rat, vorläufig Herrn Dr. Klinge nicht mit einer Tätigkeit in den staatlichen Kursen zu betrauen. Ich habe infolgedessen das Nötige veranlaßt. Ebenso bat Herr Geheimrat Hinze, Klinge in den Fortbildungslehrgängen nicht zu verwenden. Nunmehr ist jedoch der Ehescheidungsprozess beim Kammergericht (in zweiter Instanz) entschieden. Danach bleibt die Ehe bestehen. Ich wäre Ihnen sehr verbunden, wenn Sie eine endgültige Stellungnahme der Unterrichtsverwaltung über die Verwendungsmöglichkeit des Herrn Dr. Klinge an unserer Hochschule herbeiführen würden." Details zum schlechten Ruf Klinges bei L. Diem, Leben, S. 64; F. Becker, Leben, Bd. II, S. 280, der auch dazu beitrug, daß die DHfL ‚Hochschule für Liebesübungen‘ genannt wurde. Klinge durfte später auch kein

Vermutlich besetzte Klinge an der DHfL eine der beiden hauptamtlichen Stellen für Reiselehrer[42] und nahm in ihrer Abteilung I Aufgaben sowohl in ihrer praktischen (Turnen) wie in ihrer wissenschaftlichen Ausbildung (Physik der Leibesübungen; Regelkunde des Gerätturnens; Lehrproben) wahr[43].

Die Abteilung II unterscheidet sich von der Abteilung I durch die große personelle Kontinuität ihrer Leiterstellen, die durch Arthur Mallwitz und Maximilian Rubner verkörpert wird. Beide waren bekanntlich[44] seit der Dresdner Hygiene-Ausstellung 1911 eng mit dem institutionellen Aufbau der deutschen Sportwissenschaft verbunden, und auf der Eröffnungsfeier der DHfL hatte Lewald in seiner Ansprache ausdrücklich die wissenschaftsorganisatorische Bedeutung von Mallwitz herausgestellt: „Ich glaube nur gerecht zu sein, wenn ich sage, daß es Dr. *Mallwitz* war, der durch seine unermüdliche Forschungs- und Werbungsarbeit den Boden für den Gedanken in jahrelanger Arbeit vorbereitet hat".[45]

Die Leitung der Abteilung II wurde von Mallwitz – parallel zu seinen Tätigkeiten als Referent und Leiter der Abteilung Gesundheitslehre im RMI und seit 1922 als Regierungsrat im MVW – ab dem Sommersemester 1920 nebenamtlich übernommen und zum Sommersemester 1924 „aus Arbeitsüberlastung im Ministerium niedergelegt"[46]; Nachfolger in der Abteilungsleitung wurde Rubner, der

---

Gerätturnen mehr unterrichten; siehe das ausführliche Beispiel in meinem Schlußwort. Gleichwohl schätzte Diem Klinges organisatorische Fähigkeiten; siehe unten S. 184.

[42] Siehe Bericht über die Sitzung des Wirtschafts-Ausschusses des DRA am 8.2.1921 v. 10.2.1921, S. 3 (CuLDA, Mappe 4).

[43] So z. B. der Tätigkeitsbericht der DHfL WS 1921/22, S. 9–10 (ebd., Mappe 188).

[44] Ausführlich Court, Vorgeschichte, passim, und die entsprechenden Ausführungen im vorliegenden Werk.

[45] Siehe Sonderdruck des DRA über die Eröffnungsfeier mit dem Aufdruck „Zum Gedächtnis des Festaktes", S. 3 (CuLDA, Mappe 185); siehe auch J. Schäfer, Mallwitz, S. 181.

[46] DHfL. 36./37. Monatsbericht. Mai und Juni 1924, in: MTSS 1922, S. 378; vgl. Tätigkeitsbericht der DHfL SoS 1920, S. 4, 6 (CuLDA, Mappe 188). Mallwitz blieb nach seinem Ausscheiden als Abteilungsleiter Mitglied im Kuratorium, dem er bereits 1920 angehört hatte, Dozent für Konstitutionslehre und wurde zum persönliches Mitglied des Senats ernannt; an der PrHfL hielt er nach dem Wechsel 1922 fachärztliche Vorlesungen. Zum Wechsel von Mallwitz ins MVW siehe die Mitteilung in der MTSS 1922, S. 349, und J. Schäfer, Mallwitz, S. 314–315. Diem lästerte privat über die Ämterfülle von Mallwitz; siehe sein Schreiben v. 16.10.1922 an Franz; zit. n. F. Becker, Leben, Bd. II, S. 80: „Unser gemeinsamer Freund Mallwitz sitzt nunmehr im Trocknen, er ist Regierungsrat im Preussischen Volkswohlfahrtsministerium geworden, und während er bislang sich im Beschimpfen von Hinze und der Preussischen Regierung nicht genug tun konnte [...], ist er augenblicklich mit einem bemerkenswerten Salto mortale in das andere Lager gesprungen, hält Hinze für einen ausgezeichneten Mann, der leider immer nur verkannt wurde und meint, wir seien mit unserer Beschimpfung an allem schuld, und nicht etwa die Regierung, die nichts getan hat." – Eine Übersicht der Fachreferenten für Leibesübungen in Deutschland, zu denen auch Mallwitz zählt, enthält das Schreiben Diems als Generalsekretär des DRA v. 6.2.1925 an das Thüringische Ministerium für Volksbildung und Justiz (CuLDA, Mappe 22).

„vollamtlich in den Lehrkörper der Hochschule für Leibesübungen"[47] eingetreten war. Diese der einschlägigen Literatur über Mallwitz prinzipiell bekannten Angaben[48] können durch bisher nicht publizierte Dokumente über sein Gehalt ergänzt werden. Nachdem der vorläufige Senat der DHfL auf seiner Sitzung vom 22. März 1920 Mallwitz kein Angebot vorlegen konnte[49], schien er mit der eine Woche später vorgelegten Offerte einer „Gesamtsumme von 5000 Mk"[50] für das Sommersemester 1920 nicht zufrieden. Die Gehaltsfrage „wurde zurückgestellt"[51] und Mallwitz im Juni ein neues Angebot unterbreitet, das auch den wunden Punkt der Besetzung der Stelle des Stadionarztes 1913/1914 berührte:

> Dr. Mallwitz sollen als Entschädigung für die Lösung seines Vertrages 1914, ferner für die erfolgreiche Tätigkeit bei der Gründung der Hochschule eine einmalige Gratifikation von 4000 Mk., sowie für seine nebenamtliche Tätigkeit im Stadion ein Gehalt von jährlich 6000 Mk. vom 1. April 1920 ab gewährt werden.[52]

Weil der DRA bereits in der Stellenausschreibung vom 2. März 1920 die Leitung der Abteilung II im Hauptamt vorgesehen und im Februar 1921 diese Absicht bekräftigt hatte[53], Mallwitz jedoch aufgrund seiner Beamtenstellung im RMI und MVW dafür nicht infrage kam, ist die lange Dauer seiner nebenamtlichen Abteilungsleitung ein Indiz dafür, daß er – möglicherweise auch aufgrund seiner Machtposition im Netzwerk der DHfL – die Gehaltsfrage zu seinen Gunsten lösen konnte.[54] Aufgrund der finanziellen Möglichkeiten der DHfL düfte ihr im übrigen in der Zeit der Hochinflation die notwendige Beschränkung von Mall-

---

[47] DHfL. 35. Monatsbericht. April 1924, in: MTSS 1924, S. 297. Rubner blieb gleichwohl Direktor des KWI für Arbeitsphysiologie und Lehrstuhlinhaber für Hygiene an der Berliner Universität; vgl. Hubenstorf, Rubner, S. 312. Wir kommen unten im Kap. 4.1. ausführlich auf Rubner zurück.

[48] Vor allem J. Schäfer, Mallwitz, S. 181–186.

[49] Bericht über die Sitzung des vorläufigen Senats der DHfL am 22.3.1920 v. 26.3.1920, S. 2 (CuLDA, Mappe 187).

[50] Siehe den Bericht über die Sitzung des vorläufigen Senats der DHfL am 29.3.1920 v. 7.4.1920, S. 1 (ebd.): „Für Dr. Mallwitz wurde für das Sommersemester eine Gesamtsumme von 5000 Mk angesetzt."

[51] Bericht über die Sitzung des Wirtschafts-Ausschusses des DRA am 14.5.1920 v. 18.5.1920, S. 1, TOP 2 (ebd., Mappe 4).

[52] Bericht über die Sitzung des Wirtschafts-Ausschusses des DRA am 10.6.1920 v. 10.6.1920, S. 2, TOP 6 (ebd.). Zu den Hintergründen der Vertragsendes 1914 ausführlich Court, Vorgeschichte, S. 115–124.

[53] Vgl. den Bericht über die Sitzung des Wirtschafts-Ausschusses des DRA am 8.2.1921 v. 10.2.1921, S. 3 (CuLDA, Mappe 4): „Die Anstellung eines vollamtlichen Abteilungsleiters für Gesundheitslehre (bisher nebenamtlich Dr. Mallwitz) wird erörtert, grundsätzlich werden die Mittel hierzu bewilligt."

[54] Diese These wird auch dadurch verstärkt, daß Mallwitz bekanntlich zur gleichen Zeit nicht nur sein eigenes Gehalt, sondern im Auftrag des Senats der DHfL auch das anderer Kandidaten verhandelte; siehe oben die Ausführungen zu Waitzer.

witz auf das Nebenamt nicht unwillkommen gewesen sein, während bei Rubners Amtsantritt dieser Spielraum wieder gewachsen war.[55]

Betrachten wir nun die Besetzung der Abteilung III, hatten ihre erwähnten Probleme im Sommersemester 1920 – ebenso wie bei Waitzer – einen eindeutig finanziellen Hintergrund. Über die Verhandlungen mit dem Bremer Oberturnlehrer Arno Kunath, der wegen seines frühen Einsatzes für das Frauenturnen ein geeigneter Kandidat für die moderne Ausrichtung der DHfL gewesen wäre[56], wurde in der Sitzung des vorläufigen Senats der DHfL am 22. März 1920 mitgeteilt, daß „die Uebernahme der Allgemeinen Pädagogik durch Oberturnlehrer Kunath-Bremen kaum überwindbare finanzielle Schwierigkeiten bringt", und wiederum Mallwitz beauftragt, „mit dem Dekan der philosophischen Fakultät betreffend Namhaftmachung einer geeigneten Berliner Persönlichkeit Verbindung aufzunehmen."[57]

Nachdem wenige Tage später Kunath endgültig „seine Berufung als Abteilungsleiter an der H.f.L. abgelehnt"[58] und Diem die vorläufige Abteilungsleitung übernommen hatte, gelang es der DHfL tatsächlich, eine ‚geeignete Berliner Persönlichkeit' zu gewinnen: Robert Werner Schulte, der nicht nur als ein sportpsychologischer Pionier in der Weimarer Republik, sondern sogar weltweit als Begründer der empirischen Sportpsychologie gilt.[59] Weil Schulte uns noch wiederholt begegnen wird, dient das hier ausgebreitete Material auch dazu, bisher vorliegende Arbeiten über ihn mit neu erschlossenen Quellen anzureichern.

---

[55] So versuchte die DHfL 1924 im Sommer 1924 den Züricher Sportpädagogen Eugen Matthias, der mit Diem zusammen 1923 ein Büchlein *Die tägliche Sportstunde* verfaßt hatte, zu einem Wechsel nach Berlin zu bewegen; dazu F. Becker, Leben, Bd. II, S. 90, 98; es kam jedoch nur zu einem vollamtlichen Lehrauftrag; vgl. DHfL. 36./37. Monatsbericht. Mai und Juni 1924, in: MTSS 1922, S. 378. Möglicherweise hatte Matthias stattdessen ein Angebot der PrHfL angenommen, falls er mit jenem auf S. 99 erwähnten Matthias identisch ist. Vgl. auch die MTSS 1923, S. 459: „Matthias wird heute schon in Deutschland von den führenden Vertretern der Wissenschaft wie Geheimrat Bier in Berlin, Aschoff in Freiburg, Kaup und Martin in München, F. A. Schmidt in Bonn voll anerkannt. Wir möchten nun wünschen, daß dem jungen Gelehrten der weitere Weg für seine gründlichen, gewissenhaften und für die ganze Erziehungslehre unentbehrlichen Arbeiten überall geebnet wird."

[56] Er hatte bspw. 1914 in Leipzig *Die Vorturnerin: eine Sammlung von Übungsbeispielen für das Geräteturnen der Frauen und Mädchen* veröffentlicht.

[57] Bericht über die Sitzung des vorläufigen Senats der DHfL am 22.3.1920 v. 26.3.1920, S. 3 (CuLDA, Mappe 187).

[58] Bericht über die Sitzung des vorläufigen Senats der DHfL am 29.3.1920 v. 7.4.1920, S. 2 (ebd.). Zwar sah „der Senat dies nicht als endgültig an und wird Oberturnlehrer Kunath im Lehrkörper als Dozent für Gastvorlesungen weiterführen" (ebd.), aber auch dieser Plan scheiterte offensichtlich, denn Kunath taucht in den entsprechenden Tätigkeitsberichten nicht mehr auf. – Zu Kunaths Leitung des Massenturnens während der Deutschen Kampfspiele 1922 und Diems Würdigung siehe F. Becker, Leben, Bd. II, S. 69–70.

[59] Vgl. Janssen, Schulte, S. 140; Lück, Schulte, S. 39.

Schulte war seit 1919 Assistent von Walther Moede im Laboratorium für industrielle Psychotechnik an der TH Berlin-Charlottenburg.[60] Vermutlich gelangte Schulte an die DHfL durch eine Empfehlung Moedes, der im Sommersemester 1920 in der Abteilung III die Vorlesung über Psychologie übernommen hatte.[61] Aufgrund ihrer Beschäftigung mit Eignungs- und Leistungsprüfungen waren sowohl Moede als auch Schulte für die DHfL von großem Interesse.[62] Schulte wurde an der DHfL im gleichen Semester mit der Errichtung eines „psychologischen Laboratoriums im bisherigen Richterraum des Stadions"[63] betraut, womit er der „erste Sportpsychologe der Welt mit einem eigenen Forschungslabor"[64] wurde. Die Leitung der Abteilung III übernahm Schulte erst ab dem 16. März 1921, hielt aber schon im Wintersemester 1920/21 die Lehrveranstaltung „Allgemeine Pädagogik", während Moede „Experimentelle Psychologie für Fortgeschrittene"[65] anbot. Spätestens im April 1923 gab Schulte die Abteilungsleitung an Gustav Häußler ab, blieb aber ordentlicher Lehrer und auch Leiter des psychologischen Laboratoriums[66], bis er zum Wintersemester 1925/26 haupt-

---

[60] Diese Spur zur DHfL über Moede wird in der Literatur bevorzugt; Schulte war ferner 1920 Dozent an der Berliner Humboldt-Volkshochschule für experimentelle und praktische Psychologie und hatte an der, wie sie ausführlich heißt, Psychotechnischen Hauptprüfstelle für Sport und Berufskunde der Preußischen Polizeischule für Leibesübungen in Spandau eine *Psychotechnische Prüfstelle* eingerichtet; siehe Janssen, Schulte, S. 135; Court, Anthropometrie, S. 403–404; Lück, Schulte, S. 40; Dinçkal, Sportlandschaften, S. 265. Moede gilt als einer der Pioniere der Arbeitsmotorik; vgl. Court, Vorgeschichte, S. 180.

[61] Tätigkeitsbericht der DHfL SoS 1920, S. 7 (CuLDA, Mappe 188).

[62] Schulte hatte die Eignung für das Friseurgewerbe untersucht und Moede in der Vorkriegszeit Wettkampfleistungen von Schülern; dazu Lück, Schulte, S. 40; Janssen, Sportpsychologie, S. 15.

[63] Tätigkeitsbericht der DHfL SoS 1920, S. 10 (CuLDA, Mappe 188).

[64] Janssen, Schulte, S. 135; vgl. Lück, Schulte, S. 40.

[65] Tätigkeitsbericht DHfL WS 1920/21, S. 10–11 (CuLDA, Mappe 188). Schulte erhielt ab 1. Januar 1921 einen monatlichen Bezug von 1000 Mark; siehe Bericht über die Sitzung des Wirtschafts-Ausschusses des DRA am 3.3.1921 v. 5.3.1921, S. 1, TOP 1 (ebd., Mappe 4). Diese Daten präzisieren die Ausführungen bei Janssen, Schulte, S. 135.

[66] Vgl. DHfL. 23. Monatsbericht. April 1923, in: MTSS 1923, S. 254: „Nach dem Ausscheiden von Schulte wird Häußler zum Leiter der Abteilung Erziehungslehre ernannt"; siehe auch Tätigkeitsbericht DRA 1.4.1924–31.3.1925, S. 14 (CuLDA, Mappe 13). Den einschlägigen Tätigkeitsberichten von DRA und DHfL ist der genaue Zeitpunkt des Wechsels in der Abteilungsleitung nicht zu entnehmen; Janssen, Institutionalisierung, S. 91, gibt irrtümlich 1924 an. – Obermagistratsrat Dr. Gustav Häußler (auch: Häussler) war 1924 Direktor des Berliner Jugendamtes und verwaltete bis 1929 das Berliner Dezernat für Leibesübungen und danach das für Kunst und Bildungswesen; an der DHfL wirkte er in der Abt. III als ordentlicher und in Diems Abt. IV als außerordentlicher Lehrer; vgl. die Tätigkeitsberichte der DHfL WS 1921/22, S. 8 (CuLDA, Mappe 188); WS 1922/23, S. 4 (ebd.); WS 1924/25, S. 11 (ebd.); Häußler, Jugendpflege, S. 68; Diem, Hochschule, S. 17; L. Diem, Leben, Bd. 2, S. 120; Uhlmann, Kohlrausch, S. 82 (nicht im Personenindex). Häußler war außerdem Hauptschriftleiter der Wanderbuchreihe *Mit Rucksack und Nagelschuh*. Zum engen Zusammenhang zwischen Spielplatzgesetz und den Ämtern für Leibesübungen Dinçkal, Stadien, S. 226.

beruflich zur PrHfL wechselte und dort gleichfalls ein Laboratorium einrichte-
te.[67]

Auch wenn das Verhältnis zwischen Schulte und Spranger, der seit dem
Sommersemester 1923 als außerordentlicher Lehrer dem Lehrkörper von Schultes Abteilung angehörte[68], wegen seiner grundsätzlichen wissenschaftstheoretischen Bedeutung noch ausführlich behandelt werden wird, sei bereits hier angemerkt, daß in der Literatur sowohl der Wechsel 1924 in der Abteilungsleitung[69]
als auch Schultes Weggang zur PrHfL mit Sprangers Feldzug gegen die „experimentelle und zergliedernde Psychologie"[70] in Zusammenhang gebracht wurde,
als dessen „Hauptvertreter"[71] Schulte galt. Allerdings darf nicht unterschlagen
werden, daß Schultes Abgabe der Leitungsfunktion 1924 dem satzungsgemäßen
Turnus folgte und möglicherweise auch finanzielle Motive eine Rolle beim
Wechsel spielten.[72]

Weil sich aufgrund der ununterbrochenen Leitung der Abteilung IV seit dem
Sommersemester 1920 durch Diem[73] für die Verwaltungslehre vergleichbare
Analysen erübrigen, soll an dieser Stelle Material über zwei Persönlichkeiten
ausgebreitet werden, die zwar weder in den erwähnten Abteilungen noch in den
gleich zu behandelnden Laboratorien Leitungspositionen innehatten, sondern lediglich als Dozenten wirkten, aber gleichwohl in der noch zu erzählenden Geschichte der Sportwissenschaft eine wichtige Rolle gespielt haben: Hermann Altrock und vor allem Carl Krümmel, der 1934 unter Bernhard Rust zum Leiter des

---

[67]   Tätigkeitsbericht DRA 1.4.1925–31.3.1926, S. 23 (CuLDA, Mappe 13); vgl. Janssen, Insti-
        tutionalisierung, S. 91; Sportpsychologie, S. 15. Nach Lück, Schulte, S. 40–41, drehte
        Schulte bereits ab 1924 Lehrfilme für die PrHfL; er erwähnt aber nicht die bereits früher
        entstandenen Filme an der DHfL (die gleichwohl auch auf Kooperation mit der PrHfL be-
        ruhten). – Auf diese Filme kommen wir unten ausführlich im Teil III, Kap. 4, zu sprechen.

[68]   Bericht über das 1. SoS 1923, in Tätigkeitsbericht DHfL WS 1922/23, S. 3 (CuLDA, Map-
        pe 188); Tätigkeitsbericht DHfL WS 1924/25, S. 7 (ebd.). In diesem Semester las Spranger
        über „Philosophische Grundlegung der Pädagogik". Siehe auch Sprangers Erinnerungen an
        das erste Zusammentreffen mit Diem: „Wir haben uns kennengelernt bei August Bier in
        der Chirurgischen Universitätsklinik im Jahr 1923. Der Rektor der neu gegründeten Sport-
        hochschule wünschte die Verbindung zwischen seinem Hauptmitarbeiter und dem Vertre-
        ter der Pädagogik an der Universität Berlin herzustellen" (zit. n. Lück/Quanz, Briefwech-
        sel, S. 7). Vermutlich hielt Spranger seine Lehrveranstaltungen für die DHfL so ab, daß er
        seine Veranstaltungen an der Universität für sie öffnete; auch Diem gehörte dort zu seinen
        Zuhörern (vgl. Lück/Quanz, ebd., S. 7; Lück, Spranger, S. 124).

[69]   So die Andeutungen bei Janssen, Schulte, S. 91.

[70]   Ebd.

[71]   Neuendorff, Geschichte, S. 691.

[72]   So beantragte auch Schulte neue Bezüge; siehe Bericht über die Sitzung des Wirtschafts-
        Ausschusses des DRA am 4.11.1921 v. 4.11.1921, S. 2 (CuLDA, Mappe 4).

[73]   Siehe zum Abschluß des uns hier interessierenden Zeitraums den Tätigkeitsbericht der
        DHfL WS 1924/25, S. 11 (ebd., Mappe 188). Vgl. F. Becker, Leben, Bd. II, S. 47: „Diems
        eigentliche Unterrichtsdomäne [...] war die Verwaltungslehre. Sie stellte eine eigene Ab-
        teilung dar, an deren Spitze er stand."

Amtes ‚Körperliche Erziehung' (Amt ‚K') im Reichsministerium für Wissenschaft, Erziehung und Volksbildung ernannt wurde.[74]

Krümmel fungierte nicht nur als Verbindungsglied zwischen der DHfL und ihrem Gastdozenten Rudolf Martin[75], sondern hatte auch im Wintersemester 1920/21 an der DHfL in der Abteilung Erziehungslehre als Gastlehrer für Leichtathletik eine einführende Vorlesung in die Theorie der Leibeserziehung gehalten.[76] Er war für die Hochschule gleich aus mehreren Gründen ein höchst interessanter Kandidat: als Deutscher Meister 1919 über 5 000 Meter und als Leichtathletiktrainer im „Turn- und Sportverein München 1860", als Sportlehrer an der Münchener Infanterieschule seit 1920, als frischdiplomierter Volkswirt der Münchener Universität sowie gleichfalls dort als Student und Assistent an Martins Anthropologischem Institut.[77] Hier nahm er an Messungen von Sporttypen teil und wurde 1922 mit einer Dissertation „Arbeitsfähigkeit und Körpererziehung. – Ein Beitrag zum qualitativen Bevölkerungsproblem und ein Versuch über die Mitarbeit biologischer Disziplinen an der Sozialwissenschaft" zum Dr. oec. pol. promoviert. In dieser Arbeit, die „ein frühes Beispiel interdisziplinärer Forschung ist"[78], versuchte er als einer der ersten „eine sozial-politische Problemstellung anhand der Ergebnisse der biologischen Wissenschaften"[79] zu beantworten. Seine These von den Leibesübungen als wesentlicher Bestandteil der Volkshygiene hatte er durch Messungen an 4 000 bayrischen Schulkindern überprüft.[80] Zu ergänzen ist, daß Krümmel im Krieg Kompanieführer einer MG-Scharfschützenabteilung gewesen war, sich 1919 dem Freikorps Epp angeschlossen und an der Niederschlagung der Münchener Räterepublik mitgewirkt hatte.[81]

Es erscheint daher nicht verwunderlich, daß Diem bereits im Wintersemester 1920/21 einen ersten Versuch unternahm, Krümmel an die DHfL „als Lehrer für Leichtathletik und Anthropometrie"[82] zu berufen. Krümmels entsprechendem

---

[74] Siehe Nagel, Bildungsreformer, S. 121.

[75] Siehe oben S. 112, Anm. 339.

[76] Tätigkeitsbericht DRA 1.4.1920–31.3.1921, S. 14, 16 (CuLDA, Mappe 13); Tätigkeitsbericht DHfL WS 1920/21, S. 9 (ebd., Mappe 188); MTSS 1921, S. 227; Bäumler, Krümmel, S. 155.

[77] Zusammenfassend Ueberhorst, Krümmel, S. 11: „In München widmete sich Krümmel drei Tätigkeitsbereichen, die – obwohl sie weit auseinander zu liegen scheinen – doch in innerer Beziehung zueinander stehen: dem Studium und der Forschung auf dem Gebiete der Staatswissenschaften und der Anthropologie, dem sportlichen Training im Verein und der wehrsportlichen Lehre und Organisation bei der Reichswehr"; siehe ausführlich, auch zu Krümmels politischer Haltung, ebd., S. 10–42; Bäumler, Krümmel, S. 155–157.

[78] Ueberhorst, Krümmel, S. 11.

[79] Bäumler, Krümmel, S. 155.

[80] Siehe Court, Anthropometrie, S. 406; Ueberhorst, Krümmel, S. 11; eine Zusammenfassung gibt Martin, Körpererziehung, S. 16.

[81] Vgl. F. Becker, Leben, Bd. II, S. 61.

[82] Bericht über die Sitzung des Wirtschafts-Ausschusses des DRA am 3.3.1921 v. 5.3.1921, S. 1 (CuLDA, Mappe 4). Vgl. Diem, Leben, S. 137, über Krümmel: „Er war ein genialer

Schreiben vom 18. Januar 1921 an Diem ist zum einen zu entnehmen, daß die Sache bereits zu einem Vertragsentwurf gediehen war. Zum anderen bestätigt es, daß Diem an Krümmel nicht bloß wegen seiner Lehrfähigkeit und seines wissenschaftlichen Schwerpunktes interessiert war, sondern auch wegen seiner Passungsfähigkeit in die rechtskonservative Ideologie des zivilen und militärischen Netzwerks der DHfL:

> Beiliegend sende ich Ihnen besprochenen Vertragsentwurf, den Sie in vielen Punkten so auffassen wollen, wie er gemeint ist. Vielleicht sind Sie so liebenswürdig, mir mitzuteilen, was Sie noch benötigen an Gesuchen, Lebensläufen und ähnlichen Sachen mit Angabe des äusserlichen Wie und an wen. Zweitens hätte ich eine Bitte, nämlich, mir einige gute und neue Filme baldmöglichst für meine Infanterieschule zu verschaffen oder mir die Adresse einer Sportfilmgesellschaft anzugeben. Aber bitte nicht die olympischen Spiele 1912! [...] Wollen Sie Prof. Martin eine Einladung zu der Dozenten-Versammlung Mitte bis Ende Februar, wenn die Instrumente da sind, übermitteln? Wollen Sie sich mit dem Reichswehrministerium, Major Fitting und der Sanitätsinspektion in Verbindung setzen, die ähnliches planen, oder soll ich die Sache allein machen, das heisst mit Martin für die Hochschule allein? Vielleicht kann ich Ihnen eine Gastvorlesung halten, etwa „Aus der Uebungslehre: Wintertraining." Ich habe da einiges in Arbeit. Wenn Martin länger Zeit hätte, könnte er ja vielleicht drei Doppelstunden Somatologie lesen (Körperform) mit Körpermessübungen unter meiner Assistenz.
>
> Sie werden Ihren Auftrag auf ein Anthropometer von der Fabrik bestätigt erhalten. Kostenpunkt, glaube ich, nur 600 M.[83]

Diems zwei Tage später, am 20. Januar 1921, gegebener Antwort ist zu entnehmen, daß Krümmels Vertragsentwurf offensichtlich sehr hohe Forderungen enthielt:

Kerl, und ich hatte oft versucht, ihn durch von uns gestellte Aufgaben zu interessieren. So hatte ich ihn auch eingeladen, an unserer Hochschule Vorlesungen über sportliche Methodik zu halten. Er übernahm die Aufgabe mit Begeisterung, hatte zunächst großen Zulauf; die Studenten erfreuten sich an seiner treffenden Kritik. Vor ihm zerstoben alle Phrasen, an denen die Lehre der Methodik so reich ist, aber nachdem die Gebäude der anderen niedergerissen waren, fehlte der eigene Baustoff." Diese Behauptung, daß die Initiative, Krümmel für die DHfL zu verpflichten, von Diem ausging, wird gestützt durch einen Brief Krümmels v. 15.2.1921 an Diem, der gleich zitiert wird. Anderer Auffassung ist, jedoch ohne Beleg, F. Becker, Leben, Bd. II, S. 61, der Krümmels Interesse als Ausgangspunkt anführt.

83   Schreiben Krümmels an Diem v. 18.1.1921 (CuLDA, Mappe 207). Zum Kontakt zwischen Fitting und Krümmel siehe Eisenberg, „English sports", S. 326; die Anspielung auf die Spiele von 1912 könnte bedeuten, daß Krümmel den entsprechenden Film schon besaß, weil sie sein sportliches Erweckungserlebnis waren; vgl. Ueberhorst, Krümmel, S. 10, 18.

Lieber Herr Krümmel, besten Dank für Ihr Schreiben vom 18. Januar.–
Ich habe daraufhin mit Herrn Geheimrat Bier Rücksprache genommen. Er
hat sich, wie die Anlage zeigt, an Herrn Professor Martin gewandt.– Zu
Ihrem Vertragsentwurf meine herzlichen Glückwünsche. Alle Achtung!
Sie waren vorsichtig nach jeder Richtung hin und haben Ihre Stellung ge-
panzert wie eine Bank. Ich glaube, verschiedene Paragraphen müssten
doch noch einmal gemeinsam revidiert werden. Die Sache selbst werde ich
demnächst mit den zuständigen Instanzen besprechen.[84]

Während dem Bericht über die Sitzung des Wirtschafts-Ausschusses des DRA
vom 3. März 1921 zu entnehmen ist, daß Krümmel in der Tat ein – den üblichen
Rahmen der DHfL sprengendes – Gehalt von 30 000 Mark (und die Übernahme
der Umzugskosten in Höhe von 2 000 Mark) gefordert hatte[85], zeigt Krümmels
Brief vom 15. Februar 1921, daß über diese finanzielle Seite hinaus weitere
sachliche, aber auch persönliche Aspekte eine Rolle spielten:

Mit grossem Bedauern habe ich Ihren Brief gelesen. Ich schrieb Ihnen damals, als ich den Vertragsentwurf nach der in Berlin getroffenen mündlichen Vereinbarung beilegte, dass Sie ihn so auffassen möchten, wie er
gemeint sei und ferner, was Sie zu seiner Vervollständigung zu einer Bewerbung um Anstellung noch benötigen würden. Hierauf antworteten Sie
mir etwas anscheinend Liebenswürdiges, und dass wir verschiedene Punkte noch einmal gemeinsam revidieren müssten. Umso erstaunter bin ich,
dass Sie den Vertrag – ohne Kommentar, wie Sie schrieben – hinübergege-
ben haben. Wenn schon, dann wäre Ihr „Kommentar" doch wohl das
Entscheidende gewesen, auf das ich zu rechnen gehabt hätte. Ich bin mir
deshalb über Ihre persönlichen Gefühle so wenig oder so sehr klar, dass
über die nunmehr erledigte Angelegenheit kein Wort mehr zu verlieren
sein würde, wenn Ihre an mich gerichteten „offenen Worte" über das
Selbstvertrauen zu mir selbst, das Misstrauen gegenüber dem D.R.A. und
den Mangel an verwaltungstechnischer Erfahrung mich nicht dazu veran-
lassen würden. Ich bin Ihnen, lieber Herr Diem, aufrichtig dankbar dafür,
weil meine Erwägungen über Ihre Worte mir endlich die Klarheit über unser Verhältnis, bezw. mein Verhältnis als freiwilliger Mitarbeiter zum
D.R.A. verschafften, die allmählich [sic] nötig wurde.
Und ich will Ihnen das Resultat nicht verschweigen. Sie wollen bitte einen
Unterschied machen zwischen dem aus Liebhaberei sportlehrenden Studenten, der Ihnen vielleicht an der Hochschule mit seiner Spezialerfahrung
helfen könnte und dem fertigen Volkswirt und Dr. oec. publ., den Sie,
glaube ich, beim D.R.A. haben wollten. Ich glaube, dass gerade Sie mit

---

[84] Schreiben Diems an Krümmel v. 20.1.1921 (CuLDA, Mappe 207).

[85] Vgl. den Bericht über die Sitzung des Wirtschafts-Ausschusses des DRA am 3.3.1921
v. 5.3.1921, S. 1 (ebd., Mappe 4).

mir darüber übereinstimmen, dass das Selbstvertrauen zu sich selbst und dem Rohmaterial, das man mitbringt, Bedingung für den Arbeitserfolg ist, wenn man vor eine Aufgabe gestellt wird. Sie wollen das nicht zu den Passiva rechnen. Die natürlich fehlende verwaltungstechnische Schulung hoffte ich mir in der Zusammenarbeit mit Ihnen aneignen zu können. Von Misstrauen gegenüber dem D.R.A. zu reden, war von Ihrer Seite entschieden unangebracht, wenn Sie „Diem" statt D.R.A. setzen, wie <u>ich</u> es bisher tat.

Im Uebrigen bin ich kein Arbeitsloser und auch noch gewissermassen „Amateur" in der Sportbewegung. In dem Augenblick, wo ich meinen Hauptberuf in den Dienst des D.R.A. stelle, ist es <u>Ihre</u> Sache mir Vertrauen zu schenken und mir das Arbeitsgebiet zu gewähren, das ich mir vertraglich ausbitte, umsomehr, als es der D.R.A. war, der an mich herangetreten ist und nicht umgekehrt. Gegen eine Probezeit hätte ich nie etwas einzuwenden gehabt, weil dies der übliche Weg im Beruf des volkswirtschaftlichen Fachbeamten ist, um den Befähigungsnachweis zu liefern, auch nicht gegen ein Verhandeln über pekuniäre Fragen, wohl aber stets gegen eine Beschränkung meiner Selbständigkeit und meines Arbeitsgebietes. Sie wollen Vorstehendes bitte sinngemäß auf Ihr neues Anerbieten bezüglich der Hochschule anwenden und meine Dilletanteneigenschaften [sic] als praktischer Sportlehrer nicht zur Grundlage Ihrer etwaigen weiteren Bemühungen machen. Wenn nicht, dann bin ich wie immer gern bereit in der Sportbewegung mitzuarbeiten, wenn auch nicht in deren Kopforganisation.

Von diesem Brief dürfen Sie gern gegenüber allen Ausschüssen den ausgedehntesten Gebrauch machen.

Darf ich Ihnen zum Schluss noch ohne Liebeserklärung mitteilen, dass dieser letzte Versuch mit Ihnen zu einer „guten Sportgemeinschaft" zu kommen, wie Sie mir einmal als Widmung in ein Buch schrieben, im wesentlichen entstanden ist aus einer Unterredung mit Ihrem Vetter, Hauptmann Born, der mir in einer stillen Stunde von Ihnen und Martin Berner erzählte?

Ich hoffe Sie in Kürze über die Absichten Professor Martin's unterrichten zu können.[86]

---

[86] Dieses Schreiben (CuLDA, Filmrolle 15) wurde mir freundlicherweise von Frank Becker als Ablichtung zur Verfügung gestellt; er zitiert es ausschnittsweise in: F. Becker, Leben, Bd. II, S. 61–62. Eisenberg, „English sports", S. 361, Anm. 90, deutet diesen Brief so, als sei Krümmel zu der Zeit schon an der Heeressportschule Wünsdorf gewesen, was aber nach Ueberhorst, Krümmel, S. 44, und Bäumler, Krümmel, S. 156, erst ab 1924 der Fall war. F. Becker, ebd., S. 62, und Uhlmann, Kohlrausch, S. 84, nennen ebenfalls das Jahr 1923; siehe auch die nächste Seite. Auch bei Nagel, Bildungsreformer, S. 21, findet sich eine falsche Jahreszahl.

Zwar kann nicht belegt werden, daß Diem in Krümmels Anspielung auf Diems möglicherweise homoerotisches Verhältnis zu Martin Berner eine „erpresserische Absicht" Krümmels erkannte, um Diem „einen Schlag zu versetzen"[87]. Jedoch liegt – anders als Becker annimmt[88] – eine unmittelbare Antwort Diems vom 17. Februar 1921 vor, in der er durch die Wiederaufnahme des Begriffs der „Liebeserklärung" andeutet, daß er diesen versteckten Hinweis durchaus verstanden hat:

> Uff, ich schreibe sogar mit der Hand; ich bitte, das als eine dicke Liebeserklärung anzusehen. Ihren Brief, so gestatten Sie mir, darf ich allen Ausschüssen zeigen. Ich werde mich hüten. Es wäre Ihnen nicht von Nutzen. Sie sind zwar ein „fertiger Volkswirt", aber noch kein fertiger Mensch! Von mir dürfen Sie es sich ruhig sagen lassen. Es ist herzlich gut gemeint. Sie werden in Ihrer Umgebung niemand haben, der Ihre Fähigkeiten schneller und sicherer gekannt hat als ich. Nicht nur das, ich schätze Sie persönlich als einen, nun, sage ich es Ihnen doch, feinen, schneidigen Kerl. Aber einen, der noch im Gärungsprozess ist. Ihnen fehlt noch das Augenmass. Manche Leute haben es von Natur. Sie müssen es erst noch sich erwerben. So war Ihre Vertragsvorlage ohne Augenmass, und so haben Sie in Ihren Ausführungen mir gegenüber oft das Augenmass verloren und nie gemerkt, wenn ich in meiner Art zu stoppen und zu lenken mich mühte. Auch Ihr Brief an mich fordert direkt Studium (was meint er eigentlich) und auch meine Unbeirrbarkeit heraus. Ich fürchte, Sie müssen mit mir noch manchen weiteren Versuch machen, ehe Sie den letzten ansagen. Pech war, dass ich Ihren Brief erst nach der Senatssitzung in die Finger gedrückt bekam und mir den Senatsbeschluss zur Unterstützung Ihrer Sache beim Wirtschaftsausschuss nicht erwirken konnte. Ich prozediere aber weiter und sage Ihnen schriftlich oder mündlich Bescheid. Ganz ins Reine kommen wir beide erstens nur mündlich und zweitens erst, wenn Sie hier tieferen Einblick in die Möglichkeiten gewonnen haben.
> Ihr unverändert (minderwertiger) getreuer
> Carl Diem[89]

Obzwar der Wirtschafts-Ausschuß im März 1921 Krümmels Forderungen akzeptierte und er anschließend einen Ruf an die DHfL zum Wintersemester 1921/22 annahm[90], wurde seine Berufung nicht vollzogen. Im Tätigkeitsbericht

---

[87] So F. Becker, ebd., Bd. II, S. 62.
[88] Ebd.
[89] Schreiben Diems an Krümmel v. 17.2.1921 (CuLDA, Mappe 207).
[90] Siehe den Bericht über die Sitzung des Wirtschafts-Ausschusses des DRA am 3.3.1921 v. 5.3.1921, S. 1 (ebd., Mappe 4): „Der Wirtsch.-Ausschuss erklärt sich bereit, falls der Senat Herrn Krümmel als Lehrer für Leichtathletik und Anthropometrie an der Hochschule berufen sollte, ein Gehalt von 30 000 M zu bewilligen, ausserdem Umzugskosten in Höhe von 2000 M." Vgl. DHfL. 2. Monatsbericht. Juli 1921. 1. Senatssitzung v. 27.7.1921, in:

der DHfL für das Wintersemester 1921/22 wird auf Seite 8 die gemeinsame Leitung des anthropometrischen Instituts durch Kohlrausch *und* Krümmel und auf Seite 14 bloß die Leitung Kohlrauschs erwähnt.[91] Was Krümmels Forschung an der DHfL angeht, hat er lediglich in der Forschungsübersicht der DHfL für das Sommersemester 1922 darüber berichtet, daß das Gebiet der Sporttypenforschung von Martins Münchener Anthropometrischem Laboratorium abgeschlossen wurde und Krümmel 872 Messungen des Sommers 1921 ausgewertet habe.[92] In bezug auf die Lehre wurde Krümmel im September 1921 als Lehrer vom Senat bestätigt und eine Lehrveranstaltung zum „Waldlauf" bzw. „Geländemarsch mit Trainingsverpflichtung" und zur „Einführung in die Theorie der Leibesübungen" für das Wintersemester 1921/22 angekündigt, aber nicht gehalten.[93]

Weil entgegen allen Üblichkeiten in den entsprechenden Berichten der DHfL keine Notiz darüber zu finden ist, daß Krümmel doch nicht in den Lehrkörper der DHfL eingetreten ist, ist nicht auszuschließen, daß die offizielle Meldung über seine Rufannahme in diesen Berichten lediglich auf einer Interpretation Diems in seinen Verhandlungen mit Krümmel beruhte und Diem daran gelegen war, Krümmels Absage mit Stillschweigen zu übergehen. Möglicherweise führte das gute Verhältnis zwischen der DHfL und Martins Institut dazu, daß an die Stelle einer Berufung Krümmels an die DHfL eine Übereinkunft zwischen der DHfL und Martin trat, in der Krümmel von München aus für den Austausch von Forschungsergebnissen zuständig war. Fest steht nur, daß Krümmel Anfang Januar 1924 von Reichswehrminister Geßler zum Sportlehrer und wissenschaftlichen Unterrichtsleiter an der Wünsdorfer Heeressportschule berufen und dort mit der Einrichtung eines sportphysiologischen und eines anthropometrischen Laboratoriums beauftragt wurde.[94] Auch wenn Krümmel von Wünsdorf aus

---

MTSS 1921, S. 305: „Diem teilt mit, daß Krümmel die Berufung an die Hochschule ab Wintersemester angenommen habe."

[91] Siehe CuLDA, Mappe 188; vgl. ferner DHfL. 7. Monatsbericht. Januar 1922. Sitzung des Großen Rates v. 2.12.1921, in: MTSS 1922, S. 12: „Auf dem Gebiete der Anthropometrie war Dr. Kohlrausch tätig; außerdem wurde für diesen Teil der Arbeit Krümmel an die Hochschule berufen"; darauf stützt sich auch (ohne Angabe der Quelle) Uhlmann, Kohlrausch, S. 84.

[92] Siehe den Bericht in der MTSS 1923, S. 27. Für den 8. Monatsbericht der DHfL. Januar 1922, in: MTSS 1922, S. 53, hat Krümmel für die Rubrik „Aus der Fachpresse" berichtet.

[93] Vgl. DHfL. 8. Monatsbericht. August 1921, in: ebd. 1921, S. 343; 4. Monatsbericht 1921. September 1921, in: ebd., S. 388; Tätigkeitsbericht DHfL. WS 1921/22 (CuLDA, Mappe 188), S. 9. Auch für das anschließende Sommersemester 1922 ist keine Lehre Krümmels verzeichnet; siehe DHfL. 10. Monatsbericht. März 1922, in: MTSS 1922, S. 143.

[94] Vgl. Ueberhorst, Krümmel, S. 12, 34–35; Bäumler, Krümmel, S. 156; Eisenberg, „English sports", S. 361; Court, Anthropometrie, S. 406; Uhlmann, Kohlrausch, S. 84; F. Becker, Leben, Bd. II, S. 63, Anm. 40. Ueberhorst, Krümmel, S. 12, deutet diese Nichtberufung Krümmels an die DHfL damit, daß er sich in der Wahl zwischen einer wissenschaftlichen Karriere und seinen „sportlich-erzieherischen Ambitionen" für den „Bereich Sport und Wehrerziehung" entschieden habe. Nach einem Brief Diems an Krümmel v. 29.11.1922,

Lehraufträge an der DHfL wahrnahm und ab dem Wintersemester 1927/28 Hilfslehrer in Diems Abteilung Verwaltungslehre wurde[95], blieb ihr Verhältnis bis zu Krümmels Tod 1942 belastet:

> An Karl Krümmel, diesem aufgeweckten, witzigen und sehr sportverstän-digen jungen Mann hatte ich, solange er Student war, meine Freude. So oft ich in München weilte, suchte mich der junge Fuchs auf, und wir ha-ben uns immer glänzend unterhalten. Er arbeitete damals bei dem Anthro-pologen Prof. Martin an seiner Dissertation. Wahrscheinlich hat er den letzteren für die Probleme erwärmt, die in unserem Bereiche für ihn vor-handen waren. Krümmels Arbeit selbst schien mir nicht ausgereift, ich gewann den Eindruck, als wenn seine geistigen Gaben in einem unheilvol-len Konflikt mit seiner Faulheit standen.[96]

Während Krümmel also in der Weimarer Republik außerhalb der Universität Karriere machte[97], ging Hermann Altrock mit seiner Berufung am 1. Oktober 1925 auf eine außerplanmäßige Professur für Pädagogik der Leibesübungen in die Fachgeschichte als Inhaber der „ersten Sportprofessur in Deutschland"[98] ein. Nach dem bisherigen Forschungsstand war Altrock 1920 an der PrHfL zum Turnrat ernannt worden und 1921 an die DHfL als Dozent für Ringen und Ge-schichte der Leibesübungen in der Abteilung I gewechselt[99], nachdem er für den DRA bereits 1919/20 Stadionkurse abgehalten hatte.[100] An der DHfL war Alt-rock „aufgrund seiner organisatorischen Fähigkeiten dann ab 1922 vollamtlich tätig"[101] und zählte zu seinen Aufgaben ab 1923 die Leitung der Sekretariats-

---

den F. Becker, Leben, Bd. II, S. 51, Anm. 157, zitiert, könnte auch Krümmels Zweifel an den wissenschaftlichen Leistungen der DHfL eine Rolle gespielt haben.

[95] Vgl. Ueberhorst, Krümmel, S. 14; CDI, Gründung, S. 119, Anm. 97.

[96] Diem, Leben, S. 136. In diese (späte) Beurteilung sind natürlich weitere Erfahrungen mit Krümmel z. B. um die konkurrierende Bewerbung zum Reichssportführer und die Auflö-sung der DHfL durch Krümmel eingegangen; dazu Diem, ebd., S. 136–137; CDI, Grün-dung, S. 119; Ueberhorst, Krümmel, S. 99, 106, 108; F. Becker, Leben, Bd. IV, S. 29–30; Bd. II, S. 62, der dort sogar von einer „Feindschaft" zwischen Diem und Krümmel spricht.

[97] Diem, Leben, S. 137, erwähnt eine vergebliche Bewerbung 1932 auf eine Dozentur an der Berliner Universität.

[98] Kirste, Altrock, S. 19. Ebd., S. 19, und ebd., Anm. 5, findet sich ein interessanter Ver-gleich ihrer beiden späteren Laufbahnen: Die Einbindung von Altrocks Institut „in die Ju-risdiktion der Universität sollte Altrock während der Hitlerdiktatur zu einem ‚Glücksfall' gereichen. So konnte er sich weitgehend den Zugriffen des Leiters des Amtes K im Reichsministerium, Professor Carl Krümmel, entziehen und den Umständen entsprechend relativ eigenständig arbeiten. [...] Zwischen Altrock und Krümmel baute sich ein sehr ge-spanntes Verhältnis auf"; ebenso Teichler, Altrock und Diem, S. 195.

[99] Tätigkeitsbericht DHfL WS 1921/22, S. 6, 9 (CuLDA, Mappe 188); vgl. Kirste, Altrock, S. 21.

[100] Tätigkeitsbericht des DRA 1.4.1919–31.3.1920, S. 9 (CuLDA, Mappe 13); diese frühe Erwähnung nicht bei Kirste, Altrock.

[101] Ebd., S. 21; nach Körbs, Vorgeschichte, S. 173, war Altrock als „‚leitender Lehrer' Mit-glied des Kollegiums der Deutschen Hochschule für Leibesübungen".

verwaltung[102] sowie die allgemeine Leitung der Fortbildungskurse im Stadion[103]; hinzu traten aufgrund seiner Sprachkundigkeit die erwähnten Gastvorlesungen im Ausland. Altrock wechselte Ende 1923/Anfang 1924 an die Berliner Universität[104], kehrte jedoch nach nur kurzer Zeit 1925 wieder an die DHfL zurück, bevor er sie endgültig verließ.[105] Außerhalb der DHfL ist Altrocks Vorsitz im Deutschen Turnlehrerverband ab 1923 zu nennen, in dem er anstelle des beispielsweise von Diem favorisierten Fachturnlehrertums die Position der Turnphilologen einnahm.[106]

Interessant ist nun, daß im Lichte bislang unveröffentlichter Dokumente eine persönlich-institutionelle Doppelperspektive auf die Umstände von Altrocks Wechsel innnerhalb von Berlin und von Berlin nach Leipzig eingenommen werden kann, welche die vorliegende Forschungsliteratur sowohl ergänzt als auch berichtigt. Nach Kirstes Auffassung „übernahm Altrock auf Betreiben von Rektor Professor August Bier 1924 die Leitung des neuen Instituts an der Berliner Universität", als das MWKV „1923 die Universitäten zur Einrichtung von selbständigen Instituten für Leibesübungen aufforderte." Für dieses Institut habe Altrock „die gleichen Rechte und Pflichten wie für jedes andere Universitätsinstitut auch" gefordert, um durch eine solche „Gleichstellung mit den anderen Wissenschaften [...] der Körpererziehung zu einem akademisch anerkannten Fach zu verhelfen." Nachdem sein Anspruch, für die Institutsleitung anstelle der Verwaltungsleiterstelle eine Professur einzurichten, vom MWKV abgelehnt wurde, „zog Altrock seine Konsequenzen und ging an die Deutsche Hochschule für Leibesübungen zurück."[107]

Korrekt ist an dieser Darstellung, daß Altrock tatsächlich 1923/24 an die Berliner Universität gewechselt ist, falsch aber, daß 1923 eine Aufforderung des MWKV „zur Einrichtung von selbständigen Instituten für Leibesübungen" ergangen sei, dessen „Leitung" in Berlin Altrock übernommen habe. Sowohl der entsprechende Ministerialerlaß vom 29. Mai 1923 als auch der preußische Staatshaushalt von 1923 sahen lediglich „hauptamtliche Stellen für akademische Turn- und Sportlehrer" vor und die Errichtung von Instituten für Leibesübungen

---

[102] Vgl. Diem, Hochschule, S. 22: „Für die Verwaltungsgeschäfte ist ein Sekretariat eingerichtet, das zunächst von Walter Mang, dann von Annemarie Friedhelm, darauf von Dr. Schelenz und jetzt von Dr. Altrock geleitet wurde." Vgl. Tätigkeitsbericht DRA v. 1.4.1923– 31.3.1924, S. 10 (CuLDA, Mappe 13). Vgl. Tätigkeitsbericht DRA v. 1.4.1922–31.3.1922, S. 6 (ebd.).

[103] Laut Kirste, Altrock, S. 21, hatte er diese Funktion schon 1922; in den entsprechenden Tätigkeitsberichten des DRA läßt sie sich erst für das Sommersemester 1925 nachweisen; siehe Tätigkeitsbericht DRA v. 1.4.1925–31.3.1926, S. 23 (CuLDA, Mappe 13). Abgelöst wurde Altrock nach seinem Wechsel nach Leipzig durch Heinz Meusel; vgl. Tätigkeitsbericht DRA v. 1.4.1926–31.3.1927, S. 24 (ebd.).

[104] Siehe oben S. 126. Das genaue Datum habe ich leider nicht in Erfahrung bringen können.

[105] Vgl. Kirste, Altrock, S. 21.

[106] Ebd.

[107] Ebd.

bloß als *gedachten* „Endpunkt dieser Entwicklung"[108], der erst mit dem entsprechenden Erlaß vom 30. September 1925 erreicht wurde[109]. Da wir bekanntlich wissen, daß Altrock tatsächlich von der DHfL 1923/24 zur Berliner Universität gewechselt war, um dort eine Stelle als akademischer Turn- und Sportlehrer zu besetzen, sind jedoch Kirstes Hinweise insofern von Interesse, als er in Altrocks Unzufriedenheit über den nichtprofessoralen Status des Leiters der IfL einen durchaus verständlichen Grund dafür zeigt, weshalb Altrock vor seiner Berufung nach Leipzig für eine kurze Zeit an die DHfL zurückgekehrt war. Deshalb erscheint der Leipziger Ruf als logische Folge seiner eigenen Ansichten, die in Preußen nicht zu verwirklichen waren.

Ein anderer möglicher Grund für diesen Wechsel Altrocks nach Leipzig wird erkennbar im Zusammenhang mit einer weiteren Korrektur Kirstes, der Altrocks vollamtliche Anstellung an der DHfL ja auf seine ‚organisatorischen Fähigkeiten' zurückgeführt hatte. In Wirklichkeit war schon der Wechsel Altrocks von der DHfL zur Berliner Universität 1923/24 mit großen Streitigkeiten zwischen Diem und Altrock eben über diese Fähigkeiten verbunden[110], und ein Brief von Diem an Bier vom 16. Juli 1925 läßt die starke Vermutung zu, daß beide Seiten über Altrocks schließlichen Wegzug nach Leipzig froh gewesen sein dürften:

> Nachdem wir das Sekretariat neu eingerichtet haben, drängt es mich, Ihnen einmal über den Fortgang der Geschäfte zu berichten. Herr Prof. Dr. Schiff hatte es ausserordentlich schwer, sich in das total verfahrene Büro einzuarbeiten. Erst im Laufe der Geschäfte stellte sich heraus, bis zu welchem Grade der vollkommenen Unordnung hier alles gediehen war. Zudem versäumte Dr. Altrock auch, den Rest der ihm gebliebenen Aufgaben pflichtgemäß zu erfüllen. Er kümmerte sich im Grunde um überhaupt nichts mehr, blieb weg, wann es ihm passte, hielt Stunden ab oder liess sich vertreten, und im übrigen liess er die Lehrgänge, zu denen er berufen war, einfach schwimmen. Unzählige Male hatte ich ihn seit Oktober des vergangenen Jahres gemahnt, die Vorbereitungen zu den Lehrgängen ernsthaft in die Hand zu nehmen. Als es im April etwa gelungen war ihn zu stellen, sagte er, alle Vorbereitungen seien so getroffen, dass Ueberzeichnungen bereits vorhanden wären. Es stellte sich aber heraus, dass abgesehen von denjenigen Lehrgängen, die von einzelnen Verbänden vorbereitet wurden, überhaupt keine Vorbereitungen getroffen waren. So

---

[108] Ministerialerlaß des MWKV v. 29.5.1923; zit. n. Briese, Studium, S. 128–129, 131.
[109] Ministerialerlaß des MWKV v. 30.9.1925; abgedruckt ebd., S. 113–114.
[110] Vgl. das Schreiben Diems an die Mitglieder des Wirtschafts-Ausschusses v. 13.10.23, S. 2 (CuLDA, Mappe 4), in dem er einen Plan zur Vereinigung des DRA- und Hochschulbüros im Stadion unter Diems Aufsicht unterbreitet: „Vorteil wäre erstens Ersparnis der Miete, zweitens Ersparnis eines oberen Verwaltungsbeamten für die Hochschule. Altrock tritt ja zur Universität über, hat sich im übrigen auch nicht für die Verwaltung als geeignet erwiesen." Körbs, Vorgeschichte, S. 173, spricht von einer „etwas ‚freien' Dienstauffassung" Altrocks, die Diem „mehrmals Anlaß zu offiziellen Ermahnungen, ja Rügen gegeben hat."

mussten wir den Lehrgang für Verwaltungsbeamte, der sonst über und über besetzt war, weil nur drei Bewerbungen kamen, ausfallen lassen. Die Schüler-Lehrgänge haben etwa die Hälfte der vorjährigen Teilnahme, weil wir erst Ende Juni dahinter kamen, dass alle seine Versicherungen, das Provinzialschulkollegium sei benachrichtigt, nicht zutrafen. Auf unsere dann in letzter Stunde ausgesandten Schreiben kamen dann die Anmeldungen in Hülle und Fülle nachträglich. Die von ihm uns übergebenen Stundenpläne waren einfach, wie man sagt, hingehauen. Die Vorlesungen kreuzten sich, und das Beste, die Vortragenden waren überhaupt nicht befragt. Schliesslich erbat sich Altrock auch noch für den Monat Juli Urlaub, um mit seiner Familie zusammen zu sein. Dieses lehnte ich ab, worauf er sich mit einem Attest von Dr. Schmith wegen nervöser Überanstrengung krank meldete.

Sein ganzes Verhalten ist nur so zu erklären, dass er mit einem Weggang rechnet, und soviel ich gehört habe, hat er sich um die Universität Leipzig beworben. Wir wollen ihm nichts in den Weg legen. Würde er nicht selbst gehen, so könnten wir seinen Anstellungsvertrag nicht erneuern. Wegen Ersatz will ich mit Ihnen gelegentlich einmal mündlich sprechen.

Prof. Dr. Schiff hat nunmehr alles selbst in die Hand genommen und allmählich beginnt die notwendige Ordnung in unserem Büro einzuziehen. Ich selbst habe mich ihm zur Verfügung gestellt, wie ich es auch Altrock gegenüber getan habe, nur mit dem Unterschied, dass jetzt so viel Ordnung vorhanden ist, dass man überhaupt miteingreifen kann.

Allmählich zieht auch Ordnung in unsere Prüfungen ein, die bisher durch Altrock ebenso nachlässig gehandhabt wurden. Hier ist es vor allen Dingen Klinge, der mit grosser Sorgfalt die Arbeit leistet, und ich möchte Sie bitten, ihn statt meiner zu Ihrem Vertreter als Vorsitzender des Prüfungsausschusses zu ernennen, da er sowieso den Hauptteil der Prüfung vornimmt und die nötige Zeit hat, um alles sorgfältig durchzuführen. Ich für meinen Teil bin froh, wenn ich einen Teil der Geschäfte in zuverlässige Hände abgeben kann.[111]

Ebenso wie das schlechte Verhältnis zwischen Diem und Krümmel seinen Ursprung in ihrer gemeinsamen Zeit an der DHfL hat, gibt es also gute Gründe für die Annahme, daß auch die späteren Differenzen zwischen Diem und Altrock in persönlichen Erfahrungen dieser Jahre begründet sind.[112] Aus diesem Grunde liefern sie leider auch keine Bestätigung für die Vermutung, daß der DHfL nach der Währungsstabilisierung 1924 ein größerer „Handlungsspielraum"[113] für finanzielle Anreize eröffnet worden wäre. Selbst wenn sie (was durchaus glaub-

---

[111] Brief von Diem an Bier v. 16.7.1925 (CuLDA Mappe 207).
[112] Körbs, Vorgeschichte, S. 172–173, nennt als Beispiel die Konflikte um den Vorsitz in der Konferenz der Institutsdirektoren-Konferenzen für Leibesübungen 1948.
[113] F. Becker, Leben, Bd. II, S. 98.

würdig ist) zuträfe, hätte sie auch Gültigkeit für die konkurrierenden Einrichtungen besessen, so daß im Zweifelsfall wohl persönliche Gründe oder solche der Reputation den Ausschlag gegeben hätten.

2 Die Räumlichkeiten

Ebenso wie der Ort der Eröffnungsfeier der DHfL symbolischen Charakter trug, dienten ihre Räumlichkeiten für Forschung und Lehre als „Knoten, in dem die Fäden zusammenlaufen"[114]. Auch hier wirkten sich in hohem Maße die finanziellen Probleme ihrer Gründungsphase aus, denn sie führten nicht nur auf der Seite des Personals der Hochschule, sondern auch ihres Raumangebotes zu einer „parasitären Existenz: ihre Wirte waren die Friedrich-Wilhelm-Universität, das Kaiser-Wilhelm-Institut für Arbeitsphysiologie und das Deutsche Stadion"[115]. Wenn Diem demnach schreibt, „als Heim der Hochschule wurde das *Berliner Stadion* gewählt"[116], sind in dieser Aussage mehrere Perspektiven eingeschlossen.

Zum einen repräsentiert dieser Ort unter einer wissenschaftsmethodischen Warte den „Organismus des Stadions"[117]. Dieser Begriff stammt aus den Plänen des Architekten Otto March, der Ende 1906 vom DRAfOS, der Vorgängerinstitution des DRA, mit dem Bau eines Stadions im Berliner Grunewald beauftragt wurde[118], und läßt die DHfL als Konkretisierung seiner Leitidee erscheinen: „Die neue Anstalt soll uns das heute noch zerstreute Wissen von der körperlichen, moralischen und sozialen Bedeutung der Leibesübungen, von der besten Ausübungs- und Lehrweise sammeln und zum Nutzen der Sache an die zukünftigen Turn- und Sportlehrer vermitteln."[119] Zum anderen vermittelt Diems Formulierung, die DHfL habe eine ,Wahl' für den Aufführungsort ihrer „volltönenden Symphonie"[120] sowohl von ihren „Praktikern und Wissenschaftlern"[121] wie auch ihren Studierenden gehabt, vor diesem finanziellen Hintergrund natürlich einen falschen Eindruck. Da der DRA als Träger der Hochschule und Eigentümer des Stadions „auch gerade und nur über diese Anlage verfügen konnte"[122], war dies

---

[114] Schlögel, Terror, S. 23. Die methodische Bedeutung des Raumgedankens für Sportpraxis und -theorie betont Dinçkal, Stadien, S. 218; ders., Körper, passim; Sportlandschaften, passim. Siehe exemplarisch ders., Körper, S. 174: „Die Hochschule war ein Ort, der [...] Expertenwissen über den jeweiligen Ausschnitt des Sportlerkörpers produzierte."

[115] F. Becker, Leben, Bd. II, S. 51.

[116] Diem, Hochschule, S. 20.

[117] Otto March, zit. n. Court, Vorgeschichte, S. 63.

[118] Ausführlich Court, Vorgeschichte, S. 63–71.

[119] Tätigkeitsbericht DRA 1.4.1920–31.3.1921, S. 11 (CuLDA, Mappe 13).

[120] Siehe S. 133, Anm. 123.

[121] Schiff, Entwicklung, S. 12.

[122] Krause, Stadion, S. 20; die soeben zitierte Bezeichnung von F. Becker vom Stadion als ,Wirt' der DHfL hinkt deshalb im Vergleich mit den beiden anderen ,Wirten' KWI und Berliner Universität. Wenn auch Diem/Schiff, Gründung, S. 6, von der Hochschule als ein Ort sprechen, der „ja zunächst über keine eigenen Räume verfügte", bezieht sich das aus-

schlichtweg die einzige – und im Vergleich mit ähnlichen Problemen an der Berliner Universität sogar die beste Lösung.[123]

Blicken wir auf zeitgenössische Berichte über die ersten Jahre der DHfL, ist der häufige Verweis auf den erforderlichen „Idealismus"[124] der Beteiligten ein deutliches Zeichen dafür, daß er unabdingbar war, um die auch durch die „zunehmende Inflation immer mehr gesteigerten außerordentlichen Schwierigkeiten der ersten Semester"[125] zu ertragen. Zwar war das Stadion mit Einrichtungen vor allem für Fußball, Leichtathletik, Gymnastik, Tanz und Schwimmen ein „Sportplatz, der an Ausmaßen von keinem in Europa übertroffen"[126] wurde, reichte aber für die Belange von Forschung, Lehre, Verwaltung[127] und Wohnen nicht aus. Die für die Bibliothek gefundene Einschätzung, sie genüge bloß „für die dringendsten Bedürfnisse"[128], ist von exemplarischer Aussagekraft für alle Einrichtungen: „Der Zustand der Uebungs-, Umkleide- und Reinigungsangelegenheiten wurde bei weitem nicht den technischen, gesundheitlichen und hygienischen Anforderungen der jetzigen Zeit gerecht"[129]. Immerhin stieg der Bestand der Bücherei im Sommersemester auf 3 750 Bände, wozu eine Lesehalle für Ta-

---

drücklich auf die *finanzielle* Seite der von der Universität zur Verfügung gestellten Räumlichkeiten, die in bezug auf den DRA entfiel (wenngleich durch die bekannte Notwendigkeit der Quersubventionierung indirekt natürlich auch Kosten für die DHfL entstanden). Im übrigen ist Krause insofern zu berichtigen, als der DRA korrekterweise *Pächter* des Stadions war; vgl. den Kassenbericht des DRA v. 2.3.1920 (CuLDA, Mappe 3): „Das wichtigste wirtschaftliche Ergebnis des Jahres ist das Abkommen mit dem Berliner Rennverein und dem Union-Club. Beide Vereine erließen dem Deutschen Reichsausschuß die aus dem Krieg übrig gebliebene Verpflichtung und ermäßigten im Pachtvertrag des Stadions die jährliche Zins- und Entschuldungssumme für die Zukunft um die Hälfte."

[123] Nach Grüttner, Universität, S. 119, wurden an ihr neue Stellen grundsätzlich entweder durch Umwidmung oder den Wegfall bestehender Lehrstühle finanziert.

[124] So z. B. im Rückblick von Englert, Erinnerungen, S. 117.

[125] Schiff, Entwicklung, S. 11.

[126] Diem, Hochschule, S. 20.

[127] Das Sekretariat unter Schwimmlehrer Herrn Mang war im Sommersemester 1920 noch im Stadion untergebracht, aber bereits zum 1. Oktober 1920 in die „neuen Geschäftsräume des Deutschen Reichsausschusses für Leibesübungen, Kurfürstenstr. 48, übergesiedelt"; Tätigkeitsbericht der DHfL 1. SoS 1920, S. 11 (CuLDA, Mappe 188); siehe auch Tätigkeitsbericht DRA 1.4.1920–31.3.1921, S. 12 (ebd., Mappe 13). Dieser Umzug war nicht nur für die DHfL, sondern für den gesamten DRA eine „symbolische Funktion" (F. Becker, Leben, Bd. II, S. 57) seiner Aufwertung.

[128] Tätigkeitsbericht der DHfL 1. SoS 1920, S. 11 (CuLDA, Mappe 188); Einzelheiten ebd., S. 10–11; Tätigkeitsbericht DRA 1.4.1920–31.3.1921, S. 17 (ebd., Mappe 13); vgl. auch den Bericht über die Sitzung des Wirtschaftsausschusses des DRA am 9.8.1920 v. 18.8.1920, S. 3 (ebd., Mappe 4): „Die im Stadion befindliche Bibliothek der Hochschule [...] ist zum Herbst in geeignete, trockene Räume des D.R.A. zu verlegen." Auch wurden im Sommer 1920 lediglich 47 Bücher neu beschafft, und der aus der Bibliothek der ehemaligen Militärturnanstalt Wünsdorf stammende Bestand war nur ausgeliehen; siehe auch F. Becker, Leben, Bd. II, S. 51, der allerdings fälschlicherweise vom Kauf dieser Bücher spricht.

[129] Tätigkeitsbericht der DHfL WS 1920/21, S. 7 (CuLDA, Mappe 188).

geszeitungen trat, und im anschließenden Wintersemester wurden neben weiteren 148 Werken vor allem die Zeitschriften ergänzt. 1924 schließlich zählte die Bibliothek 4 900 Bände, darunter sehr wertvolle Erstausgaben.[130] Die Handbücherei mußte im Wintersemester 1924/25 eingezogen werden, weil es zu „Entwendungen" gekommen war und die Studentenschaft einen Ersatz „aus eigenen Mitteln"[131] ablehnte.

Was die Lehre betrifft, mußten in den ersten beiden Semestern auch Räumlichkeiten wie schulische Turnhallen, städtische Spielplätze, Badeanstalten und Hörsäle der Berliner Universität benutzt werden, die sich über die ganze Stadt erstreckten[132]; möglicherweise zur Demonstration ihrer Unabhängigkeit verzichtete die DHfL auf die Benutzung der Spandauer Landesturnanstalt.[133] Da es im Winter zudem an heizbaren Räumen im Stadion mangelte und dort keine Turnhalle vorhanden war, „entschloß sich der Reichsausschuß im Sommer 1921 zum Bauen und errichtete unter großen finanziellen Schwierigkeiten – die Inflation brach herein! – das langgestreckte Hochschulgebäude [...] auf dem bisherigen Aufmarschgelände des Stadions, hinter der Schwimmbahn."[134] Obgleich die DHfL ab Wintersemester 1921/22 über „den bis dahin schmerzlich vermißten örtlichen Mittelpunkt"[135] mit Turnhalle, einem Saal für Boxen, Ringen und Fechten, Umkleide- und Duschräumen, einem Hörsaal für 250 Personen, Biblio-

---

[130] Diem, Hochschule, S. 43–44; Tätigkeitsbericht der DHfL SoS 1923, S. 7 (ebd.); Tätigkeitsbericht der DHfL WS 1923/4, S. 12 (ebd.); die Ergänzungen 1923 stammten aus eigenem Erwerb, Stiftungen und dem Nachlaß von Ernst Kohlrausch, der am 16.5.1923 verstorben war; siehe die Traueranzeige in der MTSS 1923, S. 284.

[131] Tätigkeitsbericht der DHfL WS 1924/25, S. 15 (CuLDA, Mappe 188).

[132] Eine Übersicht geben der Tätigkeitsbericht DRA 1.4.1920–31.3.1921, S. 17 (ebd., Mappe 13), und Diem, Hochschule, S. 21–22.

[133] Siehe Tätigkeitsbericht der DHfL WS 1920/21, S. 3 (CuLDA, Mappe 188), in dem nur die Tatsache des Verzichts, aber nicht sein Grund angeführt wird.

[134] Krause, Stadion, S. 21. Vgl. Tätigkeitsbericht der DHfL WS 1921/22, S. 3 (CuLDA, Mappe 188): „Ein Ereignis von höchster Bedeutung war die Grundsteinlegung des neuen ‚Hochschulbaus' mit Turnhalle im Stadion. Die Bedenken, ob man es wagen solle, trotz der sehr hohen Kosten das Werk in Angriff zu nehmen, wichen schließlich der Erkenntnis, daß der Bau für die weitere Entwicklung der Hochschule unbedingt notwendig ist. Denn die neue Anlage bringt: 1. den langersehnten eigenen Mittelpunkt für die Lehrarbeit, auch im Winter; 2. die notwendige Zentralisation und sachgemäße Unterbringung der Laboratorien; 3. Unterkunftsräume für etwa 80 Studenten." Vgl. auch den Bericht über die Sitzung des Wirtschaftsausschusses des DRA am 4.11.1921 v. 8.11.1921, S. 1 (ebd., Mappe 4): „Hinsichtlich der Wirtschaftsräume ist im Bauplan eine Erweiterung vorgesehen, die die Verpflegung einer grösseren Anzahl Hochschüler und Kursisten ermöglicht." Zu Einzelheiten über Bau und Finanzierung ebd.; Bericht über die Sitzung des Wirtschaftsausschusses des DRA am 15.9.1922 v. 22.9.1922, S. 2 (ebd.).

[135] Tätigkeitsbericht DRA 1.4.1922–31.3.1923, S. 5 (ebd., Mappe 13). Ursprünglich hatte sogar Ebert seinen Besuch bei der Einweihungsfeier zugesagt, jedoch „hat ihn die schwierige politische Lage, die in unserem Vaterland herrscht [...], zu seinem lebhaften Bedauern im letzten Augenblick verhindert"; so Lewald auf der Festsitzung des Kuratoriums der DHfL am 26.5.1922, in: MTSS 1922, S. 237.

thek, Lehrmittelräumen und Räumen für Ärzte und Forschungstätigkeiten verfügte und sich die Lage kurzfristig entspannte[136], kam es ab 1923 wegen der unerwartet hohen Zahl von Studierenden und Kursisten zu einer deutlichen Verknappung des Angebots:

> Die Unzulänglichkeit der damals der Hochschule zur Verfügung stehenden Räume und Übungsplätze wurde immer drückender, die Lehrkräfte reichten nicht aus, es kamen ungeeignete Elemente, die nicht durchhalten konnten, in das Studium herein, und die sich anbahnende Überproduktion drohte eine Gefahr für die Sache und die Studierenden zu werden.[137]

In dieser Not entstand die Idee für ein neues „Sportforum"[138], und „schon bald nach Überwindung der Inflation"[139] im Juni 1924 setzten Bemühungen um den Erwerb angrenzender Grundstücke und ein neues Bauprogramm ein, das aber erst im Februar 1928 in die Inbetriebnahme der ersten Räumlichkeiten mündete.[140] Wenigstens konnte im Wintersemester 1924/25 der „sogenannte Zwischenbau"[141] vollendet werden, der zwischen dem neuen Hochschulgebäude und den Schwimmumkleiden lag. Da er auch einen „Umkleide- und einen Aufenthaltsraum für die weiblichen Studierenden" enthielt, war „die Absonderung erreicht, die ein ungestörtes Frauenstudium auf dem Gebiet der Leibesübungen zur Voraussetzung hat"[142]. Ferner konnten in diesem Semester durch die Inbetriebnahme von neuen Tennisplätzen bisherig nötige Fahrten „nach dem Westen der Stadt" erspart werden, und durch die erwähnte Stiftung des Rudervierers durch Fritz Adam war nun Ruderunterricht „auf eigenem Kiel und in unmittelbarer Nähe des Hochschulneubaus"[143] möglich geworden, der zuvor in Niederschönhausen stattfand. Gleichwohl blieb aufgrund einer „gewaltigen Vermehrung" der Studierendenzahlen im Sommersemester 1925 und Wintersemester 1925/26 die „Fertig-

---

[136]   Siehe DHfL. 18. Monatsbericht. November 1922 über den Bericht von Schelenz auf der Sitzung des Kuratoriums am 10.11.1922, in: MTSS 1922, S. 473: „Die Lehrarbeit sei durch die Inangriffnahme des Hochschulneubaus außerordentlich erleichtert, weil die Hälfte der Studenten im Internat untergebracht sei. Es habe sich ein besonders erfreuliches und arbeitsreiches Leben entwickelt, und, obwohl auch die Studenten der Hochschule unter der allgemeinen Not schwer zu leiden hätten, seien sie noch von bemerkenswerter geistiger und körperlicher Frische geblieben."
[137]   Schiff, Entwicklung, S. 9; vgl. Krause, Stadion, S. 21–22.
[138]   Vgl. die Bestimmung von Krause, Stadion, S. 23: „Das Sportforum sollte als Vereinigung der obersten Lehr-, Forschungs- und Verwaltungsstätten der gesamten unpolitischen Turn- und Sportbewegung Deutschlands etwa der geistige Mittelpunkt dieser Bewegung werden und damit eine Kraftzentrale für das deutsche Volk".
[139]   Ebd.
[140]   Zur Übersicht Tätigkeitsbericht DRA 1.4.1925–31.3.1926, S. 25–26 (CuLDA, Mappe 13); Krause, Stadion, S. 23–26; F. Becker, Leben, Bd. II, S. 145–147.
[141]   Tätigkeitsbericht der DHfL WS 1924/25, S. 3 (CuLDA, Mappe 188).
[142]   Ebd.
[143]   Ebd. Diese Baugeschichte auch bei Dinçkal, Sportlandschaften, S. 250.

stellung der Bauten und Anlagen des deutschen Sportforums eine Lebensnotwendigkeit"[144].

Parallel verlief die räumliche Entwicklung für die Forschung, die im Sommersemester 1920 „in drei besonderen Instituten"[145] geleistet wurde. Sie sind als bloß provisorische Keimzelle des erst allmählich tatsächlich arbeitsfähigen physiologischen, psychologischen und Röntgenlaboratoriums anzusehen, und die erwähnte ‚Unzulänglichkeit' wird hier daran ersichtlich, daß sich diese Einrichtungen über mehrere Lokalitäten im Stadion selbst und der Universität erstreckten.[146] Sofern sie im Stadion gelegen waren, erhielt das psychologische Laboratorium mit dem ehemaligen Kampfrichterraum einen eigenen Raum, während sich die beiden anderen Laboratorien den Röntgenraum teilten. Ein besonderes anatomisches Institut gab es gar nicht, sondern nur anatomische Lehrmittel, die sich im großen Hörsaal des Stadions befanden.[147] Dieser deutlich erkennbare „Mangel gutgeeigneter Räumlichkeiten"[148] spiegelte sich auch in der Apparatur des psychologischen Laboratoriums: sie wurde „teils angeschafft, teils mit Hilfe des Studenten König erbaut, teils ausgeliehen"[149].

Die Entspannung auch dieser Situation ab 1921/22 verdankt sich dem angeführten Hochschulneubau, dessen Hörsaal dank einer Stiftung des Reichspräsidenten „alle Einrichtungen der Kinematographie" und neben dem Hörsaal die Laboratorien mit „sieben Forschungszimmern für Anthropometrie, Photographie, psycho-technische Versuche, physiologisch-chemische Arbeiten, innere Untersuchungen und dem Röntgenzimmer"[150] enthielt. Eine gewisse Sonderstellung nahm das physiologische Laboratorium ein, das sich auf der Grundlage eines im Wintersemester 1921/22 geschlossenen Vertrages mit dem KWI für Arbeitsphy-

---

[144] Tätigkeitsbericht DRA 1.4.1925–31.3.1926, S. 22 (CuLDA, Mappe 13).

[145] Tätigkeitsbericht DRA 1.4.1920–31.3.1921, S. 16 (ebd.).

[146] Siehe ebd., S. 17: „In Berlin wurden die Hörsäle des anatomischen, physiologischen und chirurgischen Instituts der Universität benutzt." Nach dem Tätigkeitsbericht der DHfL WS 1920/21, S. 12–13 (ebd., Mappe 188), hatte Bier in der Chirurgischen Universitätsklinik, Ziegelstr. 5–9, Räumlichkeiten sowohl für die physiologische wie die psychologische Forschung zur Verfügung gestellt. – Auf die Probleme der Einrichtung und der Bezeichnung der Laboratorien kommen wir gleich in Kapitel 4.1 zu sprechen.

[147] Tätigkeitsbericht der DHfL 1. SoS 1920, S. 10–11 (CuLDA, Mappe 188).

[148] MTSS 1921, S. 227; ebenso Krause, Stadion, S. 20.

[149] Tätigkeitsbericht der DHfL 1. SoS 1920, S. 10 (CuLDA, Mappe 188); siehe zum Mangel an Filmapparaten und Photographien für die Zwecke der Lehre auch den Tätigkeitsbericht des DRA v. 1.4.1919–31.3.1920, S. 10–11 (ebd., Mappe 13), und den Bericht über die Sitzung des Wirtschaftsausschusses des DRA am 9.8.1920 v. 18.8.1920, S. 3 (ebd., Mappe 4).

[150] Diem, Hochschule, S. 21. Vgl. auch den Tätigkeitsbericht DRA v. 1.4.1922–31.3.1923, S. 5 (CuLDA, Mappe 13): „Nunmehr stehen ausreichend Laboratorien, Hörsäle, Bücherei, Lese- und Wohnräume für die Studenten und den Verwaltungsbetrieb zur Verfügung. Zwar zwang die Kohlennot zu einer Vorverlegung und Verkürzung des Wintersemesters, trotzdem konnte aber die Zahl der Lehrstunden infolge der bequemen örtlichen Verhältnisse vermehrt und die Forschungsarbeit vermehrt werden."

siologie Räumlichkeiten im Hochschulneubau und an der Invalidenstraße 103a teilte.[151] Nachdem das psychologische Laboratorium in diesem Wintersemester noch „unter großen Raumschwierigkeiten zu leiden hatte"[152] und – ebenso wie das anthropometrische Laboratorium – in der chirurgischen Universitätsklinik untergebracht werden mußte, wurde auch ihm mit Beginn des Wintersemesters 1923/24 „ein eigener Raum im Hochschulgebäude überwiesen"[153]. Nach der Errichtung des Zwischenbaus siedelte das psychologische Laboratorium in diesen um.[154]

Die „Lebensführung der Studierenden" war stark von den in der „Außenlage der Hochschule begründeten Schwierigkeiten"[155] beeinflußt, so daß hier Realität und Vorstellung der „Erziehung eines Idealmenschen"[156] in einem besonders grellen Kontrast gegenüberstanden. Die Verwirklichung der ‚neuen universitas' – auf der einen Seite Theorie und Praxis, auf der anderen die Ideen von „Gemeinschaftsleben"[157] und „Naturverbundenheit"[158] verbindend – begegnete vor allem drei Problemen: außer den „weiten Wegen" der „Wohnungs- und Verpflegungsfrage"[159]. Eine anschauliche Beschreibung der Konsequenzen hat auch hier Ludwig Englert gegeben:

> Die Hochschule für Leibesübungen war damals fast über die ganze Stadt Berlin verteilt; speziell im Winter 1921/22, in dem wir anfingen. Des Morgens zog man in die Ziegelstraße, um im Langenbeck-Hörsaal die theoretischen Fächer zu hören, noch am Vormittag konnte man in einem nicht näher definierbaren Raum der Chirurgischen Klinik unter Altrocks Leitung seine Ringübungen machen, die dünnen Decken auf dem harten Steinboden taten nicht jedem wohl, und nach dem schweißigen Geschäfte winkte nur eine sehr primitive Waschgelegenheit. Hatte einer Schwimmen belegt, dann mußte er erst hinter den Alexanderplatz fahren, und nach

---

[151]   Vgl. den Tätigkeitsbericht DHfL. WS 1921/22, S. 8 (ebd., Mappe 188). Auf diesen Vertrag komme ich unten im Kap. 4.1 ausführlich zurück.

[152]   Tätigkeitsbericht DHfL. WS 1921/22, S. 16 (CuLDA, Mappe 188).

[153]   Tätigkeitsbericht DHfL WS 1922/23, S. 8 (ebd.). Vgl. den Tätigkeitsbericht DHfL. WS 1921/22, S. 8 (ebd.): „Das anthropometrische Institut der Hochschule [....] ist für den Winter in die Chirurgische Universitätsklinik verlegt worden, desgleichen auch die experimental-psychologische Abteilung von Dr. Schulte, dagegen ist die röntgenologische Station [...] im Stadion verblieben, wurde aber der Umbauten wegen nicht in Betrieb genommen. Vom nächsten Sommer an wird nach Fertigstellung der Neubauten im Stadion der gesamte wissenschaftliche Apparat mit Ausnahme eines Teils der physiologischen Abteilung dauernd ins Stadion verlegt werden."

[154]   Tätigkeitsbericht DHfL WS 1924/25, S. 3 (ebd.).

[155]   Schiff, Entwicklung, S. 10.

[156]   Heubach, Studentinnen, S. 114.

[157]   Schiff, Entwicklung, S. 10.

[158]   Heubach, Studentinnen, S. 113.

[159]   Schiff, Entwicklung, S. 10, 12. Generell zum Problem der Berliner ‚Werkstudenten' anschaulich Grüttner, Universität, S. 41–43.

dem Essen ging es quer durch die Stadt über den Potsdamer Platz zur Turnhalle des Wilhelm-Gymnasiums, die auch zu den älteren Gegenständen des vorigen Jahrhunderts gehört. Fahrgeld hatte in der Inflationszeit keiner, und außerdem tat der Nachmittagsspaziergang in Anbetracht des gerade nicht sehr bekömmlichen Essens der Mensa academica als vorbereitende Übung für das Turnen gut. Nachmittags und abends gab es noch ein paar theoretische Fächer, und man sank bald todmüde ins Bett.[160]

Prinzipiell herschte zwar die Einsicht, „nur wenn die Studierenden im Stadion wohnten und verpflegt wurden, war ihnen die Zeitökonomie, Wirtschaftlichkeit und Bequemlichkeit verbürgt, die für ein ersprießliches Studium erforderlich waren."[161] Dort stand aber im Sommersemester 1920 nur für 15 Studenten Wohnraum zur Verfügung, während weitere 35 Studenten dort vermutlich Zelte aufgeschlagen hatten.[162] Im anschließenden Wintersemester entfiel nicht nur diese „Behelfsregel"[163], sondern in den verfügbaren Räume „begann es bei Regenwetter von der Decke in unsere Betten zu tropfen", so daß sich die Studenten „lebhaft an Spitzwegs armen Poeten erinnert fühlten"[164]. Eine „wesentliche Besserung"[165] trat auch hier erst 1922 mit dem „Kristallisationspunkt"[166] Hochschulneubau ein:

In ihm waren 6 Studentenwohnräume, die mit je 8 Betten belegt wurden, vorgesehen, so daß für 48 Studenten gesorgt war. Außerdem wurden in der Schwimmbadhalle 3 Umkleideräume, die allerdings nicht heizbar und daher nur im Sommer benutzbar waren, provisorisch als Studentenwohn-

---

[160] Englert, Erinnerungen, S. 115. Eine interessante, aus der reformpädagogischen Kritik des Großstadtlebens gespeiste Ergänzung bei Stoeckle, Entwicklung, S. 49: „Unter den allgemein hemmenden Einflüssen ist vor allem das Studium in der Großstadt zu nennen. Die vielen Anregungen aber auch Ablenkungen, die das Großstadtleben bietet, die weiten Entfernungen, die der Einzelne von seiner Wohnung oder Hochschule zur Uebungsstätte zurücklegen muß, setzen Lust und Liebe zur Sache wie auch eine gewiße [sic] Selbstdisziplin voraus, um trotz dieser Widerwärtigen die körperlichen Uebungen nicht ausfallen zu lassen."

[161] Schiff, Entwicklung, S. 10.

[162] Diese Vermutung gewinne ich aus den abweichenden Zahlenangaben im Tätigkeitsbericht DHfL 1. SoS 1920, S. 11 (CuLDA, Mappe 188) und im Tätigkeitsbericht DRA 1.4.1920–31.3.1921, S. 17 (ebd., Mappe 13).

[163] Schiff, Entwicklung, S. 10.

[164] Englert, Erinnerungen. S. 116. F. Becker, Leben, Bd. II, S. 51, führt zudem den Mangel an heizbaren Räumen an. Zu Beginn des Wintersemesters 1920/21 wohnte eine Anzahl von Studenten bis 15.11.1920 noch im Stadion und erhielt dann von der Studentenhilfe Berlin eine Wohnbaracke in der Friedrichstraße zugewiesen; für Mittag- und Abendessen sorgte die Berliner Studentenspeisung; siehe Tätigkeitsbericht DHfL WS 1920/21, S. 15 (CuLDA, Mappe 188). Im Wintersemester 1924/25 betrug der Preis für eine Mahlzeit der Hochschule 50 Pfennig und für die monatliche Wohnmiete 5 Mark; siehe Tätigkeitsbericht DHfL WS 1924/25, S. 5 (ebd.).

[165] Schiff, Entwicklung, S. 11.

[166] Tätigkeitsbericht DHfL WS 1922/23, S. 3 (CuLDA, Mappe 188).

räume eingerichtet. Was da geschaffen war, war besser als nichts; aber das enge, jeder Bequemlichkeit entbehrende und auch hygienisch nicht einwandfreie Zusammenwohnen schuf mannigfache Unzuträglichkeiten und hinderte ein ruhiges, geistiges Arbeiten.[167]

Während in dem uns interessierenden Zeitraum die Frage der Verpflegung seit dem 1. Mai 1924 durch die Einrichtung eines Wirtschaftsbetriebs im Stadion gelöst werden konnte[168], galt dies für die Wohnproblematik nicht. Sie wurde erst ab Mai 1926 durch den Erwerb von englischen Offiziersbaracken und ab dem Sommer 1927 durch die Errichtung eines Unterkunftsbaues nur für Studentinnen „im Frauenbezirk des Sportforums"[169] gemildert. Bis dahin hatten vor allem sie „unter weiten Wegen, übermäßigen Preisen und anderen Unzulänglichkeiten zu leiden", weil die Idee eines „möglichst vielen offenstehenden Internats" ursprünglich nur für die „männlichen Studierenden ins Auge gefaßt wurde" und man an eine „größere Zahl von Studentinnen"[170] noch gar nicht gedacht hatte. Wenigstens konnten im Wintersemester 1924/25 „die Wohnräume der Studierenden durch Einrichtung von Bücherbrettern und kleinen Verschönerungen wohnlicher"[171] gemacht werden.

3 Lehre

3.1 Das Lehrangebot im Überblick

Obgleich der Programmatik der DHfL gemäß „wie nirgendwo anders in der Leibeserziehung die Wissenschaft engste Fühlung mit der Praxis halten muß"[172], ist es aus Gründen der besseren Übersichtlichkeit geboten, im folgenden Forschung und Lehre jeweils eigene Schwerpunkte zu widmen. Wir folgen damit den Tätigkeitsberichten der DHfL, die seit dem Wintersemester 1920/21 eine prinzipielle Unterteilung in die Kapitel „Lehrtätigkeit" und „Forschungsarbeit" und innerhalb des Kapitels „Lehrtätigkeit" eine Gliederung in „Praktische Ausbildung" und in „Wissenschaftliche Ausbildung"[173] vorgenommen hatten. Im Tätigkeits-

---

[167] Schiff, Entwicklung, S. 11. Eine (verständlicherweise) etwas geschönte Fassung gibt Diem, Hochschule, S. 53: „Um die wirtschaftliche Not der Studierenden zu lindern, gewährt die Hochschule gegen Anerkennungsgebühr für 50 Studierende Wohnung, Licht und Heizung; Verpflegung durch die allgemeine Berliner Studentenküche." Noch im Sommersemester 1923 mußten ungefähr 60 Studenten in den „Wohnzimmern des Hochschulgebäudes einquartiert werden"; die „Verpflegung hatte die Studentenschaft selbst übernommen und sie aus der Volksspeisung Charlottenburg bezogen"; siehe den Tätigkeitsbericht DHfL SoS 1923, S. 2 (CuLDA, Mappe 188).
[168] Schiff, Entwicklung, S. 11.
[169] Ebd., S. 12.
[170] Ebd., S. 10, 12.
[171] Tätigkeitsbericht DHfL WS 1924/25, S. 15 (CuLDA, Mappe 188).
[172] Tätigkeitsbericht DHfL WS 1920/21, S. 3 (ebd.).
[173] Ebd., S. 7–12.

bericht für das Wintersemester 1921/22 lautete die Unterteilung einerseits „Lehrtätigkeit und Prüfungen" und andererseits „Forschungstätigkeit und Veröffentlichungen"[174]. Ab dem Tätigkeitsbericht für das Wintersemester 1923/24 wurde der Begriff „Veröffentlichungen" durch den Begriff „wissenschaftliche Arbeiten"[175] ersetzt.

In bezug auf die Lehre enthält der Tätigkeitsbericht für das erste Semester der DHfL im Kapitel „Lehrtätigkeit" die Unterscheidung von „A Vollstudenten" und „B Fortbildungslehrgänge"[176], deren Wichtigkeit dadurch ersichtlich wird, daß sie in späteren Berichten ein eigenes Kapitel erhielten.[177] Zu ihnen zählten auch Vorträge, Vortragsabende und auswärtige Tätigkeiten, die im Inhaltsverzeichnis einiger Tätigkeitsberichte eigens im Kapitel über Lehrgänge aufgeführt wurden.[178] Generell gilt, daß auch das Lehrprogramm der DHfL Elemente von Kontinuität und Diskontinuität spiegelt: ihre Struktur als private Einrichtung des DRA, ihre pädagogisch-wissenschaftliche Programmatik, ihre Bemühungen um staatliche Anerkennung, aber auch die geschilderten allgemeinen Entwicklungen ökonomischer und hochschulpolitischer Natur und damit auch Veränderungen auf dem Arbeitsmarkt.

Ein Vergleich entsprechender programmatischer Aussagen von DRA und DHfL aus den Jahren 1919, 1920 und 1924 verdeutlicht diese Zusammenhänge. In der Dezember-Denkschrift 1919 des DRA beziehen sich die Lehraufgaben ihrer geplanten neuen Anstalt vordringlich auf die „Fortbildung von Vorturnern, Übungsleitern, Vereinsleitern durch kurzfristige Lehrgänge", „die Fortbildung in freier Form", die „Ausbildung von Vereins- und Sportlehrern", die „Ausbildung von Fachtrainern", die „Ausbildung von Jugendamtsvorstehern und Spielplatzleitern" und „Volksaufklärung", während die „Ausbildung von Schulturnlehrern und „Turnaufsichtsbeamten" nur als eine „Möglichkeit" gesehen wird, deren Wegfall „für den übrigen Aufbau der Hochschule für Leibesübungen keine Bedeutung hätte."[179] Unter der Überschrift „Neue aussichtsreiche Berufe" warb Schneider im Deutschen-Philologenblatt vom März 1920 bei den Schulabgängern für die DHfL und berief sich auf das große Bedürfnis von Sportlehrern in den großen Verbänden, der Reichswehr, Industrie- und Geschäftsbetrieben, privaten Instituten für Leibesübungen und behördlichen Verwaltungsstellen. Ferner verwies er auf Sportärzte und darauf, „daß wir auch bald Juristen, Architekten, Ingenieure, Bibliothekare u. dgl. brauchen, die neben ihrem Studium das der Leibesübungen betrieben haben müssen."[180]

---

[174] Tätigkeitsbericht DHfL WS 1921/22 (ebd.).
[175] Tätigkeitsbericht DHfL WS 1923/24 (ebd.).
[176] Tätigkeitsbericht DHfL 1. SoS 1920 (ebd.).
[177] Ab dem Tätigkeitsbericht DHfL WS 1921/22 (ebd.).
[178] Z. B. im Tätigkeitsbericht DHfL WS 1923/24 (ebd.).
[179] Zit. n. CDI, Gründung, S. 25–27.
[180] Schneider, Berufe, S. 178–179.

Wissenschaftsgeschichtlich ist von besonderem Interesse, daß auch Schneider hier die Frage nach der Ausbildung für den Schuldienst an der DHfL aufgreift, aber zudem mit ihrem Antrag auf ein Promotionsrecht verknüpft, wodurch zum einen ein wesentliches Motiv und zum anderen seine Gestalt als koordinierte Aktion der DHfL sichtbarer hervortritt:

> Auch die Oberlehrerschaft hat manches von der Deutschen Hochschule für Leibesübungen zu erwarten. Neben den an den Landesturnanstalten und in Privatkursen vorgebildeten Turnlehrern an den höheren Schulen gibt es Turnlehrer, die aus den an einer Reihe von Hochschulen bestehenden Turnlehrgängen für Studierende hervorgegangen sind. Die hier erworbene Turnfakultas hatte bisher kaum die Geltung einer vollwertigen Nebenfakultas – wenngleich sie für die Anstellung oft sehr wichtig war – geschweige denn die einer Hauptfakultas. Da wird es nun wegen der Bedeutung der Leibesübungen und wegen der bevorstehenden Vermehrung und Vertiefung des Unterrichts in Leibesübungen nötig sein, dafür zu sorgen, daß die Studierenden in Zukunft Leibesübungen auch als Hauptfakultas, wie etwa Mathematik, Sprachen, Geschichte usw. und daneben andere Hauptfakultäten oder Nebenfakultäten erwerben können. Daß der Dr. rer. gymn. nur eine Frage der Zeit ist, sei nur nebenbei bemerkt, desgleichen, daß natürlich auch ein Teil der auf der Hochschule für Leibesübungen vorgebildeten Akademiker sich der Universitätslaufbahn zuwenden wird, denn in immer steigendem Maße werden an den Universitäten und Hochschulen Vorlesungen und Übungen über Leibesübungen veranstaltet. Da bei der Besetzung der Stellen von Schulleitern und Kreisschulinspektoren auch die Frage zu erörtern ist, ob bei den in Betracht kommenden Persönlichkeiten auch für die körperliche Erziehung der Jugend Verständnis und Teilnahme vorhanden und von ihnen betätigt worden ist, da ferner das Interesse aller Mitglieder der Lehrerkollegien für eine harmonische Ausbildung der jugendlichen Kräfte wachzuhalten ist, so sind kürzere Lehrgänge über Leibesübungen angebracht, deren Besuch außerdem den Vorteil haben wird, daß manche Kleinlichkeiten im Schulbetrieb von selbst verschwinden werden.[181]

Vergleichen wir diese Prognose mit Diems Werbe- und Informationsschrift *Die Deutsche Hochschule für Leibesübungen* aus dem Jahr 1924, ist von besonderer Bedeutung, daß sich in ihren Angaben über Berufsmöglichkeiten wie in einem Brennpunkt unsere bisherigen Analysen zur Frage der staatlichen Anerkennung der DHfL konzentrieren. Erstens geht Diem auf die beruflichen Möglichkeiten für diejenigen ein, die das sechssemestrigen Vollstudium mit dem Abschluß „Diplomierter Turn- und Sportlehrer" bestanden haben:

---

181 Ebd., S. 179.

Durch Ablegung der Prüfung an der Hochschule werden folgende Berufs-
möglichkeiten eröffnet: Turn- und Sportlehrer in Vereinen, Verbänden und
Schulen, Industriewerken, Leitern von Ämtern für Leibesübungen bei
Land-, Stadt- und Kreisverwaltungen, Spielplatzleiter, Sportredakteure,
Gefängnissportlehrer, Bädersportlehrer, Jugendpfleger bei Behörden und
Körperschaften, außerdem Eröffnung einer Privatpraxis. Ärzte, Lehrer,
Verwaltungsbeamte usw. werden aus einem Studium an der Hochschule
einen Nutzen für ihr Hauptfach ziehen.[182]

Zweitens zählt Diem folgende Ausbildungen an der DHfL auf: „a) staatlicher
Kursus zur Ausbildung von Turn- und Sportlehrern", „b) Studentenkurse", „c)
kurzfristige Fortbildungskurse", „d) Wanderlehrgänge", „e) Volkshochschulkurse".[183] Einerseits ist festzuhalten, daß in der Tat der ‚Dr. rer. gymn.' fehlt, auf
der anderen Seite wird jedoch nun der Beruf eines Lehrers für den Schuldienst
explizit angeführt. Unsere älteren Erkenntnisse über die bekanntlich von Diem so
bezeichnete Phase des „neues Entgegenkommen des Ministeriums"[184] in Preußen
werden hier durch den Sachverhalt illustriert, daß diese neue Berufsmöglichkeit
noch keinen Einlaß in die Prüfungsordnung des Vollstudiums gefunden hat[185],
sondern Aufgabe jenes an erster Stelle genannten Lehrgangs war:

Im Auftrage der preußischen Unterrichtsverwaltung hält die Hochschule
einen viersemestrigen staatlichen Kursus ab, in welchem den Studierenden
der Hochschule, aber auch den Studenten der übrigen Berliner Hochschulen Gelegenheit geboten ist, sich die Schulturnfakultas zu erwerben.[186]

---

[182] Diem, Hochschule, S. 50, 58.

[183] Ebd., S. 50–53. Zu den Lehrgängen insgesamt Meusel, Lehrgänge.

[184] Diem, Denkschrift 1927, S. 6; vgl. oben S. 120.

[185] Vgl. die Prüfungsordnung über den Zweck der Prüfung zum Diplomierten Turn- und Sportlehrer, zit. n. Diem, Hochschule, S. 58: „Die Gestaltung der Prüfung und die öffentliche
Anerkennung des Abgangszeugnisses ist bei den Reichs- und Staatsbehörden beantragt
worden."

[186] Ebd., S. 50. – Diese neue Entwicklung ist auch der Grund dafür, daß die PrHfL sich 1924
eines Kommentars zu den Berufsaussichten der DHfL enthielt. Noch zwei Jahre zuvor war
in den Nachrichten der Preußischen Hochschule für Leibesübungen v. 1.7.1922 eine Kritik
eines Artikels aus den Leipziger Neuesten Nachrichten erschienen, der Berufsmöglichkeiten der Absolventen der DHfL aufzählte: „Der Diplom-, Turn- und Sportlehrer, der an der
Deutschen Hochschule für Leibesübungen die Prüfung abgelegt hat, kann Anstellung finden: 1. an Universitäten, Schulen und Vereinen als Sport-, Turn-, Schwimm-, Ring-, Ru-
der-, Fußball- und Tennislehrer. 2. als Leiter von Aemtern für Leibesübungen [...]. 3. als
Jugendpfleger und Jugendleiter bei Behörden oder Körperschaften. 4. als Schriftleiter für
Sportzeitungen oder an größeren Tagesblättern mit Sportbeilage. 5. als Verwalter von
Sportplätzen und Kampfstätten. 6. als Geschäftsführer und Sekretär von Turn- und Sport-
vereinen und Turn- und Sportverbänden. 7. als Kursusleiter zur Ausbildung von Vortur-
nern und Jugendpflegern. 8. als Sportphotograph" (zit. n. Nachrichten der Preußischen
Hochschule für Leibesübungen v. 1.7.1922, S. 1 [o. P., enthalten in: CuLDA, Mappe 22).
Die PrHfL kommentierte: „Da diese Ausführungen geeignet sind, unrichtige Meinungen

Für die anderen Lehrgänge, Vorträge und auswärtigen Tätigkeiten sei exemplarisch ein Blick auf das Wintersemester 1921/22 geworfen. Wir finden einen „anthropometrischen Meßkursus für Berliner Lehrer", Lehrvorträge in Stettin, eine dreitägige Vorführung für den südbayrischen Verband für Leichtathletik, gymnastische Aufführungen auf dem Kongreß des DRA ‚Volk in Not', Lehrgänge für den Landwirtschaftlichen Kreisverband in Beeskow-Storckow, Fortbildungslehrgänge für Kreisjugendpflege in Düsseldorf und München-Gladbach, einen Lehrgang in Chemnitz zur Ausbildung von Hilfskräften für den Fortbildungs-, Schul-, Sport- und Turnunterricht, Leichtathletikkurse für den Ostdeutschen Jünglingsbund und akademische Turnlehrer, einen Skikurs im Auftrag der Badeverwaltung Bad Reinerz und schließlich regelmäßige Sportstunden im Strafgefängnis Plötzensee:

> Als Uebungstage waren Mittwoch und Sonnabend festgesetzt. Vorbereitende Uebungen, Trockenschwimmen, Stillauf, Start, Schnelläufe, Staffelläufe, Kugelstoßen, Springen wurden geübt. Da ein Gefangener sich die Mühe gemacht hatte, einen Diskus herzustellen, so konnte auch im Diskuswerfen unterrichtet werden. Das größte Gewicht wurde auf die Spiele gelegt, weil sie von allen Uebungen am meisten geschätzt und erbeten wurden. Diese Spielgemeinschaften erziehen ja auch am besten zum Gemeinsinn und zur Gesetzesbeachtung und beschäftigen bei bester Durcharbeit des ganzen Körpers alle in jedem Augenblick. Der Erfolg rechtfertigt diesen bemerkenswerten Versuch. Er brachte Freude in das Leben der Freudlosen und bewirkte, daß eine ganze Anzahl der gelernten Uebungen täglich morgens und abends in den Zellen gemacht, daß sogar die kalten Waschungen beibehalten wurden. Zudem ist die freie Sportbetätigung am besten geeignet, die Sehnsucht nach der Freiheit, die sie durch eigene Schuld selbst verscherzten, und nach unbewachter Lebensführung zu einer dauernden Besserung anwachsen zu lassen. Die Arbeit aber ist praktischer

---

aufkommen zu lassen und imstande sind, die interessierten Kreise irrezuführen, möchte ich die für Preußen geltenden Bestimmungen hierüber bekannt geben: Um an Universitäten und Schulen irgend eine Lehrtätigkeit ausüben zu können, bedarf es unbedingt eines staatlichen Zeugnisses, das nur von einer staatlichen Prüfungskommission erteilt werden kann" (ebd.). Danach folgt eine Aufstellung der einschlägigen Ministerialerlasse, deren Tenor ist, daß die DHfL das Recht zur Ausstellung eines solchen Zeugnisses eben nicht hat. Im gleichen Jahr wurde bspw. vom Obmann der Hörerschaft der PrHfL „Befremden" über den Eintritt von Ministerialrat Krüß in das Kuratorium der DHfL geäußert und die Frage gestellt, „wie es überhaupt möglich ist, daß die Deutsche Hochschule für Leibesübungen entgegen den gesetzlichen Bestimmungen des Staates ihre Hörer in staatlichen und städtischen Aemtern unterbringt. Es liegen verschiedene Fälle vor, z. B. die Anstellung von Universitäts-Turn- und Sportlehrern, die Besetzung von Jugendämtern usw. Wir müssen vom Staate fordern, daß er seinen zum Schutze seiner Beamten erlassenen Gesetzen Geltung verschafft" (Pein, Zukunft, S. 490).

Sozialismus und wird hoffentlich recht bald zur Anstellung eines Gefäng-
nissportlehrers führen.[187]

3.2 Studium und Studienkonzeption

Die inhaltliche und konzeptionelle Ausrichtung des Lehrangebots aller vier Abteilungen erstreckte sich sowohl auf das Vollstudium als auch die Lehrgänge. Es
ist Ausdruck innerer und äußerer Gründe, die aufeinander bezogen sind. Aus einer pragmatischen Perspektive hatte bekanntlich

> der Krieg in den Reihen der Turn- und Sportlehrer tüchtig aufgeräumt. Es
> fehlten die ehrenamtlich tätigen Führer der Praxis – Vorturner, Turnwar-
> te, Übungsleiter, Jugendführer, – ebenso aber auch tüchtige Berufs-Turn-
> und Sportlehrer. Aus dieser Führernot heraus haben sich die beiden
> Hauptaufgaben der Hochschule entwickelt: neben die auf akademische
> Grundlagen gestellte Ausbildung beruflich und hauptamtlich tätiger Turn-
> und Sportlehrer (Hauptstudium) trat von Anbeginn an das Ziel, allen de-
> nen, die an Schulen oder in Vereinen auf dem Gebiete der körperlichen
> Erziehung tätig sind, die notwendigen und praktischen Grundlagen zu
> vermitteln und überhaupt das Verständnis für Leibesübungen in alle Krei-
> se des deutschen Volkes hineinzutragen (Lehrgänge).[188]

Aus einer wissenschaftsmethodischen Perspektive ist hingegen daran zu erinnern, daß im jährlich aufgestellten „Arbeitsplan" der DHfL die „Vervollkom-
mung der Ausführungsform"[189] eine zentrale Rolle spielte. Ihr liegt der Gedanke
zugrunde, daß im Verhältnis zur Vorkriegszeit in der Sportpraxis eine „Umwäl-
zung" stattgefunden hatte, die ein wissenschaftlich fundiertes „Eindringen" in die
„leistungsverbürgenden Kräfte" erfordert. Fassen wir beide Aspekte zusammen,
schützt die Hochschule als „Sammelbecken aller technischen und taktischen Erfahrungen auf den verschiedenen Gebieten der Leibesübungen" vor „einseitiger,
beziehungsloser Wissenschaft", indem zum Beispiel die Teilnehmer der Lehrgänge „die Ansichten ihrer Lehrer aus den Erfahrungen und Bedürfnissen der
Praxis heraus verbessern können" und die Lehrenden ihnen „jeweils das Neueste
bieten und befruchtend auf den Übungsbetrieb wirken." Deshalb konnten die
Lehrgänge nicht nur zur „inneren Vereinheitlichung des deutschen Sportlebens"
beitragen, sondern es haben sich auch „zwischen den einzelnen Sportarten, die
früher fremd zueinander und abgesondert standen, gewisse Beziehungen herausgestellt, die die Notwendigkeit einunderselben körperlichen Voraussetzung ergaben."[190] Diese Einsichten schreiben Erkenntnisse aus den seit 1913 durchgeführ-

---

[187] Tätigkeitsbericht der DHfL WS 1921/22, S. 18–19 (CuLDA, Mappe 188).
[188] Meusel, Lehrgänge, S. 100.
[189] Siehe CuLDA, Mappe 8.
[190] Meusel, Lehrgänge, S. 100–101.

ten Stadion-Lehrgängen fort und fanden bekanntlich Eingang in die Zulassungs-
bedingungen zum Vollstudium[191], aber auch die Gestaltung seines praktischen
Unterrichts, der „alle Zweige der körperlichen Erziehung"[192] umfaßte.

Vor diesem Hintergrund besaß die für die sportpraktische Lehre zuständige
Abteilung I für Übungslehre aus mehreren Gründen eine besondere Wichtigkeit.
In ihrem breiten Lehrangebot spiegelte sie zum einen das Interesse der im DRA
zusammengeschlossenen Sportverbände, im Studium der von ihnen getragenen
DHfL präsentiert zu sein.[193] Zum anderen ist in ihre Konzeption eine weitere auf
den Erfahrungen des Weltkriegs fußende Überzeugung in das Studium eingeflossen, nämlich die der wechselseitigen Durchdringung von *Massen-* und *Höchstleistung*:

> Jeder Student der Hochschule muß sich in allen Zweigen körperlicher
> Übung betätigen. Für die Pflichtfächer (Leichtathletik, Schwimmen, Gerä-
> teturnen, Spiele und allgemeine Gymnastik) muß er im Laufe der Zeit eine
> hohe Durchschnittsleistung erreichen; außerdem hat er sich auf einem frei
> von ihm zu wählenden Gebiete zu seiner persönlichen Höchstleistung zu
> vervollkommnen. Das Übungsgebiet der Männer umfaßt: allgemeine
> Gymnastik, deutsches Geräteturnen, schwedisches Turnen, orthopädisches
> Turnen, Leichtathletik, Ringen, Boxen, Fechten, Jiu-Jitsu, Schwimmen,
> Rudern, Segeln, Schneeschuhlauf, Eislauf, Alpinistik, rhythmische Gym-
> nastik und alle Männerspiele, wie Fußball, Hockey, Tennis, Golf usw. Für
> Frauen ist das Übungsgebiet das gleiche mit Ausnahme von Ringen, Bo-
> xen, Jiu-Jitsu und der typischen Männerspiele. Dafür werden die ver-
> schiedenen Systeme für rhythmische Gymnastik: Mensendieck, Duncan,
> Laban, Hellerau, Loheland und Bode gelehrt.[194]

Werfen wir einen vergleichenden Blick auf die vier Abteilungen der Hochschule[195], erklingt in allen das Praxis und Wissenschaft verbindende Leitmotiv der
‚neuen universitas': „Die Ergebnisse der Forschungen werden für die spätere
Lehrtätigkeit der Studierenden [...] auf praktische Grundlage gestellt." In der
Abteilung Gesundheitslehre „werden die Studenten mit den einfachen physiologischen Untersuchungsmethoden vertraut gemacht", betreiben „praktische Massa-

---

191 Vgl. S. 115 und dann § 9 der 1924 gültigen Ordnung der DHfL; abgedruckt bei Diem,
     Hochschule, S. 58: „Zum Vollstudium ist die Universitätsreife erforderlich. Turner und
     Sportleute, die dieser Bedingung nicht entsprechen, können bei hervorragender Begabung
     und großen praktischen Fertigkeiten durch Entscheidung des Senats von Fall zu Fall zum
     Studium zugelassen werden." – Zur Kontinuität der erwähnten Stadion-Lehrgänge siehe
     Court, Vorgeschichte, S. 114–116.
192 Diem, Hochschule, S. 44.
193 Vgl. F. Becker, Leben, Bd. II, S. 46.
194 Diem, Hochschule, S. 43. Eine Übersicht der im letzten Satz zitierten Systeme bei Wede-
     meyer-Kolwe, Körperkultur, S. 84–104; zur Kontinuität der Frage der Leistung Court, Vor-
     geschichte, S. 278–279.
195 Eine inhaltliche Übersicht gibt F. Becker, Leben, Bd. II, S. 47.

ge", lernen „Behandlungsmethoden" der Rückengratsverkrümmung und müssen „praktische Übungen in der ersten Hilfe leisten". Im Zentrum steht „das Gebiet der Körperpflege", denn die „Turn- und Sportlehrer wollen ja die Lehrer der Lebenshygiene sein, Mitträger der zukünftigen Volkshygiene". In der Abteilung Erziehungslehre heben sich auf den „philosophischen, psychologischen und naturwissenschaftlichen Grundlagen die besonderen Methoden in der Pädagogik und Didaktik des Turnunterrichts ab"; angeschlossen wird eine „praktische Unterweisung in der experimentellen Psychologie, die für das Fach eine eigene Bedeutung hat." Die Abteilung Verwaltungslehre schließlich enthält „Übungen in der Leitung von Vereinen und Veranstaltungen", zu „Vortrag und freier Rede" und das selbständige Anfertigen von Entwürfen für den „Übungsstätten- und Sportplatzbau".[196]

Die besondere Funktion der Abteilung Übungslehre ist in diesem Zusammenhang daran erkennbar, daß sie die Leitidee der ‚neuen universitas' nicht nur programmatisch[197], sondern ab dem Tätigkeitsbericht des Wintersemesters 1920/21 auch in ihrer äußerlich sichtbaren Struktur spiegelt. Während im Tätigkeitsbericht des Sommersemesters 1920 die praktische Ausbildung der Vollstudenten keiner spezifischen Abteilung zugeordnet und die Abteilung I ausschließlich mit Aufgaben der „Wissenschaftlicher Ausbildung"[198] betraut war, erfolgte in ihr gemäß dem Tätigkeitsbericht des folgenden Semesters mit Freiübungen, Gerätturnen, Mannschaftsspielen, Schwimmen, Ringen, Boxen, Fechten und Wintersport sowohl eine „praktische" als auch mit Veranstaltungen zur Regel- und Gerätkunde, Physik und Mathematik der Leibesübungen und dem Wintertraining der leichtathletischen Übungslehre eine „wissenschaftliche Ausbildung".[199] Diese explizite Unterteilung in eine ‚praktische' und ‚theoretische' Ausbildung war ausschließlich in der Abteilung Übungslehre zu finden und unterblieb ab dem Tätigkeitsbericht für das Winter-Semester 1922/23; stattdessen sprach man allgemein von „Theorie" und „Praxis".[200]

Die Inhalte und Prüfungsmodalitäten des Vollstudiums folgten der Logik dieser Konzeption.[201] Nachdem bekanntlich gemäß der seit 1. April 1922 gültigen Satzung das Studium von vier auf sechs Semester verlängert wurde, waren die „ersten vier Semester der körperlichen und wissenschaftlichen Ausbildung, die letzten zwei der praktischen Einführung in den Lehrberuf und der Vervollkomm-

---

[196]   Diem, Hochschule, S. 40, 47–48.
[197]   Vgl. ebd., S. 47, über die Abt. I: „Ihre Erkenntnisse werden in Einklang mit der Praxis gebracht und stellen die Grundlage dar, von der aus der Bewegungsmechanismus unseres Körpers zu verstehen und zu beurteilen ist."
[198]   Tätigkeitsbericht DHfL 1. SoS 1920, S. 5–6 (CuLDA, Mappe 188).
[199]   Tätigkeitsbericht DHfL WS 1920/21, S. 7–9 (ebd.).
[200]   Siehe bspw. auch aus dem Tätigkeitsbericht der DHfL für das WS 1922/23, S. 3 (ebd.): „Abt. Übungslehre hielt 949 Stunden Praxis und 53 Stunden Theorie ab".
[201]   Vgl. Kopp, Prüfungen, S. 106: „Ausbau und Entwicklung der Hochschule treten auch in der Prüfungsordnung in die Erscheinung."

nung im Sonderfach vorbehalten."[202] Diese „fortschreitende Entwicklung"[203] spiegelte sich in einer neuen Prüfungsordnung. Während die erste Ordnung lediglich eine Prüfung vorschrieb, enthielt jene nun eine Vorprüfung jeweils am Ende des zweiten und Anfang des dritten Semesters und eine Schlußprüfung während der letzten beiden Semester. Den Prüfungsausschuß bildeten (1) der Rektor, (2) je ein Vertreter des DRA und der Zentralkommission für Sport und Körperpflege, (3) die vom Senat für die Prüfung beauftragten Lehrer und Dozenten, (4) ein Vertreter des Großen Rates und (5) des Verbandes Deutscher Sportlehrer.[204] Vermutlich als Konsequenz der Einrichtung jenes staatlichen Kursus zur Ausbildung von Turn- und Sportlehrern (der seinerseits die Problematik der staatlichen Anerkennung der Zeugnisse der DHfL und die Beteiligung des preußischen Staates an ihren Prüfungen ausdrückt) waren nun für den Prüfungsausschuß keine Vertreter des Reichs oder des preußischen Staates mehr vorgesehen.[205] Bis einschließlich Sommersemester 1925 wurden 75 Diplomprüfungen (darunter von sechs Studentinnen) durchgeführt; eine Aushändigung des Zeugnisses erfolgte erst, nachdem die Studenten allen Verpflichtungen gegen die Hochschule nachgekommen waren, wozu vor allem die Ablieferung von zehn Exemplaren der Diplomarbeit gehörte.[206]

Zur Vorprüfung wurde ein Nachweis über zwei Halbjahre Studienzeit, den Besuch praktischer Übungen (Freiübungen; Leichtathletik; Boxen; Ringen; Schwimmen; Gerätübungen; Schlagball; Handball; Fußball; eine mindestens halbjährige Beschäftigung mit den übrigen Sportarten) und das Absolvieren eines Massagekurses verlangt. Die Vorprüfung selbst bestand aus einem mündlichen Teil (Physik; Anatomie; Gerätkunde) und einem praktischen Teil, den Prüfungen in den Pflichtfächern Frei- und Handgerätübungen, Gerätübungen, Leichtathletik, Schwimmen und Spiele.[207]

Für die Hauptprüfung wurden gefordert Nachweise über sechs Semester Studienzeit (davon mindestens vier nach bestandener Vorprüfung), über die Teilnahme an den Übungen der Pflichtfächer und mindestens eines Sonderfaches und schließlich die Bescheinigung der erfolgreichen Teilnahme am Trainingskurs eines Sonderfaches, einer zweisemestrigen Tätigkeit als Assistent bei den praktischen Übungen, an einem Lehrgang der Bewegungslehre und Ersten Hilfe, an

---

[202] Diem, Hochschule, S. 44. Ein Musterstudienplan ist abgedruckt ebd., S. 68. Vgl. DHfL.
        10. Monatsbericht. März 1922, in: MTSS 1922, S. 142: „Insgesamt wird wie immer das
        Schwergewicht des Sommersemesters auf den praktischen Teil gelegt und der wissen-
        schaftliche Unterricht, soweit es geht, beschränkt. Hierbei konnte auch Rücksicht auf die
        nunmehr einsetzende 6semestrige Ausbildung genommen werden. Es ist also u. a. die
        Hauptvorlesung über Verwaltungslehre und Physiologie auf das nächste Wintersemester
        verschoben worden."
[203] Kopp, Prüfungen, S. 106.
[204] Prüfungsordnung DHfL v. 1.4.1922; abgedruckt in: Diem, Hochschule, S. 58–59.
[205] Ausführlich Teil I, Kap. 5.
[206] Vgl. Kopp, Prüfungen, S. 107–108.
[207] Prüfungsordnung DHfL v. 1.4.1922; abgedruckt in: Diem, Hochschule, S. 59.

Übungen im Seminar für Erziehungslehre und im Proseminar und Seminar für Verwaltungslehre. Studierende mit bestandener medizinischer Vorprüfung, bestandener Prüfung für das höhere Lehramt oder dem Turnlehrerexamen wurde auf dem Antragswege die Möglichkeit eröffnet, nach einer verkürzten Studienzeit zur Schlußprüfung zugelassen zu werden.[208]

Die Schlußprüfung zerfiel in einen schriftlichen, einen mündlichen und einen praktischen Teil. In der schriftlichen Prüfung mußte eine freie Arbeit über einen Gegenstand aus einer der vier Abteilungen angefertigt werden; die mündliche Prüfung erstreckte sich auf die Inhalte alle vier Abteilungen: in der Übungslehre auf Regelkunde in den Sonder-, Pflicht- und Wahlfächern, in der Gesundheitslehre auf Physiologie, Hygiene mit Konstitutionslehre, Erste Hilfe und Bewegungslehre, in der Erziehungslehre auf Allgemeine Erziehungswissenschaft einschließlich Psychologie und die Methodik der Leibesübungen und in der Verwaltungslehre auf Vereins- und Verbandswesen mit Einschluß des Übungsstättenbaus sowie Geschichte. Im praktischen Teil wurden eigene Fertigkeiten im Sonder- und den Pflichtfächern, zwei Lehrproben im Sonderfach und eine Massage verlangt.[209]

Themen willkürlich ausgewählter Prüfungsarbeiten aus dem Wintersemester 1921/22 waren „Historische Darstellung der Leibesübungen in ihrer Blütezeit", „Die Seele des Landkindes und die Leibesübungen", „Leibesübungen und ihre Theorie in ihrem Verhältnis zu Kunst und Wissenschaft", „Eine physiologische Studie über das Wesen der Kraft", „Ueber die Notwendigkeit einer Reform der Jugenderziehung unter den Gesichtspunkten der Volkskraft und Volksgesundheit".[210] Eine geplante Veröffentlichung der besten dieser Arbeiten ist möglicherweise an der Inflation gescheitert.[211]

Gebühren waren sowohl von den Vollstudenten wie den Teilnehmern der Fortbildungskurse zu zahlen. Ihre Festsetzung und Bekanntgabe erfolgte durch den Großen Rat bzw. durch das Kuratorium „im Einvernehmen mit dem Wirtschaftsausschuß des Deutschen Reichsausschusses"[212] und betrug beispielsweise im ersten Semester der DHfL 50 Mark für 13-tägige Fortbildungskurse im Stadion und im Reich und 200 Mark für Lehrgeld, Unterbringung, Verpflegung und Massage; ein Aufschlag für „besonders teuere Orte"[213] blieb vorbehalten.

Vollstudenten entrichteten 200 Mark Lehrgebühr pro Semester und erwarben sich dadurch „das Recht der theoretischen und praktischen Ausbildung in

---

[208] Ebd.
[209] Ebd., S. 60; Einzelheiten ebd., S. 60–67. Siehe zu den Prüfungsergebnissen exemplarisch die Übersicht in: DHfL. 19. Monatsbericht. Dezember 1922, in: MTSS 1923, S. 24–25.
[210] Tätigkeitsbericht DHfL WS 1921/22, S. 13 (CuLDA, Mappe 188).
[211] Ebd. wird dieser Plan erwähnt; jedoch konnte ich keine der angegebenen Arbeiten bibliographisch ermitteln.
[212] Ordnung der Deutschen Hochschule für Leibesübungen. Geändert nach den Beschlüssen der Wettkampf-Ausschuss-Sitzung v. 10.1.1920, S. 7 (ebd., Mappe 186).
[213] Ebd.

Leichtathletik, Geräteturnen, Freiübungen, Ringen und Boxen, Schwimmen, Fußball" und auf „den Besuch der grundlegenden Vorlesungen". Die Kosten für Einzelvorlesungen und Praktika waren je nach Dauer gestaffelt; so waren für eine 20-stündige Einzelvorlesung 40 Mark zu entrichten. Die auf vier Semester berechnete Einschreibegebühr in Höhe von 10 Mark schloß eine Versicherung für Unfälle und Haftpflicht „aus Ausübung von Turnen und Sport" ein (3 000 Mark bei Tod und 15 000 Mark bei Invalidität); die Prüfungsgebühr betrug 100 Mark. Teilnehmer kurzfristiger Fortbildungslehrgänge waren von der Einschreibgebühr befreit; für Ausländer war die Prüfungsgebühr verdoppelt, „sofern sie nicht Auslandsdeutsche sind".[214] Die Gesamtkosten der viersemestrigen Ausbildung waren 1921 mit ca. 13 000 Mark kalkuliert.[215] Im Wintersemester 1924/25 wurden die Studiengelder zur „Linderung der wirtschaftlichen Not"[216] reduziert.

Abgefedert wurden diese Kosten durch Freistellen und Stipendien sowie kostenfreie ärztliche Behandlung von Zähnen und bei leichteren Unfällen.[217] Der DRA selbst vergab „in jedem Semester 5 Freistellen (mit Unterbringung, ohne Verpflegung"[218]), und auch bei den Stipendien zeigte sich wiederum Fritz Adam besonders großzügig. Bei den zehn für das Wintersemester 1921/22 aufgezählten Stipendien stand er mit gleich drei Einzelstiftungen an erster Stelle: aus den Zinsen von 25 000 Mark sollten „unbemittelte Studenten" Zuschüsse für ihre wintersportliche Ausbildung erhalten. 600 Mark jährlich waren zur „Ausbildung von zukunftsreichen Sportsleuten und Turnern durch die Lehrkurse im Deutschen Stadion vorgesehen", und weitere 2 500 Mark aus dem „Fritz-Adam-Forschungsfonds" sollten „zur Erforschung eines alljährlich vom Senat bestimmten Problems verwandt werden." Während Adam das zweitgenannte Stipendium an die Mitgliedschaft in irgendeinem der Verbände des DRA knüpfte, waren andere an einen spezifischen Verband gebunden: so die Schneider-Stiftung und die Stiftung des Skiclubs Reinerz an die Mitgliedschaft im Deutschen Ski-

---

214 Ebd., S. 7–8. Der gesamte Passus in der Prüfungsordnung v. 1.4.1922 lautet: „Die Prüfungsgebühren betragen für Inländer 100,– Mark, für Ausländer, sofern sie nicht Auslandsdeutsche sind, den gleichen Betrag in Goldwährung. Die Gebühren sind bei Anmeldung zur Vorprüfung zu zahlen. Werden einzelne Gebiete wiederholt geprüft, so ist für jedes 20,– Mark zu entrichten. Bei Wiederholung der Gesamtprüfung (sei es Vor- oder Schlußprüfung) sind die Gebühren von neuem zu zahlen. Rückzahlung der Gebühren erfolgt nur im Krankheitsfall" (zit. n. Diem, Hochschule, S. 67).

215 Vgl. Schneider, Lehrerschaft, S. 417.

216 Tätigkeitsbericht DHfL WS 1924/25, S. 5 (CuLDA, Mappe 188); die Fortsetzung des Zitats lautet ebd.: „Das Studenten-Wirtschaftsamt überwies der H.f.L. Nahrungsmittel und Unterstützungsgelder."

217 Für die Unfälle und Krankheiten war Wolfgang Kohlrausch, für die Zahnbehandlung Dr. Michaelis zuständig; siehe Tätigkeitsbericht DHfL WS 1920/21, S. 15 (ebd.) und den interessanten Bericht von Michaelis, „Sportverletzungen", über die Häufigkeit von Zahntraumen durch (Sport-)Verletzungen.

218 Ordnung der Deutschen Hochschule für Leibesübungen. Geändert nach den Beschlüssen der Wettkampf-Ausschuss-Sitzung v. 10.1.1920, S. 8 (ebd., Mappe 186).

Verband und das Stipendienprogramm des DFB an die Mitgliedschaft in diesem Verband.[219] Bemerkenswert ist auch ein Stipendium eines früheren Absolventen der DHfL.[220]

Ab dem Wintersemester 1921/22 wurde in jedem Semester „dem Studenten mit der besten Abgangsprüfung"[221] die August-Bier-Plakette verliehen.[222] Beschlossen wurde die Verleihung durch Senatsbeschluß[223] vom 19. November 1921, dem ein „vertrauliches Rundschreiben" Diems an die „Herren Mitglieder des Senats"[224] zugrunde lag:

> Unser Rektor, Herr Geheimer Medizinalrat Professor Dr. Bier, feiert am 24. November seinen sechzigjährigen Geburtstag, zu den Gratulanten wird auch die Hochschule für Leibesübungen gehören. Seine Assistenten haben von ihm eine wunderbar gelungene Büste durch Bildhauer Professor Walter Schott anfertigen lassen, die jedoch einen Herstellungspreis von M. 20.000.- erfordern würde, sodass wir leider nicht in der Lage sind, wie ich zunächst vorschlagen wollte, eine solche Büste zu erwerben und im Hörsaal der Hochschule aufzustellen. Schott hat auch eine Brustbild-Plakette angefertigt, gleichfalls sehr wohl gelungen; aber auch ihre Herstellung in Edelmetall würde noch 15.000.- erfordern.
>
> Um im Rahmen unserer Mittel zu bleiben, schlage ich nach Vereinbarung mit Herrn Professor Schott vor, eine Verkleinerung dieser Plakette auf etwa 12 cm. Durchmesser vornehmen zu lassen, und sie als „Bier-Plakette" in jedem Semester dem mit dem besten Examen die Hochschule verlassenden Studenten zu verleihen.[225]

Als – im Umlaufverfahren zu bestätigender – Text schlug Diem in einer Anlage vor:

> Der Senat der Deutschen Hochschule für Leibesübungen stiftet aus Anlasse des sechzigjährigen Geburtstages des hochverehrten ersten Rektors, Herrn Geheimen Medizinalrat Professor Dr. August Bier, in dankbarer Würdigung seiner unvergänglichen Verdienste um die Hochschule unter dem Namen „Bier-Plakette" eine Auszeichnung für den besten Studenten

---

219 Tätigkeitsbericht DHfL WS 1921/22, S. 20 (ebd., Mappe 188).
220 Vgl. Tätigkeitsbericht DHfL SoS 1923, S. 2 (ebd.): „Durch zwei namhafte Stipendien bei Beginn des Semesters in Höhe von 300 000 M, die durch den früheren Studierenden, jetzigen Diplom-, Turn- und Sportlehrer Gerschwister [ein Schweizer. J. C.] und durch die Bemühungen des um das Wohl der Hochschule unermüdlich tätigen Studienrates Johannes Schneider, Berlin in Höhe von 1 Million M der Hochschule überwiesen waren, konnte der wirtschaftlichen Bedrängnis der Studierenden Abhilfe geschaffen werden."
221 Siehe die „Rundschau" in der MTSS 1922, S. 24.
222 Zum folgenden ausführlich auch Lennartz, Bier-Plakette.
223 Ebd., S. 7, gibt als Datum des Beschlusses den 17.11.1921 an, während Diems gleich zu zitierender Antrag den 19.11.1921 angibt.
224 Es besteht aus einseitigem Anschreiben und Anlage (CuLDA, Mappe 207).
225 Ebd.

jeden Semesters. Ein Exemplar dieser Plakette wird dem jeweiligen Rektor, ein zweites dem Archiv der Hochschule für Leibesübungen überreicht.[226]

Die erste Verleihung erfolgte am 27. März 1922 „im Sitzungszimmer des D.R.A. durch den Rektor im Beisein des gesamten Lehrkörpers"[227]. Sie ging an den Mannheimer Eugen Zerbe mit seiner Diplom-Arbeit „Der moderne Verein für Leibesübungen", deren Titel stark vermuten läßt, daß sie von Diem vorgeschlagen wurde. Im Sommersemester 1923 erhielt die Bier-Plakette Hans Forstreuther mit der Arbeit „Das Problem des deutschen Volkssports", im Wintersemester 1923/24 Hermann Westerhaus („Leibesübungen im Rahmen der Kultur und Civilisation") und im Sommersemester 1924 Heinz Meusel („Der Lauf im deutschen Turnen"). Als erste Dame wurde im gleichen Semester Sophie Dapper („Die Reifezeit des weiblichen Geschlechtes und ihre Beeinflussung durch Leibesübungen") prämiert. Im Wintersemester 1923/24 erfolgte keine Auszeichnung. Ehrenhalber wurde die Plakette an Karl Schelenz, erster Lehrer der DHfL für Leichathletik, verliehen.[228]

3.3 Studentenverzeichnisse und Statistik[229]

Werfen wir zunächst einen Blick auf die Vollstudenten der DHfL, so ist mit seinem Geburtsjahr 1893 und dem „früheren Stand" als Student der Agrarwissenschaften Eugen Zerbe, der zu ihren ersten acht Matrikeln gehörte[230], untypisch sowohl für die Altersstruktur ihrer Studentenschaft als auch ihre beruflichen Vorerfahrungen. Von den 71 Studenten des Sommersemesters 1920 waren die meisten zwischen 1880 und 1890 geboren; der älteste war Max Puschert (geb. 19. Oktober 1872).[231] Ziehen wir die Kriegsjahre der männlichen Studenten

---

[226]   Ebd.; die handschriftliche Zustimmung gaben Diem, Schiff, Hax, Zepmeisel und Steinhof. Siehe auch die „Rundschau" in der MTSS 1922, S. 24: „So bleibt fortan der Name Bier auf alle Zeiten mit der Leibesausbildung der studierenden Jugend eng verknüpft!"

[227]   Tätigkeitsbericht DHfL WS 1921/22, S. 13 (CuLDA, Mappe 188). Lennartz, Bier-Plakette, S. 7, irrt also, wenn er schreibt: „Bisher wurde in den Tätigkeits-Berichten der DHfL nichts darüber geschrieben, wie und wann die Plakette dem Preisträger überreicht wurde."

[228]   Tätigkeitsbericht DHfL WS 1923/24, S. 10 (CuLDA, Mappe 188); Lennartz, Bier-Plakette, S. 7; Diem, Hochschule, S. 50.

[229]   Die für dieses Kapitel gewählte Überschrift orientiert sich am Tätigkeitsbericht WS 1921/22 DHfL (CuLDA, Mappe 188) und Diem, Hochschule, S. 53–54. Stoeckle, Entwicklung, S. 36, datiert die erste systematische Statistik der Leibesübungen auf 1898, als Rissom (Heidelberg) für den ZA eine Rundfrage an den deutschen Hochschulen zur Verbreitung der Leibesübungen unternahm; korrekt ist aber 1899 (vgl. Rissom, Statistik, S. 238).

[230]   Tätigkeitsbericht DHfL 1. SoS 1920, S. 3 (CuLDA, Mappe 188); zum folgenden auch F. Becker, Leben, Bd. II, S. 49–50.

[231]   Tätigkeitsbericht DHfL 1. SoS 1920, S. 3 (CuLDA, Mappe 188); leider fehlen diese Angaben in den folgenden Tätigkeitsberichten. Es ist ferner bedauerlich, daß deshalb auch kein Vergleich mit den Kommilitonen an der Berliner Universität möglich ist, von denen wiederum nur Zahlen über die Altersstruktur 1926/27 veröffentlicht sind, die eine sehr junge

ab, liegt der wesentliche Grund für dieses hohe Eintrittsalter in den ungewissen beruflichen Aussichten, die die DHfL in den ersten Jahren ihren Absolventen bot, vor allem, weil bekanntlich ihr Diplom nicht zum Eintritt in den öffentlichen Schuldienst berechtigte. Deswegen ist die Ansicht wohlbegründet, daß das Studium an ihr zunächst als „Zusatzausbildung"[232] genutzt wurde – auch von einigen früheren Sportoffizieren, aber in weit überwiegendem Maße von Lehrern. Marianne Georgi, die erste Studentin, hatte als ihren früheren Stand „Turn- und Sten[ographie].-Lehrerin"[233] angegeben.

Nach der Statistik in Diems Überblicksdarstellung *Die Deutsche Hochschule für Leibesübungen* von 1924 betrug die Zahl der Studenten in den ersten sieben Semestern ca. 450; von ihnen erhielten nur rund 50 das Diplom, wohl auch, „weil ein nicht geringer Teil die hohen Anforderungen der Prüfung nicht hat bewältigen können"[234]. Im einzelnen erfolgten bis 1924 im Sommersemester 1920 71 Neueinschreibungen, im Wintersemester 1920/21 55, im Sommersemester 1921 159, im Wintersemester 1921/22 35, im Sommersemester 1922 52, im Wintersemester 1922/23 32, im Sommersemester 1923 56, im Wintersemester 1923/24 44, im Sommersemester 1924 26 und im Wintersemester 1924/25 21 Immatrikulationen. Die Zahl der weiblichen Studierenden erhöhte sich in diesem Semester – wie erwähnt – signifikant. Bis 1924 wurden aufgrund des Ausnahmeparagraphen für Studenten ohne Universitätsreife 31 männliche Studenten (davon 12 Kriegsoffiziere) und 7 Studentinnen aufgenommen.[235]

Bei der Herkunft der Studenten wurden an der DHfL die Kategorien „Reichsdeutsche", „Auslandsdeutsche" und „Ausländer" unterschieden:

> Immer mehr hat es sich herausgestellt, daß der Ruf der Hochschule weit über die Grenzen unseres Vaterlandes Geltung bekommen hat. Das beweist die Zahl der ausländischen Besucher, von denen ein großer Teil nicht zugelassen werden konnte, weil die Zahl der Ausländer im Verhältnis zu der der Reichsdeutschen festgelegt ist. Ganz besonders hervorzuheben ist das große Interesse, das die Auslandsdeutschen an der Hochschule haben. Die Zahl der zur Hochschule kommenden wächst beständig, und

---

Studentenschaft zeigen (siehe Grüttner, Universität, S. 198–200, mit weiteren Angaben zur Sozialstruktur der Studenten). Man kann also nur festhalten, daß die Studenten der DHfL 1920 relativ alt und die der Berliner Universität 1926/27 sehr jung waren. Meiner Vermutung nach hätte, bei Vorliegen entsprechender Zahlen, sich gezeigt, daß in der Tat aufgrund der besonderen Situation der DHfL ihre Studenten 1920 älter waren als ihre Kommilitonen der Berliner Universität, aber mit zunehmender staatlicher Anerkennung der DHfL eine allmähliche Angleichung stattgefunden hat.

[232]   F. Becker, Leben, Bd. II, S. 50.

[233]   Tätigkeitsbericht DHfL 1. SoS 1920, S. 3 (CuLDA, Mappe 188). F. Becker, Leben, Bd. II, S. 49, vermutet, daß sie dadurch das „nötige Selbstbewußtsein besaß, um sich in der maskulinen Welt der Hochschule zu behaupten."

[234]   Diem, Hochschule, S. 53.

[235]   Ebd., S. 54; Tätigkeitsbericht DHfL WS 1924/25, S. 4 (CuLDA, Mappe 188); hier S. 148.

gerade von ihnen ergehen die meisten Aufforderungen an die Deutsche Hochschule, ihnen Lehrer zur Abhaltung von Kursen in den Turn- und Sportverbänden zu entsenden. Sie erblicken in der Hochschule einen bedeutenden Schritt deutscher Tatkraft, der zum Wiederaufstieg Deutschlands führen soll. Die Hochschule darf stolz darauf sein, daß sie für die Stärkung des Zusammengehörigkeitsgefühls des Auslandsdeutschtums mit dem Mutterlande, aber auch der deutschen Stammesgenossen untereinander eine Bedeutung gewonnen hat, die nicht unterschätzt werden darf. Immer und immer wieder sprechen gerade die Auslandsdeutschen ihre Verwunderung darüber aus, daß man die Tragweite dieser Bedeutung der Hochschule im Reich noch nicht überall erkannt hat.[236]

Die statistische Einteilung nach dem Kriterium Staatsangehörigkeit erfolgte nach uneinheitlichen Regeln. Im Tätigkeitsbericht für das Sommersemester 1923 wurden lediglich „Inländer" und „Ausländer" unterschieden und die Auslandsdeutschen in diese zweite Rubrik aufgenommen.[237] Die Informationsschrift *Die Deutsche Hochschule für Leibesübungen* von 1924 enthielt „a) Reichsdeutsche", „b) Auslandsdeutsche" (darin enthalten auch die Österreicher) und „c) Ausländer"[238], während der Tätigkeitsbericht für das Wintersemester 1924/25 diese Gliederung noch dadurch differenzierte, daß er innerhalb der „Reichsdeutschen" eine Unterteilung in „Preußen" und „Nichtpreußen" vornahm[239]. In allen Erhebungen dominierten bei den Reichsdeutschen die Studenten aus Brandenburg und bei den Auslandsdeutschen die Deutsch-Böhmen vor den Siebenbürgern. Bei den 34 ausländischen Studenten 1924 fällt die relativ hohe Zahl der Besucher aus Estland (12) und aus Rußland (5) auf und im folgenden Semester die der aus Japan (8 von 14).[240]

Schauen wir nun auf die statistische Erfassung der Lehrgänge und Lehrgangsteilnehmer, ist sie nicht nur aus rein quantitativen Gesichtspunkten von Bedeutung, sondern auch, weil sie im Zahlenmaterial verschiedene Aspekte der bisherigen Analysen deutlicher zur Anschauung bringt. Obzwar die von Meusel 1930 vorgestellte tabellarische Übersicht der Stadion-Lehrgänge die Jahre 1920 bis 1929 auswertet, läßt sich die für den gesamten Zeitraum getroffene Kernaussage einer „dauernden Steigerung dieses Arbeitsgebietes der Hochschule" auch für unseren Zeitabschnitt belegen. Für den Zweck der Körperkultur, „alle Kreise und Schichten" zu erfassen, ist zwar einerseits erfreulich, daß zu den „Stammgästen [...] alljährlich neue Auftraggeber hinzutreten". Andererseits führt der

---

[236] Tätigkeitsbericht DHfL 1. SoS 1923, S. 1 (ebd.). Zum engen Zusammenhang zwischen der Hochschätzung der auslandsdeutschen Studenten und den Deutschen Kampfspielen 1922 siehe oben S. 60, Anm. 108.

[237] Tätigkeitsbericht DHfL 1. SoS 1923, S. 3 (CuLDA, Mappe 188).

[238] Diem, Hochschule, S. 54.

[239] Tätigkeitsbericht DHfL WS 1924/25, S. 4 (CuLDA, Mappe 188).

[240] Diem, Hochschule, S. 54; Tätigkeitsbericht DHfL WS 1924/25, S. 4 (CuLDA, Mappe 188).

Umstand, daß im Sommer neben dem Hauptstudium teilweise noch drei bis fünf Lehrgänge mit fast 180 Kursisten zu bewältigen sind, zu dem Dilemma, daß der Bedarf an weiteren Lehrgängen aufgrund der bekannten räumlichen Schwierigkeiten der DHfL von ihr nicht abgedeckt werden kann und deshalb auf die „dringende Notwendigkeit" der „Schaffung eines Kursistenheims auf dem Sportforum-Gelände"[241] verwiesen wird.

Auch Meusels eigener Kommentar des Zahlenwerks ist insofern wertvoll, als er die für unser wissenschaftsgeschichtliches Interesse relevanten Themen berührt. Setzen wir voraus, daß 94 Stadion-Lehrgänge von 1920 bis 1925 mit 3 969 Teilnehmern abgehalten wurden[242], sind außer den Lehrgängen der einzelnen Sportverbände vor allem fünf für unseren Zusammenhang von Schule, Staat, Hochschule, Praxis und Wissenschaft erwähnenswert. Es handelt sich erstens um jene im Auftrag des Dehofl seit 1921 veranstalteten vier Lehrgänge zur Organisation des Studentensports und der Schulung der zukünftigen Leiter der IfL mit 133 Teilnehmern und zweitens um die

> bereits seit dem Jahre 1922 regelmäßig veranstalteten Ärzte-Lehrgänge [...]: nicht weniger als 335 [bis 1925: 6. J. C.] praktische Ärzte haben in 11 [bis 1925: 6. J. C.] Ärzte-Lehrgängen eine 14tägige Turn- und Sportlehrerausbildung bei der Hochschule mitgemacht und auf diese Weise einen für ihre ärztliche Tätigkeit wichtigen Einblick in neuzeitlichen Sportunterricht und Sportbetrieb gewonnen. Eine weitere Gruppe bilden die Schülerlehrgänge, die bereits vom ersten Jahr des Bestehens der Hochschule an laufen [...]. Diese Lehrgänge verdanken der Überlegung, daß, ‚wer die Jugend hat, die Zukunft besitzt', ihre Entstehung; zugleich sollen sie aber auch den Schülern, die teilweise unter schlechten Übungsverhältnissen, oft sogar auch unter älterem Turnweisen groß wurden, zeigen, wie freudebetonte und bewegungsreiche Leibesübungen aussehen. Aus diesen Schülerlehrgängen ist der Hochschule, obwohl sie diesem Zwecke nicht dienen sollten, immer eine Anzahl tüchtiger Studenten erwachsen.[243]

Viertens sind die Wanderlehrgänge als „wichtige Ergänzung der Stadion-Lehrgänge" anzuführen, weil von ihnen sowohl die Hochschuldozenten als auch die Teilnehmer profitierten: diese, weil sie sonst keine Gelegenheit zur Weiterbildung „an den Erfahrungen und Unterrichtsmethoden der Hochschule" haben, und jene, weil sie „die bei der Mannigfaltigkeit des deutschen Volkstums landschaftlich oft recht verschiedenen Verhältnisse, Voraussetzungen und Bedürfnisse der Turn- und Sportbewegung an Ort und Stelle kennenlernen und sich ihnen

---

[241] Meusel, Lehrgänge, S. 102–103.
[242] Ebd., S. 103. – Die genaue Analyse bestätigt übrigens die These eines signifikanten inflationsbedingten Rückgangs mit anschließender signifikanter Steigerung.
[243] Es handelt sich von 1920–1925 um 21 Lehrgänge mit 1 082 (männlichen Schülern); die Lehrgänge für Schülerinnen wurden erst 1926 eingeführt; ebd., S. 101, 103.

anpassen müssen."[244] Sie wurden wie die Stadionlehrgänge seit Bestehen der DHfL angeboten und litten in besonderem Maße unter der „Inflation und ihren Folgerscheinungen": 1920 waren es 12 Lehrgänge mit 315 Teilnehmern, 1921 62 mit 2 601, 1922 ebenfalls 62 mit 2 331, 1923 109 mit 580, 1924 15 mit 450 und 1925 nur noch 8 Lehrgänge mit 356 Studenten; hier erfolgte der Umschwung mit der „allmählichen Festigung der allgemeinen wirtschaftlichen Verhältnisse" erst im nächsten Jahr.[245]

Die in dieser Arbeit bereits erwähnte Bedeutung des Volkshochschulwesens auch für die DHfL[246] wird in unserem Zusammenhang daran deutlich, daß der von Schiff herausgegebene Bericht über die DHfL der Jahre von 1920 bis 1930 ein eigenes Kapitel über ihre – fünftens – eigenen Volkshochschulkurse enthält. Nachdem Diem im Oktober 1919 eine Vorlesungsreihe „„Theorie und Praxis der Leibesübungen'" angeboten hatte, in deren „Eröffnungsvorlesung außer Diems getreuer Privatsekretärin nur vier Personen anwesend waren", war die Richtlinie „für den Aufbau der Kurse gegeben: nicht theoretische Erörterungen, Vorlesungen oder Vorträge fanden Interesse beim großen Publikum, sondern der praktische Unterricht." Nach der Angliederung der Sportabteilung der Berliner Volkshochschule, der Humboldt-Hochschule, 1922 an die DHfL „wurde an ihrem Auf- und Ausbau doppelt eifrig gearbeitet", und die damals einsetzende hochflutartige Bewegung in der Gymnastik kam der Entwicklung entgegen."[247] In den Jahren 1922 bis 1924 konnten ca. 600 Lehrgänge mit rund 10 000 Kursisten abgehalten werden.[248]

Nutzen aus ihnen zogen beispielsweise durch die Schaffung einer „Winter-Kunsteisbahn" oder durch „große Skiausflüge"[249] zum einen die Vollstudenten der DHfL und zum anderen generell „der große Gedanke der Förderung der volkstümlichen Leibesübung", da nach ihrem „Muster" nicht nur in Berlin, sondern auch in anderen Städten wie Köln, Altona oder Frankfurt/M. „ähnliche selbständige Sport-Volkshochschulkurse eingerichtet wurden bzw. Sportabteilungen sich wissenschaftlichen Volkshochschulen angliederten."[250] Trotz „aller Ungunst der wirtschaftlichen Verhältnisse hat die Volkshochschul-Abteilung ihre wirtschaftliche Unabhängigkeit aufrechterhalten und ihren Rücklagefonds erhö-

---

[244] Ebd., S. 102.
[245] Ebd., S. 104. 1926 gab es wieder 19 Lehrgänge mit 780 Teilnehmern (ebd.). Zum Zusammenhang zwischen den reichsweiten Wanderlehrgängen und Diems Forderung nach einer reichseinheitlichen Turn- und Sportlehrerausbildung F. Becker, Leben, Bd. II, S. 90–91.
[246] Z. B. oben S. 136, Anm. 41.
[247] Neukirch, Volkshochschulkurse, S. 110.
[248] Diem, Hochschule, S. 51. Eine detaillierte Übersicht über diese Lehrgänge im WS 1924/25 enthält der entsprechende Tätigkeitsbericht der DHfL, S. 16 (CuLDA, Mappe 188).
[249] Diem, Hochschule, S. 51.
[250] Neukirch, Volkshochschulkurse, S. 110. Schneider, Hochschule (1921), S. 308, fügt bedauernd an, „dass man bei der Gründung von Volkshochschulen fast ausnahmslos die Leibesübungen vergessen habe, wodurch manche dieser Gründungen heutzutage mit Schwierigkeiten zu kämpfen hätten."

hen können."[251] Der statistischen Vollständigkeit halber sei noch erwähnt, daß in den Gefängnislehrgängen im Jahre 1922 insgesamt 224 Übungsstunden für ca. 100 Gefangene erteilt wurden.[252]

3.4 Auslandsbeziehungen

Eine Analyse der Auslandskontakte der DHfL im Zeitraum von 1920 bis 1925, d. h. vor allem der Zusammensetzung ihrer Studentenschaft und der ihres Lehrimports bzw. -exports, muß drei Hauptgesichtspunkte berücksichtigen. Erstens hat die bisherige Untersuchung genügend direkte und indirekte Belege dafür geliefert, daß die DHfL grundsätzlich als eine *nationale* Anstalt konzipiert war: von ihrem satzungsgemäßen Zweck, „das Verständnis für Leibesübungen in allen Kreisen des deutschen Volkes zu vertiefen"[253], bis hin zu erhöhten Einschreibgebühren für ausländische, d. h. nicht-auslandsdeutsche Studenten.[254]

Zweitens spiegelt sich in den Auslandsbeziehungen der DHfL der sportpolitische Kurs des DRA, der selbst wiederum von Rahmenbedingungen der deutschen Innen- und Außenpolitik geprägt ist. Beide Aspekte, der sport- und der allgemeinpolitische, trafen sich vor allem in der Frage der Teilnahme Deutschlands an Internationalen Olympischen Spielen. Kurzgefaßt und zur Wiederholung: Nachdem die Spiele 1920 in Antwerpen symbolisch als „Spiele der Entente" verstanden werden konnten, die „gleichsam ihren Sieg im Weltkrieg auf dem Territorium des erfolgreich verteidigten Verbündeten feierte", und die „vormaligen Mittelmächte und ihre Verbündeten"[255] ausgeschlossen blieben, nahm die deutsche Mannschaft auch an den Pariser Spielen 1924 nicht teil[256], obgleich das deutsche Reich seit 1923 außenpolitisch „wieder etwas Spielraum gewonnen hatte"[257] und aus dem Vorstand des DRA sowohl sein Vorsitzender Theodor Lewald als auch sein Beisitzer Oskar Ruperti 1924 in das IOC aufgenommen wor-

---

[251] Tätigkeitsbericht DHfL WS 1924/25, S. 16 (CuLDA, Mappe 188). Daß die VHS-Kurse für „alle Schichten der Bevölkerung" (Entwurf Schreiben des DRA an das RMI v. 16.5.1922; ebd., Mappe 190), S. 2) konzipiert waren, mag die finanzielle Unterstützung der DHfL durch das RMI erleichtert haben; zur guten finanziellen Situation der VHS-Abteilung der DHfL siehe auch DHfL. 17. Monatsbericht. Oktober 1922, in: MTSS 1922, S. 432.

[252] Tätigkeitsbericht der DHfL WS 1922/23, S. 4 (CuLDA, Mappe 188); siehe auch oben S. 196–197.

[253] § 1 Satzung DHfL v. 1.4.1922, zit. n. Diem, Hochschule, S. 56. Für Schneider, Hochschule (1921), S. 307, steht die DHfL für die „Gesamtheit aller in Deutschland und von Deutschen im Ausland errichteten oder zu errichtenden hochschulmässig arbeitenden Anstalten für Leibesübungen".

[254] Siehe oben S. 202.

[255] F. Becker, Leben, Bd. II, S. 53. Allerdings nahm die (neugegründete) Tschechoslowakei teil; siehe A. Krüger, Deutschland, S. 1026–1027; siehe auch oben S. 60.

[256] Zu diesem komplexen Vorgang F. Becker, Leben, Bd. II, S. 99; A. Krüger, Deutschland, S. 1029–1030.

[257] A. Krüger, Deutschland, S. 1030.

den waren.[258] Als Ersatz für die Olympischen Spiele in Antwerpen und Paris dienten dem DRA 1922 zum einen die Abhaltung eigener ‚Deutscher Kampfspiele‘ und zum anderen die Teilnahme an den Kampfspielen in Göteborg.[259]

Gleichsam quer zu diesen beiden Punkten steht drittens Diems prinzipieller Pragmatismus, daß in den Fragen für ‚richtig‘ erkannter Methoden und Maßnahmen der Körpererziehung politische Erwägungen bisweilen zurückzutreten haben.[260] So konnte er einerseits in Kontinuität seiner antifranzösischen und antirevolutionären Überzeugungen der Kriegs- und Vorkriegsjahre die französische Ruhrbesetzung 1923 vehement kritisieren, andererseits aber einen in Frankreich 1921 geplanten Gesetzesentwurf zur verbindlichen Körpererziehung auch für Deutschland empfehlen.[261]

Vor dieser Folie kann verständlich gemacht werden, weshalb die Auslandskontakte der DHfL einen Komplex von Zwecken umfaßten, deren genaue Gestalt, deren jeweilige Wechselwirkung und deren an ihrer Verwirklichung beteiligten Länder sowohl von jeweils politisch-historischen Rahmenkonstellationen als auch von spezifisch sporthistorischen und sportwissenschaftlichen Faktoren, teils auch persönlicher Natur, abhingen. Generell ist festzuhalten, daß die Auslandsbeziehungen der DHfL vor allem vier Kategorien von Staaten berührten: erstens diejenigen, die entweder im Weltkrieg offiziell neutral geblieben oder während des Krieges bzw. danach neugegründet waren (Schweden; Norwegen; Finnland; Schweiz; Niederlande; baltische Staaten), zweitens die früheren Mittelmächte Österreich, Ungarn und Bulgarien, drittens die Siegermacht USA und viertens die europäischen Länder Rumänien und Tschechoslowakei mit ihrer zahlreichen ‚auslandsdeutschen‘ Bevölkerung.

Unterscheiden wir nach diesen Vorgaben Phasen der Auslandsbeziehungen, so ist der wichtigste Befund, daß das allgemeine Phasenmodell der Weimarer Republik[262] hier nur eingeschränkt Anwendung findet: Das Hauptmotiv der

---

[258] Vgl. den Tätigkeitsbericht des DRA v. 1.4.1920–31.3.1921, S. 20 (CuLDA, Mappe 13), und den Kommentar von F. Becker, Leben, Bd. II, S. 100: „Diese ‚Normalisierung‘ im Sportverkehr verband sich in Deutschland mit der Erfahrung einer umfassenden Konsolidierung, die fast alle Bereiche des Lebens betraf. Die Krise, welche die Jahre von 1919 bis 1923 teils mit größerer, teils mit geringerer Intensität geprägt hatte, war überstanden; die Inflation hatte gestoppt werden können. An dieser Stabilisierung hatte eine internationale Vereinbarung entscheidenden Anteil: der im April 1924 vereinbarte Dawes-Plan. [...] Es scheint nicht übertrieben, für das Jahr 1924 eine zweite Gründung der ersten deutschen Demokratie anzusetzen."

[259] Siehe oben S. 60. – Als Gegenstück zu den Internationalen Olympischen Spielen dienten nach F. Becker, Leben, Bd. II, S. 98–99, auch die Deutsch-Akademischen Olympien 1920 und 1924 (siehe oben S. 152), an denen der DRA organisatorisch zwar nur in geringem Maße beteiligt war, die Diem aber mit großem Interesse verfolgte.

[260] Zusammenfassend Court, Vorgeschichte, S. 113, 204–205.

[261] Siehe F. Becker, Leben, Bd. II, S. 57, 84–85; Court, Vorgeschichte, S. 162.

[262] Siehe das Vorwort.

zweiten Phase, die Auslandskontakte der DHfL als „Träger des Fortschritts"[263] zu verstehen, kann früher belegt werden, als es jener Aufteilung entspricht.

Symbolisch für das erste Stadium, das üblicherweise von 1920 bis 1923/24 angegeben und durch politische Isolierung und Hochinflation gekennzeichnet ist, steht in der DHfL der schwedische Physiologe Göran Liljestrand, der als erster ausländischer Gastlehrer im Wintersemester 1921/1922 ihr Lehrangebot bereichert hatte.[264] Wie gerade erwähnt war der DRA auch 1923 Teilnehmer der Kampfspiele in Göteborg[265], und die Schwedische Gymnastik gehörte zum festen Lehrprogramm der DHfL. Gleichfalls im Wintersemester 1921/22 veranstaltete die Direktorin des gymnastischen Zentralinstituts Stockholm, Ester Strömberg-Großmann, eine Vorführung ihres Instituts, und Elizabeth Duncan begann ihre Veranstaltung über Rhythmische Gymnastik mit einer Einführung in die Schwedische Gymnastik.[266] Als Gegenbesuch hielten im August 1922 Brustmann, Schneider und Neukirch in Stockholm sportwissenschaftliche Vorträge und „weckten in Schweden lebhaftes Interesse für die Hochschule und ihre wissenschaftliche Tätigkeit."[267]

Diese besonderen Kontakte zu Schweden fußten erstens auf Schwedens politischer Neutralität im Weltkrieg[268], zweitens der – neben ,Sport' und ,Turnen' – generellen Wertschätzung des schwedischen Systems der Gymnastik[269] und drittens Diems anläßlich der Olympischen Spiele 1912 in Stockholm erlangten Einsicht, daß es vor allem die Siegerländer USA und Schweden waren, von denen Deutschland zu lernen habe.[270] Es ist gewiß kein Zufall, daß Diem in der Schwedischen Gymnastik stets die große Parallele zwischen Jahns und Lings Vaterlandsliebe hervorgehoben hatte[271], denn ein Vergleich zwischen den Lehren, die

[263] F. Becker, Leben, Bd. II, S. 101. Diese Wortwahl findet sich auch im Tätigkeitsbericht des DRA v. 1.4.1923–31.3.1924, S. 5 (CuLDA, Mappe 13), der den Übergang zwischen diesen Jahren so kommentiert: „Das Jahr 1923 hat somit im ganzen uns heil durch die schwerste Notzeit gebracht und damit unsere innere Festigkeit und Stärke erwiesen. Das erste Vierteljahr 1924 schuf uns wieder festen Boden, auf dem wir neuen Fortschritt zu erreichen hoffen dürfen."

[264] Vgl. den Tätigkeitsbericht des DRA v. 1.4.1920–31.3.1921, S. 13 (ebd.): „Ein hervorragendes Ereignis war die Gastvorlesung des schwedischen Gelehrten Dr. Liljestrand=Stockholm im Februar." Siehe auch die Einladung Biers an die Mitglieder des DRA, des Hohen Rats, Senats und Lehrkörpers der DHfL v. 11.2.1921 (ebd., Mappe 4).

[265] Der Tätigkeitsbericht des DRA v. 1.4.1923–31.3.1924, S. 4 (ebd.), schlägt eine unmittelbare Brücke von diesen Spielen zu „ersten Erfolgen" der DHfL.

[266] Tätigkeitsbericht der DHfL WS 1921/22, S. 9, 18–19 (ebd., Mappe 188).

[267] DHfL. 16. Monatsbericht. September 1922, in: MTSS 1922, S. 390.

[268] Zur Verbindung zwischen dieser Neutralität und den Göteborger Kampfspielen 1923 F. Becker, Leben, Bd. II, S. 87–89.

[269] Vgl. Diem, Schriften, Bd. I, S. 89.

[270] Siehe Court, Vorgeschichte, S. 112–113.

[271] Z. B. Diem, Schriften, Bd. I, S. 86. Noch im Jahre 1920 hob Diem an der schwedischen Förderung der Leibeserziehung die „bewußte Reinrassigkeit" dieses „germanischen Volkes" (zit. n. F. Becker, Leben, Bd. II, S. 55) hervor.

Diem aus den Stockholmer Spielen gezogen hat, und den Auslandskontakten der
DHfL zeigt die Kontinuität der Argumentationsfigur, Sport als „nationales Pro-
pagandamittel"[272] einzusetzen. Diese Absicht folgt zum einen einem übergeordneten nationalen Interesse, dem einzelne (politische, kulturelle, hygienische, wirtschaftliche) Zwecke eingeordnet sind. Zum anderen wohnt genau diesen
Zwecken gleichzeitig das Motiv inne, Zuschüsse zu ihrer Verwirklichung zu erlangen – in bezug auf die Olympischen Spiele waren es solche für ihre Abhaltung 1916 in Berlin[273]; in bezug auf die DHfL für ihren besonders in der Inflationszeit notorisch klammen Haushalt.

In dieser Phase betraf dies hauptsächlich die Beziehungen zwischen DRA,
DHfL und den Auslandsdeutschen. Nachdem der Reichsetat 1921 lediglich
50 000 Mark zur Förderung der Leibesübungen vorgesehen hatte, beabsichtigte
Diem die Aufstellung einer Delegation aus Studenten der DHfL, die vor allem in
Nordamerika mit seiner starken auslandsdeutschen Bevölkerung Werbung
betreiben sollte. Zwar scheiterte dieser Plan, aber die DHfL war in Form des
Studenten Heinrich Lacour, der als Modell für ein Werbeblatt diente, an der
Propaganda für die Deutschen Kampfspiele 1922 mit ihren zahlreichen auslandsdeutschen Teilnehmern beteiligt.[274] Der Erfolg dieser Bemühungen erstreckte sich sowohl auf die wachsende Anzahl von Immatrikulationen aus ihren Reihen als auch auf eine Spende des „Österreichischen Hauptverbandes für Kör-
persport" 1923 für die DHfL.[275] Die Kurse, die „Schwimmlehrer Keller"[276] im
gleichen Jahr in Brünn, Teplitz, Gablonz, Wien und Reichenberg anbot, sind exemplarisch für das zitierte „große Interesse, das die Auslandsdeutschen an der
Hochschule haben."[277] Dafür beriet Diem das österreichische Volksgesundheits-
amt über die „in Wien zu gründende Hochschule für Leibesübungen."[278]

Zu betonen ist, daß wir 1922/1923 aber auch das Motiv der Neugierde an
sportwissenschaftlicher Tätigkeit einem umfangreichen Kreis von Staaten – neben den erwähnten Beziehungen zu Schweden, den USA und den Niederlanden –
zuordnen können:

---

[272] Diem in einem Schreiben v. 19.9.1921 an Lewald; zit. n. F. Becker, Leben, Bd. II, S. 56.

[273] Vgl. Court, Vorgeschichte, S. 112.

[274] Dazu F. Becker, Leben, Bd. II, S. 56, 68–69.

[275] Vgl. den Tätigkeitsbericht der DHfL WS 1923/24, S. 3 (CuLDA, Mappe 188): „Den Stu-
        dierenden unserer Hochschule wurden gleichfalls besondere Zuwendungen zuteil; vor al-
        lem ließen es sich unsere österreichischen und deutsch-böhmischen Brüder nicht nehmen,
        in der Zeit der Not für uns zu sorgen. Vom Oesterreichischen Hauptverband für Körper-
        sport, vom Oesterreichischen Eislauf- und Hockey-Verband gingen beträchtliche Mengen
        an Lebensmitteln ein." Siehe auch oben S. 74, Anm. 171, und F. Becker, Leben, Bd. II,
        S. 84.

[276] Tätigkeitsbericht DHfL 1. SoS 1923, S. 7 (CuLDA, Mappe 188).

[277] Siehe oben S. 205–206; vgl. auch DHfL. Bericht über das 1. SoS 1923, in: MTSS 1923,
        S. 459–460 (Berichterstatter Altrock).

[278] Siehe Diems Bericht über die erste Sitzung des Arbeitsausschusses für körperliche Erzie-
        hung im Landesbeirat des MVW am 7.2.1923 v. 14.2.1923, S. 3 (CuLDA, Mappe 22).

Die Einrichtungen und Lehrweise der Hochschule sind in letzter Zeit von einer Reihe ausländischer Kommissionen zu Studienzwecken besichtigt worden, die teilweise auch noch den Sommerbetrieb im Stadion kennen lernen wollten. Die Abordnungen waren aus: Holland, von der Polizeibehörde; Japan, vom japanischen Handelsministerium; Ungarn, vom ungarischen Kultusministerium; Bulgarien, vom bulgarischen Kultusministerium; Norwegen, von der staatlich norwegischen Leitung für Leibesübungen; von der baltischen Unterrichtsverwaltung und von der finnischen Militärschule. [...]. Während der Kampfspiele wurden die Einrichtungen der Hochschule durch den Leiter des Körpererziehungs- und Fechtinstitutes Fodor in Budapest Steffan Fodor und durch den Baurat des tschechoslowakischen Ministeriums für Gesundheitswesen und körperliche Erziehung Jan G. Vijsicky besichtigt.[279]

Bezüglich der USA spiegeln diese besonderen Beziehungen der DHfL auch den Sachverhalt, daß die USA zwar eine Siegermacht des Weltkriegs war, aber Diem seit seiner Amerika-Reise 1913 beste Kontakte zu ihren Hochschulen und in ihrem Umfeld weitreichende „Netzwerke"[280] aufgespannt hatte. Die im Weltkrieg neutralen Niederlande wiederum hatten bekanntlich – wenn auch nicht ohne innere Widerstände – Wilhelm II. Asyl gewährt[281], und es trat hier der spezifische Umstand hinzu, daß mit dem für die Kontakte zu den niederländischen Universitäten zuständigen Hermann Altrock eine sprachgewandte Persönlichkeit der DHfL zur Verfügung stand. Schließlich ist noch unter den baltischen Staaten Estland zu nennen, das als neugegründeter Staat schon 1920 dem IOC beigetreten war.[282] Außer der relativ großen Zahl von Studenten aus Estland an der DHfL ist erwähnenswert, daß im Sommersemester 1923 Schelenz vom Estnischen Unterrichtsminister „mit der Abhaltung von Kursen beauftragt wurde"[283] und weitere Dozenten der DHfL dort Schwimmveranstaltungen durchführten.[284] Zusätzliche Kontakte 1923 erstreckten sich nach Chile, Litauen und zum Maharadscha von Baroda.[285]

---

[279] DHfL. 11. Monatsbericht. April 1922, in: MTSS 1922, S. 184; 15. Monatsbericht. August 1922, ebd., S. 350. Diese Aufzählung entspricht im groben derjenigen, die auf dem Gebiet der Wissenschaft Schreiber, Not, Kap. 21 und 25, vornimmt. Interessant wäre vor diesem Hintergrund ein genauer länderspezifischer Vergleich zwischen den im folgenden geschilderten Entwicklungen zwischen dem Bereich des Sports und den jeweiligen Auslandsbeziehungen der deutschen Wissenschaft.

[280] F. Becker, Leben, Bd. I, S. 198; zu dieser Reise ausführlich ebd., S. 185–200; vgl. Court, Vorgeschichte, S. 113–114.

[281] Ausführlich Röhl, Wilhelm II., S. 1246–1248.

[282] Siehe A. Krüger, Deutschland, S. 1027.

[283] Tätigkeitsbericht der DHfL 1. SoS 1923, S. 7 (CuLDA, Mappe 188).

[284] Ebd.

[285] Dieser „erbat sich die Erlaubnis, eine Reihe seiner Untertanen zur Ausbildung senden zu dürfen"; DHfL. Bericht über das 1. SoS 1923, in: MTSS 1923, S. 460 (Berichterstatter Altrock).

Mit dieser bereits 1922 einsetzenden und ab 1923/4 verstärkten Erweiterung ihrer Auslandskontakte sowohl im Hinblick auf die an ihnen beteiligten Länder als auch ihrer Zwecke, in denen zunehmend das nationale Interesse einem komplexen Motivbündel weicht, ist die DHfL ein früher Ausdruck der politischen und wirtschaftlichen Wiedereingliederung Deutschlands in die Staatengemeinschaft.[286] Neben ihrem zunehmenden wissenschaftlichen Ansehen sind dafür als innen- und außenpolitische Hauptgründe der Dawes-Plan aus dem April 1924 und die erfolgreiche Bekämpfung der Inflation zu nennen, wobei die hierzu eingesetzte Einführung der Rentenmark unmittelbare Auswirkungen auch auf die Auslandsbeziehungen hatte. So betonte der DRA in seinem Tätigkeitsbericht 1923/24, „daß der sportliche Verkehr im Verhältnis zum Vorjahr sowohl mit dem neutralen Ausland als auch den ehemals feindlichen Staaten erheblich zugenommen hat [...]. Die Schaffung der Rentenmark ließ den Verkehr mit dem Auslande in den letzten Wochen des Geschäftsjahres außerordentlich wachsen."[287] Der Tätigkeitsbericht für den Zeitraum 1924/25 enthielt folgerichtig bereits die eigenen neuen Kapitel „Deutschland und die Olympische Bewegung" und „Verkehr mit dem Ausland", in denen über das weitere „außerordentliche Anwachsen des sportlichen Verkehrs"[288] informiert wird. Eine herausragende Anerkennung für die DHfL ist die Berufung ihrer Dozenten Holz und Schelenz als Trainer der spanischen bzw. Schweizer Nationalmannschaft für die Olympischen Spiele 1924 in Paris.[289] Bedenken wir zudem, daß sich 1924 unter ihren Studierenden „zahlreiche Ausländer und Auslandsdeutsche"[290] vor allem aus der Schweiz, Japan, Kleinasien und Osteuropa befanden, davon fünf aus Rußland, obgleich es keinerlei Kontakte zwischen dem bürgerlichen DRA und der Sowjetunion gab[291], hat die DHfL im rasch wachsenden internationalen Ansehen des deutschen Sports eine wichtige Funktion eingenommen.[292]

---

[286]   F. Becker, Leben, Bd. II, S. 100–101.

[287]   Tätigkeitsbericht des DRA v. 1.4.1923–31.3.1924, S. 11 (CuLDA, Mappe 13).

[288]   Tätigkeitsbericht des DRA v. 1.4.1924–31.3.1925, S. 17 (ebd.). Zu Einzelheiten siehe DHfL. 36./37. Monatsbericht. Mai und Juni 1924, in: MTSS 1924, S. 379; erwähnenswert ist vor allem „Dr. Itten, höchster Rat für physische Kultur, Rußland".

[289]   Ebd.; vgl. Tätigkeitsbericht des DRA v. 1.4.1924–31.3.1925, S. 17 (CuLDA, Mappe 13); Meusel, Lehrgänge, S. 105; Diem, Leben, S. 264. Bei den Deutschen Kampfspielen 1922 erreichte Holz im Dreisprung 14,99 m und näherte sich damit „rapide den Welthöchstleistungen" (Diem, Kampfspiele, S. 84, 108). Von 1919–1922 war Holz Deutscher Meister im Zehnkampf.

[290]   Diem, Hochschule, S. 53.

[291]   Vgl. Beyer, Sport, S. 680.

[292]   Vgl. zusammenfassend den Tätigkeitsbericht der DHfL WS 1923/24, S. 3 (CuLDA, Mappe 188): „An öffentlicher Anerkennung fehlte es nicht. Zahlreiche Studienbesuche ausländischer Gäste konnten wir verzeichnen; insbesondere wurde die Hochschule von Vertretern Japans, darunter Professor Sakurei, Tokio, längere Zeit studiert. Ausländische Zeitungen, holländische, nordamerikanische, brachten eingehende Beschreibungen unserer Hochschule." – Wenn Beyer, Sport, S. 680, angesichts der außenpolitischen Situation Deutschlands

4 Forschung

4.1 Die Organisation der Forschung

Die Forschung an der DHfL war organisatorisch den Abteilungen II, III und IV zugeordnet, wurde aber faktisch von allen Abteilungen betrieben.[293] Während die philosophische Forschung Aufgabe der gesamten Abteilung IV war, wurde die naturwissenschaftliche Forschung auf vier Laboratorien aufgeteilt und den Abteilungen II und III zugewiesen.[294] Der Funktion der Abteilung I als Verbindungsglied von Theorie und Praxis wurde dadurch Rechnung getragen, daß sie im Wintersemester 1921/22 sowohl eine „physikalisch-technische Versuchsanstalt" als auch eine „physikalisch-technische Abteilung"[295] erhielt. Die starke organisatorische Rolle der Laboratorien drückt den Umstand aus, daß die Forschung an der DHfL konzeptionell und organisatorisch in der Tradition der Idee des Sport-Laboratoriums stand. Nachdem eine solche Einrichtung zum ersten Mal auf der Dresdner Hygiene-Ausstellung 1911 vorgestellt und betrieben wurde, legte der DRA bzw. DRAfOS einen Plan für eine solche Einrichtung im Stadion und für seine eigenen Belange auf der Sitzung seines Wettkampf-Ausschusses am 19. Mai 1914 vor, der von Diem – nach Rücksprache mit Bier – für die Sitzung desselben Ausschusses am 7. Mai 1917 wiederholt wurde und mit der Eröffnung der DHfL Wirklichkeit wurde.[296]

Beginnen wir mit der Chronologie der Laboratorien, so weisen die widersprüchlichen Angaben für ihre genaue Bezeichnung und das genaue Datum der Errichtung zunächst auf ihre exemplarische Funktion als Spiegel der beschriebenen „geldlich und räumlich bescheidenen Verhältnisse"[297] in Forschung und Lehre. Weil wir in den ersten Semestern der DHfL noch gleichberechtigt die Begriffe ‚Institut', ‚Abteilung' und ‚Laboratorium' (und für das Röntgenlaboratorium auch noch den Begriff ‚Station') für die naturwissenschaftlichen Forschungseinrichtungen der DHfL finden, danach jedoch nur noch den des ‚Laboratoriums',

---

unmittelbar nach dem Weltkrieg dieses neue Ansehen als „erstaunlich" beschreibt, ist die bedeutsame Rolle der DHfL also eine mögliche Erklärung.

[293] So umfaßt Diems Forschungsbericht für das Sommersemester 1922 explizit alle Abteilungen; vgl. MTSS 1923, S. 25.

[294] Siehe das Organigramm der DHfL 1924 in CDI, Aufbau, S. 127; Diem, Hochschule, S. 26.

[295] Tätigkeitsbericht DHfL WS 1921/22, S. 7 (CuLDA, Mappe 188). Vgl. Schneider, Versuchsanstalt 1921a, S. 281: „In der Sitzung des Senats [...] vom 27. Juli 1921 wurde beschlossen, der HfL neben ihrem Charakter als Lehranstalt, Forschungsstätte und Erziehungsanstalt den einer Versuchsanstalt für Leibesübungen zu geben."

[296] Ausführlich Court, Vorgeschichte, S. 71–87, 124, 265–275; der Zusammenhang mit der Dresdner Ausstellung auch bei F. Becker, Leben, Bd. II, S. 73; Dinçkal, Sportlandschaften, S. 229–242; zur Konzeption und zu den Inhalten siehe das folgende Kapitel. Wedemeyer-Kolwe, Körperkultur, S. 359, hebt in der Verbindung von Sportmedizin und Hygienebewegung F. A. Schmidt, Hueppe, Mallwitz, Weissbein, Altrock und Brustmann hervor.

[297] Kohlrausch, Körperbau, S. 49; siehe oben das Kap. 2 „Die Räumlichkeiten".

drängt sich die Vermutung auf, daß der Grund dafür in der entscheidenden Verbesserung der räumlichen Forschungssituation durch den Hochschulneubau 1921 gefunden werden kann. Nun war es möglich geworden, *tatsächlich* Laboratorien zu betreiben, und der Begriff ‚Abteilung' blieb überwiegend den übergeordneten, Forschung und Lehre dienenden Einheiten vorbehalten, während der aus der Zeit der ersten Provisorien stammende Begriff ‚Institut' zuletzt im Tätigkeitsbericht der DHfL für das Wintersemester 1921/22 verwendet wurde und danach gänzlich entfiel.

Die konzeptionelle Vorgeschichte der DHfL, aber auch ihre konkrete Bemühung um das Gördener Laboratorium läßt es als folgerichtig erscheinen, daß in einem ersten Schritt ein physiologisches und ein psychologisches Laboratorium geplant und vom Wirtschaftsausschuß des DRA im Juni 1920 genehmigt wurden.[298] Nach Kohlrausch konnten zunächst aber – aufgrund jener erwähnten schwierigen Rahmenbedingungen – nur ein Physiologisches Laboratorium, dessen Leiter er ab dem 1. Oktober 1920 wurde, und ein Röntgenlaboratorium eingerichtet und in der „Vorstandsloge des Stadions"[299] untergebracht werden. Dagegen unterteilt der Tätigkeitsbericht der DHfL für ihr erstes Semester, das Sommersemester 1920, im Kapitel „Forschungsarbeit" zwar in „a) Physiologische Forschung" und „b) Psychologische Forschung", spricht aber explizit nur von einem „psychologischen Laboratorium" unter der Leitung von Schulte, das bekanntlich im früheren Kampfrichterraum des Stadions errichtet wurde.[300] Was die Besoldung von Schulte und Kohlrausch angeht, scheint Schulte besser verhandelt zu haben, denn beide erhielten ab März 1921 monatlich 1 000 Mark; bei Kohlrausch allerdings unter der „Einbeziehung seiner ärztlichen Versorgung der Studenten."[301]

Im anschließenden Tätigkeitsbericht der DHfL für das Wintersemester 1920/21 werden dann ausdrücklich ein „A. Physiologisches", ein „B. Psychologisches" und ein „C. Röntgenlaboratorium" aufgeführt und mit den Namen ihrer Leiter Kohlrausch (Physiologie), Schulte (Psychologie) und Krause (Röntgen) versehen; in bezug auf das physiologische Laboratorium wird eigens erwähnt, daß Bier der „sportphysiologischen Abteilung [...] in der Chirurgischen Universitätsklinik einen großen Raum zur Verfügung gestellt hatte." Unter „D" wird

---

[298]   Siehe den Bericht über die Sitzung des Wirtschaftsausschusses des DRA am 10.6.1920 v. 10.6.1920, S. 2, TOP 5 (CuLDA, Mappe 4): „Für die Hochschule wird die Einrichtung eines physiologischen und psychologischen Laboratoriums genehmigt, ferner soll Dr. Hansen als Arzt hauptamtlich mit einem Gehalt von 6000 Mk. und freier Wohnung angestellt werden"; zur Vorgeschichte siehe in diesem Zusammenhang oben S. 189; Court, Vorgeschichte, S. 63–71, 265–275.

[299]   Kohlrausch, Körperbau, S. 49; ebenso Brinkschulte, Körpertüchtigung(en), S. 92.

[300]   Tätigkeitsbericht DHfL 1. SoS 1920, S. 10 (CuLDA, Mappe 188); siehe oben S. 189.

[301]   Bericht über die Sitzung des Wirtschafts-Ausschusses des DRA am 3.3.1921 v. 5.3.1921, S. 1, TOP 1 (CuLDA, Mappe 4). Bei Kohlrauschs Dienstbeginn zum 1.10.1920 hatte das Gehalt noch 150 RM monatlich betragen; vgl. Uhlmann, S. 83–84.

auch die „Anthropometrie", jedoch ohne den Zusatz „Laboratorium"[302] und ohne
die Nennung eines Leiters aufgeführt. Explizit fällt der Name „Anthropometrisches Laboratorium" zum ersten Mal am 4. November 1921 in der Sitzung des
Wirtschaftsausschusses des DRA.[303] Seine Entstehungsgeschichte verdankt sich
dem Umstand, daß anthropometrische Fragen zunächst im Physiologischen Laboratorium mitbehandelt wurden; da ihre Bearbeitung jedoch „bald die Grenzen
der Arbeitskraft eines einzelnen überschritt"[304] und mit dem Arbeitsmediziner
Eduard Atzler ein neuer Leiter für das Physiologische Laboratorium gefunden
wurde[305], konnte sich von diesem ein eigenständiges Anthropometrisches Laboratorium – dann unter der Leitung Kohlrauschs – abspalten.[306]

Die These einer Abhängigkeit der Benennung von der Konsolidierung der
Raumsituation wird bekräftigt durch den 7. Monatsbericht der DHfL vom Januar 1922 über die Sitzung ihres Großen Rates vom 2. Dezember 1921: „Diem
zeigt an Hand eines Schemas den Ausbau der Hochschule: 1. Übungslehre mit
der Versuchsanstalt und der physikalisch-technischen Forschung. 2. Gesundheitslehre mit dem physiologischen Laboratorium, dem anthropologischen Laboratorium und der Röntgenstation."[307] Der Tätigkeitsbericht der DHfL für das
entsprechende Semester enthält nicht nur zum ersten Mal ein Organigramm der
Hochschule, das der Abtrennung des Anthropometrischen Laboratoriums Rechnung trägt, sondern zudem ein solches, in dem allen Laboratorien feste Räumlichkeiten und feste Leiter zugeteilt sind. Zur Abteilung Gesundheitslehre (Leitung: Mallwitz) gehören „das Physiologische Laboratorium im K.-W. Institut
für Arbeitsphysiologie" unter der erwähnten Leitung von Atzler, das „Anthropometrische Laboratorium im Stadion" (Leiter: Kohlrausch) und die nunmehrige
„Röntgenstation im Stadion" (Leiter: Krause); in der Abteilung Erziehungslehre
ist Schulte sowohl Leiter der Abteilung als auch ihres „Psychologischen Laboratoriums im Stadion"[308]; im Wintersemester 1922/23 wird die „Röntgenstation"
wieder als „Röntgen-Laboratorium"[309] geführt.

302 Tätigkeitsbericht der DHfL WS 1920/21, S. 12–14 (CuLDA, Mappe 188).
303 Siehe die Tagesordnung zur Sitzung des Wirtschaftsausschusses des DRA am 4.11.1921
     v. 4.11.1921, S. 1 (ebd., Mappe 4).
304 Kohlrausch, Körperbau, S. 49.
305 Vgl. DHfL. 8. Monatsbericht. Januar 1922, in: MTSS 1922, S. 51: „Dr. Atzler, der Leiter
     der physiologischen Abteilung, ist zum Professor ernannt worden."
306 Im Kapitel über die einzelnen Laboratorien werden wir auf die Bedeutung des Umstands
     zurückkommen, daß außer durch die (Gast-)Dozenten Martin und Krümmel Anthropome-
     trie auch durch Schulte betrieben wurde; vgl. Tätigkeitsbericht der DHfL 1. SoS 1920,
     S. 10 (CuLDA, Mappe 188); Tätigkeitsbericht der DHfL WS 1920/21, S. 14 (ebd.); siehe
     zu dieser Abspaltung der Laboratorien auch Uhlmann, Kohlrausch, S. 84; F. Becker, Le-
     ben, Bd. II, S. 93.
307 Siehe MTSS 1922, S. 12–13.
308 Tätigkeitsbericht DHfL WS 1921/22, S. 7 (CuLDA, Mappe 188); ebenso Tätigkeitsbericht
     der DHfL. SoS 1921. Sekretariat der Hochschule. Berlin o. J., S. 13; dagegen heißt es noch
     im 7. Monatsbericht v. Januar 1922 über die Sitzung des Großen Rates v. 2.12.1921 (in:
     MTSS 1922, S. 14): „Dr. Schulte berichtet über den Forschungsplan der psychologischen

Diese Gliederung in vier Laboratorien bleibt bis zum Ende des Berichtzeitraums 1925 erhalten und wird in Diems Büchlein über die Hochschule 1924 mitsamt ihren jeweiligen Apparaturen ausführlich beschrieben[310]; die Nichterwähnung des Psychologischen Laboratoriums sowohl im Tätigkeitsbericht der DHfL für das Wintersemester 1924/25 als auch im Tätigkeitsbericht des DRA 1924/25 findet eine mögliche Erklärung im erwähnten Wechsel Schultes zur PrHfL. Während im Winter 1925 Hans Sippel, ein früherer Student Schultes, neuer Leiter des Psychologischen Laboratoriums wird, leiten Atzler, Kohlrausch und Krause weiterhin die anderen Laboratorien.[311]

Wenn am Ende dieses Kapitels ausführlicher auf die Abteilung II Gesundheitslehre eingegangen werden soll, ist ein bereits äußerlich erkennbarer Grund der Umstand, daß sie über die höchste Zahl an Laboratorien an der DHfL verfügte. Diese Beobachtung weist jedoch nicht nur auf die konzeptionelle Tradition der Laboratoriumsforschung, die im folgenden Kapitel wieder aufgegriffen wird, sondern auch ihren engen Zusammenhang im personellen und institutionellen Netzwerk der DHfL. So waren Rubner, sein ehemaliger Schüler Mallwitz und Ernst Kohlrausch dem DRA bzw. DRAfOS seit der gemeinsamen Arbeit im Sportlaboratorium der Dresdner-Hygiene-Ausstellung 1911 verbunden[312]; dessen Sohn Wolfgang war im Hauptamt Arzt in der gymnastischen Abteilung seines früheren Lehrers Bier an der Chirurgischen Universitätsklinik und wurde von ihm an das KWI für Arbeitsphysiologie kommandiert, in dem bereits Wolfgang Kohlrauschs Vetter Arndt von 1911 bis 1924 als Mitarbeiter wirkte. In diesem KWI führte Wolfgang Kohlrausch mit Rubner und Atzler Untersuchungen zur Eiweißbestimmung durch. Rubner hatte es 1913 gegründet; sein Nachfolger in der Leitung wurde 1926 Atzler, der wiederum seine Tätigkeit als Assistent Rubners begonnen hatte.[313]

Abteilung." Vgl. dagegen wiederum DHfL. 14. Monatsbericht. Juli 1922, in: MTSS 1922, S. 314: „Nach der Übersiedlung des Laboratoriums aus der Chirurgischen Universitätsklinik ins Stadion fanden die praktischen sportpsychologischen Prüfungen und Versuche ihren Fortgang."

[309]   Tätigkeitsbericht DHfL WS 1922/23, S. 4 (CuLDA, Mappe 188).

[310]   Siehe z. B. das Organigramm der DHfL 1924 in CDI, Aufbau, S. 127; Diem, Hochschule, S. 26–39.

[311]   Vgl. Tätigkeitsbericht DRA 1925/26 v. 1.4.1925–31.3.1926, S. 23 (CuLDA, Mappe 13): „In dem sportpsychologischen Laboratorium, das im Sommer von Dr. Schulte und im Winter von Dr. Sippel geleitet wurde, wurden 2 Trainingskurse (Boxen und Ringen) durch psychologische Untersuchungen beobachtet"; auf Sippels studentische Tätigkeit kommen wir im nächsten Kapitel zu sprechen. Zum Wechsel von Schulte zu Sippel siehe an neuerer Literatur Lück, Sippel, S. 143–144, Court, Anthropometrie, S. 404, und Janssen, Geschichte, S. 42.

[312]   Vgl. Court, Vorgeschichte, S. 73–74; diese Tätigkeit des Vaters Ernst nicht bei Uhlmann, Kohlrausch, S. 54–60.

[313]   Uhlmann, Kohlrausch, S. 83, 118, 268, 336–337.

Als organisatorischer Knotenpunkt in diesem Netzwerk ist der im Kapitel über die Räumlichkeiten der DHfL erwähnte „Gegenseitigkeitsvertrag"[314] mit dem KWI für Arbeitsphysiologie anzusehen. Auch wenn Rubner das Angebot der DHfL ausgeschlagen hatte, ihr erster Rektor zu werden, blieb er der Hochschule bekanntlich in ihrem Großen Rat (Kuratorium) als Vertreter der Universität Berlin verbunden. Spätestens im Sommer 1921 hatte die DHfL Rubner um Kooperation ersucht, wovon er am 17. Juli 1921 Adolf von Harnack schriftlich Mitteilung machte:

> Die Hochschule für Leibesübungen ist an mich herangetreten und hat mich gebeten, Untersuchungen über die physiologischen Vorgänge bei den körperlichen Arbeitsleistungen bei Turnen und Sport in Angriff zu nehmen. Ich trage kein Bedenken, eine solche lockere Verbindung mit der Hochschule für Leibesübungen zu empfehlen, weil dadurch die Interessen des Instituts für Arbeitsphysiologie nur gefördert werden. Die Hochschule für Leibesübungen kann jederzeit Versuchspersonen für arbeitsphysiologische Experimente zur Verfügung stellen. [...] Studien über die gewerbliche Arbeit lassen sich leicht an die in Aussicht genommenen Versuche aus Sportleistungen anschliessen und dadurch weiteren Kreisen die Bedeutung der Arbeitsphysiologie vor Augen führen.[315]

Offensichtlich zogen diese Argumente, denn anstelle einer ‚lockeren Verbindung' kam es am 1. Oktober 1921 zu einem regelrechten

> Vertrag, der zwischen der Hochschule und dem Kaiser-Wilhelm-Institut für Arbeitsphysiologie geschlossen wurde. Danach errichtet die H.f.L. ihr Physiologisches Institut im Anschluß an das Kaiser-Wilhelm-Institut für Arbeitsphysiologie, das ihr einen Raum des Uebergeschosses und einen Kellerraum zur ausschließlichen Benutzung zur Verfügung stellt. Auch können weitere physiologische Arbeiten in den übrigen Laboratoriumsräumen vorgenommen werden. Prof. Dr. Atzler hat die Leitung des Physiologischen Instituts an der H.f.L. übernommen. Die Kosten für die Miete, für die Gehälter des Leiters, eines wissenschaftlichen Assistenten und einer Laborantin sind vom D.R.A. bereitwilligst zur Verfügung gestellt worden. [...] Der Direktor des physiologischen Instituts an der Universität, Obermedizinalrat Rubner, der in die Lehrarbeit der Deutschen Hochschule

---

[314] Diem, Hochschule, S. 21; in dieser Arbeit oben S. 189–190. Vgl. Voigt, Hochschule, S. 110; F. Becker, Leben, Bd. II, S. 109; Uhlmann, Kohlrausch, S. 92–93. Diesen Vertrag erwähnen leider weder Vierhaus/vom Brocke, Geschichte, noch vom Brocke/Laitko, Harnack-Prinzip.

[315] Zit. n. Uhlmann, Kohlrausch, S. 93. Zu Rubner als Mitglied im Großen Rat der DHfL siehe den Tätigkeitsbericht der DHfL. 1. SoS 1920, S. 4 (CuLDA, Mappe 188).

für Leibesübungen mit eingetreten ist, wird sich an den Forschungsarbeiten beteiligen.[316]

Über diese expliziten wechselseitigen Interessen der beiden Vertragsparteien hinaus[317] ist an dieser Stelle ein detaillierter Blick auch auf seine Implikationen angebracht. Rubners Übernahme von Lehr- Forschungs- und Verwaltungsfunktionen ab dem Wintersemester 1921/1922 der DHfL[318] bedeutete für sie nicht nur eine Lösung von drängenden Raumproblemen, die es auch ihrem Wirtschaftsausschuß leicht machte, dem Vertrag zuzustimmen[319], sondern vor allem ihre Teilhabe an der Reputation dieses „größten Physiologen"[320], die Vertiefung von Kontakten mit der Berliner Universität[321] und insgesamt eine Stärkung ihres

---

[316]   Tätigkeitsbericht der DHfL WS 1921/22, S. 3 (ebd.). Zu den Räumlichkeiten ebd., S. 8:
„Das physiologische Laboratorium der Deutschen Hochschule für Leibesübungen ist nunmehr aus dem Stadion in das Innere der Stadt verlegt und ausgestaltet worden. Die Hochschule hat sich Räume im Kaiser-Wilhelm-Institut für Arbeits-Physiologie, Invalidenstraße 103 a, gemietet und außerdem das Recht der Mitbenutzung der übrigen Laboratorienräume und der gesamten Apparatur erworben." Vgl. auch die Zusammenfassung der DHfL. 7. Monatsbericht. Januar 1922. Sitzung des Großen Rates v. 2.12.1921, in: MTSS 1922, S. 12: „Neben der Lehrarbeit nahm unter den hinderndsten Umständen die Forschungsarbeit ihren Gang; noch fehlte das physiologische Laboratorium, ein Mangel, dem jetzt durch einen Vertrag mit dem Kaiser-Wilhelm-Institut für Arbeitsphysiologie abgeholfen ist. Der Hochschule stehen dort gute Räume und auch die nötige Apparatur zur Verfügung. Die Arbeiten in der neuen Abteilung wird Dr. Atzler durchführen unter Mitwirkung von Geheimrat Rubner." Bereits am 4.11.1921 hatte der Wettkampfausschuß über die „Kosten des von Dr. Atzler zu leitenden physiologischen Laboratoriums" berichtet; Tagesordnung zur Sitzung des Wirtschaftsausschusses des DRA am 4.11.1921 v. 4.11.1921, S. 1 (CuL-DA, Mappe 4). Weitere Vertragseinzelheiten zu Atzler gibt Dinçkal, Sportlandschaften, S. 274. Danach erhielt Atzler ein Jahresgehalt von zunächst 8.000 Mark und unterlag keinerlei Beschränkung in der Wahl seiner Forschungsgegenstände.

[317]   Siehe auch den Tätigkeitsbericht DHfL WS 1921/22, S. 3 (CuLDA, Mappe 188): „Die Forschungsarbeit der Hochschule zeigte immer wieder aufs neue, wie unbekannt und voraussetzungslos die wissenschaftliche Durchleuchtung des Gebietes der Leibesübungen ist. Deshalb können noch auf längere Zeit tatsächliche Ergebnisse nur sehr langsam und mit größter Vorsicht gewonnen werden. Die Arbeitsresultate werden aber sicher den wichtigsten Nutzen damit bringen, möchlichst [sic] weite Kreise für die Forschung zu interessieren und anzuregen. Besonders hervorgehoben zu werden verdient in diesem Zusammenhang der Vertrag, der zwischen der Hochschule und dem Kaiser-Wilhelm-Institut für Arbeitsphysiologie geschlossen wurde"; eine Vertiefung dieser konzeptionellen Zusammenhänge erfolgt, wie angekündigt, im nächsten Kapitel.

[318]   Er hielt bereits in diesem Semester seine erste Lehrveranstaltung unter dem Titel „Gesundheitslehre" ab; siehe Tätigkeitsbericht DHfL WS 1921/22, S. 10 (ebd.).

[319]   Siehe den Bericht über die Sitzung des Wirtschaftsausschusses des DRA am 4.11.1921 v. 7.11.1921, S. 3 (ebd., Mappe 4): „Die Vertragsentwürfe zwischen der Kaiser-Wilhelm-Gesellschaft zur Förderung der Wissenschaften und dem Deutschen Reichsausschuss finden die Zustimmung des Wirtschaftsausschusses. Die erforderlichen Mittel werden zur Verfügung gestellt."

[320]   So Diem in einem Brief v. 20.6.1924 an Franz; zit. n. F. Becker, Leben, Bd. II, S. 98.

[321]   Siehe z. B. DHfL. 10. Monatsbericht. März 1922, in: MTSS 1922, S. 142: „Ferner wird zum erstenmal ein Praktikum für Mediziner der Berliner Universität an unserer Hochschu-

Netzwerks. Daher begrüßte Lewald auf der Sitzung des Kuratoriums der DHfL vom 26. Mai 1922 „mit besonderem Dank Herrn Geheimrat Rubner, der uns ja in den Arbeiten des Sportlaboratoriums besonders nahesteht, dessen großer Tätigkeit und Förderung wir uns immer zu erfreuen gehabt haben."[322]

Rubner galt einerseits als „Fakultätspapst"[323], der aus „seiner fossilen Tafelrunde"[324] heraus regierte, andererseits aber auch als „tolerante und einfühlsame Lehrerpersönlichkeit"[325]:

> Nur nach außen hin, für Fremde, erschien er verschlossen, sogar bissig. Das war die Schale, der Schutz zur Erhaltung seiner fast übermenschlich beanspruchten Arbeitskraft. In Wirklichkeit ließ er jedem seine Eigenart, er suchte keinem seiner Mitarbeiter seine Prägung aufzudrücken. Aber er ließ nur gelten, bei wem er, immer im stillen beobachtend, den inneren Antrieb zur Arbeit und Forschung erkannt hatte, und wer etwas leistete. Der hatte bei ihm gewonnen, dem vertraute er und dann ganz. Man konnte bei ihm arbeiten, was man wollte. Die Hilfsmittel des großen Berliner Instituts wurden einem schrankenlos zur Verfügung gestellt.[326]

Rubner wiederum teilte mit den Führungspersönlichkeiten von DRA und DHfL nicht nur wissenschaftliche Interessen und ideologische Überzeugungen[327], sondern profitierte auch unmittelbar von ihnen und ihrem Umfeld. Zum einen blieben auf einer finanziellen Ebene weder KWG noch Berliner Universität von der sich „seit Mai 1921 und dann nach der Ermordung Rathenaus im Sommer 1922 noch schneller drehenden Inflationsspirale"[328] verschont, so daß Rubners Institut sogar die Schließung drohte.[329] Gleichnishaft konstatierte Rubner anläßlich der Reichsgründungsfeier der Friedrich-Wilhelms-Universität im Januar 1922: „Im Stillen verschwindet allmählich der bessere Hausrat, wertvolle Familienstücke, die Bücher, der geringe Schmuck"[330]. In dieser Lage war ihm natürlich die vertragsgemäße Übernahme der Kosten für das Physiologische Laboratorium der

---

le gelesen werden"; Atzler informierte über Arbeitsphysiologie und sportliche Leistungen, Krause über Blutkreislauf und sportliche Arbeitsleistungen im Röntgenbild.

[322] Siehe den Bericht in der MTSS 1922, S. 237.

[323] Zit. n. Grüttner, Universität, S. 160.

[324] So in einem Schreiben A. Grotjahns an Haenisch v. 19.5.1920, zit. n. ebd., S. 122. Über das Verhalten Rubners und seines Kollegen Oskar Hertwig, von 1888–1921 Direktor des anatomisch-biologischen Instituts, sagte Otto Warburg, daß sie „wie die Generäle im Kriege triumphierend übrigblieben" (zit. n. Werner, Warburg, S. 327).

[325] Laitko, Forschungsorganisation, S. 619.

[326] So sein Schüler Karl Thomas 1954; zit. n. Laitko, ebd.

[327] So kamen Bier und Rubner nicht nur in Fragen der sozialen Hygiene überein, sondern auch in ihrer Redensart, neue Kollegen als „Revolutionsprofessoren" zu bezeichnen (zit. n. Grüttner, Universität, S. 108; siehe auch ebd., S. 122). Über Rubners Haltung im Prozeß gegen Nicolai siehe oben Teil I, Kap. 2.

[328] Witt, Wissenschaftsfinanzierung, S. 599; Einzelheiten zur KWG ebd., S. 598–603.

[329] Nachweise bei Dinçkal, Sportlandschaften, S. 275.

[330] Zit. n. Grüttner, Universität, S. 37.

DHfL durch den DRA hochwillkommen, auch wenn im einzelnen – inflationsbedingt – offene Fragen blieben.[331]

Zum anderen zogen in dieser finanziellen Krise auf einer politischen Ebene KWG und KWI Nutzen aus der von den Akademien Berlin, Göttingen, Heidelberg, Leipzig und München ins Leben gerufenen ‚Notgemeinschaft der Deutschen Wissenschaft'. Durch die in ihrer Konstruktion „verfassungsrechtlich erstmals gegebenen Kompetenzen des Reiches auf dem Gebiete von Bildung und Wissenschaft" war nämlich auch eine „Bresche für die Förderung der KWG durch das Reich geschlagen"[332], die sich der gemeinsamen Unterstützung so unterschiedlicher Funktionsträger aus dem Reich und Preußen wie Staatssekretär Lewald, Minister Schulz (Reich), Staatssekretär Becker und Ministerialrat Krüß (Preußen) verdankte, welche allesamt auf die eine oder andere Art auch die DHfL gefördert hatten.[333] Allerdings dürfte sie von der ‚Notgemeinschaft' keine unmittelbare Untersützung erfahren haben, da Bedingung dafür ihre Mitgliedschaft im Verband der deutschen Hochschulen gewesen wäre, die bekanntlich an ihrem fehlenden Habilitations- und Promotionsrecht gescheitert war.

4.2   Konzepte und Gegenstände der Forschung

4.2.1   Übersicht

Geben wir zunächst ein Gesamtbild der an der DHfL betriebenen Forschung unter der Perspektive der Kontinuitätsfrage, *so ist sie durch die Integration der seit 1904/05 allmählich einsetzenden, seit 1912 verstärkten und 1917 erstmals vorliegenden systematischen Konzeption einer interdisziplinären Sportwissenschaft in das Gewand der ‚neuen universitas' charakterisiert.*[334] In dieser „fachpädagogischen Forschungsarbeit"[335] bleiben einerseits die zentralen Ideen von Stadion-Organismus und Sportlaboratorium erhalten und erfahren andererseits durch – historisch-kulturell bedingte – neue Ziele, Methoden, Gegenstände und Kooperationen eine Wandlung und Erweiterung.[336] Auch wenn eine 1919 von

---

[331]   Vgl. den Bericht über die Wirtschaftsausschuß-Sitzung des DRA v. 16.11.192 v. 21.11.22, S. 1 (CuLDA, Mappe 4): „Dem Kaiser-Wilhelm-Institut soll auf seine Anfrage über die Bezüge von Fräulein Eilers mitgeteilt werden, dass dieselbe nicht besser als die übrigen Angestellten des D.R.A., die 75% der tarifmässigen Bezüge erhielten, gestellt werden könne." Diese finanzielle Seite der Kooperation von DHfL und Rubners KWI beleuchtet auch Dinçkal, Sportlandschaften, S. 275–276.

[332]   Witt, Wissenschaftsfinanzierung, S. 593–594.

[333]   Diese Namen nach Witt, ebd., S. 594, der allerdings diese Parallele zu DRA und DHfL nicht erwähnt. Interessant ist der Hinweis ebd., daß „in den Anfangsjahren der Weimarer Republik häufig preußische Beamte *zugleich* im Nebenamt in Reichsministerien tätig waren, denen noch der eigene Beamtenstab für neugewonnene Aufgabengebiete fehlte."

[334]   Vgl. Court, Vorgeschichte, S. 63–71, 243, 265–275.

[335]   Tätigkeitsbericht der DHfL WS 1920/21, S. 3 (CuLDA, Mappe 188).

[336]   Ebenso F. Becker, Leben, Bd. II, S. 133: „Forschungsinitiativen verdanken sich immer politischen und ökonomischen Interessen sowie sozialen und kulturellen Bedürfnissen."

Schneider[337] erstellte Übersicht der künftigen Forschungsaufgaben der DHfL mit der Einschränkung versehen ist, „man sieht wohl an dieser Aufzählung ziemlich wahllos herausgegriffener Bearbeitungsgegenstände, wie gewaltig das Gebiet ist, das der Erschließung harrt"[338], ist sie für unseren Zusammenhang von exemplarischer Bedeutung:

> Als Forschungs- und Beobachtungsgebiete nenne ich zunächst etwa folgende, an deren Bearbeitung je nach der Anzahl der sich meldenden Mitarbeiter herangegangen wird: Leibesübungen in der Philosophie, Religion, Kultur, Geschichte und Kunst der Völker. Vergleichende Anatomie. Vergleichende Physiologie der Leibesübungen. Beiträge zur Sporttypenforschung. Eignungsprüfungen. Ermüdungsprüfungen. Durchführung der anthropometrischen Untersuchungen an Schülern. Hygiene im Schulbetrieb. Beobachtungen bei der Quäkerspeisung. Physik der Leibesübungen (Lauf, Sprung, Wurf, Hebelgesetze beim Rudern, Gleichgewichts- und Geschwindigkeitsberechnungen des Radfahrers, Skiläufers, Eisläufers, usw., Flugbahnberechnungen beim Ballspielen, Bogenschießen, Diskus-, Bumerangwerfen usw.). Nahrungsmittelchemie unter Berücksichtigung des Trainings. Ermüdungsgifte. Geographie der Leibesübung (Verbreitung und Stand der einzelnen Arten von Leibesübungen in den verschiedenen Teilen der Erde unter Berücksichtigung von Klima, wirtschaftlichen Verhältnissen usw., und Wanderungen der einzelnen Turn-, Sport- und Spielgeräte, z. B. des Schneeschuhs, des Schlittschuhs, des Rades; Karten entwerfen!). Sammlung und Auswertung der Turn-, Sport- und Spielsprache. Fremdsprachliche Sprechübungen über Turnen, Sport und Spiel. Zusammenstellung von Büchern über Turnen, Sport und Spiel in den Lehrer- und Schülerbüchereien. Zusammenstellung der Schulfilme und Lichtbilderreihen über Leibesübungen. Auswahl und Zusammenstellung von Lesestücken und Rechenaufgaben über Leibesübungen als Anhang und Ergänzung zu Lese- und Rechenbüchern. Sammlung und Auswertung von Turn-, Sport- und Spielliedern. Methodik des Sportzeichnens (schnelles

---

[337] Prinzipiell waren Schneider und Mallwitz für Forschungsfragen zuständig; vgl. den Bericht über die Sitzung des vorläufigen Senats der DHfL am 22.3.1920 v. 26.3.1920, S. 2 (CuL-DA, Mappe 187): „Den in der Sitzung am 15. April vorzulegenden Forschungsplan wird Dr. Mallwitz zusammen mit Oberlehrer Schneider ausarbeiten und bis zum 1. April dem Generalsekretariat einsenden." Leider konnte ich einen solchen Plan nicht auffinden; allgemein blieb die Aufgabe der DHfL – wie vor Gründung der DHfL – die „Vervollkommnung der Ausführungsform" (siehe die jährlich aufgestellten Arbeitspläne des DRA für die DHfL in Mappe 8, CuLDA). Die genaue Wahl der einzelnen Themen hatte zum einen die Forschungsfreiheit nach Art. 142 zu berücksichtigen; zum anderen erfolgte sie auch nach Absprache zwischen den Abteilungen. Im Falle von Abstimmungsproblemen und mutmaßlichen Kompetenzüberschreitungen wurde der Senat um Rat gefragt, wie wir im nächsten Kapitel sehen werden.

[338] Schneider, Lehrerschaft, S. 417.

und richtiges Festhalten von Stellungen und Bewegungen bei Turnen, Spiel und Sport). Anfertigen von Turn-, Sport- und Spielgeräten im Werkunterricht. Die tägliche Turnstunde. (Wie ist sie in den Lehrplan ohne Schädigung anderer Fächer hineinzuarbeiten?) Unterricht im Freien (Landheime, Gartenbauschulen, Farmschulen, Wandertage usw.).[339]

Vergleichen wir diesen Vorschlag mit Diems maßgeblichem Antrag 1917 für eine „Wissenschaftliche Forschungsstätte im Deutschen Stadion", gemäß dem die „gesundheitlichen Wirkungen der Leibesübung und die gesundheitlichen Grenzen körperlicher Anspannung der wissenschaftlichen Gegenprüfung durch berufene Wissenschaftler bedürfen"[340], ist festzuhalten, daß bereits die Frage der Volksgesundheit 1917 und 1919 ein Leitmotiv bildet, nun jedoch auch darüber hinausgehende Themen eine Rolle spielen. Während es 1917 darum zu tun war, Leibesübungen in ihren Funktionen für die körperliche Widerstands- und Regenerationsfähigkeit im modernen Krieg unter der Perspektive eines militärischen und ideologischen Sieges zu analysieren, erstreckte sich nach seinem Ende das Interesse auch auf Gegenstände der geisteswissenschaftlichen Grundlagenforschung, d. h. ohne direkten Anwendungsbezug, und Fragen der technisch optimalen Bewegungsausführung.

Gleichwohl bleibt das Verhältnis von Weltkrieg und Gesundheit in einer doppelten Kontinuität in Schneiders Übersicht sichtbar, diesmal jedoch in der Aufgabe, die Folgen einer Niederlage zu bewältigen.[341] Vor diesem Hintergrund haben in Schneiders Aufzählung erstens sowohl die Beispiele aus dem Bereich der Ernährung als auch der Passus ‚Beiträge zur Sporttypenforschung. Eignungsprüfungen. Ermüdungsprüfungen. Durchführung der anthropometrischen Untersuchungen an Schülern' gemeinsame gesundheits- und wohlfahrtspolitische Anliegen. Wenn Volksgesundheit nicht nur von der unmittelbaren Lösung des drängenden Problems der Ernährung, sondern auch von angemessenen materiellen Lebensumständen abhängt, Deutschland aber nach dem Versailler Vertrag wesentliche Ressourcen verloren hat, zielt Forschung auf eine „Erhöhung der Effizienz [...] – mit den geringen verfügbaren Mitteln sollte das bestmögliche Ergebnis erzielt werden."[342]

Auf diese Weise rücken zweitens auch scheinbar rein technische Fragen der sportlichen Bewegungsausführung in diesen Kontext, wie er im Schlagwort ‚des rechten Mannes für den rechten Platz'[343] einen populären Ausdruck gefunden

---

[339]   Ebd., S. 416–417.

[340]   Zit. n. Court, Vorgeschichte, S. 265–266.

[341]   Es sei daran erinnert, daß unter Gesundheit stets ihr weiter Begriff der *Volksgesundheit* verstanden wird; siehe z. B. den Redebeitrag Lewalds oben auf S. 134 und F. Becker, Leben, Bd. II, S. 133.

[342]   Ebd.

[343]   Zit. n. Sippel, Psychologie, S. 72. Die Kontinuität zwischen der Wissenschaft im Ersten Weltkrieg und der DHfL betont auch Sippel, ebd.; siehe zu Sippels Zitat ferner Uhlmann, Kohlrausch, S. 79, 93, die es für Hoske nachweist. Bekanntlich hatte schon Lewald in sei-

und die Sportwissenschaft in den Blickpunkt der Arbeitsphysiologie, Arbeitspsychologie und des Taylorismus gerückt hat.[344] Da die sie beschäftigenden Fragen der Optimierung und Maximierung von Bewegungen in engstem Zusammenhang mit denen der Ermüdung stehen, erstreckte sich die Kontinuität auf ihr gemeinsames Interesse am alten Problem der ‚Sportübertreibung': „Je besser die Technik eines Bewegungsvorganges beherrscht wird, um so weniger Kraft wird verbraucht"[345].

Aus diesen inhaltlichen Überlegungen folgt schließlich auch eine wichtige methodologische Konsequenz für die Passung der DHfL in die ‚neue universitas'. Wenn der Zweck vom „„Neuen Menschen'" als „Einheit Körper-Geist-Seele"[346] an den ‚Willen zur Synthese' gekoppelt wird, ist zur Verwirklichung auf der wissenschaftsorganisatorischen Ebene eine „Trias von Wirtschaft, Wissenschaft und Staat"[347] notwendig, d. h. konkret für die DHfL die Kooperation sowohl ihrer Einrichtungen untereinander als auch mit anderen, staatlichen und nichtstaatlichen, Institutionen.

Innerhalb der Hochschule spielte sich die Zusammenarbeit auf zwei (selbstverständlich ineinanderfließenden) Ebenen ab. Auf einer informellen Ebene finden wir zum einen von einzelnen Abteilungen organisierte „regelmäßige Aussprachen über die Probleme und Methoden ihres Arbeitsgebietes sowie über die innige Zusammenarbeit mit den anderen Abteilungen"[348] und zum anderen „regelmäßige Referierabende"[349]. Die Differenz zwischen diesen beiden Formen des Austauschs besteht darin, daß die Aussprachen explizit auf die Kooperation mit den anderen Abteilungen zielten, während zu den Vortragsabenden der Abteilung II üblicherweise nur Zuhörer aus dem medizinischen Kollegenkreis geladen wurden[350] – auch wenn sie in ihren verschiedenen Laboratorien beschäftigt waren. Zum Beispiel erschienen auf den Referierabenden vom 3. März und vom

---

nem Schreiben v. 1.7.1919 an das MWKV auf den Zusammenhang zwischen Sportwissenschaft und den „Prinzipien der Arbeitsökonomie" verweisen; siehe oben S. 41.

[344] Vgl. Sippel, Psychologie, S. 72; F. Becker, Leben, Bd. II, S. 104–116; Dinçkal, Sportlandschaften, S. 260, 273–281, der auch den Zusammenhang mit der Sportanthropometrie herausstellt.

[345] Goecke, Akkord, S. 171. Zur Frage der ‚Sportübertreibungen' vgl. Court, Vorgeschichte, S. 154; F. Becker, Leben, Bd. II, S. 107.

[346] Meusel, Lehrgänge, S. 105.

[347] F. Becker, Leben, Bd. II, S. 114.

[348] DHfL. 10. Monatsbericht. März 1922, in: MTSS 1922, S. 145.

[349] Handschriftlich korrigierter Entwurf eines Schreibens des DRA an das RMI v. 16.5.1922 (CuLDA, Mappe 190), S. 3.

[350] Vgl. DHfL. 12. Monatsbericht. Mai 1922, in: MTSS 1922, S. 226: „Am 3. Referierabend der Abteilung sprach Geh.-Med.-Rat Prof. Dr. Bier über ‚Gymnastik als Vorbeugungs- und Heilmittel'. Ausnahmsweise war hierzu ein größerer Kreis auch von Nichtmedizinern geladen."

17. Juli 1922 die Leiter aller drei Laboratorien der Abteilung II; hinzu kamen aus den anderen Abteilungen Klinge und Diem als Nichtmediziner.[351]

Bei der Zusammenarbeit auf einer formellen Ebene handelt es sich um konkrete, gemeinsam durchgeführte Forschungsprojekte. Aufgrund der Größe, Struktur und Bedeutung der Abteilung II liegt es auf der Hand, daß sich – wie gleichfalls zu zeigen sein wird – Kooperationen vor allem auf die eigenen Laboratorien erstreckten. Abteilungsübergreifende Forschung gab es beispielsweise zwischen dem Physiologischen und dem Psychologischen Laboratorium[352], dem Psychologischen Laboratorium und den Abteilungen für Übungs- und Verwaltungslehre[353] sowie anläßlich der Kampfspiele 1922 zwischen allen Abteilungen.[354] Eine Anregung Schultes für eine Zusammenarbeit zwischen der Versuchsanstalt und dem Psychologischen Laboratorium[355] konnte – wie wir im nächsten Kapitel sehen werden – wegen des frühen Endes der Versuchsanstalt nicht verwirklicht werden.

Forschungskooperationen – im weitesten Sinne – mit Einrichtungen außerhalb der DHfL, der Charité und Rubners KWI und dem bereits mehrfach erwähnten Münchener Institut von Rudolf Martin gab es mit zahlreichen Behörden, Ministerien, Hochschuleinrichtungen und weiteren Organisationen vorwiegend staatlicher, aber auch privater Natur; die behördlichen Kontakte erstreckten sich von der städtischen bis zur Reichsebene.[356] Zu nennen sind das meterologische Institut der Berliner Universität[357], das dortige Psychologische Institut[358],

---

[351]   Zuhörer bzw. Referenten dieser beiden Vortragsabende aus den Reihen der Medizin waren Bier, Herbst, Kirchberg, Herxheimer, Kisch, Brustmann, Hoske, Du Bois-Reymond und Baetzner; siehe DHfL. 10. Monatsbericht. März 1922, in: ebd., 1922, S. 144; DHfL. 15. Monatsbericht. August 1922, in: ebd., S. 351.

[352]   Dabei geht es um die Konzentrationsprüfungen bei Marathonläufern durch Flockenhaus und seine Verwendung psychologischer Methoden; vgl. DHfL. 18. Monatsbericht. November 1922. Sitzung des Kuratoriums v. 10.11.1922, in: ebd., 1922, S. 473, und unten ausführlich S. 255. Hier sind als Gäste Schulte und Müller (vermutlich der Sportarzt der PrHfL) erwähnenswert.

[353]   Siehe Tätigkeitsbericht der DHfL. SoS 1921. Sekretariat der Hochschule. Berlin o. J., S. 14: „Besonders zu erwähnen ist die sich immer inniger gestaltende Zusammenarbeit mit der Abteilung für Übungslehre und der Abteilung für Verwaltungslehre."

[354]   Vgl. DHfL. 18. Monatsbericht. November 1922. Sitzung des Kuratoriums v. 10.11.1922, in: MTSS 1922, S. 473; auch darauf wird zurückzukommen sein.

[355]   Dazu Schneider, Versuchsanstalt 1922, S. 15.

[356]   Vgl. bspw. DHfL. 10. Monatsbericht. März 1922, in: MTSS 1922, S. 144: „Im Oktober fand vor den Vertretern der Reichs- und Staatsbehörden, insbesondere der Ministerien, eine Vorführung der Methoden des sportpsychologischen Laboratoriums statt".

[357]   Siehe DHfL. 38. Monatsbericht. Juli 1924, in: ebd., 1924, S. 443. Gemessen werden sollte die Wirkung von Witterungseinflüssen auf die sportliche Leistung.

[358]   Siehe Schulte, Sport, Vorwort, S. 7 [o. P.]: „Herr Prof. Dr. med. Friedenthal veranlaßte uns zur Uebernahme der Psychologischen Abteilung seiner ‚Arbeitsstätte für Menschheitskunde', in deren Rahmen vorwiegend Fragen der Psychologie der Persönlichkeit behandelt wurden."

die Gesellschaft für Funkentelegraphie in Nauen[359], das Strafgefängnis in Plötzensee[360], der Preußische und der Berliner Turnlehrerverein[361], die sozialhygienische Akademie Charlottenburg[362], die Technische Hochschule Charlottenburg[363], der Berliner Zoologische Garten[364], das Berliner Museum für Völkerkunde[365], Rudolf Bodes Münchener Gymnastikschule[366], die Wünsdorfer Militärturnanstalt[367], die Berliner Humboldt-Hochschule[368], die UFA[369], das Berufs- und Woh-

[359] Siehe DHfL. 7. Monatsbericht. Januar 1922. Sitzung des Großen Rates v. 2.12.1921, in: MTSS 1922, S. 15.

[360] Siehe DHfL. 1. Monatsbericht. Juni 1921, in: ebd., 1921, S. 265: „Unter Leitung des Turnlehrers stud. Haussen sind die Jugendlichen des Gefängnisses Plötzensee zu sportlichen Übungen und Spielen in der Freizeit herangezogen worden. Der Gefängnisdirektor will auf Grund der bisherigen Erfahrungen auch die Schwerbestraften in Zukunft zu den Übungen zulassen." Vgl. auch DHfL. 12. Monatsbericht. Mai 1922, in: ebd., 1922, S. 225: „Ein Antrag Diems wird angenommen, genaue Untersuchungen über den Einfluß der Leibesübungen an jugendlichen Straftätern im Strafgefängnis Plötzensee durchzuführen und Vergleiche mit Gefängnissen, in denen kein Sport getrieben wird, anzustellen."

[361] Sie waren Auftraggeber von reichsweiten Schüleruntersuchungen; vgl. DHfL. 7. Monatsbericht. Januar 1922. Sitzung des Großen Rates v. 2.12.1921, in: ebd., 1922, S. 12; DHfL. 10. Monatsbericht. März 1922, in: ebd., S. 144.

[362] Vgl. DHfL. 15. Monatsbericht. August 1922, in: ebd., 1922, S. 350: „Die Einrichtungen der Hochschule im Stadion wurden von 25 Herren der sozialhygienischen Akademie Charlottenburg unter Führung von Dr. Mallwitz besichtigt."

[363] Siehe DHfL. 19. Monatsbericht. Dezember 1922, in: ebd., 1923, S. 27.

[364] Siehe DHfL. 26. Monatsbericht. Juli 1923, in: ebd., 1923, S. 438.

[365] Siehe DHfL. 3. Monatsbericht. August 1921, in: ebd., 1921, S. 349. Der Kontakt entstand im Zusammenhang mit Sprungversuchen in der Versuchsanstalt der DHfL, auf die ich gleich zurückkomme.

[366] Siehe DHfL. 19. Monatsbericht. Dezember 1922, in: ebd., 1923, S. 26; hier ging es um Fragen der methodischen Muskelschulung. Vgl. auch DHfL. Bericht über das 1. SoS 1923, in: ebd., 1923, S. 460: „Um den Besuchern der Hochschule die Möglichkeit zu geben, sich auf allen Gebieten der Leibesübungen unterrichten zu können, berief die Hochschule Dr. Bode, München, zur Abhaltung von Sonderkursen in der Ausdrucksgymnastik." Zu Bode auch Gröben, Bode, S. 126.

[367] Siehe DHfL. 19. Monatsbericht. Dezember 1922, in: MTSS 1923, S. 26. Untersucht wurden Fragen der „Zufuhr von Baustoffen des Körpers", insbesondere die Zufuhr von Phosphor. Am 18.10.1921 wurde die Militärturnanstalt von der Versuchsanstalt der DHfL besichtigt; siehe DHfL. 6. Monatsbericht. November 1921, in: ebd., 1921, S. 466.

[368] Vgl. Schulte, Sport, Vorwort, S. 8 [o. P.]: „Ganz besondere Befriedigung haben allen Teilnehmern die sehr umfangreichen, durch fünf Jahre ausgedehnten Untersuchungen der ‚Arbeitsgemeinschaft für experimentelle und praktische Psychologie' (Humboldt-Hochschule Groß Berlin) verschafft". Siehe auch den Tätigkeitsbericht der DHfL. SoS 1921. Sekretariat der Hochschule. Berlin o. J., S. 14.

[369] Siehe DHfL. 36./37. Monatsbericht. Mai und Juni 1924, in: MTSS 1924, S. 379: „Friedel weist auf sein neues Kolleg: ‚Anatomie der Bewegung' hin und auf einen neuen, von ihm konstruierten Apparat für Exkursionsweite der Gelenke am Lebenden. Er wird sich mit der Ufa in Verbindung setzen, um die erforderlichen Zeitlupenaufnahmen herzustellen." – Vermutlich handelt es sich um Arthur Friedel, der 1927 in der Schriftenreihe der DHfL „Handbuch der Leibesübungen" Bd. 10 *Anatomie: Knochen- und Gelenlehre* veröffentlichte.

nungsamt der Stadt Berlin[370] und der Landesausschuß für Volkshygiene[371].
Schließlich ist anzuführen die Kooperation mit der Berliner und der Preußischen
Polizei durch Herxheimer und Schulte im Auftrag des preußischen Innenministe-
riums und des MWKV, wobei auch die PrHfL „Räume, Lehr- und Forschungs-
gelegenheiten zur Verfügung stellte".[372]

4.2.2 Abteilung I

Bei den beiden der Abteilung I für Übungslehre zugeordneten Forschungseinrichtungen – der Versuchsanstalt und der physikalisch-technischen Abteilung –
handelt es sich um die vielleicht größten Curiosa der frühen DHfL. Sie sind von
der Forschung so gut wie nicht beachtet[373]; ihre Existenz währte nur kurz; über
ihr Ende kann nur spekuliert werden, und sogar ihre Bezeichnung ist uneinheit-
lich: so finden wir für die letztere in den eigenen Tätigkeitsberichten der DHfL
sowohl den Namen „physikalisch-technische" als auch „technisch-physikalische
Abteilung"[374].

Die Gründung der Versuchsanstalt war bekanntlich bereits in der Stellenausschreibung vom 2. März 1920 vorgesehen und geht auf einen Senatsbeschluß der
DHfL vom 27. Juli 1921 zurück.[375] Er folgte damit einer Anregung Schneiders,
„Versuche über historische und exotische Sportformen (Halterensprung, Bumerangwerfen usw.) auszuarbeiten."[376] In engem Zusammenhang mit Schneiders
1919 erstellter Übersicht der künftigen Forschungsaufgaben der DHfL oblagen
der Versuchsanstalt zwei zentrale Aufgaben. Unter Hinweis auf Kurse René Du
Bois-Reymonds im nahezu in Vergessenheit geratenen Bogenschießen, einen
Rennschuhbau durch Hoske und Spiele mit dem „bei uns so gut wie unbekann-

---

[370] Tätigkeitsbericht der DHfL. SoS 1921. Sekretariat der Hochschule. Berlin o. J., S. 14;
       ebenso wie bei der Humboldt-Hochschule ging es um Eignungsprüfungen.
[371] Ebd., S. 13.
[372] Vgl. Schulte, Sport, Vorwort, S. 6 [o. P.]; diese Unterstützung hatte sich angeboten, weil
       die Preußische Polizeischule für Leibesübungen gleichfalls in Spandau beheimatet war
       (und sich möglicherweise Räumlichkeiten mit der PrHfL teilte). Herxheimer führte an der
       Preußischen Polizeischule Untersuchungen zur Einnahme von Koffein, Alkohol und Natri-
       umphosphat durch; vgl. DHfL. 19. Monatsbericht. Dezember 1922, in: MTSS 1923, S. 26;
       14. Monatsbericht. Juli 1922, ebd., S. 315; Roedig, Steigerung.
[373] Uhlmann, Kohlrausch, S. 82, nennt wenigstens ihre Existenz.
[374] Vgl. den Tätigkeitsbericht DHfL WS 1921/22, S. 7 (CuLDA, Mappe 188) und ihren
       3. Monatsbericht. August 1921, in: MTSS 1921, S. 347.
[375] Siehe Schneider, Versuchsanstalt 1921a, S. 281: „In der Sitzung des Senats der Deutschen
       Hochschule für Leibesübungen vom 27. Juli 1921 wurde beschlossen, der HfL neben ihrem
       bisherigen Charakter als Lehranstalt, Forschungsstätte und Erziehungsanstalt den einer
       Versuchsanstalt für Leibesübungen zu geben." Siehe auch oben S. 48.
[376] DHfL. 2. Monatsbericht Juli 1921, in: MTSS 1921, S. 305. Siehe ebd.: „Schneider wird
       vom Senat beauftragt, in Verbindung mit Altrock und Steinhof die Versuche aufzuneh-
       men."

ten 3 kg schweren Medizinball von H. Suren [sic]"[377] folgte die erste, kulturhistorische Aufgabe der Idee, Leibesübungen zu einer „Volkssitte"[378] werden zu lassen, die der „Höherentwicklung der Menschheit"[379] diene:

> Das, was bisher in den Büchern selig und vergessen schlummerte, wird lebendig gemacht. Die Sportbüchereien fangen wirklich an zu reden und zu handeln. Die Geschichte und Geographie der Leibesübungen wird zu einem Kolleg, das für das ganze Volk in der Weise gelesen wird, dass man die sonst nur für einen kleinen Kreis beschriebenen und höchstens an die Wandtafel gezeichneten Uebungen und Spiele nun wirklich auf Sport- und Turnplätzen und -festen sieht. Die jetzigen Turn- und Sportveranstaltungen, die in ihrer Menge und Gleichförmigkeit die Zuschauer und oft auch die Teilnehmer vielfach langweilen [...], werden durch das Einschieben der Vorführung einer solchen neuen, alten oder fremden Art von Leibesübungen erheblich an Interesse gewinnen. Den Berufssport kann man nur innerlich, nicht aber durch Zwangsmaßnahmen überwinden; daher ist neues Blut im Amateursport nötig.[380]

Die zweite Aufgabe entsprang jenem arbeitspsychologischen und -psychologischen Interesse an der Optimierung und Maximierung von Leistungen. Noch unter der Rubrik „Psychologische Forschung" findet sich im Forschungsbericht der DHfL für das Sommersemester 1921 der Passus „Die psychotechnische Erforschung der Sportgeräte wurde bei der Versuchsanstalt (Dr. Schneider) angeregt"[381], der auf der vierten Sitzung der Versuchsanstalt am 13. Dezember 1921 konkretisiert wurde:

> Dr. R. Schulte regte psychotechnische Eichungsprüfungen von Sportgeräten an, indem er an Hand von Demonstrationen und Ergebnissen eigener Forschungen mit solchen Prüfungen im Wirtschaftsleben (Bauwesen, Industrie usw.) hinweist. Wie dort eine Leistungs- und Ertragssteigerung durch Untersuchung des Arbeitsvorganges, der Geräte und der physischen und psychischen Beanspruchung des Menschen erreicht werde, so könne das auch mit Erfolg im Sport geschehen. Die Sportgeräte müssten an den

---

[377] Schneider, Versuchsanstalt 1921a, S. 282. – Hans Surén wurde als wesentlicher Vertreter der „Nacktkultur-Bewegung" (Bernett, Grundformen, S. 72; vgl. Wedemeyer-Kolwe, Körperkultur, ad indicem) und insbesondere des „„Sonnensporttums'" (Eisenberg, „English sports", S. 362) mit seinem 1924 erschienenen Buch *Der Mensch und die Sonne* ein weltweit erfolgreicher Sportschriftsteller; 1921 war er noch Kommandeur in Wunsdorf. Für den gewohnt polemischen Neuendorff, Geschichte, S. 721, hatte der „Herrgott Surén, der Sonnensehnsüchtling und Nacktkulturapostel, in seinem Zorne nach dem Umbruch von 1918 zum Kommandeur der preußischen Militärturnanstalt gemacht."

[378] Schneider, Versuchsanstalt 1921a, S. 281.

[379] Ders., Versuchsanstalt 1921b, S. 307.

[380] Ders., Versuchsanstalt 1921a, S. 281–282.

[381] Tätigkeitsbericht der DHfL. SoS 1921. Sekretariat der Hochschule. Berlin o. J., S. 15.

Menschen in möglichst vollkommener Weise angepasst werden, nach physikalisch-technischen, physiologischen und auch nach rein seelischen, z. B. gefühlsmässigen Momenten. Im sportpsychologischen Laboratorium der Deutschen Hochschule für Leibesübungen wurde bereits mit derartigen Untersuchungen begonnen.[382]

Schneiders Plan für die Versuchsanstalt sah Sitzungen im ungefähren Zweiwochenrhythmus vor. Zu ihnen wurden eingeladen zum einen die Mitglieder des Senats, des Großen Rats, die Lehrerschaft und die älteren Studenten der DHfL sowie anderer Hochschulen sowie die Mitglieder von ZK und DRA und zum anderen diejenigen, die zuvor schriftlich bei Schneider ein Teilnahmegesuch eingereicht hatten. Dabei betonte er die Zwecklosigkeit von Gesuchen „aus Geschäftsinteresse"[383]. Ferner bat Schneider „Leute mit brauchbaren Ideen auf dem erwähnten Gebiete" um Zusendung ihrer Anschrift, damit er diese Ideen anschließend „einem besonderen Ausschuss und dem Senat"[384] unterbreiten könne. Dieser Ausschuß sollte nach Ablauf eines Jahres zu einer festen Einrichtung werden, in die

> nur Leute, die wirklich gearbeitet haben, berufen werden sollen. Es wird in jeder Sitzung etwa ein Bericht über eine alte, fremde oder neue Art von Leibesübungen erstattet werden, an den sich dann eine Aussprache und eine praktische Vorführung schliessen sollen. Die Auswahl der zu prüfenden Leibesübungen wird in erster Linie nach ihrem vermutlichen Wert für die Körperbildung erfolgen, doch sind natürlich andere Gesichtspunkte nicht ausgeschlossen. Die Tatsache der Anstellung der Versuche wird durch die Tages- und Fachpresse veröffentlicht; alle deutschen Turn- und Sportvereine werden gebeten, mit ihnen geeignet erscheinenden Uebungen ebenfalls Versuche anzustellen und über die Ergebnisse an die Versuchsanstalt für Leibesübungen [...] zu berichten. Die Versuchsanstalt wird die gewonnenen Ergebnisse nach gehöriger Nachprüfung in zweckdienlicher Weise veröffentlichen und es dann den Verbänden überlassen, ob sie die betreffende Art der Leibesübungen einführen wollen oder nicht.[385]

Nachgewiesen sind vier Sitzungen der Versuchsanstalt. Auf der ersten Sitzung am 30. August 1921 wurde ihr Arbeitsplan besprochen und das Springen mit Sprunggewichten vorgeführt.[386] Die zweite Sitzung am 13. September 1921 be-

---

[382] Schneider, Versuchsanstalt 1922, S. 15; vgl. Tätigkeitsbericht der DHfL. SoS 1921. Sekretariat der Hochschule. Berlin o. J., S. 15: „Die psychotechnische Erforschung der Sportgeräte wurde bei der Versuchsanstalt (Studienrat Schneider) angeregt." Zum Begriff der Psychotechnik in diesem Zusammenhang Janssen, Sportpsychologie, S. 43–44.

[383] Schneider, Versuchsanstalt 1921b, S. 308.

[384] Ders., Versuchsanstalt 1921a, S. 282.

[385] Ders., Versuchsanstalt 1921b, S. 308. Vgl. DHfL. 3. Monatsbericht. August 1921, in: MTSS 1921, S. 348–349.

[386] DHfL. 3. Monatsbericht. August 1921, in: ebd., 1921, S. 348–349.

handelte das Tragen von Lasten aus orthopädischer Sicht und das Werfen mit dem Bumerang.[387] Die dritte Sitzung am 18. Oktober 1921 verband einen Besuch in Wünsdorf mit einer Demonstration des Balkenwurfes und des Medizinballes, den Surén selbst vorstellte.[388] Auf der vierten Sitzung am 13. Dezember 1921 wurden neben der erwähnten Anregung Schultes zu Eichungsprüfungen die Einführung eines kleineren Wurfspeeres und der Paßgang behandelt. Sie schloß mit Fragen, die an die Versuchsanstalt herangetragen wurden und u. a. Bodenbeläge und den Blindensport betrafen.[389] Häufigster Teilnehmer der Sitzungen war – neben Schneider – Brustmann; Diem besuchte lediglich die zweite Sitzung. Auf ihr waren zudem ein Vertreter des RMI (Rittau) und Teilnehmer der Presse anwesend: Erna Büsing (Vorwärts), A. Schaer (Sportblatt) und H. Schröer (Monatsschrift für Turnen, Spiel und Sport).[390]

Auf welche Weise die praktische Arbeit der Versuchsanstalt funktionierte, soll abschließend an zwei Beispielen verdeutlicht werden. Zum einen stehen sie für den dezidiert kulturhistorischen Anspruch der Versuchsanstalt und zum anderen auch ihre Modernität, denn das als erstes vorzustellende „Springen mit Hanteln"[391] ist nach wie vor ein Gegenstand der Forschung. Während diese aktuellen Untersuchungen allerdings unmittelbar an der antiken Technik ansetzen[392], hatte die Versuchsanstalt einen anderen Ausgangspunkt:

> In der Sitzung vom 30. August wurde das Springen mit Sprunggewichten eingehend besprochen, woran sich sämtliche Anwesenden lebhaft beteiligten, und dann durch den Zehnkampfmeister A. Holz vorgeführt, der sich seit längerer Zeit mit dieser Springart beschäftigt hat. Holz war nicht durch die griechischen Springer, sondern durch einen Springkünstler im Zirkus Busch angeregt worden, der mit Sprunggewichten über eine Droschke sprang und andere Springkunststücke ausführte. Holz übte über im Kreise gestellte Böcke, dann über Hürden gleicher und verschiedener Höhe, wobei er mit Sprunggewichten (Hanteln) so sprang, dass der Niedersprung immer gleich wieder für den Schlusssprung über die nächste Hürde verwendet wurde. Er schreibt diesen Uebungen eine Erhöhung seiner Sprungleistungen und eine grosse Beherrschung seines Körpers zu. Er zeigte dann auch an seinem Körper, wie sich bei ihm infolge dieser Sprungübungen besonders Linien und Muskelwülste am Unterleib entwik-

---

[387] DHfL. 4. Monatsbericht. September 1921, in: ebd., S. 393; vgl. Schneider, Versuchsanstalt 1922, S. 15.

[388] DHfL. 6. Monatsbericht. November 1921, in: MTSS 1921, S. 466–467.

[389] DHfL. 7. Monatsbericht. Januar 1922, in: ebd., 1922, S. 15–16; vgl. Schneider, Versuchsanstalt 1922, S. 15.

[390] DHfL. 4. Monatsbericht. September 1921, in: MTSS 1921, S. 393.

[391] Schneider, Versuchsanstalt 1921b, S. 308.

[392] Ausführlich Loosch/Brodersen/Mosebach, Experiment.

kelt hatten, die man in dieser Form nur bei griechischen Leichtathleten findet.[393]

Das zweite Beispiel wiederum bezieht sich direkt auf das griechische Kulturerbe:

> Dr. Brustmann rollt die Frage: „Passlauf im Sport" auf. Beobachtungen an griechischen Vasenbildern und einzelne Beobachtungen in der Praxis noch jetzt zeigen, dass es Menschen gibt, welche nicht, wie meist jetzt üblich, mit wechselseitigen Bewegungen laufen, also gleichzeitigem Vorwärtsbewegen von linkem Bein und rechtem Arm usw., sondern welche die Gliedmassen derselben Seite gleichzeitig bewegen. Diese Bewegung entspricht dem Passgang bei Pferden und Kamelen. Ueber die damit zu erreichende Schnelligkeit und Ausdauer lassen sich bei den wenigen jetzt beobachteten Fällen keine Urteile gewinnen. Auf den alten Vasenbildern sieht man, dass Passlauf vorzugsweise für die kurzen Strecken benutzt wurde; oft sind die vordersten Läufer auf Wettlaufbildern als Passläufer dargestellt. Die Vorführung und das Training natürlicher Passläufer wird beschlossen.[394]

Angesichts dieses augenscheinlichen Interesses an der Arbeit der Versuchsanstalt drängt sich die Frage auf, weshalb sie offensichtlich mit der Sitzung vom 13. Dezember 1921 stillschweigend eingestellt wurde – jedenfalls findet sich in den offiziellen Tätigkeitsberichten von DRA und DHfL danach weder ein weiterer Bericht über die Forschungen der Versuchsanstalt noch eine Aussage über ihr Ende oder die Gründe dafür.[395] Einen möglichen Aufschluß gibt allerdings ein von „Abteilungsleiter" Diem unterzeichnetes Schreiben vom 30. September 1921 an Schneider, dessen Wichtigkeit daran ersichtlich ist, daß Diem einen Tag später eine Abschrift „den Herren Mitgliedern des Senats" zur „Kenntnisnahme"[396] übersandte:

> Ihre Ankündigung beabsichtigter Kurse im Stelzenlaufen, von denen weder Herr Neukirch noch ich als der zuständige Abteilungsleiter etwas wusste, sowie die Pressearbeit über die Versuchsanstalt, in der unserer eigentlichen Aufgabe so fern liegende Uebungen wie Bumerangwerfen, Flugversuche mit Schneeschuhgleitfliegern, Prüfung künstlicher Schneebahnen usw. genannt wurden, haben in der Fach- und Tagespresse bereits

---

[393] Schneider, Versuchsanstalt 1921b, S. 308.

[394] Ders., Versuchsanstanstalt 1922, S. 15.

[395] Die letzte Erwähnung im Tätigkeitsbericht der DHfL vom WS 1921/22, S. 19 (CuLDA, Mappe 188), lautet knapp: „Die Versuchsanstalt hielt unter Leitung von Studienrat Schneider mehrere Sitzungen ab (vgl. dazu die Monatsschrift für Turnen, Spiel und Sport, u. a. 1. Jahrgang, Heft 12, S. 466 f., 2. Jahrg., Heft 1a, S. 157 f.)" – letzteres ist übrigens ein Druckfehler, denn es muß S. 15 f. heißen.

[396] Diese Schreiben v. 1.10.1921 an den Senat und v. 30.9.21 an Schneider befinden sich in Mappe 207 (CuLDA) auf zwei am 4.10.1921 gestempelten gemeinsamen Blättern.

eine abfällige Kritik gefunden (Sportblatt, Fussballsport, Münchener Zeitung usw.).

Ich bitte Sie daher als Senatskollege, vorderhand im Interesse der Hochschule für Leibesübungen von dieser Pressearbeit Abstand zu nehmen und die von mir beantragte Stellungnahme des Senats abzuwarten.

Ferner habe ich auch die Schriftleitung der Monatsschrift für Turnen, Spiel und Sport gebeten, von der Veröffentlichung der ihr unmittelbar zugeleiteten Mitteilungen abzusehen, auf alle Fälle jedoch diese nicht – wie in der vergangenen Nummer – an den amtlichen Hochschulbericht anzuhängen und dadurch nach aussen hin eine Verbindung zu schaffen. Es geht nicht an, dass einzelne Abteilungsleiter die notwendige Kürzung ihrer Monatsberichte im Rahmen des Gesamtberichts dadurch umgehen, dass sie einfach unmittelbar der Schriftleitung ihre Mitteilungen zusenden.

Von dieser Pressearbeit abgesehen, scheint mir eine genaue Festlegung des Arbeitsgebietes Ihrer Versuchsanstalt, sofern wir diese überhaupt bestehen lassen, notwendig. Die psychotechnischen Untersuchungen, die Klappschen Kriechübungen gehören ebenfalls wie die Prüfung der Massagemittel in den Forschungsbereich der zuständigen Abteilungen.

Ich beabsichtigte bereits in der vorigen Senatssitzung, die Angelegenheit zur Erörterung zu bringen; es fehlte zum Schluss jedoch die Zeit. Ausserdem war mir die abfällige Kritik über Ihre Presse-Aufsätze damals noch nicht bekannt. Ich hatte bis dahin gehofft, dass Ihre Arbeiten nicht beachtet würden.[397]

Zum Verständnis dieses Schreibens ist daran zu erinnern, daß es in einer Zeit abgefaßt wurde, als sich die DHfL in einem vehementen Kampf um die staatliche Anerkennung ihrer Zeugnisse in Preußen und in Konkurrenz mit der benachbarten Landesturnanstalt befand, die nur wenige Tage zuvor in den Status einer Hochschule erhoben wurde. In dieser schwierigen Lage, in der auch die beginnende Hyperinflation und die Notwendigkeit von Subventionierungen zu erwähnen ist, achtete vor allem Diem sehr sorgfältig auf eine positive Pressearbeit in der Sorge, daß eine ungünstige Berichterstattung die Pläne und sogar den Bestand der DHfL gefährden könnte.[398]

---

[397] Ebd.
[398] In einer anderen Angelegenheit (es ging um angeblich überhöhte Honorare für eine Auslandsreise von Dozenten der DHfL) sahen sich Bier und Diem zu folgendem Kommentar im 20. Monatsbericht der DHfL, Januar 1923, veranlaßt: „Dringend bitten wir die Schriftleiter aller Zeitungen, derartige unwahrscheinliche Nachrichten nicht ungeprüft der Öffentlichkeit zu übergeben. Alle nachträglichen Berichtigungen nutzen nichts, es bleibt erfahrungsgemäß immer etwas hängen. Die Hochschule legt den Schutz ihrer Ehre vertrauensvoll in die Hände der deutschen Schriftleiter, ihre Verwaltung steht zur Auskunft stets zur Verfügung. Wir bitten auch Nachrichten über die angebliche Gefährdung unseres Bestandes oder unüberwindliche Geldschwierigkeiten nicht weiterzugeben" (in: MTSS 1923, S. 84).

Prüfen wir vor diesem Hintergrund seine Vorwürfe an Schneider im einzelnen, ergibt sich allerdings kein so schlechtes Bild der Versuchsanstalt, wie es Diems Schreiben suggeriert. Zugestandermaßen recht hatte er wohl mit seinem Vorwurf der Eigenmächtigkeit, denn die ‚Ankündigung beabsichtigter Kurse im Stelzenlaufen' – die jedenfalls nicht im offiziellen Plan für das Wintersemester 1921/22 abgedruckt waren[399] – ist ebenso glaubhaft wie seine Kritik der unausgewogenen Berichterstattung. In der Tat ist der in der Monatsschrift für Turnen, Spiel und Sport vom August 1921 erschienene Bericht über die Forschung der Versuchsanstalt wesentlich umfangreicher als der von Hoske verfaßte über die der anderen Abteilungen und zudem räumlich von diesem getrennt[400]; auch wenn der Bericht über die Versuchsanstalt nicht mit Namen gekennzeichnet ist, kann als sein Verfasser eindeutig Schneider identifiziert werden, der ihn auch an anderer Stelle nahezu wortwörtlich veröffentlicht hatte.[401] Andererseits ist zu konstatieren, daß jene ‚abfällige Kritik' – u. a. über das Bumerangwerfen – nicht so einhellig die Presse durchzogen haben kann, denn das erste für sie angeführte Organ „Sportblatt" war in der Sitzung der Versuchsanstalt durch seinen Redakteur Schaer vertreten, der selbst an den Würfen mit dem Bumerang beteiligt war und sich schwerlich in eigener Person lächerlich gemacht haben wird.[402]

Was ferner das Problem der ‚Festlegung des Arbeitsgebietes der Versuchsanstalt' und den Vorwurf der Kompetenzüberschreitung angeht, so muß man daran erinnern, daß es explizit zum Konzept der DHfL gehörte, daß sich ihre „Abteilungen auf Grenzgebieten unterstützen"[403]. So hatte gerade Diem für die Abteilung I eine tragende Funktion in der Verbindung von Theorie und Praxis vorgesehen und beispielsweise selbst an den geplanten Untersuchungen zum Schnee[404] ein Interesse genommen. Selbstverständlich kann nicht ausgeschlossen werden, daß vor allem Vertreter der Abteilung II das Behandeln bestimmter Forschungsthemen wie das Tragen von Lasten aus orthopädischer Sicht durch die Abteilung I als anmaßend empfunden hatten – bekanntlich hatte die Abteilung II von ihren Referierabenden Nichtmediziner explizit ausgeschlossen, und der unmittel-

---

[399] Die Ankündigung hätte erfolgen müssen im 3. Monatsbericht der DHfL. August 1921, in: ebd., 1921, S. 343–344.

[400] Siehe ebd., S. 347–349.

[401] Schneider, Versuchsanstalt 1921b, S. 307–308.

[402] Vgl. DHfL. 4. Monatsbericht. September 1921, in: MTSS 1921, S. 393.

[403] DHfL. 1. Monatsbericht. Juni 1921, in: ebd., S. 265. Zur entsprechenden Funktion der Monatsberichte in diesem Zusammenhang siehe unten das Kapitel über Publikationsformen.

[404] Siehe oben S. 198 und das Schreiben von Schelenz an Schiff v. 28.11.1921 (CuLDA, Mappe 207): „Sie hatten die Liebenswürdigkeit, Herrn Dr. Diem auf eine technische Versuchsanstalt in Lichterfelde hinzuweisen, die u. a. die Einwirkung des Schnees und der Kälte auf Leder und Holz untersucht. Herr Studienrat Schneider, den wir baten, mit der Versuchsanstalt in Fühlung zu treten, teilt uns heute mit, dass er diese Anstalt in Lichterfelde nicht finden konnte. Wir würden Ihnen sehr dankbar sein, wenn Sie uns die genaue Adresse der Anstalt angeben würden."

bar in Diems Schreiben erwähnte Klapp hatte tatsächlich für das Wintersemester 1921/22 eine eigene Lehrveranstaltung zum Thema „Rumpfschwächen und ihre Verhütung"[405] angekündigt. Deshalb ist es durchaus denkbar, daß Klapp bei seinem alten Kollegen Bier gegen die Versuchsanstalt interveniert hatte.[406]

Schließlich könnte Diem auch aus einem bestimmten Grund, der nicht explizit in sein Schreiben an Schneider eingeflossen ist, das Ende dieser Einrichtung begrüßt haben, nämlich Suréns Demonstrationen mit dem Medizinball. Zum einen mag Diem gestört haben, daß die Versuchsanstalt in ihren Tätigkeitsberichten den Eindruck vermittelt hatte, als habe Surén den Medizinball eingeführt, während Diem selbst ihn bereits nach seiner Amerikareise 1913 ausdrücklich als gleichwertig mit „unseren Stabsübungen"[407] empfohlen und „in Deutschland eingeführt"[408] hatte. Zum anderen hatte sich genau im Zeitraum der Abfassung jenes Briefes an Schneider ein Streit zwischen Diem und Surén um Diems Ideal der „sportlichen Höchstleistung"[409] entwickelt, der mit einem Angriff Suréns ausgerechnet in der Zeitschrift „Deutsche Sport-Schule" seinen Anfang genommen hatte, in der auch Schneider regelmäßig über die Versuchsanstalt berichtete. Wie sehr Diem diese Sache wurmte, sieht man daran, daß er noch Jahrzehnte später in seiner *Weltgeschichte des Sports und der Leibeserziehung* Surén als „Kraftapostel"[410] verspottete.

Fassen wir diese Indizien zur Einstellung der Versuchsanstalt zusammen, ergibt sich der starke Eindruck, daß für Diem die Sorge um den inneren Frieden und das äußere Erscheinungsbild der DHfL in der schwierigen Gründungsphase, aber auch möglicherweise die Angst vor der Beschneidung seines eigenen Machtanspruchs und eine gekränkte Eitelkeit in der Summe ein höheres Gewicht hatten als die großen Verdienste Schneiders um die Hochschule oder die Lust an ihrem Experimentalcharakter. Inwiefern das persönliche Verhältnis Diems zum ‚Senatskollegen' Schneider durch die Sache getrübt wurde, ließ sich nicht fest-

---

[405] Vgl. Tätigkeitsbericht DHfL WS 1921/22, S. 11 (ebd., Mappe 188). Im Sommersemester 1924 bot Klapp zusammen mit Kohlrausch „Sonderkurse für rückenschwache Kinder" an; siehe DHfL. 36./37. Monatsbericht. Mai und Juni 1924, in: MTSS 1924, S. 379.

[406] Zu Rudolf Klapp, seinem Kriechverfahren und seiner Bekanntschaft mit Bier siehe Court, Vorgeschichte, S. 179–180.

[407] Diem, Schriften, Bd. 2, S. 80 [1914].

[408] Ders., Spielplatzlehrer, S. 36. Mit diesem Prioritätsstreit haben wir eine Parallele zur Auseinandersetzung zwischen Diem und Mallwitz um die Einführung des Sportabzeichens; siehe J. Schäfer, Mallwitz, S. 167: „Auf Grund zu vermutender persönlicher Animositäten zwischen Diem und Mallwitz wurde Mallwitz [...] in der Liste der erfolgreichen Absolventen nicht aufgeführt"; vgl. auch Court, Vorgeschichte, S. 122.

[409] Diem, Schriften, Bd. 1, S. 46. Zu den Hintergründen im Sportverständnis der Weimarer Zeit Wedemeyer-Kolwe, Körperkultur, S. 251–254.

[410] Diem, Weltgeschichte, S. 958; dazu paßt Hartes Rezension von Suréns Buch *Der Mensch und die Sonne* in der MTSS 1924, S. 387, mit dem Tenor: „Sosehr das Wollen des Idealisten Surén als lobenswert anerkannt werden muß, sowenig kann dem mit der Schrift gegebenen Wege ohne Bedenken zugestimmt werden." Aus heutiger Sicht ist Wedemeyer-Kolwe, Körperkultur, S. 147, anzuführen, für den Surén „auf jeden Körpertrend aufsprang."

stellen; jedenfalls war Schneider am Ende unseres Berichtzeitraums nach wie vor (als Vertreter des Deutschen Ski-Verbands) Mitglied des Senats, besuchte regelmäßig seine Sitzungen, bot Führungen für die Studenten im Berliner Zoo an und rezensierte ebenso regelmäßig wissenschaftliche Publikationen für die Berichte der DHfL in der Monatsschrift für Turnen, Spiel und Sport.[411] Spätere Forschungen aus der Abteilung I wurden entweder der gesamten Abteilung oder ihren einzelnen Mitgliedern[412] zugeschrieben bzw. von Diems Abteilung IV übernommen[413]; die Verbindung mit der Lehre blieb ein wesentliches Anliegen.[414]

Während wir über die Arbeit der Versuchsanstalt wenigstens vier Tätigkeitsberichte und mit dem Schreiben Diems an Schneider einen gewissen Anhaltspunkt für ihr Ende besitzen, ist das Material zur zweiten Forschungseinrichtung der Abteilung I, der physikalisch-technischen Abteilung, noch dünner gesät: Es beginnt mit der ersten Erwähnung ihrer Existenz im dritten Monatsbericht der DHfL vom August 1921 noch unter dem Namen „technisch-physikalische Abteilung"[415] und endet im Forschungsbericht der DHfL für das Sommersemester 1922.

Versuchen wir in den vorhandenen Angaben zur physikalisch-technischen Abteilung eine Programmatik anzugeben, sind drei Punkte besonders erwähnenswert: erstens die enge Verknüpfung zwischen Brustmanns eigener Forschung und Lehre, zweitens die Kooperation mit der Forschung und Lehre anderer Abteilungen und Hochschulen und drittens der inhaltliche Schwerpunkt auf apparativ gestützten Eignungs- und Leistungsprüfungen. Bereits in seiner Vorlesung „Das Individuelle der körperlichen Erziehung", die er im Wintersemester 1920/21 für die Abteilung III in der Chirurgischen Universitätsklinik gehalten hatte, tritt dieser Kern deutlich hervor: „Die Eignung für die einzelnen Sportformen und die Eignungsuntersuchungen mittels Anthropometrie, Dynamometer

---

[411]   Siehe z. B. Tätigkeitsbericht DHfL. WS 1924/25, S. 9 (CuLDA, Mappe 188); MTSS 1923, S. 364–365; auf den Zoobesuch mit Themen der Versuchsanstalt gehe ich ausführlich im Schlußwort ein. Ein Johannes Schneider wurde bei den Deutschen Kampfspielen 1922 in den Winterwettbewerben Sieger im Sprunglauf (Diem, Kampfspiele, S. 271) und später als Hannes Schneider ein bekannter Filmstar; er hat mit dem Johannes Schneider der Versuchsanstalt nichts zu tun.

[412]   Siehe DHfL 19. Monatsbericht. Dezember 1922, in: MTSS 1923, S. 25–26.

[413]   Siehe DHfL 1. Monatsbericht. Juni 1921. In: ebd., 1921, S. 266: „Es ist wünschenswert, daß von der Abteilung Verwaltungslehre eine Prüfung sämtlicher Geräte vorgenommen wird hinsichtlich ihrer Beschaffenheit, Verbesserung usw. Notwendig wäre z. B. eine einfache Methode zur Festigkeitsprüfung von Hochsprungstäben, die vor jedem Wettkampf vorgenommen werden kann, so daß ein Zerbrechen der Stange während des Wettkampfes ausgeschlossen bleibt."

[414]   Siehe ebd.: „Die Erforschung des Bewegungsgesetzes ist von Dr. Klinge mit dem Kugelstoß als Probe begonnen worden. Hieran haben sich ein Anatom, ein Physiologe, ein Praktiker und Klinge selbst als Physiker beteiligt. Das Ergebnis war die wissenschaftliche Begründung gewisser Haltungen beim Kugelstoß (u. a. X-Beinstellung), damit eine Sicherheit der Lehrweise."

[415]   In: MTSS 1921, S. 347.

und Tipprobe wurden ausführlich geschildert und die einzelnen Möglichkeiten der Leistungsstufung analysiert."[416]

Im Sommersemester 1921 konnte Brustmann sein Programm auf doppelte Weise fortsetzen: sowohl weiterhin in der Lehre der Abteilung III, für die Brustmann die Veranstaltung „Theorie und Praxis des Trainings zu Wettkampf und Höchstleistung mit praktischen Übungen in Eignungs- und Leistungsprüfung"[417] anbot, als nun auch in der neuen, der Abteilung I zugeordneten physikalisch-technischen Anstalt:

> Die Forschungsarbeit der Hochschule wurde nach den gegebenen Mitteln ausgebaut. Neu eingerichtet wurde eine anthropometrische Abteilung, außerdem wurden wichtige physikalisch-technische Versuche gemacht. Die erste leitete Dr. Kohlrausch, in der letzteren wirkten Steinhof, Dr. Schulte und Dr. Brustmann zusammen.[418]

Der eine Schwerpunkt der Forschung lag auf der Produktion von Filmen:

> Mit der Abteilung Erziehungslehre, Herrn Dr. Schulte, zusammen wurden von der Abteilung Übungslehre Vorarbeiten für die Forschung vorgenommen, die im Winter bearbeitet werden. Kinematographische Aufnahmen: vom Wasserspringen, vom Hochsprung, um die Schwerpunktslage zu bestimmen, desgleichen vom Weitsprung, ebenso vom Schuß beim Handball und Fußballspiel, um die Schnelligkeit des fliegenden Balles festzustellen. Ein großer Leichtathletikfilm wurde unter der Leitung von Steinhof begonnen, der bei Semesterschluß in Wurf und Stoß beendet war, Lauf und Sprung sollen noch im Laufe der letzten Augustwochen und im September unter Heranziehung erstklassiger Leichtathleten, wie bei Wurf und Stoß, beendet werden.[419]

Der andere Schwerpunkt betraf die gemeinsame Entwicklung von Apparaten für Boxen, Leichtathletik und Fußballspiel durch die Abteilungen Erziehungs- und Übungslehre[420], wobei Brustmann seine Arbeiten mit dem Dynamometer fortsetzte:

---

[416] Ebd., S. 11.

[417] DHfL. 3. Monatsbericht. August 1921, in: ebd., 1921, S. 344. Gemäß Tätigkeitsbericht der DHfL. SoS 1921. Sekretariat der Hochschule. Berlin o. J., S. 10, lautete der Titel der Veranstaltung „Maximale Arbeit"; die Inhalte waren jedenfalls deckungsgleich.

[418] Tätigkeitsbericht der DHfL. SoS 1921. Sekretariat der Hochschule. Berlin o. J., S. 3.

[419] DHfL. 3. Monatsbericht. August 1921, in: MTSS 1921, S. 347. Siehe auch Tätigkeitsbericht der DHfL. SoS 1921. Sekretariat der Hochschule. Berlin o. J., S. 16: „In der Leichtathletik ist ein neuer Film von Herrn Steinhof aufgebaut, der alle Arten des Laufs, Sprungs und Wurfs mit den dazu gehörenden vorbereitenden Übungen umfaßt; er ist im Laufe des Sommers unter seiner Leitung von der Ufa hergestellt und steht zum Herbst zum Gebrauch fertig." Inwiefern Material dieses Films auch für weitere Filme Schultes, auf die ich im nächsten Kapitel zurückkommen werde, verwendet wurde, ließ sich nicht feststellen.

[420] Vgl. ebd., S. 15–16.

Ausgehend von den Forderungen der Praxis, genügend Meßmethoden zur Feststellung der individuellen Muskelkraft, Ausdauer und Schnelligkeit zu gewinnen, wurde von Dr. Brustmann mit der Dynamometer-Zugprobe mit Hilfe eines neu konstruierten, leicht transportablen Apparates ein Ausdruck für die absolute maximale Muskelkraft gewonnen, der in Beziehung zum Körpergewicht gesetzt, einen Zahlenwert (Index) für die relative Kraft ergab. Die Dynamometer-Dauer-Druck-Probe gestattet das Abwinken der Kraftleistung bei Dauerbeanspruchungen in Form einer Kurve graphisch darzustellen und die Eignung für Dauerleistungen vorher zu erkennen.[421]

Für das Wintersemester 1921/22 wird Brustmann als alleiniger Leiter der physikalisch-technischen Anstalt angeführt[422]; auch in diesem Semester ging es ihm – neben Untersuchungen zum Werfen und Schwimmen – um das Dynamometer:

Die in den früheren Semestern begonnenen Forschungen über die Beziehungen der am Collinschen Dynamometer gemessenen groben Zug- und Druckkraft zur sportlichen Leistungsfähigkeit wurden fortgesetzt; zum Ersatz für das unzuverlässige Collins-Dynamometer wurde zusammen mit Dr. Kurrein der Berliner Technischen Hochschule, Fachmann für Meßwesen, ein hydraulisches ‚Sportdynamometer Brustmann-Kurrein' entworfen und geschützt. Der hohe Preis (10 000 Mk.) schränkt den Anwendungsbereich des sehr exakten Geräts (Fehler höchstens 1%) sehr ein. An einem billigen Massenfabrikat wird zur Zeit konstruiert.[423]

Der Forschungsbericht für das Sommersemester 1922 vermeldete den Abschluß dieser Arbeiten:

Die Theorie des Kraft-, Last-Verhältnisses, Festlegung der sportlichen Form durch das Verhältnis der Zugleistung zum eigenen Körpergewicht, hat Dr. Brustmann weiter bearbeitet. [...] Gemeinsam mit Professor Kurrein von der Charlottenburger Technischen Hochschule hat Dr. Brustmann einen neuen Dynamometer konstruiert.[424]

In den späteren Tätigkeitsberichten der DHfL werden weder Brustmann noch die physikalisch-technische Anstalt noch einmal erwähnt; sein Name fällt das letzte Mal im Zusammenhang mit der während der Deutschen Kampfspiele 1922 abgehaltenen Deutschen Sportausstellung.

---

[421] Ebd., S. 15.
[422] Tätigkeitsbericht DHfL WS 1921/22, S. 7 (CuLDA, Mappe 188).
[423] Ebd., S. 17. Vgl. DHfL. 19. Monatsbericht. Dezember 1922, in: MTSS 1923, S. 27: „Gemeinsam mit Professor Kurrein [...] hat Dr. Brustmann einen neuen Dynamometer konstruiert." Zu Max Kurrein siehe: http://archiv.pressestelle.tu-berlin.de/tui/00apr/kurrein.htm
[424] DHfL. 19. Monatsbericht. Dezember 1922, in: MTSS 1923, S. 27.

Vergleichen wir abschließend die physikalisch-technische Abteilung mit der Versuchsanstalt, ist angesichts der exakten Passung von Brustmanns Forschung auf dem Gebiet der Eignungs- und Leistungsprüfung in das Profil der DHfL und der zahlreichen bereits begonnenen Untersuchungen ihr plötzliches Ende noch rätselhafter als das von Schneiders Abteilung. Eine Spur führt zu Brustmanns Tätigkeit als Sportschriftsteller und dem großen Verkaufserfolg seines 1922 bei Hackebeil in Berlin erschienenen Buches *Aus eigner Kraft. Berliner Sportroman. Geschichte einer sportlichen Selbsterziehung,* der es ihm erlaubte, ausschließlich von den Tantiemen zu leben. Vielleicht hängt Brustmanns Ausscheiden aus der DHfL aber auch mit seinem Dynamometer zusammen, denn seine Konstruktion könnte zu Patentproblemen mit der Hochschule geführt haben.[425] Gegen die These eines grundsätzlichen Zerwürfnisses mit DRA und DHfL spricht aber, daß Brustmann von 1928 bis 1936 als Arzt der deutschen Olympiamannschaft fungierte.[426]

Ebenso wie bei der Versuchsanstalt ist anzufügen, daß Forschungen aus der Abteilung Übungslehre in den späteren Tätigkeitsberichten der gesamten Abteilung oder einzelne Dozenten zugeordnet wurden. Dabei war ihr Hauptgegenstand die Entwicklung von „Übungsmethoden" gemäß der „von einzelnen Lehrern (Klinge, Diem) geforderten ‚physiologischen Orientierung'". Außer Arbeiten von Bode und Steinhof wurde die Arbeit von Deppe zur „Theorie der Lockerung" hervorgehoben, die „nicht nur den gymnastischen Nutzen, sondern auch den für die Sangeskunst bearbeitet."[427]

4.2.3 Abteilung II

Anders als bei der Abteilung I kann in den nun vorzustellenden Abteilungen nicht nur über Forschungsvorhaben oder die Konstruktion von Apparaten, sondern auch über schon abgeschlossene Forschungen berichtet werden. Für diesen Umstand gibt es mehrere Gründe:

– die im Vergleich zu den anderen Abteilungen sehr kurze Existenz der Versuchsanstalt und der physikalisch-technischen Anstalt

---

[425] Den Hinweis auf beide Motive verdanke ich Erik Eggers; das erste Motiv wird gestützt durch den generell großen Erfolg von Büchern mit dem Begriff „Kraft" im Titel; dazu Wedemeyer-Kolwe, Körperkultur, S. 212–213 (diese Erwähnung Brustmanns nicht im Index).

[426] Siehe Lennartz/Reinhardt, Teilnahme, S. 231; Eggers, Brustmann, S. 174.

[427] DHfL. 19. Monatsbericht. Dezember 1922, in: MTSS 1923, S. 26. – Der Abschluß des unter Mitwirkung der Abteilung I produzierten Films „Deutsche Kampfspiele 1922" (vgl. Diem, Kampfspiele, S. 426; MTSS 1922, S. 426) gehört nicht hierhin. Zum einen handelte es sich bei ihm um eine Kooperation mit der Abteilung III, und zum anderen, wie oben ausgeführt, werden die Forschungsresultate zu diesen Spielen in einem gesonderten Kapitel behandelt.

- die programmatisch bedingte Struktur der jeweiligen Abteilungen mit dem Schwerpunkt auf der praktischen Lehre in der Abteilung Übungslehre und expliziten Forschungsaufgaben in den anderen Abteilungen
- die enge institutionelle Verbindung der Dozenten besonders der Abteilung II mit der Berliner Universität und ihren dortigen Dienstaufgaben in der Forschung

Es leuchtet ein, daß alleine aufgrund ihrer Größe diese Abteilung eine besondere Vielzahl an Forschungsergebnissen vorzuweisen hat. Deshalb wurde für ihre Zusammenstellung ein Auswahlkriterium getroffen, das den Vorteil hat, auch für die anderen Abteilungen Gültigkeit zu besitzen. Grundsätzlich werden zunächst – gegliedert nach Abteilungen – diejenigen Resultate vorgestellt, die von der DHfL selbst als wichtig angesehen wurden und Eingang in ihre Tätigkeitsberichte und Diems Übersicht *Die Deutsche Hochschule für Leibesübungen* von 1924 gefunden haben. Die Ausnahme bilden die Forschungsresultate der Kampfspiele von 1922, an denen sich alle Abteilungen der DHfL beteiligten und der Querschnittscharakter der ‚neuen universitas' besonders deutlich hervortrat. Über sie wird in einem eigenen Kapitel berichtet werden.

Wie am Vertrag zwischen KWI und DHfL gezeigt werden konnte, basierte die Forschung der Abteilung Gesundheitslehre in allen ihren drei Laboratorien auf der einfachen Rekrutierungsmöglichkeit von Probanden zum einen aus der Gruppe der Studenten und zum anderen der Sportler bei Stadionwettkämpfen. Die Arbeit des *Röntgenlaboratoriums* ergab sich „schon aus dem Wesen der Hochschule als Lehr- und Forschungsinstitut"[428], wurde aber anfänglich durch die schwierige Raumsituation beeinträchtigt.[429] Sie entspannte sich ab dem 1. Juli 1921 mit der Verlegung aus den „bisher unzulänglichen Räumen in einen großen Raum mit genügend Nebenräumen in unmittelbarer Nähe des Stadions; in denselben wurde ein neuzeitliches, allen Ansprüchen genügendes Röntgeninstrumentarium aufgestellt."[430] Seit der Fertigstellung des Hochschulneubaus im Wintersemester 1921/22 verfügte das Röntgenlaboratorium über „zwei ausreichende Räume im zweiten Stock mit bester Einrichtung"[431], auch wenn es in diesem Semester „aus technischen Gründen"[432] geschlossen bleiben mußte.

Die Aufgaben der „vorschriftsmäßigen Untersuchungen der Neuimmatrikulierten" am jeweiligen Beginn des Semesters zum Ausschluß „krankhafter Er-

---

[428] Diem, Hochschule, S. 36.

[429] Vgl. DHfL. 5. Monatsbericht über die Sitzung der Abteilungsleiter am 14.10.1921. Oktober 1921, in: MTSS 1921, S. 423: „Diem bespricht [...] den Bauplan der neuen Turnhalle im Stadion hinter der Schwimmbadtribüne"; zu Krauses Anregung in diesem Zusammenhang, dann auch das Röntgenlaboratorium zu verlegen, siehe gleich S. 250–251, Anm. 493.

[430] Tätigkeitsbericht der DHfL. SoS 1921. Sekretariat der Hochschule. Berlin o. J., S. 15.

[431] Diem, Hochschule, S. 35; vgl. ebd.: Die „Dunkelkammer ist für alle Laboratorien nutzbar"; Einzelheiten der Ausstattung ebd., S. 36.

[432] Tätigkeitsbericht DHfL. WS 1921/22, S. 17 (CuLDA, Mappe 188).

scheinungen"[433] und der „fortlaufenden Beobachtung der Studierenden durch eine Semesteranfangs- und Abschlußuntersuchung" standen im engsten inneren Zusammenhang mit dem Zweck der Forschungsarbeit, die „Konstitution des Kreislaufes und ihre wertentsprechende Einreihung in die Gesamtkonstitution"[434] festzustellen. Die Ergebnisse der Durchleuchtungen wurden in Meßblätter eingetragen, die für „jeden Sportlehrer und jeden Sportschüler"[435] angelegt wurden. Gerade für die „laufenden Untersuchungen"[436] waren die Kampfspiele 1922 von großer Wichtigkeit, denn sie erlaubten in Kooperation mit dem Physiologischen Laboratorium auf der Datengrundlage eines „reicheren Materials"[437] die Erforschung der gleichermaßen klassischen und drängenden Frage nach der „Sportüberanstrengung"[438].

Das *physiologische Laboratorium* arbeitete „in enger Verknüpfung mit den Zielen des Kaiser-Wilhelm-Instituts für Arbeitsphysiologie" und bestand „aus einer physikalischen und einer chemischen Abteilung".[439] In seinen Forschungen spiegelte sich jene für die sportwissenschaftliche Ausdehnung der ‚neuen universitas' charakteristische Erweiterung des Interesses am allgemeinen Zusammenhang zwischen der „Pflege der Leibesübungen" und der „Volksgesundheit beim Wiederaufbau Europas"[440] hin zu spezifisch arbeitsphysiologischen Fragen. Sie richteten sich auf:

- die „ursächlichen Zusammenhänge zwischen der Muskelarbeit und der veränderten Organtätigkeit" zur Feststellung schädlicher „Funktionsänderungen"
- „den Einfluß der Ermüdung auf die Bestimmung des Wirkungsgrades", um durch die „geeignete Anordnung und Regelung der Übung" und des „Trai-

---

[433] DHfL. 12. Monatsbericht. Mai 1922, in: MTSS 1922, S. 225.
[434] Diem, Hochschule, S. 36; vgl. Tätigkeitsbericht des DRA v. 1.4.1924–31.3.1925, S. 15 (CuLDA, Mappe 13): „Das Anthropometrische Laboratorium untersuchte die Wachtumsverhältnisse der Studentenschaft, wobei zum ersten Mal das Ergebnis eines sechssemestrigen Studiums gezogen werden konnte, ferner wurden die Wirbelsäulenformen durch einen neuen Apparat einer Untersuchung unterzogen. Muskelhärteprüfungen und Blutdruckmessungen wurden unter bestimmtem Gesichtswinkel festgesetzt." Ferner zu nennen sind die Untersuchungen von Sportunfällen und die Unterstützung der Lehre in der Physiologie durch die regelmäßige Demonstration der „Durchleuchtungen" (ebd.).
[435] Tätigkeitsbericht der DHfL. SoS 1921. Sekretariat der Hochschule. Berlin o. J., S. 15. Bspw. wurden im Sommersemester 1921 „folgende Untersuchungen angestellt: 88 orthodiagraphische Aufzeichnungen des Herzens, 53 Ferndurchleuchtungsaufzeichnungen des Herzens, 8 Aufnahmen bzw. Durchleuchtungen zu diagnostischen Zwecken" (ebd.).
[436] Diem, Hochschule, S. 36.
[437] Tätigkeitsbericht der DHfL. SoS 1921. Sekretariat der Hochschule. Berlin o. J., S. 15.
[438] Diem, Hochschule, S. 39.
[439] Ebd., S. 29, 31. Das „chemische" Laboratorium wird zum ersten Mal erwähnt im Entwurf eines Schreibens des DRA an das RMI v. 16.5.1922, S. 3 (CuLDA, Mappe 190). Bei der „physikalischen" Abteilung könnte es sich möglicherweise um die in die Abt. II integrierte ehemalige physikalisch-technische Abteilung handeln.
[440] Mallwitz, Alkoholgenuß, S. 353.

nings" auf „schnellstem Wege gute Leistung und körperliche Tüchtigkeit [...]
vor allem zugunsten der Berufstätigkeit" zu erzielen
– die Rolle „der sogenannten Ermüdungsstoffe für die körperliche Tätigkeit"[441]

Sehen wir auch hier (vorerst) von den wissenschaftlichen Ergebnissen der
Kampfspiele 1922 ab, dient das Thema der Ernährung als hervorragende Illu-
stration dafür, daß ein identischer Forschungsgegenstand verschiedene Paradigmen spiegeln kann. 1916 hatten Rubners Forschungen zur „Brauchbarkeit von
Ersatzlebens- und -futtermitteln"[442] die kriegsbedingte Problematik der Grund-
versorgung zum Hintergrund; die Suche von Mallwitz 1922 nach „Ersatzgeträn-
ken für den Alkohol" stand bereits unter dem Zweck einer „gesundheitsmäßigen,
sporthygienischen [...] Lebensführung"[443], und die oben erwähnten Arbeiten
Herxheimers zu Alkohol und Koffein mit Polizeischülern aus demselben Jahr
rückten die „Reizmittelfrage"[444] ebenso in das Spektrum der Eignungs- und Leistungsprüfungen wie die mit derselben Klientel vorgenommenen Untersuchungen
Herxheimers zur „Wirkung des primären Natriumphosphates auf die körperliche
Leistung unter besonders günstigen Bedingungen".[445] Während bei der Koffein-
einnahme von 100m-Läufern kein „wesentlicher Unterschied" zu denjenigen festgestellt werden konnte, die nur eine „Scheinlösung"[446] erhielten, ergaben die Untersuchungen zum Natriumphosphat, „daß eine Leistungsverbesserung durch
Phosphat lediglich bei Dauer- und nicht bei Schnelligkeitsübungen zu erwarten
sei"[447]. Alkoholeinnahme bei 100m-Läufern und -Schwimmern führte hingegen
zu Koordinationsstörungen, so daß „die Leute mit Alkohol durchweg schlechtere
Ergebnisse zeigten als die ohne Alkohol."[448]

---

[441]   Diem, Hochschule, S. 31–32.

[442]   Burchardt, Erster Weltkrieg, S. 167. Auch in der Frage der Ernährung bestätigt sich die
große Bedeutung Rubners für die Reputation der DHfL; so veranstaltete am „15. Dezember
1922 die deutsche Ärzteschaft unter Vorsitz von Geheimrat Rubner eine Kundgebung in
der Aula der Berliner Universität und nahm in Sachen Volksgesundheit eine sehr besorgte
und ernste Entschließung an" (Schreiber, Not, S. 73, Anm.).

[443]   Mallwitz, Alkoholgenuß, S. 353. Zudem kann hier in Ergänzung zu unserer früheren Bemerkung über die Wichtigkeit des Themas Alkohol (S. 135, Anm. 38) angefügt werden,
daß Mallwitz auf dem 16. Internationalen Kongreß gegen Alkoholismus in Lausanne das
Hauptreferat hielt (vgl. MTSS 1921, S. 346); an der DHfL selbst wurden Gastdozenten zu
diesem Problem eingeladen (vgl. ebd., S. 305). Ferner decken sich auch Broßmers Vorstellungen über Tuberkulose mit den Zielen von Mallwitz, insofern auch Broßmer generell
den Spielplatz als „gesundheitlich einwandfreie Stätte" fordert; sein weiter Gesundheits-
begriff schließt Überlegungen zur Psychologie, Sozialpädagogik, aber auch „Ethik der Leibesübungen" ein (Broßmer, Leibeskultur, S. 395).

[444]   DHfL. 19. Monatsbericht. Dezember 1922, in: MTSS 1923, S. 26.

[445]   DHfL. 14. Monatsbericht. Juli 1922, in: ebd., 1922, S. 315.

[446]   DHfL. 17. Monatsbericht. Oktober 1922, in: ebd., 1922, S. 433.

[447]   DHfL. 14. Monatsbericht. Juli 1922, in: ebd., 1922, S. 315.

[448]   Besprechung des Aufsatzes von Herxheimer „Zur Wirkung des Alkohols auf die sportliche
Leistung"; in: ebd., 1922, S. 160.

Forschungen zu den ersten beiden Arbeitsgebieten des Jahres 1921 betrafen die auch „klinisch-pathologisch" bedeutsamen Beobachtungen des Blutdrucks bei Skiläufern, „Muskelelastizitätsbestimmungen" von Turnern und Leichtathleten mit der Unterscheidung von Schutz- und Krampfspannungen, die Abgrenzung verschiedener „Atemtypen" (Schwimmer und Läufer), die „Sporttypenforschung" mit Schwimmern, Skiläufern und Boxern und die Suche nach „objektiv-klinischen Zeichen für Übermüdung im sportlichen Betrieb"[449]. Hervorgehoben wurde, daß „bei allen denjenigen, die durch die Semesterarbeit überanstrengt waren, auch eine jedes Mal feststellbare Beeinflussung der Herztätigkeit (Pulslabilität und reine Herztöne) festzustellen war."[450] 1923 zeigte Herxheimer dann an Radrennfahrern unter Verwendung der Herzquotientenbestimmung von Zuntz und Nicolai, daß „die Radfahrer an Herzgröße noch die Skilangläufer übertrafen" und dabei „klinisch gesund waren."[451]

Die überragende Funktion der Sporttypenforschung auch für das *anthropometrische* Laboratorium zeigt sich zum einen darin, daß ihre ersten Ergebnisse bereits vor seiner Ausgliederung aus der physiologischen Abteilung für die sportpraktische Lehre Verwendung fanden[452], und zum anderen darin, daß sie nach seiner Selbständigkeit den Kern seiner Forschungstätigkeit bildete. Der Umstand, daß Kohlrausch als früherer Leiter des physiologischen und neuer Leiter des anthropometrischen Laboratoriums fungierte, ermöglichte einerseits inhaltliche wie auch personelle Kontinuität und andererseits die Ausdifferenzierung der Arbeit. Das physiologische Laboratorium konzentrierte sich nun auf die erwähnten Atemtypen, während sich das anthropometrische Laboratorium mit dem Brustumfang und dem Verhältnis zwischen Körpermaß und spezifischem Gewicht beschäftigte.[453]

Ideengeschichtlich läßt sich das anthropometrische Laboratorium auf Diems Kontakte mit den Hochschulen von Harvard und Princeton zurückführen, an denen systematische Körpermessungen bereits um 1880 mit der Vorstellung eines „idealen Studententypus"[454] verknüpft waren. Ihre außerordentliche Bedeutung für die DHfL wird jedoch erst verständlich durch den Zusammenhang zwischen dem Ersten Weltkrieg und ihrem körperbetonten Verständnis der ‚neuen univer-

---

[449] Tätigkeitsbericht der DHfL. SoS 1921. Sekretariat der Hochschule. Berlin o. J., S. 12–13.

[450] DHfL. 3. Monatsbericht. August 1921, in: MTSS 1921, S. 347.

[451] So Hoskes Besprechung in der MTSS ebd., S. 532.

[452] Vgl. DHfL. 2. Monatsbericht. Juli 1921, in: ebd., 1921, S. 305: „Bier übernimmt es, Kohlrausch zu bitten, daß die Auswertung der anthropometrischen Messungen unmittelbar nach Semesterbeginn erfolgt, damit sie für die praktische Ausbildung der Studenten verwertet werden kann." Vgl. auch DHfL. 6. Monatsbericht. November 1921, in: ebd., 1921, S. 465: „Die Abteilung hat in der chirurgischen Klinik der Berliner Universität ein Laboratorium eingerichtet, in dem die Sem.-Anfangsuntersuchungen der Hochschüler stattfanden. Der erste Allgemeineindruck ist der, daß die am Sem.-Schluß ermüdeten Hochschüler wesentlich erfrischt zurückkehrten."

[453] Vgl. DHfL. 3. Monatsbericht. August 1921, in: MTSS 1921, S. 347.

[454] Borgers/Quanz, Bildbuch, S. 80.

sitas': „Der Krieg hat gelehrt, dass früher die körperliche Leistungsfähigkeit der Menschen in der Regel unterschätzt wurde"[455]. Im Bestreben, seine Folgen auch durch ein „neues Erziehungsideal" vom „gesunden, lebenstüchtigen, harmonischen Menschen" zu überwinden, in dem der „moderne, ganz auf das Intellektuelle eingestellte Mensch wieder in ein innigeres Verhältnis zu seinem Körper tritt", ist daher die „anthropometrische Aufnahme der wichtigsten Körperverhältnisse" unerläßlich, denn sie hat den Zweck, „einem jeden einen Einblick in seine körperliche Wertigkeit zu geben."[456]

Weil Rudolf Martin in München seit 1921 in großem Umfang „auf Veranlassung des gemeinsamen Ausschusses der Universität und Technischen Hochschule für Leibesübungen, des Amtes für Leibesübungen an den Münchener Hochschulen und des Vereins Studentenhaus Erhebungen über die körperliche Beschaffenheit und den Gesundheitszustand unserer Studierenden"[457] durchgeführt hatte, ist vor diesem programmatischen Hintergrund das große Interesse der DHfL an einer Zusammenarbeit mit Martin und seinem Assistenten Krümmel unmittelbar einleuchtend:

> Es hat sich herausgestellt, daß Leibesübungen, wie jede wirtschaftliche Arbeit, gewisse Ausprägungsformen des menschlichen Körpers erzeugen, und daß den einzelnen Sportarten verschiedene Sporttypen entsprechen, die sich metrisch festlegen lassen. [...] Wir können niemals mehr erreichen, als durch die vererbte Anlage gegeben ist, aber wo körperliche Minderwertigkeit nicht angeboren ist, da kann die Leistungsfähigkeit gehoben, der Körper entwickelt, abgehärtet und widerstandsfähig gemacht werden.[458]

Bekanntlich hatte Martin schon im März 1921 seine „sehr beachtenswerte Martinsche Methode"[459] an der DHfL vorstellen können, und der beide verbindende umfassende volksgesundheitliche Anspruch wird alleine in der Gästeliste deutlich, die ihre beabsichtige Einführung „an der Hochschule selbst, in den öffentli-

---

[455] Vgl. den undatierten Entwurf „Begründung der Forderung nach Referaten für Leibesübungen" in: CuLDA, Mappe 207, S. 4.

[456] Martin, Körpererziehung, S. 8, 16, 39. Martin verweist hier explizit auf das Vorbild Harvards und in Deutschland vor allem auf Gießen und die Arbeiten Huntemüllers. Zum Zusammenhang von Anthropometrie und jenem Erziehungsideal bei Diem siehe Court, Anthropometrie, S. 405–406; zu Huntemüllers Konzeption, der sich im Gegensatz zu Martin explizit gegen das amerikanische Vorbild abgrenzte, Gissel, Burschenturnen, S. 166–169. Martin, ebd., S. 15, sah in den „Auswüchsen" des amerikanischen Sportbetriebs „nur periodische Erscheinungen" und keine Gefahr für den deutschen Studenten, denn dieser „wird auch im Sportbetrieb Maß und Zahl halten können."

[457] Martin, Körpererziehung, S. 15–16. Hinzu kamen ab 1923 regelmäßige und verpflichtende Untersuchungen von süddeutschen Fußballspielern „in großem Maßstabe"; DHfL. 23. Monatsbericht. April 1923, in: MTSS 1923, S. 258. Detaillierte Untersuchungsergebnisse finden sich in der Rubrik „Aus der Fachpresse" in: ebd., 1924, S. 382–383.

[458] Martin, Körpererziehung, S. 11, 16.

[459] Siehe oben S. 112.

chen Schulen, im Heer und in den Vereinen"[460] spiegelte: „Die Arbeitskraft des Volkes entscheidet seine Zukunft, daher ist die Leistungsfähigkeit durch einheitlich geleistete Leistungsmessungen [...] jährlich festzustellen"[461]. Bereits für das anschließende Sommersemester wurde Martins Arbeit in einem eigenen Punkt in den offiziellen Forschungsplan der DHfL aufgenommen: „D. Anthropometrie. Untersuchung und Feststellung des Einflusses der Leibesübungen auf die Konstitution des menschlichen Körpers an Hand der Martinschen Meßmethode (Prof. Dr. Martin)."[462]

Obgleich die anthropometrischen Untersuchungen während der Kampfspiele 1922 „noch nicht abgeschlossen" werden konnten und in den Folgesemestern mit Studenten und „erstklassigen Sportleuten"[463] fortgesetzt wurden, werden auch ihre Resultate im anschließenden Kapitel vorgestellt.

4.2.4 Abteilung III

Ebenso wie unter einer wissenschaftssoziologischen Perspektive das anthropometrische Laboratorium durch Abspaltung aus der physiologischen Abteilung hervorgegangen war, gilt dies auch für seine Herkunft aus dem der Abteilung Erziehungslehre zugeordneten *psychologischen* Laboratorium. Es ist kein Zufall, daß im ersten Forschungsbericht der DHfL für die anthropometrische Arbeit explizit Schulte und Martin angeführt werden[464], denn beide teilten die Auffassung von der großen Bedeutung massenhafter anthropometrischer Untersuchungen nach amerikanischem Muster für die Volksgesundheit.[465] Da nach der Gründung des anthropometrischen Laboratoriums an der DHfL diese Forschungsrichtung auf eine eigene organisatorische Grundlage gestellt war, blieb sie zwar Teil der Arbeit auch des psychologischen Laboratoriums, konnte aber nun dort mit seinen neuen Schwerpunkten und dem genuin pädagogischen Profil dieser Abteilung verknüpft werden.

Vor diesem Hintergrund ist ein Blick auf Schultes Forschungsplan für das Sommersemester 1921 von Interesse:

---

[460] Einladung Biers an die Herren Mitglieder des Senats der DHfL v. 26.2.1921; CuLDA, Mappe 207.

[461] Undatierter Entwurf „Begründung der Forderung nach Referaten für Leibesübungen" in: CuLDA, Mappe 207, S. 1.

[462] Tätigkeitsbericht DHfL. WS 1920/21, S. 14 (ebd., Mappe 188); siehe auch J. Schäfer, Mallwitz, S. 185.

[463] Tätigkeitsbericht DHfL. SoS 1923, S. 4 (CuLDA, Mappe 188).

[464] Vgl. Tätigkeitsbericht DHfL. 1. SoS 1920, S. 10 (ebd., Mappe 188): „Eine Anleitung zur Körpermessung, bearbeitet von Dr. Schulte, wurde durch die Blätter für Volkskraft und Volksgesundheit [...] herausgegeben. Prof. Dr. Martin=München hat sich bereit erklärt, auf dem anthropometrischen Gebiet für uns tätig zu sein."

[465] Siehe Janssen, Schulte, S. 138.

a) Sporterziehung

1) Der Einfluß des Turnunterrichts auf die geistige Leistungsfähigkeit der Schuljugend.

2) Leistungssteigerung von Dozenten und Studenten durch zweckmäßige Einteilung des Stundenplans

3) Die Vervollkommnung der körperlich-geistigen Ausbildung auf wissenschaftlicher Grundlage

b) Sportpsychologie

1) Die Bedeutung der Leibesübungen für die Tauglichkeit in Beruf und Leben

2) Die Grundlagen einer sportwissenschaftlich-praktischen Beratung, für Schüler und berufstätige Erwachsene

3) Sportpsychologische Einzelforschung für eine Reihe von Sportarten; Wesen und Wert der Leibesübungen

> (a1 und 2, sowie viele Einzelergebnisse von b 3 werden noch im Sommersemester zu erwarten sein; die übrigen Punkte können vielleicht erste Ergebnisse liefern, die positiven Wert besitzen).
>
> Verschiedene konkrete Lösungen des unter b genannten ergeben sich in den nächsten Monaten.
>
> c) Wird die geistige Leistungsfähigkeit der Schuljugend durch eine vor der wissenschaftlichen Turnstunde gelegene Sportstunde erhöht oder herabgesetzt?
>
> Vom Preußischen Turnlehrerverein vorgeschlagen.
>
> d) Ermüdungsprüfung bei den Sportlehrern in ihrer Lehrtätigkeit[466]

Im anschließenden Tätigkeitsbericht für das Sommersemester 1921 wurde dieses sportpsychologische Konzept konkretisiert. Auf der Basis von „neuer Apparatur", „ausgedehnten Massenuntersuchungen" und der „Gewinnung eines ausgedehnten statistischen Materials" war es allgemeiner Zweck des sportpsychologischen Laboratoriums, in Zusammenarbeit mit den anderen Forschungseinrichtungen der DHfL Methoden zur „Ertüchtigung weitester Volkskreise" zu entwickeln: „die Ausarbeitung eines Systems zur Feststellung der körperlichen und geistigen Unterwertigkeiten bei Schülern und Erwachsenen". Auf spezifische Eignungs- und Leistungsanforderungen bezogen wurden an der Berliner Schutzpolizei „Kraft und Ausdauer" und an Polizisten und Sportlern „Mut, Schreckhaftigkeit, Geistesgegenwart und Entschlußkraft mit einer neuen großen Versuchsanordnung geprüft", und die Untersuchungen der Schüler hatten zum Gegenstand „die Bestimmung der günstigsten Lage, der besten Dauer, der empfehlenswertesten Ausstattung usw. von Turnstunden" zum „Wohl des gesamten Schulwesens". Zur „eigentlichen Sportwissenschaftsforschung" zählten Filmaufnahmen sportlicher Vorgänge und Ermüdungsmessungen an Sport- und Turnleh-

---

[466]   Tätigkeitsbericht DHfL. WS 1920/21, S. 13–14 (CuLDA, Mappe 188).

rern sowie schließlich die „wissenschaftliche Zergliederung der Sportzweige", die der „Durchprüfung des Stundenplanes" an der DHfL und „praktisch-psychologischen Eignungsprüfungen"[467] dienen sollten. Auffällig am psychologischen Laboratorium ist der hohe Grad an Kooperation mit allen anderen Abteilungen der DHfL.[468]

Die – auch hier außerhalb der Kampfspiele 1922 – gewonnenen und publizierten Forschungsresultate dieses „jüngsten Arbeitsgebiets der praktischen Psychologie" betrafen zum einen das „Gebiet der praktischen Sporteignungsprüfung" mit Untersuchungen an Boxern, Sportlern und Polizisten. Allgemein wurde festgehalten, daß an „Tausenden von Versuchspersonen sämtliche Verfahren auf ihre diagnostische und prognostische Brauchbarkeit hin geprüft wurden" und daß die „Kontrollprüfungen eine Genauigkeit der Versuchsverfahren von 92% ergaben, eine Ziffer, die sich bei sportlichen Einzelverfahren bis auf 98% erhöhte."[469] Sie fußten auf dem „vom Laboratorium konstruierten Schlagkraftprüfer"[470] und berücksichtigten bei den Polizisten auch die früheren Berufe und sportliche Erfahrungen. Im einschlägigen Forschungsbericht von Julius Podehl, der diese Untersuchungen im Rahmen seiner Diplomarbeit vorgenommen hatte, wird hervorgehoben, daß Polizeibeamte, die Berufe wie Feinmechaniker oder Optiker ausgeübt hatten, „niedrigere Fehlermittelwerte" aufwiesen als diejenigen, die früher z. B. als Landwirt „gröbere Arbeiten" verrichtet hatten.[471] Ebenso zeigten gute Boxer „bedeutend niedrigere Fehlleistungen"[472] als weniger gute Boxer.

Zum anderen liegen Antworten auf die vom Preußischen Turnlehrerverband gestellte Frage nach der günstigsten Lage der Turnstunde vor. Auch hier wurden die Untersuchungen „unter tätiger Mithilfe der Studenten"[473] vorgenommen, wobei vor allem Hans Sippel anzuführen ist, bekanntlich später der Nachfolger Schultes in der Abteilungsleitung für Erziehungslehre. Sippel war aufgrund seiner Ausbildung als Lehrer und als Absolvent der DHfL für diese Arbeit präde-

---

[467] Tätigkeitsbericht der DHfL. SoS 1921. Sekretariat der Hochschule. Berlin o. J., S. 14–15.

[468] Vgl. ebd., S. 14–15; Monatsschrift für Turnen, Spiel und Sport 1921, S. 265, 393. Explizit an Personen werden angeführt Schneider und Brustmann.

[469] Diem, Hochschule, S. 32, 35.

[470] DHfL. 14. Monatsbericht. Juli 1922, in: MTSS 1922, S. 314.

[471] Podehl, Kraftsinn, S. 234. Vgl. DHfL. 21. Monatsbericht. Februar 1923, in: MTSS 1923, S. 156: „Das Sportpsychologische Laboratorium veranstaltete zur Feststellung der Genauigkeit der ausgearbeiteten Methoden eine weitgehende Bewährungsstatistik. An 21 Beamten der Berliner Schutzpolizei wurden sport- und berufspsychologische Eignungsprüfungen durchgeführt, die die außerordentlich hohe Übereinstimmung von 93% zwischen dem Prüfergebnis und dem ganz unabhängig davon abgegebenen Urteil der Dienststelle zeigten."

[472] Podehl, Kraftsinn, S. 234, 236. Die Diplomarbeit des am 1.7.1892 in Kalbischken geborenen Podehl lautete „Feststellung des Kraft- und Gelenksinnes der Hand mit dem Schlagkraftprüfer"; abgeschlossen wurde sie im WS 1922/23. Siehe Tätigkeitsbericht DHfL WS 1923/24, S. 11 (CuLDA, Mappe 188).

[473] DHfL. 1. Monatsbericht. Juni 1921, in: MTSS 1921, S. 265.

stiniert und wurde 1922 mit ihr in Erlangen bei Otto Stählin promoviert.[474] Für die DHfL war diese auf „650 000 Einzelversuchen"[475] basierende Studie von großer Bedeutung, denn sie war die wissenschaftliche Legitimation sowohl ihrer ganzheitlichen Konzeption als auch eines ihrer wichtigsten schulpolitischen Vorhaben: der täglichen Turnstunde.

Diese Wertschätzung wird alleine daran deutlich, daß Sippel die Resultate in der von Diem herausgegebenen Reihe „Beiträge zur Turn- und Sportwissenschaft" publizieren konnte und betonte, daß die „gründliche Beachtung jener Forschungsergebnisse in dem wirklichen Schulbetriebe nichts weiter wäre als die Erfüllung jener alten Forderung nach einer harmonischen Erziehung des ganzen Menschen, nach einer Ausbildung aller seiner Kräfte."[476] Zu diesem Ergebnis gelangte Sippel methodisch durch die Abgrenzung einer *physiologischen* von einer *psychologischen* Form der Ermüdung, auf welcher erst der Grundsatz „Mehr Freude in der Schule" verwirklicht werden kann: „Mit dieser Gelegenheit zu körperlicher Betätigung, in dieser Befriedigung des starken kindlichen Bewegungsdranges werden auch die inneren, die psychischen Hemmungen beseitigt, die die eigentliche Störung des Unterrichts, eine Gefahr für die seelische Entwicklung des Kindes bilden."[477] Der DRA nutzte diese Ergebnisse sogleich, um mit ihnen seiner politischen Forderung nach der täglichen Sportstunde Ausdruck zu verleihen.[478]

4.2.5 Abteilung IV

Auch wenn die Abteilung Verwaltungslehre weder über ein Laboratorium bzw. eine eigene Forschungsanstalt verfügte, besaß sie eine doppelte Funktion in der Forschung: sowohl als Ideengeber für die anderen Forschungseinrichtungen als auch mit eigenen Forschungen. So hatte in bezug auf jene Aufgabe

---

[474]   Vgl. DHfL. 15. Monatsbericht. August 1922, in: ebd., 1922, S. 351; Court, Anthropometrie, S. 404; Lück, Sippel, S. 143, und hier S. 218, Anm. 311. – Der Vorname lautet auch Hanns bzw. Johannes.

[475]   DHfL. 19. Monatsbericht. Dezember 1922, in: MTSS 1922, S. 27.

[476]   Sippel, Leibesübungen, S. 136.

[477]   Ebd., S. 138, 141. – Ursprünglich wurden die Ergebnisse unter dem Titel *Der Turnunterricht und die geistige Arbeit des Schulkindes* (als Heft 5 der von Diem herausgegebenen Schriftenreihe „Beiträge zur Turn- und Sportwissenschaft") publiziert; jedoch „war diese Schrift trotz der schwierigen Zeit bald vergriffen, und ich hörte von vielen Seiten den Wunsch nach einer Neuauflage" (ebd., Vorwort); nach dieser neuen Auflage wird hier zitiert. Sie erschien 1927 unter dem Titel *Körper-Geist-Seele. Grundlage einer Psychologie der Leibesübungen* und wird auch bei Herxheimer, Sportmedizin, S. 77, erwähnt.

[478]   Siehe Lewalds Schreiben an Minister Boelitz im MWKV v. 24.3.1924, in: Tätigkeitsbericht des DRA v. 1.4.1923–31.3.1924, S. 5–6 (CuLDA, Mappe 13). Besonders hervorgehoben wird die Bedeutung der täglichen Turnstunde für die Probleme der Wegnahme des Volksheeres und der „Schwächlichen-Auslese des Krieges" (ebd., S. 5).

der Leiter der Abteilung Verwaltungslehre, Diem, folgende Frage zur Beantwortung an die anderen Abteilungen gerichtet: „Untersuchungsmethoden zur Feststellung körperlicher Unterwertigkeiten zwecks Beseitigung
durch Sonderübungen." Erläuterung: Im allgemeinen sind die Freiübungen
durch die Wandlung der letzten Zeit physiologisch neu orientiert und
wirksamer gestaltet worden, allerdings nur empirisch, nicht unter Mitwirkung des Fachphysiologischen. Eine Individualisierung zur Behebung
körperlicher Minderwertigkeiten hat jedoch noch nicht stattgefunden. [...].
Es soll nun eine einfache Methode zur Handhabung für den geschulten
Sportlehrer gefunden werden, um offen zur Schau liegende einflußreiche
körperliche Unterwertigkeiten (zu schwache Entwicklung wichtiger Mus-
keltypen, vielleicht auch Herzschwäche u. dgl.) zu beseitigen. In den amerikanischen Universitäten wird dergleichen auf Grund eines bestimmten
anthropometrischen Schemas bereits versucht.[479]

Eigene Forschungen betrafen zum einen die erwähnten Kurse im Gefängnis Plötzensee, die von der „Abteilung Erziehungslehre in Gemeinschaft mit der Abteilung Verwaltungslehre"[480] geleitet wurden, und zum anderen

sind die Richtlinien für den Spielplatzbau von Dr. Diem und Seiffert zusammengetragen und veröffentlicht worden. Bemerkenswert ist, daß weder in den hierzu durchgearbeiteten englischen noch der amerikanischen
Literatur wichtige Richtlinien gefunden werden konnten. [...]. Ferner wurde die Geschichte und Organisation aller deutschen Turn- und Sportverbände zusammengetragen, ebenso das gesamte Material des Auslandes
besorgt. Diese Arbeit wird demnächst als erster Band des „Handbuches
für Leibesübungen" erscheinen.[481]

4.3 Deutsche Kampfspiele 1922

Die vom 18. Juni bis 2. Juli 1922 ausgetragenen Deutschen Kampfspiele[482] waren für den DRA als „Krönung einer Kulturepoche"[483] nicht nur eine Angelegen-

---

[479] DHfL. 1. Monatsbericht. Juni 1921, in: MTSS 1921, S. 265–266. Vgl. DHfL. 5. Monatsbericht. Oktober 1921, in: ebd., 1921, S. 423: „Es soll nunmehr in größerem Maße darange-
gangen werden, die Frage der körperlichen Unterwertigkeit sowohl durch anthropometrische als auch physiologische und psychologische Methoden zu bestimmen, um durch
Übungssysteme einen Ausgleich herbeizuführen."

[480] DHfL. 1. Monatsbericht. Juni 1921, in: ebd., 1921, S. 265; siehe in dieser Arbeit S. 227,
Anm. 360.

[481] DHfL. 19. Monatsbericht. Dezember 1922, in: MTSS 1923, S. 27. – Der Titel lautete: *Carl
Diem: Vereine und Verbände der Leibesübungen (Verwaltungswesen). Berlin 1923;* siehe
auch gleich Kap. 4.4. Zu Seifferts Vorstellungen jetzt ausführlich Dinçkal, Sportlandschaften, S. 216–223.

[482] Zur Geschichte und Verlauf insgesamt Diem, Kampfspiele; an neuer Literatur Dinçkal,
Sportlandschaften, S. 194–198.

heit des Prestiges im In- und Ausland, die er sich ein Fünftel seines Haushaltes kosten ließ[484], sondern mit ihrer „nationalen, hygienischen und sozialen Bedeutung"[485] von paradigmatischer Wichtigkeit für die Forschung aller Abteilungen der DHfL.[486] Mit ihrer hohen Zahl von „9810 kämpfenden Teilnehmern"[487] konnten sie – vollkommen im Sinne des Kooperationsvertrages mit dem KWI – für „Massenuntersuchungen an sportlich gutem Material"[488] genutzt werden:

> Die Deutschen Kampfspiele 1922 werden eine große Menge ausgesuchtester Sportsleute hier in Berlin zusammenführen. Somit bietet sich für die wissenschaftliche Tätigkeit der Hochschule eine nie wiederkehrende Gelegenheit, Untersuchungen im großen Maßstabe vorzunehmen [...]. Es wird notwendig sein, daß die Abteilungen und einzelnen Fächer der Hochschule sich schon jetzt darauf einstellen.[489]

Selbstverständlich beeinträchtigten die finanziellen und materiellen Schwierigkeiten der Hochinflation sowohl die Kampfspiele als auch die Deutsche Sportausstellung, die im Rahmen der Kampfspiele stattfand und zur Präsentation von Forschungsresultaten eine „wissenschaftlichen Abteilung"[490] erhalten hatte. Der bekannte Umstand, daß diese Spiele zum „ersten Opfer des Marksturzes"[491] geworden waren, hatte beispielsweise unmittelbare Auswirkungen auf die räumliche Situation des Röntgenlaboratoriums. Seine erwähnte Schließung aus „technischen Gründen"[492] im Sommersemester 1922 wurde mit dem Kommentar verbunden, daß die „Kampfspieluntersuchungen dadurch in Frage gestellt sind, daß die Laboratoriumsräume im Neubau des Stadions hinter der Schwimmbadtribüne noch nicht bezugsfähig sind. Andererseits ist jedoch das alte Provisorium im Stadion für derartige Massenuntersuchungen, bei denen schnelles Arbeiten notwendig ist, gänzlich ungeeignet."[493] Auch verhinderten die „hohen Kosten

---

[483]   Diem, Kampfspiele, S. 1.
[484]   Siehe in dieser Arbeit auch S. 59, 74.
[485]   Diem, Kampfspiele, S. 1.
[486]   Siehe z. B. Diems zusammenfassenden Bericht in: DHfL. 18. Monatsbericht. November 1922, in: MTSS 1922, S. 473.
[487]   Diem, Kampfspiele, S. 276; eine genaue Statistik ebd., S. 276–278.
[488]   DHfL. 1. Monatsbericht. Juni 1921, in: MTSS 1921, S. 266.
[489]   Ebd.
[490]   DHfL. 19. Monatsbericht. Dezember 1922, in: ebd., 1923, S. 25. Zur Deutschen Sportausstellung 1922 siehe den Überblick bei Diem, Kampfspiele, S. 60–71, und F. Becker, Leben, Bd. II, S. 73–74. Leider findet sie keine Erwähnung bei Langen, Sportausstellungen, S. 113, obgleich die von ihr behandelte, seit November 1922 geplante Sportausstellung in Essen 1925 durch die Beteiligung des DRA unmittelbar auf ihren Ursprung in der Deutschen Sportausstellung verweist.
[491]   Deutsche Hochschule für Leibesübungen. Tätigkeits-Bericht. WS 1921–22, S. 3 (CuLDA, Mappe 188); siehe oben S. 85–86.
[492]   Tätigkeitsbericht DHfL. WS 1921/22, S. 17 (CuLDA, Mappe 188); siehe oben S. 240.
[493]   DHfL. 13. Monatsbericht. Juni 1922, in: MTSS 1922, S. 272. Vgl. zuvor DHfL. 5. Monatsbericht. Oktober 1921, in: ebd., 1921, S. 473: „Von Krause wird die Verlegung des

der Filmherstellung" die Ergänzung des „vorhandenen Materials der Lehrfilme".[494]

Darüber hinaus hätten sich zwar „die Studenten an der Vorbereitung und Durchführung lebhaft beteiligt und auf diese Weise viel für ihre praktische Organisationstätigkeit gelernt; auf der anderen Seite sei die Unterbrechung durch die Kampfspielwoche doch nicht ohne ungünstigen Einfluß auf die Lehrarbeit geblieben"[495], und seitens der Wissenschaftler wurde moniert, daß „eine umfassende und alle Untersuchungsmöglichkeiten erschöpfende Organisation der ärztlichen Untersuchungen nicht möglich war, weil die an der Hochschule tätigen Ärzte von der Vorbereitung des wissenschaftlichen Teils der Sportausstellung voll in Angriff genommen waren."[496]

Gleichwohl ist nicht zu verkennen, daß der Symbolcharakter der Kampfspiele für die DHfL[497] einen Schub für die räumliche, personelle und sachliche Ausstattung ihrer Forschungsmöglichkeiten bedeutete. Zu nennen ist das psychologische Laboratorium, in dem nach der Übersiedlung „aus der Chirurgischen Universitätsklinik ins Stadion die praktischen sportpsychologischen Prüfungen und Versuche ihren Fortgang fanden"[498], aber auch die Laboratorien der Abteilung II. Zum Beispiel wurden „aus dem Kampfspielfonds Mark 20.000 für photographische pp. Instrumente des Anthropometrischen Laboratoriums zur Sporttypenforschung"[499] und eine „von Herrn Dr. Kohlrausch für die Untersuchungsarbeiten beantragte Hilfskraft (Laborantin) bewilligt"[500]; in diesen Zusammenhang gehört ferner die beantragte und genehmigte „Anschaffung eines Regales für Lichtbilderserien".[501]

Blicken wir auf den wissenschaftlichen Ertrag der Kampfspiele, liegt es auf der Hand, daß die parallel zu den Wettkämpfen stattfindende Deutsche Sport-

---

Röntgenlaboratoriums in den neuen Bau mit den notwendigen Räumen im Interesse der Instrumente sehr gewünscht. Eine Zusammenfassung der Dunkelkammer mit dem Anthropometrischen Laboratorium wäre möglich." Siehe ferner DHfL. 12. Monatsbericht. Mai 1922, in: ebd., 1922, S. 225: „Röntgen-Laboratorium. [...] Im übrigen wurde an den Vorbereitungen zu den Kampfspielen gearbeitet. Das Laboratorium wird erst nach seinem Einbau in das neue Hochschulgebäude in vollen Betrieb genommen werden können."

[494] DHfL. 19. Monatsbericht. Dezember 1922, in: ebd., 1923, S. 25.

[495] DHfL. 18. Monatsbericht. November 1922. Sitzung des Kuratoriums v. 10.11.1922, in: ebd., 1922, S. 472. Vgl. DHfL. 1. Monatsbericht. Juni 1921, in: ebd., 1921, S. 266: „Als wichtigstes käme es [...] auf die Ausbildung ausreichender guter Hilfskräfte an, die naturgemäß am besten aus der Studentenschaft zu ziehen sind, sofern es sich nicht um wissenschaftliche Hilfskräfte handelt."

[496] So Herxheimer, Forschungsarbeiten, S. 280.

[497] Siehe gleichfalls oben S. 85.

[498] DHfL. 14. Monatsbericht. Juli 1922, in: MTSS 1922, S. 314.

[499] Tagesordnung zur Sitzung des Wirtschaftsausschusses des DRA am 4.11.1921 v. 4.11.1921, S. 1 (CuLDA, Mappe 4).

[500] Ebd., S. 2.

[501] Ebd.

ausstellung hier noch keine fertigen Ergebnisse vorstellen konnte.[502] Dafür gab ihre „sportwissenschaftliche Abteilung" einen „Überblick über die bisherigen Arbeiten – soweit sie der Öffentlichkeit darstellbar waren."[503] Als „Ergebnis deutscher Gründlichkeit" war diese von Herxheimer geleitete Abteilung dem Thema „der Sportmensch"[504] gewidmet und in verschiedene Einzelabteilungen gegliedert. Diejenige für „Leibesübungen im Altertum" (zusammengestellt von Schröder und Schede) stellte u. a. die antike Sporthygiene vor; die Abteilung „Geschichte der Leibesübungen" (Wiedemann und Altrock) zeigte u. a. ein 1917 in einem Gefangenenlager erbautes Pferd; Herxheimers Abteilung „Körperbau" demonstrierte an Bildern und Modellen Skelett, Muskeln und Organe; die Abteilung „Kreislauf, Atmung und Ernährung" (Atzler, Kohlrausch und Herbst) bot zum einen wissenschaftliche Apparaturen – so zur Bewegung des schlagenden Froschherzens – und zum anderen auch Brustmann und dem Röntgenlaboratorium die Gelegenheit zu weiteren Präsentationen von Theorien und Demonstrationen; Schultes „sportpsychologische Abteilung" enthielt Bilder und Apparate der psychotechnischen Untersuchungsmethoden „und die bisherigen Ergebnisse in Kurvendarstellung"; Seifferts Abteilung „der Sportplatz" umfaßte Modelle und Pläne des Stadions und der „Spielplatzerschließung von Groß-Berlin", und Michaelis und Baetzner hatten eine Abteilung „Sportverletzungen, erste Hilfe"[505] zusammengestellt.

Ferner zeigte die Abteilung „Sporthygiene" den „Einfluß des Alkohols auf die Sportleistung und den allgemeinen Gesundheitszustand, Tuberkuloseziffern und Darstellung hygienischer Sportbekleidung"; die Abteilung „Sportanthropometrie" war von Kohlrausch „sehr umfangreich" angeordnet worden und erweckte neben den „Proportionsfiguren der einzelnen Sporttypen" mit der „Kurvendarstellung des Trainingsbefundes, des Einflusses von Krankheiten und Exzessen auf die Leistung viel Aufmerksamkeit"; Klinges Abteilung „Sporttechnik" wurde „ihres Lehrwertes halber von Zuschauern dauernd belagert"; die Abteilung „Schulturnen" des Preußischen Turnlehrervereins „nahm die Forderung der täglichen Sportstunde in den Mittelpunkt", und die Abteilung „Gymnastikschulen" (Prellwitz) schließlich enthielt „Bilder der verschiedenen Systeme und Tanzschulen."[506]

---

[502] Vgl. z. B. DHfL. 19. Monatsbericht. Dezember 1922, in: MTSS 1923, S. 26: „Über Blutdruckverhältnisse und Pulsfrequenz bei hohen Anstrengungen (Marathonlauf, Radfernfahrt) wurden gelegentlich der Deutschen Kampfspiele [...] von der zweiten medizinischen Universitätsklinik (Prof. Kraus) Untersuchungen angestellt, deren Ergebnis noch nicht abgeschlossen ist."

[503] Ebd., S. 25. Ein Photo der Ausstellung ist enthalten in Schulte, Sport, S. 29.

[504] So Lewald auf der Eröffnung der Deutschen Sportausstellung, zit. n. Diem, Kampfspiele, S. 70.

[505] Diem, Kampfspiele, S. 65–66.

[506] Ebd., S. 66–67.

Was nun die eigentlichen und abgeschlossenen Forschungen zu den Kampfspielen angeht, folgt ihre Darstellung der Programmatik der ‚neuen universitas',
nach der die verschiedenen Abteilungen der DHfL „Hand in Hand"[507] arbeiteten.
Bei der Kooperation zwischen den Abteilungen I und III ist die während dieser
Spiele erfolgte Herstellung von „Filmaufnahmen interessanter technischer Einzelheiten" sowie die Sammlung von „physiognomischen Filmmaterial über die
Wechselbeziehungen zwischen typischer Ausdrucksform und sportlicher Leistung"[508] anzuführen. Auch wenn der entsprechende Tätigkeitsbericht hierfür
bloß die „psychologische Abteilung"[509] anführt, ist die Mitwirkung der Abteilung Übungslehre sehr wahrscheinlich: zum einen war die Produktion von Schul-
und Lehrfilmen bekanntlich schon in Schneiders Forschungsplan 1919 als generelle Forschungsaufgabe der DHfL formuliert und im späteren Aufgabenkatalog
von Schultes Abteilung lediglich spezifiziert worden, und zum anderen hatten
diese beiden Abteilungen ja bereits vor den Kampfspielen 1922 andere Filme
gemeinsam produziert.[510]

Lassen wir sowohl diese Abgrenzungsfrage, welches Material für welchen
Film verwendet wurde, als auch jene finanziellen Probleme der Filmherstellung
beiseite, sind zwei abgeschlossene Filme eigens zu nennen: erstens der Film
„Deutsche Kampfspiele 1922" der Berg- und Sportfilm G.m.b.H.[511] und zweitens Schultes Film „Eignungs- und Leistungsprüfung im Sport", der Ende 1921
in verkürzter Form erschienen war[512] und „im Festsaal der Siemens-Werke im
November 1922 seine Erstaufführung erlebte"[513], nachdem zur Ergänzung
„während der Deutschen Kampfspiele 1922 eine Reihe von Filmstudien an Meistern des Sports"[514] gemacht worden waren. In enger Verbindung mit der erwähnten Arbeitsstätte für Menschheitskunde hatten sie die Beziehungen zwischen Ausdruck und Sportleistung zum Inhalt und gehören zu Schultes „Gene-
ralschema" der Konstitution. Diese ist in „Soma" und „Psyche" gegliedert und

---

[507]   Herxheimer, Forschungsarbeiten, S. 280.

[508]   DHfL. 14. Monatsbericht. Juli 1922, in: MTSS 1922, S. 315.

[509]   Ebd.

[510]   Siehe die S. 237, 239, 246.

[511]   Siehe die Anzeige in Diem, Kampfspiele, S. 304. Vermutlich war Adam auch Sponsor die-
       ses Filmes, denn die oben (S. 90, Anm. 248) erwähnten, von ihm unterstützten Bergfilme
       wurden ebenfalls bei der Berg- und Sportfilm G.m.b.H. produziert. In Diems Buch über
       die Kampfspiele 1922 konnte Adam an bester Stelle, direkt als erster Kunde und gegen-
       über der Abbildung der Siegerplaketten, eine ganzseitige Anzeige schalten (Diem, Kampf-
       spiele, o. P. [S. 287]). Ferner unterstützte ihn die DHfL bei einer von seinem Sport- und
       Modehaus organisierten Sportausstellung; siehe auch das nächste Kapitel.

[512]   Siehe DHfL. 7. Monatsbericht. Januar 1922. Sitzung des Großen Rates v. 2.12.1921, in:
       MTSS 1922, S. 15: „Von der Humboldt-Film-Gesellschaft wurde ein erster sportwissen-
       schaftlicher psychotechnischer Lehr- und Werbefilm ‚Eignungs- und Leistungsprüfung im
       Sport' (zunächst zwei Akte) nach Angaben der Abteilung hergestellt, der ständig erweitert
       wird."

[513]   DHfL. 21. Monatsbericht. Februar 1923, in: ebd., 1923, S. 157.

[514]   Schulte, Sport, S. 64.

zerfällt dort wiederum in „Habitus", „Morphologie" und „Physiologie" und hier in „Begabung", „Temperament" und „Charakter".[515]

Die Begründung dieses Schemas geht einher mit einer Kritik an Kretschmers 1921 erschienenem Werk *Körperbau und Charakter*, an dem Schulte den „ganz neuartigen Standpunkt", die „glänzende formale Darstellung" und die „grundlegende Bedeutung" für die Sportpsychologie hervorhebt. Er weist aber auch andererseits darauf hin, daß Kretschmer das Material an „psychiatrischen Fällen" gewonnen habe und daß unter Bezug auf jene Filmaufnahmen Kretschmers „Typen nach unseren Messungen [...] zumindest für Oberschlesien nicht mehr stimmen."[516]

Wenn nun bei den Ergebnissen der Abteilung II ebenfalls die Abteilung III zu erwähnen ist, hat dies seinen Grund darin, daß die „medizinische Sportforschung" zur

> psychologischen Einstellung die allerinnigste Beziehung hat. Beide Arbeitsgebiete müssen sich gegenseitig befruchten, ergänzen und unterstützen; und wir glauben, daß eine gegenseitige Grenzüberschreitung (bei Voraussetzung der fachlichen Schulung) unendlich viel wertvoller ist als die Selbsteinkapselung und der brüske Abschluß, den hier und unbiologisch denkende Praktiker (Aerzte wie Psychologen) ‚der Zuständigkeit halber' vorziehen.[517]

Dieser „besondere Nachdruck auf einer Durchdringung der Leibesübungen vom biologischen Standpunkt" bedeutet für ihre Funktion im Rahmen der ‚neuen universitas', daß „nicht nur der Körper, sondern der ganze, einheitliche, organisch aufgebaute Mensch gebildet werden soll." Aus diesem Grund gerieten während der Kampfspiele zwei besonders wichtige „erzieherisch gerichtete Bestrebungen in der Sportwissenschaft"[518] in den Mittelpunkt der Forschung mehrerer Abteilungen. Dies betraf zum einen die „Anthropometrie und Konstitutionsforschung" – in der Abteilung II mit dem Schwerpunkt der „Untersuchung der Körpermaße und der Leistungsfähigkeit der Organsysteme bei sportlichen und turnerischen Uebungen"[519] – und zum anderen die Forschungen zur „Einwirkung schwerer

---

[515] Ebd. Zur Arbeitsstätte für Menschheitskunde siehe oben S. 226, Anm. 358.

[516] Schulte, Sport, S. 64. Hoberman, Maschinen, S. 209, sieht Kohlrauschs Sporttypologie als „angewandte Konstitutionstypologie", die gegen Kretschmers Deutung der athletischen Person absticht; vgl. Janssen, Kretschmer, S. 100; Dinçkal, Sportlandschaften, S. 252.

[517] Schulte, Sport, S. 17–18.

[518] Ebd., S. 18–19.

[519] Ebd., S. 18. Vgl. Herxheimer, Forschungsarbeiten, S. 280: „Ausgedehnten Raum nahm die Sporttypenforschung ein. Es wurden die anthropometrischen Bestimmungen unter Leitung von Dr. med. W. Kohlrausch und Beihilfe von Studenten der Deutschen Hochschule für Leibesübungen bei einer großen Anzahl von Kampfspielteilnehmern, insbesondere von Rekordleuten, ausgeführt. Die Röntgenaufnahmen des Herzens gingen damit Hand in Hand. Es wurden Röntgenaufnahmen in den Laboratorien des Deutschen Stadions und der Deutschen Sportausstellung von Dr. med. Herxheimer und Dr. med. Krause unter Beihilfe

körperlicher Arbeit (Marathonlauf) auf die geistige Leistungsfähigkeit"[520], die von Flockenhaus aus der II. Medizinischen Klinik der Charité unter ihrem Direktor Kraus vorgenommen wurden. Ebenso wie Sippels Forschungen an Schulkindern standen sie unter dem Leitthema der Abteilung III: „Einwirkung der Leibesübungen auf die Wissenschaft der Gesamterziehung"[521]. Sie gehörten in eine „besondere Untersuchungsreihe" an Marathonläufern über „Blutdruck, Pulsfrequenz, Gehalt des Blutes an Zucker, Koordinationsfähigkeit sowie Temperamentsbestimmungen", an denen außer den Wissenschaftlern der Charité auch „auswärtige Ärzte" wie Knoll (Arosa) beteiligt waren.[522]

Während die Publikation dieser Ergebnisse dadurch verzögert war, „daß sich im Laufe der Untersuchungen eine Reihe noch unerforschter Gebiete ergab, deren Ergründung von der Deutschen Hochschule für Leibesübungen nun in Angriff genommen werden soll"[523], konnte Flockenhaus bereits unmittelbar nach Beendigung seiner Arbeiten fertige Resultate mitteilen. Auf dem Referierabend der Physiologischen Abteilung am 23. November 1922, der von Gästen aller vier Abteilungen besucht wurde, berichtete er

> über die Konzentrationsprüfung bei Marathonläufern vor und nach dem Lauf, erstens nach der Bourdonschen Methode, zweitens nach der Kräpelinschen Methode mit Abänderung von Schulte. Beide Versuche, sowohl die Additionsprobe wie das Durchstreichen von bestimmten Vokalen in einem Schriftsatz, ergaben bei den sieben geprüften Läufern unmittelbar nach dem Lauf ausnahmslos bessere Ergebnisse als vorher, so daß von einer Erschöpfung durch den Lauf, die sich auf ihre geistigen Fähigkeiten in diesem Augenblick erstreckte, nicht gesprochen werden kann.[524]

Der entsprechenden Publikation entnehmen wir zur Ergänzung erstens, daß zwanzig Läufer teilgenommen hatten, wovon jene sieben dann auch zur Nachuntersuchung erschienen waren. Zweitens wird auch hier die „beträchtliche Steigerung der Leistung" hervorgehoben, aber zudem, daß sich

> beim Addieren bei einem Teilnehmer ein negativer Ausschlag der Kurve ergab. Das überraschende Ergebnis erklärt Verf. mit einem Erregungs-

---

von cand. med. Hoske ausgeführt. Es wurden Orthodiagramme und Fernzeichnungen des Herzens von etwa 150 gut trainierten Sportsleuten angefertigt."

[520] DHfL. 19. Monatsbericht. Dezember 1922, in: MTSS 1923, S. 27. Herxheimer, Forschungsarbeiten, S. 280–281, nennt zwar explizit auch diese beiden Schwerpunkte Anthropometrie und Marathonlauf, aber bei diesem nicht diese spezifische Fragestellung.

[521] DHfL. 19. Monatsbericht. Dezember 1922, in: MTSS 1923, S. 27. Siehe auch ebd.: „Je tiefer wir den Erziehungsnutzen regelmäßiger und gründlicher Körperübung auswerten, um so mehr muß es gelingen, mit diesen Erfahrungen auch die Lehre von der allgemeinen Erziehung des Menschen zu bereichern."

[522] Herxheimer, Forschungsarbeiten, S. 280–281; siehe auch DHfL. 19. Monatsbericht. Dezember 1922, in: MTSS 1923, S. 27.

[523] Herxheimer, Forschungsarbeiten, S. 281.

[524] DHfL. 18. Monatsbericht. November 1922, in: MTSS 1922, S. 473.

und Anspannungszustand, in dem sich die Versuchspersonen noch befanden, so daß es fraglich erscheint, ob der Anstieg der Kurve langsam auf den Ruhewert zurückgeht oder unter ihn sinkt.[525]

Am anthropometrischen Forschungsschwerpunkt der Abteilung III während der Kampfspiele waren alle ihre Laboratorien beteiligt. Herxheimers „Messungen größeren Stils, bei denen eine Reihe von Studenten der D.H.f.L. tätig sind", setzten Beobachtungen an Sportlern fort, die sich „auf die Herzform im Verhältnis zur Körpergröße, Leistungsfähigkeit und Körperentwicklung des einzelnen erstreckten."[526] Die Veröffentlichung der Ergebnisse dieser Untersuchungen von „150 der Kampfspielsieger auf orthodiagraphischem Wege" wurde zwar auf der Kuratoriumssitzung der DHfL vom 10. November 1922 für „demnächst"[527] angekündigt, erfolgte jedoch erst 1924 in einem Bericht, der „mehrere Versuchsreihen" umfaßte:

> Dabei zeigten sich nach den Leistungen über kurze Strecken (100 bis 200 m) nur sehr geringfügige Veränderungen des Blutbildes. Während sich bei den Mittelstrecken (1500 bis 5000 m) eine Vermehrung der gesamten weißen Blutkörperchen nach der Arbeit um 41 v. H. ergab. Dabei tragen den Hauptteil der Zellvermehrung die Lymphozyten, die Monozyten sind weniger stark vermehrt, die Neutrophilen und Eosinophilen fast gar nicht. Ein fünfmonatiges Training ergab zum Schluß ein Absinken der Zahlen gegen den Anfang. Die Verfasser schließen hieraus, daß es sich bei der Zellvermehrung nicht um ein mechanisches Ausquetschen der Lymphdrüsen während der Arbeit handle, sondern sie glauben, daß die Häufung der Stoffwechselprodukte bei schwerer Muskelarbeit in einem Zusammenhang mit der Leukozytose stehe.[528]

Auf demselben Referierabend der Physiologischen Abteilung vom 23. November 1922, auf dem Flockenhaus seine Untersuchungen an Marathonläufern präsentiert hatte, berichtete auch Kohlrausch über seine „bei den Kampfspielen vorgenommenen anthropometrischen Untersuchungen an rund 500 Sportsleuten aller Übungsgattungen. Er verglich Größe, Gewicht, Körperfülle [...], Brustbreite,

---

[525]   DHfL. 24. Monatsbericht. Mai 1923, in: ebd., 1923, S. 365. Diese Zusammenfassung in der Rubrik „Aus der Fachpresse" wurde mit „H." (also „Hoske") unterzeichnet; der entsprechende Beitrag von Flockenhaus erschien 1923 in der Zeitschrift Medizinische Klinik im Heft Nr. 17 und wird gleichfalls bei Herxheimer, Sportmedizin, S. 77, aufgeführt.

[526]   DHfL. 13. Monatsbericht. Juni 1922, in: MTSS 1922, S. 272.

[527]   DHfL. 19. Monatsbericht. Dezember 1922, in: ebd., 1923, S. 26.

[528]   DHfL. 39. Monatsbericht. August 1924, in: ebd., 1924, S. 517–518. Auch diese Zusammenfassung in der Rubrik „Aus der Fachpresse" wurde von Hoske verfaßt; der entsprechende Beitrag von H. Ernst und Herxheimer erschien 1924 in der Zeitschrift für die gesamte experimentelle Medizin im Bd. 42, H. 1/3.

Atmungsdifferenz, Vitalkapazität."[529] Die Ergebnisse wurden gleichzeitig unter dem Titel „Sporttypen" Anfang 1923 in der Januar- und Februarausgabe der Mitteilungen der Gymnastischen Gesellschaft und als Kurzfassung in der Monatsschrift für Turnen, Spiel und Sport vorgestellt: „Der Verf. sucht aus den physikalischen Formen die Eignung für bestimmte Sportarten abzuleiten. Als Kriterien dienen neben der Bestimmung der Fülle (Gewicht x 100 : Größe^2) die übrigen anthropometrischen Längenmaße; auch die psychologische Seite (Temperament) wird nicht ganz außer acht gelassen." Als erster Sporttyp angeführt wird von Kohlrausch der „Sprinter. Größe 173–175 cm. Muskulatur schlank, fest (nicht hart!). Körperfülle unter mittel 21,4. Brustumfang 52% (wenn die Körpergröße = 100% ist). Beinlänge 54%, Oberschenkel 28%. Temperament sanguinisch."[530] Die weiteren Typen sind Mittelstreckenläufer (ruhig), Langstreckenläufer (phlegmatisch), Skilangläufer, Skispringer, Hochspringer (sanguinisch), Mehrkämpfer, Schwimmer, Werfer, Schwerathleten, Boxer, Fußballspieler und Geräteturner.[531]

Die anschließende Diskussion dieser Resultate hob sowohl besondere als auch übergeordnete Aspekte hervor. Während Atzler auf die Notwendigkeit „geschickter Ernährung und passender Lebensführung"[532] wies, griff Diem Schultes Kritik der Typenlehre Kretschmers auf, indem er die Bedeutung der Sporttypenforschung darin erblickte,

> daß hier wertvolle Beziehungen zu den klinisch aufgestellten Konstitutionstypen vorhanden waren. Letztere leiden in ihrem Werte darunter, daß sie zum großen Teil an kranken Menschen gefunden sind. Ihre Wertigkeit ist deswegen teilweise falsch eingeschätzt. So finden sich z. B. ganze Gruppen von Sportsleuten – es handelt sich um die Gruppen der Läufer –, die dem klinisch als minderwertig asthenischem Typ gleichen. Von einer Minderwertigkeit auf körperlichem Gebiet kann zum mindesten auf ihrem Spezialgebiet, dem Lauf, nicht die Rede sein. Leistungsfähigkeit und Form von anderem Gesichtspunkte als dem des klinischen betrachtet, muß für die ärztliche Praxis von praktischem Werte sein.[533]

Vor dieser Folie betonte Diem den „praktischen Wert" des Ergebnisses,

---

[529] DHfL. 18. Monatsbericht. November 1922, in: MTSS 1922, S. 473. Im entsprechenden „Bericht aus der Fachpresse", ebd., 1923, S. 84, ist sogar von „500 erstklassigen Sportsleuten" die Rede.

[530] Ebd.

[531] Ebd.

[532] DHfL. 18. Monatsbericht. November 1922; Bericht über den Referierabend der Physiologischen Abteilung v. 23. November 1922, in: ebd., 1922, S. 473. Das Zitat lautet vollständig: „Atzler wies [...] auf die Erforschung der Veredlung der Muskelsubstanz durch Übung hin. Es gelte durch geschickte Ernährung und passende Lebensführung die Fettpolster durch trainiertes Eiweiß zu ersetzen, besonders in der Zeit der Stoffwechselkrise (25.–30. Lebensjahr)."

[533] Diem, Hochschule, S. 28.

daß die Mehrkampftypen, also die vielseitig Begabten, dem deutschen mittleren Typ am nächsten kommen [...]. Daraus folgt, daß wir es versuchen müssen, diejenigen jungen Leute, die diese Form nicht besitzen, nach dieser Richtung hin zu entwickeln. In den Körpermessungen steht uns die Möglichkeit zur Verfügung, uns ein Bild von der körperlichen Entwicklung zu machen und sofort zu sehen, an welchen Stellen Unterwertigkeiten vorhanden sind. Hier haben dann die Hebel der praktischen Arbeit einzusetzen. Werden erst einmal diese Ideen in die Sportvereine gedrungen sein, so läßt sich erwarten, daß auch auf Gebieten wie dem der individuellen Ausgleichsarbeit eine für die Volksgesundheit ungeheuer wichtige Arbeit geleistet wird. [...] Derartige Untersuchungen bekommen erst ihren Wert durch das große Material, das eine Kampfstätte wie das deutsche Stadion zu liefern imstande ist.[534]

4.4 Publikationsformen

Auch die Art und Weise, in der die DHfL ihre Forschungsergebnisse präsentierte, war von ihrer Interpretation der ‚neuen universitas' durchdrungen. Ihre Publikationen wendeten sich an den „strebsamen Turner und Sportsmann, den Vereinsleiter, den Turn- und Sportwart, den Turn- und Sportlehrer, kurz den geistigen Führer"[535]:

> Die deutsche Zukunft baut sich auf auf dem deutschen Menschen. Diesen körperlich, seelisch vollwertig, im Gemeinschaftsleben tragfähig zu machen, muß unser Volksziel sein. Leibesübungen bilden dazu den festen Grund. Keine Arbeit darf uns daher zu viel, kein Wagnis zu schwer sein, um mit den besten Waffen der Wissenschaft und Praxis das Rüstzeug dessen zu schmieden, der unserem Volke *vorleben* soll. Das soll uns der körperlich gestählte deutsche Führermensch sein. Möge das „Handbuch der Leibesübungen" zu dieser Wehr gehören.[536]

Erinnern wir exemplarisch an den Zweck der Deutschen Sportausstellung 1922, öffentlich, anschaulich und verständlich zu zeigen, „wie die Zusammenfassung und das Ineinandergreifen Erfolg bringt"[537], sind unter dem Begriff Publikationsformen nicht bloß wissenschaftliche Veröffentlichungen in ihrer klassischen schriftlichen Form, sondern darüber hinaus auch Vorträge, Filme, Ausstellungen und Sportberatungsstellen zu verstehen.

---

[534]   Ebd., S. 29. Siehe auch Court, Anthropometrie, S. 406.
[535]   Diem, Kampfspiele, S. 307.
[536]   Ebd.
[537]   DHfL. 19. Monatsbericht. Dezember 1922, in: MTSS 1923, S. 25. Siehe auch Diem, Hochschule, S. 40.

Was die schriftlichen Publikationen angeht, zeichnete die DHfL vor allem für drei Organe verantwortlich.[538] Als erstes zu nennen ist ihr bei der Weidmannschen Buchhandlung erschienenes „Amtsblatt"[539], die Monatsschrift für Turnen, Spiel und Sport. Sie fungierte bei ihrer Gründung sowohl als „Amtsblatt des Zentralausschusses für Volks- und Jugendspiele in Deutschland und des Deutschen Turnvereins" als auch als „Zeitschrift für Veröffentlichungen der Deutschen Hochschule für Leibesübungen"[540]: „Durch Ausgestaltung der ‚Monatsschrift für Turnen, Spiel und Sport' zu einem wissenschaftlichen Organ [...] und durch regelmäßige Referierabende ist die organische Verbindung geschaffen, derer die Forschung unseres Gebietes bedarf."[541] Grundlage dafür war der jeweilige Monatsbericht der DHfL, „der außer den Mitteilungen über Betrieb und Forschung eine Zusammenstellung und Bewertung aller in der Berichtszeit erschienenen wissenschaftlichen Arbeiten des Gebiets enthält."[542] Während die Berichte der DHfL eine rasche Möglichkeit boten, Ergebnisse aus ihren eigenen Abteilungen schon vor ihrer Drucklegung vorzustellen[543], faßte die Rubrik „Aus der Fachpresse" bereits gedruckte Forschungsresultate sowohl aus den Reihen der Hochschule als auch anderer Wissenschaftler zusammen. Bemerkenswert ist, daß auch Forschungen ausländischer Kollegen und ausländische Journale Berücksichtigung fanden.[544] Neuendorff bezeichnete die Monatsschrift als „einzige deutsche Zeitschrift für die Wissenschaft der Leibesertüchtigung".[545]

---

[538] Auch wenn Diem, Hochschule, S. 39, noch den halbjährlichen Semesterbericht der DHfL anführt, wird er hier unterschlagen, weil er bloß als Sonderdruck erschien.

[539] Schreiben Diems als Sekretär der DHfL an ihre Senatsmitglieder v. 1.7.1921; CuLDA, Mappe 207.

[540] Bei der Gründung 1921 waren die Herausgeber (Ernst) Kohlrausch, Neuendorff und Schröer; 1922 traten Diem, Harte und Ottendorff „unter Mitwirkung" hinzu. Gleichzeitig vereinigte diese Zeitschrift auch die Monatsschrift für das Turnwesen und die Zeitschrift Körper und Geist.

[541] Handschriftlich korrigierter Entwurf eines Schreibens des DRA an das RMI v. 16.5.1922, S. 3 (CuLDA, Mappe 190). Vgl. DHfL. 1. Monatsbericht. Juni 1921, in: MTSS 1921, S. 265: Diese Berichte „sollen auch dazu dienen, ein Verständnis für alle von der Hochschule in Angriff genommenen Aufgaben zu schaffen und vor allen Dingen dazu helfen, daß die Abteilungen sich auf Grenzgebieten unterstützen oder die Beantwortung einer Frage durch die Mitarbeit noch verbreitern und befestigen, wo es notwendig erscheint."

[542] Diem, Hochschule, S. 39.

[543] Vgl. zum Beispiel über die Resultate der Kampfspiele 1922 DHfL. 18. Monatsbericht. November 1922, in: MTSS 1922, S. 473, über die Kuratoriumssitzung v. 10.11.1922: „Zu Punkt 4 der Tagesordnung berichtete Dr. Diem zusammenfassend über die Forschungsarbeiten der vier Abteilungen [...]. Aus seinen Ausführungen geht hervor, daß die Untersuchungen, die anläßlich der Kampfspiele eingeleitet wurden, nunmehr zum Teil abgeschlossen in Berichten vorliegen oder ihrer Fertigstellung entgegensehen."

[544] Regelmäßig berichtet wurde bspw. über die Arbeiten des Schweizer Mediziners Wilhelm Knoll/Arosa (z. B. ebd., 1921, S. 468) oder des britischen Physiologen und Nobelpreisträgers von 1922 Archibald Vivian Hill (z. B. ebd., 1923, S. 85, 528), bei dem Krümmel im selben Jahr eine Fortbildung absolviert hatte (vgl. Court, Anthropometrie, S. 406; Bäumler, Krümmel, S. 156). Hill erhielt den Nobelpreis für seine Arbeiten zur Hitzeproduktion

Das zweitens anzuführende, von Diem, Mallwitz und Neuendorff herausgegebene und ebenfalls von der Weidmannschen Buchhandlung verlegte „Handbuch der Leibesübungen" ging auf einen Senatsbeschluß der DHfL vom
26. Oktober 1920 zurück.[546] Als „Grundlage für die wissenschaftliche Forschung und Lehre"[547] war es auf „mindestens 30 Bände" zur Abdeckung „aller
Zweige der Leibesübungen und aller Wissensbeziehungen angelegt"[548]. Während
die „deutsche Turnliteratur von Vieth bis Gasch die „geradezu sprunghaft erfolgte Vermählung des alten Turnens mit dem neuen Sport zu einer Einheit der
Leibesübung nicht hat umgestalten helfen" und die bisherige Sportliteratur vom
„Praktiker für die Praxis" geschrieben wurde, diente das „Handbuch" der „Ein-
heitlichkeit, der Wissenschaftlichkeit und dem gesicherten Wachstum"[549]:

> Für die Physiologie und Technik dieses Gebietes werden die wissenschaft-
> lichen Grundlagen gesucht, alle Hilfswissenschaften, wie die Geschichte,
> die Anatomie, Physiologie, Psychologie, Hygiene, Verwaltungslehre usw.
> der Leibesübungen werden außerdem in besonderen Bänden behandelt.
> Dabei sollen die Bücher allgemein verständlich und für den ausübenden
> Turner und Sportsmann geschrieben sein.
> Das Wachstum des Werkes wird durch niedrige Auflagenhöhen gesichert.
> So ist die Hochschule in der Lage, mit der Wissenschaft mitzugehen.[550]

Höchst bemerkenswert ist eine Ergänzung in Diems Arbeit über die Deutschen
Kampfspiele von 1922, die in späteren Beschreibungen dieses Handbuchs fehlt
und in ihrer Verknüpfung von wissenschaftlichem Interesse und hochschulpolitischer Propaganda sehr anschaulich die geschilderten Auseinandersetzungen um
die staatliche Anerkennung der DHfL spiegelt:

> Gewiß bedeutet das Unternehmen ein Wagnis. [...] Und doch gehen wir
> mit Zuversicht an das [...] Werk und haben die Hoffnung, daß unser
> Handbuch sich in kurzer Zeit bei allen Interessenten einbürgern wird.
> Uns steht ein Vorteil dieser Hochschule zu Gebote: die wissenschaftliche
> Unabhängigkeit. Nur die Freiheit der Lehre und Forschung bildet die
> Grundlage, auf der sich ein Standardwerk des Sports entwickeln kann.

---

im menschlichen Muskel und legte ab 1924 mit Begriffen wie ‚Sauerstoffschuld' und
‚Steady state' die „Grundlagen nicht nur für das Verständnis der aeroben Stoffwechselvor-
gänge bei körperlichen Belastungen, sondern auch für die Möglichkeiten exakter Ergome-
teruntersuchungen" (Hollmann, Sportmedizin, S. 54–55).

[545]   Brief an Harte v. 16.11.1923; Karl Drewer Turnerhilfswerk e. V., Briefe, S. 46.
[546]   Schreiben Diems als Sekretär der DHfL an ihre Senatsmitglieder v. 1.7.1921; CuLDA,
        Mappe 207. Dieser Brief korrigiert die Jahreszahl bei F. Becker, Leben, Bd. II, S. 93.
[547]   Tätigkeitsbericht des DRA 1.4.1922–31.3.1923, S. 5 (CuLDA, Mappe 13).
[548]   Diem, Hochschule, S. 39.
[549]   Diem, Kampfspiele, S. 305.
[550]   Diem, Hochschule, S. 40. Dieser Passus wortwörtlich auch bei ders., Kampfspiele, S. 306,
        mit folgendem Zusatz: „So werden wir in der Lage sein, mit der Wissenschaft mitzugehen
        und neue Errungenschaften in Neuauflagen zu verwerten."

Die Hochschule ist frei von irgendwelchen Verwaltungsbehörden und irgendwelchen Verbänden. Sie bildet – das kommt gerade bei der Wahl der
Verfasserschaft des Handbuches zum Ausdruck – im idealen Sinne eine
freie Gemeinschaft aller auf unserem Gebiete wissenschaftlich Strebenden. Es wäre gar zu verlockend gewesen, sich in der Herausgabe mit den
Landesturnanstalten zu vereinigen, den Schutz der Regierungen und der
Verbände anzurufen. Wir haben uns freiwillig dieses Vorteils begeben,
nur im Interesse der vollsten wissenschaftlichen Freiheit.[551]

Als erster Band erschien 1923 Diems Werk über *Vereine und Verbände für Leibesübungen (Verwaltungswesen)*[552]; bis 1924 folgten Bände über Deutsche
Turn- und Kampfspiele (Sparbier), die körperliche Erziehung des Kindes (Deppe) und das Ringen (Altrock).[553]

Drittens und schließlich zu nennen ist – gleichfalls bei Weidmann – die Reihe
„Beiträge zur Turn- und Sportwissenschaft", die den Zweck hatte, „Einzelpro-
bleme" bereits vor Erscheinen des entsprechenden „Handbuchs" oder als laufende Ergänzung in „wenig umfangreichen Heften"[554] behandeln zu können. Als
Herausgeber der Reihe fungierte Diem; gleichfalls bis 1924 konnten sieben Hefte
publiziert werden: über die Neugestaltung der Körpererziehung (Diem), Sportplatz und Kampfbahn (Seiffert), das Stadtamt für Leibesübungen (Hannen), die
biologisch-hygienische Bedeutung der Leibesübungen (Kaup), Turnunterricht
und die geistige Arbeit des Schulkindes (Sippel), die tägliche Turnstunde
(Diem/Matthias) sowie Persönlichkeit und Körpererziehung (wiederum Diem).[555]

Wenden wir uns der Funktion der Vorträge zu, tritt bereits am offiziellen Ort,
an dem die DHfL über sie berichtete, der anwendungsorientierte Charakter der
‚neuen universitas' besonders deutlich hervor: Sie waren in der Monatsschrift für
Turnen, Spiel und Sport der Rubrik „Lehrgänge" zugeordnet[556] und erschienen
im Punkt „Aus der Fachpresse" nur, insofern sie an eine Veröffentlichung ge-

---

[551] Diem, Kampfspiele, S. 306.
[552] Siehe in diesem Kapitel Anm. 481; Tätigkeitsbericht des DRA 1.4.1922–31.3.1923, S. 5
       (CuLDA, Mappe 13). Die Propagandafunktion des „Handbuchs" wird auch daran deutlich,
       daß der DRA Diems Band „in einer Auflage von 50 Exemplaren angekauft und sie zu Wer-
       bezwecken den in Frage kommenden Behörden, Parlamentsmitgliedern usw. überreicht
       hat" (ebd.).
[553] Diem, Hochschule, S. 39.
[554] Diem, Kampfspiele, S. 307.
[555] Diem, Hochschule, S. 40.
[556] Siehe z. B. DHfL. 18. Monatsbericht. November 1922, in: MTSS 1922, S. 473: „Dr. Diem
       sprach über das Thema ‚Grundsätze der körperlichen Erziehung' in Lübeck (9. Oktober),
       Bielefeld (19. Oktober), Augsburg (26. Oktober), Bamberg (27. Oktober), Berlin (6. No-
       vember) und am 15. November ebenfalls in Berlin vor der Ortsgruppe der Philologen an
       den staatlichen höheren Lehranstalten im Großberliner Philologenverband über ‚Turnen,
       Sport und Schule'."

koppelt waren[557]. Gleichwohl standen sie in einem engen Zusammenhang mit den Publikationen aus den Reihen der DHfL. Während ihre Referierabende dem Zweck dienten, Forschungen vor ihrer Veröffentlichung im Kollegenkreis zur kritischen Diskussion zu stellen, waren die Vorträge – neben den gedruckten Arbeiten – eine wesentliche Form der öffentlichen Mitteilung über ihren Abschluß und daher gleichfalls eine Möglichkeit ihrer raschen Verbreitung.

Ebenso wie bei den Publikationen war der Adressatenkreis der Vorträge zwar sehr breit gestreut – vom ‚interessierten Laien' bis zum Nobelpreisträger –, jedoch konnte zu ihnen gezielt geladen werden. Daher waren sie für die DHfL von einem sehr hohen propagandistischen Wert und den Sportausstellungen vergleichbar, die sich nach der Deutschen Sportausstellung 1922 unter Beteiligung von DRA und DHfL als „lehrhafte Schwester der Kämpfe auf grünem Rasen und auf blauer Flur"[558] rasch verbreiteten:

> Diem teilt mit, daß es sich in der Entwicklung der Hochschule und des deutschen Sports als notwendig erwiesen habe, die überall im Reich entstehenden und durchgeführten Sportausstellungen mit dem jeweils neuesten Material (aus dem Gebiet der Forschungen, Statistiken, Tabellen) von Seiten der Hochschule aus zu versehen.[559]

Zwar kann unter einer paradigmentheoretischen Warte auch diese Verknüpfung von Forschung und Praxis in den Publikationsformen Veröffentlichung, Vortrag und Ausstellung auf die seit 1904 bekannte – und in der Dresdner Hygiene-Ausstellung 1911 zum ersten Mal verwirklichte – Idee des ‚Stadion-Organismus' zurückgeführt werden. Das gleichermaßen spezifische und revolutionäre Moment der DHfL jedoch ist vor allem die in Schultes Abteilung Erziehungslehre geleistete Verbindung von Forschung, Vortrag und der Einrichtung von Sportberatungsstellen, deren systematischer Einsatz des neuen Mediums Film die „sich entwickelnde Massen- und Medienkultur der 1920er und 1930er Jahre"[560] spiegelt:

> Endlich haben wir unsere Lichtbild- und Filmvorträge im ganzen Reich und im Grenzland auf Einladung von Ministerien, Hochschulen, Städten,

---

[557] Siehe z. B. Hoskes Zusammenfassung in der MTSS 1923, S. 258, über den in der Zeitschrift „Betrieb" gedruckten Aufsatz von Schulte „Zeitmessung in wissenschaftlichen Laboratorien": „Der vor der ‚Arbeitsgemeinschaft deutscher Betriebsingenieure' in Berlin gehaltene Vortrag gibt einen systematischen Überblick über die Grundlage der Zeitmessung vom theoretisch-physikalischen sowie vom praktisch-experimentellen Standpunkt aus, um in die wissenschaftliche Zeitmessung einzuführen, die auch für den Sport eine wesentliche Rolle spielen dürfte."

[558] So Lewald auf der Eröffnungsfeier der Deutschen Sportausstellung 1922; zit. n. Diem, Kampfspiele, S. 70.

[559] DHfL. 42. Monatsbericht, in: MTSS 1924, S. 713–714. 1924 beteiligte sich der DHfL bspw. an der Sportausstellung in Breslau und bekanntlich an der des Berliner Modehauses von Adam; zur Beteiligung an der Ausstellung in Essen oben S. 250, Anm. 490.

[560] Tauber, Schützengraben, S. 356.

Vereinen, Truppenteilen zu der Einrichtung einer nicht unbeträchtlichen Zahl von Sportberatungsstellen geführt, die, meist von hervorragenden sozial denkenden Aerzten geleitet, mit uns dem gleichen großen Ziel der praktischen Volksertüchtigung dienen wollen. Die von uns in vielfachen Berichten und amtlichen Sitzungen unterbreiteten Methoden sind heute in so zahlreichen Stellen des In- und Auslandes, insbesondere bei wissenschaftlichen Hochschulinstituten und Behörden, in Benutzung, daß schon die laufende Verbindung mit diesen die Arbeitskraft einer zentral beanspruchten Stelle fast überschreitet. [...] Die Prüfmethoden in ihrer Verwendung werden gezeigt in meinen beiden Lehr- und Kulturfilmen „Eignungs- und Leistungsprüfung im Sport" und „Planvolle Körpererziehung" der Humboldt-Film-Gesellschaft, die, nach den Urteilen der Kritik, zu ihrem Teil dazu beigetragen haben, in der Oeffentlichkeit Verständnis und ernsten Willen für eine edle Ertüchtigung an Leib und Seele zu schaffen.[561]

Die Sportberatungsstellen besaßen in der Hauptsache zwei Aufgaben. Die erste war sportpsychologisch und besaß ihren Schwerpunkt in der Eignungs- und Leistungsprüfung, vor allem an Polizisten.[562] Die zweite – sporthygienische – war zum einen im Zusammenhang mit der „Forderung nach der ärztlichen Untersuchung bei der Turn- und Sportpflicht der Jugend" und zum anderen als „sportärztliche Untersuchung vor Beginn des eigentlichen technischen ‚Trainings‘"[563] konzipiert. Während die ersten Beratungsstellen in den Städten Berlin, Hannover und Hamburg „fast nur aus privaten Mitteln aufrecht erhalten" werden konnten, wurde Dortmund ca. 1923/24 die „erste Stadt, die eine solche Stelle aus städti-

---

[561] Schulte, Eignungsprüfung, S. 8–9 [o. P.]. Diese beiden Aufgaben der Einrichtung „verschiedener kleiner sportpsychologischer Beratungsstellen" und der Herstellung des „ersten sportwissenschaftlichen Lehr- und Werbefilmes" (DHfL. 7. Monatsbericht. Januar 1922. Sitzung des Großen Rates v. 2.12.1921, in: MTSS 1922, S. 15) finden sich zum ersten Mal im Tätigkeitsbericht der DHfL für das SoS 1921, Sekretariat der Hochschule. Berlin 1921, S. 14; siehe auch Diem, Hochschule, S. 35, über Schultes Psychologisches Laboratorium: „Die Ergebnisse des Laboratoriums sind in einer größeren Anzahl von Veröffentlichungen des Leiters niedergelegt. Ferner wurden die Methoden und Resultate in Lichtbilderserien und einem Film ‚Eignungs- und Leistungsprüfung im Sport‘ behandelt. Die Methoden des Laboratoriums sind in Sportberatungsstellen, die in Zusammenarbeit mit dem Berliner Institut eingerichtet wurden, in Verwendung. Die Apparate werden, besonders in dem heute günstiger gestellten Ausland, gerade bei Regierungsstellen benutzt." Eine Übersicht der zahlreichen Institutionen, denen Schulte seinen Film vorstellte, findet sich im 21. Monatsbericht der DHfL. Februar 1923, in: MTSS 1923, S. 157.

[562] Siehe ebd., S. 156: „Die Methoden wurden an mehreren Stellen amtlich eingeführt." Bereits in der Zuschauerschaft von Schultes Film (ebd., S. 157) fallen die Schutzpolizei und die Polizeischule Karlsruhe auf.

[563] Worringen, Einrichtung, S. 418. Organisatorisch waren sie als „Nebenabteilung des Jugendamtes" (ebd.) geplant.

schen Mitteln eingerichtet hat"[564]. Sie alle dienten der „Sportpropaganda und der sportwissenschaftlichen Forschung".[565]

Auch wenn es Ärzten in Deutschland erst ab 1970 erlaubt war, nach Besuch entsprechender Weiterbildungsveranstaltungen die „sogenannte ‚Zusatzbezeichnung Sportmedizin'"[566] zu tragen, sei in diesem Zusammenhang auf die gleichfalls um 1922 angestellten Pläne für ein Studium zum „‚Facharzt für Leibesübungen'"[567] hingewiesen. Er sollte Aufgaben sowohl im Leistungs- wie Breitensport übernehmen und ein besonderes Augenmerk auf „Lebensalter" und „Geschlechterunterschiede"[568] legen.

---

[564] Worringen, Beratung, S. 356; ders., Einrichtung, S. 421. Pläne für eine solche Stelle hegten 1924 „viele Seiten", davon „jüngst Köln und Essen" (ebd.). Siehe auch oben S. 153.

[565] Worringen, Beratung, S. 360.

[566] Hollmann, Sportmedizin, S. 73.

[567] Müller, Sportärzte, S. 122.

[568] Ebd., S. 123; zur Erläuterung ebd.: „Der Facharzt für Leibesübungen braucht [...] nicht Frauenarzt oder Psychologe im engeren Sinne zu sein; er muß aber auch auf diesen Gebieten erhebliche Kenntnisse und Erfahrungen besitzen, um das abweichende Uebungsbedürfnis der Frau sowohl im Umfang als in Art der Leibesübungen richtig beurteilen und feststellen zu können."

Schlußwort

Obgleich der Versuch, ein Urteil über die DHfL (und die von ihr vertretene Sportwissenschaft) der Jahre 1920–1925 abzugeben, schon aus dem Grund unvollständig sein muß, als er weniger als den halben Zeitraum ihrer Existenz umfaßt und wesentliche spätere Entwicklungen nur andeuten kann, ist er allein dadurch gerechtfertigt, daß er sich auf das im Vorwort vorgestellte Phasenmodell berufen darf und damit das erste Stadium der DHfL abbildet. Methodisch gesehen kann er sich gleichfalls auf einen bereits früher entwickelten Gedanken zur Fachgeschichtsschreibung stützen, nämlich, daß ein solches Urteil nur im Zusammenspiel unterschiedlicher Kriterien und Quellenarten gewonnen werden kann.[1] Grob kann man diese nach formalen Gesichtspunkten wissenschaftssoziologischer Natur und nach inhaltlichen Aspekten unterscheiden, die unterschiedliche Gegenstände betreffen: die Qualität von Lehre und Forschung, aber auch ihre Passung in den übergreifenden Horizont (wissenschafts-)politischer Themen, Entwicklungen, Konzeptionen und Überzeugungen. Ein weiteres Abgrenzungskriterium ist die Frage, ob die vorliegenden Werturteile über die DHfL von ihren Zeitgenossen oder von heutigen Historikern gefällt, dann, ob sie privat, offiziös oder offiziell geäußert wurden, und auch, wer sie geäußert hat: ob Führungsträger der DHfL und ihre Unterstützer aus Sport, Politik und Wissenschaft, ob ihre Gegner aus den Ministerien oder der Turnerschaft, ob ihre Studenten. Ferner ist der ‚Output' zu befragen: Wie sind ihre wissenschaftlichen Ergebnisse – sowohl in der Gegenüberstellung zeitgenössischer und heutiger Standards als auch im Vergleich mit anderen Wissenschaften und ihren Institutionen – zu bewerten? Wie waren die Berufsaussichten ihrer Absolventen? Und schließlich, aber nicht zuletzt: Genügt es, für unser Urteil bloß strukturelle Prozesse einzubeziehen, oder ist es ohne die Wirkung historischer Persönlichkeiten nicht recht verständlich?

Unter einer wissenschaftssoziologischen Warte befinden sich die frühen Formen der deutschen Sportwissenschaft im „Übergang zwischen Netzwerk- und Cluster-Stadium"[2]. Weil dieses dann erreicht ist, wenn sein notwendiges Kriterium einer universitär institutionalisierten Disziplin, d. h. mit eigenen Studenten und eigenem Lehr- und Forschungsbetrieb ausgefüllt wird, liegt es auf der Hand, *daß die Gründung der DHfL am 15. Mai 1920 den Eintritt der deutschen Sportwissenschaft in das Cluster-Stadium* markiert. Auch wenn dadurch keinesfalls ausgeschlossen werden soll, daß in ihnen (oder in der Arbeit sportwissenschaftlich interessierter Einzelpersönlichkeiten) durchaus wichtige Anstöße zur Entwicklung der Sportwissenschaft gegeben wurden, erfüllt keine der für

---

[1]   Vgl. Court, Vorgeschichte, S. 24–25; siehe jetzt auch die hilfreichen Kriterien bei Elvert, Projekt, S. 14–17.

[2]   Court, Vorgeschichte, S. 77; siehe auch ebd., S. 137.

eine solche Zuschreibung in Betracht kommenden anderen Institutionen unseres Berichtzeitraums sämtliche dieser Bestimmungsstücke: an Forschungsaufgaben mangelte es sowohl den IfL[3] wie der PrHfL[4], während umgekehrt die Behandlung sportwissenschaftlicher Gegenstände in den bereits etablierten Universitätsfächern mehr oder weniger Privatangelegenheit einzelner Forscher war[5]; die Wünsdorfer Militärturnanstalt war keine Hochschule[6]; die Idee einer neuen universitären Disziplin Sportmedizin als „wissenschaftliches Sonderfach"[7] kam wie erwähnt über das Stadium der Planung nicht hinaus; und der 1924 gegründete Deutsche Ärztebund zur Förderung der Leibesübungen erhielt zwar eine staatli-

---

[3]   So zuletzt auch Krüger, Münster, S. 910.

[4]   Die erwähnte Kritik an der PrHfL (siehe S. 95, 100, 121) trifft in der Sache den Kern, wie allein der Vergleich zwischen den jeweiligen Tätigkeitsberichten von DHfL und PrHfL in der Monatsschrift für Turnen, Spiel und Sport zeigt. Die frühere LTA war strukturell auf Lehraufgaben beschränkt, und zudem umfaßte „ihr Kreis der wissenschaftlichen Arbeit" bis zum Sommersemester 1923 nur ihre Vorlesungen, bevor dann zur „wissenschaftlichen Vertiefung" ab dem Wintersemester 1923/24 „engere Arbeitsgemeinschaften" in Form von „Seminarübungen" hinzutraten (Hirn, Bericht, S. 94). Natürlich entstanden an der PrHfL auch wissenschaftliche Arbeiten (zur Sportmedizin siehe bspw. Müller, Sportärzte, passim), aber eben nicht auf der Basis institutionalisierter Forschungsaufgaben. Es scheint im übrigen so, daß die PrHfL ihrem Hochschulstatus selbst mißtraute, denn noch 1924 wurde ihr Bericht über das abgelaufene Wintersemester mit der Überschrift „Preußische Hochschule für Leibesübungen (Landesturnanstalt)" versehen (Hirn, Bericht, S. 94).

[5]   Immerhin waren auf diesem Gebiet Promotionen möglich, so 1922 in München durch Karl Ritter von Halt über „Die Pflege der Leibesübungen an Hochschulen. Ein Beitrag zur regenerativen Bevölkerungspolitik" beim Nationalökonomen Adolf Weber (siehe Heimerzheim, von Halt, S. 57–60); gleichfalls in München wurde 1925 der Mittelstreckenläufer Otto Peltzer beim Statistiker Otto Edler von Zwiedineck-Südenhorst über „Das Verhältnis der Sozialpolitik zur Rassenhygiene" promoviert (vgl. Kluge, Peltzer, S. 27–29) und in Köln auch 1925 Alfred Peters durch Max Scheler über den „Begriff des Sports" (vgl. Court/Nitsch, Peters). Ferner erwarb 1924 „an der Universität Münster Turnlehrer Otto Gutschank aus Dortmund die Doktorwürde mit der Arbeit ‚Geschichtliche Entwicklung an den höheren Knabenschulen Westfalens seit 1890'" (MTSS 1924, S. 525). Wie schwierig gleichwohl eine Promotion auf dem Gebiet des Sports war, zeigen die Entstehungsumstände von Heinz Risses durchaus erfolgreichem und von Karl Mannheim gewürdigtem Buch *Soziologie des Sports* 1921. Risses Doktorvater Alfred Weber hatte Risse empfohlen, diese Arbeit zwar zu veröffentlichen, aber lieber über ein zeitungswissenschaftlichen Thema zu promovieren; siehe Lüschen, Risse, S. 93. – Zu Scheler darf ich die Bemerkung einflechten, daß ich in der Zeit der Abfassung dieser Zeilen herausgefunden habe, daß sie wohl in derselben Wohnung formuliert wurden, in die 1930 Schelers Witwe (zwei Jahre nach seinem Ableben) gezogen war und die heute mein häusliches Arbeitszimmer beherbergt.

[6]   Alleine aus diesem formalen wissenschaftssoziologischen Grund erübrigt sich an dieser Stelle eine Auseinandersetzung mit dem Vergleich Eisenbergs, „English sports", S. 361, zwischen der DHfL und der Wünsdorf Anstalt, auf den jedoch gleich noch zurückzukommen sein wird.

[7]   Müller, Sportärzte, S. 124. Siehe auch Biers Pläne oben auf S. 39, 50.

che Zuwendung aus dem MVW und profitierte in hohem Maße von der organisatorischen Unterstützung durch die DHfL, war aber von ihr unabhängig.[8]

Es blieb nicht aus, daß sich diese Sonderstellung der DHfL auch in der Begrifflichkeit spiegelte. Während für die Vorgeschichte der Sportwissenschaft der ausschließliche Gebrauch des Adjektivs ‚sportwissenschaftlich' charakteristisch ist[9], findet sich nun in der DHfL neben diesem Sprachgebrauch zum ersten Mal *die Verwendung des entsprechenden Nomen:* Im Wintersemester 1920/21 bot Schneider eine Lehrveranstaltung unter dem Titel an: „Sportwissenschaftliche Ausblicke. [...] Behandelt wurden: Zusammenhänge der einzelnen Wissenschaften mit der Sportwissenschaft. Die Sportwissenschaft als selbständige Wissenschaft."[10]

Während diese Einreihung der Gründungsphase der DHfL in das Cluster-Stadium leicht fällt, ist es schwieriger zu beantworten, ob 1925 schon das anschließende Stadium des Spezialgebiets erreicht wurde. Für das Verbleiben in jenem spräche seine übliche Lebensdauer von vier bis acht Jahren[11], das Entstehen zusätzlicher Ausbildungszentren (dies wäre hier die Kooperation mit dem KWI), aber auch von Divergenzen – man denke nur an die vielfältigen Auseinandersetzungen um die staatliche Anerkennung der DHfL. Belege für das Überwinden des Cluster-Stadiums und die Zugehörigkeit zum Stadium des Spezialgebiets wären das erst in ihm zu findende Erscheinen von Lehrbüchern und Aufsatzsammlungen (bei der DHfL kämen die Filme hinzu) oder die Gruppengröße, die im Spezialgebiet 20 bis 100 formale Beziehungen umfaßt – hier erlaubt nicht bloß das dichte Netzwerke der DHfL die entsprechende Zuordnung (wobei erneut auf das KWI zu verweisen ist), sondern bereits ihre eigene Personalstruktur, die die Inflationszeit „in unversehrter Größe"[12] überdauern konnte:

> Im Lehrkörper der Hochschule vermochten wir in weitestem Masse die
> neben- und ehrenamtliche Mitwirkung der bedeutendsten Hochschul- und
> Fachlehrer uns zu sichern, aber auch vollamtlich unseren Lehrkörper weit
> über die Grösse ähnlicher Anstalten hinaus auszudehnen. Zurzeit wirken

---

[8] Siehe den Bericht über die Berliner Sportärztetagung 1924 in Berlin der MTSS 1924, S. 434–435; Uhlmann, Kohlrausch, S. 96–97; weitere Literatur bei Court, Vorgeschichte, S. 106.

[9] Court, Vorgeschichte, S. 78.

[10] Tätigkeitsbericht DHfL. WS 1920/21, S. 12 (CuLDA, Mappe 188).

[11] In den Kriterien orientiere ich mich grundsätzlich an Mullins, Modell, S. 85–88, und ergänze für die DHfL spezifische Merkmale.

[12] Tätigkeitsbericht DRA v. 1.4.1923–31.3.1924, S. 9 (CuLDA, Mappe 13): „Es ist gewiß ein beruhigendes Gefühl, am Ende dieses Jahres feststellen zu müssen, daß wir unseren Lehrkörper in unversehrter Größe erhalten haben. Der vollamtliche Lehrkörper bestand aus 11 Herren, die nebenamtlich tätigen, zum großen Teil der Berliner Universität angehörigen Dozenten erreichten die Zahl von 40. Die Verwaltung wurde von drei Beamten geführt."

an der Hochschule 23 Herren vollamtlich, 38 nebenamtlich im Lehrkörper.[13]

Lassen wir beiseite, daß vor allem daß das Fehlen eines Promotions- und Habili-
tationsrechts an der DHfL weder für die Zugehörigkeit zum Cluster- noch zum
Stadium des Spezialgebiets spricht (ihr privater Charakter als solcher wäre un-
problematisch), liegen die Probleme einer exakten Bestimmung an zwei anderen
Kriterien. Erstens: Übernimmt man die Unterscheidung eines „intellektuellen"
und eines „organisatorischen Führers"[14], dann verfügt jener im Cluster-Stadium
über besonders fähige Studenten und kann im Stadium des Spezialgebiets die
Gruppe verlassen, während dieser im Cluster-Stadium der Vermittlung von Stellen, Publikationen und Zusammenkünften nachgeht und im Stadium des Spezialgebiets beibehält.

Klammern wir hier für einen Moment auch die Frage nach der Qualität der
Studenten der DHfL aus, besteht für diese Einrichtung die spezifische Schwierigkeit, daß eine Abgrenzung zweier Arten von Führerpersönlichkeiten auf sie
schwerlich trifft: alleine die bekannte Charakterisierung Diems als ihr ‚spiritus
rector' enthält ja bereits den Hinweis auf die außergewöhnliche Tatsache seiner
Doppelfunktion als ‚organisatorischer' *und* ‚intellektueller Führer'. Nicht nur der
Umstand, daß es der strukturell einzig möglichen Alternative, Rektor Bier, sowohl an Zeit als auch der geistig-revolutionären Strahlkraft gebrach, um als
‚intellektueller Führer' bezeichnet werden zu dürfen[15], sondern vor allem derjeni-
ge, daß Diems Wirken für die DHfL tatsächlich durch einen untrennbaren Zusammenhang von Politik, Wissenschaft und Verwaltung gekennzeichnet ist (ohne
hier ein Werturteil abgeben zu wollen), bildet für sie den besten Beleg. Die Verleihung des Ehrendoktors der Medizin an Diem ist daher auch ein schönes Symbol dafür, daß er in seiner Person die Idee der ‚neuen universitas' als Verbindung
von theoretischem und praktischem Handeln verkörpert.

Während diese erste Abgrenzungsproblematik die Funktion von Einzelpersonen betrifft, geht es bei der zweiten um die revolutionäre Gruppe. Die Kriterien
für ihre Zugehörigkeit zum Cluster-Stadium sind das Vorhandensein program-

---

[13] Handschriftlich korrigierter Entwurf eines Schreibens des DRA an das RMI v. 16.5.1922,
      S. 3a (ebd., Mappe 190).
[14] Mullins, Modell, S. 87.
[15] Vgl. neben den bisher in dieser Arbeit verstreuten Aussagen auch diese programmatische
      Äußerung aus dem Jahre 1930 in Bier, Sinn, S. 29–30: „Ich habe mehrfach erfahren, daß
      unsere einseitige Vererbungslehre Hypochonder und Willensschwache erzieht. Schlecht-
      veranlagte, die Bücher über die Allmacht der Vererbung gelesen haben, machen gar keinen
      Versuch, durch eigene Kraft ihren Mängeln abzuhelfen [...]. Nun soll man allerdings als
      Arzt die Macht der Vererbung nicht unterschätzen und bei der Eheschließung und der Kin-
      dererzeugung, wenn nach aller Erfahrung die Gefahr der Fortpflanzung Entarteter vorliegt,
      dieser rücksichtslos entgegentreten. Ebensowenig aber soll man die Macht der richtig an-
      geleiteten und richtig angewandten Gymnastik zur Hebung von körperlichen und seeli-
      schen Fehlern unterschätzen."

matischer Erklärungen – ihr „„zentrales Dogma‟‟[16] – und das Auftauchen kritischer Arbeiten einerseits der revolutionären Gruppe über ihre Ursprungsdisziplin und andererseits über diese Gruppe selbst, während sie im Stadium des Spezialgebiets entweder fehlen oder zur bloßen Routine geworden sind. In diesem Fall würde die „ruhige und gleichmäßige Entwicklung‟, mit der die DHfL bekanntlich ihren Lehrbetrieb 1925 gekennzeichnet und als „endgültige Befestigung‟[17] interpretiert hatte, ihre Rede von einem Institut „mit internationalem Rang‟[18] in *jeder* Hinsicht berechtigt erscheinen lassen.

Da wir aber nun bereits um die Existenz von Divergenzen im Cluster-Stadium wissen, diese jedoch in der Hauptsache macht- und wissenschaftspolitische Züge trugen, drängt sich die Frage auf, ob auch im eher wissenschaftlichen Diskurs Auseinandersetzungen nachweisbar sind, und wenn ja, ob und inwiefern sie den ‚revolutionären‘ Charakter der Sportwissenschaft berühren und sich bis in das Jahr 1925 erstrecken. Wenn sich die Richtigkeit unserer Leitthese von der Sportwissenschaft als spezifische Variante der ‚neuen universitas‘ auch hier bestätigen sollte, ist es erforderlich, im nächsten Schritt einen genaueren Blick auf die programmatischen Aussagen zu werfen, in denen die revolutionären Merkmale ihres neuen Dogmas scharf hervortreten[19], bevor wir uns in einem weiteren ihrer Kritik widmen.

Versuchen wir also zunächst, einen solchen Selbstbegriff der DHfL in eine knappe Formel zu kleiden, ist es der untrennbare Zusammenhang zwischen ihren „neuen Erkenntnissen‟[20] und ihrem Charakter einer *Experimentieranstalt*.[21] Auch wenn dieses Grunddogma sich bei ihrer Gründung bloß auf ihre „Erprobung‟[22] des Frauenstudiums und des Studiums ohne Matura bezog[23], konnte es allmählich auf die „wissenschaftliche Arbeit‟[24] ausgedehnt werden und somit der

---

[16] Mullins, Modell, S. 87.

[17] Siehe oben S. 89. Vgl. Tätigkeitsbericht DRA v. 1.4.1923–31.3.1924, S. 9 (CuLDA, Mappe 13): „Mit der Feststellung des hochgeschnellten Bedarfs an Turn- und Sportlehrern ist die wichtigste Voraussetzung für das Gedeihen unserer Anstalt gegeben. Jede Hochschule saugt ihre stärkste Kraft aus einer zahlreichen, eifrig strebenden Studentenschaft, und diese wird immer wieder im Verhältnis zum Bedarf und Ansehen des Berufs stehen.‟

[18] Tätigkeitsbericht DRA 1.4.1922–31.3.1923, S. 5 (ebd.).

[19] Der Begriff ‚programmatische Aussagen‘ ist sehr weitgefaßt und bezieht sich auf sämtliche Textsorten, in denen sie zu finden sind, also außer auf wissenschaftliche Texte auch auf Reden, Aufrufe etc.

[20] Vgl. Donop, Übungen, S. 92: „Die Hochschule für Leibesübungen wird durch ihre praktische Tätigkeit dafür sorgen, daß jene neuen Erkenntnisse sich ganz zwanglos, gewissermaßen unbewußt, in der Turner- und Sportlerwelt verbreiten.‟

[21] Siehe den Bericht Biers auf der Festsitzung des Kuratoriums der DHfL am 26.5.1922, in: MTSS 1922, S. 242: „Schon die Gründung unserer Hochschule war ein Experiment, mit dem wir einen Sprung ins Dunkle machten.‟

[22] Diem, Frauenstudium, S. 87.

[23] Ebd.; Bericht Biers auf der Festsitzung des Kuratoriums der DHfL am 26.5.1922, in: MTSS 1922, S. 242–243.

[24] Ebd., S. 244.

Idee der ‚neuen universitas' auch die einer „„Verwissenschaftlichung"''[25] des Sports einfügen, i. e. eine auf der *Erforschung sportlicher Leistung fußende Querschnittswissenschaft mit hohen praktischen und gesellschaftlichen Bezügen.* In dieser Arbeit ausführlich behandelte Belege waren die Forschungsarbeit der Deutschen Kampfspiele 1922, die Gründung einer eigenen Versuchsanstalt oder die Kooperation mit der Polizei. Bisher nicht erwähnt, aber für diese neue Art von Wissenschaft besonders anschaulich sind – neben Forschungen zur Funktionalität von Kleidung[26] oder der Konstruktion von Gesichtsmasken[27] – die vergleichenden Studien tierischer und menschlicher Bewegungen, mit denen Schneider gleichsam *in nuce* das Programm der Versuchsanstalt fortsetzte:

> Ende Juni fand für die Studierenden der D.H.f.L. auf Veranlassung von Studienrat Schneider eine Führung durch den Zoologischen Garten in Berlin statt. Es wurden, teilweise auch von den Studenten, folgende Fragen angeschnitten: „Warum kann der Elefant nicht springen, wohl aber schnell laufen? Lauftechnik von Strauß, Antilopen, Wildhunden, Kamelen. Läuft das Kamel im Paß und trägt diese Laufart zu seiner Unermüdbarkeit bei? Bei welchen Sportarten wendet der Mensch mitunter den Paßlauf an (Leichtathleten auf griechischen Vasen, Skilauf)? Wandklettertechnik von Hunden und Gemsen (vgl. die Mauerläufe des bayr. Herzogs Christoph im 15. Jahrh. bis zu 3,60 m Höhe). Sprünge des Känguruhs, Katzen, Tigern, Fröschen usw. Wird das schwere Geweih mancher Tiere von ihnen ähnlich wie die griechischen Sprunggewichte (Halteren) verwendet? Welche Tiere sind Kurz- oder Langstreckenläufer? Welche Kurz- oder Langstreckenschwimmer (Hecht, Sterlet)? Welche Tiere können am schnellsten starten und abstoppen, und wie machen sie das? Das Kriechen der Schlangen und anderer Tiere (vgl. die Kriechübungen des Berliner Prof. Klapp). Verschiedenartiger Gebrauch der Hörner beim Stoßen oder in der Vertei-

---

[25]   Diem, Flamme, Bd. III, S. 1280.

[26]   Vgl. DHfL. 41. Monatsbericht. Oktober 1924, in: MTSS 1924, S. 618: „Durch den Abteilungsleiter, Prof. Dr. Rubner, wurde die wissenschaftliche Prüfung der zurzeit gebräuchlichen Sportkleidung der Leibesübungen in Angriff genommen. Sämtliche deutschen Textilfirmen, die hierbei mitzuwirken bereit sind, wurden gebeten, dies der Hochschule mitzuteilen und etwaige Prospekte ihrer Ware an die Abteilung der Hochschule zu senden."

[27]   Siehe Michaelis, „Sportverletzungen", S. 346, der auf einen studentischen Vorschlag hin eine Maske konzipierte, deren „Schutz in erster Linie der Ausbreitung des Boxsports dienen will. Diese Sportart in ihrer Willen, Entschlußkraft und Gesamtkörper umfassenden Vielseitigkeit ist wohl nur deshalb nicht das ‚Morgengebet' des Amateurs, weil der Berufstätige Verletzungen des Auges, der Nase oder den Verlust des kostbaren Stiftzahns fürchtet. Der Sportsmann soll bei Leibe nicht verweichlicht werden – der Schlag bleibt fühlbar – nur diese lästigen [...], schwer schädigenden Wirkungen bleiben beim Boxtraining aus. Wohl verstanden beim Training! Für Ernstkampf und für den Professional ist diese Schutzmaske nicht gedacht. [...] Möge diese Erfindung, die aus der DHfL hervorgeht, den Amateursport fördern."

digung (Gnu, Steinbock). (Vgl. die Fechtarten des Menschen). Wie hat der
Mensch das Schwimmen gelernt? Vergleich der Schwimmarten von Fi-
schen, Schildkröten usw. mit sportlichen Schwimmarten (Crawl z. B.)
Was kann der Mensch durch Übung erreichen und wozu braucht er Apparate, um gleiche Leistungen wie die Tiere zu erzielen, bezw. sie zu über-
treffen? usw."
Die Führung hatten die Herren Dr. Heck (vom Zoo) und Dr. Heinroth
(Aquarium) übernommen, ferner beteiligten sich von Dozenten der Hochschule die Herren Prof. Dr. Du Bois-Reymond, Dr. Klinge, Studienrat
Schneider, Sportlehrer Gerdes und Fußballehrer Girulatis. Die Führungen
sollen fortgesetzt werden.[28]

Es bleiben die Fragen nach der Internationalität der Forschung an der DHfL, der
tatsächlichen Interdisziplinarität ihres Lehr- und Forschungspersonals und die
nach der Modernität ihrer Lehre. Beginnen wir mit dem ersten Punkt, gilt auch
für das Gebiet der Wissenschaft die im Kapitel über die allgemeinen Auslandsbeziehungen der DHfL gewonnene Einschätzung, daß sie die „Isolierung der
deutschen Kultur"[29] verhältnismäßig früh zu überwinden half.

Ursache der „schweren Krisis unserer gesamten Forschungseinrichtungen" in
der frühen Weimarer Republik waren nämlich nicht nur die „ungeheuren Preis-
steigerungen", die vor allem Laboratorien getroffen hatten, die „gewissermaßen
eine Industrieanlage im Kleinen" waren und in denen ein Röntgenapparat zu
„etwas außerordentlich Kostbarem"[30] geworden war. Hier zu erwähnen sind
auch die Auswirkungen einer „Kriegspsychose", die sich an dem Zweck ausländischer Wissenschaftsverbände zeigte, die „in aller Planmäßigkeit das Ziel verfolgen, eine kulturelle Internationale ohne und gegen Deutschland zustande zu
bringen." So sind beispielsweise durch den „Beschluß des ‚Internationalen Rats'
der neugegründeten internationalen wissenschaftlichen Organisationen der Ver-
bandsmächte [...] neue internationale naturwissenschaftliche Referatenorgane
gegründet worden, welche die im Ausland sehr verbreiteten deutschen Organe
verdrängen sollen." Betroffen waren auch die Geisteswissenschaften, weil ihnen
„im allgemeinen jene Beziehungen zur Industrie abgehen, die bei den Naturwissenschaften mit namhaften Unterstützungen eingreift."[31]

Vor diesem allgemeinen Hintergrund erwies es sich für die DHfL und ihr
Netzwerk als günstig, daß sie mit den ausländischen Universitäten und Wissenschaftlern, mit denen sie das Interesse an Anthropometrie, Arbeitsphysiologie,

---

[28] DHfL. 26. Monatsbericht. Juli 1923, in: MTSS 1923, S. 438; vgl. Tätigkeitsbericht DHfL
      1. SoS 1923, S. 3 (CuLDA, Mappe 188): „Besonderes Interesse fanden die durch Studien-
      rat Johannes Schneider, Berlin, veranlaßten Führungen im Berliner Zoo, bei denen unter
      Leitung von Direktor Prof. Heck Studien über Lauf, Sprung und Schwimmtechnik an Tie-
      ren gemacht wurden."
[29] Schreiber, Not, S. 71.
[30] Ebd., 16–17, 19, 21.
[31] Ebd., S. 70–71, 94.

Training oder Spielplatzforschung teilte, zum Teil bereits vor dem Krieg Fäden geknüpft hatte, die nun – im Rahmen der politischen Möglichkeiten – weitergesponnen werden konnten.[32] Sie spiegelten sich nicht nur in den Gastvorlesungen Liljestrands, den Delegationen aus Yale, Harvard und Princeton oder Krümmels Studienreise 1922 zu Hill[33], sondern auch dem Wissen „um die internationale Verteilung des sportphysiologischen Interesses"[34] und der regelmäßigen Berücksichtigung ausländischer Forschungsergebnisse – besonders durch Hill und Liljestrand – in den entsprechenden Besprechungen und Forschungsberichten der Monatsschrift für Turnen, Spiel und Sport. Anzuführen ist ferner Schultes explizite Verwendung der Forschungen von Galton und Pearson aufgrund ihrer hohen Bedeutung in der Korrelationsforschung von Körper und Geist.[35]

Die Zusammensetzung des Lehr- und Forschungspersonals der DHfL unter der Perspektive ihrer Interdisziplinarität[36] hat gemäß der Idee der ‚neuen universitas' einerseits die Beziehung von Praxis und Wissenschaft und andererseits verschiedener Wissenschaftsrichtungen zueinander zu prüfen. Was den ersten Punkt angeht, ist eine auf der *Erforschung konkreter sportlicher Handlungen fußende Wissenschaftskonzeption* klar erkennbar: es sei wiederum an die Versuchsanstalt, die Kampfspiele 1922, aber auch den Gegenseitigkeitsvertrag zwischen KWG und DHfL erinnert. Daraus fließt für den zweiten Punkt notwendig, daß die Bezeichnung ihres Lehrkörpers als ein „‚Who is who' der Sportmedizin und des Sports der Weimarer Republik"[37] auch für die Forschung notwendig das Vorherrschen einer experimentell-naturwissenschaftlich ausgerichteten Sichtweise ausdrückt.[38]

---

[32]   Vgl. ebd., S. 70: „Gewiß sind nach dem Weltkrieg manche internationale Wissenschaftsfäden erfreulicherweise wieder geknüpft worden."

[33]   Zu der Annäherung zwischen deutscher und englischer Wissenschaft im selben Jahr, bei der von Harnack eine wichtige Rolle spielte, ebd., S. 137–140.

[34]   Herxheimer, Sportmedizin, Vorwort, der explizit Hill, Durig, Lindhard und Riesser anführt, allerdings darauf verweist, daß der Boden für dieses Interesse in Deutschland vorbereitet wurde.

[35]   Schulte, Sport, S. 277; vgl. Janssen, Schulte, S. 138; siehe auch Bäumler, Krümmel, S. 158.

[36]   Zu ihrer Qualität siehe das Zitat auf S. 110 über die die „besten Lehrkräfte des ganzen Gebietes".

[37]   Uhlmann, Kohlrausch, S. 80. Sie führt als Beispiel Professoren der Berliner Universität an: Friedrich Kopsch, René du Bois-Reymond, Franz Kirchberg, Rudolf Klapp, Wilhelm Baetzner, Herbert Herxheimer, Max Rubner und Eduard Spranger. Siehe auch die Nennung von Namen bei Diem, Hochschule, S. 25; ders./Schiff, Gründung, S. 6.

[38]   Vgl. Dinçkal, Sportlandschaften, S. 248, 250: „Die DHfL war die erste universitäre Institution dieser Art in Deutschland – ihre Gründung markierte die Institutionalisierung der noch jungen Sportwissenschaften mit ihren naturwissenschaftlichen Leitdisziplinen. [...] Zusammenfassend läßt sich hier festhalten, dass die DHfL erstmals die Idee des ‚Stadionorganismus', also einer räumlichen Zusammenführung von Sporttreiben und Sportforschung, dauerhaft auf dem Gelände des Deutschen Stadions in die Praxis umsetzte und durch eben diese Denkfigur der ‚Menschenökonomie' moderne, in der Weimarer Zeit po-

Gleichwohl wäre es eine verkürzte Perspektive, insgesamt auf ihre Dominanz zu schließen, da ihre Methodik sich *inhaltlich* dem geisteswissenschaftlich gewonnenen Ideal einer geistig-körperlichen Harmonie verpflichtet fühlte. Deswegen entspricht es dem Ideal der ‚neuen universitas‘, daß diese Auffassung nicht nur von Medizinern wie Bier mit seiner dezidierten Bindung an das antike Ideal der Kalokagathia gelehrt wurde, sondern auch von einem Fachpädagogen wie Spranger. Dazu trat, daß Untersuchungen klassischer pädagogischer Kategorien der Leibesübung wie der des Mutes sich von selbst gegen eindimensionale Zugänge sperrten[39], und es ist kein Zufall, daß Schultes entsprechende Forschung in Kooperation mit William Stern geschah, dessen Breslauer Institutsgliederung ebenso wie seine Lehrveranstaltungen gleichermaßen seine experimentellen und philosophisch-pädagogischen Interessen spiegelte.[40] Schließlich gehört in diesen Zusammenhang das geistes- und kulturwissenschaftlich geprägte Lehrangebot der Abteilungen Erziehungs- und Verwaltungslehre, in denen z. B. Dr. Hartstein, der Bibliothekar der DHfL, eine Veranstaltung zur „Einleitung in die Philosophie und Logik"[41] und Bruno Schröder über „Sport und antike Kunst"[42] anbot. Sein 1927 erschienenes Werk *Der Sport im Altertum* schloß mit der die „alte und neue Zeit" verbindenden Überzeugung,

> daß der menschliche Leib nicht ein sündhaftes Gefäß der Seele, sondern in seiner Kraft, Beweglichkeit und Schönheit dem Geist gleichgeordnet ist, und daß es zur ‚Bildung‘ gehört, auch ihn zu bilden und zu formen und ihm durch unablässiges Streben die Leistungen abzuzwingen, deren er fähig ist.[43]

---

puläre Bereiche des *Social Engineering* wie Anthropometrie, Arbeitsphysiologie und Psychotechnik zu einer praxisorientierten Leistungswissenschaft bündelte."

[39] Siehe meine Analyse von Konrad Kochs Buch *Die geistige Seite der Leibesübungen;* Court, Koch.

[40] Siehe Schulte, Sport, S. 53; Court/Janssen, Benary, S. 11–15.

[41] DHfL. 10. Monatsbericht. März 1922, in: MTSS 1922, S. 142; vgl. ebd., 1921, S. 386.

[42] Tätigkeitsbericht DHfL. WS 1923/24, S. 6 (CuLDA, Mappe 188). Die Gewinnung Schröders erwies sich allerdings als schwierig; siehe den Brief Schiffs an Martin Schede, Kustos der Berliner Museen (und 1927–1945 Präsident des Archäologischen Instituts des Deutschen Reiches; siehe Hausmann, „Ritterbusch", S. 213), v. 28.8.1921 (CuLDA, Mappe 207): „Würden Sie geneigt sein, im kommenden Wintersemester an der *Hochschule für Leibesübungen* eine Reihe von Vorlesungen, etwa 6 von je 1½ Std., über die ‚Gymnastik des Altertums und ihre Darstellung in der bildenden Kunst‘ (oder so ähnlich) zu halten? Als Mitglied des Senats (engeren Verwaltungsrates) der Hochschule für Leibesübungen bin ich von Anfang an für eine Berücksichtigung des Altertums und der Kunst innerhalb des Vorlesungslehrplanes eingetreten und habe nur Zustimmung gefunden. Nur scheitert unsere Absicht bisher an der Personen-Frage. Herr Professor Bruno *Schroeder,* an den wir uns zuerst gewandt hatten, hat wegen Mangels an Zeit abgelehnt." Offensichtlich war diese Anfrage an Schede erfolglos, dafür aber der nächste Versuch, Schröder zu gewinnen, geglückt.

[43] Schröder, Altertum, S. 170.

Die nun noch zu klärende Frage nach der Modernität der Lehre an der DHfL erfolgt unter zwei Perspektiven. Die erste enthält die Überlegung, inwiefern auch für ihr Lehrangebot der allgemeine Befund galt, daß das „moderne Körperverständnis im Sport seinen idealen Ausdruck fand" und „Berlin zur Pilotstadt der Moderne in Deutschland wurde"[44]. Wählen wir als Ansatzpunkt wiederum ihre spezifische Gestalt der ‚neuen universitas', so erforderte bereits ihre Leitidee einer „praktischen Erprobung der auf wissenschaftlicher Grundlage entstandenen Lehrmeinungen"[45] die Einbeziehung der vielfältigen Formen von Sport, Turnen und Gymnastik. Deshalb drückte ihre Lehre nicht nur eine wehrsportliche Tradition aus, zu der beispielsweise das Kleinkaliberschießen zählte[46], sondern umfaßte auch moderne Körperpraktiken. Wenn wir hier ein Beispiel aus dem auf die Studentinnen der DHfL beschränkten Lehrangebot wählen und auf die „große Mode" der „rhythmischen Gymnastiksysteme" eingehen, ist der Grund dafür, daß die „leider nur zu zahlreichen Gymnastikseminare" im „Wettbewerb mit der Ausbildung unserer Hochschule" standen und die „Allgemeinbildung zu verdunkeln drohten".[47] In der täglichen Arbeit zeigte es sich jedoch, daß die Studentinnen keinem dieser „verschiedenen Systeme"[48] einen Vorzug gaben, so daß sie „ihren berechtigten Platz als Ergänzung"[49] fanden:

> Gymnastik ist eben nur *eine* Form der körperlichen Erziehung; allein genossen schmeckt sie schal. Bei dem Wechsel der Körperbedingungen, der innerlichen und äußerlichen Umstände, des Geschmackes usw. bedarf es der ganzen Klaviatur der Leibesübungen, um dem Menschen zu dienen, und so wird die Zukunft noch mehr als heute die allgemein gebildete Turn- und Sportlehrerin und nicht die Gymnastiklehrerin verlangen. Die Hochschule ist sich daher ihres rechten Weges bewußt und wird auf ihm fortschreiten.[50]

Insgesamt fügte die DHfL also modische Strömungen in ihre Lehre ein[51], sorgte jedoch für ihre Verwissenschaftlichung durch die Integration „trainingswissen-

---

[44]   F. Becker, Leben, Bd. II, S. 17. Vgl. Tauber, Schützengraben, S. 432: „Der unglaubliche Aufschwung des Sports [...] ließ diesen zu einem zentralen Moment der entstehenden Massenkultur der Weimarer Republik werden. Die pluralistische Gesellschaftsordnung bildete sich in einer Vielzahl von Turn- und Sportverbänden ab, die dem politischen Spektrum sowie den sozialen Milieus entsprach."

[45]   Diem, Entstehung, S. 4.

[46]   Dies steht auch im Gegensatz zu Eisenberg, „English sports", S. 361–362, die ohne Quellenangabe behauptet, der Senat der DHfL habe an ihr den Geländesport untersagt (wie wir gleich sehen werden, hat sie möglicherweise eine Äußerung aus einem Aufsatz von 1942 ungeprüft übernommen).

[47]   Diem, Frauenstudium, S. 90; vgl. Wedemeyer-Kolwe, Körperkultur, S. 423.

[48]   Diem, Hochschule, S. 43.

[49]   Ders., Frauenstudium, S. 90.

[50]   Ebd.

[51]   Vgl. Wedemeyer-Kolwe, Körperkultur, S. 426: „Im Gegensatz zur Turnbewegung und zum Sport konnte die Körperkulturbewegung Männer und Frauen gleichermaßen integrieren,

schaftlicher Bewegungslehre, moderner physiologischer Erkenntnisse und mechanischer Übungsabfolgen".[52] Als exemplarischer Beleg dafür, daß die auf dieses interdisziplinäre Konzept gestützten Lehrangebote der DHfL einen breiten Interessenkreis ansprachen, dient ein Schreiben des Geschäftsführers der DT, Breithaupt, vom 25. April 1922 an den DRA:

> Die Lehrgänge, die die Deutsche Hochschule für Leibesübungen im Stadion und im Reiche abhält, erfreuen sich in der Deutschen Turnerschaft grosser Beliebtheit. Von allen Seiten gehen Wünsche ein, diese Lehrgänge besuchen zu dürfen und Bitten, diese Lehrgänge zu vermehren und weiter auszugestalten. Die Deutsche Turnerschaft hat für später den Wunsch, dass auch Lehrgänge im Gerätturnen eingerichtet werden, ist aber jetzt damit einverstanden, dass dem Bedürfnis und dem Wunsch der Allgemeinheit Rechnung tragend den leichtathletischen Lehrgängen der Vorzug gegeben wird. Die Turner aus dem besetzten Gebiet und aus dem Saarland treten mit diesen Wünschen besonders stark an uns heran.[53]

Eine vergleichbare Struktur von Konzeption, Forschung und Lehre erkennt man auch im zweiten Gesichtspunkt ihrer Modernität, der Untersuchung nämlich, inwiefern sich die These von der demonstrativ zur Schau getragenen Frontstellung des DRA gegen den Spitzensport[54] auf seine Hochschule ausdehnen läßt oder nicht. Während der DRA in der Tat das Ideal von Breitensport und Massenleistung durch die Einführung von Reichsjugendwettkämpfen 1920 und die Ausweitung des Sportabzeichens ab 1921 förderte[55], unterstützte die DHfL auch die leistungssportliche Idee der persönlichen Höchstleistung.

Bereits erwähnte Belege dafür sind der explizite Niederschlag dieses Prinzips in ihrer Prüfungsordnung, die Teilnahme ihrer Studenten an den Deutschen Kampfspielen 1922 oder die Trainingtätigkeit ihrer Dozenten für ausländische Olympiamannschaften. Ausdrücklich wird 1924 die Notwendigkeit von „Wettkampf und Höchstleistungen auch bei der Frau"[56] betont. Unter der Theorie und Praxis integrierenden Konzeption der ‚neuen universitas' ist darüber hinaus der von Schulte zum ersten Mal 1922 vorgestellte Beratungsbogen für die allgemeine Begabtenauslese anzuführen, dessen sportpsychologische Variante auf die „Untersuchung der sportlichen Höchstleistung" abgezweckt war,

---

[52] jedoch ohne die geschlechtsspezifischen Barrieren völlig abzubauen. Im Kaiserreich waren Männer vor allem beim FKK und im Bodybuilding eher in der Überzahl und in der Rhythmischen Gymnastik vorwiegend in der Unterzahl. In der Weimarer Republik blieb es weitgehend bei diesen Verhältnissen".

[52] Ebd., S. 427.
[53] CuLDA, Mappe 15a.
[54] Siehe oben S. 64, Anm. 129.
[55] Zahlen bei Beyer, S. 673, der die große Anzahl der verliehenen Sportabzeichen als „Indiz für die große Welle der Sportbegeisterung in den 20er Jahren" nimmt.
[56] Kirchberg, Frauenstudium, S. 419.

da gerade die sogenannte Rekordleistung in besonders reiner und eindeutiger Weise bestimmte typische Eigenschaften, die für den Sportbetrieb erforderlich sind, zur Erkenntnis gelangen läßt. Die Ergebnisse dieser Untersuchung der sportlichen Höchstleistung werden in besonders hohem Maße dem sportlichen Lehr- und Unterrichtsbetrieb an Hochschulen, Schulen und Vereinen zugute kommen.[57]

Suchen wir nun in der kritischen Literatur zur „so groß aufgezogenen Sportwissenschaft"[58] nach Werturteilen über die DHfL der Jahre 1920 bis 1925, zeigt sich ein hermeneutisches Dilemma: Während in den zeitgenössischen Texten solche Einschätzungen zwar zu finden, aber nur schwer aus ihren persönlichen, politischen oder ideologischen Einbettungen zu lösen sind[59], bleibt die neuere Literatur hingegen entweder sachlich, enthält sich aber weitgehend des Urteils[60], oder stützt sich ohne nähere Prüfung auf jene ältere Literatur.[61] Sehen wir von dieser interpretatorischen Schwierigkeit ab, kristallisieren sich folgende Haupteinwände heraus:

– Kritik an ihrer vom „Taylorsystem" beeinflußten „naturwissenschaftlichen Denk- und Arbeitsweise, die zur Veräußerlichung in der Auffassung vom Menschen führte"[62] und gleichermaßen Anatomie, Physio-

---

[57] Schulte, Sport, S. 30; siehe Diem, Hochschule, S. 32, mit leichter Einschränkung über die Aufgaben des sportpsychologischen Laboratoriums: „Erzielung von Höchstleistungen, sofern sie biologisch wertvoll sind."

[58] Neuendorff, Geschichte, S. 689.

[59] Dies gilt besonders für Edmund Neuendorffs soeben zitierten vierten Band seiner *Geschichte der neueren deutschen Leibeserziehung,* der ca. 1936 erschienen ist; dazu insgesamt Krüger, Neuendorff; siehe auch Court, Vorgeschichte, S. 16.

[60] Dies betrifft *cum grano salis* auch die einschlägigen Arbeiten von F. Becker und Dinçkal, die lediglich detaillierte (allerdings exzellente und hilfreiche) *Beschreibungen* der Modernität des wissenschaftlichen Konzepts der DHfL geben. Selbst F. Beckers zitierte Rede von ihrer ‚parasitären Existenz' (siehe oben S. 185) kann man durchaus rein sachlich verstehen, da er an anderer Stelle (Leben, Bd. II, S. 192) der Kooperation zwischen KWI und DHfL ein „hohes wissenschaftliches Niveau" attestiert.

[61] So berufen sich in ihrer Kritik A. Krüger, Turnen, S. 19–20; Bernett, Entwicklungsgeschichte, S. 232, und Eisenberg, „English sports", S. 361, auf Neuendorff, während Beyers Einschätzung als „weltweit anerkannte Institution" (Sport, S. 670) wortwörtlich die bekannte Selbsteinschätzung der DHfL aufgreift. Auffällig ist ferner, wie wir gleich noch sehen werden, daß dieser Mangel an Beschäftigung mit Originalquellen und das gegenseitige Zitieren von Ergebnissen mit einer großen Zahl falscher Textbelege einhergeht.

[62] Neuendorff, Geschichte, S. 685, 690. Im Lichte unserer Anm. 59 über das Erscheinungsjahr von Neuendorffs viertem Band seiner *Geschichte der neueren deutschen Leibeserziehung* ist der Hinweis von Jensen, Body, p. 132–133, interessant: „the rhetorical attacks against the Taylorized athlete, already present in the Weimar Discourse, increased in Nazi Germany as well."

logie, Anthropometrie und experimentelle Psychologie trifft. Diem und Schulte werden namentlich besonders hervorgehoben.[63]

– Kritik am interdisziplinären Konzept der Sportwissenschaft: „Machen wir uns doch nichts vor: das, was wir heute Turnwissenschaft nennen, ist zu drei Vierteln ganz kümmerliche Pseudowissenschaft. Wir haben noch keine Geschichte der Leibesübungen, die auch nur annähernd den Wesenszug der Wissenschaftlichkeit trägt. Wir haben noch keine Philosophie oder Kunstgeschichte der Leibespflege. Was wir an wissenschaftlichen Erkenntnissen auf dem Gebiet der Physik oder Psychologie der Leibesübungen besitzen, erstreckt sich nur auf zusammenhanglose Einzeluntersuchungen. Unsere Physiologie der Leibesübungen steckt [...] trotz aller ernsten und bewundernswerten Arbeit einzelner als ganzes noch in den Kinderschuhen. Die Biologie ist im Grunde doch erst dabei, die Probleme zu sehen, und hat Lösungen, die den Anspruch auf Wissenschaft machen können, nur vereinzelt gefunden. Was also bleibt eigentlich von der Turnwissenschaft?"[64]

– Kritik an unzureichenden Resultaten in Forschung und Lehre: „Im übrigen muß man schon sagen, daß die Ergebnisse der im Rahmen der Hochschule [DHfL. J. C.] getätigten Forschung keineswegs welterschütternd waren. Irgend etwas, was neue Richtungen wies oder neue Bahnen eröffnete, ist bei ihnen nicht herausgekommen. Die praktische Arbeit hat sie in nichts wesentlich beeinflußt."[65]

---

[63] Zahlreiche Belege Neuendorff, Geschichte, S. 597, 684, 689–691; vielfach zitiert (z. B. bei Bernett, Entwicklungsgeschichte, S. 20; Lück, Schulte, S. 42; Court, Anthropometrie, S. 408) ist Neuendorffs Kritik an Schulte, „der mit großem Scharfsinn eine Unzahl von Apparaten und Untersuchungsmethoden ertüftelte" und mit ihnen einen „Kult" (Geschichte, S. 684, 691) betrieb. Dieser Ausdruck ‚Kult der Apparate' ist allerdings nicht Neuendorffs Erfindung, sondern geht auf Fritz Giese und dessen Kritik der Psychotechnik zurück; siehe Janssen; Sportpsychologie, S. 16; Dinçkal, Sportlandschaften, S. 252. Diem wird charakterisiert als Vertreter der „wesentlich naturwissenschaftlichen" Ausrichtung der Sportwissenschaft (Neuendorff, Geschichte, S. 597).

[64] Neuendorff 1921, zit. n. A. Krüger, Turnen, S. 19–20. Leider scheitert ein Zitat aus der Originalquelle daran, daß die von A. Krüger, Turnen, S. 31, angegebene Literaturangabe nicht korrekt ist (siehe auch S. 158, Anm. 160). A. Krüger, ebd., S. 29, im selben Tenor: „Das ‚wissenschaftliche' Ein-Fach-Studium, wie es von Diem herausgestellt wurde, konnte wissenschaftlichen Ansprüchen nicht genügen, da es die *Turnwissenschaft* als einheitliche Disziplin nicht gab – nicht geben kann –, da Turnen und Sport keine wissenschaftlichen Methoden entwickeln können, sondern auf die der jeweiligen Mutterwissenschaften angewiesen sind, die sich mit der menschlichen Bewegung und deren Vermittlung als Forschungsgegenstand beschäftigen."

[65] Neuendorff, Geschichte, S. 597; ebd., S. 689, bündelt alle drei Aspekte: Der Charakter der Sportwissenschaft als „abstrakte Wissenschaft" führt dazu, daß sie „mit all ihrer Arbeit und all ihren Veröffentlichungen nur hier und da kleine Grenzberichtigungen" durchgeführt habe; diese Argumente übernehmen ungeprüft A. Krüger, Turnen, S. 25, Bernett, Entwicklungsgeschichte, S. 232, und Eisenberg, „English sports", S. 361, wobei der von

Eine tiefere Beschäftigung mit diesen drei Kritikpunkten zeigt, daß der dritte spezifisch die DHfL berührt, während die ersten beiden in den Rahmen übergreifender wissenschaftstheoretischer Diskussionen zu fügen sind. Beginnen wir mit dem ersten, so ist er Ausfluß eines idealistischen Paradigmas, das Mitte der 1920er Jahre verstärkt biologistisch-ganzheitliche Denkweisen nicht nur in die Theorie der Leibeserziehung[66], sondern beispielsweise auch Sprachwissenschaft[67] oder Allgemeine Psychologie[68] einführte. Vor diesem Hintergrund trägt die Ablösung 1925 von Schulte durch Sippel an der DHfL geradezu symbolischen Charakter[69], da Sippel sich selbst gegen die „verkrampfte Zeit"[70] der Arbeitspsychologie" richtete und als „Schüler Sprangers die Lehren des Struktur-Verstehens seines Meisters auf Leibesübungen und die Leibesübungen Treibenden anwendete und [...] zum ersten Male wirklich brauchbare und wertvolle Grundlagen einer vom ganzen Menschen ausgehenden Psychologie gab"[71].

Allerdings ist erstens anzufügen, daß Sippel selbst sich dagegen verwahrte, „über diese ersten Anfänge einfach den Stab zu brechen", sondern vielmehr betonte, daß seine eigene Auffassung „bedingt war durch jene experimentierfreudige Zeit und sich auf ihr aufbaute"[72]. Zweitens hatte Schulte selbst bereits 1925 „den Weg der biologischen Betrachtung" eingeschlagen und die „Wechselbeziehung körperlicher und geistiger Veranlagung"[73] hervorgehoben, und schließlich

---

Bernett (ebd., S. 232) angeführte angebliche Beleg bei A. Krüger, ebd., S. 25, dort leider nicht zu finden ist.

[66] Nach meinen Recherchen ist hier das Jahr 1924 zu nennen. Als Beleg füge ich nicht nur die zahlreichen Beiträge im entsprechenden Jahrgang der Monatsschrift für Turnen, Spiel und Sport an, die den Titel ‚Bio' trugen, sondern auch die Deutsche Tagung für Körperkultur 1924, in der bspw. Harte, Tagung, S. 321, am Vortrag von Gaulhofer die Hervorhebung des „biologisch denkenden Lehrers" lobte. Es verwundert daher auch nicht, wenn Neuendorff in einem Schreiben an Harte v. 23.2.1924 dem „Intellektualisten" Diem die ihm „viel sympathischeren [...] Österreicher" gegenüberstellte, die „den Glauben und den Mut des Instinktes haben" (Karl Drewer Turnerhilfswerk e. V., Briefe, S. 78).

[67] Ein ausführlicher Vergleich zwischen Sportwissenschaft und Romanistik bei Court, Interdisziplinäre Sportwissenschaft, S. 196–201.

[68] Die verschiedenen Spielarten des Biologismus in der Psychologie zeigt Ash, Psychologie, S. 64–65; siehe auch Court, Anthropometrie, S. 410–411.

[69] Das erkennt Sippel selbst; siehe ders., Psychologie, S. 273: „Ein Wandel, der in dieser Auffassung [i. e. Schultes experimentelle Sportpsychologie. J. C.] eintrat, ist wohl mitbedingt durch einen Wechsel in der Leitung des Psychologischen Laboratoriums der Hochschule."

[70] Ebd.; siehe auch Dinçkal, Sportlandschaften, S. 272–273. Ebd., S. 269, schöne Belege „für die aus der Retrospektive grotesk anmutenden Versuche", die – wie bei Schultes Test der Schreckhaftigkeit – „auch durchaus sadistische Züge trugen".

[71] Neuendorff, Geschichte, S. 691. Dieses Zitat ist die unmittelbare Fortsetzung der Kritik an Schultes „Kult der Apparate".

[72] Sippel, Psychologie, S. 273 [i. O. teils kursiv]. Vgl. Dorsch, Geschichte, S. 161: „Abgelöst und auch abgebaut wurde diese Psychotechnik durch die um die Mitte der Zwanziger Jahre aufkommende philosophisch geprägte Behandlung der Zusammenhänge."

[73] Schulte, Sport, S. 276 [i. O. ebenfalls kursiv].

gestand auch Neuendorff 1930 ein: „Heute bin ich so weit, daß ich Schulte für bedeutender halte als Sippel"[74]. Fügen wir diesem ersten Punkt die Einwände gegen die mit der Psychotechnik im engen Zusammenhang stehende Sporttypenforschung hinzu[75], läßt sich das Urteil, daß sie „nicht frei von Konflikten, Widersprüchen und Überlappungen waren"[76], daher auch auf ihre Kritik übertragen.[77] Zu ergänzen ist sowohl die Problematik, daß Studieninteressierte bei der Aufnahmeprüfung der DHfL trotz guter sportlicher Leistungen abgelehnt werden konnten, wenn die anthropometrisch gewonnenen Daten auf körperliche Mängel hinwiesen, als auch, daß diese Messungen bei den Studenten der DHfL nicht beliebt waren und disziplinarisch durchgesetzt werden mußten.[78]

Das Bindeglied zum zweiten Punkt ist der Begriff der Ganzheitlichkeit. Während er oben einen Gegenstandsbezug, d. h. eine Totalität von Körper, Geist und Seele ausdrückte, geht es hier um die wissenschaftliche Konzeption, in der ein solcher Ganzheitsanspruch überhaupt möglich und sinnvoll ist. Beckers als Leitmotiv der ‚neuen universitas' geforderte ‚Wille zur Synthese' läßt sich sowohl in der Programmatik der neuen sozialwissenschaftlichen Disziplinen – der Wirtschafts- oder eben der ‚Turnwissenschaft' – als auch wiederum in der Psychologie[79] oder Romanistik[80] finden. Weil aber gerade die ‚neue universitas' ihre „konstitutiven Prinzipien" von „Antagonismus und Reibung" eben nicht nur in der „Institutionalisierung der (interdisziplinären) Auseinandersetzung der Fachge-

---

[74] Siehe auch die vorhergehenden Sätze in seinem Brief an Harte v. 18.11.1930: „Sippel hat das, was er z.Zt. bei Spranger gelernt hat, auf die Leibesübungen angewendet und das war gut und ordentlich und hat verblüfft, aber nun ist er auch am Ende seiner Weisheit. Was er jetzt noch macht, sind z.T. mehr oder weniger geschickte formale Umschreibungen seines ersten Buches, oder aber es ist Kleinigkeitskram" (zit. n. Karl Drewer Turnerhilfswerk e. V., Briefe, S. 236). – Es gibt zwei Gründe, daß sich diese Äußerung nur brieflich, aber nicht schriftlich (in Neuendorffs viertem Band seiner *Geschichte* sechs Jahre später) findet: Zum einen mag es ihm peinlich gewesen sein, daß er ja Schulte selbst 1925 an seine PrHfL geholt hatte, und zum anderen paßte eine Kritik an Schulte 1936 besser in Neuendorffs Anbiederung an die nationalsozialistische Gedankenwelt; dazu Court, Anthropometrie, S. 410.

[75] Bspw. bei Sippel, Psychologie, S. 272; zur Kritik Kohlrauschs durch Krümmel siehe Court, Anthropometrie, S. 407–409.

[76] Dinçkal, Sportlandschaften, S. 280.

[77] Übersichten bei Court, Anthropometrie, S. 407–409; Janssen, Geschichte, S. 43–47.

[78] Einen entsprechenden Senatsbeschluß von 1921 zitiert Dinçkal, Sportlandschaften, S. 255.

[79] Man denke an Max Wertheimers Begründung der Gestaltpsychologie nach dem Muster einer „Beethovenschen Symphonie"; zit. n. Ash, Psychologie, S. 63 – bekanntlich hatte ja auch Diem die neue Sportwissenschaft als „volltönende Symhonie" beschrieben (siehe oben S. 133, Anm. 23, S. 153).

[80] Siehe Victor Klemperers Tagebuch v. 25.3.1929: „Mir fiel das gestern ein: das Schiff, wie es gegen die Wellen angeht. In früheren Zeiten hätte man aufgeteilt. Ein Maler hätte die Farben des Meeres, die Bewegung dargestellt. Ein Dichter die Novellen der Mannschaft [...] Ein Soziologe die Berufssorgen u. Eigenarten der Mannschaft. Ein Physiker ... etc. ... [...] Und eben solche Einheit bilde ich aus meiner Literatur-Epoche" (Klemperer, „Leben", Bd. 2, S. 499); siehe auch Court, Interdisziplinäre Sportwissenschaft, S. 201.

lehrten", sondern „ebenso in den Gremien der universitären Selbstverwaltung"[81] zu verwirklichen sucht, zielt die Kritik insgesamt gegen diesen „ganz neuen Typus der Großstadt- oder Hafenuniversität [...], der die Gründlichkeit des deutschen Gelehrtenwesens untergraben und die jungen Menschen mit einer Patina von Halbbildung erziehen würde"[82].

Was den dritten Punkt angeht – die vorgeblich unzureichende Qualität der DHfL in Forschung und Lehre –, wurde bereits angemerkt, daß die Spur seines Urhebers Neuendorff sich bis in die neuere Literatur erstreckt. In bezug auf die Forschung an der DHfL ergänzt Eisenberg Neuendorffs Urteil, diese sei „keineswegs welterschütternd"[83] gewesen, dadurch, daß an der Hochschule aufgrund ihrer geringen finanziellen Kapazitäten die von ihr „umworbenen Forscher [...] nicht gewonnen bzw. gehalten werden konnten"[84]. Und in der Lehre sei die Wünsdorfer Anstalt deshalb die „experimentierfreudigere und innovativere Institution" gewesen, weil sie sich im Gegensatz zur DHfL zu einer „Medaillenschmiede des Spitzensports" entwickelt habe und zudem „offen für unkonventionelle Leibesübungen"[85] gewesen sei.

Eine genaue Analyse dieser Thesen zeigt nun allerdings, daß sie sich im Reich der bloßen Spekulation bewegen.[86] Beginnen wir mit der Lehre, übersieht Eisenberg erstens, daß für die Prüfung der Modernität von Lehrangeboten nicht nur ihre Inhalte und Methoden, sondern auch die mit ihnen verknüpften Zwecke zu beachten sind. Wenn also Krümmel die in Wünsdorf angebotenen „neuen ‚sports' aus Amerika"[87] ausdrücklich unter dem Zweck lehrte, die Athleten „auf spielerische Wiese hartzumachen"[88], dann ist ein solches Erziehungsideal zumindest nicht *per se* ‚innovativer' als das Lehrangebot der DHfL, die es explizit dem „Gesamtziel der modernen Erziehung"[89] einfügte. Besonders pikant ist in diesem Zusammenhang, daß Eisenberg für ihren Beleg der Modernität Wünsdorfs einen Aufsatz von 1942 heranzieht[90], dessen Autor schwerlich daran gele-

---

[81] Heimbüchel, Universität, S. 299.

[82] So der Wirtschaftsrechtler Hedemann 1926; zit. n. Hammerstein, Antisemitismus, S. 79.

[83] Neuendorff, Geschichte, S. 597.

[84] Eisenberg, „English sports", S. 361.

[85] Ebd., S. 361–362.

[86] Zu diesem Urteil kommt auch F. Becker, Leben, Bd. II, S. 62, Anm. 40, der gleichfalls „keine hinreichenden Belege" erkennt, aber eine genaue Nachprüfung unterläßt.

[87] Eisenberg, „English sports", S. 362.

[88] Krümmel, zit. n. ebd.

[89] Diem, Hochschule, S. 40. Vermutlich dürfte es auch hier der Wahrheit am nächsten kommen, wenn man das Lehrangebot der DHfL als Spiegel unterschiedlicher historischer und kultureller Einflüsse faßt; siehe z. B. den Bericht ihrer Volkshochschulabteilung in der MTSS 1922, S. 184: „Auf Wunsch sind hinzugefügt worden Kurse in Dschiu-Dschitsu sowie für körperlich Beschädigte (Kriegsversehrte usw.)."

[90] Hier habe ich es mir schweren Herzens verkniffen, ‚ausgerechnet' 1942 zu schreiben, da dieses Wörtlein für immer mit dem Ruf ‚ausgerechnet Schnellinger' kontaminiert sein wird.

gen sein wird, Modernitätskonzepte der ‚Systemzeit' zu loben.[91] Zweitens ist hier zu monieren, daß Eisenberg für ihre Behauptung von Wünsdorf als ‚Medaillenschmiede des Spitzensports' kein einziges Beispiel anführt, während aus dem Umfeld der DHfL bei den Olympischen Spielen 1928 Ärzte (Brustmann; Hoske), Trainer (Waitzer) und Funktionäre (Runge) zu einem „deutschen Erfolg" beitrugen, der „ohne Zweifel ein Beweis für die richtige und planmäßig durchgeführte Vorbereitung ist"[92]. Die tatsächlichen Probleme in der Lehre an der DHfL, die sowohl zu ihrem Beginn[93] als auch in späteren Jahren[94] dem Mißverhältnis zwischen studentischem Andrang und ungenügender Personal- und Raumkapazität geschuldet waren, werden von Eisenberg nicht erwähnt.

Eisenbergs Behauptungen zur Forschung der DHfL sind gleichfalls nicht überzeugend. Unterstellen wir einmal die Richtigkeit der Ableitung, daß ihre mangelnde Qualität auf eine unzureichende finanzielle Ausstattung zurückgeführt werden kann, bleibt hier gleichwohl ein Vergleich zwischen der DHfL und der Wünsdorfer Anstalt einer zwischen Äpfel und Birnen. Ihn verbietet nicht nur prinzipiell der fehlende Hochschulcharakter der Heeressportschule, sondern ebenso der von Eisenberg selbst betonte Umstand, daß Wünsdorf „so hohe Ge-

---

[91] Es handelt sich um den Beitrag von Wilhelm Dörr mit dem Titel „Der Sportlehrer Carl Krümmel", der 1942 in der Zeitschrift Sport und Gymnastik erschienen war – da Krümmel am 21.8.1942 bei einem Flugzeugabsturz (siehe Ueberhorst, Krümmel, S. 9) ums Leben gekommen war, dürfte es sich um einen Nachruf handeln. Auch Ueberhorst, Krümmel, S. 39, sieht Krümmels wissenschaftliches Ansehen in seiner „wehrpolitischen Begründung des Sports" fundiert. – Eisenberg, „English sports" arbeitet hier im übrigen auch handwerklich unsauber, denn sie gibt zwar auf S. 362, Anm. 91, „Dörr, Sportlehrer" an, hat diese Quelle aber nicht in das Literaturverzeichnis aufgenommen, so daß man sie mühselig auf S. 326, Anm. 65, aufzuspüren hat.

[92] Tätigkeitsbericht DRA Rechnungsjahr 1928/29, S. 27 (CuLDA, Mappe 13); siehe auch Lennartz/Reinhardt, 1928, S. 16, 127, 246. Während hier (S. 127) Waitzers Ernennung zum Nationaltrainer der Leichtathleten mit 1928 angegeben wird, ist es bei Jensen, Body, S. 105, das Jahr 1925. – Ferner ist in diesem Zusammenhang an die erwähnte Trainertätigkeit der DHfL für die Olympischen Spiele von 1924 in den Mannschaften Spaniens und der Schweiz zu erinnern.

[93] Vgl. MTSS, S. 227: „Der Senat veröffentlichte den Tätigkeitsbericht der H.f.L. über das 2. Halbjahr 1920/21, das mit zwei unvorhergesehenen Ereignissen begann: einer unerwartet hohen Steigerung der Studentenzahl [...] und dem unerwünschten Ausfall des zugesagten Winterheims im Marstall. [...] Als Lehrer wirkten teils Hochschullehrer und Ärzte, teils aus dem Vereinsbetrieb hervorgegangene Praktiker ohne Rücksicht auf pädagogische Amtsschulung."

[94] Vgl. den undatierten Bericht über die Vorstandsitzung des DRA am 10. d. M. höchstwahrscheinlich aus dem Jahre 1925 (CuLDA, Mappe 6): „Herr Dr. P. berichtet, dass der Zuwachs an Studenten über alle Erwartungen gross geworden wäre, sodass die Befürchtungen wahr geworden seien. ‚Die Hochschule ist nicht nur zu klein, die Arbeit für Dozenten und Studentenschaft ist überaus ungemütlich, wenn nicht sogar unmöglich!' Der staatliche Lehrgang litte besonders, sodass eine praktische Körperarbeit der Studenten der D.H.f.L. vergeudete Zeit sei. (Zwischenruf: Sehr wahr!). – ‚Die Aufstellung des Stundenplans hat grosse Schwierigkeiten gemacht, mehrere Verlegungen waren notwendig.'"

hälter bot, daß die DHfL nicht mithalten konnte"[95]. Aufgrund dieses besonderen Vorzuges von Wünsdorf ist auch unter diesem Aspekt ein seriöser Vergleich nur mit anderen Hochschulen oder Einrichtungen wie dem KWI, die der Inflation nicht entgehen konnten, möglich und sinnvoll.[96]

GIESE / GEIST IM SPORT

Widmung von Fritz Giese an Carl Diem v. 5.12.1925 (Privatbesitz J. C.)

Es tritt hinzu, daß Eisenberg auch keinen einzigen Beleg dafür liefert, daß das Scheitern der Personalpolitik bei den drei von ihr namentlich aufgeführten Forschern tatsächlich auf finanziellen Gründen beruhte. Bei Rubner schreibt sie sogar selbst, daß seine Arbeitsüberlastung ihn auf die Übernahme des Rektorpostens verzichten ließ[97], erwähnt jedoch nicht, daß er gleichwohl „mit der Forschungsarbeit der Hochschule fest verbunden"[98] war; der Wechsel Schultes zur PrHfL mag auch mit der zunehmenden Kritik seiner Arbeit zu tun gehabt haben[99]; und beim Psychologen Fritz Giese ist über seine Beziehung zur DHfL lediglich bekannt, daß er an ihr im Sommersemester 1925 zwei Gastvorlesungen gehalten hat[100] – wie Eisenberg zu der Idee kommt, es habe Interesse an seiner Berufung dorthin gegeben, verrät sie nicht.

---

[95] Eisenberg, „English sports", S. 361.

[96] Selbst eine Stiftungsuniversität wie die in Frankfurt/M. war in den Inflationsjahren auf staatliche Subventionen angewiesen; siehe Hammerstein, Frankfurt, S. 34.

[97] Eisenberg, „English sports", S. 361, Anm. 88.

[98] Tätigkeitsbericht DRA v. 1.4.1923–31.3.1924, S. 9 (CuLDA, Mappe 13).

[99] Janssen, Institutionalisierung, S. 91, bietet sowohl eine finanzielle wie auch ideelle Variante; bei Lück, Schulte, findet sich kein Grund für den Wechsel.

[100] Vgl. Gieses Vorwort zu seinem im selben Jahr erschienenen Buch *Geist im Sport*, S. 8: „Insbesondere gaben zwei Gastvorlesungen, die der Verfasser in der Deutschen Hochschule für Leibesübungen (Stadion, Berlin) hielt, Anlaß, die Zusammenhänge einmal geschlossener darzustellen, die damals ungemeines Interesse und vielfache Nachfragen hatten." Die Themen dieser am Vor- und Nachmittag des 20.7.1925 gehaltenen Vorlesungen lauteten „Geschlechtsunterschiede und Sport" sowie „Körperkultur und Sport"; siehe Tätigkeitsbericht DHfL. 11. SoS 1925, S. 8 (dieser Bericht ist in einem Sammelband von Druckschriften in der ZB der DSHS Köln mit der Signatur S 45864/1925 enthalten); Janssen, Sport-

Auf das größte Problem stoßen wir aber, wenn wir jenseits dieser intuitiv zwar einleuchtenden, aber grundsätzlich nur sehr schwer belegbaren Behauptung der Abhängigkeit des wissenschaftliches Ertrags von der finanziellen Ausstattung einer Institution[101] exemplarisch die Streitfrage aufgreifen, ob nicht vielleicht sogar Schultes Nachfolger Sippel der ‚bessere‘ Wissenschaftler gewesen sei. Die enorme Schwierigkeit, hier exakte Wertmaßstäbe anzulegen, haben wir angesichts wechselnder und auf das zeitgenössische Urteil abfärbender Paradigmen bereits verdeutlicht, und die Folgerung daraus kann nur der Versuch sein, die Frage des Qualitätsurteils auch einmal unter einem längeren zeitlichen Horizont zu betrachten. Wenn im folgenden ausgewählte Forschungen aus der DHfL unter einer solchen Perspektive vorgestellt werden, ist daher ihre Grundannahme, daß die Modernität von Forschung nicht nur auf der kontinuierlichen Geltung ihrer Methoden oder Ergebnisse, sondern auch der *Kraft des Bewußtseins ihrer „Problemfülle"*[102] beruhen kann.

Blicken wir exemplarisch auf Herxheimers 1933 erschienenen *Grundriß der Sportmedizin,* so enthält dieses für „Ärzte und Studierende" gedachte Lehrbuch auch Arbeiten der DHfL und wird heute nach wie vor in seinem Pioniercharakter gewürdigt.[103] Aktuell ist Herxheimers Buch z. B. dadurch, daß er – wie erwähnt

---

psychologie, S. 16. Ders., ebd., und Eisenberg, „English sports", S. 361, nennen für diese Vorlesungen fälschlich das Wintersemester 1924/25. Diese Gastvorlesungen fanden „neben dem Unterricht der ständigen Dozenten und Lehrer" (Tätigkeitsbericht DHfL. 11. SoS 1925, ebd.) statt. Die abgedruckte Widmung läßt darauf schließen, daß Gieses Buch erst nach dem Vortrag erschienen war; sonst hätte er es gewiß Diem nach Berlin mitgebracht.

101 Siehe zur Vermutung eines solchen engen Zusammenhangs z. B. außer den hier angeführten Zitaten auf S. 92–93 den gleichfalls bereits (S. 88) auszugsweise zitierten Kommentar im Tätigkeitsbericht DRA v. 1.4.1923–31.3.1924, S. 9 (CuLDA, Mappe 13): „Nachdem der Tiefpunkt unserer Entwicklung, das Wintersemester 1922/23, das wir aus Kohlenmangel hatten verkürzen lassen müssen, überwunden war, bewegte sich die Entwicklung der Hochschule in *aufsteigender Linie.*" Siehe hingegen Diems Schreiben an den Dozenten Westerhaus v. 1.10.1923, S. 2 (CuLDA, Mappe 207): „Die Hochschule steht und fällt nicht so sehr mit den Mitteln, mit denen sie gehalten wird, als mit den Ergebnissen, die sie bildet." Interessant die entsprechende Aussage von Beyrau, Macht, S. 10, zur Wissenschaft in der UdSSR unter Lenin und Stalin: „Es war merkwürdigerweise auch die Zeit, als sowjetische Wissenschaftler ihre spektakulärsten Erfolge erzielten, obwohl die äußeren materiellen und politischen Bedingungen viel ungünstiger waren als in der evolutionären Phase des Sozialismus nach 1953." – Was das Problem der Beweisbarkeit angeht, sind also viele divergente Variablen zu prüfen; z. B. die Unterschiede zwischen Geistes- und Naturwissenschaften, die Frage der Abhängigkeit der Freiheit und Motivation von sonstigen Rahmenbedingungen etc. ppp.

102 Hartmann, Grundzüge, S. III. – Mir ist (als Schüler eines Schülers von Nicolai Hartmann) durchaus bewußt, daß Hartmann sich in diesem Zitat auf Erkenntnistheorie bezieht; gleichwohl scheint es mir kein Zufall, daß seine differenzierte Auseinandersetzung mit dem Begriff des Problems in denselben Jahren stattfand, in denen die ‚neue universitas‘ sich legitimieren mußte.

103 So spricht Hollmann, Sportmedizin, S. 61, vom „ersten sportmedizinischen Lehrbuch nach dem Ersten Weltkrieg" (nach Herxheimers eigener Einschätzung aus dem Vorwort ist es sogar das erste Lehrbuch der Sportmedizin überhaupt). Daß es nicht der *damnatio memo-*

– die einschlägigen Studien von Sippel und Flockenhaus über den Einfluß des Sportunterrichts auf die schulischen Leistungen aufgreift.[104] Fügen wir die Einsicht vor allem von Diems Abteilung Verwaltungslehre in die Notwendigkeit der Erforschung der „ausdrücklich für den Sport definierten Räume"[105] hinzu, entspricht eine solche mehrperspektivische Sicht auf den Schulsport integrativen Ansätzen aktueller Publikationen.[106] Vor diesem Hintergrund können dann auch Schultes Eignungstests von Polizisten[107], die Untersuchungen an Schneiders Versuchsanstalt zu antiken Sportarten[108], Forschungen zur Ernährung[109] und sogar aus dem Gebiet der Anthropometrie[110] in den Kontext heutiger Wissenschaft gerückt werden. Als Differenz zu ihr ist lediglich die in unserem Berichtszeitraum von 1920 bis 1925 fehlende systematische wissenschaftstheoretische Diskussion um die Möglichkeiten und Grenzen einer interdisziplinären Sportwissenschaft anzugeben[111], der es – so meine Vermutung – zum einen an institutionellen Voraussetzungen, zum anderen aber auch an Interesse mangelte: waren doch in der Gründungsphase der DHfL ganz andere, dringlichere Aufgaben zu bewältigen.

Ein solcher Nachweis der Aktualität von Forschungen aus der DHfL ist aber nicht nur deshalb von großer Bedeutung, weil er den pauschalen Vorwurf ihrer Folgenlosigkeit zu relativieren, sondern uns auch auf die entscheidende Spur ihrer Beurteilung zu führen vermag, die ihren Ausgangspunkt in der bisher unterschlagenen Selbstkritik Diems besitzt. Zwar wird dafür in der Literatur üblicherweise sein Schreiben aus Boston vom 28. Mai 1929 an seine Frau Liselott

---

riae anheimgefallen ist, obwohl Herxheimer 1935 nach § 4 RGB an der Charité aus seiner 1932 erlangten außerordentlichen Professur für Innere Medizin entlassen wurde und 1938 nach Großbritannien exilierte, mag an seiner Rückkehr 1956 nach Berlin auf eine Professur für Allergieforschung liegen. 1966 wurde ihm die goldene Ehrenplakette des Deutschen Sportärzteverbandes überreicht; vgl. Hollmann, Medizin, S. 93; Schagen, Vertreibungen, S. 56.

[104] Herxheimer, Sportmedizin, S. 77, siehe auch oben S. 256.
[105] Dinçkal, Sportlandschaften, S. 280.
[106] Siehe z. B. Derecik, Schulhof, S. 34: „Die Räume und die eigentätig organisierten Aktivitäten der Heranwachsenden in den Pausen sollten [...] verstärkt in den Blickpunkt von pädagogischen Intentionen rücken." – Leider entspricht es auch der Realität dieser heutigen Pädagogik, daß sie um diese Wurzeln nicht weiß; siehe z. B. das Literaturverzeichnis bei Derecik.
[107] Vgl. aktuell Loosch/Müller/Heine, Anticipation.
[108] Vgl. aktuell Loosch/Brodersen/Mosebach, Experiment.
[109] Man vgl. Atzlers Hinweis (genaues Zitat auf S. 257, Anm. 532) zum Ersatz der Fettpolster durch die richtige Lebensweise mit Stegemann, Leistungsphysiologie, S. 91, von 1977 (mein früherer Physiologielehrer in Köln): „Die Vermehrung der Muskulatur im Training, aber auch beim Übergang zur schweren körperlichen Arbeit, ist vom Überschuß an Protein und dem zur Deckung des endogenen Proteinabbaus notwendigen Betrags abhängig". Der Unterschied zu Atzler und Rubner liegt bloß darin, daß Stegemann (ebd., S. 90–91) zudem eine Differenzierung in Arten des Eiweißes vornehmen konnte. Interessanterweise hat Stegemann in seiner „Literaturauswahl" Atzler („Körper und Arbeit"; 1927) aufgenommen.
[110] Vgl. aktuell Bäumler/Lienert, Körperbautypen.
[111] Aus aktueller Sicht exemplarisch ist Willimczik, Sportwissenschaft.

angeführt, in dem er die DHfL mit dem Springfield-College vergleicht.[112] Diese
Einschätzung ist jedoch hier wenig tauglich, da sie erstens aus einem uns (noch)
nicht interessierenden Zeitraum stammt, zweitens möglicherweise unter dem Eindruck eines vorangegangenen wochenlangen Streiks an der DHfL steht und
schließlich nur die wissenschaftliche Leistung des *Lehr*-, aber nicht die des *For-
schungs*personals beklagt.[113]

Wesentlich aufschlußreicher ist daher Diems Vorschlag einer Arbeitsgemeinschaft, den er 1924 einem großen Adressatenkreis unterbreitet hat:

> Die Deutsche Hochschule für Leibesübungen hat dadurch, dass sie allmo-
> natlich einen Bericht herausgibt, der die wesentlichen Forschungen des
> ganzen Gebietes auszugsweise bringt, den Versuch gemacht, eine geistige
> Arbeitsgemeinschaft unserer Sache herbeizuführen. Dieser Versuch ist
> nicht in dem Masse fruchtbar gewesen, wie dies wünschenswärt wäre.
> Selbst im Lehrkörper der Hochschule hat nicht der erwartete Gedanken-
> austausch stattgefunden; viele Lehrer leben nebeneinander her, ohne sich
> gegenseitig zu bereichern. Ich werfe daher die Frage auf, ob ein Vorschlag
> meinerseits, eine 'Arbeitsgemeinschaft für körperliche Erziehung' zu bil-
> den, auf Zustimmung stößt.
>
> Diese Arbeitsgemeinschaft soll die Form eines wissenschaftlichen Semi-
> nars an der H.f.L. haben, dessen Lehrer vor der Aufgabe stehen, in plan-
> mässigem Aufbau die wichtigsten Gebiete der technischen, physiologi-
> schen, psychologischen und soziologischen Durchdringung der körperli-
> chen Erziehung durcharbeiten zu lassen.
>
> Auf diese Weise werden auch die von der Hochschule in allen Semestern
> herangehaltenen Gastlehrer zur vollen Auswirkung kommen. Es hat mich
> immer gedauert, dass die Berliner Sachverständigen, Turnlehrer, Ver-
> bandsführer usw., die nicht der Hochschule angehören, die Gelegenheit
> vorübergehen lassen, solche Männer wie F. A. Schmidt-Bonn, Matthias
> [...], Luserke usw. zu hören.[114]

Auch wenn in den mir zugänglichen Quellen eine solche Arbeitsgemeinschaft
nicht mehr erwähnt wird, kommt Diems Vorschlag eine Wichtigkeit zu, die weit
über den eigentlichen Anlaß hinausweist, weil sie die generelle Problematik der

---

[112] „Die treiben wirklich mit ihren Lehrern vernünftige wissenschaftliche Forschung. Für uns
ein Zeichen geistiger Armut, daß unser großer Lehrkörper dazu nicht zu bringen war"; zit.
n. L. Diem, Leben, Bd. 2, S. 82; dieser Brief auch bei Eisenberg, „English sports", S. 361;
F. Becker, Leben, Bd. II, S. 192.

[113] Dazu auch F. Becker, ebd., Bd. II, S. 184–192.

[114] Zweiseitiges Schreiben Diems an Senat und Lehrkörper der DHfL sowie an den Preußischen Turnlehrerverband und den Preußischen Philologenverband v. 27.8.1924 (CuLDA,
Mappe 207). Diem schlug ein Treffen am Mittwochabend jede 14 Tage vor. – Martin Lu-
serke war ein Vertreter der Laientanzbewegung (Wedemeyer-Kolwe, Körperkultur, S. 85)
und hatte an der DHfL im WS 1923/24 eine Gastvorlesung über „Menschenbildung und
Tanz" übernommen; siehe MTSS 1923, S. 526.

‚neuen universitas' an einem konkreten Beispiel veranschaulicht. Denken wir alleine an das Scheitern ihrer Mustereinrichtung an der DHfL, Schneiders Versuchsanstalt, stieß die ‚neue universitas' offensichtlich im konkreten Arbeitsall-
tag regelmäßig an ihre Grenzen – sei es aus Ignoranz, Desinteresse, Angst vor
dem Neuen, schlichten Zeit- und Organisationshindernissen, Animositäten und
gekränkten Eitelkeiten in der geforderten Kooperation –, so daß ihre durchaus
vorzeigbaren Resultate weniger als Ergebnis bewußter Planung, sondern eher als
glücklicher Zufall anzusehen sind.

Weshalb die ‚neue universitas' für die DHfL gleichwohl von geradezu exi-
stentieller Bedeutung war, zeigt ein erneuter Blick auf die beiden anderen Felder,
in denen ihr experimenteller Charakter besonders deutlich hervortrat. Was die
Möglichkeit eines Studiums ohne Matura angeht, so stehen positiven Erfahrungen Probleme in der Anwendung der Aufnahmekriterien entgegen.[115] Sie werden
aber überdeckt von den auf *alle* Studenten bezogenen Klagen zum einen darüber,
daß „das Menschenmaterial des neuen Semesters [...] körperlich nicht sehr entwickelt ist"[116], und zum anderen über ihre charakterliche Seite:

> Auch ich bin enttäuscht, und zwar – ich sage es Ihnen offen – durch die
> Minderwertigkeit unserer Studentenschaft. Das Bestehen des Examens ist
> für mich heute kein Anlass mehr, dem Betreffenden zu einer Stelle zu ver-
> helfen. Mein früher vorhandener rastloser Eifer in dieser Beziehung ist
> vollkommen niedergeschlagen worden. Erfolge als Sportlehrer werden nur
> pflichttreue, in Selbstzucht und Opferfreudigkeit gross gewordene Persön-
> lichkeiten haben. In dieser Beziehung hat mich die Studentenschaft nicht
> befriedigt.[117]

Als Gegenmaßnahmen werden der „Uebungs- und Arbeitsfleiß der Studentenschaft"[118], eine bessere Organisation der Prüfungen[119] und schließlich die Verbesserung der „Allgemeinbildung der Studenten"[120] durch das erwähnte Kolleg
des Bibliothekars der DHfL über Philosophie und Logik angeführt.

---

[115] Vgl. den Bericht über die Senatssitzung am 6.5.1920 v. 4.6.1920, S. 2 (CuLDA, Mappe 187): „Die Aufnahme des Herrn Peglow-Wilmersdorf wird bis auf weiteres zurückgestellt, da derselbe nicht die nötige Vorbildung und auch nicht genügende Beweise für sein
besonderes praktisches Können beigebracht hat. In Zukunft sollen alle Bewerber um Aufnahme an der H.f.L., die nach Ansicht des Senates kein ausreichendes Können nachzuweisen vermögen, von einer besonderen Kommission auf ihre Fähigkeiten geprüft werden."
Die positiven Urteile oben S. 118, Anm. 363.

[116] So vermutlich Kohlrausch im 6. Monatsbericht der DHfL. November 1921, in: MTSS
1921, S. 466. Im Tätigkeitsbericht DHfL WS 1920/21, S. 3 (CuLDA, Mappe 188), wurde
vermutet, „daß die Winterarbeit nicht so dem Körper nutzbringend ist wie die Sommerar-
beit in Licht und Sonne."

[117] Schreiben Diems an Westerhaus v. 1.10.1923, S. 2 (CuLDA, Mappe 207).

[118] Tätigkeitsbericht DHfL WS 1920/21, S. 3 (ebd., Mappe 188).

[119] Dazu Kopp, Prüfungen, S. 106.

[120] MTSS 1922, S. 142.

Eine vergleichbare Kluft zwischen Konzeption und studentischem Alltag tat sich auch im Frauenstudium an der DHfL auf. Dabei geht es weniger um die Erprobung einer Zulassung von Bewerberinnen mit bloßer Lyzealreife[121], weil bisweilen zu beobachtende Mängel an „geistigem Streben"[122] sich auch bei männlichen Studenten und Vollabiturienten zeigten, sondern um die Verwirklichung der Ziele von Koedukation und Gleichberechtigung. Selbst wenn man zugesteht, daß es im ersten Semester der DHfL allein aus organisatorischen Gründen nicht leicht war, sie auf nur eine Studentin – Marianne Georgi – anzuwenden[123], ist es auffällig, daß in den Folgejahren die staatliche Konkurrrenzanstalt PrHfL auf steigende Zahlen von Studentinnen früher und fortschrittlicher reagierte als die DHfL. Während die PrHfL unter Ottendorffs Leitung 1922 einen Fortbildungslehrgang für Turnlehrerinnen veranstaltete[124], zog die DHfL erst Anfang 1925 mit einem Frauenlehrgang in Wyk nach.[125]

Die daraus resultierenden Probleme traten besonders deutlich in der Rolle von Erich Klinge hervor, der zunächst das Frauenturnen leitete. Auf der einen Seite hegte er ebenso wie die weiblichen Lehrkräfte die moderne Ansicht, „daß

---

[121] Vgl. Diem, Frauenstudium, S. 90: „Eine noch nicht ganz abgeschlossene Erprobung unternahm die Hochschule, indem sie grundsätzlich auch Nichtabiturientinnen zuließ. Sie hielt sich damit an die Einstellung der staatlichen Unterrichtsverwaltung, die ja eine besondere, sogenannte technische Lehrerin geschaffen hat." Siehe auch den Brief Carl Diems an seine spätere Ehefrau Liselotte Bail v. 29.10.1924 (abgedruckt in: L. Diem, Leben, Bd. 2, S. 11): „Auf Ihren Brief vom 27. Oktober darf ich Ihnen antworten, daß zunächst nur diejenigen Damen bei uns ohne Weiteres aufgenommen werden, die Oberlyzealreife besitzen. Bei Lyzeumsreife entscheiden wir uns wie folgt: Kommt die Betreffende unmittelbar vom Lyzeum auf unsere Anstalt, so erlauben wir ihr zwei Vorsemester und entscheiden uns dann über die Aufnahme. Diese erfolgt anstandslos, wenn die Betreffenden sich bewährt haben und fleißig waren. Von dem Vorstudium sehen wir ab, wenn erstens die betreffende Dame das Alter erreicht hat, in dem sie die Abgangsprüfung des Oberlyzeums gemacht haben würde, und zweitens ganz außergewöhnlich hohe Leistungen aufweist. Während also in diesem Falle entweder der Nachweis durch erfolgreiche Wettkämpfe oder dergleichen bezw. durch das Bestehen einer praktischen Prüfung zu liefern wäre, würde im Falle des Vorstudiums keine Prüfung stattfinden."

[122] Diem, Frauenstudium, S. 91.

[123] Eine lebhafte Schilderung ebd., S. 87; siehe ferner den Rückblick von Verständig, Frauensport; „Fräulein Verständig" war „auf Grund ihrer Leistungen [...] als Vollstudentin aufgenommen worden"; MTSS 1923, S. 526. Zu den räumlichen Problemen siehe oben S. 191–192.

[124] Der erste Lehrgang dieser Art fand 1914 statt; siehe die Nachrichten der PrHfL v. 1.7.1922, S. 1–2 (CuLDA, Mappe 22). Interessant in diesem Zusammenhang ist das in der MTSS 1922, S. 161, mitgeteilte Forschungsresultat, „daß Mädchen, die regelmäßig Sport treiben, viel weniger unter Menstruationsstörungen zu leiden haben als solche, die keinen oder wenig Sport treiben; am wenigstens leiden die Mädchen, die auch während der Periode Körperübungen pflegen. Diese Ansicht steht in einem bemerkenswerten Gegensatz zu der Befreiung vom Turnunterricht in unseren Mädchenschulen bei gleichen Gründen."

[125] Siehe Diem, Frauenstudium, S. 87–88.

ein großer Teil des Studienstoffes für beide Geschlechter derselbe ist."[126] Auf
der anderen Seite jedoch fand die der Führung der DHfL bekannte Vorgeschichte
um Klinges Ehescheidung hier eine unrühmliche Fortsetzung. Als Diem „einmal
beobachtete, wie beim Pferdsprung vom Sprungbrett die Frauen sich auf die
Schultern von Klinge stützen mußten, um dann von ihm hochgehoben zu werden,
ordnete er an, daß das Frauenturnen nur noch von Frauen geleitet werden dürfe."[127]

Für unser Fazit über die Qualität der DHfL folgt aus diesen Beobachtungen
eine entscheidende Einsicht. Wenn man im Sinne einer Gewinn-/Verlustrechnung
die aus unterschiedlichen Quellen und aus unterschiedlichen Interessengruppen
gewonnenen Einschätzungen auswertet, stehen den positiven Bilanzen in Forschung und Lehre der DHfL Negativa entgegen, die einmal solche der Konzeption und einmal solche der Ressourcen sind. Gehören sie zu dieser Gruppe (in
Form mangelnder finanzieller, personeller oder materieller Ausstattung), liegen
ihre Ursachen im allgemeinen Hintergrund der Inflationszeit und finden auf der
Habenseite einen Ausgleich durch den hohen Studentenandrang. Gehören sie
hingegen zu jener Gruppe (in Form konkreter, alltäglicher Folgeprobleme ihres
Erprobungscharakters), liegen ihre Ursachen im allgemeinen Hintergrund der
‚neuen universitas‘ und finden auf der Habenseite eine Kompensation durch das
hohe politische Interesse an ihrer Realisierung. Damit kommen wir zu einem
scheinbar paradox klingenden Befund: *Die aus der Konzeption der DHfL ent-
springenden Schwächen sind gleichzeitig Ausdruck ihrer politisch gewollten
Existenz.*

Dieses Ergebnis führt bedeutende Implikationen mit sich. Blicken wir zu-
nächst auf die methodische Seite, schließt es ein, daß sinnvoll betriebene Univer-
sitätsgeschichte nicht nur, aber eben auch Personengeschichte zu sein hat.[128]
Selbstverständlich kann man beispielsweise den allumfassenden Anspruch der
Anthropometrie oder die bewußt inkauf genommene Reduzierung theoretischer
Lehrinhalte zugunsten der Sportpraxis in der DHfL[129] auf die allgemein geteilte
Überzeugung zurückführen, daß Erziehung und ihre Wissenschaft nationalen In-

---

[126]   Kirchberg, Frauensport, S. 416; Zitate Klinges bei L. Diem, Leben, Bd. 1, S. 64.
[127]   L. Diem, Leben, Bd. 1, S. 64; zu Klinges Vorgeschichte siehe oben S. 169.
[128]   Für die Universitätsgeschichte zuletzt Hammerstein, Frankfurt, S. 12; für die Sportge-
       schichte Herzog, „Blitzkrieg“, S. 7.
[129]   Zahlenbelege finden wir z. B. im Tätigkeitsbericht DRA v. 1.4.1922–31.3.23, S. 5 (CuL-
       DA, Mappe 13), wonach im WS 1922/23 theoretische Anteile auf 1037 und praktische auf
       2804 Lehrstunden kamen; eine detaillierte Aufschlüsselung finden wir in der MTSS 1923,
       S. 460–461. Die Beschränkung des wissenschaftlichen Unterrichts wurde vor allem in den
       Sommersemestern durchgeführt (ebd., 1922, S. 142). Schiff, Entwicklung, S. 14, bezeich-
       nete daher selbst die DHfL als „Fachhochschule“, was absolut nicht despektierlich gemeint
       ist; siehe auch das gleich in Anm. 140 folgende Zitat von Mallwitz. Der große qualitative
       Fortschritt im Vergleich zur Turnlehrerausbildung der Kaiserzeit liegt darin, daß die Aus-
       bildung der DHfL nun „an den wissenschaftlichen Aktivitäten der Universität partizipie-
       ren“ (Großbröhmer, Turnlehrer, S. 203) konnte.

teressen zu dienen und (daher) eine körperlich und charakterliche gefestige Führerpersönlichkeit zu bilden habe. In diesem Sinne formulierte der Erlaß des MWKV vom 4. Oktober 1921 zur Reifeprüfung an höheren Schulen: „Die Ergebnisse der Turnprüfung sind bei der Beurteilung der Gesamtpersönlichkeit des Schülers (der Schülerin) zu berücksichtigen, insbesondere sind auch Führereigenschaften als Vorturner, Spielgruppenführer, Wanderführer usw. zu werten und in besonders hervortretenden Fällen auch im Zeugnis zu vermerken."[130]

Eine solche Forderung läßt sich aber eben nicht nur als Objektivation der in der ‚neuen universitas' selbst angelegten, historisch-kulturell bedingten Polarität von Tradition und Moderne deuten, sondern kann ebenso mit der Persönlichkeitsstruktur eines für die Gründung und Fortdauer der DHfL unverzichtbaren Akteurs verknüpft werden: Carl Heinrich Becker.[131] Mit dieser Hervorhebung von Beckers „defensivem Modernismus"[132] soll keineswegs die üblicherweise angeführte Bedeutung von Diem, Bier oder Lewald, die diese Denkfigur bekanntlich teilten[133], geschmälert werden. Als Konsequenz unserer bisherigen Überlegungen ist eine solche Sicht auf Becker vielmehr eine neue, von der bisherigen Forschung nicht erkannte, aber unverzichtbare Erklärungsmöglichkeit für die Merkwürdigkeit, daß ausgerechnet eine Hochschule für Leibesübungen ins Leben gerufen und am Leben gehalten wurde, wo doch die Weimarer Republik – im Gegensatz zum Kaiserreich – eben „keine Periode rapider Expansion war" und vor allem in Berlin eine „Etablierung neuer Spezialfächer dem intellektuellen Zeitgeist widersprach"[134].

Wenn Becker ebenso wie Lewald die DHfL vehement unterstützte, liegt dies selbstverständlich auch daran, daß Lewalds Herausstreichen ihrer Bedeutung für das Reich mit Beckers Absicht im Einklang stand, generell die Kulturpolitik stärker auf das Reich zu übertragen.[135] Für unser Thema erscheint jedoch ebenso

---

[130] Aus der Abschrift in: CuLDA, Mappe 207, S. 2 [in der Abschrift unterstrichen]. Zu den geistigen Voraussetzungen der Konstitutionsmessung siehe – unter Berufung auf Oswald Spengler – Harte, Turnfest, S. 473, 476: „Ist es Erziehung oder liegt es im Blut, wir Deutschen können uns nun einmal von dem Bilde des schlank gewachsenen, stolz aufrechten Germanen nicht trennen und stellen daher oft mit Neid fest, daß der Nordländer der idealere Germanentyp ist" (S. 473).

[131] Während Eisenberg, „English sports", S. 354, 360, seine Kontakte der DHfL stets nur im Zusammenhang mit Lewald erwähnt und die ‚neue universitas' vollkommen übersieht, konzentriert sich G. Müller, Reform, auf diese Konzeption, unterschlägt aber die DHfL.

[132] G. Müller, Reform, S. 399.

[133] Vgl. hierzu und zum ‚Dritten Humanismus' z. B. die S. 27, 144–145, 161.

[134] Grüttner, Universität, S. 119. Zu ergänzen ist, daß bspw. in Jena 1922 die geplante Gründung einer Hochschule für Leibesübungen an der Auffassung scheiterte, ihre Qualität habe lediglich die Stufe einer Volkshochschule; siehe Kremer, Sportlehrerausbildung, S. 65.

[135] Siehe den Bericht über die Sitzung des Senats der DHfL am 24.10.1923, in: MTSS 1923, S. 526: „Zur Zeit habe der preußische Finanzminister Mittel für die Hochschule nicht bereitstellen können, so daß diese nach wie vor ihre Arbeiten im Interesse der Universität aus eigenen Mitteln bestritten. Die Bedeutung der Hochschule ist aber in den Verhandlungen vom Kultusministerium anerkannt worden und ihre weitere Heranziehung gerade für

wichtig, daß Beckers Verständnis der ‚neuen universitas' mit ihren Leitideen der ‚Ganzheit' und ‚Synthese' seine hartnäckige Unterstützung derjenigen universitären Fächer einschloß, die einerseits zur Überwindung der Kriegsfolgen für eine enge Verbindung zwischen „Führerpersönlichkeiten" und „deutschem Sozialleben"[136] sorgten und andererseits seiner „Lust am bildungspolitischen Experiment"[137] entgegenkamen. Eben weil die Deutsche Hochschule für Leibesübungen „keine Geschichte"[138] besaß, war sie als eine *interdisziplinär konzipierte Erprobungsanstalt zur Bildung einer ganzheitlichen Führerpersönlichkeit* eine genaue Entsprechung seiner Ideen *und* ein willkommenes Vehikel in seinem Ringen gegen „kulturstaatliche Traditionen" und für eine „modernisierungswillige Bürokratie"[139]. Umgekehrt profitierte die DHfL von Becker vor allem durch ihre zunehmende Betrauung mit staatlichen Aufgaben in Preußen, was die Berufsaussichten ihrer Absolventen verbesserte und ein Grund für den steigenden Andrang war.[140]

Es ist deshalb absolut plausibel, wenn Becker gegen alle Widerstände seine feste Bereitschaft bekundete, die DHfL aufgrund „der bisher gezeigten Leistungen" sogar trotz „ihres Charakters als freies, privates Forschungs- und Lehrinstitut" durch die preußische Regierung „zu fördern und die Wünsche der Hochschule zu einem günstigen Abschluß zu bringen."[141] Ein solcher mit der Konzep-

---

die Ausbildung der Berliner Studentenschaft beabsichtigt. Die Reichsregierung hat sich nach allen Kräften bemüht, die Fortführung der Hochschule durch Gewährung von Mitteln zu sichern; ihre Entschlüsse haben der Hochschule eine bevorzugte Stellung im Rahmen der vom Reiche unterstützten Institute [...] eingeräumt"; zu Beckers Kulturpolitik hier Eisenberg, „English sports", S. 354.

[136]   Schreiber, Not, S. 100. Auch hier kam Diem mit seinem „Hang zur charismatischen Führerpersönlichkeit" (F. Becker/Gwenner, Diem, S. 233) Beckers Vorstellungen entgegen.

[137]   Nagel, Bildungsreformer, S. 35. Damit kann auch das Rätsel gelöst werden, das F. Becker, Leben, Bd. II, S. 49, anläßlich des Frauenstudiums an der DHfL aufgibt: „Die Koedukation stellte in der Bildungslandschaft der Zwanzigerjahre noch eine große Ausnahme dar. Angesichts der konservativen Haltung, die Diem, Lewald und [...] Bier in Geschlechterfragen bisher an den Tag gelegt hatten, überrascht diese fortschrittliche Haltung": ein solches Studium paßte schlichtweg zu Beckers ‚neuer universitas'. Vgl. auch oben S. 146.

[138]   Englert, Erinnerungen, S. 115.

[139]   G. Müller, Reform, S. 400–401. Zu erinnern ist auch an Lewalds Bezeichnung der DHfL als „ein geschlossenes Ganzes von sehr hohem allgemeinem Bildungswert"; siehe oben S. 41. Daß der DHfL das Promotionsrecht nicht zugestanden wurde, ist kein Widerspruch zu diesem Fazit, sondern ein Beleg für die Kompromisse, die Becker eingehen mußte.

[140]   Vgl. Mallwitz, Gymnastik, S. 94: „Bei der Ausbildung wissenschaftlich genügend unterrichteter Fachlehrer haben die Universitäten in erster Linie mitzuwirken. Ohne ihre zielbewußte Hilfe wird es nicht gelingen, an eigentlichen Fachhochschulen für Leibesübungen die für den kulturellen Wiederaufbau Deutschlands in den nächsten Jahren und Jahrzehnten erforderlichen Lehrkräfte heranzubilden." F. Becker, Leben, Bd. II, S. 143, gibt einen Brief von Diem aus dem April 1925 an Loef wieder, nach dem die Absolventen der DHfL „durchaus Stellen bekamen" und außerdem „nach einigen Semestern noch zu einem parallel betriebenen wissenschaftlichen Studium fanden."

[141]   DHfL. 18. Monatsbericht. November 1922. Sitzung des Kuratoriums v. 10.11.1922, in: MTSS 1922, S. 472.

tion der DHfL untrennbar verbundener *politischer* Wille zur Modernisierung der deutschen Universität wog mehr als die zweifellos vorhandenen Mängel dieser ersten deutschen Sporthochschule, und so konnte Diem ihren Kritiker selbstbewußt bescheiden:

> Wenn wir mit dem Lehr- und Forschungsbetrieb noch nicht an das uns vorschwebende Ideal heranreichen, so frage ich, wo in der Welt ist dies der Fall, und gibt es eine Anstalt unserer Art, die mehr Recht auf den Hochschulnamen hat als wir?[142]

---

[142] Schreiben Diems an Westerhaus v. 1.10.1923, S. 1 (CuLDA, Mappe 207); vgl. auch das Fazit bei Stoeckle, Entwicklung, S. 28: „Leider kann diese Hochschule nicht so wirken, wie es ihr als Forschungs- und Lehrstätte zustehen sollte; sie ist lediglich getragen von den Verbänden für Leibesübungen, staatliche Anerkennung besitzt sie nicht. Aber trotzdem wirkt die ‚Deutsche Hochschule für Leibesübungen' ungemein fördernd auch auf dem Gebiet des Hochschulsportes, allein schon dadurch, daß regelmäßig Turn- und Sportwartkurse für Studierende abgehalten werden, dann durch die Heranbildung zahlreicher Hochschulsportlehrer und nicht zuletzt dadurch, daß die Erforschung der Leibesübungen in ihren Wirkungen auf Körper und Geist eine Wissenschaft für sich ist."

Abkürzungsverzeichnis

Die Abkürzungen der Archive befinden sich im Quellen- und Literaturverzeichnis.

AAfL	Akademischer Ausschuß für Leibesübungen
AfL	Amt/Ämter für Leibesübungen
ASB	Akademischer Sport-Bund
ASTA	Allgemeiner Studentenausschuß
ATB	Arbeiter-Turner-Bund
ATSB	Arbeiter-Turn und Sportbund
AWF	Ausschuß für wissenschaftliche Forschung
CDI	Carl-Diem-Institut
DABfL	Deutsch-Akademischer Bund für Leibesübungen
Dehofl	Deutsches Hochschulamt für Leibesübungen
DFB	Deutscher Fußballbund
DHfL	Deutsche Hochschule für Leibesübungen
DKB	Deutscher Kampfspiel-Bund
DRA	Deutscher Reichsausschuß für Leibesübungen
DRAfOS	Deutscher Reichsausschuß für Olympische Spiele
DSBfA	Deutsche Sportbehörde für Athletik
DSV	Deutscher Schwimm-Verband
DSt	Deutsche Studentenschaft
DT	Deutsche Turnerschaft
DTZ	Deutsche Turn-Zeitung
HV	Hauptversammlung
IfL	Institut(e) für Leibesübung(en)
IOC	Internationales Olympisches Komitee
KWG	Kaiser-Wilhelm-Gesellschaft
KWI	Kaiser-Wilhelm-Institut(e)
LTA	Landesturnanstalt
MTSS	Monatsschrift für Turnen, Spiel und Sport
MVW	Preußisches Ministerium für Volkswohlfahrt
MWKV	Preußisches Ministerium für Wissenschaft, Kunst und Volkskultur
NL	Nachlaß
PrHfL	Preußische Hochschule für Leibesübungen
RKE	Reichsbeirat für körperliche Erziehung
RMI	Reichsministerium des Innern
RWM	Reichswehrministerium
TUSA	Turn- und Sportamt
ZA	Zentralauschuß für Volks- und Jugendspiele
ZK	Zentralkommission für Arbeitersport und Körperpflege

Quellen- und Literaturverzeichnis

1 Archivalien

1.1 Carl und Liselott Diem-Archiv (CuLDA), Deutsche Sporthochschule Köln, NL Carl Diem

Mappe 3	Deutscher Reichsausschuß für Leibesübungen
Mappe 4	Deutscher Reichsausschuß für Leibesübungen
Mappe 8	Deutscher Reichsausschuß für Leibesübungen
Mappe 13	DRAfOS/DRAfL: Tätigkeitsberichte 1913–1931
Mappe 15a	Deutscher Reichsausschuß für Leibesübungen
Mappe 22	DRA
Mappe 185	DHfL. Vorgeschichte und Gründung 1919–1920; 1930
Mappe 186	DHfL. Ordnung, Satzung, Verfassung 1919–1921
Mappe 187	DHfL. Kuratorium, Senat, Verwaltungsrat 1920–1933
Mappe 188	DHfL. Tätigkeitsberichte I. 1920–1927/28
Mappe 190	DHfL. Ausbau 1920–1928.
Mappe 207	DHfL. Schriftwechsel 1920–1927

1.2 Universitätsarchiv Köln (UAK)

Zug. 4/Nr. 00/30	Neufassung der Prüfungsordnungen für die kaufmännische und Handelslehrer-Diplomprüfungen (1920–1922)
Zug. 70/Nr. 491	Promotionsordnung WiSo-Fakultät
Zug. 727/Nr. 432	Studienprogramm für das Spezialstudium Handel und Industrie
Zug. 727/Nr. 433	Übersicht über den Aufbau des Studiums an der WiSo-Fakultät

1.3 Niedersächsisches Landesarchiv-Staatsarchiv Wolfenbüttel (NLW)

12 Neu 9 Nr. 4473

2 Gedruckte Quellen und Literatur

Alberti, B.: Leibesübungen als Pflicht des deutschen Studenten. In: L. Berger (Hrsg.): Leibesübungen an deutschen Hochschulen. Göttingen 1922, S. 50–62.

Albisetti, J. C./Lundgreen, P.: Höhere Knabenschulen. In: C. Berg (Hrsg.): Handbuch der deutschen Bildungsgeschichte. Bd. IV: 1870–1918. Von der Reichsgründung bis zum Ende des Ersten Weltkriegs. München 1991, S. 228–278.

Ash, M. G.: Die experimentelle Psychologie an den deutschsprachigen Universitäten von der Wilhelminischen Zeit bis zum Nationalsozialismus. In: Ders./U. Geuter (Hrsg.): Geschichte der deutschen Psychologie im 20. Jahrhundert. Ein Überblick. Opladen 1985, S. 45–82.

Bäumler, G.: Karl Krümmel: Maß und Zahl in der Körpererziehung. In: J. Court/E. Meinberg (Hrsg.): Klassiker und Wegbereiter der Sportwissenschaft. Stuttgart 2006, S. 155–166.

Ders./Lienert, G. A.: KFA-Tests zur genetisch-sozialen Theorie der Sortierung von Familiennamen auf Körperbautypen. In: Psychologische Beiträge 1987 (Bd. 29), S. 587–595.

Beck, H.: Leistung und Volksgemeinschaft. Der Sportarzt und Sozialhygieniker Hans Hoske (1900–1970). Husum 1991.

Becker, F.: Diskursanalyse des Sports. In: J. Court (Hrsg.): Sport im Brennpunkt – philosophische Analysen. St. Augustin 1996, S. 103–126.

Ders.: Den Sport gestalten. Carl Diems Leben (1882–1962). Bd. I. Kaiserreich. Duisburg 2009.

Ders.: Den Sport gestalten. Carl Diems Leben (1882–1962). Bd. II. Weimarer Republik. Duisburg 2011.

Ders.: Den Sport gestalten. Carl Diems Leben (1882–1962). Bd. III. NS-Zeit. Duisburg 2009.

Ders./Gwenner, C.: Der Zusammenbruch im Westen. Carl Diem und die Auflösung des kaiserlichen Heeres 1918. In: P. Hoeres/A. Owzar/C. Schroer (Hrsg.): Herrschaftsverlust und Machtzerfall. München 2013, S. 221–234.

Becker, H.: Für einen humanen Sport. Gesammelte Beiträge zum Sportethos und zur Geschichte des Sports. Schorndorf 1995.

Berger, L.: Selbstverwaltung der Deutschen Studentenschaft. Beschlüsse über pflichtgemäße Leibesübungen auf den Studententagen in Göttingen und Erlangen. In: Ders. (Hrsg.): Leibesübungen an deutschen Hochschulen. Göttingen 1922, S. 42–49.

Ders.: Kurse an der Deutschen Hochschule für Leibesübungen für die Deutsche Studentenschaft. In: Ders. (Hrsg.): Leibesübungen an deutschen Hochschulen. Göttingen 1922, S. 144–147.

Bernett, H.-J.: Grundformen der Leibeserziehung. Schorndorf 1978.

Ders.: Zur Entwicklungsgeschichte der deutschen Sportwissenschaft. In: Stadion XII/XIII (1986/1987), S. 225–240.

Ders.: Deutsche Kampfspiele. In: P. Röthig/R. Prohl et. al. (Hrsg.): Sportwissenschaftliches Lexikon. 7. Aufl. Schorndorf 2003, S. 129–130.

Beyer, E.: Sport in der Weimarer Republik. In: H. Ueberhorst (Hrsg.): Leibesübungen und Sport in Deutschland vom Ersten Weltkrieg bis zur Gegenwart. Teilband 3/2. Berlin 1982, S. 657–701.

Beyrau, D.: Die Macht und die Wissenschaften in der UdSSR. In: Jahrbuch 2012 der Deutschen Gesellschaft für Geschichte der Sportwissenschaft e. V. Berlin 2014, S. 9–27.

Bier, A.: Zur Frage der Leibesübungen. In: Münchener Medizinische Wochenschrift 66 (10. Oktober 1919), Nr. 41, S. 1159–1162.

Ders.: Die deutsche Hochschule für Leibesübungen. In: L. Berger (Hrsg.): Leibesübungen an deutschen Hochschulen. Göttingen 1922, S. 130–134.

Ders.: Semesterbericht. In: Monatsschrift für Turnen, Spiel und Sport 1922, H. 12, S. 242–245.

Ders.: Der Sinn der Leibesübungen. In: A. Schiff (Hrsg.): Die Deutsche Hochschule für Leibesübungen 1920–1930. Berlin 1930, S. 27–30.

Borgers, W./Quanz, D. R.: Bildbuch Deutsche Sporthochschule Köln. St. Augustin 1998.

Briese, G. (Hrsg.): Das Studium der Leibesübungen und der körperlichen Erziehung in Preußen. Berlin 1933.

Brinkschulte, E.: Körperertüchtigung(en) – Sportmedizin zwischen Leistungsoptimierung und Gesundheitsförderung 1895–1933. Habilitationsschrift zur Erlangung der venia legendi für das Fach Geschichte der Medizin. Institut für Geschichte der Medizin am Zentrum für Human- und Gesundheitswissenschaften der Berliner Hochschulmedizin (ZHGB) 2003.

Brocke, B. v.: „An die Europäer". Der Fall Nicolai und die Biologie des Krieges. Zur Entstehung und Wirkungsgeschichte eines unzeitgemäßen Buches. In: G. F. Nicolai: Die Biologie des Krieges (Nachdruck d. 1. Orig.-Ausg. [2. Aufl]. Zürich 1919). Darmstadt 1985, S. 601–613.

Ders.: Die Kaiser-Wilhelm-Gesellschaft im Kaiserreich. Vorgeschichte, Gründung und Entwicklung bis zum Ausbruch des Ersten Weltkriegs. In: R. Vierhaus/B. vom Brocke (Hrsg.): Forschung im Spannungsfeld von Politik und Gesellschaft: Geschichte und Struktur der Kaiser-Wilhelm-/Max-Planck-Gesellschaft. Stuttgart 1990, S. 17–162.

Ders.: Die Kaiser-Wilhelm-Gesellschaft in der Weimarer Republik. Ausbau zu einer gesamtdeutschen Forschungsorganisation (1918–1933). In: R. Vierhaus/B. vom Brocke (Hrsg.): Forschung im Spannungsfeld von Politik und Gesellschaft: Geschichte und Struktur der Kaiser-Wilhelm-/Max-Planck-Gesellschaft. Stuttgart 1990, S. 197–355.

Ders./Laitko, H. (Hrsg.): Die Kaiser-Wilhelm-/Max-Planck-Gesellschaft und ihre Institute. Studien zu ihrer Geschichte: Das Harnack-Prinzip. Berlin/New York 1996.

Broßmer: Behördliche und private Förderung der Leibeskultur. Fortsetzung. In: Deutsche Turn-Zeitung 1922, H. 38, S. 395–396.

Burchardt, L.: Die Kaiser-Wilhelm-Gesellschaft im Ersten Weltkrieg (1914–1918). In: R. Vierhaus/B. vom Brocke (Hrsg.): Forschung im Spannungsfeld von Politik und Gesellschaft: Geschichte und Struktur der Kaiser-Wilhelm-/Max-Planck-Gesellschaft. Stuttgart 1990, S. 163–196.

Buss, W.: Die Entwicklung des deutschen Hochschulsports vom Beginn der Weimarer Republik bis zum Ende des NS-Staates – Umbruch und Neuanfang oder Kontinuität? Dissertation zur Erlangung des Doktorgrades der Philosophischen Fakultät der Georg-August-Universität zu Göttingen. Göttingen 1975.

Ders.: Sport und Revanchismus in der Weimarer Republik – Eine Studie zur Instrumentalisierung des Sports im Sinne militanter, kriegsvorbereitender Politik an Beispielen aus dem Bereich der Hochschule. In: H. Becker (Hrsg.): Sport im Spannungsfeld von Krieg und Frieden. Clausthal-Zellerfeld 1985, S. 80–95.

Ders.: Besprechung: Jürgen Court. Deutsche Sportwissenschaft in der Weimarer Republik und im Nationalsozialismus. Band 1: Die Vorgeschichte (1900–1918). (Studien zur Geschichte des Sports, Bd. 6). 319 S., LIT, Münster 2008. In: Das historisch-politische Buch 56 (2008) 2, S. 651–652.

Ders.: 80 Jahre vollakademische Sportlehrerausbildung. Die Etablierung des Studienfaches „Leibesübungen und körperliche Erziehung" an den preußischen Universitäten im Jahre 1929 – die Vorgeschichte und die weitere Entwicklung bis in die Nachkriegszeit. In: Sportwissenschaft 39 (2009), S. 283–297.

Ders./Peiffer, L.: 50 Jahre Hochschulsportforschung. In: Sportwissenschaft 16 (1986), S. 38–60.

Carl-Diem-Institut (Hrsg.): Dokumente zur Gründung und zum Aufbau einer wissenschaftlichen Hochschule auf dem Gebiete des Sports. Köln 1967.

Ders.: (Hrsg.): Bibliographie Carl Diem. Köln 1968.

Ders.: Dokumente zum Aufbau des deutschen Sports. Das Wirken von Carl Diem (1882–1967). St. Augustin 1984.

Court, J.: Victor Klemperers Kölner Kandidatur. Dresden 1999.

Ders.: Interdisziplinäre Sportwissenschaft. Frankfurt/M. u. a. 2000.

Ders.: Zur Renaissance des Idealismus – Bemerkungen zu Christiane Eisenberg. In: M. Krüger (Hrsg.): Transformationen des deutschen Sports seit 1939. Hamburg 2001, S. 57–69.

Ders.: Sportanthropometrie und Sportpsychologie in der Weimarer Republik. In: Sportwissenschaft 32 (2002), S. 401–414.

Ders.: Die „Vereinigung zur wissenschaftlichen Erforschung des Sports und der Leibesübungen e. V." von 1912 – Bemerkungen zum ersten sportwissenschaftlichen Verein in Deutschland. In: Jahrbuch 2005 der Deutschen Gesellschaft für Geschichte der Sportwissenschaft e. V. Münster 2006, S. 141–187.

Ders: Konrad Koch: Die Erziehung zum Mute durch Turnen, Spiel und Sport. In: Ders./E. Meinberg (Hrsg.): Klassiker und Wegbereiter der Sportwissenschaft. Stuttgart 2006, S. 37–42.

Ders.: Sportwissenschaft. In: J. Elvert/J. Nielsen-Sikora (Hrsg.): Kulturwissenschaften im Nationalsozialismus. Stuttgart 2008, S. 781–822.

Ders.: Deutsche Sportwissenschaft in der Weimarer Republik und im Nationalsozialismus. Band 1: Die Vorgeschichte 1900–1918. (Studien zur Geschichte des Sports, Bd. 6). Berlin 2008.

Ders.: Vor 90 Jahren: Die Gründung der Deutschen Hochschule für Leibesübungen. In: Historische Mitteilungen (HMRG) 22 (2009). Stuttgart 2010, S. 227–247.

Ders.: Warum scheiterte 1920 August Biers Antrag auf einen „Doktor der Leibesübungen?" Überlegungen zur Gründungsgeschichte der Deutschen Hochschule für Leibesübungen. In: Sportwissenschaft 41 (2011), S. 91–99.

Ders.: Die Finanzierung der Deutschen Hochschule für Leibesübungen 1919–1925. In: Jahrbuch 2010 der Deutschen Gesellschaft für Geschichte der Sportwissenschaft e. V. Berlin 2012, S. 9–28.

Ders./Janssen, J.-P.: Wilhelm Benary (1888–1955). Leben und Werk. Lengerich u. a. 2003.

Ders./J. Nitsch: Alfred Peters: Psychologie des Sports (1927). In: J. Court/E. Meinberg (Hrsg.): Klassiker und Wegbereiter der Sportwissenschaft. Stuttgart 2008, S. 167–177.

Ders./Schulte, A.: Religionssoziologische Aspekte des Sports. In: Jahrbuch 2008 der Deutschen Gesellschaft für Geschichte der Sportwissenschaft e. V. Berlin 2010, S. 22–33.

Decker, W.: Vorwort. In: W. Körbs: Vorgeschichte und Gründung der Sporthochschule Köln (1946–1948). St. Augustin 1986, S. 12–14.

Derecik, A.: Das Potenzial des Schulhofs für die Entwicklung von Heranwachsenden. In: Sportwissenschaft 43 (2013), S. 34–45.

Diem, C.: (unter Mitwirkung von H. Devantier und H. Borowik): Deutsche Kampfspiele 1922. Berlin 1922.

Ders.: Die Deutsche Hochschule für Leibesübungen. Berlin 1924.

Ders.: Die Vorbildung des Turn- und Sportlehrers. In: Monatsschrift für Turnen, Spiel und Sport 4 (1924), S. 498–499.

Ders.: Der Ausbau der Deutschen Hochschule für Leibesübungen in Verbindung mit der Preußischen Hochschule für Leibesübungen und dem Institut für Leibesübungen der Universität Berlin. Denkschrift für den Vorstand des DRA und das Kuratorium der DHfL. O. O. [Berlin] Mai 1927.

Ders.: Entstehung, und Ziel. In: A. Schiff (Hrsg.): Die Deutsche Hochschule für Leibesübungen 1920–1930. Berlin 1930, S. 1–4.

Ders.: Frauenstudium. In: A. Schiff (Hrsg.): Die Deutsche Hochschule für Leibesübungen 1920–1930. Berlin 1930, S. 87–91.

Ders.: Der Spielplatzlehrer und seine Ausbildung. In: Blätter für Volksgesundheit und Volkskraft Bd. 20 (1932), H. 14, S. 34–36.

Ders.: Olympische Flamme. 3 Bde. Berlin 1942.

Ders.: Weltgeschichte des Sports. Stuttgart 1960.

Ders.: Ausgewählte Schriften. 3 Bde. St. Augustin 1982.

Ders.: Ein Leben für den Sport. Ratingen o. J.

Ders./Schiff, A.: Die Gründung. In: A. Schiff (Hrsg.): Die Deutsche Hochschule für Leibesübungen 1920–1930. Berlin 1930, S. 5–7.

Diem, Liselott: Leben als Herausforderung. 3 Bde. St. Augustin 1986.

Dinçkal, N.: Stadien, Sportparks und Musterspielplätze. In: Technikgeschichte 75 (2008), S. 215–232.

Ders.: Der Körper als Argument – Die Deutsche Hochschule für Leibesübungen und die Produktion wissenschaftlicher Gewissheiten über den Nutzen des Sports. In: M. Krüger (Hrsg.): Der deutsche Sport auf dem Weg in die Moderne. Carl Diem und seine Zeit. Berlin 2009, S. 173–197.

Ders.: Sportstätten als Laborlandschaften. Historische Anmerkungen zur Verknüpfung von Wissens- und Porträumen. In: Jahrbuch 2010 der Deutschen Gesellschaft für Geschichte der Leibesübungen e. V. Berlin 2012, S. 29–40.

Ders.: Sportlandschaften. Sport, Raum und (Massen-)Kultur in Deutschland 1880–1930. Göttingen 2013.

Dinglinger, O.: Geschichte der Leibesübungen in Deutschland mit besonderer Berücksichtigung der Entwicklung an den deutschen Hochschulen. In: L. Berger (Hrsg.): Leibesübungen an deutschen Hochschulen. Göttingen 1922, S. 19–41.

Ders.: Geschichte des Deutsch-Akademischen Bundes für Leibesübungen, der Deutschen Hochschulmeisterschaften und der Deutsch-Akademischen Olympien. In: L. Berger (Hrsg.): Leibesübungen an deutschen Hochschulen. Göttingen 1922, S. 64–84.

Dominicus, A.: Leibesübungen. In: Zentralinstitut für Erziehung und Unterricht Berlin (Hrsg.): Die Reichsschulkonferenz in ihren Ergebnissen. Leipzig o. J. [ca. 1920], S. 131–136.

Donop, G. v.: Vorbereitende Übungen. In: Monatsschrift für Turnen, Spiel und Sport 1922, S. 89–92.

Dorsch, F.: Geschichte und Probleme der angewandten Psychologie. Bern/Stuttgart 1963.

Eggers, E.: Der Sportarzt Martin Brustmann, das Rudern und das Testoviron – über die Anfänge des Hormondopings im deutschen Leistungssport vor den Olympischen Spielen 1952 in Helsinki. In: Jahrbuch 2011 der Deutschen Gesellschaft für Geschichte der Leibesübungen e. V. Berlin 2012, S. 171–210.

Ders.: Besprechung: 100 Jahre deutsche Sportmedizin: Sportmedizin im Wandel – Wandel durch Sportmedizin. Deutsche Gesellschaft für Sportmedizin und Prävention (Deutscher Sportärztebund) e. V. (Hrsg.). Erstellt von der Kommission „Geschichte der Sportmedizin". Karl-Hans Arndt; Herbert Löllgen; Dieter Schnell. Gera 2012. In: Informationsmittel (IFB): Digitales Rezensionsorgan für Bibliothek und Wissenschaft.

Eichel, W.. Illustrierte Geschichte der Körperkultur. Bd. 2. Berlin 1983. http://ifb.bsz-bw.de/bsz385233574rez-1.pdf?id=6012

Eisenberg, C.: „English sports" und deutsche Bürger: Eine Gesellschaftsgeschichte 1800–1939. Paderborn 1999.

Elvert, J.: Einige einführende Überlegungen zum Projekt „Kulturwissenschaften und Nationalsozialismus". In: Ders./J. Nielsen-Skora (Hrsg.): Kulturwissenschaften und Nationalsozialismus. Stuttgart 2008, S. 7–18.

Englert, L.: Erinnerungen eines ehemaligen Studenten an die ersten Jahre der Hochschule. In: A. Schiff (Hrsg.): Die Deutsche Hochschule für Leibesübungen 1920–1930. Berlin 1930, S. 115–117.

Giese, F.: Geist im Sport. München 1925.

Gissel, N.: Vom Burschenturnen zur Wissenschaft der Körperkultur. Struktur und Funktion der Leibesübungen an der Universität Gießen. Gießen 1995.

Ders.: Walter Werner: Ein Institut für Körperkultur an der Universität Gießen. In: J. Court/E. Meinberg: (Hrsg.): Klassiker und Wegbereiter der Sportwissenschaft. Stuttgart 2006, S. 105–111.

Goecke, W.: Akkord und Leibesübungen – Akkordarbeit und Sport. In: Monatsschrift für Turnen, Spiel und Sport 1924, S. 170–172.

Gröben, B.: Rudolf Bode: Das Lebendige in der Leibeserziehung (1925). In: J. Court/E. Meinberg (Hrsg.): Klassiker und Wegbereiter der Sportwissenschaft. Stuttgart 2006, S. 126–134.

Großbröhmer, R.: Die Geschichte der preußischen Turnlehrer. Aachen 1994.

Größing, S.: Pädagogische Reformen vor und nach dem Ersten Weltkrieg und ihr Einfluß auf Leibeserziehung und Schulsport. In: H. Ueberhorst (Hrsg.): Leibesübungen und Sport in Deutschland vom Ersten Weltkrieg bis zur Gegenwart. Teilband 3/2. Berlin 1982, S. 641–656.

Groh, F.: Die Leipziger Musterschule für Turnen und Sport. In: Deutsche Turn-Zeitung v. 6.4.1922, Nr. 14, S. 139–142.

Grüttner, M.: Die Berliner Universität zwischen den Weltkriegen 1918–1945. Berlin 2012.

Häußler, G.: Jugendpflege und Wandern. In: A. Schiff (Hrsg.): Die Deutsche Hochschule für Leibesübungen 1920–1930. Berlin 1930, S. 68–71.

Hammerstein, N.: Antisemitismus und deutsche Universitäten. 1871–1933. Frankfurt/M./New York 1995.

Ders.: Die Johann Wolfgang Goethe-Universität Frankfurt am Main. Bd. 1. Göttingen 2012.

Harte, E.: Turnlehrer-Besoldungskämpfe in Preußen. In: Monatsschrift für Turnen, Spiel und Sport 1 (1921), S. 86–91.

Ders.: Das 13. Deutsche Turnfest in München. In: Monatsschrift für Turnen, Spiel und Sport 1923, S. 469–477.

Ders.: Schulerneuerung nach den Gesetzen der Biologie. In: Monatsschrift für Turnen, Spiel und Sport 4 (1924), S. 236–244.

Ders.: Deutsche Tagung für Körperziehung. In: Monatsschrift für Turnen, Spiel und Sport 4 (1924), S. 317–331.

Ders.: Das Problem der Turnlehrerausbildung. In: Monatsschrift für Turnen, Spiel und Sport 4 (1924), S. 468–473.

Hartung, F.: Deutsche Verfassungsgeschichte. 9. Aufl. Stuttgart 1950.

Haupts, L.: Die Universität zu Köln im Übergang vom Nationalsozialismus zur Bundesrepublik. Köln 2007.

Hausmann, F.-R.: Auch eine nationale Wissenschaft? Die deutsche Romanistik unter dem Nationalsozialismus. 1. Teil. In: Romanistische Zeitschrift für Literaturgeschichte 22 (1998), S. 1–39.

Ders.: „Vom Strudel der Ereignisse verschlungen" – Romanistik im „Dritten Reich". Frankfurt/M. 2000.

Ders.: Anglistik und Amerikanistik im „Dritten Reich". Frankfurt/M. 2003.

Ders.: „Deutsche Geisteswissenschaft" im Zweiten Weltkrieg. Die „Aktion Ritterbusch" (1940–1945). Dritte, erweiterte Ausgabe. Heidelberg 2007.

Ders.: Die Geisteswissenschaften im „Dritten Reich". Frankfurt/M. 2011.

Heimbüchel, B.: Die neue Universität. Selbstverständnis – Idee und Verwirklichung. In: Ders./K. Pabst: Geschichte der Universität zu Köln. Bd. II. Das 19. und 20. Jahrhundert. Köln 1988, S. 101–705.

Heimerzheim, B.: Karl Ritter von Halt – Leben zwischen Sport und Politik. St. Augustin 1999.

Herrmann, U.: Pädagogisches Denken und Anfänge der Reformpädagogik. In: C. Berg (Hrsg.): Handbuch der deutschen Bildungsgeschichte. Bd. IV: 1870–1918. Von der Reichsgründung bis zum Ende des Ersten Weltkriegs. München 1991, S. 147–178.

Herxheimer, H.: Wissenschaftliche Forschungsarbeiten. In: C. Diem (unter Mitwirkung von H. Devantier und H. Borowik): Deutsche Kampfspiele 1922. Berlin 1922, S. 280–281.

Ders.: Grundriß der Sportmedizin. Leipzig 1933.

Herzog, M.: Besprechung: Jürgen Court: Deutsche Sportwissenschaft in der Weimarer Republik und im Nationalsozialismus. Band 1: Die Vorgeschichte 1900–1918. Münster 2008. In: H-Soz-u-Kult 19.06.2009, S. 2009-2-209.

Ders.: Besprechung: Peter Tauber: Vom Schützengraben auf den grünen Rasen. Der Erste Weltkrieg und die Entwicklung des Sports in Deutschland. (Studien zur Geschichte des Sports, Bd. 3). Berlin 2008. In: Sportwissenschaft 40 (2010), S. 46–48.

Ders.: „Blitzkrieg" im Fußballstadion. Der Spielsystemstreit zwischen dem NS-Sportfunktionär Karl Oberhuber und Reichstrainer Sepp Herberger. Stuttgart 2013.

Hesse, A.: Die Professoren und Dozenten der preußischen Pädagogischen Akademien (1926–1933) und Hochschulen für Lehrerbildung (1933–1941). Weinheim 1995.

Heubach, R: Wir Studentinnen und die D.H.f.L. In: A. Schiff (Hrsg.): Die Deutsche Hochschule für Leibesübungen 1920–1930. Berlin 1930, S. 113–114.

Hickfang: Das deutsche Hochschulamt für Leibesübungen. In: L. Berger (Hrsg.): Leibesübungen an deutschen Hochschulen. Göttingen 1922, S. 85–92.

Hirn: Preußische Hochschule für Leibesübungen (Landesturnanstalt). Bericht über das Wintersemester 1923/24. In: Monatsschrift für Turnen, Spiel und Sport 1924, S. 94–97.

Hoberman, J.: Sterbliche Maschinen. Aachen 1994.

Hobsbawn, E.: Gefährliche Zeiten. München/Wien 2003.

Hochschulsportordnung vom 30. Oktober 1934 (zusammengestellt von Georg Briese). Berlin 1937.

Holl, K.:Pazifismus in Deutschland. Frankfurt/M. 1988.

Hollmann, W.: Medizin – Sport – Neuland. 2. Aufl. St. Augustin 1994.

Ders.: Sportmedizin. In: G. Bäumler/J. Court/W. Hollmann (Hrsg.): Sportmedizin und Sportwissenschaft. St. Augustin 2002, S. 21–132.

Hubenstorf, M.: Max Rubner. In: W. U. Eckart/C. Gradmann (Hrsg.): Ärztelexikon. Von der Antike bis zum 20. Jahrhundert. München 1995, S. 312.

Janssen, J.-P.: Zur Institutionalisierung der Sportpsychologie in der Weimarer Republik an der Universität Berlin. In: A. Schorr (Hrsg.): Psychologie Mitte der 80er Jahre. Bonn 1986, S. 88–100.

Ders.: Deutsche Sportpsychologie im Wandel dreier Epochen. In: psychologie und sport 4 (1997), S. 8–33.

Ders.: Ernst Kretschmer: Körperbau und Charakter (1921). In: J. Court/E. Meinberg (Hrsg.): Klassiker und Wegbereiter der Sportwissenschaft. Stuttgart 2006, S. 95–104.

Ders.: Robert Werner Schulte: Eignungs- und Leistungsprüfung im Sport. In: J. Court/E. Meinberg (Hrsg.): Klassiker und Wegbereiter der Sportwissenschaft. Stuttgart 2006, S. 135–142.

Ders.: Geschichte der Sportpsychologie in Deutschland. In: W. Schlicht/B. Strauß (Hrsg.): Grundlagen der Sportpsychologie. Göttingen u. a. 2009, S. 33–103.

Jarausch, K. H.: Universität und Hochschule. In: C. Berg (Hrsg.): Handbuch der deutschen Bildungsgeschichte. Bd. IV: 1870–1918. Von der Reichsgründung bis zum Ende des Ersten Weltkriegs. München 1991, S. 313–345.

Jensen, E. N.: Body by Weimar. Athletes, Gender, and German Modernity. Oxford 2010.

Ders.: Jürgen Court: Deutsche Sportwissenschaft in der Weimarer Republik und im Nationalsozialismus. Vol 1. Münster: LIT Verlag 2008. In: H–German 2012. http://www.h-net.org/reviews/showrev.php?id=34846.

Karl Drewer-Turnhilfswerk e. V. (Hrsg.): Die Briefe Edmund Neuendorffs an Erich Harte 1923–1932. Bearbeitet von Karl Lennartz. Oberwerries 1989.

Kirchberg, F.: Frauensport und Frauengymnastik an der Deutschen Hochschule für Leibesübungen. Monatsschrift für Turnen, Spiel und Sport 1921, S. 411–419.

Kirste, H.-J: Hermann Altrock. In: Leipziger sportwissenschaftliche Beiträge 42 (2001), H. 1, S. 16–38.

Kirste, H.-J./Schürmann, V./Tzschoppe, P.: Sportwissenschaft. In: U. v. Hehl U. John/M. Rudersdorf (Hrsg.): Geschichte der Universität Leipzig 1409–2009. Bd. 4/1. Leipzig 2009, S. 905–942.

Klemperer, V.: „Leben sammeln, nicht fragen wozu und warum." Tagebücher 1918–1932. 2 Bde. Berlin 1996.

Klöcker, M.: Kölnische Volkszeitung und Görresgesellschaft 1930: Kampagne gegen die Imparität an der Universität Köln – Diskurs über Forschungs- und Universitätsreformen. In: G. Fleckenstein/M. Klöcker/N. Schlossmacher (Hrsg.): Kirchengeschichte. Alte und Neue Wege. Festschrift für Christoph Weber. Bd. 2. Frankfurt/ M. 2008, S. 729–762.

Kluge, V.: Otto der Seltsame. Die Einsamkeit eines Mittelstreckenläufers. Otto Peltzer (1900–1970). Berlin 2000.

Körbs, W.: Vorgeschichte und Gründung der Sporthochschule Köln (1946–1948). St. Augustin 1986.

Kohlrausch, W.: Körperbau und Wachstum. In: A. Schiff (Hrsg.): Die Deutsche Hochschule für Leibesübungen 1920–1930. Berlin 1930, S. 49–54.

Komorowski, M.: Besprechung von: Jürgen Court. Deutsche Sportwissenschaft in der Weimarer Republik und im Nationalsozialismus. Bd. 1. Die Vorgeschichte 1900–1918. Münster 2008. In: Informationsmittel (IFB): Digitales Rezensionsorgan für Bibliothek und Wissenschaft. http://ifb.bsz-bw.de/bsz28682552Xrez-1.pdf?id=2870

Kopp, W.: Prüfungen. In: A. Schiff (Hrsg.): Die Deutsche Hochschule für Leibesübungen 1920–1930. Berlin 1930, S. 106–109.

Kops, M./Hansmeyer, K.-H./Kranski, B.: Die Finanzgeschichte der Universität zu Köln im Spiegel ihrer Haushaltspläne. In: E. Meuthen (Hrsg.): Kölner Universitätsgeschichte. Die neue Universität. Daten und Fakten. Bd. III. Köln 1988, S. 379–467.

Krause, G.: Vom Stadion zum Sportforum. In: A. Schiff (Hrsg.): Die Deutsche Hochschule für Leibesübungen 1920–1930. Berlin 1930, S. 20–26.

Kremer, H.-G.: Zur Geschichte des Sports an der Universität Jena. Jena 2002.

Ders.: Die Geschichte der akademischen Turn- und Sportlehrerausbildung in Jena von den Anfängen bis zur Weimarer Republik. In: Jahrbuch 2011 der Deutschen Gesellschaft für Geschichte der Sportwissenschaft e. V. Berlin 2012, S. 29–81.

Krüger, A.: Theodor Lewald: Sportführer ins Dritte Reich. Berlin 1975.

Ders.: Turnen und Turnunterricht zur Zeit der Weimarer Republik – Die Grundlage der heutigen Schulsportmisere? In: A. Krüger/D. Niedlich (Hrsg.): Ursachen der Schulsportmisere in Deutschland. London 1979, S. 13–31.

Ders.: Deutschland und die Olympische Bewegung. In: H. Ueberhorst (Hrsg.): Leibesübungen und Sport in Deutschland vom Ersten Weltkrieg bis zur Gegenwart. Teilband 3/2. Berlin 1982, S. 1026–1047.

Krüger, M.: Einführung in die Geschichte der Leibeserziehung und des Sports. Teil 3. 2. Aufl. Schorndorf 2005.

Ders.: Edmund Neuendorff: Geschichte der neueren deutschen Leibesübung vom Beginn des 18. Jahrhunderts bis zur Gegenwart. Band IV. Die Zeit von 1860 bis 1932. Dresden n. d. [1936]. In: J. Court/E. Meinberg (Hrsg.): Klassiker und Wegbereiter der Sportwissenschaft. Stuttgart 2006, S. 237–248.

Ders.: Leben und Werk Carl Diems. Ein Forschungs- und Projektbericht. In: Sportwissenschaft 40 (2010), S. 268–284.

Ders./Langenfeld, H.: Daten zur Geschichte des Sports in Deutschland – von den Anfängen bis in die Gegenwart. In: Dies. (Hrsg.): Handbuch Sportgeschichte. Schorndorf 2010, S. 386–405.

Ders.: Leibesübungen, Sport und Sportwissenschaft an der Universität Münster von den Anfängen bis in die 1960er-Jahre. In: H. U. Thamer/D. Droste/S. Happ (Hrsg.): Die Universität Münster im Nationalsozialismus. Kontinuitäten und Brüche zwischen 1920 und 1960. Münster 2012, S. 903–926.

Laitko, H.: Persönlichkeitsorientierte Forschungsorganisation als Leitgedanke der Kaiser-Wilhelm-Gesellschaft: Reichweite und Grenzen, Ideal und Wirklichkeit. In: B. vom Brocke/H. Laitko (Hrsg.): Die Kaiser-Wilhelm-/Max-Planck-Gesellschaft und ihre Institute. Studien zu ihrer Geschichte: Das Harnack-Prinzip. Berlin/New York 1996, S. 583–632.

Lammel, H.-U.: August Bier und der Dritte Humanismus. In: K. D. Fischer/D. Nickel/P. Potter (eds.): Text and tradition. Studies in ancient Medicine and its transmission. Leiden 1996, pp. 175–202.

Langen, G.: „Das Bewegte, Luftige, Erfrischende – zu Ausstellungsobjekten versteinern?" – Zur Beziehung von Wirtschaft, Wissenschaft und Sport in den frühen Sportausstellungen. In: U. Wick/A. Höfer (Hrsg.): Willi Gebhardt und seine Nachfolger. Sport und Olympia in Deutschland bis 1933. Aachen 2012, S. 93–119.

Langewiesche, D./Tenorth, H.-E.: Einleitung. Bildung, Formierung, Destruktion. Grundzüge der Bildungsgeschichte von 1918–1945. In: C. Berg (Hrsg.): Handbuch der deutschen Bildungsgeschichte. Bd. V: 1918–1945. Die Weimarer Republik und die nationalsozialistische Diktatur. München 1989, S. 1–24.

Lehmann, S.: „Sport der Hellenen" – die Berliner Ausstellung von 1936 und der jüdische Archäologe Alfred Schiff (1863–1939). In: Stadion XXIX (2003), S. 199–220.

Lennartz, K.: Geschichte des Deutschen Reichsausschusses für Olympische Spiele. H. 2. Die Beteiligung Deutschlands an den Olympischen Spielen 1900 in Paris und 1904 in St. Louis. Bonn 1983.

Ders.: Geschichte des Deutschen Reichsausschusses für Olympische Spiele. H. 3. Die Beteiligung Deutschlands an den Olympischen Spielen 1906 in Athen und 1908 in London. Bonn 1985.

Ders.: Die August-Bier-Plakette. In: KURIER. Informationen der Deutschen Sporthochschule Köln. Mai/Juni 2003, S. 5–9.

Ders./Reinhardt, W.: Deutsche Teilnahme an den Spielen der IX. Olympiade 1928 in Sankt Moritz und Amsterdam. O. O. [Kassel]. 2011.

Lerchenmüller, J.: Politische Verfolgung in der Weimarer Republik: der Fall Georg Friedrich Nicolai (Lewinstein) an der Friedrich-Wilhelms-Universität Berlin 1919–1922. In: M. Hassler (Hrsg.): Der Exodus aus Nazideutschland und die Folgen: jüdische Wissenschaftler im Exil. Tübingen 1997, S. 91–123.

Loosch, E./Brodersen, K./Mosebach, U.: Antiker Sport im Experiment. Bericht zum Studium fundamentale an der Universität Erfurt im Sommersemester 2011. In: Jahrbuch 2010 der Deutschen Gesellschaft für Geschichte der Sportwissenschaft e. V. Berlin 2012, S. 119–136.

Ders./Müller, Y./Heine, F.: Anticipation processes in critical situations with potential use of weapon – an experimental study. In: Polizei und Wissenschaft (2013), H. 2, S. 33–48.

Lück, H. E.: „... Und halte Lust und Leid und Leben auf meiner ausgestreckten Hand." Zu Leben und Werk Robert Werner Schultes. In: H. Gundlach (Hrsg.): Arbeiten zur Psychologiegeschichte. Göttingen 1994, S. 39–48.

Ders.: Eduard Spranger: Psychologie des Jugendalters (1924). In: J. Court/E. Meinberg (Hrsg.): Klassiker und Wegbereiter der Sportwissenschaft. Stuttgart 2006, S. 122–125.

Ders.: Hanns Sippel: Körper – Geist – Seele (1926). In: J. Court/E. Meinberg (Hrsg.): Klassiker und Wegbereiter der Sportwissenschaft. Stuttgart 2006, S. 143–147.

Ders./Quanz, D. R.: Der Briefwechsel zwischen Carl Diem und Eduard Spranger. St. Augustin 1995.

Lüschen, G.: Heinz Risse: Soziologie des Sports (1921). In: J. Court/E. Meinberg (Hrsg.): Klassiker und Wegbereiter der Sportwissenschaft. Stuttgart 2006, S. 87–94.

Mai, G.: Das Ende des Kaiserreichs. Politik und Kriegführung im Ersten Weltkrieg. 3., aktualisierte Aufl. München 1997.

Ders.: Europa 1918–1939. Mentalitäten, Lebensweisen, Politik zwischen den Weltkriegen. Stuttgart 2001.

Ders.: Die Weimarer Republik. München 2009.

Mallwitz, A.: Alkoholgenuß und Sporttüchtigkeit. In: Deutsche Turn-Zeitung 1922, S. 353–354.

Ders.: Gymnastik als Lehr- und Forschungsfach an deutschen Hochschulen. In: L. Berger (Hrsg.): Leibesübungen an deutschen Hochschulen. Göttingen 1922, S. 93–102.

Martin, R.: Körpererziehung. Eine akademische Rede. Jena 1922.

Meusel, H.: Lehrgänge. In: A. Schiff (Hrsg.): Die Deutsche Hochschule für Leibesübungen 1920–1930. Berlin 1930, S. 100–105.

Meves, U. (Hrsg.): Deutsche Philologie an den preußischen Universitäten im 19. Jahrhundert. Teilband I. Berlin/New York 2011.

Michaelis, H.: Zum Kapitel „Sportverletzungen". In: Monatsschrift für Turnen, Spiel und Sport 1922, S. 345–346.

Möcker, F. H.: F. A. Schmidt. Geheimrat Prof. Dr. Ferdinand August Schmidt (Bonn) – erster Sportphysiologe und Sportarzt – wissenschaftlicher Begründer der Leibeserziehung. Borsdorf 2012.

Müller: Sportärzte. In: L. Berger (Hrsg.): Leibesübungen an deutschen Hochschulen. Göttingen 1922, S. 116–124.

Müller, G.: Weltpolitische Bildung und akademische Reform. Carl Heinrich Beckers Wissenschafts- und Hochschulpolitik 1908–1930. Köln 1991.

Müller, R. A.: Geschichte der Universität. Von der mittelalterlichen Universitas zur deutschen Hochschule. München 1996.

Mullins, N. C.: Ein Modell der Entwicklung soziologischer Theorien. In: W. Lepenies (Hrsg.): Geschichte der Soziologie. Studien zur kognitiven, sozialen und historischen Identität einer Disziplin. Bd. 2. Frankfurt/M. 1981, S. 69–96.

Müller-Rolli, S.: III. Lehrer. Pädagogisches Denken. In: C. Berg (Hrsg.): Handbuch der deutschen Bildungsgeschichte. Bd. V: 1918–1945. Die Weimarer Republik und die nationalsozialistische Diktatur. München 1989, S. 240–258.

Nagel, A. C.: Hitlers Bildungsreformer. Das Reichsministerium für Wissenschaft, Erziehung und Volksbildung 1934–1945. Frankfurt/M. 2012.

Neubauer, K. H.: Der Wert der Turnprüfungen. In: Monatsschrift für Turnen, Spiel und Sport 1 (1921), S. 127–129.

Neuendorff, E.: Antwort an Carl Diem. In: Monatsschrift für das Turnwesen 36 (1917), S. 299–304.

Ders.: Das Turnen in der Reifeprüfung. In: Monatsschrift für Turnen, Spiel und Sport 1 (1921), S. 165–169.

Ders.: Nachdenkliches zur Biologie der Leibesübungen. In: Monatsschrift für Turnen, Spiel und Sport 4 (1924), S. 227–231.

Ders.: Geschichte der neueren deutschen Leibesübung vom Beginn des 18. Jahrhunderts bis zur Gegenwart. Bd. IV. Dresden o. J. [1936].

Neukirch, G.: Volkshochschulkurse. In: A. Schiff (Hrsg.): Die Deutsche Hochschule für Leibesübungen 1920–1930. Berlin 1930, S. 110–112.

Nicolai, G. F.: Warum ich aus Deutschland ging (1918). In: Ders.: Die Biologie des Krieges (Nachdruck d. 1. Orig.-Ausg. [2. Aufl]. Zürich 1919). Darmstadt 1985, S. 553–599.

Nipperdey, T.: Deutsche Geschichte 1866–1918. 2 Bde. München 1998.

Oelkers, J.: Physiologie, Pädagogik und Schulreform. In: P. Sarasin/J. Tanner (Hrsg.): Physiologie und industrielle Gesellschaft. Studien zur Verwissenschaftlichung des Körpers im 19. und 20. Jahrhundert. Frankfurt/M. 1998, S. 245–285.

Pabst, K.: Der Kölner Universitätsgedanke zwischen Französischer Revolution und preußischer Reaktion (1794 – 1818). In: B. Heimbüchel/K. Pabst: Geschichte der Universität zu Köln. Bd. II. Das 19. und 20. Jahrhundert. Köln 1988, S. 1–99.

Pein, B.: Die Zukunft der Preußischen Hochschule für Leibesübungen. In: Deutsche Turn-Zeitung 1922, Nr. 49, S. 489–490.

Podehl, J.: Der Kraftsinn. In: R. W. Schulte: Eignungs- und Leistungsprüfung im Sport. Berlin 1925, S. 226–239.

Pyta, W.: Hindenburg. Herrschaft zwischen Hohenzollern und Hitler. Zweite, durchgesehene Aufl. München 2007.

Rieß, E.: Zur Frage der medizinischen Ausbildung der Turnlehrer. In: Monatsschrift für Turnen, Spiel und Sport 4 (1924), S. 492–498.

Rissom, J.: Die Ausbildung der Studenten als Turn- und Sportlehrer. In: L. Berger (Hrsg.): Leibesübungen an deutschen Hochschulen. Göttingen 1922, S. 148–153.

Ders.: Statistik über die Einrichtungen für Leibesübungen an den deutschen Hochschulen. In: L. Berger: (Hrsg.): Leibesübungen an deutschen Hochschulen. Göttingen 1922, S. 238–243.

Ristau, J.-A.: Sport und Sportmedizin im nationalsozialistischen Deutschland. Dissertation zur Erlangung des akademischen Grades doctor medicinae (Dr. med.) vorgelegt der Medizinischen Fakultät Charité – Universitätsmedizin Berlin. Datum der Promotion: 1. Februar 2013.

Roedig, R.: Steigerung der Leistungsfähigkeit auf physiologischer Grundlage. In: L. Berger: (Hrsg.): Leibesübungen an deutschen Hochschulen. Göttingen 1922, S. 244–245.

Röhl, J. C. G.: Wilhelm II. Der Weg in den Abgrund 1900–1941. München 2008.

Rossow, C.: Sportlehrerbesoldung – Turnlehrerbesoldung. In: Monatsschrift für Turnen, Spiel und Sport 1 (1921), S. 137–139.

Runge, J.: Die Leibesübungen in der Reichswehr. In: C. Diem et. al. (Hrsg.): Stadion. Das Buch von Sport und Turnen, Gymnastik und Spiel. Berlin 1928, S. 432–437.

Salewski, M.: Rezension John C. G. Röhl: Wilhelm II. In: Historische Mitteilungen (HMRG) 21 (2008), S. 291–293.

Sippel, H.: Psychologie der Leibesübungen. In: A. Schiff (Hrsg.): Die Deutsche Hochschule für Leibesübungen 1920–1930. Berlin 1930, S. 72–75.

Ders.: Leibesübungen und geistige Leistung. 2., umgearbeitete Aufl. (Beiträge zur Sportwissenschaft, Heft 5). Berlin 1927.

Spranger, E.: Lehrer und Lehrerpersönlichkeit. In: Monatsschrift für Turnen, Spiel und Sport 4 (1924), S. 461–467.

Schäfer, J.: Ministerialrat Dr. med. Arthur Mallwitz (1880–1968). Ein Leben für Sport, Sportmedizin und Gesundheitsvorsorge. Inaugural-Dissertation zur Erlangung des Doktorgrades der Hohen Medizinischen Fakultät Rheinische Friedrich-Wilhelms-Universität Bonn. Bonn 2003.

Schäfer, R.: Carl Diem, der Antisemitismus und das NS-Regime. In: Zeitschrift für Geschichtswissenschaft 59 (2011), S. 252–263.

Schagen, U.: Wer wurde vertrieben? Wie wenig wissen wir? Die Vertreibungen aus der Berliner Medizinischen Fakultät 1933. Ein Überblick. In: S. Schleiermacher/U. Schagen (Hrsg.): Die Charité im Dritten Reich. Paderborn 2008, S. 51–66.

Schank, C: „Kölsch-katholisch". Das katholische Milieu in Köln 1871–1933. Böhlau 2004.

Schiff, A.: Zehn Jahre äußere Entwicklung. In: Ders.: (Hrsg.): Die Deutsche Hochschule für Leibesübungen 1920–1930. Berlin 1930, S. 5–7.

Ders.: (Hrsg.): Die Deutsche Hochschule für Leibesübungen 1920–1930. Berlin 1930.

Schiller, K./Young, C.: The 1972 Munich Olymics and the Making of Modern Germany. Berkeley et. al. 2010.

Schlögel, K.: Terror und Traum. Moskau 1937. München 2008.

Schmidt, F. A.: Zur Denkschrift des Preußischen Turnlehrervereins vom 30. Dezember 1921. In: Monatsschrift für Turnen, Spiel und Sport 2 (1922), S. 173–178.

Schneider, J.: Eine Hochschule für Leibesübungen. In: Stadion-Album. Leipzig o. J. [1919], S. 26–35.

Ders.: Hochschule für Leibesübungen. Eine Forderung an die Nationalversammlung. In: Deutscher Wintersport 28 (31.1.1919), H. 2, S. 9–10.

Ders.: Die Hochschule für Leibesübungen. In: Blätter für Volksgesundheit und Volkskraft. Blatt Nr. 19, 30.3.1919 [1920].

Ders.: Neue aussichtsreiche Berufe. In: Deutsches Philologen-Blatt für den akademisch gebildeten Lehrer. März 1920, S. 178–179.

Ders.: Die akademische Lehrerschaft und die Deutsche Hochschule für Leibesübungen. In: Deutsches Philologen-Blatt für den akademisch gebildeten Lehrer v. 14.9.1921, S. 416–417.

Ders.: Die Deutsche Hochschule für Leibesübungen als Versuchsanstalt für Leibesübungen. In: Deutsche Sport-Schule 1921a, S. 281–282.

Ders.: Deutsche Hochschule für Leibesübungen. Versuchsanstalt. In: Deutsche Sport-Schule 1921b, S. 307–308.

Ders.: Versuchsanstalt für Leibesübungen. In: Deutsche Sport-Schule 1922, S. 15.

Schreiber, G.: Die Not der deutschen Wissenschaft und der geistigen Arbeiter. Geschehnisse und Gedanken zur Kulturpolitik des Deutschen Reiches. Leipzig 1923.

Schröder, B.: Sport im Altertum. Berlin 1927.

Schümann, C.-W.: Adenauers Ansichten zur Architektur im Spiegel der Akten. In: H. Stehkämper (Hrsg.): Konrad Adenauer. Oberbürgermeister von Köln. Köln 1976, S. 155–156.

Schütz: Neugestaltung der staatlichen Lehrgänge zur Ausbildung der Turnlehrer an den Universitäten. In: Deutsche Turn-Zeitung 1922, H. 29, S. 310.

Schulte, R. W.: Eignungs- und Leistungsprüfung im Sport. Berlin 1925.

Ders.: Probleme, Methoden und Ergebnisse der Psychologie der Leibesübungen. In: K. Bühler (Hrsg.): Bericht über den IX. Kongreß für experimentelle Psychologie in München vom 21.–25. April 1925. Fischer 1926, S. 217–218.

Stegemann, J. Leistungsphysiologie, 2. Aufl. Stuttgart 1977.

Stern, F. Fünf Deutschland und ein Leben. Erinnerungen. 5. Aufl. München 2007.

Stoeckle, E.: Die Bayerische Landesturnanstalt. In: L. Berger (Hrsg.): Leibesübungen an deutschen Hochschulen. Göttingen 1922, S. 143.

Ders.: Die Entwicklung der Leibesübungen an den deutschen Hochschulen. Eine statistische Studie. Inaugural-Dissertation zur Erlangung der staatswissenschaftlichen Doktorwürde der hohen philosophischen Fakultät der Friedrich-Alexander-Universität Erlangen. München 1927.

Tauber, P.: Vom Schützengraben auf den grünen Rasen. Der Erste Weltkrieg und die Entwicklung des Sports in Deutschland. (Studien zur Geschichte des Sports, Bd. 3). Berlin 2008.

Teichler, H. J.: Internationale Sportpolitik im Dritten Reich. Schorndorf 1991.

Ders.: Besprechung von: Christiane Eisenberg, „English sports" und deutsche Bürger. Eine Gesellschaftsgeschichte 1800–1939. Paderborn 1999. In: Sportwissenschaft 31 (2001), S. 334–342.

Ders.: Altrock und Diem – zwei vergleichbare Biographien. In: BIOS 18 (2005), S. 191–198.

Tenorth, H.-E.: Pädagogisches Denken. In: C. Berg (Hrsg.): Handbuch der deutschen Bildungsgeschichte. Bd. V: 1918–1945. Die Weimarer Republik und die nationalsozialistische Diktatur. München 1989, S. 111–153.

Thum, H.: Nationalist, Militarist, Antisemit? Carl Diem im Spiegel seiner Kritiker und Apologeten. In: Zeitschrift für Geschichtswissenschaft 60 (2012), S. 831–842.

Titze, H.: Hochschulen. In: C. Berg (Hrsg.): Handbuch der deutschen Bildungsgeschichte. Bd. V: 1918–1945. Die Weimarer Republik und die nationalsozialistische Diktatur. München 1989, S. 209–240.

Ders.: Lehrerbildung und Professionalisierung. In: C. Berg (Hrsg.): Handbuch der deutschen Bildungsgeschichte. Bd. IV: 1870–1918. Von der Reichsgründung bis zum Ende des Ersten Weltkriegs. München 1991, S. 345–370.

Ueberhorst, H.: Carl Krümmel und die nationalsozialistische Leibeserziehung. Berlin u. a. 1976.

Uhlmann, A.: „Der Sport ist der praktische Arzt am Krankenlager des deutschen Volkes". Wolfgang Kohlrausch (1888–1980) und die Geschichte der deutschen Sportmedizin. Frankfurt/M. 2005.

Verständig, C.: Frauensport. In: A. Schiff (Hrsg.): Die Deutsche Hochschule für Leibesübungen 1920–1930. Berlin 1930, S. 83–86.

Vierhaus, R./Brocke, B. vom (Hrsg.): Forschung im Spannungsfeld von Politik und Gesellschaft: Geschichte und Struktur der Kaiser-Wilhelm-/Max-Planck-Gesellschaft. Stuttgart 1990.

Vogt, M.: Das Deutsche Akademische Olympia Marburg 1924. In: Monatsschrift für Turnen, Spiel und Sport 4 (1924), S. 293–296.

Voigt, D.: Die Deutsche Hochschule für Leibesübungen in Berlin unter ihrem ersten Rektor August Bier (1920–1932), vorgestellt anhand der Tätigkeitsberichte der Einrichtung. Inauguraldissertation zur Erlangung des akademischen Grades Doktor der Medizin der Medizinischen Fakultät der Universität Rostock. Aus dem Institut für Arbeits- und Sozialmedizin der Universität Rostock. Rostock 2006.

Wedemeyer-Kolwe, B.: „Der neue Mensch". Körperkultur im Kaiserreich und in der Weimarer Republik. Würzburg 2004.

Wegeler, C.: „... wir sagen ab der internationalen Gelehrtenrepublik". Altertumswissenschaft und Nationalsozialismus. Das Göttinger Institut für Altertumskunde 1921–1962. Wien u. a. 1996.

Werner: Sport und Kultur. In: Monatsschrift für Turnen, Spiel und Sport 1 (1921), S. 207–211, 336–339.

Werner, P.: Otto Warburg, Jacques Loeb und die Entstehung der Institutsidee des Kaiser-Wilhelm-Instituts für Biologie und für Züchtungsforschung. In: B. v. Brocke/H. Laitko (Hrsg.): Die Kaiser-Wilhelm-/Max-Planck-Gesellschaft und ihre Institute. Studien zu ihrer Geschichte: Das Harnack-Prinzip. Berlin/New York 1996, S. 319–330.

Winkler, H. A.: Weimar 1918–1933. Die Geschichte der ersten deutschen Demokratie. München 1998.

Witt, P.-C.: Wissenschaftsfinanzierung zwischen Inflation und Deflation: Die Kaiser-Wilhelm-Gesellschaft 1918/19 bis 1934/35. In: R. Vierhaus/B. vom Brocke (Hrsg.): Forschung im Spannungsfeld von Politik und Gesellschaft: Geschichte und Struktur der Kaiser-Wilhelm-/Max-Planck-Gesellschaft. Stuttgart 1990, S. 579–656.

Worringen, R. A.: Die Einrichtung von sporthygienischen Untersuchungs- und Beratungsstellen und ihre Aufgaben. In: Monatsschrift für Turnen, Spiel und Sport 2 (1922), S. 417–423.

Ders.: Sportärzliche Beratung. In: Monatsschrift für Turnen, Spiel und Sport 3 (1923), S. 356–360.

Zuelzer, W.: Der Fall Nicolai. Frankfurt/M. 1981.

Zymek, B.: I. Schulen. In: C. Berg (Hrsg.): Handbuch der deutschen Bildungsgeschichte. Bd. V: 1918–1945. Die Weimarer Republik und die nationalsozialistische Diktatur. München 1989, S. 155–208.

Personenregister

Die Verfasser von neuerer Forschungsliteratur wurden nicht aufgenommen. Dies gilt wegen der Häufigkeit der Nennungen auch für Carl Diem.

Studien zur Geschichte des Sports

hrsg. von Prof. Dr. Wolfram Pyta (Universität Stuttgart), Prof. Dr. Giselher Spitzer
(HU Berlin), Prof. Dr. Rainer Gömmel (Universität Regensburg), Prof. Dr. Jürgen Court
(Universität Erfurt) und Prof. Dr. Michael Krüger (Universität Münster)

Jürgen Court; Eberhard Loosch; Arno Müller (Hg.)
Jahrbuch 2012 der Deutschen Gesellschaft für Geschichte der Sportwissenschaft e. V.
N. A. Bernstein versus I. P. Pavlov – „‚bedingte Reflexe' revisited"
Dieses achte Jahrbuch der interdisziplinären Deutschen Gesellschaft für Geschichte der Sportwissenschaft
e. V. versammelt die Beiträge einer internationalen Tagung, die im Juli 2012 in Leipzig unter dem Titel
N. A. Bernstein versus I. P. Pavlov – „‚bedingte Reflexe' revisited" abgehalten wurde. Hinzu treten Aufsät-
ze über die Personalpolitik an der Deutschen Hochschule für Leibesübungen, den Mediziner George Kolb
und den Leistungstest von Hermann Kluge für die Berliner Feuerwehr aus dem Jahre 1853. Die Autoren
sind Dietrich Beyrau, Irina Sirotkina, Eberhard Loosch, Wacław Petryński, Antoni Piławski, Mirosław
Szyndera, Jürgen Court, Erik Eggers und Günther Bäumler.
Der Band ist für Studierende und Lehrende der Sportwissenschaft und ihrer Mutterdisziplinen (Geschichte, Wissenschaftsgeschichte, Pädagogik, Psychologie, Medizin, Physik, Biomechanik, Statistik etc.) gleichermaßen von Interesse.
Studien zur Geschichte des Sports, Bd. 15, 2014, 192 S., 24,90 €, br., ISBN 978-3-643-12437-1

LIT Verlag Berlin – Münster – Wien – Zürich – London
Auslieferung Deutschland / Österreich / Schweiz: siehe Impressumsseite

Michael Krüger (Hg.)
Erinnerungskultur im Sport
Vom kritischen Umgang mit Carl Diem, Sepp Herberger und anderen Größen des deutschen Sports
Wie geht der deutsche Sport mit seiner Vergangenheit um? Welche Traditionen sollen gepflegt werden und welche nicht? An welche Personen – Trainer, Athleten, Funktionäre – soll erinnert werden? Wie halten wir es mit der Zeit des Nationalsozialismus und der DDR? Welche Geschichts- und Menschenbilder prägen den Sport und seine Akteure?
Namhafte Experten – von Hermann Bausinger bis Wolfram Pyta – stellen solche grundlegenden und aktuellen Fragen zur Vergangenheitspolitik im Sport in den Kontext der geschichts- und kulturwissenschaftlichen Fachdiskussion. Der Band bündelt die Fachvorträge einer Tagung vom Dezember 2010 in Köln zur *Erinnerungskultur im deutschen Sport.*
Im Anschluss werden Ergebnisse des Wissenschaftsprojekts zu „Leben und Werk Carl Diems" präsentiert, zusammengefasst und resümiert. Das Projekt ist inzwischen selbst Teil dieser *Erinnerungskultur* geworden.
Studien zur Geschichte des Sports, Bd. 13, 2. Aufl. 2014, 312 S., 29,90 €, br., ISBN 978-3-643-11677-2

LIT Verlag Berlin – Münster – Wien – Zürich – London
Auslieferung Deutschland / Österreich / Schweiz: siehe Impressumsseite

Michael Krüger (Hg.)
Der deutsche Sport auf dem Weg in die Moderne
Carl Diem und seine Zeit

Sport ist ein Massenphänomen der Moderne. In Deutschland lagen für seine Entwicklung im
20. Jahrhundert besondere Bedingungen vor. Körperkulturell gesehen musste der Sport seine Rolle zwischen Turnen und Gymnastik finden, er verbreitete sich nach und nach in allen Schichten der Gesellschaft, Politik und Staat mussten sich mit ihm auseinandersetzen, und er wurde auch ein Faktor für Wirtschaft und Medien. Schließlich ging es um die Rolle des deutschen Sports in der internationalen Sportbewegung, insbesondere um die Beteiligung an und die Ausrichtung von Olympischen Spielen.
Carl Diem war die Person, die diesen Weg des deutschen Sports in die Moderne geprägt, geebnet und begleitet hat. Der vorliegende Band enthält wissenschaftliche Beiträge, die im Rahmen von Forschungsarbeiten zu einer Biographie Diems entstanden sind. Sie haben den Zweck, Diems Rolle im und für den deutschen Sport im Kontext von vier Epochen deutscher (Sport-)Geschichte zu beleuchten. Entstanden ist ein umfassendes Kompendium zur Modernisierungsgeschichte der Körperkultur in Deutschland.
Studien zur Geschichte des Sports, Bd. 9, 2009, 400 S., 39,90 €, br., ISBN 978-3-643-10140-2

LIT Verlag Berlin – Münster – Wien – Zürich – London
Auslieferung Deutschland / Österreich / Schweiz: siehe Impressumsseite

Deutsche Sportwissenschaft in der
Weimarer Republik
und im Nationalsozialismus

Band 1: Die Vorgeschichte 1900 – 1918

von
Jürgen Court

Studien zur Geschichte des Sports Band 6
LIT

Jürgen Court
Deutsche Sportwissenschaft in der Weimarer Republik und im Nationalsozialismus
Band 1: Die Vorgeschichte 1900 – 1918

Der vorliegende erste Band einer Historiographie der deutschen Sportwissenschaft von 1900 – 1945 behandelt auf der Basis erstmals erschlossener Quellen ihre Vorgeschichte von der Jahrhundertwende um 1900 bis zum Ende des Ersten Weltkriegs. Wichtige Etappen waren der Bau des Berliner Stadions, die Dresdner Hygiene-Ausstellung 1911, der Oberhofer Sportärzekongreß 1912, die Olympiavorbereitungskurse ab 1913 und die Gründung erster sportwissenschaftlicher Vereinigungen. Ein Schwerpunkt liegt auf der Darstellung der verschiedenen sportwissenschaftlichen Pläne, Initiativen und Konzeptionen zwischen 1914 und 1918. Von besonderem Interesse ist dieses Buch zum einen für Geschichte und Sportgeschichte, da die Historie der deutschen Sportwissenschaft in hohem Maße von der Hygiene- und Sportbewegung in Deutschland, und hier vor allem Carl Diem, geprägt wurde. Zum anderen bedeutet der Charakter der Sportwissenschaft als „Querschnittswissenschaft" (Diem), daß weitere Disziplinen wie Pädagogik, Psychologie und (Sport-)Medizin ausführlich gewürdigt werden. Vor diesem Hintergrund schließt es auch eine Lücke in der Wissenschaftsgeschichte des frühen 20. Jahrhunderts.
Studien zur Geschichte des Sports, Bd. 6, 2008, 320 S., 24,90 €, gb., ISBN 978-3-8258-1379-6

LIT Verlag Berlin – Münster – Wien – Zürich – London
Auslieferung Deutschland / Österreich / Schweiz: siehe Impressumsseite

Peter Tauber
Vom Schützengraben auf den grünen Rasen
Der Erste Weltkrieg und die Entwicklung des Sports in Deutschland
Der Erste Weltkrieg prägte die Entwicklung des Sports im Deutschland des 20. Jahrhunderts. Die Sport-
begeisterung vieler Soldaten in den Etappenstädten, den Kriegsgefangenenlagern und sogar unmittelbar
hinter Front, gefördert und instrumentalisiert durch die militärische Führung, war der entscheidende Im-
puls für einen Sportboom, in dessen Mittelpunkt bereits unmittelbar nach Kriegsende der Fußball rückte.
Der zu einem Kampf zwischen westlicher Zivilisation und deutscher Kultur stilisierte Krieg war auf dem
Gebiet der Körperkultur bereits vor dem Herbst 1918 entschieden. Der Sport obsiegte über das traditionelle Turnen. Nach Kriegsende wurde der Sport so zu einem Massenphänomen und zum Gegenstand
gesellschaftspolitischer und ideologischer Diskussionen.
Studien zur Geschichte des Sports, Bd. 3, 2008, 496 S., 39,90 €, br., ISBN 978-3-8258-0675-0

LIT Verlag Berlin – Münster – Wien – Zürich – London
Auslieferung Deutschland / Österreich / Schweiz: siehe Impressumsseite